KB038234

MMPI-2와 로르샤하의 통합적 해석

Ronald J. Ganellen | 최문희·손미남 공역

Integrating the Rorschach and the MMPI-2 in Personality Assessment

박영story

차 례

서 문

이 책은 내가 임상 심리 슈퍼바이저이자, 교수, 그리고 전임 심리학자로서 심리학 인턴들과 외래의사들을 훈련시켰던 마이클 리즈 병원 및 병원 의학센터(Michael Reese Hospital and Medical Center)의 훈련 프로그램에 참여하면서 얻었던 경험에서부터 출발한다. 이 프로그램에 참여한 대부분의 대학원생들은 수업시간이나 임상 수련 과정을 통해 가장 광범위하게 쓰이는 투사검사와 객관식 성격검사 도구인 MMPI-2와 로르샤하를 접하게 된다. 그런데 몇 년 동안 내가 관찰한 바에 의하면, 많은 수련생들은 MMPI-2나 로르샤하 두 검사 도구 중 어느 한 가지를 맹신하고, 그래서 성격검사를 시행함에 있어서 자신들이 신뢰하는 검사의 결과를 강조하는 반면, 다른 검사의 결과에는 상대적으로 거의 관심과 흥미를 두지 않았다. MMPI-2와 로르샤하의 결과를 통합하는 것을 배운 수련생들은 거의 없었고, 특히 두 검사의 결과가 수렴되거나 불일치될 때 각 도구의 결과를 보완하기 위해 검사 결과를 어떻게 활용하고 고려해야 하는지, 그리고 그 함축적 의미에 대해 배운 수련생들도 찾아보기 힘들었다.

수련생들이 이처럼 MMPI-2나 로르샤하 중 어느 하나의 검사 도구에 주로 의지하면서, 그 도구는 일관되고 의미 있는 데이터를 제공하는 반면 다른 도구는 상대적으로 가치 있는 자료를 거의 제공하지 않는다고 추론하게 되는 이 같은 경향성은, 수련생뿐 아니라 현재 임상 성격검사 업계에서 활동하고 있는 심리학자들의 커뮤니티에서도 똑같이 보여지는 현상이다. 이 같은 분열은 MMPI-2와 로르샤하에 대한 방대한 문헌들 속에서도 확연하게 드러나고 있다. 즉, 성격검사에 대한 한 가지 접근법만을 독립적으로 다루면서, 개인의 심리적인 증상, 행동의 이유, 심리적 구성에 대한 의미 있는 추론을 만들어내기 위한 통합적 접근에 대한 안내는 거의 제공되지 못하고 있다. 많은 임상가들과 심리학자들이 임상현장에서 환자의 성격검사를 할 때 풀 배터리(full battery)검사를 사용하면서 각각의 도구에 대해서는 많은 연구들이 이루어졌지만, 두 검사 도구를 어떻게 함께 활용할 것인가에 대한 연구나 논문들은 거의 없는 실정이다.

이 책의 기본 전제는 로르샤하와 MMPI-2를 함께 고려하고 보완하여 사용할 때 심리학자의 진단능력은 더욱 강력해진다는 것이며, 만약 한 가지 도구만을 사용하여 다른 도구가 배제된다면 필수적인 정보를 잃어버리게 될지도 모른다는 점이다. 이 책에서는 현존하는 연구 결과와 임상이론에 근거해서 로르샤하와 MMPI－2의 결과를 보완적인 방식으로 통합하는 기본 틀을 제시하고자 한다.

MMPI－2와 로르샤하 중 어떤 것을 사용할지의 결정에는 검사 도구에 대한 심리학자의 믿음과 인상이 영향을 끼친다. 경험상으로 보면, 광범위하게 알려져 있는 각 도구에 대한 선입견들이 구식이거나 사실 무근임을 알 수 있다. 따라서 첫 번째 장에서는 MMPI－2 및 로르샤하와 관련된 흔한 고정관념과 편견을 확인하고 비판적으로 점검해 보겠다. MMPI－2와 로르샤하가 서로 필적할 만한 신뢰도와 타당도를 가지고 있다는 사실은, Exner 종합체계 이전의 로르샤하 분석 방식의 심리 측정적 속성에 의구심이 들어 로르샤하를 배척해왔던 심리학자들에게나, 로르샤하 종합체계가 검사상의 절차와 기본 규칙이 제대로 준수된다면 훌륭한 수준의 신뢰도와 타당도를 보인다는 점을 아직까지 인지하지 못하고 있었던 심리학자들에게 상당한 놀라움으로 다가올 것이다.

MMPI－2와 로르샤하 사이의 상호연관성에 대한 경험적인 연구는 상대적으로 많이 연구되지 않았다. 일반적으로 두 검사 도구는 만약 상관관계가 있다고 하더라도 낮은 수준의 상관관계를 가지고 있다고 알려져 왔다. 이 같은 연구들로부터 추출할 수 있는 결론을 제한하는 방법론에 대해서는 제2장에서 다뤄질 것이다. 연구 방법론적인 이슈들에는 로르샤하의 실시, 채점, 해석 방법의 점진적인 변화; 검사 프로토콜의 타당도에 기반해서 수검자의 검사 결과를 포함시킬 것인지 배제시킬 것인지를 결정하기 위한 기준; 측정되는 구성의 정의와 관련된 모호성; 그리고 다른 무엇보다도 부적합한 통계적 방법의 적용 등이 포함된다. 이에 더해, 로르샤하와 MMPI－2가 진단하는 심리적인 기능들이 서로 차이가 있다는 점을 감안할 때, 두 검사 결과 사이의 상관관계가 기대되는 경우 및 기대해서는 안 되는 경우와 관련된 질문들이 제기된다.

수검자의 성격에 대한 진단을 할 때 종합적 심리검사 도구를 사용하는 경우가 많음에도 불구하고, 한 검사 도구의 결과를 다른 검사 도구의 결과들과 어떻게 통합해야 하는지에 대해서는 상대적으로 거의 연구된 바가 없다. 로르샤하와 MMPI－2로부터 추출된 다양한 데이터를 통합하기 위한 개념적인 뼈대는 제3장부터 제5장에 걸쳐 다루어질 것이며, 검사 결과가 수렴(converge), 분산(diverge), 그리고 서로 보완(complement)될 때 해석을 어떤 식으로 진행해야 하는지에 대해 다룰 예정이다. 이와 같은 토론의 핵심요소는 결과가 서로 다른 수준과 관련되어 있을 수 있다는 점, 즉 특정한 검사 점수의 수준일 수도 있고 특정한 심리적 구조의 수준일 수도 있음을 인지하는 것이다. 검사 결과들 사이에 차이가 있을 경우 고려해야 할 이슈에 대해서는 구조적으로 개요를 서술했다. 즉 고려해야 할 주제는, 각각의 측정이 얼마나 확실한지를 계량할 것, 각각의 도구가 기준 변인과 얼마나 강력하게 연계되어 있는지의 여부를 확인할 것, 그리고 결과 값들 사이의 차이는 심리적 갈등을 강조하고 있을 가능성이 있다는 점, 그리고 객관적, 투사적 검사의 결과 값이 다른 것은 수검자가 인정하는 심리적 특징에 대한 민감도가 각 도구별로 다르기 때문일 수도 있다는 점 등이다. 제5장에서는 측정치들 사이의 관계가 임상적 해석을 수정하거나, 강조할 때, 또는 어조를 누그러뜨리는데 사용될 수 있는 방법에 대해 다룰 예정이다. 이 책에서 사용되는 해석체계는 특별히 MMPI와 로르샤하의 통합에 초점이 맞춰져 있기는 하지만, 일반적으로는 성격의 기능을 측정하는 도구의 결과들을 통합하는 것이라면 어떤 것에라도 적용할 수 있다. 예를 들면 로르샤하, MMPI－2, MCMI, TAT, PAI의 결합 어떤 것에라도 적용시킬 수 있다.

MMPI와 로르샤하의 특정한 이론적인 위치 사이의 역사적인 연계는 임상가가 어떤 검사 도구를 사용할 것인가를 선택하는 것에도 영향을 준다. 물론 심리학자들은 자신들이 지지하는 이론적 기반과 가장 호환이 잘되고 모순이 없는 검사 도구를 선택한다. 그러나 이 책은 검사 도구가 특정한 이론과 동맹관계에 있다고 추정하기보다는, 검사 데이터에 대한 임상적 해석은 임상가가 경험적, 이론적 문헌을 동시에 사용할 때 가장 가치가 있다는 것을 옹호한다. 성격의 이론들과 심리학적 발전, 그리고 정신병리가 개별 사례의 개념화를 풍성하게 만드는 중요한 방법들에 대해서는 제3장부터 제5장에 걸쳐 다뤄질 것이다.

MMPI－2와 로르샤하 결과의 통합적 해석을 발전시키는 이 같은 접근은 제6장부터 제15장에 걸쳐 사례를 깊이 있게 다룸으로써 예증될 것이다. 각 사례에는 MMPI－2와 로르샤하 데이터를 고려하기 전에 개인의 역사적 정보, 진단적 이슈, 그리고 관련 있는 연구 결과들에 대해 다뤄볼 것이다. 그리고 다양한 심리적 장애를 가진 환자를 이해하고 사례 개념화하기 위해 임상적 이론들과 연구에 의한 이론 사이의 균형을 맞출 것이다. 사례들 속의 검사 데이터에 대한 논의는 독자들이 MMPI－2의 해석에 대한 최근의 접근과 Exner가 발전시킨 탐색 전략, 즉 로르샤하를 해석하는 과정에서 고려되어야 하는 변인들의 순서를 명시해 놓은 탐색전략을 포함한 로르샤하의 통합적 시스템을 이미 알고 있고 친숙할 것이라는 점을 전제로 한다(Butcher & Williams, 1992; Friedman, Webb, & Lewak, 1989; Graham, 1993; Greene, 1991).

제6장부터 제15장에 걸쳐 논의되는 사례들은 임상현장의 특정한 현상을 반영하는데, 즉 어떤 환자들의 경우에는 MMPI-2와 로르샤하의 데이터가 깔끔하게 수렴되기도 하지만 그와는 달리 어떤 경우에는 결과가 분산되는 경우도 있다. 이러한 양측 모두의 경우 검사의 결과는 임상가로 하여금 특정한 결론을 강조하거나 수정하기 위한 가이드 역할을 한다. 또한 MMPI-2와 로르샤하 결과에서 각각의 검사와 관련된 전문용어가 개별 환자의 심리적 구조, 감정적 적응, 그리고 대인관계적 기능의 패턴에 대한 임상적 개념화로 어떻게 번역될 수 있을지를 전달하고자 노력했다.

통합된 MMPI-2와 로르샤하 결과들이 감별진단이나 치료 계획을 위해 어떻게 활용되는지에 대한 현실적이고 실제적인 적용 방법은 사례 토의 시 다뤄질 예정이다. DSM-IV 기준에 근거한 진단을 내리는데 있어 MMPI-2 혹은 로르샤하 변인과 진단 기준 사이에 일대일 매치가 가능하지는 않지만, 논의의 대상이 감별 진단과 관련된 질문이라면 심리검사와 무관하지 않게 된다. 따라서 이 책에서는 개인력에 대한 정보, 임상적 데이터, 그리고 MMPI-2와 로르샤하의 결과가 감별 진단의 과정에 어떻게 기여하는지에 대한 다양한 방법들이 다뤄질 것이다. 검사 결과가 특정한 치료적 양상의 선택, 치료 과정에서 발생할 수 있는 어려움에 대한 예측, 그리고 치료적 관계에서 생겨날 가능성이 농후한 사안들을 예상하는 것에 어떤 영향을 끼치는지는 각 사례별로 다뤄보겠다.

MMPI-2와 로르샤하 모두 환자 개인의 심리적 구조와 관련된 정보를 제공하는 부분에 있어서는 매우 강력하고 효과적이지만 어느 검사 도구도 절대적으로 오류가 없다거나 사례에 대한 "모든" 정답을 제공하지는 않는다. 각 검사 도구의 강점과 약점은 특정한 임상적 주제들, 예컨대 약물 남용의 가능성에 대한 변별, 또는 감정표현 조율 능력 변별 등과 같은 주제들을 논의할 때, 철저하게 다뤄질 예정이다. 이에 더해 개별 환자를 이해하는데 각 검사 도구가 독특하게 기여한 부분에 대해서도 사례별로 고찰해 보겠다. 나의 개인적 소망은 이 책에서 제시된 가이드라인, 즉 로르샤하와 MMPI-2 데이터에 대한 통합 방법이 검사의 실시, 채점, 해석의 근본을 배우는 고급 과정의 대학원생들에게 도움이 되고 가치가 있었으면 하는 것이다. 그리고 MMPI-2와 로르샤하를 임상현장에서 사용하는 수련 임상가들과 궁극적으로는 우리가 서비스를 제공하는 환자들을 위해 도움이 되었으면 하는 바람이다.

감사의 글

점점 나이가 들면서 내가 배운 것 중 하나는, 처음 들었을 때는 공허한 상투적 문구처럼 들리는 많은 격언들이 실제로는 핵심적인 진리를 담고 있는 경우가 종종 있고 또 어떤 경우에는 하나의 진리가 아니라 다양한 진리를 담고 있는 경우가 많다는 것이다. 그런 상투적 문구 중 하나는 바로 "수업을 듣는 학생보다 수업에서 가르치는 선생이 배우는 것이 더 많다"라는 문구이다. 이렇게 말하면, 마치 나 자신이 진부한 이야기를 쏟아내는 사람처럼 들릴 수도 있지만, 내가 마이클 리즈 병원의 세미나와 개별 슈퍼비전 시간을 통해 인턴들이나 외부 수련생들을 가르치고 함께 작업하면서 배운 점이 어마어마하다는 것은 숨길 수 없는 사실이다. 따라서 그들이 나에게 가르쳐준 것에 대해서 매우 감사하게 생각하며, 이 책 속에 기술된 다양한 아이디어들을 발전시키는 것에 그들이 준 영향에 대해서도 감사히 여긴다. 내가 심리학자와 임상가로 발전하는데 주요한 영향을 끼친 3가지 요소가 있다. 대학원 재학 중에 나는 Paul Blaney 박사와 협업하고 같이 연구하는 관계를 맺는 행운을 얻었다. Paul은 과학자-임상가로서 나에게 뛰어난 역할 모델이 되어주었다. 그의 격려와 인내심, 그리고 건강하면서도 비판적인 피드백은 내가 지적으로 발전할 수 있도록 만든 핵심적 요소였다. Chuck Carver 박사 또한 지적인 엄격함, 명확한 사고, 방법론적인 세련미, 글쓰기 기술, 그리고 예리한 위트까지 내가 열망하는 모든 것을 가진 분으로 나에게 큰 영향을 주었다.

시카고 대학에서 박사 후 과정의 연구원으로 있으면서 나는 Merton Gill 의학 박사가 이끄는 슈퍼비전 그룹에 참여했었다. 그때의 경험이 나의 심리 치료, 역동, 심리적 문제, 그리고 이론들에 대한 개념화를 하는 방법을 근본적으로 형성할 수 있게 해주었다. Merton의 아이디어에 대한 열정, 건전한 논쟁에 대한 사랑, 환자가 표현한 핵심 이슈에 대한 민감성, 지적인 엉성함을 절대 참지 못하는 교조적 신조 등은 늘 나에게 통찰을 주었고 도발적이었으며 활기를 북돋아주었다-물론 그의 평가를 들어야 하는 입장에서 Merton의 비평과 도발을 받아내는 것이 늘 편안하고 즐거운 것만은 아니었지만…! 환자가 고군분투하고 있는 고통스러운 내부적 갈등, 감정적 문제들, 그리고 대인관계적인 어려움들에 대한 나의 공감은 Merton의 연민, 그리고 같이 연구한 그룹 멤버들의 공감적이고 세련된 조언들 덕분에 더욱 깊어졌다. 나는 이것으로 인해 엄청나게 성장할 수 있었다.

지난 10년이 넘는 기간 동안, Michael Reese와 같은 편안하고 지적인 자극을 불러일으키는 전문적인 장소를 발견할 수 있었던 것은 진심으로 나에게는 행운이었다. 내가 전문적이고 지적인 성장을 촉진시키는 환경을 만드는데 Martin Harrow 박사, David Hawkins 박사, Harry Soloway 박사가 중요한 역할을 했고, 이 책을 집필하고 기타 다른 연구를 할 수 있는 자유를 주었다. 심리학과의 내 동료들, Floyd Irvin 박사, Vita Krall 박사, Neal Rubin 박사, Peter Shabad 박사, Billie Strauss 박사와 Debbie Zimmerman 박사도 임상적 이슈에 대해 많은 것들을 가르쳐주었고, 나로 하여금 비판적으로 아이디어를 점검해 볼 수 있도록 도전했으며, 필요에 따라서는 다양한 전문적 이슈와 관련된 나의 신념과 믿음, 가치체계를 수정할 수 있도록 도전장을 내밀었다.

로르샤하에 대한 나의 관심의 상당 부분은 Phil Erdberg 박사에 의해 불꽃이 튀었다고 말할 수 있다. 그는 나를 비롯해서 많은 다른 전문가들에게 구조적 요약을 살아있는 것, 재미있는 것으로 만들어주었다. 로르샤하의 다양한 숫자들, 비율들, 그리고 지수들이 말하는 것이 통계적으로 의미 있는 것일 뿐만 아니라 심리적으로도 의미 있는 것이고 한 사람의 삶에서 생생하게 살아서 숨 쉬는 것임을 설명해주는 그의 재능은 실로 탁월하고 믿기 힘들 정도로 놀라웠다. 이 책을 집필할 것인지에 대해 깊이 고민하고 있을 때, Phil이 해준 격려와 이 책을 집필하는 과정에서 그가 해준 피드백은 정말 큰 도움이 되었으며 그 점에 대해 깊은 감사의 마음을 전한다.

이 책을 집필하는데 자극이 된 것은 Peter Newman 박사와 함께 로르샤하 및 MMPI−2의 임상적 사용과 관련된 다양한 주제에 대해 나누었던 생생하고 열띤 논쟁들 때문이었다. 이 검사 도구들에 대해 그가 파악하고 있는 내용들과 각 도구들만의 고유한 단점에 대한 인식, 그리고 도구들과 관련된 연구에 대한 회의적인 시각은 나에게 자극이 되었고 깊이 있는 사고를 자극하는 요인이 되었다.

이 책을 집필하는 과정에서 Irv Weiner가 해준 현명한 조언과 충고는 그 가치를 환산할 수 없을 만큼 귀중했다. 문헌에 대한 그의 학식; 민감하고 복잡한 이유들을 명확하고 간결하며, 품위 있게 풀어내는 그의 능력; 그리고 세부내용에 대해 신중하게 주의를 기울임으로써 이 책의 수준과 품질을 향상시켜주었다.

그 외에도 많은 동료들이 이 책의 초판에 담겨있는 자료들에 대해 도움이 되는 평가를 해주었다. 그런 측면에서 특별히 Seth Warschausky 박사와 Alfred Sporn 박사에게 그들이 내준 시간과 에너지에 대해 고마움을 전한다.

그리고 마지막으로 나의 아내인 Natalia에게 진심으로 크게 빚진 마음을 전한다. 이 책이 집필되는 과정에서 지치고 힘들 때마다 끊임없는 격려와 이해와 인내심을 발휘해 주었고 각 장마다 읽고 비평해주기를 마다하지 않았다. 또한 책의 진행 과정에서 내가 고전하고 있는 생각과 아이디어들에 대해 설명하면 셋째 아이를 출산한 직후였음에도 불구하고 쏟아지는 졸음과 싸워가면서 인내심을 가지고 흔쾌히 경청해주었던 점에 대해 경의를 표한다. 이 책은 아내의 사랑과 지원이 없었다면 결코 완성되지 못했을 것이다. 진심으로 감사의 마음을 전한다.

Ronald J. Ganellen

역자 서문

이 책은 임상 및 상담장면에서 환자(내담자)의 성격특성 및 기능을 분석할 때 가장 익숙하게 사용되곤 하는 MMPI-2와 로르샤하의 통합적인 해석을 돕기 위해 쓰여진 책이다. 저자는 환자의 심리적인 증상, 역동, 행동의 이유, 심리적 구성에 대한 의미 있는 추론을 만들어내기 위해 로르샤하와 MMPI-2를 통합하여 사용하는 것이 한 가지 검사 도구로 분석하는 것보다 훨씬 강력하고 의미 있는 정보를 제공한다고 설명하고 있다.

역자도 심리평가 장면에서 환자의 심리적 고통과 갈등, 성격적 기능에 대한 정보를 파악하고자 두 검사를 모두 사용하는 경우가 많다. 독자들도 모두 알다시피, MMPI-2는 대표적인 객관적 심리검사 도구로, 구조화된 검사 문항에 체크해 개인별 증상, 징후 및 성격특성을 환자 입장에서 빠르게 얻을 수 있는 장점이 있다. 반면 로르샤하 검사는 불분명하고 모호한, 비구조적 검사 과제를 통해 무의식적이며 심층적인 성격구조를 분석할 수 있다는 장점을 갖고 있는 투사적 검사다. 그런데 동일한 개인에 대한 검사 결과임에도 불구하고 두 검사 결과가 서로 일치하지 않거나 혹은 환자의 임상증상과 매우 다른 결과가 나타나기도 하여 당혹스러운 경우가 많았다. 이때마다 두 검사 중 어느 쪽이 환자를 더 잘 설명하는지, 어느 검사의 해석에 비중을 두어야 할지 고민하곤 하였다. 그러던 차에 MMPI-2와 로르샤하 검사의 결과를 통합적으로 공부할 수 있도록 집필된 Ronald J. Ganellen의 Integrating the Rorschach and the MMPI-2 in Personality Assessment 책을 접하게 되었다.

이 책에서는 우선 제3장~제5장에 걸쳐 MMPI-2와 로르샤하 검사에서 추출된 다양한 데이터를 통합하는 이론적 개념과 방법을 제시하고, 이후 10개의 사례를 통해 두 검사를 임상장면에서 활용하는 실제적인 방법을 보여준다. 특히 각 사례들은 기본적 배경 정보와 진단적 고려사항들, 그리고 MMPI-2의 척도별 분석 및 로르샤하의 구조적 요약에 나온 데이터 분석을 친절하게 제시하면서 두 검사의 통합을 시도했다. 나아가 이를 토대로 환자에 대한 이해를 높이면서 치료적 제언을 제안했다. 저자는 각 사례를 통해 두 검사 결과가 유사하거나 동일한 결과를 보여주기도 하지만 때로는 전혀 상이한 결과가 나옴으로써 검사 도구의 신뢰성을 의심할만한 사례조차도 오히려 두 검사를 통합함으로써 내담자의 심리 및 성격역동을 더 잘 설명해 줄 수 있음을 보여주었다. 즉, 하나의 검사만으로는 제한적이었을 해석을 또 다른 검사가 보완함으로써 환자에 대한 이해가 훨씬 더 깊어질 수 있음을 설명하였다.

이 책을 처음 접하고 난 후 역자는 심리평가를 통해 환자의 심리적 특성을 깊이 이해하기 원하는 많은 임상가들과 공유하고 싶어 번역을 시작하게 되었다. 이 책을 번역하는 과정에서 손미남 선생님이 먼저 전체를 번역하였고 역자가 이를 원문과 비교하면서 수정하거나 읽기 쉬운 문장으로 다듬었다. 문장이 길거나 (저자가 전달하고자 하는) 뉘앙스를 정확히 파악하지 못해 번역작업이 매끄럽게 진행되지 못한 적도 많았으나, 임상심리전문가로서 새로운 지식을 발견하고 알게 되는 순간은 꽤 흥미로운 시간이었다.

번역서가 완성되기까지 도움을 주신 분들에게 특별히 감사의 말을 전하고 싶다. 우선 영어를 잘 못하는 역자와 함께 번역을 시작하면서 강의와 상담으로 바쁜 와중에도 꼼꼼하게 전체를 번역해준 공동 역자 손미남 선생님의 노고에 감사를 전한다. 그리고 번역서를 흔쾌히 허락해주신 박영사 노현 이사님과 안종만 회장님께 매우 감사드리며, 느린 일 처리에도 불평 한마디 없이 모든 자료를 꼼꼼하게 살펴보고 편집해준 편집자 조보나 대리님께도 감사드린다. 부족한 제자이지만 늘 격려와 칭찬으로 응원해주시는 존경하는 스승, 조현섭 교수님께도 감사드린다. 바쁘다는 일 핑계로 딸 노릇도 제대로 못 하는 막내딸을 늘 안타까워하며 도와주시는 우리 엄마, 늘 바쁜 엄마가 아쉬움에도 서운한 내색 한번 없는 든든한 큰 아들 명경이와 사랑스러운 애교로 엄마의 피로를 날려주는 딸 지수에게도 미안함과 고마움을 전한다. 마지막으로 누구보다 나의 일을 응원하고 지지해주며 기도해주는 남편에게도 진심으로 감사와 사랑의 마음을 전한다. 이 도서가 MMPI-2와 로르샤하 검사에 대한 통합적 해석을 통해 환자의 목소리와 고통, 그들의 심오한 역동을 더 깊이 이해하기를 원하는 심리학자들에게 좋은 참고서가 되길 바란다.

2018년 7월

역자 최문희

Chapter

01

서 론

Chapter

01

서 론

MMPI, MMPI-2, MMPI-A로 불리는 미네소타 다면적 인성검사와 로르샤하 도구는 한 개인의 성격적 기능, 현재의 정서 상태, 그리고 정신병리의 존재여부와 특성, 심각도 수준의 평가뿐 아니라 치료적 기법의 수립을 위해 가장 보편적으로 사용되고 있는 임상적 성격평가의 두 가지 대표적인 검사 도구이다(Archer, Maruish, Imhof, & Piotrowski, 1991; LUbin, Larsen, & Matarazzo, 1984; Lubin, Larsen, Matarazzo, & Seever, 1985; Piotrowski, Sherry, & Keller, 1985; Watkins, 1991; Watkins, Campbell, Nieberding, & Hallmark, 1995). 심리학자들이 로르샤하와 MMPI에 대해 얼마나 큰 관심과 호기심을 가지고 있는지, 이 두 가지 검사 도구를 얼마나 애용하고 있는지는 다양하고 방대한 이론적, 경험적 연구 결과들을 살펴보면 확인할 수 있다. Butcher(1987)는 1943년~1986년 사이에 10,000건 이상의 MMPI에 대한 저서와 논문들이 발간되었다고 했고, Exner(1986)는 로르샤하에 대한 4,000권 이상의 서적과 논문들이 1970년까지 발간되었다고 보고하였다. Butcher와 Rouse는 1974년~1994년 사이에 MMPI/MMPI-2와 로르샤하에 대한 논문이 각각 4,542편과 1,969편이 발간될 정도로 가장 보편적으로 쓰이는 심리검사 도구라고 하였다.

그러나 이 두 가지 심리검사 도구가 오랜 기간에 걸쳐 보편적으로 사용되어 왔음에도 불구하고 MMPI와 로르샤하 두 가지 도구의 연관성, 혹은 검사 결과의 관계에 대해서 연구한 논문이나 저서는 지극히 드물다는 것은 놀라운 일이 아닐 수 없다(Archer & Krishnamurthy, 1993a, 1993b). 예를 들어, Archer와 Krishnamurthy가 MMPI와 로르샤하 사이의 상호 관련성에 대해 조사한 방대한 선행 연구 논평에서도 성인과 청소년 사례에서 두 심리검사 도구 사이의 상호 관련성에 대해 조사한 연구논문이 50개가 채 안 된다는 것을 확인하였다. 바꿔 말하면, MMPI와 로르샤하에 관한 연구논문과 저서 16,000개 중에서 두 검사 도구 사이의 상호연관성에 대해 다룬 연구는 1% 미만이라는 것이다. 따라서 가장 보편적으로 사용되고 있는 두 가지 심리검사 도구 사이의 상호연관성에 대한 연구가 왜 미미한지에 대해서 살펴볼 필요가 있다.

몇몇 연구자들은 두 심리검사 도구의 상호연관성에 대한 무관심, 혹은 충분히 연구되지 못한 점 때문에 현장의 임상가들이 심리평가를 실시하고 심리평가 보고서를 작성할 때 두 가지 중 하나의 도구에만 집중하는 것이라고 추측할 것이다. 통상 로르샤하를 중심으로 심리평가를 하는 임상가는 로르샤하에 지나치게 집중하고, MMPI를 중심으로 평가하는 임상가는 MMPI에 지나치게 집중하기 때문이다. 그러나 실제로 임상현장에서는 심리검사를 실시할 때 어느 한 가지의 검사 도구만 배타적으로 사용하기보다는 풀배터리(full battery), 즉 종합심리검사를 시행하는 것이 일반적이다. Rapaport, Gill, Schafer(1945)는 어느 한 가지 검사만을 단독적으로 사용했을 경우 얻을 수 있는 것보다 종합심리검사를 활용하는 것이 개인에 대한 보다 정확하고, 풍부하며, 깊이 있는 정보를 얻을 수 있는데, 그 이유는 서로 다른 검사자료에서 추출된 데이터를 통합하는 과정에서 내담자에 대한 통합적인 이해를 할 수 있기 때문이라고 하였다. Graham(1993) 역시 "한 개인의 MMPI－2 프로토콜을 통해 추론할 수 있는 부분은 다른 검사 도구의 결과와 대조 검토해봐야 한다 … MMPI－2는 다른 심리검사 도구의 결과, 면담, 관찰, 배경정보들과 결합하여 사용될 때 가장 의미 있고 가치 있어진다"(p. 200)라고 MMPI－2의 해석전략을 언급함으로써 통합적 해석전략의 중요성을 강조했다.

MMPI－2와 로르샤하 두 심리검사의 통합에 대한 연구가 이렇게 충분하게 이뤄지지 않았다는 점은 각 검사 도구가 개발되고 임상현장에 소개되는 과정에서 심리학계 내부에 뚜렷이 다른 두 개의 진영이 존재한다는 것을 반영한다. 역사적으로 보면, 이 두 개의 진영은 성격검사에 대한 철학적 배경, 이론적인 지향점, 그리고 결과적으로 어떤 도구를 더 선호하는지의 부분에서 매우 다르다. 이 두 진영 사이에 눈에 띌 정도로 서로에 대해 적대감을 드러내거나 했던 적은 없지만, 각 진영은 상대방 진영의 심리 도구 사용과 진단 결과 해석에 대해 상당히 비판적으로 평가하기도 하고 서로 불신하는 모습을 매우 활발하게 드러내왔다.

역사적으로 보면, MMPI－2와 로르샤하는 전혀 다른 전통 및 이론적인 지향점과 연관되어 있다. 로르샤하는 애초에 경험적이고 비이론적인 접근법으로 개발되었다(Rorschach, 1921/1942). 그리고 이런 전통은 다른 연구자들에 의해 더욱 발전되었다(Beck, Beck, Levitt, & Molish, 1961; Klopfer & Kelly, 1942; Piotrowski, 1957). 그러나 Rapaport와 그의 동료들이 연구를 개척한 이후로 로르샤하는 정신역동적 전통과 연관되어 발전하게 되었다. 예를 들어, Lerner(1991)는 Rapaport의 정신분석적 사고와 로르샤하의 방법론을 다음과 같은 방식으로 묘사하였다: "Rorschach는 자신이 개발한 검사 도구를 특정한 성격이론과 결합시키지 않았다.－그러나 Rapaport는 결합시켰다. Rapaport가 로르샤하와 정신분석을 결합시킨 것은 기술적, 이론적 측면에서 완벽한 것이었다"(p. vii)

이와는 반대로 MMPI－2는 "더스트 볼(dust bowl) 경험주의"의 전통과 연관 지을 수 있다. "더스트 볼 경험주의"란, 특정한 성격이론이나 정신병리이론과는 별개로, 독자적으로 성격검사의 결과 데이터 해석을 오로지 경험적으로 확인된 행동학적, 심리학적, 진단적 결과에 근거해서 해석하는 방식을 의미한다. 이러한 방식으로 볼 때, 성격검사 데이터의 해석은 임상적 판단 및 이론과의 유사성에 의존하는 심리학자들에 의해서가 아닌 통계 공식이나 해석집(interpretive cookbook)[1]에 의해 생성되어야 하는 것이 이상적으로는 마땅할 것이다. 이 같은 철학은 Meehl(1954)에 의해 논리적으로 설명되었는데, 그는 통계적 예측이 임상적 예측보다 더 신뢰할 만하고 비용적으로도 더 효율적이라고 주장했다.

> 터놓고 말하자면, 검사 결과를 활용하여 성격에 대해 분석할 때, 해석작업을 하는 임상가는 어쩌면 없어지는 것이 더 나을 수 있는 "비싼 중간자"일 수 있다. 초반에 비용을 투자해서 충분한 연구를 한다면, 그 결과로 얻어지는 해석집(interpretive cookbook)에 담긴 다양한 해석법들이 매일매일 임상현장에서 만나게 되는 정신작용의 형태들 중 거의 대부분을 아우를 수 있을 것이다 … (p. 271).

성격평가와 관련된 이러한 두 가지의 매우 상이한 철학들이 임상적 성격검사에 활발하게 몸담고 있는 심리학자들을 어떻게 분열시켰는지를 쉽게 상상해볼 수 있다. 결과적

---

1) 역자 주: 검사 결과를 몇 가지 규칙에 의거하여 분류하고 각 분류에 대하여 통계적 방법에 기초하여 경험적인 행동특성들을 확인한 해석법을 의미함; 다면적 인성검사, 김중술 저.

으로, 많은 실무자들은 MMPI-2나 로르샤하 두 가지 검사 도구 중 한 가지와 강력한 충성관계를 수립하게 되고, 결국 심리검사를 실시할 때 그 도구에 의존하게 된 것으로 보인다. 그런 다음 선택한 도구 이외의 다른 도구는 기껏해야 회의적인 시각으로 다뤄지는 것이 전부이고 임상현장의 이슈와는 미미한 수준의 관련만 가진 것으로 여겨진다. 더 나아가 최악의 경우에는 애초에 가치 없는 것으로 여겨져 묵살되기도 한다.

이 같은 태도와 충성도는 직접적 또는 간접적으로, 심리학자들의 집단에 연속적으로 전달되어져 왔다. 즉 학교에서 성격검사를 가르치는 교수들에 의해, 임상 전문가들이 슈퍼비전을 하는 과정에서 각 도구의 장점과 단점을 토의하고 각 도구들의 가치를 평가하는 과정을 통해, 수련생들의 사례를 슈퍼비전할 때 예시로 들거나 임상 전문가 본인이 임상현장에서 평가를 할 때도 이 같은 태도와 충성도가 드러나고 다음 세대로 전수되어 왔다. 물론 많은 임상가들은 심리검사를 실시할 때 두 가지 도구를 모두 사용하기도 한다. 그러나 그들 중 대부분은 MMPI와 로르샤하 두 가지 중 어느 하나를 선호하며 검사 결과에 있어서도 자신들이 선호하는 검사의 결과에 주로 의존하는 것 같다. 두 가지 검사 도구 중 어느 하나를 선호하고 사용하는 임상가들 이외에 또 다른 임상가들은 두 가지 검사 도구를 모두 활용하려고 진지하게 노력하기도 한다. 그러나 이런 경우에도 두 가지의 결과를 결합하는 방법이나 환자의 심리적인 구조나 증상, 그들 행동의 원인에 대한 의미 있는 추론을 이끌어내는 것에 대한 제대로 된 훈련이나 가이드라인이 거의 없는 것이 현실이다.

위에 언급한 두 진영의 편견과 신념을 반영하는 로르샤하와 MMPI의 강점 및 약점에 대한 고정관념은 매우 일관되게, 그리고 매우 자주 거론된다. 다음 장에서는 문헌 속에서 명백하게 혹은 은연 중에 드러나는 태도뿐만 아니라 슈퍼바이저와 대학의 심리검사 과정을 가르치는 교수들, 동료들, 대학원 학생들, 수련생들을 포함한 심리학계 회원들이 언급하는 고정관념이 얼마나 정확한지, 그리고 얼마나 공정한지에 대해 논의해보겠다.

역사적으로 로르샤하를 지지하는 사람들은 늘 MMPI-2가 환자의 증상에 대한 정보를 제공하기는 하지만 그 외에 환자의 성격특징과 행동의 역동에 대해서는 제한적인 정보만을 준다고 믿기 때문에 깊이가 없고 피상적이라고 말해왔다. MMPI-2는 자기보고식 검사 도구이며 따라서 MMPI-2가 제공하는 정보는 환자가 자신에 대해 말하고자 하는 것에 한정되어 있다고 믿어져 왔다. 그리고 이보다 더 나아가 많은 로르샤하 지지자들은, MMPI-2 해석은 미리 만들어진 일련의 조립식, 확률적 진술을 기계적으로 암기

하는 것이며, 그 내용의 대부분은 개별 환자와는 관계가 없는 것이라고 생각한다. 반면 로르샤하에 대해서는 개별 환자들의 정서적인 삶, 방어기제의 작동, 소망, 추동, 갈등, 그리고 대인관계 기능 등(그들이 생각하기로는) MMPI－2가 제공하지 못하는 정보에 대한 풍부한 원천이라고 믿는다. 게다가 로르샤하 지지자들은 로르샤하가 정신역동적 도구이며 그렇기 때문에 MMPI－2로부터 얻을 수 있는 피상적인 증상의 나열과 대비되는 "깊이 있는" 해석을 얻을 수 있게 해준다고 극찬한다.

이와는 반대로 MMPI－2 지지자들은 검사의 타당도, 신뢰도, 그리고 임상현장에서의 효용성 등을 확실하게 보여주는 MMPI－2의 방대한 연구 결과에 대해 언급한다. 이들은 임상가가 높게 상승한 코드타입과 임상 척도 사이의 상관관계를 변별해 낸 다음, 개인의 종합적 증상, 대인관계 기능, 자기개념, 그리고 행동에 대한 신뢰할만한 묘사를 할 수 있다고 강조한다. MMPI－2 프로파일의 해석은 견고한 경험적 기반 위에 근거를 두고 있기 때문에 신뢰할 만하다. 반면 MMPI－2 지지자들은 전통적으로 로르샤하가 "투사적 가설"이라는 미심쩍은 심리 측정적 속성, 즉 정신역동적 지향과 연관되어 있는 것에 의존하고 있다는 점 때문에 로르샤하를 불신해왔다. 이 같은 관점 때문에 역사적으로 로르샤하의 결과는 객관적인 MMPI－2의 결과와는 다르게 완전히 주관적이라고 여겨져 상당히 회의적으로 간주되었다. 즉, 마치 찻잎을 찻잔에 띄워놓고 운수를 본다거나 검사자가 가진 직감이나 통찰력, 그리고 개인적인 선입견이나 편견을 반영하는 것과 비슷한 정도로의 신뢰도를 주었을 뿐 특정한 환자에 대해 뭔가 손에 잡히고 실체가 있는 것을 말하지는 않는다고 여겨졌다.

이와 같은 두 가지 도구 각각에 대한 고정관념을 이제 비판적으로 점검해보자.

자기보고식 형식의 한계점

누구나 동의하듯이, MMPI와 로르샤하는 수검자에 대한 정보를 취득하는 방법에서 차이가 있다. MMPI는 검사를 받는 수검자 개인이 자신의 기분, 행동, 태도를 정확하게 묘사한 것인지 아닌지를 결정하는 질문 문항으로 이루어진 자기보고식 형식을 사용한다. 반면 로르샤하는 수검자가 여러 장의 잉크 반점 카드를 보고 그것이 무엇으로 보이는지에 대해 묘사하라는 지시를 받는다.

MMPI의 형식은 수검자가 자기 자신에 대해 갖는 개념 및 자신이 남들에게 어떻게 보일지와 같은 자기 표현에 대한 염려로 인해 검사의 데이터가 제한적일 것이라는 한계점이 있다고 여겨져 왔다. 예를 들어 Acklin(1993)은 다음과 같이 주장했다:

> MMPI는 자기보고식 검사 도구로, 방대한 범위의 질문 문항을 통해 수검자로 하여금 검사지의 확정된 응답 형식이라는 한도 내에서 심리적 자기보고를 할 수 있는 기회를 제공한다. K 교정 척도와 타당도 척도에도 불구하고, 이 검사는 개인이 자기 자신에 대해 보는 방식, 또는 남들에게 보여지고 싶어 하는 방식에 의해 지대한 영향을 받게 된다. 따라서 MMPI는 수검자가 자신에 대해 바라보는 시각이나 남들에게 보여지고 싶어 하는 관점 내에서 문제와 증상, 행동의 자기보고 범위를 평가하는 것이라고 말할 수 있다(p. 127).

성격평가 방식 중 자기보고 방식과 투사적 방식을 비교한 Meyer(1994)도 이와 유사한 주장을 했다. Meyer는 로르샤하 같은 투사적 검사 방식이 자신과 타인에 대한 무언의 표현/제시, 밑에 숨겨져 있는 느낌, 갈등, 그리고 역동에 대한 데이터를 생산해내는 반면 MMPI-2와 같은 자기보고식 형식은 "의식적인 자기인식과 언어로 중재된 자기표현"이라고 규정했다(p. 5). 다시 말해, 자기보고식이라는 검사의 형식 때문에 MMPI-2를 통해 습득한 정보는 결국 환자가 자기 자신에 대해서 알고 있는 만큼, 그리고 임상가가 자신에 대해 알아주기를 원하는 만큼까지로 제한된다고 결론 내릴 수도 있겠다.

MMPI-2가 자기보고식 검사 도구인 것은 사실이지만, 그럼에도 불구하고 MMPI-2의 결과를 단순히 수검자가 자신에 대해 말한 것으로 한정시켜 해석해서는 안 되는 몇 가지 이유가 있다. 우선 첫 번째로, MMPI-2의 임상 척도는 질문 문항의 내용 타당도와 안면 타당도에 기반해서 구성된 것이 아니라 경험적 기준에 근거한 접근 방식을 사용하여 구성되었다. 각 임상 척도의 질문 문항이 해당 척도에 포함된 이유는 특정한 장애의 진단기준에 해당하는 환자군이 그 질문 문항에 대해서 규범 집단이 응답한 것과는 다르게 응답했기 때문이다. 질문 문항들은 문항의 내용이나 문항이 준거 집단을 정확하게 묘사했는지의 여부와는 상관없이 척도에 할당되어 구성되었다. 예를 들어, Greene(1991)은 사이코패스들이 "나는 매우 독립적이었으며 가족의 규칙으로부터 자유로웠다"는 항목에 대해 얼마나 유의미하게 반응했는지를 연구했다. 이 질문 문항을 보면, 흔히 사람들은 사이코패스들은 규칙을 무시하는 특성이 있으므로 이 문항에 "그렇다"라고 응답할 것이라 생각하지만 실제 사이코패스들은 규범 집단보다 훨씬 더 빈번한 수준으로 "아니다"라고 응답했다. 이것은 사이코패스들이 실제로 가족의 규칙에 얽매이거나 제한되어 지냈음을 의미하는 것은 아니다. 경험적 측면에서 보면, 수검자가 자신에 대해 얼마나 정확하게 묘사하는지 보다는 특정한 응답과 그것에 해당하는 척도 사이에 경험적으로 입증된 연관성이 존재하는지가 더 중요하다. 따라서 수검자가 자기 자신에 대한 지식이나 자기 자신에 대한 특정한 정보를 흔쾌히 인정하는지의 여부는 중요한 이슈가 아니다; 중요한 것은 수검자가 특정한 심리적 특징들을 가지고 있는 환자군과 유사한 방식으로 응답했는지 아닌지의 여부이다.

두 번째로, Acklin과 Meyer에 의해 정리된 관점은, 예컨대 우울의 특정한 증상을 기술하는 몇 가지 질문 문항만을 담고 있는 우울증 체크리스트와 같은 표면적으로 타당한 도구의 경우에는 해당될 수도 있다. 하지만 앞서 논의되었던 것처럼, MMPI-2 해석은 환자가 응답해서 제출한 질문 문항의 안면 타당도에 의존하는 것이 아니라 해당 증상을 반영하는 특정한 척도의 상승 또는 코드타입과 관련된 경험적인 연구에서 보여진 심리적 특성에 대한 분석을 포함한다. 일련의 증상 및 이를 반영하는 척도 간의 이 같은 연관성은 증상, 문제, 또는 특징적인 행동에 대한 진단, 대인관계 기능의 패턴, 자아인식, 역동, 방어기제, 그리고 어떤 경우에는 가족 환경을 체크하는 간단한 체크리스트 수준 이상을 넘어서는 것이다(예: Gilberstadt & Duker, 1965). 즉, MMPI-2 프로파일은 실제 수검자가 567개 질문 문항에 응답한 내용 속에서 직접적이고, 명시적으로, 명쾌하게 표현되지 않은 개인의 심리적 기질에 대한 정보를 드러낼 수 있다. 결국 수검자 자신들도 의식적으로 인식하지 못하거나 거의 인식하지 못하고 있는 정보들뿐만 아니라 노출하고 싶어 하지 않는 정보들까지, 자신들이 스스로에 대해 공개한 모든 정보에 대해 인식하지 못할 가능성이 크다.

다시 말하면, 각각의 MMPI-2 코드타입과 연관된 심리적 특성, 기분 상태, 방어기제, 관심사와 역동들은 개개인이 의식적으로 "알고" 있는 것 또는 그들이 알아차리거나 인정하지 못하는 심리적 기능의 측면들에 대해 기꺼이 말하고자 하는 것 이상일 경우가 종종 있다는 것이다.

이러한 점은 일반적으로 임상적인 장애가 의식적인 인식으로부터 부인, 억압, 부정, 투사, 혹은 분리를 통해 고통스럽거나 수치스러운, 혹은 받아들이기 어려운 감정과 부정적인 자기인식을 방어하려는 노력의 산물이라는 것으로 알려졌기 때문에 중요한 의미를 갖는다.

예를 들어, 45세 여성인 N씨는 고통스러운 이혼 진행 과정에서 3명의 자녀들에 대한 양육권을 놓고 법정싸움을 하는 과정에서 법원으로부터 심리평가를 요청받은 사례이다. N씨는 남편이 집을 나갔을 때 스스로가 무책임하고 아버지로서 부적격자인 것을 이미 증명했으며, 이혼을 주장하고 이혼 법정 싸움을 시작한 것도 남편이라고 주장했다. 게다가 경제적으로도 몇 달 동안이나 생활비를 주지 않았다고 했다. N씨는 남편의 이 같은 행동을 봤을 때 자녀들의 장래와 관련된 어떠한 결정에도 남편이 관여하거나 개입할 수 있는 자격을 박탈하는 것이 마땅하다고 주장했다. 반면 남편은 N씨가 부모로서의 양육 능력에 대해 염려되고 의구심이 든다고 법원에 보고했다. 즉 그녀가 자제력을 잃어버렸을 때 분노에 가득 차서 아이들을 밀치고 때리면서 발로 차기까지 했으며 가구도 부숴버렸기 때문에 이 사건이 벌어지는 동안 자신이 N씨를 제지해야 했었다고 주장했다. 또한 그녀가 알코올과 마리화나, 코카인 등을 남용한다고 말했다. 하지만 N씨는 이 같은 혐의를 강력하게 부인했다. 판사는 두 사람에게 심리적 기능, 부모로써의 양육 역량, 그리고 향후 폭력적이고 공격적인 행동을 할 위험성이 있는지의 여부를 검사하기 위해 심리평가를 명령했다.

이 같은 맥락에서, 우선 여기에서는 N씨의 MMPI－2 프로파일만 제시했다(이 장의 맨 뒷부분에 실려있음). 이러한 결과는 개인이 자기보고식 평가에서 자신의 심리적 기능을 드러내기를 통제한다는 앞선 논의들과 직접적으로 연관된다. 타당도 척도의 배치를 보면, 그녀가 자신에 대해 심리적으로 건강한 사람이라는 인상을 만들어내려고 순진하게 시도함으로써 MMPI－2 결과가 왜곡되었음을 보여준다. 그녀는 자신에 대한 문제들을 축소하고 부인하면서 자신이 윤리적으로 도덕적이고 감정적으로는 안정적인 사람이라고 묘사했다. 이 같은 경우는 특히 심리평가의 결과에 의해 어떤 중요한 의사결정의 주요한 부분이 좌지우지되는 경우에 흔히 발생한다. N씨의 경우도 그녀가 자신의 긍정적인 특성을 강조하고 감정적이고 행동적인 문제들에 대해서는 부인하거나 축소시킬 충분한 동기가 있다.

이 같은 방어적인 응답 양상은 MMPI－2 임상 척도의 점수를 낮추는 효과를 가져온다. 즉 이것은 N씨가 솔직하고 열린 자세로 MMPI－2에 응답했더라면 그녀의 임상 척도 점수가 더 상승했을 것임을 시사한다. 그러나 자신의 심리적인 문제를 부인하려는 그녀의 노력에도 불구하고, 실제 4번 척도(반사회성)와 9번 척도(경조증)가 상승했다. 49/94 코드타입은 이 여성이 통상적인 사회적 가치와 기준을 현저히 무시하는 사람임을 묘사하고 있다. 이 코드타입이 보여주는 행동적인 특성은 즉흥적인 행동, 취약한 판단능력, 좌절에 대한 인내심 부족, 그리고 강렬한 분노감과 적개심 등을 포함한다. N씨는 양심의 발달이 미숙하고 현재나 과거에 반사회적인 행동을 했을 가능성이 있다. 특히 이 프로파일은 그녀가 좌절했을 때 스스로를 잘 제어하지 못하고 분노가 폭발할 가능성이 높다는 것을 시사한다. 게다가 49/94 코드타입은 이 척도가 현재 물질 남용을 결정적으로 변별해주는 것이 아니라 해도 알코올이나 다른 물질 남용 환자들에게서 흔히 나타나는 프로파일이다.

이 같은 간단한 요약은 N씨에 대해 MMPI-2로부터 얻을 수 있는 모든 것을 충분히 설명해주지는 못하지만, MMPI-2가 실제로는 개인이 자신에 대해서 말하고 싶어 하는 것과 남들이 자신의 심리적 특성에 대해 알기를 바라는 것 이상의 자료, 그것을 능가하는 정보를 제공하기도 한다는 것을 보여준다. 심리평가가 시행된 맥락을 고려할 때, N씨가 자신의 어떠한 문제에 대해서도 인정하지 않으려고 하고, 특히 자기통제, 분노 조절, 충동성, 그리고 알코올 남용 등에 대한 인정을 회피한다는 것은 충분히 이해할 만하다. 타당성 척도 형태에서 확인되었듯이, N씨가 인상을 관리하려고 기울인 노력에도 불구하고, 임상 척도 프로파일은 이혼 진행 과정에서 N씨의 입장에 상당히 치명적일 수 있는 정보들을 드러내고 있다. 이 예시는 MMPI-2로부터 취득한 정보, 특히 특정한 코드타입과 연관된 행동 특성이 개인이 자기 자신에 대해 가지고 있는 자기상이나 남들에게 투사되기를 원하는 이미지를 넘어서는 수준으로 자신의 심리적 기능에 대한 정보를 드러내는 경우가 많다는 것을 보여준다. 게다가 MMPI-2 코드타입의 임상적 연관성은 개인의 의식적 자각 바깥의 심리적 기능의 측면에 대한 중요한 통찰을 제공해줄 수도 있다. 이렇듯 MMPI-2와 로르샤하가 심리적 특성을 정확하게 묘사하고 규정하는 것에 기여하고 있음에도, 의식적 또는 무의식적 이유로 그 기여도가 축소되고 가려져 왔다. 이것에 대해서는 제5장에서 더욱 깊이 있게 다루어보겠다.

증상 대 역동

로르샤하를 지지하는 신봉자들이 MMPI-2와 관련해서 가지고 있는 한 가지 고정관념은 MMPI-2 데이터가 수검자에 의해 보고된 명시적인 행동과 증상을 묘사하기 위해서만 사용될 뿐이라는 점이다. 이런 고정관념의 가장 극단적인 형태는 MMPI-2 검사 결과가 개개의 환자들에 대한 고려 없이 지나치게 일반적인 방식으로 어떤 증상들이나 행동들을 함께 묶어놓은 것에 불과하다는 주장이다. 더 나아가 MMPI－2 데이터는 한 개인의 주제, 갈등, 그리고 방어기제들을 확인시켜주거나 기술해주지는 못한다는 시각도 있다. 이와는 반대로 로르샤하 검사의 개개인의 응답은 개인의 내면세계와 심리적 현실을 직접적으로 반영하는 것으로 여겨진다. 이 같은 태도는 다음과 같은 문구에서 파악할 수 있다:

> MMPI는 외견으로 드러나는 문제들, 증상들, 그리고 성격적 특성에 대한 이미지(像)를 제공한다 … 종합심리검사의 검사 항목에 로르샤하가 포함된 합리적 근거는 로르샤하가 MMPI보다 덜 구조화된 과제를 주기 때문이다. 과제가 덜 구조화된 경우, 수검자는 응답할 때 재량을 더 많이 갖게 되고 따라서 결과적으로는 보다 풍부한 임상적 자료를 얻을 수 있다 … 로르샤하는 MMPI가 밖으로 드러나는 외현화되는 증상과 문제들에 중점을 두는 것과는 반대로 성격의 구조와 역동을 설명하는 것에 최적화되어 있다(Acklin, 1993, p. 128).

이 같은 태도는 두 개의 하위그룹으로 나눠질 수 있다. 첫 번째는 임상가들의 이론적인 소속과 관련되어 있고, 또 다른 하나는 임상가가 두 가지 검사 도구에 대해 느끼는 편안함, 즉 도구 사용을 얼마나 편안하게 생각하는가의 부분과 관련되어 있다.

이론적 충성도

MMPI－2가 외적인 현실, 드러나는 행동, 그리고 증상의 수준 정도에 대한 정보만을 취합하는 반면 로르샤하는 수검자의 역동, 갈등, 그리고 방어기제를 포함한 내적인 현실 수준의 정보를 취합한다는 믿음은, 로르샤하가 정신역동적 지향점을 가진 실무자들에게 보다 적합한 도구이고 MMPI는 경험적 지향점을 가진 실무자들에게 적합한 도구라는 시각을 직접적으로 반영하고 있다. 그러나 우리는 이 두 가지의 검사 도구가 어떤 특정한 이론적 학파에 속하는지의 여부에 대해 자동적으로 추측해서는 안 된다. MMPI나 로르샤하를 역동적, 혹은 경험적 도구로 만드는 것은 검사 도구 자체가 아니라 도구를 사용하는 임상가이다. 즉 임상가가 도구를 어떻게 사용하는지에 따라 이 같은 차이가 만들어진다. 바꿔 말하면, 임상가의 철학이 검사 데이터가 어떻게 해석되는지를 결정한다.

예를 들어, 웩슬러 성인 지능검사(WAIS-R)와 웩슬러 아동 지능검사 제3판(WISC-III)(Wechsler,

1981, 1991)은 정신지체를 구별하고, 지적인 능력 수준을 분류하며 인지적인 강점과 약점의 영역을 측정하고 신경심리적, 정신의학적 방해의 결과로 인한 인지적 기능의 퇴보 여부를 변별해내기 위해 가장 광범위하게 사용되는 객관적인 검사 도구이다. WAIS-R과 WISC-III의 개발 및 구성은 동시 타당도와 준거 타당도를 확립하려는 시도뿐 아니라 검사 사례의 크기와 표준화 집단의 대표성, 그리고 신뢰도가 높다는 측면 때문에 격찬을 받아왔다(Anastasi, 1988). 이 같은 이유 때문에 일반적으로 웩슬러 척도는 객관적인 심리검사로서 웩슬러 이후의 검사 도구 개발에 기준을 제공한 모범 검사 도구로 여겨졌다.

웩슬러 척도가 객관적인 심리검사 도구이기는 하지만 어떤 심리학자들은 웩슬러 검사를 해석할 때 객관적인 접근법과 동시에 투사적인 접근법도 사용하여 해석한다(Allison, Blatt, & Zimet, 1988; Rapaport et al., 1945). 예를 들어, Allison과 그의 동료들(1988)은 WAIS의 소검사들이 분산되어 있는 패턴을 분석함으로써 수검자 개인의 자아 기능을 이해할 수 있다고 제안했다. 예를 들어, 이들의 주장에 따르면 소검사 중 상식 소검사와 어휘 소검사 사이에 심각한 차이가 있는 것은 특정한 방어기제나 성격 스타일을 반영하는 것일 수 있다고 말했다. 상식 소검사가 어휘 소검사 점수에 비해 현저하게 낮은 경우 다음과 같은 가능성에 대해 고려해봐야 한다는 것이다: 수검자의 주요 방어기제는 억압이며 이것이 개인으로 하여금 일반적인 지식을 습득하지 못하도록 방해한 것이거나 또는 기억장치에서 자료 검색을 방해하는 것일 수 있다. 이처럼 메모리 기능이 억압에 의해 차단되는 것은 히스테리성 성격 구조와 연관되는 경우가 자주 있다. 반면 어휘 소검사의 점수가 상식 소검사보다 현저하게 낮은 경우는 이와는 다른 가능성에 대해 고려해봐야 한다: 이런 개인은 지적인 성취에 높은 투자를 하고 세부사항에 지나칠 정도로 주의를 기울이거나 만약 그렇지 않다면 강박적 성격구조와 연관되는 꼼꼼한 특성을 보일 가능성이 있다. 그러나 Allison과 그의 동료들이 제안한 해석들은 대체로 개념적인 것으로, 경험적인 연구를 통해 충분히 지지되지는 않았으며, 대부분의 심리학자들이 사용하는 접근방법을 대표하는 것은 아닐 수 있다.

WAIS-R과 WISC-III에 대한 이 같은 다른 해석적 접근법에 대한 논의는 웩슬러 척도가 명확하게 객관적인 측정 도구이지만, 그렇다 하더라도 어떤 임상가들은 이 척도들을 투사적 측정용도로 사용하기도 하며, 이는 검사 도구를 개발한 개발자들이 애초에 의도한 목적과는 다르다고 해도 그것과 상관없이 일어나는 현상임을 강조했다. 이것이 강조하는 것은 어떤 검사 도구도 특정한 이론에 지향점을 두거나 그것과 본질적으로 연관된 것은 없으며, 다만 검사 도구를 활용하는 임상가가 어떠한 특정 이론의 틀을 선호하고 그것에 근거한 해석을 하는지에 달린 것이라는 점이다. 왜냐하면 임상가는 결국 그 이론적 틀과 일치되는 방식으로 검사 데이터를 해석할 것이기 때문이다.

로르샤하는 정신역동적 전통과 연계되어 있다고 흔히들 믿지만 로르샤하를 체계화하고 조직화하는 몇몇 사람들은 정신분석이론에 의존하지 않고도 로르샤하의 해석이 가능하다고 분명히 진술하고 있다(Rorschach, 1921/1942). 예를 들어, Piotrowski(1957)는 임상가들이 로르샤하를 해석하기 위해 특정한 이론적 틀을 고수할 필요가 없다는 입장을 고수했다. 이와 유사하게 MMPI는 전통적으로 비이론적인 것으로 여겨져 왔지만 어떤 심리학자들은 MMPI 데이터를 정신역동적 관점으로 해석하기도 한다(예: Trimboli & Kilgore, 1983). 바꿔 말하자면, 검사로부터 얻어진 데이터의 해석 방법을 결정하는 것은 검사 도구 자체가 아니라 성격 기능과 정신병리에 관한 특정한 이론적 틀 안에서 심리학자가 어떻게 해석하느냐에 달려있다는 것이다. 이 같은 주장을 Schafer(1954)는 약간 다른 방식으로 주장했는데, 그는 "임상적 심리검사 도구가 아무리 유익하다 해도 검사 도구는 스스로 생각하지 못한다. 결국 검사 도구가 성공적일 수 있도록 하는 것은 그것을 운용하고 안내하는 '임상가의 사고와 생각'에 온전히 달려있다. 즉 명확하고 구조화된 방식으로 할 것인가 혹은 함축적이고 비구조화된 방식으로 할 것인가에 대한 생각의 안내자가 되는 것이다"고 언급하였다(p. xi).

편안함

MMPI-2가 표면화된 행동 및 자기보고식 증상에만 한정된다는 믿음과 관련된 두 번째 이슈는 많은 임상가들이 MMPI-2를 다룰 때 불편감(discomfort)을 느낀다는 것이다. 마이클 리즈 병원에서 몇 년에 걸쳐 수련생들에게 실시했던 비공식적인 설문조사에 기반해보면, 임상가들 중 MMPI-2를 외면하는 사람들은 MMPI-2가 다음과 같은 방식으로 사용되기 때문에 외면하게 된다고 생각한다; 잘 만들어진 해석 매뉴얼 안에 기술되어 있는 해석들을 찾아본 다음, 특정한 척도 상승이나 코드타입에 해당하는 이미 기술된 문구를 복사하는 방식으로 해석한다는 것이다. 즉 심리학자는 종종 검사 결과의 정보를 특정한 환자에 대한 가설을 세울 수 있는 시작점으로 사용하기보다는 이미 잘 기술되어있는 매뉴얼의 내용 그 이상도 그 이하도 아닌 "이미 기술되어 있는" 내용만을 말해야 한다는 부담을 느낀다는 것이다. 이를 달리 표현해보자면, 어떤 임상가들은 MMPI 해석이

전 세계적으로 동일하고 유사한 내용이 담긴 매뉴얼에서 내용을 추출해내야 하며 그 이상의 해석은 허용되지도 않고 용인되지도 않는 것으로 본다는 것이다. 이들은 MMPI－2 데이터에 대해 추가적인 추론을 이끌어내기 위한 기반으로 사용하면 안 되는 것으로 본다. 게다가 임상가들이 컴퓨터가 생성해낸 보고서를 사용하게 되면, 표면상으로는 MMPI－2 전문가들이 해석해 놓은 축적된 지식과 지혜를 반영한 것이기 때문에 임상가가 직접 환자의 다양한 결과들을 충분히 생각하고 특정한 환자에게 어떤 것이 적용되어야 할지를 평가한 다음 그 환자의 역동을 설명하기 위해 결과들을 통합하려는 시도를 하는데 주저하게 된다고 했다.

물론 앞에 기술한 내용은 MMPI 데이터에 기반하여 환자를 설명할 때, 과거의 데이터와 다른 검사 결과, 그리고 임상이론에 대한 지식에 기반하여 생성된 추론으로 살을 붙여 임상적 해석을 발전시키는 과정에서 MMPI가 어떻게 사용될 수 있는지를 희화적으로 표현한 것이다. 예를 들어, Graham(1993)은 수검자의 증상, 특성, 주요한 욕구, 대처 전략, 자기개념, 그리고 대인관계 등을 설명하는 MMPI－2 데이터를 해석하는 접근법에 대해 세부적으로 묘사했다. 즉, 이 같은 행동과 문제를 이끄는 역동, 문제이면의 원인은 연관된 코드타입에 담겨있는 정보를 통해서나 혹은 “임상가가 행동, 성격, 그리고 정신 병리에 대해 가지고 있는 기본적인 이해”에 기반하여 원인과 역동에 대한 추론을 구성함으로써 설명된다(p.207). 예를 들어, Graham은 한 MMPI－2 프로파일은 수검자가 상처받는 것을 두려워하거나 타인들에 의해 이용당하는 것에 공포감을 갖고 있으며 그런 상황을 피하기 위해 타인들과의 감정적인 관여를 회피한다는 것을 보여준다고 지적했다. 그는 임상가가 이 같은 프로파일을 보면, 수검자가 어린 시절에 경험한 상처입고 이용당하거나 기만당했던 경험의 결과로 이처럼 공포에 가득 차고 남을 불신하는 태도를 발달시켰을 것이라고 예측할 수 있다고 말했다.

비록 Graham의 해석전략은 MMPI－2를 참고하여 제시되었지만, 이와 유사한 접근 방법은 로르샤하 해석에 대한 논의에서도 지지된다. 예를 들어, Lerner(1991)는 로르샤하 데이터의 해석은 첫 번째로 수검자 개인의 검사 응답과 검사 점수가 시사하는 것에서 시작되며, 그 다음에는 이 같은 결과들을 통합하여 보다 높은 수준의 추론과 이론적인 공식에 이르도록 하는 것이라고 제안했다. 이와는 상이한 용어로 표현하기는 했지만, Exner(1993) 역시 해석 과정에 대해 우선적으로는 검사 데이터를 검사한 후, 데이터에 기반한 가설을 수립하고, 이렇게 추출된 결과들을 통합하여 “환자의 심리에 대한 임상적

개념화를 하며 … [그 과정에서] 임상가들은 특정한 데이터를 뛰어넘는 명제를 기반으로 한 상태에서, 그 명제에 자신들의 연역적 논리와 인간의 행동, 그리고 정신병리에 대한 지식을 더하여" 해석 과정을 진행한다고 언급했다(pp. 325-326).

이것은 임상적 해석의 과정이 심리검사 도구의 종류와 상관없이 매우 유사하다는 점을 의미한다. 우선 임상가는 첫 번째로 검사 데이터와 특정한 검사 결과의 점수가 중요하고 해석할만한 내용인지를 확인한다. 그런 다음 두 번째로 데이터의 상관성을 확인한다(예: MMPI-2의 4번 척도가 상승한 것은 권위상에 대한 불편감과 어려움, 양심의 발달이 미숙한 점, 충동성, 그리고 대인관계에서 타인을 조종하는 것을 시사함; 로르샤하 DEPI=positive, C'=4, V=3이 시사하는 것은 임상적으로 의미 있는 수준의 우울감, 사건에 대한 부정적이고 회의적인 시각, 자기비판적인 태도, 그리고 죄책감을 시사하는 것임). 그런 다음 임상가는 해석 과정의 초기 단계에서 얻은 다양한 정보를 구조화하고 통합하려는 시도를 한다. 그러면 이 같은 결과들에 대한 가설은, 연관된 결과들에 기반하든, 아니면 성격기능, 행동 그리고 정신병리에 대한 임상가의 지식에 기반하든, 이러한 가설은 만들어질 수 있다. 이 같은 가설들을 통해 심리학자는 데이터 자체 안에 담겨있는 것 이상의, 데이터 안의 내용을 능가하는 수준으로 해석을 확장시킬 수 있게 된다.

그렇지만, 앞서 지적된 바와 같이 많은 임상가들은 MMPI－2를 사용할 때 이처럼 높은 수준의 추론을 하면 안 되고 대신 해석 매뉴얼에 나와 있는 "사실"이나 컴퓨터가 생성해 낸 해석 안에 얽매여 있다고 느끼는 것 같다. 즉, MMPI－2의 객관적인 특성 때문에 자신들의 임상적 지식과 이론을 사용해서 스스로 생각하지 못하도록 하는 것 같다고 느끼는 반면 로르샤하는 주관적이고 기본적으로 "모호한 특성"을 가지고 있지만 이것이 오히려 보다 더 창의적으로 해석할 수 있도록 허용하는 것으로 느끼고 있다. 이런 이유 때문에 로르샤하를 사용할 때 임상이론에 기반한 추론들을 내리는 것을 훨씬 더 편안하게 느낀다고 했다.

로르샤하를 사용하는 몇몇 임상가들은 이와 유사한 느낌들, 즉 로르샤하의 종합체계가 규정하는 점수 채점과 해석에 대한 명확한 가이드라인 때문에 자신들이 제한되는 느낌이 든다고 표현했다(Aronow, Reznikoff, & Moreland, 1995; Sugarman, 1991). 종합체계를 통한 심리 측정계에서 로르샤하가 어렵게 이뤄낸 신뢰도에도 불구하고, 이 같은 임상가들은 심리검사의 특수하고 전문적인 용어들이 어떻게 보고서에 반영되고 임상장면에서 매일 접하는 이슈들과 어떻게 관련되는지를 모르기 때문에 종합체계에 대한 흥미를 잃어버렸다(Kleiger, 1992). 아마도 이것은 Exner의 접근법이 로르샤하의 정신역동적 접근이 아닌

명백히 비이론적이면서, 특정 이론으로 직접 설명될 수 있는 구성 및 용어들로 만들어지지 않았기 때문으로 보인다.

MMPI−2나 로르샤하 종합체계 중 그 어느 것도 임상가가 검사 데이터와 임상이론, 그리고 행동이나 정신병리에 대한 지식을 사용하여 개인의 심리적 구조, 방어기제, 역동, 발달, 의미, 그리고 비적응적인 행동 패턴의 결과에 대한 보다 높은 수준의 추론을 이끌어내는 것을 방해하지는 않는다. 이것은 앞서, 검사 해석에서의 심리학자의 역할과 관련된 입장과도 일치된다. Schafer(1954)의 주장을 다시 풀어 보면, MMPI−2와 로르샤하는 스스로 생각하지 않는다; 임상가가 생각하고, 구성하고, 통합하여 검사 결과가 제시한 데이터에 대해 추측한다. 그럼에도 불구하고 MMPI−2와 로르샤하 데이터가 말하는 내용에 대해 임상가가 내리는 결론의 정확성과 유용성은 그들의 추론이 검사의 방법론과 경험적으로 지지된 해석 전략에 확고하게 뿌리를 두고 있을 때만 향상될 수 있음이 강조되어야 한다.

객관성 대 주관성

역사적으로 MMPI−2와 로르샤하는 객관적이고 투사적인 성격검사 도구일 뿐만 아니라 각각이 성격평가의 객관적이고 투사적인 방법에 대한 예시로 설명되어 왔다. 객관적, 투사적 접근법 사이의 차이점은 객관적 검사는 실제적이고 사실에 기반을 둔 정보를 제공하는 반면 투사적 검사는 주관적인 정보를 제공한다는 점을 함축한다. 로르샤하가 주관적인 데이터를 제공하고 MMPI−2 데이터가 사실에 기반을 둔 것이라는 점을 수용하기에 앞서 우리는 각각의 검사 도구가 얼마나 객관적이고 얼마나 주관적인지에 대해 고려해야 한다. 각 검사 도구의 형식, 자극, 점수 채점, 해석 등 몇몇 차원의 객관적/주관적 특성에 대해 우선 살펴보겠다.

검사 자극

확실히 MMPI−2의 자극과 로르샤하의 자극제는 매우 다르다. MMPI−2의 경우, 수검자는 "나는 기계관련 잡지를 좋아한다"와 같이 매우 직설적이고 명확한 일련의 문항들을 읽고 응답해야 한다. 이와는 반대로 로르샤하의 잉크 반점은 상대적으로 모호한 것이라고 간주하기 때문에 수검자는 반점을 매우 개인적이고 주관적인 태도로 해석하게 된다.

비록 많은 MMPI-2 문항이 명확하고 직설적이지만, 수검자들이 MMPI-2의 문항에 응답을 할 때 "문항을 해석하지 않을 것"이라고 짐작하는 것은 실수일 것이다. 예를 들어, Greene(1991)은 많은 MMPI-2 검사 문항에 대해 수검자들이 검사 문항을 어떻게 서로 다르게 해석하는지, 각자가 주관적이고 지극히 개인적인 방식으로 읽을 수 있는 가능성은 어느 정도일지에 대해 논의하였다:

> 예를 들어, 검사 문항 중 "나는 자주 두통을 앓는다"에 대해 사람들은 각자 "자주"의 의미를 다양하게 해석할 가능성이 있다. 즉 "자주"는 사람에 따라 하루에 한 번, 일주일에 한 번, 혹은 한 달에 한 번처럼 서로 다르게 해석하고 각자의 해석에 따라 "그렇다" 혹은 "아니다"로 응답한다. 따라서 어떤 수검자는 이 문항에 대해 자신은 한달에 한 번 정도 두통을 앓으면서도 (자기 기준에 따라) "그렇다"라고 응답한 반면; 또 다른 수검자는 이 문항에 대해 일주일에 한 번 정도만 두통을 앓기 때문에 "아니다"라고 응답할 수 있다. 따라서 이러한 검사 문항 속에 내재된 모호성 때문에 수검자의 진실한 자기묘사를 알아내기가 지극히 난해하다. 왜냐하면 특정한 검사 문항에 응답하는 사람과 수검자를 평가하는 관찰자가 동일한 질문 문항의 내용에 대해서도 서로 다른 각자의 기준으로 해석할 것이기 때문이다(p.9).

이와 유사한 주장이 Weiner(1993)에 의해 제기되었는데, 자기보고식 검사의 문항, 예를 들어 "나는 종종 화가 나서 이성을 잃는다"와 같은 문항에 대해 응답할 때 주관적으로 해석할 가능성이 어느 정도인가에 대해 논의하는 과정에서 이 같은 주장이 제기되었다. Weiner는 사람들마다 "이성을 잃는다"는 말이 무엇을 의미하는 것인지에 대해 각자의 개념이 다르다고 주장했다. 온순하고 감정표현을 꺼리는 내성적인 사람은 이성을 잃는 상황에 대해 자신이 목소리를 높여 말하는 상황이라고 여기는 반면, 또 다른 사람은 화가 나서 소리를 지르고 책상을 마구 치는 행동조차도 자신의 의사를 적절하게 주장하는 것일 뿐 공격적인 것은 아니라고 여길 수 있다. 그뿐만 아니라 Weiner는 수검자가 이성을 잃는 상황에 대해 어떻게 규정하는지와는 별개로 이성을 잃는 경우가 빈번하게 일어나는지, 혹은 드물게 일어나는지를 결정하기 위한 기준점이 제공되지 않았음도 지적했다. 수검자들은 어느 정도로 "종종"이어야 "종종"으로 표기할 것인지에 대해 매우 다양한 기준을 가지고 있다. MMPI는 "종종"이 의미하는 횟수가 일주일에 1회 이상 일어나는 것을 말하는 것인지, 매주 1회를 말하는 것인지, 아니면 매달 1회를 의미하는 것인지에 대해 규정하지 않고 있다. Greene과 Weiner의 예시는 수검자 개개인이 MMPI-2

의 문항을 주관적인 방식으로 해석하는 것뿐만 아니라 수검자들이 문항에 대해 개인적이고 주관적으로 이해하는 것 또한 실제로는 진단 과정의 필수 불가결한 부분이라는 점을 설명하고 있다.

로르샤하와 MMPI-2의 검사 자극은 아주 판이하다. MMPI-2 문항, 예를 들어 수면이 규칙적인가 혹은 불규칙한가 혹은 자신의 건강에 대해 염려하는가와 같은 문항이 사람에 대한 특정한 사실을 이끌어 내기 위해 엄선된 진술이라고 특징지어질 수 있는 반면 로르샤하의 자극은 종이 위에 잉크를 찍어 눌러서 만들어진 예술적으로 보이는 디자인이다. 이처럼 추상적인 디자인 중 몇몇은 흑백으로 되어있고 몇몇은 유색으로 이루어져 있다. 이 같은 이미지들은 명확하지 않고 특정한 것에 대한 정확한 묘사도 아니다. 그럼에도 불구하고 사람들은 잉크 반점 속에서 무언가와 닮은 눈에 띄는 대상, 사람, 혹은 동물들을 쉽게 찾아낼 수 있다. 어떤 경우는 찾아낸 이미지가 실제 이미지와 매우 흡사하기도 하고 어떤 경우에는 전반적인 인상을 보여주는 선에 머물기도 한다. 전통적으로 이 같은 디자인을 성격검사에 사용할 수 있는 합리적인 근거는 수검자가 모호한 자극에 반응할 때, 숫자적 측면과 다양성 측면 모두에서 거의 무제한에 가깝게 응답할 수 있다는 점 때문이다. 그리고 수검자가 이같이 체계적이지 않은 이미지를 인식하고 구조화하고 해석하는 방식이 그들의 욕구, 방어기제, 갈등, 그리고 사고 과정과 같은 의식적, 무의식적인 심리적 기능의 본질적인 측면을 반영하는 것이라고 여겨진다(Frank, 1939).

Exner(1991)는 잉크 반점이 흔히 추정하는 것처럼 그렇게 모호한지를 조사한 여러 연구 결과들을 제시했다. 이 연구 결과들을 통해 밝혀진 것은 로르샤하의 이미지들이 완전하게 모호한 것이 아니며, 각 카드는 특정한 자극제를 가지며 만약 잉크 반점이 바뀌면 자극도 바뀐다는 것이다. 예를 들어, 카드 I에 대한 가장 일반적인 응답은 날개가 달린 동물, 즉 박쥐나 나비 같은 동물이다. 어떤 연구에서는 24명의 수검자들에게 카드 I를 24초간 보여준 다음 카드 I에 대해 적어도 4개의 응답을 적으라고 했다. 두 번째 수검자들에게는 카드 I의 변형된 버전, 즉 날개가 달린 부분이 없어진 그림을 24초간 보여준 후 적어도 4개의 응답을 적으라고 했다. 표준 잉크 반점 카드를 본 모든 수검자들은 날개가 달린 대상을 포함하는 응답을 한 개 혹은 그 이상으로 보고한 반면 변형된 카드를 보았던 그룹에서는 단 한 명의 수검자만이 날개가 달린 대상을 보았다고 응답했다. Exner는 다른 카드의 경우에서도 이미지가 변경되면 그 카드에 대한 응답 역시 상당한 수준으로 바뀐다는 것을 발견했다. 예를 들어, 카드 IV에 대한 가장 흔한 응답은 사람이나 사람과 유사한 모습을 포함한 응답인데, 세부적인 부분 하나(D1)가 카드에서 사라지 인간 반응의 빈도수가 상당히 증가하였다. 이와 유사한 발견점을 기반으로 해서 Exner는 잉크 반점이 전적으로 모호한 것은 아니라는 결론을 내렸다. 잉크 반점들이 특정한 대상을 정확하게 묘사하는 것은 아니지만, 다른 것보다는 카드를 조직화하는 방식이나 특정한 지각을 만들어 낼 수 있는 분명한 특징을 가지고 있다는 것이다.

따라서 MMPI-2 자극은 흔히 생각되는 것처럼 완전히 객관적인 것이 아니며, 로르샤하 자극은 완전하게 주관적인 것이 아니다. 각 검사의 자극에 담겨있는 주관성과 객관성에는 수준이 있다. 양 검사 모두의 경우, 수검자의 심리적 기능에 대한 정보를 제공하는 데이터를 취득한다는 측면에서 중요한 것은 수검자가 자극에 응답하는 방식이다.

채점과 해석

로르샤하 검사는 실시하고 채점하고 해석하는데 서로 다른 접근법이 존재한다. Exner(1969)는 종합체계가 개발되기 전에 미국 내에서 사용되는 주요한 로르샤하 시스템이 적어도 5개가 있었다고 강조했다. Beck, Hertz, Klopfer, Piotrowsky 그리고 Rapaport-Schafer 시스템들이 바로 5개의 로르샤하 시스템이다. 이 시스템들을 비교한 이후에 Exner(1986)는 결론지었다:

> 시스템 간 차이의 폭이 매우 컸기 때문에 로르샤하의 개념은 현실적이라기보다는 차라리 신화에 가까웠다. 사실 5개의 매우 다르고 독특한 로르샤하 검사가 존재했던 셈이었다. 5개 검사들은 동일한 잉크 반점 카드, 즉 스위스 자극 카드를 사용한다는 점에서 유사했고 검사들 모두 로르샤하의 오리지널 점수와 기본 해석법을 차용하고 있지만 그 중 일부는 각 시스템 만의 방식에 의해 독특하게 윤색되었다(p. 19).

이러한 로르샤하 시스템들, 특히 내용 해석에 상당히 의존하는 시스템들은 적합한 심리 측정적 속성이 부족하다는 이유, 즉 채점과 검사 해석시 평가자 간 신뢰도가 취약하다는 점 등의 이유로 냉혹한 비판을 받아왔다(Jensen, 1965; Peterson, 1978). 이 같은 비판들은 초기 로르샤하 방식의 심리 측정적 속성에 심각한 한계가 있다는 것에 대한 관심을 불러일으켰다. 사실 어떤 비평가들은 초기의 로르샤하 시스템을 너무도 부정적으로 평가한 나머지 로르샤하는 버려야 하는 도구라고 제안하기도 했다. 예를 들어,

Jensen(1965)은 로르샤하의 경험적인 위상을 점검해본 후 단호하게 결론을 내렸다:

> 임상적 도구로써 로르샤하는 실제적이고 실용적인 효용성을 증명하기 위해 전문가들이 다뤘음에도 불구하고 부적절한 신뢰도와 빈약한 타당도를 드러내 보이고 있다. … 로르샤하에 왜 여전히 많은 추종자들이 있고 왜 여전히 널리 사용되고 있는지에 대한 질문은 또 다른 문제이고 이 논평에서 다루는 범위를 넘어선다. … 임상 심리학의 발전 속도는 로르샤하를 얼마나 빨리 버리느냐에 따라 그 속도와 철저함이 측정될 수 있을 것이다(p. 509).

초기 로르샤하 시스템을 비판하던 사람들은 로르샤하의 신뢰도를 구성하는 제한된 데이터만을 공격한 것이 아니라 로르샤하의 타당도를 뒷받침하는 데이터 역시 제한되어 있으며, 따라서 제대로 된 임상적 해석의 기반 역시 제한되어 있다고 비판했다. 예를 들어, Anastasi(1988)는 검사 데이터를 채점하고 해석하는데 있어서 객관성이 부족하다는 이유로 일반적인 투사검사 방식을 비판했다. Anastasi는 검사 해석이 보편적인 투사검사 방법처럼 주관적인 방식에만 의존할 경우 심각한 위험성이 존재한다고 결론 내렸다. 빈약한 평가자 간 신뢰도와 연관된 위험성에 더해,

> 가장 불편한 암시는 점수를 해석할 때 수검자에게 검사 자극이 투사적인 것만큼이나 검사자에게 있어 점수의 해석 역시 투사적이라는 사실이다. 바꿔 말하면, 투사적인 검사에서의 응답에 대한 최종적인 해석은 수검자의 성격 역동보다는 검사자의 이론적인 지향, 선호하는 가설, 그리고 검사자의 성격상 특이점을 더 많이 드러내기도 한다(p. 614).

지난 몇 십년간 Exner의 연구는 과거의 로르샤하 시스템이 가지고 있었던 제한점과 한계들을 수정하고자 탄탄한 경험적 기반에 근거하여 로르샤하 실시와 채점, 해석할 수 있게 하는 포괄적이고 통합적인 시스템을 구축하는 일에 온전히 헌신하였다. 로르샤하 종합체계가 가지고 있는 여러 강점들 중에서도 단연 눈에 띄는 강점은 검사자 영향을 줄이고 검사자들 간의 비교 가능성을 높이기 위해 검사 시행의 표준절차와 확연하게 명료해진 규칙을 사용했다는 점이다. 이에 더해 응답을 채점하기 위한 기준 또한 상당히 구체적이고 세부적으로 설명되어 있다. 이 같은 기준만 따르게 되면, 채점 시 평가자 간 신뢰도는 매우 높은 수준으로 상승한다. 예를 들어, Exner(1993, p. 138)의 연구를 보면,

평가자 간 동의 수준이 90%였는데, 첫 번째 시험에서는 로르샤하 변인 32개 중 28개 이상에 동의했고 두 번째에는 앞서의 32개 변인 중 31개에 동의했다. 나머지 변인들의 평가자 간 신뢰도는 88%와 동일한 수준이거나 더 높았다. 실제로 종합체계에는 어떤 카테고리에 대한 평가자 간 동의가 .85 이상으로 신뢰할 만한 수준의 입증이 되지 않으면 채점 카테고리에 포함시키지 않았다(Exner, 1986, p. 23). 따라서 종합체계에서 규정한 절차에 따라 검사가 시행되고 채점된다고 가정할 경우, 수용할 수 있는 수준의 평가자 간 신뢰도가 확립된 것이라고 말할 수 있다.

로르샤하 종합체계는 또한 로르샤하 데이터에 대해 경험적으로 증명된 해석을 확립했다는 측면에서 괄목할 만한 진보를 이루었다. Exner와 그의 동료들이 연구한 내용의 주요한 요지는 로르샤하 변인들과 관련된 의미 있는 행동적 특성을 확인해온 것이다. 로르샤하 데이터의 외적 타당도를 수립하기 위한 노력은 두 가지 방식으로 전개되었다. 첫 번째 접근 방식은 개별 로르샤하 변인과 추가 검사 변인들 사이의 관계를 검토해보는 것이다. 이 방식의 한 예는 과잉통합(Zd > +3.5)과 과소통합(Zd < -3.5) 사이의 차이와 관련된 연구이다. 몇몇 실험적인 과제에서 발견된 점들을 보면, 과잉통합과 과소통합은 수검자들이 새로운 상황과 문제에 어떻게 접근하는지의 부분에서 주요하게 차이가 난다. 과잉통합은 과소통합에 비해 보다 더 조심스럽고 신중하며 철저하다. 그러다보니 더 효과적인 것은 아니지만 결과적으로 더 느리다(Exner, 1993).

수검사의 재질 반응수의 차이 연구에서는 T가 다른 사람과 더 가까워지기를 바라는 수검자의 욕구와 관련 있다는 것을 임상적 관찰을 통해 보여주었다. 규범적으로 볼 때, 일반인들은 오직 1개의 재질 반응을 할 것으로 예상된다. 따라서 T ≧ 2일 때는 친밀감에 대한 증가된 욕구를 시사한다. 최근에 별거하거나 이혼한 수검자 집단을 안정적으로 관계를 맺고 있는 통제 집단과 비교해 보면 이 같은 해석이 지지된다. 쉽게 예측할 수 있듯이, 이혼한 집단은 통제 집단과 비교했을 때 상당히 많은 T 응답을 보였다. 반대로 T=0인 경우에는 타인과의 관계에 있어서 신중하고 속마음을 드러내지 않으며 무심하게 접근할 것으로 예측된다. 왜냐하면 T가 없다는 것은 개인이 타인에 대한 기본적 신뢰감이 부족하다는 것을 시사하기 때문이다. 이 결과는 아이들을 대상으로 한 연구에서 확인되었다. 즉 안정적인 가정에서 자란 아동들과 위탁가정에서 생활한 지 14개월이 안된 아동들을 비교한 연구의 결과, 친부모와 함께 사는 아동들에 비해 위탁가정 아동의 그룹에서 T 응답 수가 더 적었다. 게다가 32명의 통제 집단 아이들 중 T=0 반응을 한 아동은 3명이었던 반면 여러 위탁가정을 거치면서 지내온 위탁아동 32명 중 T=0 반응을 한 아동은 20명이나 되었다. 실험실 장면에서, T=0인 피실험자들은 T가 있는 피실험자들보다 실험자들 혹은 실험의 협력자들에게서 멀리 떨어져서 앉는 반면 T의 개수가 상승한 피실험자들은 검사자에게 최대한 가까이 앉았다(Exner, 1993). 이 같은 연구들은 로르샤하 해석이 직관이나 입증되지 않은 임상적 구전설화가 아닌 경험적 결과에 기반한 것임을 여실하게 보여준다.

이러한 로르샤하 데이터 분석의 두 번째 접근은, 특정한 심리적 특징을 가진 수검자 집단을 선정한 다음, 준거 집단과 정상인 집단, 그리고 준거 집단과 다른 환자군 집단을 변별해주는 로르샤하 변인들의 집합을 확인하는 방식으로 진행되었다. 정신분열병 지표(SCZI), 우울증 지표(DEPI), 그리고 과잉경계 지표(HVI)는 이 같은 접근 방식으로 개발된 지표들이다. 이 같은 방식은 개념적으로는 MMPI의 척도들을 개발하는 과정에서 사용된 접근법과 동일하다는 점에 유의해야 한다. 따라서 위와 같은 지표들이 positive일 경우에는 수검자가 특정한 심리적 특성을 가진 준거 집단이 보여주는 특성의 일부 혹은 많은 부분을 지니고 있음을 강력하게 시사한다. 만약 해석이 경험적으로 지지되는 점수와 지표에 기반해서 내려진다면, 로르샤하 해석은 주관적이라거나 지론을 반영한다는 이유로, 또는 수검자의 심리적 구조의 핵심적 측면을 확인하는 것이라기보다는 검사자 개인의 독특성을 반영한다는 이유로 묵살되지 않을 것이다. 종합체계에 대한 지식이 있는 관찰자들이 로르샤하 데이터에 대해 해석을 내렸을 때는 그 해석내용에 대해 더 높은 수준의 인정과 동의를 할 필요가 있다. 왜냐하면 현재의 로르샤하 데이터 해석은 경험적인 연구에 기반해서 명확하게 명시된 결론을 담고 있는 것이기 때문이다.

종합체계로 인해 만들어진 로르샤하 방법론의 진전은 로르샤하 검사 도구가 인정할만한 수준의 평가자 간 신뢰도를 얻을 수 있게 하는 결과를 낳았다. 게다가 로르샤하의 해석도 이제는 MMPI-2의 척도들을 개발할 때 사용되었던 방식과 유사한 경험적 기준 접근 방식에 기반한다. 앞서 모두 언급되었던 것처럼, 종합체계를 사용하는 현재의 로르샤하 방법론은 더 이상 주관적이고 포괄적인 인상을 보여주는 것으로 여겨지지 않는다. 대신 해석에 있어 확실한 심리 측정적 기반을 가지고 있으며 경험적으로 유도된 기반을 가지고 있는 것으로 여겨진다. 기존의 로르샤하 시스템이 취약한 심리 측정적 특성을 가지고 있다고 비평하던 Anastasi(1988)도 종합체계가 표준화된 검사실시, 채점, 해석 절차와 평가자 간 신뢰도, 점수의 시간적 안정성, 구성 타당도에 역점을 둔 것은 "로르샤하에 새로운 생명을 불어넣었다"고 결론 내렸다(p. 599). 종합적으로 봤을 때, 경험적 토대가 취약했던 과거의 로르샤하 시스템이 더 이상 임상에서 시행되는 표준검사 방식이 아니며, 현재는 로르샤하 종합체계가 사용되고 있기 때문에 MMPI-2와 로르샤하 종합체계 사이의 "객관적/주관적 차이"는 더 이상 중요한 이슈가 아닌 것으로 보인다.

인상관리

로르샤하 지지자들은 두 검사 도구의 응답 형식에 차이가 있기 때문에 로르샤하보다 MMPI-2가 인상관리(impression management)에 더 민감하다고 주장한다. MMPI-2 자극은 안면 타당도를 가지고 있기 때문에 쉽게 조작할 수 있는 것으로 여겨지는 반면 로르샤하에서는 특정한 인상을 어떻게 만들어내는지가 명확하지 않다. 어떤 사람은 로르샤하가 MMPI-2보다 덜 명확하기 때문에 "MMPI-2 프로파일에서는 잘 알려져 있는 인상관리"의 가능성이 로르샤하 검사에서는 줄어든다고 결론내릴 수 있을 것이다(Acklin, 1993). 예를 들어, 만약 누군가가 자기 자신을 편집형인 사람으로 보이게 하려고 시도한다면 편집적 사고, 피해망상 등과 관련되어 있는 모든 MMPI-2의 질문 문항에 일관되게 응답하는 것이 쉬울 것이다. 그러나 로르샤하의 과잉경계 지표(HVI)를 상승시키는 것은 더 어려울 수 있다. 왜냐하면 HVI 지표를 구성하는 구성요소들 중 많은 부분이 분명하게 드러나지 않는 것이기 때문이다. 만약 어떤 사람이 로르샤하에서 편집형인 사람처럼 보이게 하려면 검사 과정에서 어떤 재질 반응(T)도 해서는 안 되고, 동시에 신중하고 조심스럽고 세부적인 것에 방심하지 않고 주의를 기울이면서 사람들에 대해 과도한 경계를 하고 있음을 나타내는 로르샤하 기호(sign)에 대한 지식이 있어야 한다.

로르샤하가 자신에 대한 인상을 만들려는 의식적인 시도에 휘둘리지 않는다는 믿음은 투사적 검사 도구에 대한 전통적인 시각을 충실하게 따른 것이다. 투사검사에서 쓰이는 애매모호한 자극은 수검자의 무의식적 과정을 자극하는데, 사전적으로만 해석하자면 의식적으로는 통제되지 않으며 그렇기 때문에 의도에 의해 조작되지 않는다고 추정되어 왔다. 그러나 이 같은 추정은 경험적으로는 지지되지 않았다. 예를 들어, Exner(1991)는 로르샤하에 대한 수검자의 응답이 검사자에 의해 소개된 특정한 응답 세트에 의해 어느 정도까지 바뀔 수 있는지에 대해 검사해보았다(pp. 113-115). 한 연구에서, 사회적 민감도에 대한 연구를 위해 대상자를 모집하였다. 대상자들은 3개의 그룹으로 나뉘어졌고, 첫 번째 그룹의 대상자들은 타인에 대해 민감한 사람들은 협력적인 운동을 포함한 반응을 쉽게 본다는 말을 들었다. 두 번째 그룹은, 타인에 대해 민감한 사람들은 공격적인 운동을 포함한 반응을 쉽게 본다고 안내받았고, 세 번째 그룹은 타인에 대해 민감한 사람들은 병리적인 내용을 담은 반응을 잘 본다는 안내를 받았다. 예측한 대로 이 같은 안내는 세 그룹의 대상자들에게 영향을 끼쳤다. 첫 번째 그룹의 대상자들은 협력적인 운동을 포함한 응답을 더 많이 했고, 두 번째 그룹의 대상자들은 공격적인 운동을 포함한 응답을 더 많이 했다. 그리고 세 번째 그룹의 대상자들 역시 병적인 내용을 담은 응답을 더 많이 했다. 이 같은 결과는 로르샤하에 대한 응답이 과거에 가능하다고 생각했던 것보다 훨씬 더 강력한 수준으로 의식적인 반응에 의해 영향을 받을 수 있다는 사실을 지적했다.

Perry와 Kinder(1990)은 로르샤하 응답이 의도적으로 왜곡될 수 있는지의 여부를 검사한 연구들을 검토해보았는데, 그 결과, 방법론적인 한계점과 현존하는 연구 결과들 사이에 일관되지 않은 부분들이 많아 결국 확실한 결론을 얻을 수 없었다고 평가했다. 이 검토 이후에 진행된 연구들에서는, 정신분열병(Netter & Viglione, 1994; Perry & Kinder, 1992)과 외상 후 스트레스 장애(PTSD) 등을 포함한 특정한 장애에 대해 안내받은 대상자들이 자신이 안내받은 장애와 일치되는 방식으로 로르샤하 응답을 바꾸는 것이 가능하다고 제안했다. 그러나 앞의 연구에서 PTSD로 꾀병을 부리라고 안내받은 대상자는 실제 PTSD 환자들과 중요한 측면에서 차이가 있었다(Frueh & Kinder, 1994). 특정한 장애로 안내받은 대상자의 MMPI－2 결과도 이와 유사하였다(Wetter, Baer, Berry, Robinson, & Sumpter, 1993). 그러나 로르샤하 시뮬레이션 연구의 한 가지 한계점은, 연구에 참여한 피실험자들이 꾀병을 부리고자 하는 동기가 사람들이 실제 삶 속에서나 임상 상황에서 꾀병을 부리고자 하는 동기와는 다르다는 점이다. Ganellen, Wasyliw, Haywood, Grossman(1996)은 범죄 피의자들을 두 개의 집단으로 나누고 그들의 로르샤하 프로토콜을 비교해보았다. 즉 MMPI에 솔직하게 응답한 집단과 MMPI에도 꾀병을 부리고 솔직하게 응답하지 않은 두 개의 집단으로 나누었더니, 꾀병부렸던 집단이 자신에게 심각한 정신 장애가 있고 정신병 때문에 고통 받고 있는 것처럼 보이게 하려고 애를 썼음에도 불구하고 두 집단의 정신병과 관련된 로르샤하 변인들은 다르지 않았다.

앞서 논의된 연구들은 로르샤하가 정신병리를 의도적으로 조작하거나 과장하려는 시도에 얼마나 취약한지의 여부에 초점을 맞추었다. 이와는 달리 로르샤하가 정신병리를 부인하거나 축소해서 보고하려는 시도에 어느 정도까지 영향을 받을 것인가에 대한 의

문도 있다. 이와 관련해서 몇몇 연구가 있었는데, 이들은 문제를 부인하거나 축소하려고 시도할 경우 로르샤하에 미치는 영향에 대해 검사해보았다. 그 중 몇몇 연구 결과들은 fake－good 상황이 아닌 표준검사상황하에서 시행된 로르샤하의 프로토콜은 다르지 않았다고 보고했다(Carp & Shavzin, 1950; Fosberg, 1938, 1941). Seamons, Howell, Carlisle, Roe(1981)은 주립 교도소에 수감되어있는 수감자들을 두 집단으로 나누어 검사를 실시했다. 한 집단에게는 정신적으로 아프지 않고 잘 기능하고 적응하는 것처럼 보이도록 하라고 지시했다. 허위로 좋은 상태인 것처럼 검사하라는 지시를 받은 대상자들은 전형적이고 흔히 기대되는 응답들을 더 많이 한 반면 특이한 응답, 일탈적인 응답, 극적인 내용을 담은 응답은 더 적게 했다. Ganellen(1994)는 업무 복귀를 할 수 있는지 여부를 파악하기 위한 진단의 일환으로 로르샤하 검사를 실시한 비행기 조종사들의 로르샤하 프로토콜을 검사했다. 조종사들 모두 MMPI와 임상 면접에서 매우 방어적인 태도를 보였음에도 불구하고 그들의 로르샤하 프로토콜은 상당한 정서적 스트레스와 자기 비판적인 생각, 그리고 대인관계에서 어려움들을 겪고 있다는 사실을 여지없이 드러냈다. Ganellen(1994)는 어떤 경우에는 방어적 대상자들이 로르샤하에 아무것도 드러내지 않는 방식으로 응답한 반면, 또 다른 경우에는 자기들의 심리적 기능에 대한 중요한 정보를 드러내는 경우도 있고 자기보고식 측정 도구나 임상 면접을 통해서는 부인했던 정보를 드러내기도 한다고 했다.

어떤 방어적 수검자들의 경우는 MMPI－2를 검사할 때 부정적인 정보를 거부하거나 감출 수 있기도 하지만, 다른 방어적 수검자들은 의미 있고 때로는 자기 자신에 대해 호의적이지 않은 정보를 드러내기도 한다. 이 내용에 대해서는 앞서 자녀 양육권을 두고 법적 분쟁을 하고 있는 여성의 MMPI－2에 대해 논의할 때 잘 다뤄졌었다. 따라서 수검자가 자신에 대해서 좋은 인상을 만들기 위해 의식적으로 노력한다고 가정할 때 MMPI－2를 검사할 때는 늘 성공할 수 있다고 말하는 것도, 로르샤하를 검사할 때는 늘 실패한다고 말하는 것도 모두 사실이 아니다. 물론 검사 형식의 차이 때문에 MMPI－2와 비교했을 때 로르샤하의 응답을 의식적으로 왜곡하는 것이 더 힘든 것은 사실이지만, 앞의 연구들은 로르샤하 역시 의식적으로 응답을 통제하려는 시도에 휘둘린다는 점을 시사했다. 수검자가 MMPI－2와 로르샤하 모두에서 자신에 대한 특정한 인상을 만들려고 시도했을 때 그것이 성공할 가능성이 가장 높은 경우는 특정한 장애를 가진 환자가 어떻게 행동하는지, 어떤 특성을 드러내는지에 대해 수검자가 알고 있는 경우, 또는 수검자가 자신에 대해 드러내는 것을 방어적으로 제한하는 경우이다.

허위로 자신에 대해 좋은 인상을 남기려는 대상자나 나쁜 인상을 남기려는 대상자가 MMPI-2와 로르샤하에서 어느 범위까지 성공적일 수 있는지에 대해 다룬 연구는 아직까지 없다. 몇몇 연구는 수검자들이 검사 결과를 왜곡할 수 있는 응답을 하면서도 동시에 그 검사 이외의 다른 검사 결과는 왜곡시키지 못하는 경우가 아주 많음을 알아냈다. 이것은 MMPI-2와 로르샤하 모두를 사용해서 다중 방법으로 성격검사에 접근할 때 개인에 대한 완전하고 정확한 묘사를 추출해낼 가능성이 가장 높아진다는 것을 시사한다. 특히 반응 편향(response bias)이 의심되는 경우일수록 더욱 그렇다.

요약하자면, 앞서의 논의는 우리가 흔히 MMPI-2와 로르샤하 종합체계에 대해 가지고 있는 고정관념이 정확하지 않다는 것을 나타낸다. 로르샤하와 MMPI-2 모두 개인의 증상, 행동, 감정, 대인관계의 기능, 자기개념, 방어기제, 역동에 대한 소중하고 가치 있는 정보를 제공한다. 검사 도구 각각에 대해서는 수많은 연구들이 진행되고 발표되었지만, 두 검사 도구를 어떻게 함께 사용할 수 있는지에 대해서는 거의 연구된 바가 없다. 이 책의 기본 전제는 심리학자들의 검사 기술에 대한 모든 자료는 MMPI-2와 로르샤하를 함께 사용함으로써 훨씬 더 강화되고 강력해질 수 있다는 것이다. 이와 동시에 한 가지 도구를 제외시키고 다른 도구만을 사용하게 되면 핵심적인 정보를 놓치게 되는 대가를 치르게 된다는 점도 이 책의 기본전제이다. 이 책의 나머지 부분에서는 MMPI-2와 로르샤하 사이의 연관성을 다양한 수준, 즉 실증적이고 탐구적인 결과들, 개념적 관계, 그리고 임상적인 성격평가를 위한 MMPI-2와 로르샤하 결과의 통합 등의 다양한 수준으로 확인해볼 것이다.

• 표 1.1 N씨의 MMPI-2 Profile

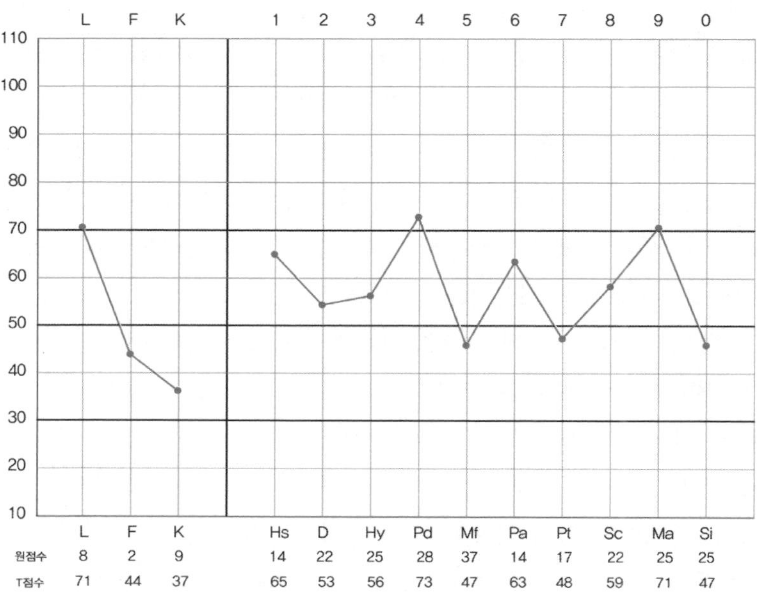

Chapter

02

실증적 결과와 연구 주제

Chapter

02

실증적 결과와 연구 주제

기준을 예측해 낼 수 있는 최고의 행동 데이터들은 실제로는 서로 상관관계가 없는 데이터 세트들의 조합일 수 있다. 이것은 이미 잘 알려져 있고 풀 배터리 검사 척도들의 결합을 통해 매우 잘 활용되고 있다.

-Meehl and Hathaway(1946)

제1장에서 언급되었던 바와 같이, MMPI-2와 로르샤하 데이터 간의 상관관계에 대해 조사한 연구는 상대적으로 많지 않다. 그마저도 연구 결과들은 청소년과 성인 사례의 경우 일반적으로 MMPI-2와 로르샤하 사이에 전혀 관계가 없거나 혹은 미약한 수준의 관계만이 있다는 것을 보여주고 있다(Archer & Krishnamurthy). 이 같은 내용은 예상 밖의 결과인데, 왜냐하면 MMPI-2와 로르샤하 모두가 유사한 심리내적 구조, 즉 감정 상태, 성격특성, 정신병리적 측면 등과 같은 것들을 평가하기 위해 개발된 도구들이기 때문이다. 이 같은 연구 결과를 검토하면서 Archer와 Krishnamurthy는 이처럼 MMPI-2와 로르샤하 사이에 미약한 수준의 관계만이 있는 것으로 나타난 것은 연구 과정의 방법적 한계에 기인한 결과가 아닌지에 대한 의구심을 제기했다. 즉, 사례수가 너무 적었기 때문에, 또는 로르샤하의 채점과 실시의 방법이 가변적이었기 때문에, 또는 다중 통계 검증 방법이 충분하지 못했기 때문에, 또는 연구 디자인의 힘을 제대로 고려하지 못했기 때문 등 방법적인 문제들 때문은 아닐까하는 의문을 제기했다. 이와 더불어 위 연구들의 많은 부분에서 로르샤하의 채점에 대한 신뢰도에도 의심스러운 부분이 생겼다. 왜냐하면 현대 로르샤하 연구물 출판에 있어 의무사항인 채점자 간 합의를 보고한 연구가 거의 없었기 때문이다(Weiner, 1991).

Archer와 Krishnamurthy의 의해 조사된 문헌연구에서는, 이들 연구가 로르샤하의 실시, 채점, 해석을 할 때 다양한 방법들을 사용했다는 것을 확인했는데, 이러한 부분이 또 다른 중요한 방법론적 이슈이다. 예를 들어, Winter와 Salcines(1958)은 MMPI 척도와 객관적 로르샤하 검사(Objective Rorschach)의 점수 사이의 관계에 대해 검사해 보았다. 객관식 로르샤하 검사란 수검자에게 12가지 선택 가능한 응답들을 준 후 그 중 카드의 이미지를 가장 잘 나타내는 2가지를 강제 선택하도록 하는 검사 방식이다. 이 방식은 로르샤하 실시방법의 측면에서 볼 때, 집단 대 개인, 그리고 강제 선택 대 자유 연상 형식 등과 같이 종합체계에 따라 실시되는 기존의 검사 방식과 뚜렷하게 차이가 있다.

서로 이질적인 로르샤하 방법론을 사용한 연구들로부터 MMPI－2와 로르샤하 사이의 관련성에 대해 일반화할 수 있는 결론을 이끌어내는 것이나, 최근 가장 광범위하게 사용되는 방식인 로르샤하 종합체계 방식이 아닌 다양한 방식을 통해 시행, 채점, 해석을 실시한 연구들의 결과를 일반화하는 것은, 불가능하지는 않다 하더라도 사실 매우 어려운 일이다. 따라서 MMPI－2와 로르샤하 간의 상관성에 대해 어떤 확고한 결론을 내리기 전에, 현대 평가 시행 방법을 사용한 충분한 정도의 연구와 연구 방법론에 대한 요구가 선결되어야 할 것이다. 바꿔 말하면, 현재로서는 로르샤하와 MMPI－2가 상관관계가 있는지에 대해 또는 상관관계가 있다면 (만약 조금이라도 있다면) 어느 정도의 강도일지에 대해 확정적 판단을 내리기에는 기존의 연구만으로는 불충분하다는 것이다.

일반적으로 MMPI－2와 로르샤하 사이의 상관수준이 낮은데, 이에 대해 혹자는 두 검사가 성격특성과 정서적 적응, 심리적 문제를 측정함에 있어 관련되어있지 않고 겹쳐지지도 않는다고 결론 내릴 수 있을 것이다. 그러나 이 같은 결론을 수용하기에 앞서 방법론적이고 개념적인 중요한 주제들에 대한 고려가 선행되어야 한다. 이제부터 그 주제들에 대해 다뤄본 후 향후의 연구와 관련된 제언점을 논의해보도록 하자.

신뢰도, 안정도, 타당도

만약 MMPI와 로르샤하가 신뢰도와 타당도 측면에서 서로 상이하다면 두 검사 도구 사이의 관계도 취약해진다. 특히 이 주제는 MMPI가 로르샤하에 비해 전통적으로 좀 더 나은 심리 측정적 속성을 가진 것으로 여겨져 왔기 때문에 반드시 고려해야 한다. MMPI는 "심리검사의 표준"이라고 자주 설명된다(Kendall & Norton-Ford, 1982, p. 310). 왜냐하면 로르샤하의 심리 측정적 속성과 과학적인 위상이 지속적으로 도전받아왔던 것과 비교할 때, MMPI는 경험적인 기반이 탄탄했기 때문이다(Jensen, 1958; Zubin, Eron, & Schumer, 1965). 그러나 로르샤하에 대한 이 같은 비판은 로르샤하 종합체계가 개발되기 이전에 사용되었던 방법에 대한 것임을 기억해야 한다.

메타 분석법을 사용해서 로르샤하의 신뢰도와 타당도를 검사한 연구들이 몇 가지 있다. 메타 분석법이란 방대한 수의 연구 결과들을 통계적으로 취합하고 객관적으로 평가해보는 방법이다(Smith & Glass, 1977). 이러한 메타 분석은 명확한 이론적, 경험적 근거가 미흡한 연구에서는 로르샤하의 타당도와 신뢰도에 대해 지지할 수 없었지만, 이론이나 선행 연구, 또는 이론과 선행 연구 모두의 안내에 따라 이뤄진 연구에서는 로르샤하의 타당도가 지지된다는 결론을 내렸다(Atkinson, 1986; Atkinson, Quarrington, Alp, & Cyr, 1986; Parker, 1983).

MMPI와 로르샤하의 상대적인 타당도와 신뢰도는 메타 분석적 기술을 사용해서 비교되어왔다(Parker, 1983; Parker, Hanson, & Hunsley, 1988). 이 비교 분석은 MMPI와 로르샤하가 신뢰도, 검사-재검사 신뢰도, 타당도의 모든 측면에서 서로 필적할 만하다는 결론을 내렸다. 또한 이 연구들에서 내려진 추가적인 결론은, 로르샤하와 MMPI 모두 이론이나 기존의 실증적 연구에서 밝혀진 결론에 근거한 특정가설을 통해 검사한 연구들에서는 가장 높은 수렴 타당도(convergent validity) 값이 발견되는 반면, 명백한 틀이나 근거가 없는 연구에서 드러난 수렴 타당도 값은 낮다는 점이다. Parker와 그의 동료들(1988)은 "특정한 환경 하에서는 MMPI와 로르샤하 두 검사 모두 타당하고 안정적이며 신뢰할 만하다"라고 결론지었다. 두 검사 중 어느 것이라도 검사 도구가 설계되고 입증된 방식대로 사용된다면 검사 도구의 심리 측정적 속성은 임상적 목적이나 연구 목적에 적합할 정도가 될 것이다(p. 373). 따라서 MMPI-2와 로르샤하를 사용한 성격검사가 서로 상이하고 비중복적 방법을 사용한다고 하더라도, (광범위한 연구들은) 두 검사 모두 서로에게 필적할 만한 신뢰도와 타당도를 가지고 있음을 보여주고 있다.

종합체계를 사용한 로르샤하와 MMPI-2의 시간적 안정성(temporal stability)은 이미 발표된 검사-재검사 데이터를 조사함으로써 비교해볼 수 있다. Butcher, Dahlstrom, Graham, Tellegen, Kaemmer(1989)는 남성의 경우 1주일 간격의 검사-재검사 신뢰성 계수가 6번 척도(편집증)의 경우 .67에서 0번 척도(사회적 내향성)의 경우 .92까지의 범위 안에 위치해있음을 확인했다. Mf 척도를 제외한 9개의 임상 척도 중에서, 6개의 척도는 검사-재검사 신뢰성 계수가 .75보다 컸다. Exner(1993)는 해석 과정에서 가장 중심이 되는 로르샤하의 7가지 비율과 백분율에 대한 3주간의 검사-재검사 신뢰성 데이터를 제시했다. 7개의 변인들 중 6개의 검사-재검사 값은 .75 보다 컸던 반면 1개의 변인, 즉 상황적 고통을 측정하는 변인의 검사-재검사 값은 .59였다. 따라서 로르샤하와 MMPI-2는 단기간을 사이에 두고 실시한 검사-재검사 신뢰성의 경우에는 서로 필적할 만하다고 말할 수 있다. Butcher와 그의 동료들은 긴 기간을 사이에 둔 MMPI-2의 신뢰성 데이터에 대한 보고는 하지 않았다(1989). Exner는 앞서 묘사되었던 7개의 비율과 백분율에 대해 1년이 넘는 기간을 사이에 둔 검사-재검사 신뢰성 데이터를 제시했는데, 그 결과 또 다시 6개의 변인들은 .75 이상의 검사-재검사 값을 얻은 반면 상황적 고통을 측정하는 변인의 검사-재검사 값은 .64였다. 이것이 가리키는 것은 로르샤하 데이터가 상당한 수준의 시간적 안정성을 가지고 있다는 점이다.

앞서 논의되었던 데이터는 MMPI와 로르샤하 사이의 취약한 연관성이 신뢰성 값과 타당성 값 사이의 차이에 기인한 것으로 말할 수 없다는 것을 가리킨다. 대신 둘 사이의 낮은 수준의 관계성을 설명할 수 있는 다른 요소들을 고려해봐야 할 것이다.

가설검증 대 조사

MMPI와 로르샤하 사이의 상관관계를 검사하는 많은 연구들이 가지고 있는 한 가지 한계점은 명확하고 이론에 기반을 둔, 연구자들에 의해 검증된 실험적인 가설이 부족하다는 점이다. 대신, 많은 연구들은 특정한 가설을 검증하는 방식보다는 “Shotgun” 접근법(Shotgun approach)[2]으로 데이터를 검사했다. 예를 들어, 연구자들은 명확한 이유와 근거도 없이 표준 MMPI 척도와 로르샤하 변인들(예: Dana & Bolton, 1982) 사이에 가능한 모든 상관관계, 또는 10개의 MMPI 기본 척도와 로르샤하의 유채색 반응 사이의 관계에 대해 살펴보았다(Clark, 1948). Archer & Krishnamurthy(1993a)는 50개의 로르샤하 변인들과 MMPI 척도 중 L 척도에서 10번 척도에 이르기까지의 모든 척도들의 원점수를 연관시켜보았다. 그러나 그 결과 MMPI 및 로르샤하 변인들 사이의 관계와 관련된 어떠한 선험적인 예측도 만들어지지 않았다. 놀랄 것도 없이, 계산된 1300개의 상관관계(각 성별

2) 역자 주: 무차별적으로 많은 시도를 하다 보면 그 중에는 목적으로 하는 결과를 얻을 수 있는 방법이 반드시 포함되어 있을 것이라는 의미로, 한 발로 많은 탄환을 쏘는 산탄총(Shotgun)과 유사하다는 의미에서 생긴 용어.

별로 650개씩) 중에서 유의미한 것은 거의 없었다.

많은 연구들에서 검증해야 할 선험적 가설이 없다는 점은, 이것이 현대의 심리학적 지식의 근간이 되는 과학적 방법의 가장 핵심적 요소를 위반했다는 점 뿐만 아니라 MMPI와 로르샤하의 예측력에도 영향을 끼치기 때문에 매우 중요하다. 이와 같은 접근의 위험성은 Archer와 Krishnamurthy(1993b)에 의해 다음과 같이 묘사되었다: "비이론적인 방식으로 둘 사이의 많은 잠재적 가능성을 조사하는 연구자들은 선행 연구에 의해 축적된 지식이 없거나 든든한 이론적인 예측이 없다는 점 때문에 대부분 별로 중요하지 않은 결과들을 얻는 쪽으로 치우칠지도 모른다"(p. 285). Kinder(1992) 또한 출판을 위해 로르샤하 기록지를 검토하면서 자신의 경험을 언급하며 이와 유사한 주장을 했다:

> 연구 과정에서, 한 사례에서 30, 40개, 때로는 60개나 되는 로르샤하 변인들을 분석하는 기록지를 본적이 있다. 비교 분석해야하는 변인이 이처럼 많은 경우에는 실제로 실험적 조작과 둘 혹은 그 이상의 수검자 그룹을 비교하는 것을 통해 의미 있는 차이가 나올 것이라고 기대하는 것이 비현실적이다. 연구자들은 이론이나 기존의 연구에 기반해서 특정한 예측을 할 수 있어야 한다. 그리고 주어진 연구 범위 내에서 해당 변인들만 골라서 분석해야 한다(p. 257).

앞서 설명되었던 바와 같이, 몇 가지 논문들이 로르샤하의 신뢰도와 타당도를 메타분석적 방법으로 검사해보았다. 검토 결과, 이론이나 기존 연구의 결과에 의해 도출된 경우에는 로르샤하의 타당성이 지지되지만, 견고한 이론적, 경험적 기반이 부족한 연구 결과에서는 타당성이 지지되는 경우가 거의 없었다(Atkinson, 1986; Atkinson et al., 1986; Parker, 1983; Parker et al., 1988). 이와 유사하게, MMPI 결과 역시도 방향성 없는 탐험적 연구의 경우에는 타당성에 대한 지지가 가장 취약한 반면 명확한 근거에 기반한 연구의 경우에는 가장 강력한 지지를 받음을 알 수 있었다(Parker et al., 1988). 따라서 Shotgun 접근 방식의 연구에서는 MMPI-2와 로르샤하 사이에 의미 있는 관계를 얻을 수 있는 가능성이 현저하게 적어지는 반면 명확하게 잘 설명된 실험적 가설에 기반할 경우에는 그 가능성이 커진다. 이처럼 MMPI-로르샤하 사이의 상호연관성에 대해 연구한 많은 연구들은 확고한 이론적, 또는 경험적 기반에 근거해서 쓰여지지 않았기 때문에(예: Archer & Krishnamurthy, 1993a; Clark, 1948; Dana & Bolton, 1982), MMPI와 로르샤하 사이의 관계가 약하거나 없는 것으로 나타난 연구 또한 매우 많다는 것이 그다지 놀랍지 않다.

따라서 향후의 연구들은 서로 연관되어 있을 것이라고 가정된 MMPI－2와 로르샤하 변인들 사이의 상관관계에 대해 검사해봐야 한다. 왜냐하면 기존의 실증적인 연구들을 통해 그들이 서로 관련되어 있고, 각각이 사회적 불편감 혹은 충동성 등과 같은 특정한 개념적 구조와 관련되어 있을 뿐 아니라, 우울증 진단 혹은 주요 방어기제로 이지화(intellectualization)를 사용한다는 것과 같이 각각이 외부적인 기준 변인과도 관련되어 있음이 앞서의 연구에서 밝혀졌기 때문이다. 연구자들은 "실질적인 모든 변인들(상상 가능한 모든 것)"을 통계적으로 분석하는 것을 피해야 한다. 대신 선험적 연구에서 자신들이 연구하고 있는 주제와 관련 있는 것으로 밝혀진 변인들만을 포함시켜 연구해야 한다. 이렇게 함으로써 단순히 두 검사 도구 사이에 존재하는 상관관계의 패턴만을 보여주는 것이 아닌, 유의미한 결과를 얻을 수 있는 가능성 및 개념적으로 의미 있는 연구 결과를 얻을 수 있는 기회도 증가할 것이다. 그리고 MMPI－2와 로르샤하의 구조 타당성에 대해서도 충분히 이해할 수 있게 만들 수도 있다.

응답 세트와 타당도

MMPI와 로르샤하 사이의 관계를 검사하는 선행 연구들은 이 두 검사의 데이터가 타당한지 아닌지를 밝혀냄에 있어 연구 간 사용된 기준이 명확하지 않았다는 또 다른 중요한 한계점을 언급하였다. 연구에서건 임상적 맥락에서건 우리가 그 데이터를 사용해도 될 만큼 타당하고 의미 있는 것이라고 간주하기 위해서는 수검자가 MMPI－2와 로르샤하 검사를 신뢰할만하고 진실한 태도로 완성했다는 것에 대해 확신을 가져야 한다. MMPI－2의 경우는 수검자가 각 질문 문항을 잘 읽고 제대로 이해한 후에 각각의 질문 문항이 자신에게 어떻게 해당되는지를 양심적으로 고려해서 솔직하게 응답했다는 것을 의미한다. 로르샤하의 경우에는 수검자가 주의를 기울여 잉크 반점을 보고 카드의 반점에서 떠오르는 이미지를 의도적으로 지나치게 억제하거나 자신이 지각한 것을 억지로 꾸며서 윤색하지 않으면서 반응했다는 것을 뜻한다. 수검자가 진실한 자세로 응답하면, 우리는 그 응답들로부터 생성된 결과 점수가 성격의 기능에 대한 정확한 정보를 줄 것이라고 확신할 수 있다. 이와는 반대로 만약 수검자가 의미 있고 정직한 태도로 검사에 응답하지 않았다면, 검사 점수가 그들의 심리적 특성을 정확하게 반영했는지에 대한 심각한 의구심이 생길 수밖에 없다. 타당하지 않은 프로토콜에서 추출된 데이터는 제한된 가치를 가질 수밖에 없고, 통계 분석 과정에 포함되기라도 한다면 중요한 결과의 의미를 불분명하게 하고 약화시키게 된다. 따라서 통계 분석 시 타당하지 않은 MMPI－2와 로르샤하의 프로토콜 데이터를 파악해서 제외하는 것은 매우 중요한 일이다.

Archer와 Krishnamurthy(1993a, 1993b)가 검토했던 연구들을 보면, MMPI와 로르샤하 프로파일의 타당도와 관련된 기준이 보고되지 않았거나, 아예 없는 경우 또는 일관적이지 않는 방식으로 적용되었던 경우가 잦았다. 많은 연구들이 프로파일의 타당성을 고려했는지, 또는 타당하지 않은 프로파일에 대해서는 어떻게 처리했는지에 대해서는 언급하지 않았다. 따라서 많은 연구에서는 MMPI 프로토콜의 타당성 여부와 상관없이 모두 데이터 분석에 포함시켰던 것으로 보인다. 이에 더해, 연구자들은 MMPI 프로파일의 타당도에 대해 거론할 때 주로는 fake－good 프로파일보다는 fake－bad 프로파일을 탐색하는 것에 지대한 관심을 가졌다. 예를 들어, Archer와 Gordon(1988)은 F 척도의 T 점수가 100 이상인 MMPI 프로파일은 모두 폐기시켰다고 보고했다. 그러나 방어적인 프로파일을 포함시킬 것인지, 제외할 것인지에 대한 기준은 어디에서도 기술되지 않았다.

이와 유사하게, 많은 연구들은 로르샤하 프로토콜의 타당도가 평가되었는지, 평가되었다면 어떤 기준을 사용했는지에 대해서 언급하지 않았다. 로르샤하 프로파일의 타당도에 대한 가장 중요한 기준인 응답 수는 시간이 지나면서 변해왔다. 애초에 Exner(1986)는 응답의 개수가 10개 미만인 기록은 타당하지 않고 폐기되어야 마땅하다고 조언했다. 그리고 10개~12개의 응답을 가진 사례의 경우에는 임상적인 가치가 있는지 살펴보기 위해 검토해보기로 했다. 그러나 이 같은 기준은 1988년에 14개 미만의 프로토콜은 타당하지 않을 가능성이 높아 폐기해야 한다고 제안하면서 수정되었다(Exner, 1988). 이 같은 수정은 데이터의 재분석에 기반한 것인데, 재분석에서는 로르샤하의 응답 수가 적은 것은(R < 14) 수검자가 검사 과정에 저항하고 있고 자신에 대한 정보를 감추려는 시도이므로 해석할만한 기록을 생성해내지 못할 가능성이 높아진다는 결론을 내렸다. 바꿔 말하자면, 응답 수가 적은 기록으로부터 얻어낸 수검자의 성격 기능에 대한 정보는 정확하고 타당하며 신뢰할만하다고 기대해서는 안 된다는 것이다. 이렇듯 1988년 이전에 시행되었던 연구들은 현재 사용되고 있는 프로파일 타당도의 컷오프(R < 14)를 사용하지 않았기 때문에 현재의 시점에서 봤을 때에는 타당하지 않다고 여겨지는 프로토콜도 포함시켰을 가능성이 높다. 따라서 응답의 개수가 낮은 로르샤하 기록들이 데이터 분석에 포함되었다면 결과가 왜곡되었을 가능성이 있다.

프로파일 타당도에 대한 고려는 증상에 대한 과장이나 faking-bad 경우에만 언급되는 것이 아니라 증상을 최소화하거나 faking-good 경우에도 해당된다. 방어적인 응답 세트는 과장하는 응답 세트보다 MMPI-2와 로르샤하의 상관성을 검사했던 과거의 연구에 더 큰 영향을 끼쳤을 가능성이 크다. 왜냐하면 증상 과장된 MMPI-2 프로파일은 방어적인 프로파일보다는 연구자들에 의해 훨씬 더 쉽게 발견되어 폐기되었을 가능성이 크기 때문이다. 임상현장에서는, 방어적인 응답 세트라고 해서 그것이 자동적으로 임상 척도의 프로파일이 해석될 수 없음을 의미하는 것은 아니다; 전통적으로 임상가는 이 같은 방어적 접근으로 인해 임상 척도가 낮아진 것에 대해, 5~10점 정도의 T 점수를 더하는 방식으로 보정하려고 시도해왔다(Firedman, Webb, & Lewak, 1989). 그러나 연구적 측면에서 보면, 방어적 프로토콜이 MMPI-2와 로르샤하 변인 사이의 관련성을 찾아낼 수 있는 가능성을 낮추는 것이 사실인데, 왜냐하면 fake-good 응답 세트가 채점 점수의 값을 낮추고 값의 범위를 줄였기 때문이다. 방어적인 태도로 응답하는 사람들의 점수는 관련된 심리적 특성을 정확하게, 혹은 충분하게 설명하지 못할 수 있다. 방어적 사례들이 많이 포함되어 있는 자료들로 분석이 실시된 경우 결과값은 애매모호해진다: 무의미한 결과가 나온 경우는 두 가지로 해석될 수 있는데, 우선은 검사된 변인 간 관계가 별로 없음을 정확하게 보여주는 것이거나 값의 범위가 제한되었음을 보여주는 결과로 해석될 수 있다.

성폭행을 당한 소녀 집단과 비교 집단 간의 우울증 수준을 비교한 연구에서는 방어적 응답 세트가 심리검사 간 상관관계의 패턴에 영향을 줄 수 있다는 가능성을 잘 보여주고 있다(Shapiro, Leifer, Martone, & Kassem, 1990). Shapiro와 그의 동료들은 성폭행을 당한 소녀 집단이 비교 집단에 비해 우울 점수가 높게 나올 것이라고 예측했다. 우울증은 다중기법 접근으로 진단되었는데, 다중기법에는 자기보고식 측정인 아동 행동 평가 척도(Child Behavior Checklist), 아동용 우울검사(Children's Depression Inventory), 그리고 투사적 검사 도구로는 로르샤하가 포함되었다. 예측되었던 것처럼, 성폭행 피해자 집단은 비교 집단에 비해 로르샤하의 우울증 지표에서 현저하게 높은 값을 나타냈다. 그러나 로르샤하 변인과 자기보고 측정 사이의 상관관계는 유의미하지 않은 것으로 나타났다.

Shapiro와 그의 동료들은 자기보고식 검사와 로르샤하 검사 결과 사이의 차이는 성폭행 피해자인 수검자들이 자신의 상태에 대한 수치심 때문이나 폭행을 발설할 경우 위해를 가하겠다고 위협당했기 때문에 자기보고식 검사에서는 자신들의 정서적인 고통을 숨기려고 하거나 또는 불쾌함 경험으로부터 자신을 방어하는 것을 배웠기 때문에 나타나는 현상일 것이라고 추측했다. 따라서 이런 경우 두 검사 변인 사이에 상관관계가 나타나지 않는 것은 매우 유의미한 것으로 생각되었다: 자기보고식 접근은 주로 수검자의 자기 제시적 염려와 관심사를 반영한다. 반면 로르샤하는 수검자가 검열하거나 제어하지 못하는, 우울과 관련된 변인들을 측정하는 것으로 여겨진다. 이 같은 결과는 많은 경우, 개인의 심리적 기능에 대한 가장 정확한 결과는 한 가지 검사 방법만 사용되었을 때보다 서로 다른 검사 방법이 결합되어 사용될 때 더 잘 알 수 있다는 점을 강력하게 시사한다.

Ganellen(1994)도 Shapiro의 연구와 개념적으로 매우 유사한 결과를 보고했다. Ganellen은 알코올 중독 치료를 끝내고 업무로 복귀하기 위해 심리검사를 실시하는 비행기 조종사들의 MMPI와 로르샤하 데이터를 보고했다. 이 수검자들은 모두 자신들의 심리평가 결과가 미 연방항공국(Federal Aviation Administration)의 의사결정, 즉 조종사 면허를 갱신할 것인지 말 것인지의 결정에 매우 중요하게 사용될 것을 잘 알고 있다. 따라서 모든 수검자들은 자신들이 정서적, 심리적 또는 대인관계적 측면의 문제로 인한 어려움이 없다고 검사자들을 확신시켜야 할 상당한 동기를 가지고 있다. 이 같은 상황에서 충분히 예측할 수 있듯이(Butcher, 1979), 임상 면접을 하는 동안 자신에게 아무런 문제가 없다고 말했고, 방어적인 MMPI 프로파일을 만들었으며, 이에 MMPI의 임상 척도는 아무것도 상승하지 않았다. 그러나 심리적으로 건강하고 안정적이며 정상이라는 인상을 주려는 그들의 노력에도 불구하고, 이 수검자들의 로르샤하 응답을 보면, 정서적인 고통과 비판적인 자기상, 그리고 대인관계 장면에서 제대로 기능하지 못하고 있는 모습이 드러났다. 이것은 알코올 남용이 그들의 삶에 미친 영향과 그로 인해 삶에 심각한 위협을 받았던 내용과 일치된 모습이다. 이는 Shapiro 및 그의 동료들의 연구 결과와 매우 유사한 결과로, MMPI와 로르샤하 변인 사이의 상관관계가 나타나지 않은 것이 매우 의미 있는 것으로 고려되었다.

이제까지 언급되었던 연구 결과들은 수검자가 작성한 MMPI−2가 MMPI/로르샤하 응답 세트의 관계에 어떠한 영향을 끼치게 되는지에 초점이 맞춰져 있었다. 그러나 로르샤하에 응답한 수검자의 MMPI/로르샤하 응답 세트도 두 검사 사이의 상호연관성 분석에 영향을 미칠 수 있다. 예컨대, MMPI−2와는 달리 로르샤하는 이 같은 응답 세트를 감별해내기 위해 특별히 고안된 타당도 지표는 없지만, 몇 가지 로르샤하 변인은 개인이 검사 절차에 협조했는지의 여부를 간접적으로 측정하는 지표가 되기도 한다. 간접적 지표로는 응답의 개수, 응답 중 다른 결정인의 응답 수에 비해 형태만을 말한 응답 수를 비교한 람다값 지표들이 여기에 포함된다.

앞서도 언급되었던 것처럼, Exner(1991)는 응답 수가 너무 적을 경우(R < 14) 이것은 수검자가 로르샤하 검사 시행 동안 최적의 수준으로 협력하지 않았음을 강력하게 나타내는 것이라고 주의를 주었다. 이 주장은 Finch, Imm, Belter(1990) 역시도 동의하고 지지했던 주장이다. 이들은 성인 입원환자들 439명의 로르샤하 결과에서 낮은 응답 수를 보인 환자들은 적절한 응답 수를 기록한 수검자에 비해 다른 심리평가도 완성하지 못하는 비율이 현저한 수준으로 높았음을 발견했다. 이 결과는 지능이나 정서적 고통 수준 등에 대한 그룹 간 차이에 대해서는 별다른 고려가 없었다. Finch와 그의 동료들은 로르샤하에서 적은 수로 반응한 수검자들은 전반적으로 심리검사에 협조적이지 않았고 저항적이었다고 결론지었다. 현재 사용되는 로르샤하 시행의 표준 절차는 검사자로 하여금 응답 수가 14개 미만인 프로토콜을 수용하지 말도록 명확하게 안내함으로써 의식적인 저항의 영향을 피하기 위한 노력을 한다. 환자가 적은 수의 응답을 했을 경우에는 검사자가 환자로 하여금 응답을 더 할 수 있도록 격려하고 질문을 통해 동기부여 하는 것이 필요할 것이다.

검사 절차에서의 수검자의 협력 정도를 보여주는 로르샤하의 두 번째 지표는 람다값(Lambda), 즉 심리적 개방성 범위와 관련된 변인이다. 로르샤하에 저항하는 수검자들은 람다값이 높게 나오는 경우가 자주 있는데(Lambda ≥ 1.00), 이것은 자신에 대해 드러내지 않으려는 노력의 결과이다. 이외에도 람다값이 높게 나오는 수검자들은 자극 영역을 간소화하려고 애쓰거나 삶의 복잡성을 무시하고 못 본척하려는 대응 기제의 결과를 시사한다(Exner, 1991). 개념적으로 보면, 심리적으로 닫혀있고 감정적으로 위축되어 있는 높은 람다값의 수검자는 심리적으로 열려있는 낮은 람다값의 수검자들과 달리 비율적으로 순수 형태 반응이 많으면서 순수 형태 반응이 아닌 반응들—통상적으로 수검자의 심리적, 감정적 기능에 대한 중요한 정보를 드러내는 응답들—이 적다.

이렇듯 로르샤하 변인 분석을 제한하게 되는 높은 람다값은, 청소년 정신과 입원 환자들의 MMPI/로르샤하의 우울증 관련 변인 검증 연구에도 중요한 영향을 끼쳤을 것으로 보인다(Lipovsky, Finch, & Belter, 1989). 연구에 참여한 환자들의 평균 연령은 15세였다. 이 환자들의 평균 람다값은 1.75였는데 Exner가 연구했던 비교 집단인 15세들의 평균값은 .65였다. 이러한 결과는 이 환자들이 규범 집단에 비해 더 심리적으로 제한적이고 위축되어 있으며 검사 절차에 매우 저항적이었을 수 있다는 것을 의미한다.

높은 람다값을 통해 미루어 짐작할 수 있듯이, Lipovsky와 그의 동료들의 연구에 참여한 정신과 입원환자 표본에서는 정신적 고통을 반영하는 로르샤하 평균값이 규범 집단의 값보다 상당히 낮은 것으로 나타났다. 예를 들어, Lipovsky와 그의 동료들이 했던 연구에 참여한 청소년 정신과 입원환자 표본 집단의 무채색 반응 평균 개수는 .77인 반면 규범 집단의 평균 반응 개수는 1.63이었다. 또한 Lipovsky 연구에 참여한 표본 집단의 음영반응의 평균 개수는 .60인 반면 규범 집단의 평균 개수는 1.60이었다. 이 결과들을 액면 그대로 받아들이면, 정신과 환자들은 규범 집단보다 덜 고통스러워한다는 의미가 될 것이다. 그러나 이 연구에 참여한 청소년 정신과 환자들의 50% 이상이 주로 우울증으로 진단을 받았다는 점에서 이처럼 낮은 값은 특히 기대하기 어려운 부분이며, 오히려 높은 람다값이 나타난 맥락 속에서 이해하는 것이 적절할 것이다.

앞서 방어적인 MMPI－2 프로파일에서 논의된 것과 마찬가지로, 연구에 참여한 표본들이 높은 람다값을 보이는 수검자들을 높은 비율로 포함하고 있다면 MMPI와 로르샤하 사이에는 유의미한 관계가 없는 것으로 나타날 가능성이 높다: 높은 람다값과 관련된, 로르샤하에 대한 위축된 접근은 반응의 수를 저하시키고 전체적으로 값의 범위도 제한한다. 이것이 청소년 입원환자들의 MMPI와 로르샤하 결과 사이에 의미 있는 상관관계가 없다는 점을 발견한 연구들에서 주장되는 부분이다(Brinkman, Overholser, & Klier, 1994). Brinkman과 그 동료들의 표본 집단이 나타내는 평균 람다값은 상당히 높았는데, 규범 집단의 평균값이 .65인 반면 남성 수검자들의 경우에는 1.55, 여성 수검자들의 경우는 1.43 수준이었다. 이 연구의 경우, 표본들의 높은 람다값이 감정적인 고통을 나타내는 로르샤하 지표 점수의 범위를 제한했을 가능성이 있기 때문에 고통스러움을 측정함에 있어 자기보고식 측정과 로르샤하 측정 사이에 유의미한 상관관계가 나오지 않는 것이 그리 놀랄만한 것은 아니다.

Lipovsky와 그 동료들, 그리고 Brinkman과 그 동료들의 연구에 참여했던 청소년 정신과 입원환자들 중 람다값이 높은 환자들에게서 고통스러움과 관련된 로르샤하 변인의 점수가 기대치 이상으로 낮은 것은, 높은 람다값이 개념적으로는 MMPI－2의 L 척도 상승과 유사하다는 것을 시사한다: 두 가지, 즉 람다값과 L 척도 모두 자기 자신에 대한 정보가 드러나는 것을 피하려는 방어적이고 저항적인 시도를 나타내는 지표이다. 이 같은 개념적인 관계는 다음의 연구를 통해 실증적으로 지지되었다. 이 연구에서는 성인 정신과 환자들을 람다값이 높은 집단(Lambda ≥ 1.00)과 일반적 수준의 람다값을 가진 집단(Lambda ≤ .99; Ganellen, 1995)으로 나누었다. 예측할 수 있듯이, 람다값이 높은 집단의 수검자들은 낮은 집단에 비해 MMPI－2의 L값이 유의미한 수준으로 상승했다. 게다가 두 집단은 F와 K 척도값에서는 차이가 없었다. 따라서 람다값은 K값 상승과 연관된 보다 복잡하고 세련된 방어라기보다는 단순한 방어적 응답 세트와 관계가 있는 것으로 보인다. 이 같은 결과들은 람다값이나 L 척도가 상승할 경우, 심리적 문제들이나 감정적 고통에 대한 검사 지표의 값이 방어적인 응답 세트에 의해 영향을 받을 가능성이 높아진다는 것을 시사한다. 이처럼 방어적인 응답 세트는 검사 점수의 절대적인 값을 떨어뜨리고 점수의 범위를 제한하는데 영향을 미친다. 결과적으로, 연구자가 L 척도나 람다값의 점수가 높은 수검자들을 높은 비율로 포함하게 될 경우, 실제로 두 검사 사이의 관계가 없기 때문이 아니라 수검자의 방어적인 응답 세트가 기능한 결과로 인해 MMPI－2와 로르샤하 사이의 관련성을 발견할 가능성은 현저하게 줄어들게 된다.

Meyer(1994)가 이와 관련된 쟁점을 지적했는데, 그는 MMPI－2와 로르샤하의 개념적으로 연관된 변인 간 관계가 수검자의 응답 스타일에 의해 어떻게 영향을 받을 수 있는지를 보여주었다. Meyer는 MMPI와 로르샤하 검사에 열린 자세로 임하는 수검자와 제한된 태도로 임하는 수검자를 구분했다. 그런 다음 두 검사에 유사한 태도로 응답한 수검자들에서는 유의미한 연계가 있는 반면, 다른 태도로 응답한 수검자들에게서는 유의미한 연계가 없을 것이라고 예측했다.

Meyer의 한 연구는 이를 보여주고 있다. 이 실험의 전체 표본(N=269)에서는 고통스러움을 나타내는 MMPI－2와 로르샤하 지표들 사이의 상관관계가 유의미하지 않은 것으로 나타났다(예: MMPI-2 척도 중 2번과 7번 척도, DEP, ANX, OBS, 그리고 로르샤하의 DEPI, S-CON, OBS). 예를 들어, 2번 척도와 DEPI 사이의 상관관계는 －.08인 것으로 나타났다. 그런 다음 수검자들 중 두 가지 검사에 유사한 태도로 응답한 사람들과 상이한 태도로 검사한 하위 표본을 구분했다. 예상한대로, 두 검사에 대해 유사한 태도로 응답했을 때 MMPI－2와 로르샤하 변인 사이에 유의미한 양의 상관관계가 나타났다. 반면 상이한 응답 스타일로 검사에 응답한 수검자들에서는 유의미한 음의 상관관계가 발견되었다. 예를 들어, 2번 척도와 DEPI 사이의 상관관계가 전자의 경우 .32였던($p < .05$) 반면 후자 집단의 경우에는 －.42($p < .01$)였다. Meyer는 정신병 지표에서도 이와 유사한 결과 패턴을 보고했다

(예: MMPI-2의 6번 척도, 8번 척도, BIZ, SCZI). 각각의 경우에 전체 표본에서는 결과가 유의미하지 않았던 반면 유사한 태도로 검사한 집단과 상이한 태도로 검사한 집단 각각에서는 유의미한 수준의 양의 상관관계와 음의 상관관계가 나타났다. 따라서 Meyer(1994)는 이 같은 결과들이 로르샤하와 MMPI-2 변인들 간의 "관계를 중재하는데 있어 응답 스타일이 중요한 역할을 한다는 것을 강조한다"라고 결론지었다(p. 12).

앞서 논의된 내용은 MMPI-2와 로르샤하 변인 간의 관계에 응답 스타일이 고려되지 않는다면 그것은 모호한 것이 될 가능성이 크며, 특히 방어적이거나 과장된 프로토콜이 높은 비율로 포함된 사례의 경우는 더욱 그러할 것이라는 함축적 메시지를 향후의 연구방향에 제시했다. 따라서 연구자들은 fake-good이나 fake-bad의 MMPI-2와 로르샤하 프로파일을 포함시키거나 제외시키는 명확한 기준을 세워놓아야 한다(cf. Butcher, Graham, & Ben-Porath, 1995; Weiner, 1995). 수검자가 fake-good이나 fake-bad 응답 세트를 포함하고 있는 것으로 확인될 경우 그 지표는 통계적 분석에서 제외되어야 한다. 전체 표본의 MMPI-2와 로르샤하 관계를 분석하는 것에 더해 연구자들은 MMPI-2와 로르샤하에 유사한 응답 스타일을 가진 수검자 집단과 상이한 응답 스타일을 가진 수검자 집단의 추가적 데이터 분석을 시행하는 것을 고려해야 한다. 즉, Meyer가 제안했던 것처럼, 전자에서는 유의미한 관계가 발견되지만 후자에게서는 유의미한 관계가 나타나지 않는 것이 맞는지 밝혀내기 위해 추가적인 데이터 분석을 고려해야 한다(1994).

이론적으로 연관된 변인 선정

이제까지 많은 연구들이 우울증이나 정신분열병 진단과 같이 유사한 구조를 측정하는 것으로 추정되는 MMPI-2와 로르샤하 척도 사이의 관계를 조사해왔다. 만약 이것이 우리가 살펴봐야 할 질문이라면 MMPI-2의 우울증 척도와 로르샤하의 우울증 지표인 DEPI의 점수 사이의 관계, 또는 MMPI-2의 정신분열병 척도와 로르샤하의 정신분열병 지표인 SCZI 사이의 관계를 조사해보는 것이 논리적일 것이다. 그러나 동일한 구조를 측정한다고 여겨지는 척도가 실제로 늘 그것을 측정하는 것은 아니다. 특히 척도명에 기초해서 어떤 관계가 있을 것으로 기대되는 경우에는 더욱 특별한 주의를 기울여야 한다. 왜냐하면 척도의 척도명이 실제 척도가 측정하는 것을 늘 정확하게 반영하는 것은 아니기 때문이다. 예를 들어, Harris-Lingoes 하위 척도인 애정 욕구(Need for Affection: Hy2)

라는 척도명은 대인관계적 의존성에 대한 측정치라고 언급한다. 그러나 Hy2는 타인에 대해 적대적이고 화가 나거나 분노하는, 또는 부정적인 감정을 부인하는 것에 대한 측정이라고 보는 것이 보다 더 정확한 시각이다(Graham, 1993; Greene, 1991).

서로 상관이 있을 것으로 예측되는 두 개의 척도가 실제로는 그렇지 않을 경우, 우리는 두 척도 중 하나의 척도가 다른 척도보다 훨씬 더 탄탄하게 기준 변인과 상관되어 있는지 또는 척도가 실제로는 다른 구조를 측정하는 것은 아닌지를 조사해봐야 한다. 이론적으로 연관되어 있는 변인들을 선택하는 것과 관련된 이슈들은 로르샤하의 자기중심성 지표(Egocentricity Index)와 다양한 MMPI 척도들 간의 상관관계를 점검했던 몇몇 연구들에 대해 논의하면서 다뤄보겠다.

한 연구에서는 자기중심성 지표가 상위 30%인 집단과 하위 30%인 청소년 수검자들의 MMPI 척도를 비교했다(Caputo-Sacco & Lewis, 1991). 예측할 수 있듯이, 실제로 자기존중감이 낮거나 부정적일 것으로 예측되는 자기중심성 지표의 점수가 하위 30%인 수검자들은 자기존중감이 높거나 긍정적일 것으로 예측되는 상위 30%인 수검자들에 비해 MMPI 우울증 척도의 점수가 유의미한 수준으로 높게 나타났다. 이 같은 결과는 이미 예견되었던 부분인데, 왜냐하면 우울증의 주요한 핵심 특징은 자기 자신에 대한 부정적이고 비판적인 관점이기 때문이다. 게다가 선행 연구들은 MMPI 우울증 척도의 점수가 상승한 청소년들에 대해 죄책감과 수치심을 느끼고 자기비판적이며 내성적인 사람으로 평가했던 것으로 보고되고 있다(Archer, Gordon, Giannetti, & Singles, 1988). 따라서 우울증 척도와 자기중심성 지표 사이의 유의미한 관계는 이론적으로는 앞뒤가 맞다. 이것은 이론적으로 서로 관계가 있어야 마땅한 변인들 사이에서 예측되는 상관관계가 실제로 발견되었을 때 수립되는 수렴 타당도의 한 가지 사례이다(Campbell & Fiske, 1959).

임상 척도 4번과 9번 척도 점수가 상승한 청소년들은 자기중심적이고 이기적이며 거대감을 가진 것으로 묘사되어 왔기 때문에(Archer, 1987), Caputo-Sacco와 Lewis는 자기중심성 지표의 상위 30%와 하위 30%를 기록하는 수검자들은 4번 척도와 9번 척도의 값에서 차이가 있을 것이라고 예측했다. 그러나 이 같은 예측은 지지되지 않았다. 대신 Archer와 그의 동료들은(1988) 4번 척도가 상승한 청소년들은 임상가에 의해 알코올과 약물 남용, 거짓말, 부정행위, 절도, 분노 폭발, 공격성, 가족 문제, 법적 문제 등을 포함한 많은 중대한 행동적 문제들을 가진 것으로 평가되었다고 보고했다. 4번 척도 상승은 그 사람이 4번 척도와 관련된 모든 특성, 또는 그 특성들 중 몇 가지를 가지고 있다는 것을 의미하지는 않는다. 바꿔 말하면, 4번 척도의 점수는 자기중심성과 직접적으로 연관되지 않는 많은 요인들을 반영할 수 있다. Caputo－Sacco와 Lewis(1991)는 4번 척도와 자기중심성 지표(Egocentricity Index) 사이의 유의미하지 않는 관계에 대해 "이론적으로 묘사된 것처럼 자기중심성 지표의 자기－중심적인(self-centered) 요소는 이러한 특성을 반영할 것으로 추정되는 MMPI 척도에는 실제로 반영되지 않았다"라고 해석했다(p. 33).

Caputo－Sacco와 Lewis에 의해 논의되지 않았던 또 다른 대안이 될만한 해석은, 자기중심성 지표가 4번 척도의 상승과 연계되어 있는 행동 문제, 즉 알코올이나 약물 남용, 거짓말, 부정행위, 절도, 분노 폭발, 공격성, 가정문제, 법적 문제 등을 포함한 행동문제들과 직접적으로 관련되어 있지는 않다는 것이다. 따라서 4번 척도와 자기중심성 지표의 상관성에 대한 고려는 자기중심성 지표가 자기중심성이나 거대감을 측정하는지 여부를 알아보는데 있어 최적의 검사가 아니다. 왜냐하면 4번 척도는 다차원적이고 그 분산이 행동화 문제들로 가득 차 있는데, 많은 경우 이 같은 행동화 문제들은 이론적으로 자기중심성과 관련되지 않기 때문이다.

Barley, Dorr, Reid(1985)는 자기중심성 지표 및 정신과 치료에 대한 반응을 예측하기 위해 개발된 척도인 MMPI의 자아강도 척도(Es) 사이의 상관관계를 살펴보았다(Barron, 1953). 낮은 자아강도를 가진 사람과 높은 점수로 나온 사람을 비교해보니, 후자가 정신과 치료가 진행되는 동안 더 많은 긍정적인 변화를 보여주는 경향이 있었고 일반적으로도 심리적으로 더 잘 적응하는 것으로 보였다(Graham, 1993). 자아강도 척도와 자기중심성 지표 사이의 관계를 탐구하는 근거는 Barley와 그 동료들의 시각, 즉, 자아강도 척도는 "짐작건대, 자긍심(self-esteem)과 관련되어 있을 것"이라는 시각에 근거한다(p. 137). 그러나 Greene(1991)은 자아강도 척도를 검토한 결과, 일반적으로 자아강도 척도는 MMPI에서 감정적인 고통을 나타내는 지표와 부적으로 상관되어 있다는 결론을 보고했다. Graham이나 Greene 모두 자아강도 척도가 자기중심성 지표의 부차적 차원인 자긍심이나 자기초점을 측정한다고 구분하지는 않았다. 따라서 이 연구에서 보여준 두 척도 간 유의미하지 않은 관계성은 자기중심성 지표가 자아강도 척도의 하위 차원 중 어느 것과도 이론적으로는 거의 관련이 없기 때문인 것으로 보아야 한다.

그 이후의 연구는 자기중심성 지표와 나르시시즘－과민증(Narcissism-Hypersensitivity: Mf1) 하위 척도를 포함한 몇몇 MMPI의 특별 척도들과의 관계에 대해 검토했다(Brems & Johnson, 1990). 개념적으로는 자기중심성 지표가 나르시시즘에 대한 측정과 상관되어있을 것이라고 추측할 수 있을 것이다. 그러나 이 같은 예측과는 반대로 나르시시즘-과민증과 자기중심성 지표 사이의 상관관계는 유의미하지 않은 것으로 드러났다.

Brems와 Johnson의 연구 결과는 자기중심성 지표가 자기도취적 자기몰두(self-involvement)와 연관되어있지 않다는 결론을 내리기 이전에 나르시시즘-과민증 척도의 두 가지 중요한 특성에 대한 고려를 먼저 해야 한다고 언급하고 있다. 첫째, 나르시시즘-과민증 척도의 높은 점수와 연관된 해석에서 시사되는 점은 과민성과 자기중심성 지표 사이의 상관관계가 유의미하지 않을 것이라는 점이다. 나르시시즘-과민증 하위 척도의 점수가 높다는 것은 그 사람이 매우 자기중심적임을 묘사하며, 또한 극단적으로 예민하고 쉽게 상처받으며 계속해서 걱정하고, 자신의 신체적 외모에 대해 근심하며, 성적인 문제들에 사로잡혀 있고, 가족 구성원들을 향한 분노와 적대감, 그리고 타인에 대해 둔감하고 불합리하다고 느끼는 것과도 관련되어 있다(Graham, 1993; Greene, 1991). 따라서 나르시시즘-과민증은 자긍심이나 자기중심성과 직접적으로 연관되어있지 않은 여러 차원과 접속되어있다. 4번 척도와도 그랬던 것처럼, 나르시시즘-과민성과 자기중심성 지표 사이의 유의미하지 않은 관계는 어쩌면 나르시시즘-과민성이 자기중심성 지표가 측정하는 차원들에 대한 순수한 측정이 아니라는 사실 때문일 가능성도 있다.

두 번째로, 5번 척도의 하위 척도인 Serkownek 척도(1975; 나르시시즘-과민성 척도가 SerkowneK 척도의 하위 척도임)를 해석하기 위한 지침에 대한 논의에서, Graham(1987)은 "하위 척도에 대해서는 타당성 데이터가 없고 단지 제한된 임상에서의 경험만 존재하기 때문에 해석적 묘사는 각각의 하위 척도에 포함되어 있는 질문 문항의 내용을 검토한 후에 그것에 기반해서 해야 한다"라고 경고했다(p. 137). 나르시시즘-과민성 척도의 구성 타당도는 아직 확실하게 수립된 것이 아니기 때문에 이 척도와 다른 변인들 사이의 상관관계가 유의미한지에 대한 의미는 명확하지 않다. 따라서 나르시시즘-과민성 척도가 실제로 자기중심성이나 부풀리고 과장된 자긍심을 측정하는지에 대해서는, 질문 문항의 내용이 그렇다고 하더라도 쉽게 추정할 수 없다. Brem과 Johnson이 주장한 것처럼, 나르시시즘-과민성 척도에 대한 타당도 데이터의 부재 및 혼합된 문항들의 내용이 둘 사이에 유의미한 상관관계가 없음을 시사하고는 있지만 이것이 자기중심성 지표가 자기관여나 자긍심을 측정하는 지수임을 직접적으로 보여주고 있는 것은 아니다.

전체적으로 앞서 논의된 자기중심성 지표와 관련된 연구들의 한계는, 살펴보고자 하는 특성의 구조에 대해 상대적으로 순수한 측정을 하는 제대로 입증된 척도들을 사용하는 것이 얼마나 중요한지를 잘 보여준다. 따라서 연구자들은 사실상 다차원적인 척도의 사용을 피해야 하는데, 왜냐하면 그와 같은 척도들을 사용한 결과 해석은 불명확해질 가능성이 높기 때문이다. 특히 연구자들은 척도를 선택할 때 그 척도의 이름을 보고 선택하는 것이 아니라 관련된 구조를 보고 선택하도록 특별한 주의를 기울여야 한다.

부가적 타당도와 수렴 타당도

MMPI-2와 로르샤하 데이터 사이의 관계에 대해 실증적인 검토를 한 연구도 얼마 되지 않지만, 하나의 도구를 사용했을 때보다는 MMPI-2와 로르샤하를 함께 사용했을 때 임상적 의사결정이 더욱 정확해지도록 만들어주는 결정 요소인 부가적 타당도(incremental validity)에 대해 점검한 연구는 더더욱 찾기 어렵다. 부가적 타당도는 임상적 판단이 단일한 정보에 기반하여 내려졌을 때 보다는 추가적 정보가 더해져서 내려졌을 때 그 타당도와 정확도가 더욱 개선되는 경우에 수립된다. 부가적 타당도와 관련된 문헌조사에서는, MMPI가 로르샤하나 기타 투사적 검사보다 더 높은 정확성을 일관되게 보여왔으며 로르샤하 결과를 추가한다고 해도 MMPI를 단독으로 사용했을 때 얻어지는 수준 이상으로 판단의 정확성을 증가시키지는 못한다고 결론 내렸다(Garb, 1984). 그러나 이 같은 결론이 현재의 평가 동향에 어느 정도까지 적용되는지는 불명확하다. 왜냐하면 Garb가 검토한 문헌들 중에는 로르샤하의 심리 측정적 속성을 현저하게 개선시켰고 주관적 인상이나 불특정한 결정 규칙보다는 이미 실증적으로 확인된 검사 점수의 상관계수에 대한 해석에 기반한 Exner 종합체계 시스템을 사용된 연구가 한 건도 없었기 때문이다.

단 한 건의 연구에서만 MMPI와 로르샤하 종합체계를 사용하여 부가적 타당도에 대해 점검하였다(Archer & Gordon, 1988). 이 연구에서는 기존 버전의 MMPI와 로르샤하를 사용하여 134명의 청소년 입원 환자들에게 검사를 실시했다. 수검자들은 DSM-III에 근거한 퇴원 진단에 기준을 둔 집단으로 나뉘어졌다. Archer와 Gordon은 MMPI의 2번 척도와 DEPI 사이, 또는 8번 척도와 SCZI 사이에 아무런 상관관계가 없음을 발견했다. 8번 척도가 민감도 부분에서 상당한 장점을 보인 반면 정신분열병을 감지해내는 것에 있어서는 SCZI 척도보다 아주 미세한 정도로의 높은 적중률을 보였다(.76 vs. .69 각각). 8번 척도와 SCZI를 함께 사용하더라도, 8번 척도만을 단독으로 사용했을 때 얻을 수 있는 정확도와 비교했을 때, 정확도의 적중률이 그다지 유의미한 수준으로 상승되지 않았다. MMPI나 로르샤하 데이터 중 어느 것도 우울 장애를 정확하게 예측해내지 못했다.

이 연구는 몇 가지 한계점을 가지고 있다. 첫 번째로, 이 연구에서는 후일에 청소년 집단용으로 특별하게 개발된 MMPI－A가 아직 개발되기 이전이었기 때문에 기존의 MMPI가 사용되었다(Butcher et al., 1992). 전문가들에 따르면, 기존의 MMPI를 청소년 집단에게 그대로 사용했을 경우 상당한 문제들이 발생한다고 한다(Archer, 1987). 따라서 기존의 MMPI를 그대로 사용한 것이 Archer와 Gordon의 연구 결과에 영향을 끼쳤을 가능성은 매우 클 것으로 보인다.

두 번째로, Archer와 Gordon(1988)의 연구에 이어 SCZI와 DEPI은 이 지표들의 이전 버전에서 확인된 결함, 즉 기대되는 수준만큼 민감하지도 정확하지도 않았던 부분을 수정하기 위해 교정되었다(Exner, 1991). MMPI－A와 개선된 SCZI, DEPI를 사용한 연구 결과는 기존의 SCZI와 DEPI, 그리고 기존의 MMPI를 사용했을 때 나온 결과와는 사뭇 다를 수도 있다. 예를 들어, Ball, Archer, Gordon, French(1991)는 DEPI의 두 가지 버전을 사용한 결과를 보고했다. 그 결과 기존의 DEPI 결과와 수정된 DEPI를 사용한 결과들 사이에 중복되는 부분이 거의 없음이 드러났다. 예를 들어, 67명의 아동 및 청소년 외래 환자들 사례를 살펴보면, 개정된 DEPI에서는 11명의 수검자들이 우울한 것으로 나타난 반면 기존 DEPI에서는 우울을 시사하는 수준의 점수를 보인 사례가 하나도 없었다. 이와 유사하게, 99명의 청소년 외래환자들 중에서 기존의 DEPI 지표상에서는 우울 증상이 positive로 나타난 수검자가 1명이었던 반면 개정된 DEPI에서는 23명이 positive 수준에 속하는 것으로 나타났다. 따라서 Archer와 Gordon이 발견한 연구 결과는 MMPI－A와 개정된 SCZI, DEPI를 사용하여 다시 연구를 하지 않는 이상 현대의 검사 관행과의 연관성이 제한적일 수밖에 없다.

Archer와 Gordon(1988)의 연구는 향후의 연구 방향과 임상 실무에 몇 가지 중요한 질문들을 던졌다. 이들 사례 중에는 정신분열병 진단 기준에 맞는 환자 15명이 포함되었다. 이 15명의 환자들 중에서 8명은 MMPI 8번 척도에 의해 정신분열병이 있는 것으로 옳게 구분된 반면 기존의 로르샤하 SCZI 지표는 7명의 환자에 대해 정신분열병이 있는 것으로 구별해냈다. Archer와 Gordon은 이 환자들을 구별해 내는 부분에 있어 로르샤하와 MMPI가 어느 정도로 중복되는지, 즉 두 검사 모두 정신분열병으로 진단한 경우에 대해서는 보고하지 않았다. 로르샤하에 의해 정확하게 변별된 7명이 MMPI가 명확하게 구별해낸 8명의 환자들 속에 포함되어 있을 것이라고 우리는 쉽게 상상해 볼 수 있다. 또는 이와 달리 두 검사 도구에 의해 제대로 구별된 환자들 사이의 중복이 전혀 없거나 부분적으로만 중복되는 경우도 충분히 있을 수 있다.

MMPI와 로르샤하가 합일되는 정도는 매우 중요한 이슈이며 다음과 같은 함축적 의미를 내포하고 있음에도 불구하고 일반적으로는 등한시되어왔다. 예를 들어, Archer와 Gordon의 연구에서 MMPI와 로르샤하에 의해 정신분열병으로 정확하게 구별된 환자들 사이에 중복되는 부분이 전혀 없다고 한 번 추정해보자. 만약 이것이 실제 사실이라면, 이 두 가지 검사가 특정한 장애, 즉 위 사례에서는 정신분열병이라는 특정한 장애 내의 하부 집단에 차별적으로 민감하다는 것을 시사할 수도 있다. 이 같은 발견은 임상 실무에 대한 몇 가지 함축적 의미를 시사한다. 첫 번째, 만약 로르샤하와 MMPI가 서로 다른 목적에서 명확하다는 것이 밝혀진다면, 그런 다음에는 특정 장애 내의 모든 하위 집단들에게 적정한 민감성을 보장하기 위해, 그리고 하나의 검사만을 시행했을 경우에 도달할 수 있는 부정확한 결론을 피하기 위해 양 검사 모두를 일상적으로 시행해야 한다. 두 번째, 두 검사 사이에 일치되는 부분이 부족한 것 또한 일상적으로 일어날 수 있다는 것이다. 따라서 이것이 MMPI−2 혹은 로르샤하 검사 도구의 타당성이나 임상적 효용성에 대한 질문의 시발점이 되기보다는 합일되는 부분이 적은 것에 대해 각 도구의 상대적인 강점과 약점의 결과일 것이라는 시각으로 바라볼 필요가 있다. 또한 실증적인 연구를 통해 신중하게 밝혀져야 할 필요가 있는 본질적인 특성으로 바라봐야 할 것이다.

Archer와 Gordon(1988)은 MMPI(33개의 positive 사례 중 25 사례)와 로르샤하(38개의 positive 사례 중 31 사례)를 사용하여 정신분열병을 변별해 냈을 때 많은 허위 양성 사례가 나타났음을 보고했다. 이들의 연구를 살펴보면, MMPI나 로르샤하의 결과들 중 어느 하나를 사용하게 될 경우 환자가 정신분열병을 앓고 있다고 잘못 결론내릴 위험 가능성이 상당히 높았다. 그러나 정확하게 정신분열병으로 변별된 환자들 중 그들의 MMPI와 로르샤하 사이에 상당히 많은 중복이 발견되었다고 가정해보자. 만약 MMPI와 로르샤하 검사의 점수가 positive일 때 실제 정신분열병인 경우가, 두 가지 중 하나의 검사에서만 positive 점수가 나타날 때 정신분열병일 경우보다 확률이 높다면, 두 가지 검사에서 모두 정신분열병의 양성 증상을 관찰한 심리학자로서는 정신분열병으로 진단 내리는 것에 대해 상당한 확신을 가질 수 있을 것이다(Hegarty Baldessarini, Tohen, Waternaux, & Oepen, 1994). 두 검사에서 positive 결과가 나왔을 때가 한 가지 도구에서만 positive가 나왔을 때보다 해당 장애가 발현될 가능성이 높다는 것은, 임상가가 치료에 있어 중요한 결정이나 추정되는 장애의 진행 과정, 그리고 예후를 결정하는 의사결정이 요청되었을 때와 같은 임상 실무에서 중요한 함축적 의미를 갖는다. 부가적 타당도의 이슈가 중요하기는 하지만, 어떤 경우에는 수렴 타당도(convergent validity)가 훨씬 더 중요할 수 있는데, 특히 정신분열병 진단처럼 위중하면서도 조짐이 좋지 않은 진단을 내리기 이전에는 더욱 수렴 타당도(두 가지 방법 사이의 동의/합일 정도)가 중요할 수 있다.

앞서의 논의가 가리키는 것처럼, MMPI－2/로르샤하를 결합하여 사용하기 위해 필요한 부가적 타당도 및 수렴 타당도와 관련된 이슈들은 아직 결론이 내려지려면 더 많은 시간과 연구가 필요하다. 이 같은 이슈들은 신중하면서도 시스템적인 주의를 기울여야 할 필요가 있다. 예를 들어, MMPI－2와 로르샤하 사이의 진단적인 합의에 대한 이슈는 향후의 연구에서 카파계수(kappa coefficient)를 계산하는 방식으로 실증적으로 점검해 볼 수 있을 것이다.

로르샤하 점수의 변화

로르샤하 종합체계는 자료가 쌓이면서 특정 점수와 지표가 가진 맹점들에 대한 대응으로 진화를 거듭해왔다. 이 같은 노력의 결과로 몇 가지 지표의 점수를 계산하는 방식에 변화가 있었을 뿐 아니라 새로운 지표의 개발, 예컨대, 과잉경계 지표(Hypervigilance Index)나 강박성향 지표(Obsessive Index)가 개발되는 결과를 얻었다. 예를 들어, 앞서도 언급되었던 바와 같이, 기존의 DEPI가 가진 문제점들은 Exner가 DEPI를 구성하는 변인들을 다시 검토하도록 자극제 역할을 했고 결과적으로는 구성 요소들에 수정을 가했다. SCZI, 소외 지표(Isolation Index), 이지화 지표(Intellectualization Index) 등을 포함한 몇 가지 다른 지표들에도 이와 유사한 변화들이 생겼다(Exner, 1991). 예를 들어, 소외 지표의 계산 방식에도 변화가 생겼는데, 연구 결과를 통해 소외 지표 내의 2가지 변인들에 대해 다른 변인들보다 더 큰 가중치가 더해졌을 경우 지표의 정확도가 올라간다는 점이 밝혀진 이후 계산 방식이 바뀌게 되었다.

이 같은 변화들 때문에 지금은 폐기된 방식, 즉 예전 방식의 계산법을 사용한 연구를 개정된 로르샤하 변인들에 일반화시킬 수 없게 되었다. 예를 들어, 한 연구에서는 원래의 소외 지표와 사회적 내향성 척도(Si)를 포함한 MMPI 점수 사이에 유의미한 상관관계가 없는 것으로 보고되었다(Simon, 1989). 그러나 개정된 소외 지표에서도 이와 유사한 결과를 보일지에 대해서는 좀 더 지켜봐야 할 필요가 있다. 이 분야에 대해서는 추가적인 연구가 필요할 것으로 보인다.

연속 변인 또는 명목 변인?

MMPI-2와 로르샤하 관계를 검사하는 연구들의 결과에 영향을 끼칠 수 있는 또 다른 요인은 어떤 통계검정을 선택하느냐의 부분이다. 대부분의 연구들은 피어슨 적률 상관계수, 분산 분석, 또는 t-test와 같은 모수적 통계 절차를 사용한다. 이 같은 통계들은 대부분 매우 탄탄하지만, 모수적 검정 방식의 기본 가정은 변인들의 분포가 정상분포가 아닌 경우에는 위반된다. 그리고 많은 로르샤하 변인들은 대부분 정상분포가 아니고 범위도 매우 제한적인 경우에 해당된다(Exner, 1991). 예를 들어, Exner의 규범적 표본표는 111개의 로르샤하 변인들 중에서 48개가 정상분포가 아님을 보여준다. Exner는 왜곡된 분포와 제한된 범위를 가진 변인들에 대해서는 모수 통계를 사용해서는 안 된다고 권고했다. 이와 유사하게, Kinder(1992) 역시 "정상 상태로부터 상당한 일탈이 일어난 경우 적절한 비모수적 분석이 활용되어야 한다"고 제안했다(p. 256).

연구자들 또한 통계적 분석을 실행할 때, 로르샤하 변인들을 연속 변인으로 다룰 것인지 아니면 명목 변인으로 다룰 것인지에 대해 고려해야 한다. 임상 실무 현장에서는 많은 로르샤하 변인들을 연속 변인으로 보기보다는 명목 변인으로 다룬다. 예를 들어, 차원 반응(Vista)은 이분 변인으로 여겨진다; 1개 혹은 1개 이상의 차원 반응은 환자가 자기 비판적이거나 죄책감을 느끼고 있음을 시사하는 반면 차원 반응이 하나도 나타나지 않는 경우는 자기 형벌적인 행동의 부재를 시사한다. 비록 우리가 차원 반응 응답 수가 클수록 환자의 자기 형벌적인 느낌이 더 강렬할 것이라고 추정해도 실제로 2개의 차원 반응 응답이 1개의 응답보다 2배만큼 자기 비판적이거나, 4개의 차원 응답이 2개의 차원 응답 반응 때보다 2배만큼 더 고통스러움을 가리킨다는 계량적 결과는 없다. 바꿔 말하자면, 이 같은 점수들은 연속 변인이 아닌 것이다. 이와 유사하게, 1개 혹은 그 이상의 Color-Shading blends가 나타나는 것은 고통스럽고 혼란스러운 정서적인 반응의 혼합임을 시사한다. 즉, Color-Shading blends는 연속 변인이라기보다는 이분 변인으로 다뤄진다. 임상적 목적을 위해서, 많은 로르샤하 점수들은 연속 변인보다는 명목 변인으로 다뤄지는데, 예를 들면, 람다값이 1.00 이상인 경우, 또는 반사 반응이 1개 이상 나타날 경우, 그리고 마지막으로 이지화 지표가 4 이상인 경우 등이 이에 해당된다. 이 외에 다른 많은 변인들의 경우에도, 임계수준보다 높거나 낮은 점수, 혹은 분할 점수는 해석적으로 중요하다. 따라서 이것을 탐색하는 임상가는 로르샤하 변인들이 임상적으로 어떻게 사용되었는지 파악한 후 그것과 일관된 방식으로 분석해야 한다. 만약 로르샤하 변인이 지정된 분할 점수, 예컨대 DEPI가 4보다 작거나 큰 경우, 또는 반사 점수가 1보다 작거나 큰 경우 같은 분할 점수를 통해 해석되었다면, 이 같은 변인들은 임상 실무에서와 마찬가지로 연구목적을 위해서도 연속 변인이라기보다는 명목 변인으로 여겨져 분석되어야 한다.

앞서의 연구들에서는 자료 분석 절차가 부적절했기 때문에 MMPI와 로르샤하 사이의 관계가 약한 것으로 나타났을 가능성이 있다. 예를 들어, MMPI와 로르샤하 변인 간의 상관관계를 계산한 많은 연구에서, 모수 검정을 사용할 것인지, 또는 비모수적 검정을 사용할 것인지에 대해 고려하지 않은 채 부적합한 통계적 절차를 적용했기 때문에 그 결과로 유의미하지 않은 결론이 얻어졌을 가능성이 있다(Archer & Krishnamurthy, 1993a; Dana & Bolton, 1982). 연구자들은 로르샤하 변인들이 정상분포인지 아닌지를 결정해야 하고, 그런 다음 변인들이 정상분포인 경우에는 모수적 통계법을, 정상분포가 아닌 경우에는 비모수적 통계법을 사용해야 한다. 쉬운 방법으로 연구자들은 로르샤하 종합체계의 규범표를 참조하여 변인들이 정상분포인지 아닌지를 결정할 수 있고 그런 다음 적절한 통계적 방법을 사용하여 데이터를 분석할 수 있다(Exner, 1993; Exner & Weiner, 1995).

많은 로르샤하 변인들이 가진 범주적인 특성을 감안할 때, MMPI-2와 로르샤하의 관계를 연구하는 한 가지 방법은 집단을 대상으로 해서 특정한 로르샤하 변인의 점수가 분할 점수보다 높은지, 혹은 낮은지에 기반하여 연구하는 것이다. 예를 들어, 대상자들을 차원 반응 유무에 기반하여, 고(高) 자기비판 그룹과 저(低) 자기비판으로 나누는 방식이다. 그런 다음 두 집단을 관련된 MMPI-2 변인으로 비교한다. 예를 들어, 우리는 자기비판을 많이 하는 집단과 적게 하는 집단이 2번이나 7번 척도, DEP, LSE 등과 같이 부정적 자기평가, 비판적 자기평가와 연관된 MMPI-2 척도에서 차이가 날 것이라고 예측할 수 있다. 이 같은 접근 방식은 다른 로르샤하 변인들에 대해서도 시행될 수 있다.

향후의 방향

로르샤하와 MMPI-2 사이의 빈약한 상관관계에 대해 어떤 이들은 두 검사 도구 중 어느 한 도구가 다른 도구보다 임상적 진단, 고통스러움의 수준, 또는 특정한 성격 특성과 같은 구체적인 기준 변인들과 더 강력하게 관련되어 있다고 결론 내릴지 모른다. 그러나 이 같은 결론은 설령 두 도구가 서로 다소간의 수준으로 상관되어 있다 하더라도 각각의 도구가 독립적으로 기준 변인과 상관되어 있을 가능성이 있으므로 반드시 따를 필요는 없다. 이 같은 결과들은 또한 MMPI-2와 로르샤하를 서로 대항하게 하기보다는 두 도구가 동일한 현상의 서로 다른 측면을 측정할 수 있다는 점을 시사한다.

신경심리학 문헌에는 종종 유사한 능력을 측정한다고 묘사되는 두 검사 도구인 할스테드 카테고리검사(HCT; Reitan & Wolfson, 1985)와 위스콘신 카드분류검사(WSCT; Heaton, 1981) 사이의 상대적으로 취약한 관계에 대해 앞서와 매우 유사한 논란이 일관되게 보고되고 있다. 일반적으로는 두 검사 도구 모두에서 좋은 검사 결과를 얻으려면 추상적인 개념 형성과 추론능력; 복잡하고 익숙하지 않은 문제를 풀기 위한 전략개발; 인지적 유연성; 그리고 변화되는 검사의 요구에 적응하는 능력이 요구된다고 간주된다. 그러나 HCT와 WCST 사이의 유사점들이 분명함에도 불구하고, 두 검사 도구 사이의 상관관계는 그다지 크지 않은 것으로 보고되고 있으며, 상당히 많은 수의 연구 결과에서 HCT와 WCST의 결과가 서로 일치하지 않고 있다. 결과적으로 어떤 연구자들은 비록 HCT와 WCST가 어느 정도에서는 특징들을 공유하고 있지만 이들은 서로 겹쳐지지 않는 인지적 기능을 진단하는 것이며, 따라서 서로 호환되는 것으로 여겨서는 안 된다고 제안한다(예: Donders & Kirsch, 1991; Pendeleton & Heaton, 1982).

Perrine(1993)은 인지 심리학에서 차용하여 가져온 복잡한 연구 패러다임을 사용해서 HCT와 WCST가 어느 정도까지 유사한 종류의 개념론적 처리 과정을 포함하고 있는지를 조사했다. Perrine은 서로 다른 인지적 처리 과정이 각각의 도구와 차별적으로 연관되어 있기 때문에 두 검사 도구 사이에는 미약한 수준의 관계만이 있다는 것을 발견했다. 예를 들어, HCT의 수행 결과는 규칙을 추론하고 추상적인 원칙들을 결정하는 것과 가장 강력하게 관련되어 있으며 이들은 익숙하지 않은 자극을 구분하고 분류하는 과정에 사용된다. 반면 WCST의 수행 결과는 속성 학습과 반복적 경향에 가장 민감하다.

HCT와 WCST 사이의 미약한 상관관계를 설명하기 위해 고안된 연구들은 몇 가지 측면에서 향후 MMPI-2와 로르샤하 사이의 상호연관성과 관련된 연구에 모델이 될 수 있다. 첫 번째로, 앞서 설명된 연구의 정신은 HCT와 WCST 두 검사 도구의 임상적 효용성에 대한 근본적인 존중을 반영하는 것이지 두 도구 중 어떤 것은 옳고 어떤 것은 틀리다는 것을 증명하기 위한 편파적인 시도가 아니다. 이상적으로는 MMPI-2와 로르샤하 관계를 검사하는 연구에도 이와 유사한 연구정신이 스며드는 것이다. 두 번째로, 이러한 연구들은 HCT와 WCST가 어떤 특정 척도에서 수렴되고 분산되는지를 구분하려고 시도했다. 이 전략은 향후 MMPI-2와 로르샤하 연구에 있어서도 매우 유용한 전략일 것이다. 예를 들어, 우리는 MMPI-2의 8번 척도와 로르샤하의 SCZI 모두 정신병적 장애를 가진 환자를 구분해 내기 위해 개발된 것임에도 불구하고 둘 사이의 관계가 약할 것으로 예측할 수 있다. 왜냐하면, 8번 척도의 질문 문항들은 이질적이고 정신병적인 경험뿐만 아니라 사회적 소외 및 충동제어와 관련된 문제들까지도 포함하고 있는 반면 SCZI를 구성하는 변인들은 인지적 오류(cognitive slippage), 사고 장애, 그리고 자극에 대한 왜곡된 지각들을 포함하고 있기 때문이다. 각 척도의 구성 타당성에 대한 의문 제기 없이, 사고 장애에 대한 측정(SCZI)과 정신병적 경험, 사회적 소외, 그리고 취약한 충동제어에 대한 측정(8번 척도) 사이의 상관관계는 미약할 것으로 기대하는 것이 자연스러울 것이다. 8번 척도와 SCZI 사이의 차이점에 기반하여, 우리는 8번 척도와 SCZI가 정신병적 장애의 서로 다른 측면과 차별적으로 연관되어 있을 것이라는 가설을 세울 수 있다.

이와 유사하게, MMPI-2의 6번 척도와 로르샤하의 과잉경계 지표(HVI) 사이에 상당한 상관관계가 발견될 것으로 사람들은 기대하겠지만, 이 두개의 지수는 전혀 겹쳐지지 않는다. 6번 척도의 질문 문항들은 과도한 의심, 민감성, 피해망상, 웅대함, 관계 망상, 분개함, 학대받은 느낌, 그리고 삶에서 부당한 대우를 받아왔다는 의식 등을 포함한다. 이와는 대조적으로, HVI는 타인에 대한 의심 가득한 불신, 신중한 경계, 문제에 대한 걱정스러운 예상, 그리고 세상에 대한 냉소적인 시각과 관련되어 있지만 직접적으로 정신병적 또는 망상적 징후들을 포함하지는 않는다. 따라서 비록 MMPI-2와 로르샤하가 몇몇 특성들을 함께 공유하고 있을 것으로 기대되기는 하겠지만, 어쩌면 이들은 서로 겹쳐지지 않는 심리적인 변인들을 평가하는 것일 수 있으며, 따라서 서로 교환 가능한 것으로 여겨져서는 안 될 것이다. 향후의 연구에서는 두 검사 각각이 성격의 어떤 특정한 측면, 정서적 기능, 그리고 정신병리의 어느 부분과 관련되어 있는지에 대해 살펴봐야 할 것이다.

결론

앞서의 토론은 현존하는 연구들의 방법론적인 한계, 특히 현재 사용되고 있는 평가 절차를 사용한 연구들의 수가 제한적이라는 점을 감안하면, 현재로서는 MMPI-2와 로르샤하 간의 실증적인 관계에 대해서는 어떠한 확정적인 결론도 내릴 수 없다는 점을 시사한다. 방법론적인 사안뿐만 아니라 MMPI－2와 로르샤하가 서로 상관관계가 있어야 하는지 여부에 대해서도 숙고해봐야 한다. 만약 상관관계가 있다면, 임상가 혹은 연구자들은 두 검사 사이의 불일치가 갖는 중요성뿐만 아니라 두 검사 간의 일치가 기대되는 환경이 어떤 것인지에 대해서도 명시해야 한다.

로르샤하와 MMPI－2가 유사한 심리적 구조를 측정하기 위해 개발된 것이기 때문에 두 검사가 많은 경우에 서로 관련성이 있어야 한다고 기대하는 것은 타당하다. 그러나 응답 형식의 차이를 감안할 때, MMPI－2와 로르샤하 사이의 상관관계의 수준은 낮거나 보통 수준에 위치할 것으로 기대해야 한다. 일반적으로 두 검사 도구가 서로 상이한 형식을 사용하는 것보다 유사한 형식을 사용해서 심리적 구조를 진단하는 경우에 더 높은 상관관계가 있을 것으로 기대된다. 예를 들어, 우울증을 측정하는 자기보고식 검사 두 가지, 즉 Beck 우울증 검사 도구(Beck Depression Inventory)와 Zung 우울증 검사 도구(Zung Depression Inventory)는 로르샤하와의 상관관계보다 이 둘 간의 상관관계가 훨씬 더 높을 것으로 예상될 것이다.

그러나 이 장의 앞부분에서 나타났던 바와 같이, 로르샤하와 MMPI－2의 상관성이 없거나 상관성의 수준이 낮을 것으로 기대되는 경우가 있다. 예를 들어, 만약 두 검사 도구의 결과가 정신병적 장애의 구조와 관련되어 있을 때, 환각, 망상, 사회적 소외와 대비되는 취약한 현실 검증력 및 사고 장애 등 그 장애의 상이한 측면을 건드릴 때 이 같은 경우가 발생한다.

또한 만약 MMPI－2와 로르샤하 각각이 심리적 구조의 측면 중 상대 도구가 측정하지 않는 측면을 독립적으로 측정한다면 MMPI－2와 로르샤하 결과가 불일치하는 것은 가능하다. 예를 들어, DSM－IV의 신체형 장애의 진단기준 중 한 가지에 해당하는 환자는 전형적으로 신체적인 문제에 집중되어 있고 염려하며 신체적 문제를 의식한다. 많은 경우에 이 같은 신체적인 증상들은 공공연하게 나타나지 않는 정서적인 고통이나 환자가 의식하지 못하는 심리적인 갈등의 결과라고 여겨진다. 이런 경우 MMPI－2가 환자 상태의 한 측면을 확인해주고 로르샤하는 또 다른 측면을 구별해 주는 것이 가능할 것이다. 이는 또한 환자가 자신의 의식적 측면으로부터 분리된 경우, 즉 의식적으로는 알아채지 못하지만 심리적 기능에 중요한 영향을 끼치는 경우에도 발생할 수 있다. 예를 들어, 외현적으로 과도하게 예의바르고 순응하며 감정적으로 강하게 자제하는 모습을 보이는 한 개인은 계속 순종적이고 의존적인 모습으로 남아있기를 필요로 하면서도 분노 표현의 억제와 독립적이고 자율적이고자 하는 충동과 관련된 갈등을 해결하기 위한 하나의 방편으로 이 같은 외현적 특징들을 발달시켰을지도 모른다(Millon, 1969).

MMPI－2와 로르샤하가 개인의 심리적 상태의 상이한 측면에 차별적으로 민감할 수 있다는 것은 가능하다. 첫 번째 예시에서 정서적 고통과는 대조적인 신체증상이나 두 번째 사례에서 수면 아래 깊이 감춰져 있는 적대감과 반항성과는 대조적인 공손하고 정중한 행동 등이 이런 가능성을 보여준다. 따라서 MMPI－2와 로르샤하 데이터가 통합되면, 겉으로 드러나기에는 모순되는 결과들이지만 경우에 따라서는 임상적 성격평가의 해석을 풍부하게 해줄 수 있는 의미 있는 정보를 만들어내기도 한다. 이에 더해 앞서의 토론은 성격평가를 할 때 한 도구에 의해 제공될 수 있는 환자에 대한 중요한 정보가 다른 도구를 통해서는 제공되지 않을 수 있으므로 두 검사 중 한 검사만을 시행했을 경우 성격평가가 불완전해질 것이라는 것을 제시했다. MMPI－2와 로르샤하의 데이터를 변별하고 가중치를 주며 유사한 데이터와 서로 다른 데이터들 사이의 조화를 이뤄내는 방법에 대해서는 제3, 4, 5장에서 논의될 것이며, 주로 MMPI－2와 로르샤하 결과의 통합 및 검사 해석과 관련된 일반적인 이슈들에 집중될 것이다.

Chapter

03

검사 해석 I: 개념적 관계

Chapter 03

검사 해석 I: 개념적 관계

심리평가를 하는 동안 주요하게 다루어지는 영역은 프로파일의 타당도에 대한 평가, 현재의 종합적 증상, 대인관계, 자기개념, 방어기제, 그리고 역동 등이다. 이 같은 영역을 포함하는 검사 결과는 복잡한 임상적 의사결정의 토대를 구성하는데, 이는 심리평가에서 요구되는 매우 중요한 사안으로써 감별진단, 환자 행동의 역동의 공식, 치료를 하는 동안 목표로 삼아야 할 특정 문제에 대한 확인, 특정한 개입전략에 대한 권고, 그리고 치료에 대한 저항에 기여할 수 있는 요소의 확인 등을 포함한다.

제1장에서 논의 되었던 바와 같이, MMPI-2와 로르샤하 사이의 연관성에 대한 실증적인 연구는 상대적으로 거의 다뤄진 것이 없으며, 이 연구들에서 추출할 수 있는 결론은 제2장에서 논의된 방법론적인 결점 때문에 제한적이다. 이 장에서는 MMPI-2 각각의 척도와 로르샤하 변인, 그리고 검사시행 태도, 기분과 감정적 기능, 현실과의 접촉과 정신병 지표, 대인관계 기능의 특징적인 패턴, 자기개념, 대응전략과 방어기제, 그리고 알코올/약물 남용 등을 포함해서 임상적 관심이 높은 몇 개 영역 사이의 개념적 관계가 다뤄질 것이다. 위에 언급한 영역을 설명할 수 있는 MMPI-2와 로르샤하 변인은 그간 보고된 실증적 연구 결과와 특정 변인의 개념적 의미에 대한 검토, 개별 척도를 구성하는 질문 문항의 내용들, 그리고 임상적 경험 등에 기반을 두고 입증되었다.

뒷부분에 제시되는 표들은 우울증이나 권위갈등과 같은 특정 변인과 관련된 MMPI-2 및 로르샤하 변인들의 전체 윤곽을 보여준다. 이 표에서 검사 변인들이 평행한 줄(parallel columns)에 있다고 해서 각 로르샤하의 변인에 상응하는 MMPI-2 변인이 있음을 시사하는 것은 아니다. 독자는 MMPI-2 척도는 해당 척도의 점수가 상승했을 경우에만 특정한 특성을 나타내며 특별히 낮은 점수를 언급해야 하는 경우가 아니고서는 낮은 점수 척도 해석은 제외했다는 것을 유념해야 한다. 본 장에서는 MMPI-2와 로르샤하 사이의 개념적 관계가 제시되며, 검사 해석을 위한 일반적인 틀에 대해서는 제4장에서 논의할 예정이다. 제4장에서는 임상 실무에서 의사결정을 할 때 오류 혹은 편향이 발생할 가능성이 있는 원천에 대한 토의와 이 같은 편향을 피하기 위한 제언들에 대해 논의할 것이다. MMPI-2와 로르샤하 데이터를 통합적인 방식으로 해석할 때 고려해야 할 이슈들은 제5장에서 세부적으로 논의될 예정이다.

검사 시행 태도

성격평가를 하는데 있어 중요한 이슈는 해석 과정에서 사용된 검사자료의 질에 대한 판단이다. 즉, 평가를 할 때의 협조 정도, 검사 절차에 대한 수검자의 이해력, 그리고 수검자가 얼마나 솔직하게 자기 자신을 묘사했는지 등에 대한 내용을 포함한다. 다양한 이유들 때문에 수검자는 심리검사를 하는 과정에서 실제보다 더 정신적 장애가 있는 것처럼 보이도록 행동하거나, 실제로는 가지고 있는 어려움들을 감추면서 부인하거나, 실제보다 더 긍정적인 성격특성을 가지고 있다고 주장하는 등의 방법을 통해 자신에 대한 특정한 인상을 만들려고 했을 수 있다. 따라서 심리검사를 통합하는 과정에서 가장 필수적인 것은 수검자의 정직함과 검사 과정에서 나타날 수 있는 편향에 대해 확인하고 검사하는 것이다(Rogers, 1988).

검사 결과를 왜곡하거나 무효화시킬 가능성이 있는 응답 세트를 알아내는 것은 수검자의 심리적인 상태를 평가할 때, 정신이상의 유무를 진단할 때, 그리고 치료적 권고사항을 구성함에 있어 매우 시급하고도 중요한 일이다. 일반적으로 심리검사가 법적인 맥락에서 실시되었을 경우, 심리학자는 심리평가 결과의 타당성에 대해 상당히 염려하고 신경을 쓰게 된다. 그러나 법적인 맥락과 전혀 상관이 없는 경우에도 반응 편향은 수검자가 임상적 맥락에서 자신을 어떻게 보이도록 만드느냐에 영향을 끼칠 수 있다. 이런 현상은 다음과 같은 경우에 일어날 수 있다. 예를 들어, 수검자가 치료를 받기 위해 자신의 문제로 주의를 끌어 "plea for help"을 나타내야 할 필요가 있다고 느낄 경우, 또는 수검자가 의도적으로 인상 관리 전략으로 특정한 이미지를 유지하고자 할 경우, 또는 수검자가 자신의 문제를 부인하거나 무시함으로써 무의식적으로 스스로를 속이고 자기상을 보호하려는 시도를 할 때도 이런 현상이 일어난다(Paulhaus, 1986). 따라서 해석 과정에서 해야 할 첫 번째 단계는 평가에 대한 수검자의 접근 방식을 진단해보는 것이다. 즉 협력의 수준과 검사를 실시하는 태도에 있어 수검자에게 fake－good 혹은 fake－bad의 조짐이 있는지 없는지를 고려해봐야 한다.

MMPI－2 타당도 척도는 이와 같은 검사 실시 태도와 결과의 타당도, 그리고 평가의 절차에 협력했는지를 객관적으로 진단하기 위해 특별히 고안된 척도이다. 이 척도의 개발, 타당도, 그리고 MMPI－2 타당도 척도의 임상적인 사용과 관련된 세부적인 논의는 표준 MMPI－2 교본에서 찾아볼 수 있다(예: Butcher & Williams, 1992; Friedman et al., 1989; Graham, 1993; Greene, 1991). 간략하게 말하면, 타당도 척도는 수검자 개인의 읽을 수 있는 능력, 집중할 수 있는 능력, 그리고 MMPI－2 문항에 대한 이해력 정도를 판단하기 위해 필요한 객관적인 정보를 임상가에게 제공한다. 즉, 수검자가 특정한 내용의 영역에 응답하는 것을 회피하는지; 수검자가 일관성 있게 응답하는지; fake－good이나 fake－bad하려는 조짐이 있지는 않은지 등 … 한 메타 분석적 검토는 MMPI 타당도 척도가 fake－bad나 자신의 증상을 과장하려는 수검자, 그리고 자신의 증상을 솔직하게 보고하는 수검자를 매우 정확하게 구분해냈다는 것을 보여주었다(Berry, Baer, & Harris, 1991). 이와 함께 fake－good을 시도한 수검자와 솔직하게 응답한 수검자는 표준 MMPI 타당도 척도 및 증상을 축소 보고하는 것을 감지하기 위해 고안된 특정 척도에서도 모두 다른 것으로 나타났다는 점도 제시하였다(Baer, Wetter, & Berry, 1992).

로르샤하는 MMPI－2와 유사한 타당도 지표, 즉 정상에서 벗어나는 일탈적인 응답 세트를 구별해낼 수 있는 지표가 없다. 로르샤하에서 타당도를 진단하는 주요한 방법은 응답 수를 확인하는 것과 응답 수 중에서 다른 결정인과 비교해서 순수 형태를 포함하는 응답의 비율을 점검하는 것이다. 즉, 로르샤하는 응답 수가 너무 적을 때(R < 14) 또는 응답들이 주로 순수한 형태 반응을 포함하고 있는 경우(Lambda ≧ 1.00: Exner, 1991) 타당하지 않은 것으로 간주된다. 비록 어떤 연구에서는 fake－bad 반응을 한 수검자는 극적인 내용의 응답을 많이 한다고 제안하기는 하지만, 안정적이고 신뢰할만한 수준으로 fake－good이나

fake-bad 응답 세트를 구별해내는 점수나 지표는 없다(Ganellen et al., 1996; Netter & Viglione, 1994; Perry & Kinder, 1990; Seamons et al., 1981). 어떤 경우에는 개인적 반응수의 상승(PER > 2)이 방어적인 응답 세트를 나타내는 것이기도 한다. 그러나 인상적인 응답과 개인적 반응(PER) 모두 왜곡된 자기표현과 관련되는 유일한 척도는 아니다. 최근의 연구 결과를 보면, 순박한(naive) 수검자가 의식적으로 자신의 문제를 감추거나 과장하려고 시도하는 경우에도 타당한 로르샤하 결과를 얻을 수 있다고 말하고 있기는 하다. 그럼에도 fake-good이나 fake-bad 응답 세트가 어느 정도까지 로르샤하의 점수에 영향을 끼치는지는 현재로서는 명확하게 증명된 바가 없다(Ganellen, 1994; Ganellen et al. 1996; Perry & Kinder, 1990).

요약해 보자면, MMPI-2 타당도 척도는 평가 진행 과정에서 수검자가 얼마나 협력적이었는지에 대해서, 그리고 그들의 증상에 대한 보고를 편향되게 만들 수 있는 응답 세트가 존재하는지에 대해서 중요하고 객관적인 정보를 제공한다. 이와는 반대로 로르샤하는 타당도에 대한 이슈를 직접적으로 언급하지 않으며 응답 편향과 관련해서는 제한적인 정보만을 제공한다. 따라서 임상 실무에서 우리는 심리평가로부터 얻어진 결과가 fake-good 혹은 fake-bad 응답 세트에 의해 왜곡되었는지를 판단하기 위해 MMPI-2 타당도 척도에 의존해야 한다. 수검자가 자신의 심리적 어려움들을 과장하거나 축소하려고 시도했다는 것이 MMPI-2를 통해 드러나게 되면 임상가는 수검자의 검사 실시 태도가 로르샤하의 응답에 영향을 끼친 것은 아닌지, 그리고 로르샤하 데이터가 의미 있게 해석될 수 있을 것인가에 대해 판단해야 한다.

기분 상태

MMPI-2와 로르샤하 모두 우울, 불안, 죄책감, 분노를 포함해서 개인의 현재 기분 상태에 대한 정보를 제공한다. 이 같은 척도들과 관련된 검사 변인들은 표 3.1에 제시되어 있다.

로르샤하는 특정한 기분 상태의 존재 여부에 대한 정보 및 개인의 감정통제에 대한 정보(FC:CF+C)와 감정 경험을 처리하는 것에 대해 개인이 얼마나 개방되어 있는지와 관련된 정보(Afr; Lambda; C':WsumC)를 제공한다. 예를 들어, 로르샤하는 두 수검자가 각각 자신의 감정이 그의 행동을 얼마나 지배하는지, 자신의 느낌을 얼마나 조절할 수 있는지, 사건에 대한 합리적인 관점을 어느 정도 유지할 수 있는지 등에 차이를 보여줄 수 있는데, 한 사람은 감정을 조절하고 자신의 느낌을 조절할 수 있으며 사건에 대해 합리적인 관점을 유지할 수 있는 반면(FC:CF+C= 6:3; Lambda=.70; Afr=.64) 이와는 반대로 다른 사람은 감정에 잠겨버리는 경향성을 가지고 있음을 비교해서 보여줄 수 있다(FC:CF+C=3:6; C=2; Lambda=.22; Afr=.98). 하지만 MMPI－2 임상 척도와 보충 척도는 이 같은 이슈를 직접적으로 언급하지는 않고 있으며, 다만 감정 조절에 대한 정보들은 다양한 MMPI－2 코드

• 표 3.1 기분 상태와 관련된 검사 변인

MMPI-2	*Rorschach*
	Depression/Distress
Scale *2*	*DEPI* ≥ 5
Low scale *9*	*CDI* ≥ *4*
DEP	*C'* > 2
D1 (subjective depression)	Color shading blends > 0
D2 (psychomotor retardation)	*FV*+*VF*+*V* > 0
D4 (mental dullness)	*FD* > 2
D5 (brooding)	*MOR* > 2
Hy3 (lassitude-malaise)	*es* > 10
Sc2 (emotional alienation)	*SumC* < 6
Sc4 (lack of ego mastery－conative)	
	Anxiety
Scale *7*	D score < 0
ANX	*FY*+*YF*+*Y* > 2
FRS	*m* > 2
PK	*es* > 10
PS	*Sum Y* > *Fm*+*m*
	Guilt
Scale *2*	*FV*+*VF*+*V* > 0
Scale *7*	
D1 (subjective depression)	
D5 (brooding)	
Pd5 (self-alienation)	
Ma4 (ego inflation)－low	
	Anger
Scale *4*	*S* > 2
Scale *6*	
ANG	
Type A	
Hy5 (inhibition of aggression)－low	
Sc5 (defective inhibition)	

타입과 관련된 행동 특성 안에 포함되어 있다.

정신병적 장애

MMPI－2와 로르샤하는 정신병적 장애를 서로 다른 방식으로 구분해낸다. 예컨대, MMPI－2는 환각, 망상, 관계 사고, 사고 장애, 그리고 특이하고 기이한 믿음과 같은 정신병적 장애와 같은 전형적인 특이하고 일탈적인 경험에 대한 환자의 보고에 의존한다. 이와는 반대로 로르샤하는 자극에 대한 부정확하고 왜곡된 지각을 확인하고(예: X+%, X-%) 점진적인 인지적 오류와 사고 장애(특수 점수)의 경우에 점수를 줌으로써 정신병적 장애를 탐지해낸다. 정신병적 장애 및 편집 장애와 관련된 구체적인 검사 변인은 표 3.2에 제시되어 있다.

• 표 3.2 정신 장애 및 편집 장애와 관련된 검사 변인

MMPI-2	*Rorschach*
Psychotic Disorders	
Scale *F*	SCZI ≥ 4
Scale *8*	X－% > .29 and X－% > Xu%
Scale *6*	*Sum*6 special scores > 6
Scale *9*	*WSum*6 special scores > 17
BIZ	*M*－ > *1*
*Sc*3 (LEM － cognitive)	*FQ*－ ≥ *FQu* or > *FQo*+*FQ*+
*Sc*6 (bizarre sensory experiences)	
Paranoid Ideation	
Scale *6*	*HVI* positive
BIZ	*T* = 0
*Pa*1 (persecutory ideation)	*S* > 2
*Pd*4 (social alienation)	*AG* > 2
*Sc*1 (social alienation)	*H*+(*H*)+*Hd*+(*Hd*) > 6
	Cg > 3
	X+% < .70
	X－% > .29 and *X*－% > *Xu*%
	M－% > 1
	Sum C ≤ 6
	Dd ≥ 3

대인관계 기능

몇몇의 MMPI－2 척도는 대인관계 기능의 특정한 측면, 예컨대 권위 있는 대상에 대한 반항적이고 저항적인 태도(4번 척도: 반사회적 태도[ASP]) 및 내향적이고 타인들과 있는 것을 불편해하는 경향성(0번 척도: 사회적 불편감[SOD])과 같은 측면을 측정해내기 위해 개발되었다. 각각의 로르샤하 변인들이 개념적으로는 반항성 및 사회적 불편감과 연관되어 있기는 하지만, 로르샤하에는 MMPI－2의 이 같은 측면을 측정하는 유사한 지표가 없다. 의존성과 착취적 관계와 같은 대인관계 기능의 다른 측면은 다양한 MMPI－2 척도들 및 로르샤하 변인들과 연관된 특징들로부터 추론될 수 있다. 또한 대인관계 기능에 대한 추가적인 정보들은 특정한 MMPI－2 코드타입과 관련된 행동 특성에서 설명된다. 대인관계 기능의 특정 측면과 관련되어있는 검사 변인들은 표 3.3에 정리되어 있다.

로르샤하 프로토콜은 앞서 묘사된 척도뿐만 아니라 MMPI－2 프로파일에 담겨 있지 않은 대인관계의 질적인 측면을 묘사한다. 예를 들어, 어떤 로르샤하 데이터는 수검자가 다른 사람들에 대해 자신만의 욕구를 가지고 있는 실제적이고, 독특한, 그리고 독립된 사람으로 인지하고 있음을 보여주기도 하지만(Pure H > Non-pure H), 이와는 반대로 어떤 데이터는 타인을 수검자 자신의 심리적인 욕구를 만족시켜주는 대상으로 인식하는 경우도 있음을 보여준다(Pure H < Non-pure H). 또한 로르샤하 데이터는 MMPI－2에서 확인된 대인관계에서의 어려움이 발생하는 원인을 명확하게 해주는 정보를 제공할 수도 있다. 예를 들어, MMPI－2는 두 수검자가 동일하게 사회적 상황에 대한 불편감을 느끼고 있음을 보여주는 반면(Si=T72) 로르샤하는 대인관계 불편감의 서로 다른 원인을 확인시켜줄 수 있다. 즉, 두 수검자 중 한 명은 타인들이 자신에게 공격하고 적대적일 것이라고 기대하기 때문에 사회적인 참여를 회피하는(AG=3; COP=0) 반면 두 번째 수검자는 우호적인 협력을 기대하면서도(COP=2; AG=0) 열등감과 부적절감 때문에 사회적 접촉을 회피할 수 있다(Egocentricity Index=.22). 대인관계 기능에 대한 추가적인 정보는 인간운동 반응(M)과 인간 내용(sum H)을 포함한 반응 내용 분석을 통해서도 얻을 수 있다. MMPI－2 척도와 코드타입 중 몇 가지가 이 같은 이슈를 기술하기는 하지만, 모든 MMPI－2 프로파일이 로르샤하에서 일상적으로 얻을 수 있는 개인적 상호작용에 대한 질적인 정보를 담고 있지는 않는다.

• 표 3.3 대인관계 기능과 관련된 검사 변인

MMPI-2	*Rorschach*
Rebelliousness/Conflict with Authority	
Scale *4*	*S* > 2
49/94	*Fr+rF* > 0
ASP (antisocial practices)	*a:p* > 2:1
Pd2 (authority conflict)	Egocentricity ratio > .45
*Ma*1 (amorality)	*PER* > 2
MAC-R	
CYN (Cynicism)	
Social Discomfort/Avoidance	
Scale *0*	*FT+TF+T = 0*
Scale *7*	*COP* ≤ 1
SOD (social discomfort)	Isolate cluster > .25
LSE (low self-esteem)	*HVI* positive
*Hy*1 (denial of social anxiety)—low	*CDI* ≥ *4*
*Pd*3 (social imperturbability)—low	*H* < *(H)+Hd+(Hd)*
*Si*1 (shyness/self-consciousness)	
*Si*2 (social avoidance)	
*Ma*3 (imperturbability)—low	
Dependence/Passivity	
Scale *3*	*p* > *a*+1
Scale *4*—low	*Mp* > *Ma*
Scale *5* (males—high; females—low)	Food > 0
*Hy*2 (need for affection)	*FT+TF+T* > 1
*Ma*4 (ego inflation)—low	Populars > 8
*Si*3 (self/other alienation)	
LSE (low self-esteem)	
Do (dominance)—low	
Interpersonal Manipulation/Exploitation	
Scale *4*	*Fr+rF* > 0
Scale *9*	Egocentricity index > .45
ASP (antisocial practices)	*AG* ≥ *2 and COP* ≤ 1
*Pa*3 (naivete)—low	*H* < *(H)+Hd+(Hd)*
*Ma*1 (amorality)	
*Ma*4 (ego inflation)	

자기 개념

심리평가 자료는 개인이 중요하고 가치 있게 여기는 자신의 특성인 자기상(self-image)에 대한 정보를 제공한다. 또한 개인이 스스로를 어떻게 평가하는지, 자신이 가진 역량이나 재능, 강점, 약점, 성취, 그리고 실패에 대해서 얼마나 긍정적 또는 부정적으로 느끼는지를 반영하는 자존감(self-esteem)에 대한 정보도 제공한다. MMPI-2와 구조적 요약 데이터는 개인이 스스로에 대해 얼마나 긍정적으로 또는 부정적으로 느끼는지에 대해 직접적으로 진단한다. 그러나 자기개념(self-concept), 즉 중요하고 가치 있게 여기는 특성, 개인이 원하고 소망하는 성격특성, 그리고 스스로가 두려워하는 정체성의 측면 등에 대한 또 다른 정보는 직접적으로 측정되지는 않는다. 그렇지만 로르샤하 응답의 내용이나 MMPI－2의 특정한 점수로부터 추론해볼 수는 있다. 예를 들어, 남성에게 있어 5번 척도의 낮은 점수는 전통적인 남성적 가치가 매우 중요하다고 생각하는 것임을 나타내는 것이다. 표 3.4에 긍정적이거나 부정적인 자기평가(self-evaluation)와 관련된 검사 변인이 표기되어 있다.

• 표 3.4 긍정적 및 부정적 자기평가와 관련된 검사 변인

MMPI-2	*Rorschach*
Negative Self-Esteem/Self-Criticism	
Scale *2*	Egocentricity index < .33
Scale *7*	*FV*+*VF*+*V* > 0
Scale *0*	*FD* > 2
LSE (low self-esteem)	*MOR* > 2
D1 (subjective depression)	
Pd5 (self-alienation)	
Si1 (shyness/self-consciousness)	
Si3 (self/other alienation)	
Positive Self-esteem/Narcissism	
Scale *4*	Egocentricity index > .44
Scale *9*	*Fr*+*rF* > 0
LSE (low self-esteem)—low	
Ma4 (ego inflation)	
Pd3 (social imperturbability)	

대응전략과 방어

특유의 대응전략과 방어기제를 확인하는 것은 한 개인의 성격적 기능을 폭넓게 이해하고 그의 심리적 어려움이 어떻게 표현되는지, 그리고 정신과 치료에 대한 반응은 어떨 것인지 등을 이해하기 위해 매우 중요하다. MMPI－2나 로르샤하 변인들 중에서 특정한 방어기제를 확인해내기 위해 개발된 변인은 MMPI－2 억압 척도(Welsh, 1956)와 로르샤하의 이지화 지표(Exner, 1991) 외에는 거의 없다. 그러나 여러 MMPI－2 척도의 상승은 특정한

• 표 3.5 대응기제 및 방어기제와 관련된 검사 변인

MMPI-2	*Rorschach*
	Repression and Denial
L scale	*Lambda* > .99
K scale	Color projection > 0
Scale *3*	*Afr* < .45
Repression	*Sum* color > 7
*Hy*2 (need for affection)	*Sum Y* > 2
*Hy*5 (inhibition of aggression)	
*Pa*3 (naivete)	
*Ma*1 (amorality)—low	
	Intellectualization/Rationalization
Scale *6*	2*AB*+*Art*+*Ay* ≥ 4
Scale *4*	Obsessive index positive
Scale *7*	*Dd* > 3
OBS (obsessiveness)	*Zd* > 3.5
	X+% and/or *F*+% > .89
	Pervasively introversive
	FC:*CF*+*C* > 2:1 and *C* = 0
	SumC′ > WSumC
	Somatization
Scale *1*	*An*+*Xy* ≥ 3
Scale *3*	*FC*′+*C*′*F*+*C*′ > 2
Conversion V	*CP* (color projection) > 0
HEA (health concerns)	
D3 (physical malfunctioning)	
Hy3 (lassitude malaise)	
Hy4 (somatic complaints)	
Sc6 (bizarre sensory experiences)	
	Acting Out
Scale *4*	*D* score and/or *Adj D* < 0
Scale *9*	*Lambda* > .99
ASP (antisocial practices)	*CF*+*C* > *FC*
MAC-R	*C* > 0
*Pd*2 (authority problems)	*CDI* ≥ 4
*Pd*4 (social alienation)	*S* > 2
Sc5 (defective inhibition)	*AG* > 2
*Ma*2 (psychomotor acceleration)	*X*+% < .70
OH (overcontrolled hostility)—low	Populars < 5
	S−% > .40
	Pervasive extratensive
	a:*p* > 3:1
	Retreat into Fantasy
Scale *8*	*Mp* > *Ma*+1
BIZ	Pervasive introversive
	M− > 0
	Formless *M* > 0

방어기제와 관련되어 있는데, 예를 들면, L 척도의 상승, 1번과 3번 척도의 상승은 억압과 부인을 주요한 방어기제로 사용할 가능성을 시사하고, 반면에 4번 척도의 상승은 행동화, 합리화, 투사를 주요 방어기제로 사용할 가능성을 시사한다(Trimboli & Kilgore, 1983).

전통적으로 로르샤하에서의 방어기제는 특정한 결정인 뿐 아니라 로르샤하 응답의 순서와 내용을 분석한 것에 기반하여 밝혀져 왔다(Rappaport et al., 1945; Schafer, 1954). 우리는 한 개인의 검사 변인들에 대한 개념적인 토대와 이들과 가장 근접한 주변 변인과의 상관관계를 검사한 것을 기반으로, MMPI－2 척도와 구조적 요약의 변인들이 특정한 방어기제와 관련되어 있을 것이라고 추론할 수 있다.

모든 방어기제가 MMPI－2와 로르샤하에 의해 적절하게 가늠되는 것은 아니다. 특히 MMPI－2나 로르샤하 구조적 요약 모두 분열, 이상화, 또는 평가절하와 같은 보다 원시적인 성격병리와 관련된 방어기제에 대해 직접적인 정보를 주지는 않고 있다. 이 같은 방어적 작용은 로르샤하의 내용 분석을 통해서나 혹은 정신역동이론의 최근 발전을 담은 종합체계에는 포함되어 있지 않은 척도를 통해 보다 직접적으로 진단될 수 있을 것이다. Lerner(1991)는 이 같은 척도들의 많은 부분에 대한 이론적인 토대와 예비적인 결과들을 언급했다. 이 같은 척도들 중 몇몇은 매우 전도유망해 보이지만, 그렇다고 해도 타당도와 신뢰도가 적절한 수준으로 실증될 때까지는 임상 장면에서 일상적으로 사용하도록 권고할 수는 없을 것이다.

알코올/약물 남용

몇몇의 MMPI－2 척도는 4번 척도, MacAndrew의 알코올 중독(MAC) 척도(1965), 중독 가능 및 인정 척도 등과 같은 알코올과 약물 남용의 위험성이 있는 사람을 구분해낸다(Weed, Butcher AcKenna, & Ben-Porath, 1992). 이 연구의 대부분은 원래의 MacAndrew 척도와 수정된 MacAndrew 척도에 의해 이루어져왔다. 이 연구들은 임상가가 단지 상승된 MAC 지수나 MAC－R 지수만을 보고 자동적으로 수검자가 알코올 남용을 한다고 추정해서는 안 된다고 강하게 제안한다. 왜냐하면 이 지수들은 알코올 및 약물 남용에 대한 허위 양성 혹은 허위 음성으로 잘못 진단될 가능성을 상당 수준 내포하고 있기 때문이다(Gottesman & Prescott, 1989). 이처럼 오인의 위험성이 높다는 것은 그리 놀릴만한 것은 아니다. 왜냐하면 알코올과 약물 남용은 특정한 성격 타입과 관련된 것이 아니며, 알코올 남용은 다양한 정신병리 중 특히 우울증, 반사회성 성격 장애, 불안 장애, 정신분열병을 포함한 다양한 정신병리의 타입들과 함께 일어날 수 있기 때문이다. 그럼에도 불구하고 4번 척도의 상승이나 MAC/MAC－R 척도의 상승은 임상가에게 있어서는 경보일 수 있다. 즉 수검자가 알코올 남용이나 기타 약물 남용을 하는 사람들이 보여주는 특성의 많은 부분을 가지고 있으며, 따라서 알코올이나 약물 남용의 가능성에 대해 면밀하게 탐색해봐야 함을 의미한다(Greene, 1991). 비록 초기의 발견점은 매우 유의미할지라도 APS와 AAS의 효용성에 대해서는 현재까지는 참고할 만한 데이터가 제한적이다. AAS와 APS로 탐지해낼 수 있는 알코올과 약물 남용의 정확도는 아직까지는 확실하게 정립되지 못했다.

로르샤하에서 알코올이나 약물 남용의 위험성이 있는 사람을 구별해내기 위해 개발된 지표나 점수는 없다. 물론 약물 남용 환자가 특정한 지표, 예를 들면 대응손상 지표(CDI)와 같은 지표에서 positive로 나오는 경우가 종종 있지만 이 지표의 점수가 상승했다는 것이 반드시 알코올과 약물 남용에만 해당되는 것은 아니다. 따라서 임상가는 로르샤하를 통해서는 MMPI－2가 제공하는 수준의 정보 이외에 알코올이나 약물 남용을 신뢰할 만한 수준으로 변별해낼 수 있을 것이라고 기대해서는 안 된다.

Chapter

04

검사 해석 II: 검사 해석의 단계

Chapter

04

검사 해석 II: 검사 해석의 단계

심리평가로부터 얻어진 데이터를 해석하는 과정은 검사 데이터가 시사하는 다양하면서도 가끔은 서로 상충되는 해석적 가능성들에 대해, 때로는 가중치를 주면서 서로 상충되는 해석들 중 어떤 것을 활용할 것인지를 결정하는 것을 포함한다. 더불어 검사 데이터가 시사하는 많은 분리된 결론들을 환자의 현재 증상에 대한 묘사, 환자의 심리적 적응상의 문제, 그리고 심리 치료의 필요성 등을 이론적으로 명확히 설명해줄 수 있는 의미 있는 결론으로 통합해내는 과정이다. 이 장에서는, 심리평가를 하는 과정에서 취합된 복잡한 배열의 자료를 활용하여 치료 계획을 세우고 감별진단을 돕기 위해, 또한 진단과 관련된 특정한 질문에 대답하는 것을 돕기 위해 해석적 틀을 제시할 것이다. MMPI-2와 로르샤하의 결과를 통합하기 위한 구체적이고 자세한 가이드라인은 제5장에서 제시될 것이다.

심리평가를 하는 과정에서 취합된 자료를 해석하는 단계에 대해서는 많은 이론가들의 의견이 놀라울 정도로 일치되고 있다(Exner, 1993; Friedman et al., 1989; Graham, 1993; Greene; 1991; Lerner, 1991; Rappaport et al., 1945). 묘사된 단계의 숫자에는 차이가 있고 해석 과정의 각각의 단계에 붙여진 이름은 다르지만, 검사 자료가 취합되고 그에 따른 점수가 매겨지면 임상가는 첫 번째로 모든 검사 자료를 주의 깊고 세심하게 점검한 후 예비가설을 만들어내고, 두 번째로는 그 중 어떤 가설을 유지하고 어떤 가설을 기각할 것인지 결정한다. 그리고 마지막으로 여러 검사 결과들로부터 얻어진 결론들을 환자의 성격구조를 설명하기 위해, 감별진단을 돕기 위해, 대인관계 기능의 특징적인 패턴을 파악하기 위해, 자기개념을 평가하기 위해, 그리고 치료 계획을 위한 이슈를 강조하기 위해 하나의 포괄적인 공식으로 통합해낸다. 이 장의 나머지 부분에서는 이 같은 검사 해석의 3가지 단계에 대해 설명해보겠다.

다음에 제시되는 검사 해석적 접근은 몇 가지 추정을 근거로 하고 있다. 첫 번째로, 검사 해석은 이론에 근거한 것이 아니라 자료에 근거한 것일 때 가장 정확하고 의미 있어질 것이다. 즉, 심리평가 과정은 임상가가 표준화되고 실증적으로 입증된 절차를 통해 정보를 모으고 해석하는 것이므로, 심리평가를 통해 얻은 정보는 임상가가 임상 면접이나 심리 치료 시간에 수집하여 해석한 결과와는 다르다는 것이다. 따라서 MMPI－2와 로르샤하 결과에 기반하여 환자 개인에 대해 이해하고자 하는 임상가는 환자가 스스로에 대해 언급한 내용이나 환자 행동에 대한 관찰, 또는 환자 개인에 대한 임상가의 직관적인 반응에 우선적으로 의존하지 않는다. 그것보다는 오히려 방어기제, 자기개념, 감정조절, 사고의 구조, 대인관계, 증상 등을 포함한 행동들과 연관되어 있는 것으로 실증적으로 밝혀져온 특정 검사의 결과를 기반으로 하여 환자 개인의 심리적 기능에 대한 개념화를 전개하는데 심리검사 자료를 활용한다. 그런 다음 이 같은 결과들은 환자의 심리적인 구조에 대한 이론적으로 일관되면서도 포괄적인 공식을 생성하기 위해, 임상 면접 과정에서 얻은 환자의 임상적 내력이나 평가 과정에서 관찰된 모습 등을 포함한 다른 정보들과 함께 비교되기도 하고 통합되기도 한다.

어떤 이론가들과 임상가들은 검사 해석을 할 때 실증적으로 입증된 결과에만 의존하게 될 경우, 검사의 해석은 인간미가 없어지고 개별 환자의 성격구조가 가진 독특하고 유일무이한 특성을 무시하게 될 것이라고 주장한다(Aronow et al., 1995; Sugarman, 1991). 그러나 다른 연구자들은 비록 이론과 직관으로 무장하고 특히 임상적 의사결정의 가이드라인이 실증적으로 입증된 것이라 하더라도, 실증적으로 입증된 결론은 임상적 판단에 근거한 결론보다 더욱 정확하다며 앞의 의견에 반기를 든다(Meehl, 1954; Sarbin, 1986; Sawyer, 1966; Wiggins, 1973). 검사 해석 단계에서의 이 같은 논의의 맥락에서 봤을 때, 심리검사 자료를 해석하는 과정에서 심리평가의 객관적인 본질을 강조하는 것이 이론이 들어설 여지가 전혀 없다는 것을 의미하는 것은 아니다; 나중에 논의되겠지만, 성격 발달,

심리적 구조 및 기능과 관련된 이론적 개념, 그리고 정신병리에 대한 지식이 검사 해석에 있어서, 특히 해석 단계의 두 번째와 세 번째 단계에서 매우 중요한 역할을 한다.

Finn과 Kamphuis(1995)는 많은 임상가들이 임상 실무 현장에서 실증적으로 도출된 가이드라인을 따르는 것을 꺼린다는 것을 알아냈는데, 그 이유는 그렇게 할 경우 내담자를 독특성을 가진 한 개인으로 바라보기보다는 하나의 "숫자"로 다루는 것처럼 느끼게 될 것이기 때문이라는 것이다.

> 임상가로서 우리는 내담자들에게 영향을 끼칠 수 있는 결정을 내리기 위해 통계를 사용하는 것을 피할 때 내담자에게 더 마음을 쓰고 있다고 믿는지도 모른다. 그러나 실상은 그와 같은 결정이 가져다주는 이익보다 비용이 훨씬 더 클 가능성이 있다. 내담자들에 대한 가능한 가장 정확한 결정을 내리기 위해 취득할 수 있는 모든 정보를 구할 때라야 비로써 우리는 임상가로서 내담자를 위한 최대의 배려를 하는 것이다(p. 233).

따라서 임상현장에서 직관과 판단에 주로 의지하는 접근법을 지지하면서 로르샤하 종합체계와 MMPI-2의 방대하고 감동적인 연구 결과에 기초해서 내담자 개인에 대해 배울 수 있는 것들을 무시하는 것이 타당하다고 보기 어렵다.

그렇다고 해서 이러한 생각을 임상적 판단이 해석 과정에서 설 자리가 없음을 뜻하는 것으로 여겨서는 안 된다. 비록 적절한 연구 환경 하에서 통계적으로 추출된 해석이 임상적 판단보다 정확할 가능성이 더 높다 하더라도, 실증적으로 추출된 결론이 명료화되거나 입증되지 못한 많은 경우, 매우 독특한 정황하에 있는 경우, 그리고 아직은 통계적 공식으로 해석되지 못한 결론인 경우에는 임상적 추론이 상당한 명분을 얻게 된다(Kleinmuntz, 1990; Meehl1967). 게다가 현재로서는 다양한 검사 결과를 임상적으로 의미 있는 방식으로 통합하는 것에 대해 안내하는 실증적으로 입증된 가이드라인은 없다. 따라서 검사 해석에 대한 임상적 접근과 통계적 접근 사이의 논란은 두 접근법 중 어느 하나를 취사선택함으로써 해결될 것이라고 결론내리는 것은 오판일 것이다; 현실에서는 두 가지 접근법 모두의 강점과 약점을 파악하여 모두를 조심성 있게 활용하는 것이 가장 효과적일 것이다.

또한 아래에 제시되는 검사 해석에 대한 논의는, 전문가이건 비전문가이건 상관없이, 대부분 사람들의 의사결정 방법에 영향을 미치는 편견과 왜곡에 대해 정의한 연구들을 참작했다(Hogarth, 1987; Kahneman & Tversky, 1973; Tversky & Kahneman, 1978). 이 연구를 통해 밝혀진 것은 자동적으로 그리고 무심코 작동하는 생각에 있어서의 편견, 의식적 인식의 바깥쪽은 인간의 판단에 착오를 만들어낸다는 점이다. 즉 감별진단이나 환자의 성격 특성을 묘사할 때와 같이 복잡한 판단을 해야 할 경우에 편견이 잘못된 판단을 내리도록 이끈다는 것이다. 이 같은 편견의 영향은 거의 보편적이고 전세계적이기 때문에, 연구자들이 제안하기를, 판단과 선택에 영향을 미치는 과정들은 흔히 어림셈(heuristics)이라고 일컬어지는 지름길을 사용하는 등 효율성을 증대시키고 의사결정 과정을 단순화시키기 위해 인간의 사고가 진화해 온 과정의 부산물이라는 것이다. 따라서 심리평가 자료를 해석하는 임상가와 같이 의사결정 과정에 있는 사람들은 어림셈이 존재한다는 것을 알아차릴 때만이 이 같은 어림셈에 의한 영향을 피할 수 있으며, 그러면 자신의 의사결정 과정에서 어림셈이 줄 수 있는 영향을 최소화하려고 의식적으로 노력할 수 있게 된다(Arkes, 1981; Hogarth, 1987).

예비 가설

해석 과정의 첫 번째 단계에서는, 수검자 개개인의 MMPI－2 척도와 코드타입, 또는 로르샤하의 군집과 변인들의 분포와 같은 개별 검사 점수를 검토하고 이것에 기반해서 수검자 개인의 심리적 기능에 대한 초기가설을 생성해낸다. 이 단계에서의 목표는 수검자가 보여주는 모습에 대해 이론에 기반한 설명을 만들어내는 것 보다는 실증적이고 경험적인 문헌자료의 결과에 기반을 두고 수검자에 대한 의미 있는 발견점들을 찾아내는 것이다. 이 단계에서 검사자는 섣부르게 잠재적으로 의미 있는 발견을 놓치지 않도록 하기 위해 모든 해석적인 가설들을 버리지 말고 고려해야 한다. 예를 들어, Greene(1991)은 "MMPI－2 각각의 척도에 대해 연속적으로 분석하고 각 점수가 의미하는 바를 기록해서 남겨놓아야 하며 그 과정에서 임상가에게 떠오르는 모든 가설들도 기록해야 한다"라고 조언했다(p. 288). 이와 유사하게, Exner(1993)는 로르샤하 탐색전략에서 안내하는 바에 따라 데이터를 순차적으로 모두 검토한 후 초기 해석 가설과 제안을 수립하는 것을 옹호했다: "이 시점에서 검토 후 만들어진 여러 제안들과 양립되지 않는 것처럼 보인다는 이유만으로 타당한 가설을 기각하지 않는 것이 중요하다. 그리고 극적이거나 특이한 부분뿐만 아니라 모든 구성 요소들을 연구하는 것도 매우 중요하다"(p. 324). 즉 해석의 초기 단계는 이론에 근거하기보다는 데이터에 근거해서 이루어져야 한다는 것을 의미한다. 예를 들어, 검사 해석의 첫 번째 단계에서, 데이터가 우울증 삽화와 일치된다고 결론내리는 것과, 내부로 향한 분노, 대상 상실, 학습된 무기력감, 인지적 왜곡 또는 자기애적 손상에 대한 반응으로 우울 반응이 나타났다고 개념화하여 결론 내리는 것 사이에는 차이가 있다. 이러한 결론들은 해석 과정의 다음 단계에서 이루어질 작업으로 유보되어야 한다.

심리검사 데이터가 제시하는 모든 해석적 요소들을 구조적으로 전부 검토하는 것은 매우 중요하며, 이는 아무리 강조해도 지나치지 않는다. 각 검사 점수의 해석적 함축 의미를 구조적으로 고려하는 것이 중요한 한 가지 이유는 검사 데이터에 대해 편향된 해석을 할 여지를 피할 수 있게 하기 때문이다. 검사 해석의 첫 번째 단계에서 임상적 판단에 영향을 미칠 수 있는 한 가지 함정은 *확증 편향(confirmatory bias)*인데, 이는 한 개인이 조급하게 의사결정을 내리고 나면 자신이 처음에 가졌던 초기의 인상과 상충하는 증거들은 고려하지 않고 자신이 처음에 내렸던 결론을 유지하려고 한다는 경향성을 의미한다. 예를 들어, 사람들은 누구나 자신이 처음에 가졌던 생각을 확인시켜주는 정보에 선택적으로 주의를 기울일 가능성이 높으며, 자신의 초기 가설에 도전하거나 그 가설과 상충되는 정보에 대해서는 주의를 기울일 가능성이 낮다. 또한 자신이 처음에 가졌던 인상과 일치되는 정보는 우선적으로 다뤄지고 의사결정을 하는 과정에서 가장 중요하게 고려되는 반면 초기 가설과 불일치되는 데이터는 쉽게 버려지거나 설명 과정에서 치워져버리는 경우가 흔하다. 바꿔 말하면, 사람들은 자신의 초기 가설을 확인시켜주는 증거에는 선택적으로 "열려"있고 그것과 어긋난 증거에 대해서는 선택적으로 "닫혀"있는 자동적인 경향성을 가지고 있다는 것이다.

임상적 성격평가에 있어서 확증 편향이 위험한 이유는 임상가가 검사 데이터를 결과 자료에만 의지한 채 "맹목적으로" 해석하는 경우는 매우 드물기 때문이다. 일반적으로 임상가는 검사할 수검자를 면접하고 어떤 경우에는 임상 면접 이외의 가족이나 임상기록, 치료팀의 다른 사람들과 같은 다른 원천으로부터 정보를 수집할 수 있다. 따라서 임상가가 이 같은 비검사 정보에 기반해서 가설을 발전시키는 것은 매우 자연스럽고 충분히 예상 가능한 부분이다. 실제로 연구에 의하면, 정신건강 전문가들이 임상 진단을 아주 빠르게 내린다는 것이 밝혀졌다. 이 점은 매우 극단적인 사례에서 명확하게 드러났다: 정신과 의사들에게 녹화된 임상 면접장면을 보여줬을 때 의사들은 자신이 관찰한 환자들에 대한 진단 결과를 30초~60초 사이에 내리는 것으로 드러났다(Gauron & Dickinson, 1969). 정신과 의사뿐만 아니라 다른 정신건강 전문가들도 내담자들에 대한 진단적 인상을 빨리 형성할 가능성이 매우 높아 보인다. 초기의 인상을 확인시켜주는 정보를 받아들이고자 하는 이런 편향은 심리평가로부터 얻어진 데이터에 임상가가 어떻게 접근하고 이들을 어떻게 구성하는지에도 영향을 미칠 수 있다: 확증 편향에 따르면, 임상가들은 자신이 의도하지 않았고 그렇게 하고 있는지 인식하지 못한다 해도, 자신의 처음 가설을 강화시켜주는 검사 데이터에는 더 집중할 가능성이 있고 처음 결론과 충돌이 있는 정보는 무시하거나 신뢰하지 않고 다시 새로운 해석을 하는 경향이 크다(Arkes, 1981; Arkes & Harkness, 1980).

예를 들어, 필리핀에서 성장한 후 미국에서 대학을 다니고 컴퓨터 프로그래머가 된, 한 여자를 보자. 이 여자는 지속적으로 재발되는 두통 때문에 고생을 했는데 꼼꼼하게 건강검진을 했음에도 아무런 의학적 원인이 발견되지 않아 심리 치료실에 의뢰되었다. 환자와 치료자는 심신을 쇠약하게 만드는 이 두통의 발병시기와 회사에서 스트레스를 많이 받는 대인관계에서의 상호작용 사이에 어떤 관계가 있는 것인지 파악했다. 그녀는 자신이 아시아계 사람이기 때문에 이런 상호작용이 시작되었다고 설명했다; 대부분 백인인 자신의 동료들보다 자신에게 더 많은 업무가 할당되고; 남들이 기피하는 업무가 할당된다고 말했다. 치료자는 처음에 심부근육의 이완법을 가르쳐서 긴장을 줄여주고 결과적으로는 환자가 이처럼 속상한 상황을 보다 적극적이고 주장적으로 다루는 능력을 키울 수 있도록 계획을 수립했다.

그러나 이 같은 다양한 개입을 실시한 이후에도 별다른 개선효과가 나타나지 않자 치료자는 동료 치료자의 컨설팅을 받았다. 동료 치료자는 환자의 스트레스 수준, 대처스타일, 그리고 정신 신체적 증상으로 스트레스에 반응하는 경향성 등을 객관적으로 진단해보기 위한 심리평가를 제안했다. 환자의 MMPI－2 프로파일은 6번 척도(Pa=T81)가 눈에 띄게 높은 수치로 상승해 있었고 이와 더불어 1번 척도(Hs=T76)와 2번 척도(D=T72)가 동반 상승해 있었다. 치료자는 처음에 동료 치료자의 해석, 즉 환자에게 문제가 되는 대인관계에서의 상호작용이 일어난 이유가 환자가 과민하게 짜증을 내고, 불평이 많으며, 고집스럽고 비평에 지나치게 민감하기 때문에 벌어지는 일이라는 해석을 거부했었다. 치료자는 그녀가 미국이 아닌 다른 국가에서 자라났다는 점 때문에 6번 척도의 상승에 대한 해석은 무시한 반면, 1번 척도와 2번 척도의 상승은 타당한 것으로 생각한 자신의 해석이 여전히 맞다고 생각했다. 바꿔 말하면, 이 치료자는 확증 편향에 사로잡혀 있었음을 의미한다.

확증 편향에 대한 해결책은 검사 데이터를 체계적이고 공정한 태도로 검토한 후, 오로지 검사 데이터만을 사용해서 가설을 수립하고 수립된 가설을 조직적으로 확인한 다음, 데이터가 비검사 데이터와 검사 프로토콜에 대한 반응에 기반해서 수립한 초기의 인상을 확인해주는지 아니면 그것과 상충되는지를 보다 신중하게 확인함으로써 해결될 수 있다. 또한 확증 편향 실수는 임상가가 초기의 가설이 세워진 후에 의도적으로 대안적 해석을 고민해볼 때 최소화될 수 있다(Hogarth, 1987; Ross, Lepper, Strack, & Steinmetz, 1977). 이상적으로는 이 같은 검사 데이터에 대한 체계적인 검토가 임상가로 하여금 검사 데이터에 대해 편견 없고 공정한 가설을 만들어낼 수 있도록 하며, 검사 해석의 두 번째, 세 번째 단계에서 가설에 대한 추가적인 평가를 가능하게 할 것이다.

가설평가 및 개선

해석 과정의 두 번째 단계는, 임상가가 초기 해석적 발견들 사이에 일치하는 부분과 일치하지 않는 부분을 찾아내서 예비가설을 수용할 것인지, 수정할 것인지, 혹은 버려야 할 것인지를 결정하는 것이다. 이 단계 동안 임상가는 MMPI－2와 로르샤하의 발견점들 사이의 관계를 점검해보고 서로 일치되는 부분과 그렇지 않은 부분을 구별해낸다. 제3장에서 언급된 틀은 이 같은 발견점들을 구조화하기 위한 하나의 접근법이다. 일반적으로 임상가는 데이터의 몇몇 부분에서 확인이 되고 특히 동일한 결론이 하나의 독립적인 자료에서 시사되는 경우, 특정한 해석이 옳다는 확신을 명확히 가질 수 있다. 예를 들어, Holt(1968)는 “서로 다른 검사, 서로 다른 해석적 원칙의 스타일을 가진 검사로부터 얻어진 해석이 하나로 수렴될 때 검사자는 자신의 가설에 충분한 확신을 가질 수 있으며 이 같은 내용을 평가 보고서 안에 담는 것에도 자신감을 가질 수 있는 가장 건전한 기반이 된다”(p. 20)라고 하였다.

이상적으로는, 특정한 가설과 관련된 모든 발견점들이 서로 맞물리고 서로 일치되는 것이다. 그러나 임상현장에서는 거의 모든 사례에서 관련된 검사 점수들 사이에 합치되는 부분과 합치되지 않는 부분이 모두 존재한다. 예를 들어, MMPI－2 해석에 대해 논의하는 과정에서 Greene(1991)은 다음과 같은 부분을 주목했다:

> 몇몇 척도에 의해 제시되는 가설이나 추론들은 내담자의 핵심적인 특징을 드러내는 것일 수도 있기 때문에 유의할 필요가 있다. 그렇지만 모순되는 정보를 포함하지 않는 프로파일도 드물다; 결과에 대한 서로 모순되는 추론은 중요한데, 왜냐하면 프로파일을 해석하는 과정에서 어떻게든 모순되고 상충되는 부분이 해결되고 설명되어야 하기 때문이다(p. 289).

Greene는 검사 결과들 사이에 불일치가 나타나는 것은 아주 흔하게 발생하는 현상이며 조화를 맞춰야 할 필요가 있다고 언급했으며, 그의 이러한 생각은 임상가들이 MMPI-2나 로르샤하 같은 검사 결과 사이에 모순되는 발견점들을 바라보는 방식에 대해 시사하는 바가 크다. 예컨대, MMPI-2의 검사 내 차이에 대해서는 일상적인 특징으로 받아들이면서 이것 때문에 MMPI-2 검사자체의 타당성에 대해 의문을 제기하지 않으며, 로르샤하 검사 또한 변인들 사이에 차이가 있더라도 로르샤하 자체의 타당성에 대해 문제삼지 않는다. 그러나 MMPI-2와 로르샤하 결과들 사이에 차이점이 보이면 매우 심각한 문제로 여기기도 하고 어떤 임상가들은 어떤 검사 도구가 맞고 어떤 것이 잘못된 것인지 결정해야 하는 문제로까지 확대 해석한다. 로르샤하와 MMPI-2의 신뢰도와 타당도는 서로 필적할 만하며(Parker et al., 1988), 제2장에서 논의되었던 것처럼 MMPI-2와 로르샤하 사이의 분명한 불일치는 매우 다양한 원인들 때문에 일어날 수 있기 때문에 서로 상대방 도구가 틀렸음을 반드시 입증할 필요도 없다. 따라서 검사 도구에 따른 결과의 차이에 대해 로르샤하나 MMPI-2 두 도구 중 하나를 결정해야 할 합리적이고 타당한 이유는 거의 없다고 말할 수 있다. 그것보다는 오히려 검사 도구 간의 차이는 검사 도구 내 차이와 정확히 동일하게 다뤄져야 하고, 도구 내 차이와 마찬가지로 흔히 일어나는 것이며 면밀하고 의미 있는, 그리고 임상적으로 효용성 있는 방식으로 해결되어야 할 문제로 다뤄져야 한다. 이 같은 결정을 하기 위한 가이드라인은 제5장에서 세부적으로 다뤄질 것이다.

통합

이 단계에서 임상가는 한 개인의 심리적 기능에 대해 가능한 완벽하고 충분하게 묘사하기 위해 검사 자료로부터 생성된 가설들을 조직화하고 개선하고 통합한다. 임상가는 검사 해석의 첫 번째와 두 번째 단계에서 개별 도구로부터 얻어진 검사 점수들에 의해 시사되는 독립적이고 분리된 증상이나 징후를 단편적인 방식으로 단순히 나열하지 않는다. 대신 검사 결과에 대한 통합, 개별 환자의 과거력과 현재 임상적 증상에 대한 정보, 그리고 임상가의 정신병리와 인간행동, 임상이론적 지식에 기반해서 개별 환자가 보여주는 현재의 심리적 보상에 대해 이론적으로 일관되면서도 깊이 있게 묘사함으로써 한 개인의 심리특성에 대한 해석을 풍성하게 한다. 이러한 결론들은 환자의 증상, 자기개념, 사고 과정의 구조, 현실과의 접촉, 자기통제, 방어, 행동화의 가능성, 그리고 대인관계 기능을 포함한 심리적 기능의 다양한 측면에 대해 다루어야 한다. 이에 더해 임상가는 감별진단, 성격구조, 행동의 역동 그리고 치료에 대해 가능한 반응과 관련된 의문점에 대답할 수 있도록 심리평가의 결과를 통합하여 사용할 수 있어야 한다.

제1장에서 토론했던 것과 같이, MMPI-2와 로르샤하 종합체계는 모두 비이론적이다. 비록 두 가지 검사 중 어느 것도 특정한 성격이론과 연계되어 있지는 않지만, 임상가는 MMPI-2와 로르샤하에서 실증적으로 도출되어 발견된 내용들을 기반으로 하여 개인의 심리적 특성에 대한 좀 더 고차적인 추론을 개발해 낼 수 있다. 임상이론을 사용하는 것은 임상가로 하여금 다양한 검사 결과를 구조화하고 통합할 수 있도록 도우며 검사 결과에 분명하게 담겨 있지 않은 추가적인 추론을 생성할 수 있도록 한다(Lerner, 1991; Sugarman, 1991). 예를 들어, 임상적 내력과 검사 결과의 패턴이 경계선 성격장애와 일치한다면, 임상가는 아마도 임상적으로 유의미한 우울(D=T85, DEPI=6), 대인관계에서의 애정결핍(T=2; Food=4), 분노, 그리고 억울함(Pd=T70; Pa=T72, S=4)이 나타난 검사 결과들을 환자가 버림받게 될 경우 강렬한 우울과 격렬한 분노로 반응할 가능성이 높음을 가리키는 것으로 연결시킬 것이다. 이에 더해 임상가는 이 환자가 치료자를 포함한 타인에 대해 이상화와 적대적인 평가절하 사이를 번갈아 나타낼 가능성이 클 것이라고 추론할 수 있다. 후자의 추론은 검사 데이터에 의해 직접적으로 제시된 것이 아니라 해도 현재의 장애 개념화에 기초할 경우 충분히 제시될 수 있는 합리적인 추론이다.

감별 진단에 대한 의문점들은 해석 과정의 3단계에서 다뤄질 수 있다. MMPI-2나 로르샤하 검사결과 중 그 어떤 것도 직접적으로 DSM-IV 진단을 위해 필요한 많은 행동적, 증상적 기준으로 해석되지는 않는다. 그러나 MMPI-2와 로르샤하의 결과는 검사 자료의 특정한 구성과 연관된 환자의 심리적 구성, 성격구조, 증상, 특질, 그리고 행동을 서술하기 위해 사용될 수 있다(Exner, 1991; Graham, 1993). 따라서 MMPI-2와 로르샤하 자료는 환자가 보고한 우울증이나 정신병과 같은 증상이 실제로 나타나는지 여부를 확인해줄 수 있고 개별 환자가 특정한 장애를 가진 환자들군과 유사한 응답을 했는지에 대해서 보여줄 수 있다. 어떤 경우에는 이 자료가 특정한 진단을 지지할 수도, 또는 가능성을 배제하게 할 수도 있다. 예를 들어, 정신병적 장애는 정신병적 경험이나 사고 장애, 그리고 인지적 오류의 징후가 MMPI－2나 로르샤하에서 분명하게 드러나지 않는다면 배제시킬 수 있다. 또한 검사 결과는 동일한 DSM－IV 진단 기준을 만족시키는 환자들 사이의 유사성과 차이점을 구별해낼 수 있으며, 이러한 정보는 개별 환자의 치료 전략을 환자에 맞게 수립하는데 유용하게 활용될 수 있다.

두 가지 어림셈(heuristics), 즉 *가용성 추단법(availability heuristic)*과 *사후과잉 확신 편향(hindsight bias)*은 해석 과정의 통합 단계에서 도달하게 되는 결론에 영향을 미칠 가능성이 있다. 가용성 추단법(availability heuristic)은 특정한 상황에 대한 여러 대안들, 즉 개인은 모두 그럴듯해 보이는 여러 대안들 중 자신에게 얼마나 친숙한지 또는 얼마나 최근에 그 상황에 노출되었는지에 의해 선택에 영향을 받는다는 것이다: 개인이 가장 최근에 노출된 대안을 선택할 가능성이 높다는 설명으로, 추측컨대 이는 다른 경쟁 가설들에 비해 인지적으로 접근 가능성이 높기 때문이다(Hogarth, 1987). 예를 들어, 가용성 추단법은 역전이에 관한 워크숍에 참석한 치료자가 워크숍에 다녀온 즉시 역전이에 대해 다룰 가능성이 한달 후 역전이를 다룰 가능성보다 훨씬 높다고 예측한다. 왜냐하면 워크숍에서 배운 지식이 나중보다는 다녀온 직후에 훨씬 "더 신선하고" 더 쉽게 접근할 수 있기 때문이다. 이 경우 역전이 주제에 대한 사고가 다른 주제에 대한 사고보다 훨씬 더 쉽게 마음에 다가올 것인데, 왜냐하면 치료자가 이 주제에 대해 집중할 "의향이 있고" 임상적 데이터를 이런 틀 안에서 구조화할 준비가 되어있기 때문이다. 그렇다고 해서 치료자의 생각과 개입이 다른 개념적인 틀을 거의 적용하지 않고 오로지 최근에 노출된 접근용이한 틀에 의해서만 인도된다는 것을 의미하는 것은 아니다. 따라서 기억해야 할 점은 가용성 추단법은 한 개인이 어떠한 설명을 선택함에 있어 다양한 이론적 개념에 대한 이해 또는 다양한 이론적 개념에 대한 지식이 기능한 결과로 선택하는 것이 아니라 단순히 어떤 설명을 가장 최근에 생각했었는지, 또는 어떤 설명이 가장 친근한지에 의해 영향을 받는다는 점이다.

가용성 추단법에 대한 이러한 인식은 심리평가의 통합 단계에서 매우 중요한 의미를 지닌다. 즉 일상적으로 특정한 이론적 관점을 사용하여 검사 데이터를 해석하는 심리학자는 다른 사례들도 동일한 이론적 관점을 사용해서 해석할 가능성이 매우 높은데, 이는 그 이론이 임상적 데이터에 가장 잘 들어맞기 때문이라기보다는 그 이론적 틀이 가장 접근 가능성이 높기 때문이라는 점이다. 예를 들어, 검사 결과를 구조화할 때 자기 심리학을 주로 사용하는 심리학자는 환자의 증상을 인지적 왜곡으로 보기보다는 자기 장애(disorder of the self)가 기능한 결과로 설명할 가능성이 매우 크며, 이와 달리 인지 치료사는 동일한 데이터에 대해 환자의 문제들은 자기응집(self-cohesion)이 부족하기 때문이 아니라 사고의 오류 때문이라고 결론내릴 가능성이 크다. 따라서 임상가가 자신에게 가장 익숙한 이론적 구조에 의존하기보다는, 어떤 이론적 입장이 가장 뛰어난 설명력을 가지는지, 그리고 어떤 이론적 입장이 해석 과정의 1단계와 2단계에서 기술된 검사 데이터와 가장 일관되는지를 충분히 고려하도록 스스로에게 도전해야 한다.

두 번째 어림셈은 사후과잉 확신 편향(hindsight bias)인데, 이것 또한 검사 데이터가 해석되는 것, 특히 임상가가 환자의 현재 행동에 대해 대략적 설명을 하고자 할 경우 그 해석에 영향을 끼칠 수 있다. 사후과잉 확신 편향은 이미 일어난 특정한 결과를 알고 있는 사람이 그 일이 일어나기 전에 자신이 결과에 대해 정확하게 예측했을 것이라는 비현실적 확신을 갖는 경향성을 의미한다(Fischoff, 1975). 다시 말해, 특정한 결과가 일어날 것이라는 개연성은 그 사건이 이미 일어났다는 것을 개인이 알고 있는 경우 더 높아진다; 사람들은 이미 벌어지고 난 후에 예측하는 능력에 대한 확신이 앞으로 벌어질 일에 대한 예측력에 대한 확신보다 더 높다. 게다가 어떠한 일의 결과를 알게 되면, 사람들은 그 결과와 관련된 정보를 조직화하고 통합한 후 가중치를 주는 것에 영향을 끼쳐서 그 결과가 필연적이었다는 인상을 만들어내게 된다(Hawkins & Hastie, 1990). 예를 들어, 섭식 장애를 보이고 있는 여성의 심리평가를 시행하고 있는 임상가가 그 여성이 아동기에 성적 학대를 당했던 적이 있음을 알았다고 하자. 그런 경우 임상가는 성적 학대와 섭식 장애 사이의 상관관계가 입증되지 않았음에도 불구하고 이 환자의 섭식 장애가 이 같은 사건들의 결과로 필연적으로 나타날 수밖에 없는 것이라고 결론 내릴 가능성이 있다(Finn, Hartman, Leon, & Lawson, 1986). 이와 유사하게 살인자가 어린 시절에 신체적인 학대를 당했다는 것을 듣고 나면, 아동 학대 희생자들 중 대부분이 어른이 된 후 살인을 저지르지 않음에도 불구하고 우리는 그 살인이 아동기 시절의 학대의 결과로 나타난 필연적인 것이라는 전적인 확신을 가지고 결론을 내리기 쉽다. 이 같은 현상은 대중문화에서도 "Monday Morning Quarterback"[3]으로 이름 붙여진 것인데, 이 용어는 우리가 어떤

3) 역자 주: 게임의 결과를 본 후 어떻게 경기를 해야만 했는지 자세히 의견을 개진하는 풋볼 팬을 일컫는 말.

일이 이미 벌어지고 난 다음에는 마치 일련의 사건들이 간단하고 쉽게 이해할 수 있으며 예측 가능했던 것인 양 자신이 특정한 결과에 대해 이미 "알고 있었다"고 느끼기가 얼마나 쉬운가를 단적으로 보여준다. 이 같은 판단에서의 실수는 기본 구성비율 정보(base rate information), 즉 그 해당 사건과 연관되어 자신이 인식한 개연성과는 반대로 실제 정보를 고려하거나 염두에 두는 것에 실패했기 때문일 수도 있다(Finn & Kamphuis, 1995). 뒤에 나온 사례의 경우, 기본비율 오류(base rate fallacy)는 아동 학대의 희생자들이 얼마나 자주 살인을 저지르는지에 대해 고려하지 않았다는 것과 관련이 있다.

사후과잉 확신 편향은 임상가가 한 개인의 현재 심리적 기능(결과)을 그 개인의 과거에 대해 알고 있는 지식에 근거해서 설명하려고 할 때 역할을 할 가능성이 있다. 이것은 특히 발생학적 재구성(genetic reconstruction)을 할 때 그것이 얼마나 정확한가, 또는 얼마나 확신하는가와 관련된다. 예를 들어, 임상가는 남성 환자가 감정적으로 위축되어 있고 대인관계에서 거리를 둘 경우 9세 때 돌아가신 그의 아버지 때문이라고 결론내릴 가능성이 있다. 비록 이런 설명이 억지처럼 보일 수도 있지만, 이렇게 사후과잉 확신 편향은 임상가로 하여금 특정한 결과(감정적인 위축과 대인관계에서의 거리두기)가 완전하게, 그리고 불가피하게 특정한 사건에 의해 벌어진 일이라고 단정 짓는 것에 대해 신중해야 한다고 경고한다. 왜냐하면 임상가가 환자의 현재의 증상과 문제들이 일어나도록 기여한 그의 모든 요소들에 대해 완벽하게 알지 못할 가능성이 있기 때문이다.

Schafer(1954)는 로르샤하 데이터를 발생학적 재구성을 하기 위한 기반으로 사용하는 것에 대해 앞서 논의한 사후과잉 확신 편향과 매우 유사한 이유들을 들며 경고했다. 예를 들어, Schafer는 로르샤하의 4번 카드에 대한 응답을 해석할 때, 이것이 위압적이고 비판적이며 압도하는 타입의 아버지상에 대한 부정적인 태도를 가리키는 것으로 해석하는 것을 다음의 이유 때문에 비판했다:

> 이것은 압도적이고 저항하기 힘든 아버지상의 기원과 관련된 정신분석적 제안에 불과한 것이기 때문에 불필요하다. 이것은 로르샤하 응답으로부터 도출된 것이 아니다 … [발생학적 재구성은] 환자가 현재 시점에서 강조하는 것과 관련된 성격의 세부적 부분과 초기 관계에 대한 일련의 연속적인 사건들을 추론해낸다. 따라서 발생학적 재구성은 불가피한 선택, 왜곡, 그리고 과거의 요원했던 경험을 현재 시점에서 표현하는 과정에서 회상조작(retrospective falsification)이 일어날 가능성을 무시한다. 환자가 자신의 과거에 대해 자발적으로 표현하는 것을 보면, 그가 지

> 금 시점에서 자신의 과거를 어떻게 보고자 하는지를 알 수 있다. 따라서 이런 설명은 기껏해야 실제 과거와 충분한 상관관계가 있다는 정도만을 말해줄 뿐 실제 과거와 똑같은 것은 절대 아니다. 현재의 "자서전"은 곧이곧대로 여겨질 수 없다. 그렇지만 환자의 과거 중에서 필수적으로 수정되어야 하는 부분을 치료의 후반기가 되고서야 겨우 알아차리는 경우도 흔히 벌어지는 일이다 … 이와 같은 이유 때문에, 그리고 앞서 언급된 이유들 때문에 로르샤하의 응답들은 실제 과거를 말해주는 신뢰할 만한 지표로 여겨질 수 없다(p. 144).

회고하여 분석하는 것은 몇 가지 중요한 측면에서 제한적일 가능성이 있으며, 그렇기 때문에 특정한 증상, 성격특성 또는 대인관계적 문제점들이 왜 발달되는지에 대한 설명을 제시할 때 임상가는 매우 신중해야 한다. 이 점은 임상가가 모은 검사 데이터 속에서 환자의 문제점들, 갈등, 대인관계를 설명할만한 역사적인 토대를 "발견해내지" 않는 이상 임상적 평가는 완성된 것이 아니라고 믿는 심리학자들의 압박감을 덜어줄 것이다. 사후평가로 인한 판단의 편향적 효과는 개인의 인생사가 가진 독특한 상황이 필연적일 수밖에 없는 결과라고 보기보다는 개연성이 높거나 그럴 가능성이 있어 보이는 추론을 통해 어떻게 문제들이 발달되었는지를 논의함으로써 최소화될 수 있다(Brehmer, 1980; Einhorn, 1986; Garb, 1989).

Chapter

05

검사 해석 III: MMPI-2와 로르샤하 결과의 통합

Chapter 05

검사 해석 III: MMPI-2와 로르샤하 결과의 통합

제4장에서 논의되었던 바와 같이, 임상가는 해석 과정에서 MMPI－2와 로르샤하의 결과가 제시하는 시사점 중 서로 일치된 부분과 일치되지 않는 부분을 충분히 이해하고 그것에 대한 설명을 할 수 있어야 한다. 이 같은 관계에 대한 점검을 함으로써 임상가는 특정한 데이터의 의미를 강조하거나 수정할 수 있다. 예를 들어, 어떤 사례에서는 해석이 조율되어야 하고 다른 사례에서는 해석이 강조되어야 할 필요가 있음을 제안할 수 있을 것이다. 따라서 검사들의 결과는 서로 일치되는 것으로 보이기도, 서로 상충되는 것처럼 여겨지기도 하고, 때로는 서로 상호보완되는 것으로 보이기도 한다. 이 같은 관계의 정의와 함축하는 의미에 대해 이 장에서 다뤄보겠다.

검사 결과들이 유사한 경우

MMPI－2와 로르샤하를 결합하여 사용하는 것은 양립 가능한 심리 측정적 속성을 가지고 있되, 비 중복적인 진단 방법 두 가지를 활용하여 개인의 심리적 기능을 진단하는 다중기법 전략으로 볼 수 있다. 우리는 두 검사 결과가 일치될 경우 그 결론에 대해 강한 확신을 갖게 된다. 예를 들어, 만약 진단과 관련한 핵심적인 질문이 모두 정신분열병의 발현 유무에 집중되어 있다고 가정할 때 임상가는 정신분열병 진단에 강력한 근거가 되는 MMPI－2(타당도 척도의 F 척도, 임상 척도의 6번, 8번 척도 및 BIZ의 상승)와 로르샤하(SCZI=6)의 결과들이 서로 일치되는지를 살펴봐야 한다. 이와 마찬가지로, 우울증 진단의 탄탄한 근거도 MMPI－2(임상 척도 2번과 DEP의 상승)와 로르샤하(positive DEPI, C'=3, V=2, MOR=4)의 결과에서 확인할 수 있을 것이다. 일반적으로 임상가는 특정한 결론을 내릴 때, 그 결론이 복수의 출처에 의해 확인된 경우 확신을 가지고 주장할 수 있다. 특히 의견의 일치가 서로 다른 접근법을 사용하는 검사 결과들 사이에서 발견될 경우 더욱 그러할 것이다(cf. Holt, 1968; Weiner, 1995b).

앞서 제시된 사례에서는 MMPI－2와 로르샤하의 결과가 개별 검사 점수의 수준에서 일치되고 있는 경우를 보여주었다. 이는 대부분의 MMPI－로르샤하 상관성을 점검하는 연구 논문들이 관심을 두고 집중하는 수준이다. 또한 MMPI－2와 로르샤하는 검사 점수의 패턴과 연관되거나 그로부터 추론된 심리적 구조의 수준과도 관련되어 있을 가능성이 있다. 예를 들어, 23/32 코드타입과 연관되어 있는 대인관계 기능의 중요한 특징 한 가지는 관계에서의 의존적 경향과 수동적 태도이다. 로르샤하 역시 이와 유사하게, 대인관계를 향한 수동－의존적 경향성의 징후를 보여줄 수도 있다(a:p=2:6; T=2; Food=3; COP=4; AG=0). 23/32 코드타입과 연관된 또 다른 행동적 특성은 과잉 통제된 감정과 정서적으로 "억눌려있다는(bottled up)" 점이다. 로르샤하 점수들 중 몇 가지는 개인이 자신의 감정을 얼마나 편안하고 자유롭게 드러내는지와 직접적으로 관련되어 있다. 또한 이 같은 변인들의 점수는 감정적 제한(emotional constriction)을 보여줄 수도 있다(예: EA=6:1.0; FC:CF+C=2:0; SumC':WSumC=3:1; Afr=.38). 즉, 제3장에서 대략적으로 설명되었던 것처럼, MMPI－2와 로르샤하 결과들 사이에는 개별 검사 점수 뿐 아니라 특정한 심리적 구조의 수준에서 중요하고 의미 있는 일치된 해석이 발견되기도 한다. 그렇지만 현재로서는 심리적 구조의 수준에서 MMPI－2와 로르샤하 사이의 관계에 대해 실증적으로 조사하고 검토된 바는 없다.

제2장에서 논의되었던 것처럼, 수렴 타당도와 관련된 이슈는 임상적 결정을 내릴 때 대단히 중요한 의미를 갖는다. 임상작업의 속도가 강조되고 비용적 제한이 요구되는 상황에서 정확한 임상적 결정의 중요성을 강조하는 것은 특히 더 중요한데, 왜냐하면 이 같은 임상적 결정의 결과는 곧 환자가 받게 되는 치료에 중요한 영향을 끼칠 수 있기 때문이다. 예를 들어, 젊은 성인에게 있어 첫 번째 정신병 보상작용 실패(psychotic decompensation)가

정신분열병 발병 과정을 반영하는 것인지, 혹은 정동 정신병(affective psychosis)을 반영하는 것인지를 감별하여 결정짓는 것은 환자가 받게 될 치료 유형, 직업과 관련된 현실적인 목표치 설정, 환자의 임상적 상태와 예후에 대해 가족들에게 설명하고 교육시키는 과정에 지대한 영향을 끼칠 수 있다.

검사 결과들이 서로 다른 경우

심리평가 과정에서 습득된 데이터 속에 서로 충돌하는 결과들이 있을 경우, 이를 해결하는 것은 임상가들에게 있어서는 가장 중요한 도전과제이다. 제4장과 5장의 앞부분에서 논의되었던 것처럼, 모든 검사 결과의 데이터들이 전부 일치되는 경우는 거의 없다. 데이터가 제시하는 것들이 애매 모호하고 모순되는 경우가 전부 일치되는 경우보다 훨씬 더 자주 발생한다. 따라서 임상가에게 있어 가장 중요한 도전과제는 다양한 해석적 가능성에 대해 면밀하고 신중하게 고려한 후 그 중 가장 정확하고 의미 있는 해석으로 결정짓는 것이다.

앞에서 기술되었던 것처럼, 불일치하고 모순되는 가설들은 MMPI-2와 로르샤하 결과 사이에서만 나타나는 것이 아니라 MMPI-2 혹은 로르샤하 검사 내부에서도 생긴다. 예를 들어, 몇몇 MMPI-2 임상 척도는 내용적으로 완전히 동일하지는 않다 하더라도 해당 영역 내에서는 유사하여 병행하는 것으로 여겨지는 내용 척도와 보충 척도를 포함하고 있다. 예를 들어, 2번 척도(우울증)와 DEP(우울증), 8번 척도(정신분열병)와 BIZ(기태적 정신상태), 그리고 4번 척도(반사회성)와 ASP(반사회적 특성) 등을 예시로 들 수 있다. 그러나 임상척도(예: 8번 척도)의 상승이 병행하는 내용 척도나 보충 척도의 상승으로 자동적으로 이어지는 것은 아니다(예: BIZ). 또한 두 척도의 일치가 불충분하다고 해서 둘 중 하나의 결과가 자동적으로 폐지되는 것은 아니다. 특정 척도는 상승한 반면 그것과 연관된 다른 척도들이 상승하지 않았다면, 임상가는 이 같은 결과가 왜 나타났는지에 대해 설명할 수 있어야 한다. 이와 마찬가지로 임상가는 검사 결과들 사이의 서로 충돌되는 결과들에 대해서도 설명할 수 있어야 한다. 이제부터 검사 내 그리고 검사 간 불일치를 어떻게 조화롭게 다룰 것인지의 가이드라인에 대해 논의해보고자 한다.

각각이 측정하는 것은 무엇인가?

MMPI－2에서 서로 연관되어있는 임상 척도, 내용 척도, 보충 척도의 명칭들은 이들이 모두 동일하다는 점을 제안하지만, 어떤 척도들은 완전하게 겹쳐지지 않으며 실제로는 특정한 영역의 서로 다른 측면을 다루는 것에 머물기도 한다. 예를 들어, 8번 척도는 환자가 정신병적인 경험, 즉 혼란스러운 사고, 사회적 고립, 소외, 혹은 판단과 충동조절의 어려움 등과 관련된 문항에 대해 그렇다고 시인했기 때문에 상승할 수 있다. 반면 BIZ는 사고 과정의 방해 및 정신병적 장애와 연관된 이상한 경험들을 "더 순수하게" 측정하는 척도이다. 따라서 8번 척도는 상승한 반면 BIZ는 상승하지 않았다면, 이것은 환자가 8번 척도에 포함되어 있는 비정신병성의 질문 문항에 체크했기 때문일 가능성이 시사된다. 이 같은 경우, 임상가는 환자가 정신병적 장애를 보인다는 결론을 내리기 전에 매우 신중하게 심사숙고해야 한다. 이와는 달리 8번 척도와 BIZ 모두가 상승된 경우라면, 이는 환자가 정신병적이라는 강력한 증거가 된다.

또한 MMPI－2와 로르샤하의 관련된 척도 사이에 충분한 일치가 안 되는 이유는 척도가 완전하게 겹쳐지지 않기 때문이기도 하다. 예를 들어, 한 환자는 MMPI－2 점수 중 6번 척도(편집증)의 점수가 평균수준으로 나오고, 로르샤하에서는 과잉경계 지표인 HVI가 positive로 나올 수 있다. Positive HVI는 6번 척도가 상승했을 때 시사되는 모습처럼, 환자가 걱정과 불안이 높고 대인관계에서 거리두기를 하면서 속마음을 드러내지 않음을 가리킨다. 또한 별개의 정보, 서로 관련되지 않은 정보의 의미를 설명할 때 의구심을 갖고 지나치게 민감해지며 우려와 걱정, 그리고 제대로 대우받지 못한 것과 괴롭힘을 당한 것에 대한 분노를 시사한다. 바꿔 말하면, 임상가는 MMPI－2와 로르샤하의 관련 척도들이 심리적 기능의 특정 차원이 갖는 서로 다른 측면을 측정하는 것이 아니라, 서로 중첩되는 구성개념을 실제로 어느 정도로 사용하고 있는지를 고려해야 한다.

8번 척도와 SCZI는 연관되어있는 MMPI－2와 로르샤하 척도가 특정한 현상의 서로 다른 측면을 측정하면서 동시에 얼마나 많이 겹쳐질 수 있는지를 보여주는 또 다른 예시를 제시한다. 양 척도의 상승이 정신병적 장애와 확실하게 연관되어 있다 해도 이들이 정신병적 장애의 동일한 측면을 반영하는 것은 아니다. 8번 척도의 문항이 정신병적 경험, 정신적 혼란, 기이한 지각, 환상과 현실 구분에의 어려움, 사회적 소외, 이상한 감각적 체험, 그리고 취약한 판단을 포함하는 내용을 담고 있는 반면 SCZI의 구성요소는 부정확하고 왜곡된 지각, 인지적 오류, 그리고 사고 장애를 포함한다. SCZI를 검토해보면, SCZI를 구성하고 있는 요소 6가지 중 4가지는 지각적 오류를 포함하고 있다; 따라서 SCZI는 왜곡되고 이상한, 또는 특이한(idiosyncratic) 지각에 매우 민감하다. 비록 8번 척도와 SCZI 모두 사고의 지리멸렬과 현실 검증력이 방해받는 것에 민감하지만 둘 중 한 가지만 상승하고 다른 하나는 상승하지 않는 것도 가능하다. 예를 들어, 한 환자는 사고 장애의 조짐은 두드러지지 않으면서 지각적 정확성은 취약하기 때문에 positive SCZI는 나타나지만 8번 척도는 정상범위를 보일 수 있다. 앞서 논의되었듯이, 8번 척도와 BIZ 사이의 일치되지 않는 결과들이 함축하고 있는 의미에 대해 임상가가 반드시 이해하고 있어야 하는 것처럼 SCZI와 8번 척도 사이에 합치되는 부분이 적은 것에 대해서 이해해야 하는 것도 임상가의 몫이다. 즉, 왜 SCZI가 positive인지에 대해 신중하게 고려하고, 그것이 낮은 8번 척도와 어떻게 연관되어 있는지, 또 두 척도와 변인의 결합이 정신병적 장애가 발현되고 발현되지 않는 것에 대해 말해주고 있는 것이 무엇인지 등에 대해 이해하고 설명해야 하는 것이 임상가의 몫인 것이다.

척도의 심리 측정적 속성은 다른가?

서로 관련된 척도들이 상충되는 결과를 나타냈을 때 조사해봐야 할 것은 이 척도들의 심리 측정적 속성이 등가적인가 하는 점이다. 특히 척도의 외적 타당도, 즉 비실험 기준 변인과의 연계가 얼마나 강력한지, 어느 수준까지인지에 대해 특별히 관심을 가져왔다. 예를 들어, Graham(1993)은 MMPI－2의 결과가 서로 달라 모순되는 해석이 시사되는 경우, 가장 많은 실증적 지지가 뒷받침되는 척도나 코드타입에 의존하여 조정을 해야 한다고 제안한다. 예컨대, 어떤 환자가 2번 척도(T=50)에서 평균범위 이내의 점수를 보여서 임상적으로는 우울하지 않음이 시사된다고 해도, D5(깊은 근심, T=79)의 상승은 환자가 불행하고 자신이 쓸모없다고 느끼며 삶이 과연 살만한 가치가 있는지에 대한 의문을 가지고 있음을 포함할 수 있다. Graham은 이럴 경우 2번 척도에 가장 큰 가중치를 두어야 한다고 제안했는데, 왜냐하면 2번 척도 점수가 가진 의미가 D5 점수의 의미보다 훨씬 더 많이 실증적으로 입증되었기 때문이다. 바꿔 말하면, 서로 연관된 척도들 사이에서 서로 어긋난 결과가 발견된다면 임상가는 가장 신뢰할만하고 강력한 예측변수가 될만한 척도로부터 얻은 결과에 중점을 두어야 한다.

MMPI－2와 특정 장애 사이의 연계, 그리고 로르샤하 지표와 특정 장애 사이의 연계는 안정적으로 잘 확립되어왔다(Exner, 1993; Graham, 1993; Greene, 1991). 그러나 동일한 샘플에서 두 검사 도구를 사용하여 특정한 장애에 대한 MMPI－2와 로르샤하의 상대적 민감도와 특이성의 이슈를 다루는 실증적 연구는 거의 이루어진 것이 없다고 할 만큼 부족하다. 따라서 현재 시점에서는 두 검사 도구의 점수들이 특정 기준 변인과의 연계, 예컨대 정신분열성 성격 특성의 발현으로 진단할 것인지 혹은 정동 장애로 진단할 것인지와 같은 연계를 보여준다고 평가하기에는 어려움이 있다.

임상적 경험을 보면, MMPI－2와 로르샤하가 특정한 영역 내에서 별도로 각각 민감할 수 있음이 시사된다. 예를 들어, 신체적 집착이나 염려를 보이는 환자를 변별해 낼 때는 로르샤하보다 MMPI－2가 더 확실하게 구별해내는 것 같다. MMPI－2의 1번 척도와 3번 척도의 상승은 일반적으로 건강에 대한 지나친 염려와 탄탄한 연관 관계를 가지고 있으며 신체적인 불평을 호소하는 환자들 중 심각한 심인성 요소를 가진 환자를 구별해내는 것으로 간주된다(Graham, 1993; Greene, 1991). 이와는 대조적으로, 로르샤하는 심리적인 부분이 질병에 영향을 끼치는 심인성 영향에 대해서는 상대적으로 취약한 지표라고 할 수 있다. 로르샤하 변인 중 건강 관련 염려와 관련된 주요한 변인은 Anatomy와 X－ray 응답의 합계이다(An+Xy). Exner(1993)는 An＋Xy가 1 또는 2일 경우, 신체와 관련된 염려를 드러낼 가능성이 있다고 제안했고, An＋Xy가 3 이상일 경우에는 건강 주제와 더불어 신체적으로 완전한 상태에 대한 집착을 드러낼 수 있음을 시사했다. 건강 관련된 염려가 없는 경우에 An＋Xy 점수의 상승이 나타나는 경우는 드물지만, 심인성 장애를 가진 환자가 이 로르샤하 지표를 띄우지 않는 경우는 자주 있는 일이다. 다시 말해, An＋Xy의 점수가 낮은 경우 허위 음성으로 임상적 결정을 내리는 경우가 많아질 수 있다(예: 환자가 실제로는 지나친 신체관련 염려를 가지고 있음에도 불구하고 그렇지 않다고 판단되는 것).

임상가가 두 검사 중 한 검사의 특정 점수가 다른 검사의 점수보다 더 확실하게 구체적인 기준 변인과 연관되어 있다고 판단내리는 경우, 두 검사 결과 사이의 불일치에 대해서는 보다 더 탄탄한 측정에 의존하여 해결해야 한다. 앞서 나왔던 사례를 상기해보면, 만약 환자의 프로토콜이 An＋Xy＝0이고 MMPI－2의 1번 척도(T=82)와 3번 척도(T=85)가 상승되어 있는 경우라면, 임상가는 MMPI－2 데이터가 중요한 의미를 가지는 것으로 결론 내려야 한다. 또한 이 경우에는 로르샤하의 결과에 상관없이 주저하지 말고 MMPI－2의 결과를 수용해야 할 것이다.

데이터는 상충된 검사 결과들을 식별하는가?

처음에는 서로 모순되고 상충되는 것처럼 보였던 검사 결과들이 어느 시점에 가서는 환자의 성격 중 의미 있는 측면을 나타내고 있음을 알아차리게 되는 경우가 있다. 이런 경우 서로 다른 시점, 서로 다른 상황에서 성격의 측면이 수면 위로 부상했기 때문이라고 볼 수 있다. 또 다른 경우는, 서로 불일치하는 검사 결과들이 정신 질환 장애의 서로 다른 단계, 또는 다른 측면들을 드러냈기 때문일 수도 있다. 예를 들어, 우리는 MMPI－2의 3번 척도(히스테리)와 4번 척도(반사회성)가 동반 상승할 것으로 기대하지는 않는다. 왜냐하면 3번 척도는 일반적으로 높은 수준의 순응에 대한 염려와 타인을 기쁘게 하려는 태도뿐만 아니라 부인, 억압, 감정의 억제, 특정한 분노를 나타내는 반면 4번 척도는 행동화와 감정의 방출이 타인에게 어떤 영향을 미칠지에 대한 고려 없이 분노를 포함한 감정을 충동적으로 방출하는 것과 관계가 있기 때문이다. 따라서 3번 척도와 4번 척도가 동반 상승하는 경우는 직관에 반대되는 것 같이 보인다. 3번과 4번 척도의 동시 상승에 대한 중요한 해석 한 가지는 환자가 충동 제어와 관련된 갈등을 경험하고 있으며 자신의 분노를 적절하고 조절된 방식으로 표현하는 것에 어려움을 겪을 가능성이 있다는 해석이다. 결과적으로 34/43 코드를 가진 사람은 통상적으로 감정적으로 지나치게 과잉통제를 하면서 분노를 간접적으로 표현하는 사람들인데, 분노가 폭발하기 전까지는 어떤 정신적 고통이나 불만의 징후를 드러내지 않다가 갑자기 주변사람들이 놀랄 정도로 분노를 폭발하고 격분하는 사람들이다. 따라서 처음에는 검사 결과에서 서로 상충되는 것으로 보였던 것들도 실제로는 개인이 특정한 시점에는 이런 식으로 행동하고 그때와는 다른 시점에서는 또 다른 방식으로 행동하는 경향성에 대한 의미 있는 정보를 제공해준다. 그리고 이같이 행동하는 패턴이 관습적인 행동에서 상당한 수준으로 벗어나기도 한다. 이 같은 현상은 분노나 적대적인 느낌을 억제하는 것과 지나치게 표현하는 것 사이의 갈등 때문에 생기거나, 또는 임상적 상태의 변화, 예컨대 조울증의 조증과 우울증 단계의 교대되는 과정과 같은 상태의 변화 때문에 생기기도 한다.

MMPI－2와 로르샤하 사이의 차이는 또한 각각 다른 시점에 표현되는 한 개인의 성격적 측면들을 강조하거나 갈등을 명확하게 해줄 수도 있다. 예를 들어, 어떤 환자는 의사에게 자신이 에너지가 없고 계속해서 피곤함을 느낀다고 불평할 수 있다. 이 같은 증상에 대해 의학적으로 설명할 수 없다는 것을 발견하고 나면, 의사는 정신과에 이 환자를 보내 환자가 우울한지 아닌지를 알아보기 위한 심리평가를 의뢰할 것이다. 임상 면접을 하는 과정에서 환자는 우울과 관련된 모든 징후를 부인한다. MMPI－2 프로파일에서 나타난 특이할 만한 사항은 4번 척도(T=67)가 중등도의 높은 점수를 보이는 점이 현저하고 5번 척도(T=35)는 눈에 띄게 낮다는 점이다. 상승한 4번 척도와 낮은 5번 척도가 의미하는 것은 그가 자기 자신을 매우 남성적이고 독립적이며 잘 통제하는 사람으로 묘사하는데 많은 투자를 했다는 것이다(Friedman et al., 1989). 이는 임상 면접을 하는 동안 그가 반복해서 자신이 열심히, 주도적으로, 그리고 독립적으로 일해온 덕분에 자신의 자동차 부품 회사가 성공했다는 철학을 표현했다는 점에서도 일관된다: “처음 시작했을 때 저는 아무것도 없이 시작했어요. 하지만 전 고객 한명 한명의 신뢰와 충성심을 얻게 된 거예요. 이 세상 어느 누구도 은쟁반에 잘 일궈진 기업을 담아서 당신한테 건네주지 않아요. 아무것도 하지 않아도 당신의 문 앞에 사람들이 와서 문을 두드리는 경우는 없죠. 매일 아침에 침대에서 일어나면서 저는 생각했어요. 사람들이 저보다 자신들의 차를 더 잘 보살펴주는 사람은 없다는 것을 증명해야 한다고요…”

이 사람이 강하고 독립적인 것에 얼마나 큰 가치를 부여하는지는 MMPI－2 프로파일이 잘 보여주고 있지만, 로르샤하의 응답은 그가 강력한 의존 욕구를 가지고 있음을 드러냈다(Texture=2; Food=2). 이 같은 의존 욕구는 임상 면접을 하는 과정이나 MMPI－2를 통해서 드러나지도, 인정하지도 않았던 욕구이다. 즉 MMPI－2와 로르샤하 결과 사이의 차이는 그가 강하고 독립적인 면 및 누군가와 가까워지고 위로받고 싶다는 욕구가 충돌하고 있다는 점 등 중요한 측면을 시사한다. 바꿔 말하면, 두 검사 결과 사이의 차이점에 대한 이 같은 발견은 그가 그토록 전통적인 남성적 가치인 힘과 자조적인 독립성을 강조하는 것은 오히려 그 반대의 의존적 역동을 반영하는 것일 수 있음을 시사한다. 임상가는 이 같은 가설을 만든 후 환자가 지나가는 말로 언급했던 내용들, 즉 환자가 의사를 방문하기 며칠 전 그의 아내가 병든 친정 어머니를 간호하기 위해 멀리 떠났으며 언제 돌아올지도 모르는 상태라고 했던 점과 그렇게 말하고 나서 재빠르게 자신은 얼마든지 요리도 혼자 할 수 있고 아내가 없는 동안 할 일들이 많다고 검사자에게 말했던 것을 기억해냈다.

수검자는 의식적으로 응답을 왜곡하는가?

모든 수검자가 MMPI－2와 로르샤하에 열린 마음으로 솔직하게 응답하는 것은 아니다. 어떤 사람들은 해석 가능한 MMPI－2 프로파일을 생성하지만 로르샤하 프로토콜에서는 그렇지 않은 경우도 있고, 다른 사람들은 로르샤하의 프로토콜은 해석이 가능하지만 MMPI－2 기록에서는 그렇지 않은 경우도 있다. 이 같은 일들은 문제를 부인하거나 최소화하려는 의식적인 시도, 혹은 문제를 의식적으로 과장하려는 시도를 포함해서 매우 다양한 이유들로 인해 발생한다. 예를 들어, 어떤 수검자들은 안면 타당한 자기보고식 검사에서는 자신의 감정적인 어려움을 숨기는 것을 성공적으로 해낼 수 있는데, 왜냐하면 의식적으로 어떤 문항에 어떤 응답을 할 것인지 수검자가 선택적으로 결정할 수 있기 때문이다. 반면 투사검사에서는 자기가 감추고 싶어 하는 심리적 변인과 검사 반응이 어떻게 연관되는지 잘 모르기 때문에 심리적인 문제를 드러내는 응답을 하는 경우가 있다(cf. Ganellen, 1994; Shapiro et al., 1990). 이와는 정 반대로, 어떤 수검자들의 경우에는 투사적 기법보다는 자기보고식 측정에 응답할 때 훨씬 더 편안하게 느끼기 때문에 타당한 MMPI－2 프로파일을 생성하지만, 로르샤하 프로토콜에서는 기록이 제한적이거나(예: Lambda ≥ 1.00) 응답을 거의 하지 않는 등 방어적으로 응답해서 자신의 심리적 상태에 대해 노출을 거의 하지 않는 경우도 있다(Brinkman et al., 1994). 또 다른 경우, 수검자가 MMPI－2에서 심리적 어려움의 강도를 의도적으로 조작하거나 과장하려고 할 경우, 예를 들어 정신병적 장애를 가진 것처럼 보이려고 시도할 경우 MMPI－2에서는 그렇게 시도할 수 있을지 모르지만 로르샤하에서는 그렇게 하는 것이 불가능할 가능성이 크다(Ganellen et al., 1996).

데이터는 각기 다른 의식의 수준을 반영하는가?

MMPI－2에서는 심리적 어려움에 대해 인정하면서 로르샤하에서는 그렇지 않은 경우는 앞서 이야기 되었던 것처럼, 의식적 응답의 결과로 나타날 수도 있고 무의식적인 과정과 방어의 결과로 나타날 수도 있다. 예를 들어, 전환 장애를 가진 사람은 전형적으로 자신의 불안과 우울, 근심과 정서적인 염려를 억압하고 부인하기 때문에 결과적으로 우울이나 불안과 관련된 MMPI－2 척도에서는 정상 범주에 속한 점수를 드러낸다. 그렇지만 이 환자들 중 몇몇은 정서적 고통과 관련된 MMPI－2 문항에서는 "그렇다"고 응답하지 않았음에도 로르샤하 프로토콜에서는 상당한 수준의 정서적 고통(예: DEPI=6; D 점수=-1; Y=4; Color-Shading Blends=2)을 경험하고 있음을 나타낼 수도 있다(예: D=T53; DEP=T55; Pt=T55; ANX=T52).

위의 사례에서 드러나듯이, MMPI－2와 로르샤하 사이의 확연한 불일치는 방법적 차이의 측면, 즉 정서적인 고통을 진단하고 구별하는 두 가지 측정 방법의 차이로 이해될 수 있다; MMPI－2는 환자가 언어를 사용한 자기보고식 방법을 활용해서 자신의 고통을 인정하는 것에 의존하는 반면 로르샤하는 병적인 내용, 음영, 무생물 운동, 무채색 반응과 같은 특정한 내용이나 결정인의 출현 여부, 또는 자기중심성 지표나 소외 지표와 같은 특정한 비율의 점수에 의존한다. 따라서 두 검사는 동일한 심리적 구조를 서로 다른 방법론을 사용하여 진단한다. 서로 연관되기는 하나 중복되지는 않는 두 가지 접근법이 읽어내는 심리적 활동 덕분에 의식적 자각의 수준에 차별적으로 접근하는 것이 가능하다. 바꿔 말하자면, 몇몇의 MMPI－2와 로르샤하의 결과는 개인이 의식적으로 "알고" 있고 자신의 심리적 구성에 대해 말할 수 있는 부분인 반면 의식적인 자각이 어렵거나 불가능한 측면과 다르기 때문에 서로 일치하지 않고 모순될 것이다. 임상적으로, 개인이 자각하거나 의식적으로 표현할 수 없는 사고, 느낌, 충동을 알아차리고 식별해내는 것이 자신의 심리적 기능에 대해 완전하고 정확한 묘사를 가능하게 하는데 있어 필수적이다.

성격평가의 결과는 개인이 의식적으로 자각하여 인정한 요소와 개인이 의식적으로 자각하지 못하는 요소 모두에 의해 영향을 받을 수 있다는 것은 널리 알려진 사실이다. 예를 들어, 방어적인 응답 세트에 대해 논의할 때, Greene(1991)은 심리적 갈등을 최소화하는 설명 두 가지, 즉 *인상관리(impression management)*와 *자기 기만(self-deception)* 사이의 차이점을 구별했다. 인상관리는 개인이 자신이 원하는 목표를 성취하기 위한 전략으로 특정한 인상을 만들기 위해 의식적으로 노력하는 경우를 말한다. 인상관리는 한 개인이 자녀 양육권이나 직무 적합성 판단 등과 같은, 자신이 원하는 결과가 심리평가의 결과 여하에 달려있다는 것을 알았을 때 자주 일어난다. 인상관리가 심리검사 데이터를 왜곡했을 때의 검사 해석과 관련된 이슈는 바로 앞부분에서 논의되었다.

이와는 반대로, 자기 기만은 개인이 자신에 대한 한 가지 측면을 인정하면서, 이와 동시에 상충되는 다른 심리적 측면을 회피하고자 할 때 발생한다. 즉, 많은 사람들은 부인이나 억압, 부정, 투사, 또는 의식적인 자극으로부터 자신의 일부 경험을 분리시키는 방식을 통해, 자신의 성격이나 행동의 좋지 않은 측면을 인정하는 것 또는 고통스럽거나 수용할 수 없는 정서를 경험하는 것으로부터 그들 자신을 보호한다. 이 같은 현상은 많은 다양한 방식으로 일어날 수 있다. 예를 들어, 어떤 환자는 심리적인 고통을 직접적으로 표현하는 것이 어렵기 때문에 신체형 장애(somatoform disorders)나 심신증(psychosomatic disorders)이 발생되기도 한다; 어떤 환자는 알코올 남용이나 물질 남용 환자들뿐만 아니라 많은 반사회성/자기애성 환자들의 특징들처럼 자신의 문제에 대한 책임을 외부로 돌리고 타인을 비난한다; 또는 어떤 환자는 그들의 정체성, 감정, 그리고 기억의 다양한 측면을 통합하지 못하여 해리 장애(dissociative disorder)가 발생되기도 한다(cf. Meyer, 1994).

이와 유사한 주장이 Shedler, Mayman, Manis(1993)가 쓴 도발적인 글에서도 제기되었다. 이들은 객관적인 성격검사 도구는 스스로 보고한 진짜(genuine) 정신건강과 개인이 자신에 대해 잘 적응하고 있고 건강한 사람으로 볼 필요가 있기 때문에 자신의 심리적 고통을 부인하면서 만든 정신건강의 겉모습, 즉 흔히 *착각적인(illusory)* 정신건강이라고 이름 붙인 상태를 구분하지 못한다고 주장했다. 후자에 속한 사람들, 즉 착각적인 정신건강을 가진 사람들은 자신의 정서적인 삶의 부정적 측면을 부인함으로써 자신이 잘 적응하고 있다는 믿음을 유지하며, 따라서 수용할 수 없는 자신의 욕구나 소망, 느낌에 대한 자각이 부족한 특징을 보인다. Shedler와 그의 동료들은(1993) 자기보고식 검사와 정신건강에 대한 투사적 측정인 초기기억검사(The Early Memories test) 사이에 불일치가 있는 수검자들을 착각적 정신건강을 가진 사람들이라고 구분했다. 반면 자기보고식 측정에서 고통스럽지 않다고 보고하고 투사적 측정에서도 건강하다고 판단되는 경우 진짜 건강한 사람이라고 분류하였다. 마지막으로 자기보고식 측정에서도 고통스럽다고 보고했고 투사적 측정 방식에서도 고통을 겪고 있다고 판단된 경우에는 겉으로 보기에도 명확하게 고통스러움이 드러난 만큼 고통을 겪고 있는 사람으로 분류하였다. 쉽게 예상할 수 있듯이, 착각적 정신건강을 가진 수검자, 즉 방어적으로 부인하는 사람들은 실험실에서 유도된 심리적인 스트레스 인자에 노출되었을 경우, 심리 측정에서 정말 건강한 사람들로 판명된 그룹이나 명백하게 고통스러운 것으로 판명된 그룹의 사람들과는 달랐다: 착각적 정신건강 그룹으로 분류된 사람들은 스트레스 요인에 가장 강렬한 생리학적 반응도를 보여주었다. Shedler와 그의 동료들은 임상가가 심리적 적응의 측정에 있어서 자기보고식 측정 하나에만 의존하게 되면 한 개인의 심리적인 적응에 대한 부정확한 결론이 내려질 수 있다고 강력하게 주장했다. 특히 자기보고식 측정에서 방어적으로 심리적인 고통을 부인하는 수검자들의 경우에는 특별히 더욱 그렇다고 주장했다.

어떤 연구자들은 로르샤하가 환자의 심리 중 남들로부터 뿐만 아니라 스스로에게도 숨기고 싶고 드러내려고 하지 않는 부분을 노출시키는 것에 특히 적합하다고 주장해왔다. 예를 들어, Schafer(1954)는 로르샤하의 응답 형성 및 표현 과정에 대한 토론에서 환자의 느낌, 개인적인 이슈, 갈등, 방어가 잉크 브롯의 음영, 색, 이미지와 상호작용을 하게 되고 그 결과 "환자의 적응적 혹은 방어적 강점과 약점, 정신병리적 경향, 의식적이거나 무의식적인 가치, 갈망, 두려움, 화, 죄책감과 환희, 그리고 환자 성격의 전체적인 색과 분위기를 극적으로 드러낸다"고 묘사했다(p. 113).

여러 연구들은 객관적, 투사적 진단 방식이 의식적 자각의 서로 다른 수준에 있는 정보에 접근할 것이라고 반복적으로 주장해왔다. 연구자들은 성격 기능의 객관적 측정 방식과 투사적 측정 방식 사이에는 연관성이 별로 없다는 것을 반복적으로 발견해왔고, 객관적 성격 측정과 투사적 성격 측정의 조합의 패턴도 서로 다름을 반복해서 발견했는데, 그러면서도 서로 상관관계가 있을 것으로 예측되는 변인들 또한 찾아냈다. 예를 들어, McClelland, Koestner, Weinberger(1989)는 40년이 넘는 기간에 걸쳐 연구되었던 일련의 연구 결과를 요약했다. 첫 번째로, 성취 욕구(achievement needs), 친화 욕구(affiliation needs), 권력욕(power needs) 등과 같은 특정한 심리적 특성에 대한 투사적, 객관적 측정은 서로 상관관계가 없거나 있다 해도 상관관계가 낮다는 점이다. 그리고 두 번째는 다양한 측정 결과들 사이의 상관관계가 서로 다른 패턴을 가지고 있다는 점이다. Bornstein, Bowers, Robinson(1995) 또한 이와 유사한 연구 결과를 제시했는데, 타당성과 신뢰도를 확보한 투사적, 객관식 측정 도구에 의해 진단된 의존 욕구는 서로 관련이 없지만, 동일한 측정 도구에서 보여진 결과 중 대인관계와 관련된 삶의 사건들에 끼치는 영향과 빈도수의 순위와는 연관되어 있다는 것을 찾아냈다: 예측되는 바와 같이, 로르샤하의 구강 의존성 지표(Oral Dependency scale)를 사용하여 진단된 의존성(Masling, Rabie, & Blondheim, 1967)은 대인관계와 관련된 삶의 영역들과 매우 중요한 상관관계가 있었지만, 삶의 다른 영역의 사건들과는 상관관계가 없었다. 반면 자기보고식 측정을 통해 진단된 의존성은 어떠한 의존성 측정치와도 관련되지 않았다.

이 같은 결과에 기반해서, McClelland와 그의 동료들(1989), 그리고 Bornstein과 그의 동료들(1995)은 투사적 측정은 한 개인의 삶 속에 내포되거나 기저에 깔려있으면서 그 개인의 의식적 자각 밖에서 일어나는 자동적인 행동의 패턴에 영향을 끼치는 동기적, 정서적 주제를 발견해 준다고 추측했다. 이와는 대조적으로, 자기보고식 측정은 의식적인 면에서 자기 자신을 설명하는 심리적 특징, 특성, 가치들을 확인해주는 것으로 특징되어지며, 더불어 비록 이 같은 속성이 이들의 행동에 일관되고 의미 있는 방식으로 영향을 미치지는 않는다 하더라도, 그들 자신에 대한 묘사들인 것으로 설명될 수 있다. 이들은 또한 객관적 측정 방식보다는 투사적 기법을 통해 확인된 성격 특성들이 개인의 행동과 더욱 강력하게 연관되어있다고 주장한다.

임상적 성격평가에 대한 이 같은 토론은 MMPI－2와 로르샤하 검사가 의식의 서로 다른 수준에서 성격 기능적 측면들을 측정할 때, 특히 환자의 의식적, 무의식적 경험과 가치, 욕구, 그리고 자기 자신이나 타인에 대한 인식 사이에 불일치가 두드러질 경우, 두 검사 결과가 서로 합치되지 않을 수 있다는 점을 시사한다. 앞서 제시되었던 예시 사례, 즉 로르샤하의 우울증 지표(Depression Index)는 상승한 반면 MMPI－2에서는 정서적인 고통과 연관된 다른 MMPI－2 척도들은 상승하지 않은 "Conversion V" 프로파일의 수검자 경우, 세상에 대한 부정적인 시각, 자기비판, 비관적 사고, 슬픔 등을 포함한 부정적인 감정에 대해 의식적으로 인정하지 않기 위해 처절하게 방어하고 있을 가능성이 농후하다는 것을 신중하게 고려해야 한다. 이러한 결과를 보이는 개인들은 자신의 고통스러운 정서 상태에 대해 직접적으로 질문을 받게 되면 공개적으로 인정하는 것을 어려워할 것이며, 대신 "웃음 짓는 우울증(smiling depression)"으로 나타낼 가능성이 더 클 것이라고 제안했다. 이러한 "웃음 짓는 우울증"은 신체증상을 발달시키는 방식으로 정서적인 고통을 표현하거나, 아니면 슬프지도, 화나지도, 고통스럽지도 않다고 주장하면서도 우울의 행동적인 신호를 보이는 방식으로 표현될 것이다.

앞서의 토론 내용에 기반해보면, 통상적으로 로르샤하와 같은 투사적 검사가 MMPI－2와 같은 자기보고식, 객관식 검사보다 의식적 자각의 밖에 있는 심리적 구조의 측면들을 보다 더 명확하게 포착한다고 결론내리고 싶은 유혹에 빠질 수도 있다. 이 같은 결론은 MMPI－2 해석이 자기 제시적 염려나 방어의 영향을 고려하지 않는다거나, MMPI－2 해석이 완전히 개인의 임상 척도, 내용 척도, 또는 보충 척도의 상승에만 기반해서 작성되었을 경우에는 사실일 가능성이 크다. 그러나 제1장에서 토론했던 바와 같이, MMPI－2 해석이 특정한 2－코드나 3－코드타입 등과 연관된 임상 상관계수에 기반을 두고 있을 때 이런 결론은 사실일 가능성이 거의 없다. 왜냐하면 이 같은 코드타입의 정보는 임상적 발현, 정서적 특징, 방어적 활동, 대인관계 기능, 그리고 갈등영역 등과 전형적으로 연관되어 있는 것으로 연구되었기 때문이다.

예를 들어, 36/63 코드타입은 분노하고 적대적인 개인이 자신의 내면에 뿌리 깊게 박혀있고 만성화된 타인에 대한 적개심과 과민증 때문에 남들과 어울리는 것을 어려워한다고 여겨진다. 36/63을 가진 사람은 특징적으로 "이런 속성이 자신을 제외한 나머지 모든 사람들에게 명백한 경우에도 정작 자신의 분노의 발현여부나 분노의 수준여부는 인정하지 않는다 … 이들은 자신의 관계패턴을 긍정적으로 인식하며 왜 남들이 자신에게 그렇게 반응하는지에 대해 이해하는 것이 어렵다"(Greene, 1991, p. 272). 이 예시에서는 36/63을 가진 개인이 자기 자신에 대해 화가 난 사람으로 묘사할 가능성이 적으며, 분노가 자신의 대인관계적 상호작용에 매우 큰 영향을 주고 있음에도 불구하고 자신의 적대감에 대해서도 인지하지 못할 가능성이 크다는 것을 시사한다. 따라서 MMPI－2와 로르샤하 데이터 모두 개인이 의식적으로 인식하고 있거나 자기 자신에 대해 말하는 것보다 더 많은 개인의 심리적 기능을 밝혀낼 잠재적인 가능성을 가지고 있다.

앞서 예시로 든 사례는 MMPI－2와 로르샤하 데이터가 서로 불일치할 경우, 임상가는 이 같은 불일치가 데이터를 왜곡하려는 의식적인 시도를 반영하는 것인지, 두 검사 중 어느 한 가지 검사 도구의 형식에 더 편안함을 가졌기 때문인지, 또는 각각의 진단 도구의 방법에 의해 건드려지는 주관적인 의식의 수준이 다르기 때문인지를 고려해야 함을 시사한다. 이 같은 3가지 가능성 중 어느 것을 개별 사례에 적용해야 하는지에 대한 결정은 MMPI－2 타당도 지수, 각 검사 도구를 실시하는 동안의 환자의 관여 정도, 환자가 주로 의존하는 방어적 기능, 그리고 환자가 보여주고 있는 임상적 장애가 의식적으로 스스로 인정하는 것인지 아니면 의식으로부터 감춰진 것인지에 대한 구분인지 등을 포함한 점검 후에 가능할 것이다.

검사 결과들이 상호보완적인 경우

지금까지 언급한 내용에서는 서로 관련된 변인들을 측정할 것이라고 예상되는 검사 데이터가 서로 일치되는지 또는 불일치되는지의 경우에 해석을 어떻게 할 것인가에 대해 논의해보았다. MMPI－2와 로르샤하를 통합해서 사용하게 되면 검사 데이터를 상호보완적인 방식으로 해석하는 기회를 얻을 수 있는데, 즉 한 검사에서는 나타났지만 다른 검사에서는 나타나지 않은 정보를 확인하는 방식이거나, 또는 한 검사에서의 발견점들을 다른 검사에 기반해서 해석을 좀 더 풍요롭게 해주는 방식 등이다(Weiner, 1995b).

Duckworth와 Anderson(1995)는 상보적 검사 해석의 한 가지 모델을 제시했다. 이들은 MMPI－2에서 가장 높게 상승한 척도에 대한 해석이 다른 임상 척도 및 보충 척도의 상승에 의해 어떻게 강조되거나 약화되면서 수정될 수 있는지를 보여주었다. 예를 들어,

4번 척도가 압도적으로 단독 상승한 코드타입을 가진 사람의 행동은 49/94 코드타입이나 34/43 코드타입처럼 두 척도가 동시에 상승한 사람의 행동과는 다를 가능성이 있다. Friedman과 그의 동료들(1989)은 "[4번 척도가 상승한] 사람이 분노와 반사회적인 충동을 다루는 방식은 프로파일상의 다른 측면의 상승여하에 따라 매우 큰 차이가 있을 것이다"라며 이와 유사한 주장을 했다(p. 177). 4번 척도의 단독상승을 보인 사람은 충동적이고 반항적이며 부모나 기타 권위를 가진 인물과 사이가 좋지 않을 가능성이 크다. 또한 좌절에 대한 인내심이 취약하다. 4번 척도와 9번 척도의 결합은 이 같은 특성을 두드러지게 만드는데, 왜냐하면 49/94를 가진 개인은 4번 척도가 단독 상승한 프로파일의 사람보다 더욱 충동적이고, 무책임하며, 가만히 있지 못할 것으로 기대되기 때문이다. 이와는 반대로 4번 척도와 3번 척도의 결합은 4번 척도의 충동적이고 공격적인 측면을 순화시킨다. 34/43을 가진 사람은 4번 척도의 상승과 관련된 전형적인 행동적인 문제들이 상대적으로 드물며, 보통 만성적이고 반복적인 행동화의 패턴이라기보다는 갑작스럽고 폭발적인 분노의 표출을 보일 것이다.

비록 Duckworth와 Anderson이 보완적 방식으로 MMPI-2의 검사 내 데이터를 사용하는 것에만 초점을 두었지만, 그들이 묘사한 방식은 검사 간 결과를 사용한 보완적 관계에도 적용될 수 있다. 다시 말해, 로르샤하 데이터는 MMPI-2를 통해 발견된 결론의 해석에 수정을 가할 수 있으며 그 반대의 경우 역시 가능하다. 예를 들어, 4번 척도가 상승했음에도 만약 로르샤하를 통해 개인이 적절한 자기조절과 좌절에 대한 인내심을 지니고 있음이 시사된다면(예를 들어, FC:CF+C=5:2; D 점수=0), 반대로 감정적인 반응을 잘 조절하지 못하고 좌절에 대한 인내가 제한적이며 충동적이고 억제되지 않은 방식으로 행동할 가능성이 농후한 경우(예를 들면; FC:CF+C=2:5; D 점수=-2)에 비해 병리적인 함축이 더 적을지도 모른다. 게다가 4번 척도가 단독 상승하면서 로르샤하에서 타인에 대한 관심과 흥미를 보여주는 사람은(COP=3; H:(H)Hd(HD)=6:3), 4번 척도가 단독 상승하면서 로르샤하의 응답에서 극도로 자기중심적이고 자신은 받을 만한 자격이 충분하다고 강력하게 믿으며 타인에 대해서는 자신의 목적을 이루기 위해 사용되는 하수인 정도로 여길 가능성을 시사하는 사람(Fr=2; COP=0; H:(H)Hd(Hd)=3:6)과 매우 다를 가능성이 크다.

또한 MMPI-2 데이터는 로르샤하를 통해 찾아낸 결과에 기반한 해석의 수준을 더 높일 수도 있다. 예를 들어, 한 수검자는 심리 치료를 시작하기 전에 실시한 로르샤하 검사 결과, 우울하고(DEPI=6) 강박적으로 세부사항에 몰두하며 완벽주의적이면서 극도로 전통적인 방식으로 행동하는 것에 사로잡혀 있다고 평가되었다(positive OBS; Dd=5; Zf=14; Populars=9). 이 같은 해석은 MMPI－2 프로파일에 근거해서 수정될 수도 있을 것이다. 예를 들어, 위의 로르샤하 프로토콜을 보인 사람에게 MMPI－2에서 27/72 코드타입이 나왔다고 가정해보고, 동일한 로르샤하 프로토콜이 나온 또 다른 사람은 274 코드타입이 나왔다고 가정해보자. Positive DEPI, positive OBS, 그리고 27/72 코드타입으로 나온 사람은 매우 긴장해있고 불안이 높으며 우울감을 느낄 가능성이 높다. 그리고 끊임없이 높은 기대치만큼 해내지 못하는 자신의 부족함과 실패에 대해 주로 걱정한다. 대인관계적으로는, 27/72 타입의 사람들은 통상 수동적이고 의존적이며 자신의 분노를 표현하는 것을 불편하게 여긴다. 두 번째 환자 역시 불안, 우울, 그리고 뿌리 깊게 박힌 부적절감과 죄책감을 드러낼 가능성이 있다. 그러나 27 타입의 사람들과는 대조적으로 274 코드타입의 사람들은 의존적, 요구적이고 미성숙하며 화를 잘 내며 우울감을 경감시키기 위한 시도로 술이나 약물을 과다 복용하는 경우가 잦다. 따라서 유사한 로르샤하 프로토콜을 지닌 두 환자를 MMPI－2 결과가 구분해줄 수 있는데, 로르샤하 결과에서는 나타나지 않았던 문제, 예컨대 알코올 남용이 임상적 장면에서 매우 중요한 역할을 했을 가능성 혹은 대인관계 기능의 이슈들을 강조함으로써 두 결과를 변별해줄 수 있다.

보완적인 방식으로 사용되었을 경우, MMPI－2와 로르샤하의 결과는 특정한 해석을 강조하거나 부각시킬 수도 있고 이와는 반대로 해석의 의미를 최소화하거나 누그러뜨릴 수 있다. 두 검사 사이의 상호보완적인 관계는 성격검사 데이터의 임상적인 해석에 상당한 깊이와 풍부함을 더해줄 수 있고, 개인의 심리적 기능의 독특한 특성들을 변별해내는 것에 매우 귀중한 자료가 되기도 한다. 그리고 이 같은 특성들은 MMPI－2의 코드타입이나 로르샤하의 변인 군집을 통해서는 포착하기 어려운 내용들이다.

제3, 4, 5장에서 다뤄졌던 MMPI－2와 로르샤하를 통합하기 위한 접근법들을 설명한 다양한 심리평가 사례들을 다음 부분에서 다뤄보겠다. 각 환자는 동일한 검사 회기 내에 MMPI－2와 로르샤햐 검사를 모두 실시했다. 소개되는 사례들의 형식은 다양한 평가적 환경들, 즉, 환자의 개인력, 검사 데이터, 각 검사의 개별적 해석, 그리고 이 같은 결론들의 통합한 해석을 포함한다. MMPI－2와 로르샤하 결과 및 DSM－IV 진단 사이의 관계 또한 다뤄질 것이다. 이 같은 사례 소개의 목적은 심리학자가 특정한 진단과 관련된 질문에 응답하기 위해 심리평가 실시를 요청 받았을 경우, MMPI－2와 로르샤하 각각으로부터 얻은 결과보다 두 도구의 결과를 통합한 결론이 개인의 심리적 기능, 증상, 역동을 설명하고, 적절한 치료 조언과 계획을 처방함에 있어 얼마나 더 강력한지 그 실례를 보여주기 위함이다.

제6장부터는 각 사례들의 특정한 MMPI-2 점수와 코드타입, 그리고 특정 로르샤하 지수 등의 데이터를 해석 단계의 각 단계별로 다루어볼 것이다. 로르샤하 데이터는 Exner(1991)에 의해 개발된 해석전략에 따라 해석과 분석이 진행되었다. 단계별로 차근차근 진행된 해석과 특정 점수에 대한 참조가 본문의 내용을 복잡하고 번거롭게 만들었을 수도 있다. 그럼에도 불구하고 우리가 바라는 것은 이 같은 방식의 어색함이 독자의 역량, 즉 각각의 해석이 어떤 것에 기반하고 있는지 명확하게 볼 수 있는 능력과 저자가 기술한 임상적 추론의 논리를 따라갈 수 있는 역량에 의해 균형감이 맞춰지기를 기대하는 마음이다.

Chapter

06

사례 1: 강박적 성형 수술

Chapter

06

사례 1: 강박적 성형 수술

심리평가 의뢰 사유

B씨는 25세의 백인 미혼 남성으로 불안, 우울, 업무관련 스트레스를 치료하기 위해 정신 병동에서 2주 동안 입원 치료를 받은 이후 최근에 퇴원했다. B씨의 심리학적 상태 중 가장 주요한 특징은 자신의 입술과 턱이 기형적으로 생겼다는 생각에 집착하고 있다는 점이다. 이런 집착은 14살 때부터 시작되었는데, 3번의 성형 수술을 했음에도 불구하고 여전히 자신의 외모에 대해 불편감을 호소하고 있으며 추가적인 성형 수술이 필요하다고 믿고 있다. 그러나 심리검사를 진행한 검사자가 보기에는 외관상으로 두드러지는 기형이나 비정상적인 부분이 전혀 보이지 않는 매우 정상적인 외모를 가지고 있었다. 이러한 그의 심리학적 상태를, 진단을 통해 명확하게 파악하기 위해 한 달 정도 B씨를 치료해왔던 담당 정신과 의사로부터 심리평가가 의뢰되었다. 특히 담당 의사는 정동 장애가 나타나고 있는지의 여부에 대해 집중해서 평가해달라고 요청하였다.

기본 배경 정보

B씨는 3형제 중 막내 아들로, 아버지는 성공한 사업가이고 어머니는 순하고 좋은 사람이었다. B씨가 14세에 처음 자신의 아래턱과 입술의 크기와 모양이 기형적이라는 것을 알아채기 전까지는 교우관계도 매우 좋았고 운동도 열심히 했던, 성적이 우수한 학생이었다. B씨는 주변 사람들이나 친구들이 자신의 생김새가 이상하다는 것을 알아차리게 되면 자신을 멀리하고 거부할까봐 두려웠다고 한다. 이런 걱정 때문에 B씨는 친구들이나 다른 사람들과 함께 어울리는 것을 피하기 시작했다. 어떤 것이 가장 걱정스럽고 염려스러웠는지를 물었을 때, B씨는 그것은 심각한 기형을 가진 사람들이 느끼는 것보다 강도만 덜할 뿐 유사한 느낌이라고 검사자에게 말했다.

B씨는 고등학교 재학 때 성적은 늘 평균 이상을 받았고 스포츠 활동에도 참여했었지만 자신의 외모에 대한 걱정과 근심 때문에 사회적인 관계에서는 철수했었다고 한다. 시간이 지나면서 B씨는 얼굴의 기형적인 생김새로 인해 더욱 스트레스를 받게 되었고 성형 수술이 외모의 문제점을 고쳐줄 수 있을 것이라는 믿음을 갖게 되었다. B씨는 가족이나 친구들에게 자신의 이런 근심을 이야기하지 않고 있다가 17살이 된 이후에 부모에게 이 사실을 털어놓았다. 그의 부모는 자신의 외모가 비정상적이기 때문에 사회적 관계에서 문제를 일으키며 따라서 성형 수술이 필요하다는 B씨의 주장에 대해 동의하지 않았고, 부모가 자신의 말에 동의해주지 않았다는 사실 때문에 그는 매우 화를 냈다. 그의 부모는 B씨와 이런 대화를 나눈 이후에 정신역동에 기반한 정신과 치료를 받을 수 있도록 예약했고 그 치료 비용을 지불했다. B씨는 1년 이상 진행되었던 이 치료를 통해서는 나아진 것이 거의 없다고 보고하였다.

B씨는 자신이 성형 수술을 간절히 원하는 이유에 대해서 부모가 전혀 이해하지 못하고 있으며 외모에 대한 자신의 걱정과 근심을 부모가 나누지 않는다는 사실 때문에 괴로워하고 있었다. 수차례에 걸쳐 외모나 성형 수술에 대해 이야기할 때, 부모님은 자신에게 솔직하지 않았다고 이야기했다. 검사자가 어떤 이유 때문에 부모님이 자신에게 솔직하지 않았다고 생각하는지를 물어보자 자신도 왜 그런지 이해하려고 노력했지만 이해할 수 없었다고 대답했고 이 말이 무슨 뜻인지 더 묻자 대답을 거부했다. 최근 몇 년 동안, 외모의 기형을 고치기 위해 성형 수술이 필요하다고 아버지를 설득하려고 할 때마다 그와 아버지는 심각한 언쟁을 겪어왔다. 그를 치료한 정신과 의사 중 한 명은 B씨와 아

버지에게 수술의 필요성에 대한 논쟁을 피할 것을 제안했고 이후 B씨와 아버지는 '성형 수술에 대한 대화'는 하지 않기로 규칙을 정했다.

18세가 되자 B씨는 아래턱과 아랫입술을 수술해 줄 수 있다는 성형외과 의사를 만났다. 이 수술은 3번의 수술이 필요했기 때문에 그는 3번의 수술이 모두 끝날 때까지 학교에 입학하는 것을 뒤로 연기했다. 성형외과 의사는 3번의 수술을 시행하는 동안, 그가 통찰-지향적 심리 치료를 의무적으로 받아야 한다고 했고, B씨는 이 조건에 동의하여 지난번 치료를 받았던 의사와는 다른 새로운 심리 치료사에게 치료를 받기 시작했다. B씨는 이 치료가 수술에 대한 불안을 조절하고 관리하는 데는 도움이 되었지만 다른 측면에서는 별다른 도움을 받지 못했다고 보고했다. 아버지의 주장으로 통찰-지향적 심리 치료를 끝내고 정신과 의사의 치료를 받기 시작했는데, 그곳에서는 우울증 처방과 인지 치료를 병행하였다.

B씨는 성형 수술의 결과에 매우 만족해했다. 그런 다음 계획했던 대로 대학을 다니기 시작했으며 대학에서 회계와 국제금융을 전공했다. 대학을 다니는 동안 B씨는 심리 치료를 받지 않았고 졸업한 이후에는 굴지의 금융 서비스 기관에서 시행하는 금융 애널리스트 양성 과정에 합격하여 다니게 되었다. B씨의 보고에 의하면, 양성 과정에서 교육을 받는 동안에는 별다른 문제가 없었고 양성 과정을 모두 끝마치고 다른 12명의 교육 동기생들과 같이 무난하게 과정을 졸업했다고 했다.

그러나 교육 과정을 마친 후 금융 애널리스트로 실제 현장에서 일하게 된지 며칠 후부터 B씨는 불안감, 우울감과 강한 압도감을 느끼기 시작했다. B씨는 성형 수술을 하기 전에 자신을 치료했던 정신과 의사에게 연락을 했다. 정신과 의사는 B씨에게 휴가를 며칠 다녀올 것을 제안했고 휴가를 다녀온 이후에도 상태가 좋아지지 않자 의사는 정신과 병동에 입원하여 치료를 받을 것을 권유했다. B씨는 병원에서 퇴원한 이후 다시 업무로 복귀하려고 했지만, 또 다시 우울증과 불안감이 심하여 정신과 병동에 두 번째 입원 치료를 받기로 했다. 두 번째 입원기간 동안, B씨와 그의 정신과 의사는 추가적인 성형 수술이 필요한지의 여부에 대해서 갈등이 있었다; B씨는 수술이 필요하다고 주장했지만 의사는 이런 그의 믿음에 의문을 제기하고 수술이 필요치 않다고 하였다. 결국 그 의사와의 치료를 중단했고 다른 정신과 의사(이 심리평가를 의뢰한 의사)에게로 연계되었다. 그는 여러 차례에 걸쳐서 지난번 자신을 치료했던 이전 정신과 의사가 진정으로 외모에 대한 자신의 걱정과 고민을 이해하고 공감하기보다는 치료하는 과정 내내 자신의 비위만 맞춘 것이 아닌지 의심스럽다고 말했다. B씨는 자신을 치료한 의사와의 관계는 그 의사가 추가적인 성형 수술을 원하는 자신의 주장에 회의적인 시각을 보여주었을 때부터 망가졌던 것 같다고 대답했다.

심리평가 면담을 하는 동안 B씨는 외모의 결함과 부모와의 갈등으로 인한 스트레스를 언급하며 "지난 세월동안 자신이 겪어온 일들" 때문에 우울한 자신의 감정을 인정했다. 수면은 정상이었지만 섭식은 좋지 않았고 억지로 식사를 한다고 말했다. 축구와 에어로빅을 하는 등 외부활동에는 적극적으로 참여하고 있지만 업무에서의 집중도는 떨어져 있으며 이것이 개선되지 않고 있다고 했다. 자신의 외모에 대해 남의 시선을 지속적으로 의식하고 있으며 아랫입술의 모양을 바꾸는 추가적인 성형 수술을 원한다고 말했다. 과거에 B씨의 성형 수술을 집도했던 의사는 그 수술은 불가능하며 억지로 수술을 감행할 경우 위험할 수도 있다고 말했다. 이런 의사의 소견을 들은 이후에도 B씨는 다른 성형외과 의사와 수술에 대해서 상담을 했고, 이번에도 추가적인 성형 수술은 하지 않는게 좋겠다는 조언을 들었다. 그러자 B씨는 이번에는 자신의 형들에게 부탁하여 두 번째로 상담한 의사에게 자신의 편을 들어 이야기해줄 것을 요청하였고, 형들이 그 요청을 거절하자 형들에게 분노하며 크게 싸웠다. B씨는 자살 충동이 있었음을 보고했고 실제로 아버지와 지난번 정신과 의사와 언쟁이 있었던 이후, 즉 4~5개월 전쯤에 어느 누구도 성형 수술을 하고자 하는 자신의 마음을 이해해주고 지원해주지 않는다는 사실을 깨닫고 심각하게 자살에 대해서 고민했었노라고 말했다. 현재는 자살 의사가 없다고 말했다.

심리평가를 할 당시, B씨는 항우울증과 항불안증 치료약을 처방받고 있었다. 그의 "새로운" 의사는 지난번 의사가 처방했던 약을 바꾸지 않고 있었으며, 임상에서의 관찰 결과와 심리평가의 결과를 본 이후에 바꿀지 여부를 결정할 예정이라고 했다. B씨는 알코올이나 약물 복용은 하지 않고 있다고 말했고 정신병리와 관련된 가족력도 없다고 했다.

진단적 고려사항

B씨의 과거력을 보면, 지속적이고 일관되게 신체변형 장애(body dysmorphic disorder), 즉 DSM-IV에서 규정하는 바에 의하면, 외모의 결함에 대해 지나칠 정도로 강렬하게 집착하는 장애로써 그것이 정서적인 스트레스와 남의 시선에 대한 지나친 의식, 사회적인 관계에서의 철수, 사회적, 직업적 기능의 손상을 초래하는 전형적인 특성을 보여주고

있다. 이 장애의 문제점 중 하나는 환자가 불필요한 성형 수술을 원하거나 다른 의학적인 치료를 통해 자신이 인식하고 있는 외모의 문제점을 고치고자 한다는 것이다.

신체변형 장애와 관련된 논문과 문헌조사를 보면, Phillips(1991)가 지적했듯이 이 증상의 특징들은 신체변형 장애 환자의 경우뿐만 아니라 정신분열병, 신체내용을 동반한 망상 장애, 우울증, 강박 장애, 사회공포증, 단일 증후성 건강 염려증, 식욕 부진증 등을 포함한 다양한 정신 장애의 경우에도 나타나는 일반적인 징후일 수도 있다. 신체변형 장애에 동반되는 현상들은 강박 장애에 동반되는 현상들과도 매우 흡사하다. 두 가지 장애 모두 쉽게 무시하거나 억누르기 힘든, 지속적이고 거슬리는 고통스러운 생각을 포함하고 있다. 또한 Phillips는 신체변형 장애와 신체형 망상 장애는 모두 몇 가지 중요한 특징들을 공유하고 있음을 발견했는데, 이런 점 때문에 이 두 가지 장애를 구분하는 것이 불가능한 것은 아니지만 구분해내기가 매우 어렵다고 했다. 신체형 망상 장애 때문에 자신의 외모에 대한 집착을 보이는 환자는 항정신병 약물 치료를 하게 되면 개선될 가능성이 있다. 그러나 신체변형 장애를 지닌 비정신병성 환자는 항정신병 약물 치료로 개선되기가 어려울 가능성이 높다.

앞서 논의했던 것처럼, 신체변형 장애 진단은 다양한 정신질환 증상과 연관된 경우일수도 있고, 혹은 정신질환의 결과로 나타난 것일 수도 있다. 신체변형 장애와 연관된 특정한 MMPI－2나 로르샤하 프로파일이 따로 있는 것은 아니지만, B씨의 징후들이 정신분열병, 우울증, 강박 장애, 망상 장애, 혹은 건강염려증으로 인해 나타난 결과라면 서로 다른 패턴의 평가 결과를 기대해 볼 수 있다. 따라서 검사 결과가 B씨의 외모 기형에 대한 집착(B씨가 느끼기에)과 관련된 중요한 진단적인 정보를 제공해 줄 수 있을 것으로 보이며, 이 정보는 치료 계획을 세우는데 있어 매우 중요한 의미를 가질 것이다.

MMPI-2 데이터

타당성 척도: L 척도에서 원점수가 5인 것은 대학졸업자, 특히 B씨 가족의 사회경제적 지위가 중상위층 이상이라는 점을 감안하면 평균치보다 높은 점수라고 볼 수 있다(Graham, 1993). 이는 그가 MMPI－2의 답안을 작성할 때 방어적이었음을 의미하며, 자신의 심리적인 문제나 개인적인 문제 혹은 단점에 대해서 거부하거나 축소하려고 노력했음을 의미하기도 한다. 게다가 B씨는 지나치게 자기 제어와 도덕적 덕목을 중시하며 사회적인 관습과 기준에 부합하고자 매우 엄격하고 융통성 없는 태도로 애쓴다는 것을 알

수 있다. 이렇게 적절한 행동에 대해 노심초사하고 높은 도덕적인 기준에 부합하려고 노력하는 점 등은 아마도 다른 사람들이 자신을 수용할 수 없는 사람으로 판단할까봐 두려워하는 것과 관련되어 있을 가능성이 있다. 특히 대학 졸업자가 L 척도의 상승을 보이는 것은 통찰력의 부족과 융통성 없는 심리적인 상태일 가능성을 시사한다.

임상 척도: MMPI－2 프로파일을 보면, 1번과 3번 척도가 낮은 점수를 보이는데, 이 두 가지 척도는 신체적인 상태에 대한 염려, 걱정과 가장 직접적으로 연관되어 있는 임상 척도이다. B씨가 보여주는 외모에 대한 집착을 감안할 때, 1번과 3번 임상 척도의 낮은 점수는 매우 의외의 결과라 할 수 있다. 이와 일관되게, 건강염려 내용 척도(HEA 척도) 또한 평균 수준의 점수를 보여주고 있다(HEA=T51). 1번, 3번 척도와 HEA 척도의 점수는 B씨의 현재 상태, 즉 신체형 장애나 전환 장애를 포함한 현재 상태와는 상이한 결과를 보여주고 있다.

26/62 코드타입은 현재 상태가 우울 및 겉으로는 잘 드러나지 않은 자신과 타인을 향한 잠재적인 분노와 결합되어 있음을 시사한다. B씨의 우울을 보여주는 또 다른 지표는 9번 척도의 하락과 내용 척도 및 임상 소척도의 상승이다(DEP=T68, D1=T74, D4=T67, Hy3=T70, Sc2=T69, Sc4=T76). 이 점수들을 보면, B씨의 우울은 환경으로부터의 철수, 낮은 에너지 수준, 저하된 동기부여 수준, 피로감, 삶이 살만한 가치가 없다고 느끼는 절망적인 느낌 등으로 나타날 가능성을 시사한다. B씨의 경우, 두 차례의 정신병동 입원 치료, 그리고 현재 진행되고 있는 항우울제와 항불안제 치료에도 불구하고 여전히 경험하고 있는 이러한 정서적인 고통에 주목할 필요가 있다.

또한 26/62 코드타입은 B씨가 타인의 비판에 지나치게 민감하기 때문에 대인관계에서 타인을 불신하는 패턴이 매우 오랫동안 지속되어왔음을 시사한다. 아마도 주변 사람들에게 그는 지나치게 민감하고 "화를 잘 내는(touchy)" 사람으로 평가되었을 것이다. B씨는 중립적인 상황조차도 자신에게 위협적이고 악의적인 신호로 해석할 가능성이 높기 때문에 사회적인 상황 속에서 상당한 수준의 불편감과 불안감을 겪었을 가능성이 크다(Si=T68; SOD=T78; Hy1=T34; Pd3=T40, Ma3=T35; Si1=T74). B씨가 사회적 상황에서 느끼는 불편감은 타인이 자신을 비판하고 거부하거나 자신을 공격할 것이라는 예측과 관련되어 있다. B씨는 아마도 자신을 방어하기 위해 타인이 자신을 거부하기 전에 자신이 먼저 타인을 거부했을 수 있다. B씨의 이런 분노와 분개, 적대적인 행동은 타인을 소외시키고 결과적으로 그들이 B씨를 피하거나 거부하게 되는 악순환이 반복되었을 가능성이 높다. 불행히도 그는 자신의 행동이 타인들로부터의 부정적인 반응을 이끌어내는 원인임을 인지하고 못하고 있다. 타인들이 자신에게 화를 내거나 거부하는 반응을 하게 되면, 이런 행동은 "다른 사람들은 필연적으로 나를 부정적으로 대하게 되어있어"라는 그의 믿음을 더 강화시켰을 것으로 보인다.

6번 척도의 상승을 볼 때, 편집증적인 특성이 존재할 가능성이 있으며 정신병적 장애도 의심해 볼 수 있겠다. 혹은 적어도 B씨는 외롭고 타인에게 이해받지 못한다고 느낄 것이며, 아무도 자신을 지지해주지 않는다고 느꼈을 것이다(Pa2=T76; Sc1=T76).

두 번째 상승 코드타입은 60/06 코드타입이다. 이 코드타입은 상대적으로 흔하지 않은 코드타입이다. 60/06 코드타입의 상관성은 상황에 따라 다르게 해석된다. 예를 들어, Greene(1991)은 60/06 코드타입의 환자들에 대해 보통 부끄러움을 많이 타고 남들의 시선을 의식하며 쉽게 창피함을 느끼기는 하지만, 상대적으로 어떤 정서적인 스트레스도 경험하지 않으며, 자신을 행복하고 잘 적응하며 건강한 심신을 가진 사람으로 스스로를 인식하는 등의 유순한 모습으로 묘사하였다. Friedman을 비롯한 다수의 연구자들(1989)은 60/06 코드타입을 가진 사람들에 대해서 다소 상이한 묘사를 했는데, 이들은 특히 남들의 비평에 민감하며, 다른 사람들이 자신을 좋아하거나 수용하지 않을 것으로 예측하며, 자신의 신체적인 매력에 대한 걱정이 열등감으로 작동하여 그것 때문에 남들에게 거절당할 것으로 예상한다고 설명했다. B씨의 경우는 이 해석에 해당된다.

• 표 6.1 사례 1. MMPI-2 Profile

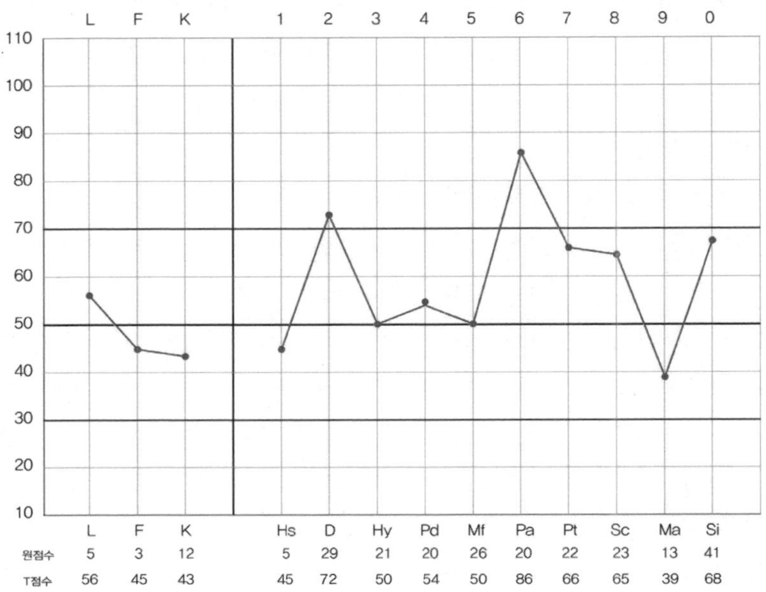

	L	F	K	Hs	D	Hy	Pd	Mf	Pa	Pt	Sc	Ma	Si
원점수	5	3	12	5	29	21	20	26	20	22	23	13	41
T점수	56	45	43	45	72	50	54	50	86	66	65	39	68

• 표 6.2 사례 1. MMPI-2 내용척도 및 보충척도

	Raw Score	T Score
FB	6	67
True Response Inconsistency (TRIN)	9	50
Variable Response Inconsistency (VRIN)	7	57
Anxiety	18	61
Repression	21	63
MAC-R	14	33
Ego Strength (Es)	33	40
Dominance (Do)	13	38
Social Responsibility (Re)	24	61
Overcontrolled Hostility (O-H)	17	65
PTSD - Keane (PK)	24	77
PTSD - Schlenger (PS)	26	69
Addiction Potential (APS)	24	52
Addiction Admission (AAS)	2	46
Content Scales (Butcher et al., 1990)		
Anxiety (ANX)	13	65
Fears (FRS)	4	51
Obsessiveness (OBS)	5	50
Depression (DEP)	13	66
Health Concerns (HEA)	5	51
Bizarre Mentation (BIZ)	2	51
Anger (ANG)	6	50
Cynicism (CYN)	7	46
Antisocial Practices (ASP)	1	35
Type A (TPA)	5	43
Low Self-Esteem (LSE)	2	45
Social Discomfort (SOD)	21	81
Depression Subscales (Harris-Lingoes)		
Subjective Depression (D1)	16	74
Psychomotor Retardation (D2)	6	54
Physical Malfunctioning (D3)	6	75
Mental Dullness (D4)	6	67
Brooding (D5)	4	62
Hysteria Subscales (Harris-Lingoes)		
Denial of Social Anxiety (Hy1)	1	34
Need for Affection (Hy2)	7	51
Lassitude-Malaise (Hy3)	7	70
Somatic Complaints (Hy4)	1	42
Inhibition of Aggression (Hy5)	4	55

	Raw Score	T Score
Psychopathic Deviate Subscales (Harris-Lingoes)		
Familial Discord (Pd1)	2	51
Authority Problems (Pd2)	2	42
Social Imperturbability (Pd3)	2	40
Social Alienation (Pd4)	6	62
Self-Alienation (Pd5)	7	67
Paranoia Subscales (Harris-Lingoes)		
Persecutory Ideas (Pa1)	3	58
Poignancy (Pa2)	6	76
Naivete (Pa3)	9	70
Schizophrenia Subscales (Harris-Lingoes)		
Social Alienation (Sc1)	9	76
Emotional Alienation (Sc2)	3	69
Lack of Ego Mastery, Cognitive (Sc3)	4	66
Lack of Ego Mastery, Conative (Sc4)	7	76
Lack of Ego Mastery, Def. Inhib. (Sc5)	3	61
Bizarre Sensory Experiences (Sc6)	3	55
Hypomania Subscales (Harris-Lingoes)		
Amorality (Ma1)	1	42
Psychomotor Acceleration (Ma2)	4	44
Imperturbability (Ma3)	1	35
Ego Inflation (Ma4)	4	56
Social Introversion Subscales (Ben-Porath et al., 1989)		
Shyness/Self-Consciousness (Si1)	13	74
Social Avoidance (Si2)	6	62
Alienation -- Self and Others (Si3)	7	56

로르샤하 데이터

SCZI, 상승된 람다값, 그리고 과잉경계 지표(HVI)를 포함해서 몇 가지 핵심 지표들이 positive값을 나타내고 있다. 이 중에서 가장 중요한 것은 positive SCZI 지표인데, 왜냐하면 SCZI ≥ 4일 경우 정신분열병의 가능성이 높아지기 때문이다. SCZI가 positive일 경우, 탐색전략은 사고의 구조화(organization of thinking) 및 인지적 정확성(perceptual accuracy)과 관련된 지수를 점검하는 것부터 시작해야 한다.

B씨의 관념을 살펴보면, 분명하게 내향적인 사람으로(EB=7:1.5), 이는 그가 자신의 욕구 충족을 위해 감정보다는 사고와 내적인 공상에 집중하고 있음을 시사한다. 대부분의 경우 B씨는 감정적인 반응을 되도록 피하고자 한다(EBPer=4.7; L=1.31). B씨의 경우처럼, 할 수 있는 한 사고에 중심을 두고 의존하는 사람에게 있어서 주의해야 할 점은 결함이 있고 비현실적이며 왜곡된 반응을 할 가능성이 높다는 것이다(X+%=.33; X-%=.43; M-=3).

M－ 응답이 평균치 이상으로 나타난 것은 사고에 심각한 장애가 있고 타인에 대해 왜곡된 인식을 할 가능성을 시사한다. B씨의 경우, 마이너스 응답이 전체 검사에 고루 퍼져있고 다양한 범위에서 나타나고 있는데, 이것은 사고 왜곡이 특정한 자극이나 주제에 의해 나타나는 것이 아니며, 오히려 전반적으로 외부 자극에 대한 그의 지각이 매우 특이하고 부정확하며 기이하다(idiosyncratic)는 것을 시사한다. 정신분열병과 부합되지 않는 한 가지 특이점은 심각한 인지적 오류(cognitive slippage)나 기이한(bizarre) 사고의 신호가 나타나지 않고 있다는 점이다(ALOG=0, FABCOM2=0, CONTAM=0). 특수 점수의 대부분은 일탈된 반응(DRs)으로, 이는 사고 장애라기보다는 언어로 표현하는 부분에 있어서 부적절하고 탈선적인(tangential) 특성으로 반응했음을 시사한다.

Positive HVI는 B씨가 매우 조심스러우며 타인에 대해서 불신하고 있다는 것을 지적한다. 그는 자신을 둘러싼 주위 환경 속에서 나타나는 가능한 많은 신호에 경계하기 위해서 상당한 수준의 노력을 기울인다. 이는 다른 사람들이라면 중요하지 않은 것으로 여기거나 그냥 무시해버렸을 작고 특이한 부분까지 포함해서 세부적인 부분에까지 과장된 걱정을 하고 있음을 반영한다(Dd=7). 이것은 그가 대부분 사람들보다 더 조심스럽고 더 양심적이며 더 신중하게 행동하도록 하며, 이런 특성은 B씨의 직업인 금융 애널리스트와 회계직군의 직업특성으로는 매우 긍정적으로 작용할 수 있다. 그러나 동시에 자신이 맞닥뜨리게 되는 모든 데이터의 의미와 중요성에 대해 설명하고 해석하려고 집요하게 노력하는 바로 그 점 때문에 아주 작은 일에도 옴짝달싹 못하게 되도록 만들었을 수 있다(Dd=7; Zd=+6.5). B씨는 자신의 주변에서 일어나는 사건들에 대해 왜곡해서 해석할 가능성이 높은데, 이는 그가 부정확한 지각에 기반을 두고 있으며, 앞서 설명했듯이, 다른 사람들은 거의 신경을 쓰지 않는 작고 세부적인 부분에 집중하기 때문이다. 이것은 강박적인 성격 특징을 가진 사람들에게서 전형적으로 나타나는 특징인데, 예를 들면 세부적인 부분에 기이할 정도로 관심을 둔다거나 과도할 정도로 조심스러운 경향이 있는 점, 그리고 감정보다는 사고와 생각을 훨씬 더 편안하게 여기는 점 등이다.

B씨가 자신의 주변 환경에 대해 늘 경계하는 이유는 타인들이 자신에게 위협적이고 공격적인 태도로 행동할 것이라는 염려 때문이다(S=4; AG=6, COP=1). B씨에게 대인관계란 결국 '공격적인 것'이라고 생각하며 자신이 그런 공격의 희생자가 될 것이라는 두려움을 느낀다. 그렇기 때문에 조금도 방심하지 않고 바짝 경계하면서 다른 사람들은 그냥 무시해버릴 정도로 작고 사소한 세부사항까지도 확인하려고 하는데, 이것은 어쩌면 B씨가

느끼기에는 자신에게 언제 일어날지 알 수 없는 임박한 공격에 대해 조기에 그 신호를 감지해서 자신을 방어하려는 시도의 일환일지도 모른다. 그렇기 때문에 타인과의 대인관계에 있어서도 B씨는 조심스러우면서도 불신의 태도로 다가가는 것이다. 타인과 있을 때는 남들의 행동이나 말이 위협적인 의도를 가지고 있는지 아닌지를 파악해내기 위해 집착할 가능성이 크며, 결과적으로 대인관계적 상호작용에서 왜곡하거나 오해할 가능성이 크다(M-=3). 타인과의 상호작용이 끝난 다음에는 그 과정에서 벌어졌던 것들 중에서 상대방이 "진정으로" 의도했던 것이 무엇이었는지를 파악하기 위해 심사숙고하며 반추할 것이다.

B씨가 최근에 정신병동에서 퇴원했다는 것을 감안해본다면, 그가 어떠한 정서적인 스트레스나 불안, 혹은 우울의 징후를 보여주지 않는다는 점은 다소 놀랍다(D=+1; Adj D=+1; DEPI=2). 사실 Adjusted D 점수가 0 이상이라는 것은 B씨가 스트레스에 대해 견고한 내인력을 가지고 있고 어려운 상황에 닥쳤을 때에 통제력을 유지할 수 있는 능력이 대부분 사람들보다 더 크다는 것을 시사한다. 그렇지만 B씨의 경우에는 Adjusted es가 평균보다 낮기 때문에(Adjusted es=4), Adjusted D 점수는 실제로는 B씨가 가진 스트레스 내인력을 과대평가한 것일 수도 있다. 즉 이것은 B씨가 어려운 상황이나 부정적인 환경에 당면하게 되면 실제로는 심리적 고통을 경험할 가능성이 있음을 시사한다. 앞서 나타난 데이터를 살펴보면, B씨가 불쾌감과 고통을 느낄 가능성이 가장 높은 순간은 자신이 공격받거나 비판 받았다고 느끼는 순간, 혹은 타인이 자신에게 창피를 줌으로써 자신이 굴욕감을 느꼈다고 인식하는 순간일 것이다.

B씨의 자기 인식은 과장된 자기중요성(self-importance)에 대한 감정을 포함하고 있다(Fr=1). 그는 자기 자신이 중요하고 가치 있는 사람이라는 느낌을 유지하기 위해 타인으로부터 긍정적인 반응을 얻는 것을 강력하게 필요로 한다. 이러한 나르시시즘적인 경향성과 앞서 설명한 남을 의심하고 불신하는 태도(HVI)가 결합되어, B씨는 타인들이 자신에게 어떻게 반응하는지에 대해 극도로 민감하며, 중요하지 않은 사건에 대해서도 특별한 의미를 부여하여 해석할 가능성이 높다. 또한 타인이 자신을 어떻게 인식하는지와 관련된 신호를 찾고 결국 악의 없는 타인들의 행동조차도 위협적이고 비판적인 것으로 해석할 가능성이 높다. B씨는 자기 자신에 대해서 비판적이지 않으며(V=0; FD=2) 자기 자신에 대해서 긍정적인 시각을 가지고 있는 것으로 보인다. 또한 부인, 외부화 혹은 합리화의 방법들을 통해 자신의 자존심을 보호하려고 시도할 가능성도 있다. 그러나 B씨의 자기상

은 실제 자신의 강점이나 역량, 자신이 가진 자원에 대한 현실적인 평가보다는 왜곡된 환상에 기반을 두고 있다(H: (H)+Hd+(Hd)=4:8). 그렇기 때문에 B씨는 자신의 능력이나 재능 혹은 잠재력에 대해서 상당히 비현실적일 정도의 거대한 상을 가지고 있을 수 있다.

B씨의 자기 인식과 관련된 중요한 한 가지 측면은 자신의 신체상과 관련해서 특이할 정도로 집착하고 있다는 점이다(An+Xy=4). 이는 B씨가 자신의 신체적인 외모에 대해서 지나치게 근심하고 늘 반추하고 있음을 시사한다. 신체와 관련된 응답 4개 중 3개의 응답이 마이너스 형태질이며 다른 하나는 드문(unusual) 형태질인데, 이는 B씨가 이 부분에 대해 가지고 있는 인식이 왜곡되고 비현실적이라는 것을 시사한다. B씨는 아마도 지나치게 자기 자신에 대해 몰입하고 있으며 자신의 신체에 기반하여 결정된 자기 가치감에 매우 집착하고 있을 수 있다(Fr=1; An+Xy=4). 이것은 결국 B씨가 보고했던 바와 같이, 자신의 외모와 관련된 고통 및 불쾌감과 관련이 있으며, 추가적으로 성형 수술을 받음으로써 자신의 외모에서 나타나는 결함을 고쳐야 한다고 주장했던 것들은 이런 왜곡된 자기상이 반영된 것임을 알 수 있다.

로르샤하 SCZI 지표에 의해 정신분열병의 가능성이 시사되지만, 전체적인 로르샤하 프로토콜을 살펴볼 때 여러 가지 측면에서 이 진단은 적합하지 않은 것으로 보인다. 대부분의 특수 점수가 단 한 개의 모순적 결합(INCOM)과 함께 일탈된 반응(DR)과 일탈된 언어(DV)로 인해 나타났다. 이것은 positive SCZI가 정신분열병의 특성인 인지적인 이탈과 기이한 지각표상 때문이 아니라 그의 특이한 사고로 인해 나타났음을 시사한다.

사례 1. 로르샤하 프로토콜

Card	Response	Inquiry	Scoring
I	(1) 수: 1개만 보는 것 아닌가요? 검: 대부분 사람은 각각의 카드에서 1개 이상을 봅니다. 수: 개의 얼굴 같아요. 귀들도 있고 윤곽이 그래요.	(검: 수검자의 반응을 그대로 되풀이해준다) 수: 귀랑 주둥이 그리고 눈이요. 검: 어디에서 그것을 보았는지 제게도 보여주세요. 수: 여기요. 주둥이랑 귀들의 모양이요. 축 처진 귀들이요. 검: 축 처졌다고요? 수: 네.	WSo Fu Ad 3.5
	(2) 보세요. 같은 건데 작은 미니어처인가? 얼굴의 옆모습과 같은 거예요.	(검: 수검자의 반응을 그대로 되풀이해준다) 수: 네. 여기 바닥은 얼굴 옆모습이고 코, 귀가 양쪽에 있어요. 검: 미니어처요? 수: 네. 그런 거 같아요.	Do Fu (2) Ad
	(3) 사람의 심장일 수도 있겠어요. 4개의 방이에요. 2개의 심방과 2개의 심실이요.	(검: 수검자의 반응을 그대로 되풀이해준다) 수: 2개의 심방, 2개의 심실이에요. 심장에 있는 4개의 방이에요. 이 투영을 없애면 심장같이 보여요.	DdSo F− An 3.5
	(4) 작은 동물의 머리가 보이는데 귀가 올라가 있고 코도 있어요.	(검: 수검자의 반응을 그대로 되풀이해준다) 수: 여기랑 여기요. 검: 카드 어디를 보고 그렇게 보았나요? 수: 또 윤곽이 그래요. 저쪽을 바라보고 있어요. 검: 귀는 올라가 있고요? 수: 네.	Ddo Fu (2) Ad

Card	Response	Inquiry	Scoring
	(5) 이 2개는 눈 같아요. 그런데 화난 것처럼 보이기도 해요.	(검: 수검자의 반응을 그대로 되풀이해준다) 수: 네. 여기랑 여기요. 이 작은 점들은 눈 같아요. 화난 것 같아요. 검: 화난 것 같다고요? 수: 눈이 비스듬히 있으니까요.	Ddo Mp− (2) Hd AG
Ⅱ	(6) 작은 얼굴 같기도 해요. 2개의 눈과 가운데 부분에 코도요.	(검: 수검자의 반응을 그대로 되풀이해준다) 수: 여기 위예요. 양쪽 눈, 코, 눈썹들이 보여요. 입은 없고요. 이마의 다리(bridge of the forehead)에요.	Ddo F− Hd DV
	(7) 다시 이것도 심장같이 생겼어요. 여기 무슨 신체 기관처럼요.	(검: 수검자의 반응을 그대로 되풀이해준다) 수: 여기요. 검: 저한테도 심장을 보여주세요. 수: 그냥 일반적인 심장 모양이에요. 색깔이요.	Do FC− An
	(8) 보세요. 얼굴 2개가 여기 있잖아요. 그런데 서로 얼굴에 침을 뱉고 있는 건지 아니면 그냥 이야기하고 있는 건지 그건 모르겠어요.	(검: 수검자의 반응을 그대로 되풀이해준다) 수: 위쪽에 얼굴 2개요. 검: 침을 뱉고 있다고요? 수: 작고 빨간 침 자국이 있어요. 입 벌리고 있고요. 검: 벌리고 있다고요? 수: 빨간 윤곽이요.	D+ Ma.CF− (2) Hd 5.5 AG
Ⅲ	(9) 보세요. 위에 귀가 있는 동물의 옆모습 같아요. 아마 무슨 토끼 종류나 그런 것 같아요.	(검: 수검자의 반응을 그대로 되풀이해준다) 수: 네. 여기 귀가 있어요. 얼굴, 작은 주둥이, 앞다리 그리고 뒷다리, 귀요.	Do Fo A

Card	Response	Inquiry	Scoring
	(10) 두 사람이고요. 그들이 무언가를 들고 있거나 무엇을 가운데에서 찢어내고 있어요.	(검: 수검자의 반응을 그대로 되풀이해준다) 수: 여기 두 사람이요. 여자처럼 보여요. 뭔가를 옮기고 있는 거 같아요. 검: 두 사람이 뭔가를 옮기거나 찢고 있다고 말씀하셨어요. 수: 이미 찢어져 있었던 것처럼 보여요. 검: 찢어져요? 수: 가운데의 한 부분이요. 이게 남겨진 거예요. 검: 무슨 의미인지 잘 모르겠어요. 확실히 말씀해 주세요. 수: 찢긴 부분 중에서 남겨진 잔여물 같아 보여요. 밝은 회색 부분이요.	D+ Ma.YFu (2) H,Id P 3.0 AG,MOR
	(11) 이건 아기 같아요. 탯줄에 붙어있어요. 제 생각에 두 명 다 여자 같아요. 뭔가 출산과 관련된 것 같아요.	(검: 수검자의 반응을 그대로 되풀이해준다) 수: 여기요. 검: 무엇 때문에 그렇게 보셨나요? 수: 두 명의 여자요. 그들이 뭔가를 옮기고 있는 것 같이 보여요. 무슨 여물통이나 아기 같아요. 전체적으로 여성같이 보이니까 탯줄에 달려있는 아기를 생각나게 한 거 같아요.	D+ Mau (2) H 4.0 DR,COP
Ⅳ	(12) 개 같아요. 큰 개인데 축 처진 귀가 있는 개요.	(검: 수검자의 반응을 그대로 되풀이해준다) 수: 여기요. 귀고요, 이제 무엇인지 보이는 것 같아요.	Do Fo A

Card	Response	Inquiry	Scoring
		주둥이요. 솔직히 눈은 잘 안 보이네요. 검: 커요? 수: 네. 그래요. 검: 무엇 때문에 커 보이는 건가요? 수: 그냥 커 보여요.	
	(13) 그리고 안쪽에는 작은 얼굴이요. 2개의 눈과 코도요.	(검: 수검자의 반응을 그대로 되풀이해준다) 수: 여기 아래요. 눈 2개, 눈썹, 그리고 어떤 종류의 코 같기도 해요. 검: 눈썹이요? 수: 저기요, 눈 윗부분에요. 눈구멍 위로 돌출되어 튀어나온 작은 부분이 있잖아요. 검: 돌출되어 나왔다고요? 수: 네. 그냥 그렇게 보여요.	Ddo FD− Ad DR
V	(14) 무슨 박쥐 종류 같아요. 위에서 보는 방향이고요, 날고 있어요. 날개, 귀, 다리를 뒤로 쭉 뻗은 거예요.	(검: 수검자의 반응을 그대로 되풀이해준다) 수: 네. 날개, 다리가 바깥쪽으로 튀어 나왔어요. 머리. 그런데 얼굴 쪽은 안 보여요. 그러니까 머리 뒤쪽이고 아래를 내려다보고 있는 거예요.	Wo FMa.FDo A P 1.0
	(15) 뭔가의 옆모습, 옆 라인인 것처럼 보여요. 코, 입 그리고 귀요.	(검: 수검자의 반응을 그대로 되풀이해준다) 수: 밖에 여기요. 아마 악어인가 봐요. 주둥이가 길고 귀는 작은 그런 뭔가 같아요.	Do Fo Ad
	(16) 여기가 아마 사람의 옆모습 같아요. 코와 머리.	(검: 수검자의 반응을 그대로 되풀이해준다) 수: 여기가 코랑 이마에요.	Ddo F− Hd

Card	Response	Inquiry	Scoring
Ⅵ	(17) 무슨 배같이 보여요. 바다 위에 둥둥 떠 있는 배요. 아마 물에 비친 모습인 거 같아요. 뭔가에 부딪히려는 것, 뭔가 장애물 같은 거에 부딪히려는 거 같아요.	(검: 수검자의 반응을 그대로 되풀이해준다) 수: 네. 이건 무슨 굴뚝이나 기둥 같아요. 지붕 그리고 이건 돛단배에서 튀어나온 노 같아요. 그리고 이건 그게 반사된 반영이에요. 검: 뭔가에 부딪히려고 한다고요? 수: 네. 여기요. 이건 마치 뭔가 거기에 있는 것 같아요.	W+ mp.Fru Sc,Id 2.5 INC
Ⅶ	(18) 여기 얼굴이 보여요. 얼굴의 한쪽 면이요. 눈과 코도 보이고요. 눈의 왼쪽 측면을 보면 사람이 화난 것처럼 보여요.	(검: 수검자의 반응을 그대로 되풀이해준다) 수: 네. 이 사람은 화가 난 거 같아요. 동일한 인물의 얼굴의 두면 같아 보이지는 않아요. 검: 화가 났다고요? 수: 눈이 비스듬해요. 검: 눈이 비스듬하다고요? 수: 눈썹이 마치 제가 화난 사람 그릴 때 늘 그리는 것처럼 그려진 것 같아요.	Do Mpo Hd P AG,DR2,PER
	(19) 또 동물이 보여요. 눈이요. 양쪽에.	(검: 수검자의 반응을 그대로 되풀이해준다) 수: 여기 위쪽으로 튀어나온 귀가 있어요. 귀와 주둥이요.	Do Fo (2) Ad
Ⅷ	(20) 사람의 해골 같아요. 척추와 갈비뼈, 그리고 어깨요.	(검: 수검자의 반응을 그대로 되풀이해준다) 수: 척추는 여기 있어요. 갈비뼈는 내려와서 여기를 연결해주고 있어요. 골반 부분은 여기에요. 어깨도.	Do F− An

Card	Response	Inquiry	Scoring
	(21) 이건 양쪽에 무슨 동물 같이 보여요.	(검: 수검자의 반응을 그대로 되풀이해준다) 수: 다리 4개요. 4개의 다리로 기어가는 것 같아요. 검: 기어요? 수: 아니면 4개 다리로 걷고 있는 것 같기도 해요.	Do FMao (2) A P DR
	(22) 무슨 해부학 중에서 사람 몸의 한 부분 같아요.	(검: 수검자의 반응을 그대로 되풀이해준다) 수: 이 부분이요. 아마도 여자의 골반 부분 같아요. 검: 여자요? 수: 퍼져나간 모양이나, 벌리고 있는 모양이나… 엉덩이나 뭐 그런 부분 같아요. 검: 벌리고 있어요? 수: 반사된 거예요. 똑같은 것이 양쪽에 있으니까요. 검: 무슨 의미인지 정확히 잘 모르겠어요. 수: 더 넓은 것 같거든요. 해부학적으로 여자의 골반이 남자의 골반보다 더 넓게, 더 많이 열려있거든요.	Do Mp− Hd,Sx
Ⅸ	(23) 여기는 사람처럼 보여요. 여기도 또.	(검: 수검자의 반응을 그대로 되풀이해준다) 수: 꼭대기에요. 코 같아요. 아마 무슨 모자 같은 걸 쓰고 있는 것 같아요. 대부분이 얼굴이네요.	D+ Fo (2) H,Cg P 2.5
	(24) 여기 아래도 또 바닥에 어떤 얼굴 같아요.	(검: 수검자의 반응을 그대로 되풀이해준다) 수: 여기요. 옆모습인데 여기 눈이 있어요. 나머지	Do Fo Hd

Card	Response	Inquiry	Scoring
		는 말할만한 것이 별로 없네요. 검: 어디에서 그것을 보았는지 말씀해주세요. 수: 저기요. 여기 윗부분에 이마가 보이잖아요.	
	(25) 뭔가가 찢어지고 있어요.	(검: 수검자의 반응을 그대로 되풀이해준다) 수: 여기 가운데 부분이요. 검: 찢어졌다고요? 수: 뭔가 두 조각이 서로 맞춰져 있다가 지금은 떨어져 있는 것 같아요.	Ddv/+ma− Id AG
	(26) 이건 메인주(state of Maine) 같아요. 여기 가운데 어떤 호수가 있는 것 같고요.	(검: 수검자의 반응을 그대로 되풀이해준다) 수: 네. 여기 초록색 부분이요. 지도 위에, 그냥 모양이 그렇네요. 여기 오른쪽만이요. 검: 호수요? 수: 여기 하얀 부분이요. 메인주에 정말 호수가 있는지는 모르겠지만 뭐 거기에 있을 수도 있겠죠.	DSo F− Ge 5.0 DR2
	(27) 가운데 부분이 입이랑 눈 2개가 있는 어떤 얼굴 같아요. 눈동자가 수직인 것이 고양이 눈처럼 보이기도 하고요.	(검: 수검자의 반응을 그대로 되풀이해준다) 수: 네. 여기 눈 2개가 보이거든요. 눈이 수직인 것을 보고 고양이 일 거라고 생각했어요. 검: 그 부분을 다시 설명해주시겠어요? 수직이라고 하신 부분이요. 수: 그걸 보고 고양이 눈이 그렇게 생겼을 거라고 생각했어요.	DSo F− Ad 5.0

Card	Response	Inquiry	Scoring
	(28) 잘 모르겠네요. 이건 뭔가 두 사람이 서로를 가리키고 있는 것 같아요. 어쩌면 서로를 향해서 쏘는 것일 수도 있겠네요.	(검: 수검자의 반응을 그대로 되풀이해준다) 수: 여기요. 뭐가 됐든 간에 뭔가를 가리키고 있는 거 같아요. 검: 무엇 때문에 그렇게 보셨나요? 수: 처음에는 팔인가 하고 생각했어요. 그런데 그러기엔 부자연스러운 거예요. 그래서 보니 아마 총이나 뭔가를 겨누고 있는 것일 수 있겠다고 생각되더라고요. 검: 총을 쏜다고요? 수: 네. 총을 겨누고 쏘는 것 같아요.	D+ Mao (2) H,Id P 4.5 AG
X	(29) 이것 역시 사람 몸을 생각나게 하네요. 척추와 갈비뼈가 있는…	(검: 수검자의 반응을 그대로 되풀이해준다) 수: 여기가 척추의 윗부분이에요. 그리고 아마도 갈비뼈가 윗부분의 척추와 연결되어있는 거죠. 검: 척추라고요? 수: 여기 회색 부분이 그렇게 보여요.	Do Fu An
	(30) 여기 부분이 여자로 보여요. 다리 2개를 모이고 있네요. 어쩌면 이것들은 여성의 내장기관처럼 보이기도 하고요. 그 생식과 관련된 기관이요. 그것 말고는 없네요.	(검: 수검자의 반응을 그대로 되풀이해준다) 수: 여기요. 검: 저도 볼 수 있도록 설명해주세요. 수: 여기 두 다리 사이가 그렇게 보여요. 뭔가 그 안쪽에 있는 무언가처럼 보여요. 검: 안쪽이라고요?	D+ F− Hd,Sx 4.5

Card	Response	Inquiry	Scoring
		수: 가랑이나 사타구니 부분인 거 같아요. 검: 무엇 때문에 그렇게 생각하신 건가요? 수: 제 생각에는 여기 이 부분, 두 다리 사이 부분을 보니 그런 것 같아요. 이게 사타구니 부분으로 연결되는데 남자보다는 여자의 몸 같아요. 검: 여성이요? 수: 그냥 모양이 그래요. 여기 이 작은 부분이 그렇네요.	

• 표 6.3 사례 1. 구조적 요약지

```
CASE01.R3=================== STRUCTURAL SUMMARY ===========================

LOCATION                  DETERMINANTS           CONTENTS      S-CONSTELLATION
FEATURES          BLENDS                 SINGLE                 NO..FV+VF+V+FD>2
                                                 H    = 4, 0    NO..Col-Shd Bl>0
Zf     = 12     M.CF                    M   = 5  (H)  = 0, 0    NO..Ego<.31,>.44
ZSum   = 44.5   M.YF                    FM  = 1  Hd   = 8, 0    NO..MOR > 3
ZEst   = 38.0   FM.FD                   m   = 1  (Hd)= 0, 0   YES..Zd > +- 3.5
                m.Fr                    FC  = 1  Hx   = 0, 0    NO..es > EA
W   =  3                                CF  = 0  A    = 4, 0    NO..CF+C > FC
  (Wv = 0)                              C   = 0  (A)  = 0, 0   YES..X+% < .70
D   = 20                                Cn  = 0  Ad   = 7, 0   YES..S > 3
Dd  =  7                                FC'= 0   (Ad)= 0, 0     NO..P < 3 or > 8
S   =  4                                C'F= 0   An   = 4, 0    NO..Pure H < 2
                                        C'  = 0  Art  = 0, 0    NO..R < 17
  DQ                                    FT  = 0  Ay   = 0, 0     3.....TOTAL
.........(FQ-)                          TF  = 0  Bl   = 0, 0
 +  =  7  ( 2)                          T   = 0  Bt   = 0, 0   SPECIAL SCORINGS
 o  = 22  (10)                          FV  = 0  Cg   = 0, 1          Lv1     Lv2
v/+ =  1  ( 1)                          VF  = 0  Cl   = 0, 0   DV   =  1x1     0x2
 v  =  0  ( 0)                          V   = 0  Ex   = 0, 0   INC  =  1x2     0x4
                                        FY  = 0  Fd   = 0, 0   DR   =  3x3     2x6
                                        YF  = 0  Fi   = 0, 0   FAB  =  0x4     0x7
                                        Y   = 0  Ge   = 1, 0   ALOG =  0x5
    FORM QUALITY                        Fr  = 0  Hh   = 0, 0   CON  =  0x7
                                        rF  = 0  Ls   = 0, 0    Raw Sum6 =    7
     FQx  FQf  MQual  SQx               FD  = 1  Na   = 0, 0   Wgtd Sum6 =   24
 +  =  0    0     0     0               F   =17  Sc   = 1, 0
 o  = 10    6     2     0                        Sx   = 0, 2   AB   = 0    CP  = 0
 u  =  7    4     2     1                        Xy   = 0, 0   AG   = 6    MOR = 1
 -  = 13    7     3     3                        Id   = 1, 3   CFB  = 0    PER = 1
none=  0   --     0     0              (2) = 10                COP  = 1    PSV = 0

=================== RATIOS, PERCENTAGES, AND DERIVATIONS ===================

R = 30        L =  1.31                   FC:CF+C = 1: 1    COP = 1     AG = 6
-----------------------------------         Pure C  =    0   Food         = 0
EB = 7: 1.5  EA =  8.5   EBPer= 4.7    SumC':WSumC= 0:1.5   Isolate/R   =0.03
eb = 4: 1     es =  5         D =  +1      Afr      =0.58    H:(H)Hd(Hd)= 4: 8
        Adj es =  4     Adj D =  +1        S        = 4      (HHd):(AAd)= 0: 0
-----------------------------------        Blends:R= 4:30    H+A:Hd+Ad   = 8:15
FM = 2  :  C'= 0    T = 0                  CP       = 0
m  = 2  :  V = 0    Y = 1
                                 P   = 6          Zf  =12            3r+(2)/R=0.43
a:p    =  7: 4   Sum6   =  7     X+% =0.33        Zd  = +6.5         Fr+rF    = 1
Ma:Mp  =  4: 3   Lv2    =  2     F+% =0.35     W:D:Dd = 3:20: 7      FD       = 2
2AB+Art+Ay= 0    WSum6  = 24     X-% =0.43        W:M = 3: 7         An+Xy    = 4
M-     =  3      Mnone  =  0     S-% =0.23        DQ+ = 7            MOR      = 1
                                 Xu% =0.23        DQv = 0

============================================================================
 SCZI = 5*   DEPI = 2     CDI = 1     S-CON = 3     HVI =YES    OBS = No
============================================================================
```

• 그림 6.1 **사례 1. 반응영역 기록지**

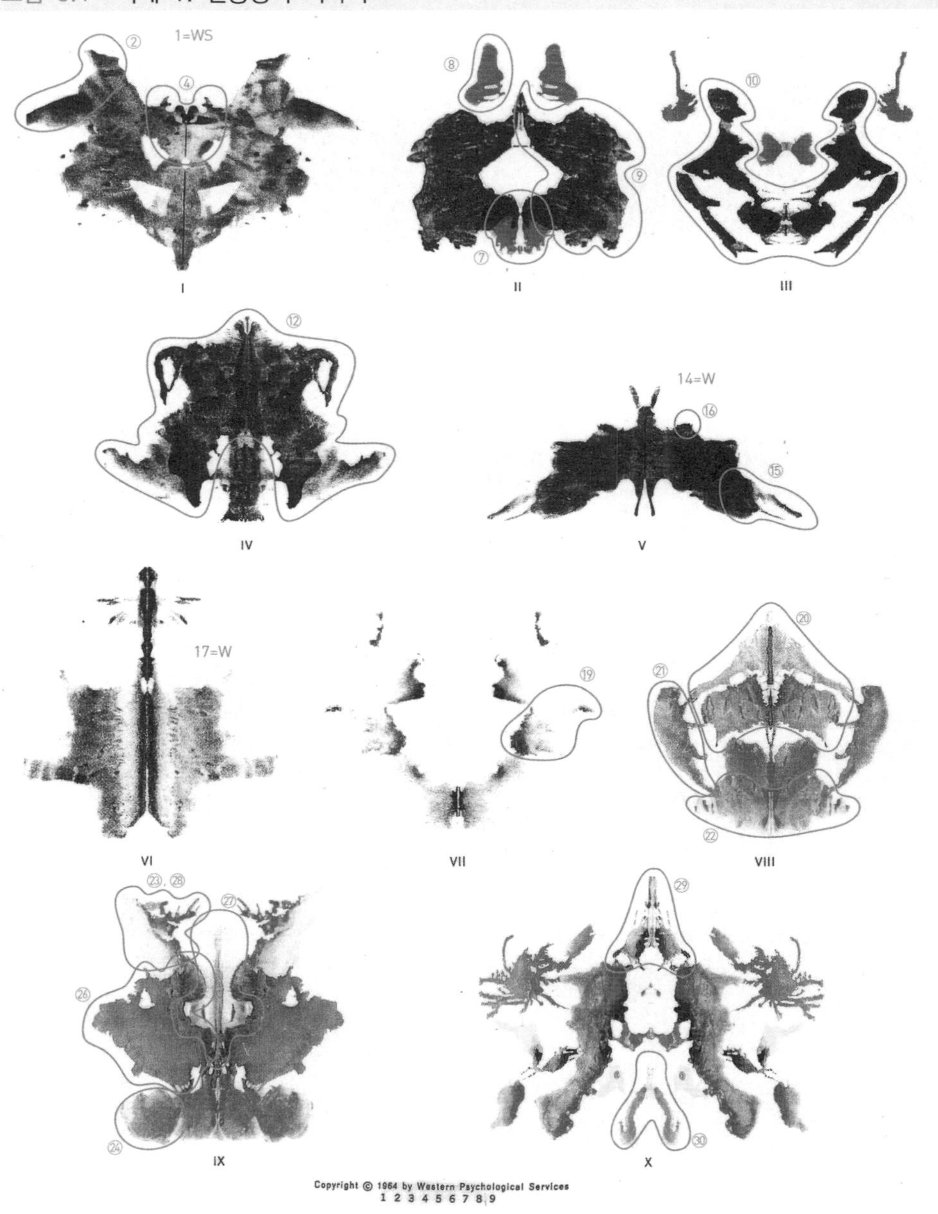

논평

MMPI-2와 로르샤하의 결과는 몇몇의 주요한 부분에서 합치되고 있다. MMPI-2와 로르샤하 모두 B씨가 대인관계의 상황에서 자신이 인식하는 공격과 비평에 대해 지나치게 민감하며 타인과 상호교류를 할 때 분노가 나타날 것임을 예측하고 있다. 또한 두 가지 도구 모두 B씨의 이런 경계심이 타인과의 상호교류 시 경험하는 극도의 불편감과 불안함에 어떻게 기여하고 있는지를 설명하고 있다.

MMPI-2는 B씨의 정서적인 상태가 우울과 분노를 포함하고 있음을 시사한 반면 로르샤하는 그의 정서적인 상태가 감정적인 고통에 대한 명확한 조짐이 없이 주로 분노를 내포하고 있음을 지적했다. 로르샤하는 곤경에 처한 상황이 아니라면 스트레스에 대응할 수 있는 적절한 능력을 B씨가 가지고 있지만, 잘 모르는 사람들과 상호 교류해야 하는 상황에 처해지거나 자신을 비판, 공격, 혹은 창피를 줄 것 같은 사람과 함께 해야 하는 상황 속에서는 상당한 수준의 불쾌감과 고통을 겪을 것이라고 예측했다.

로르샤하의 결과는 B씨의 인지 스타일을 MMPI-2보다 더 깊이 있게 설명하고 있는데, 로르샤하는 B씨가 정보를 처리할 때 조심스럽고 신중한, 양심적인 태도로 임하며 성실하게 모든 데이터를 설명하고 이해하려고 노력한다는 것을 보여주고 있다. B씨는 사고 과정에 집중하려고 노력하며 가능한 모든 감정을 무시하려고 애쓴다. 이런 특성은 강박적인 특성을 시사한다고 볼 수 있다. 또한 두 진단 도구 모두에서 B씨의 인지적인 이탈이나 사고 장애의 증거는 거의 없는 상태에서, 로르샤하는 MMPI-2가 예측하는 것보다 B씨의 사고 과정이 왜곡되고, 기이하며, 비논리적일 것으로 더 강력하게 추측하고 있다.

B씨의 외모에 대한 집착을 이해하는데 있어 연관성이 있는 그의 자기상에 대해서는 MMPI-2와 로르샤하 검사 결과가 각각 다른 결론을 제시한다. 60/06 코드타입은 B씨가 가진 열등감과 신체적인 매력에 대한 걱정과 근심으로 인해 남들에게 거절당할 것을 예상한다고 시사한다. 로르샤하 결과에서 나타나는 높은 An+Xy 역시 지나칠 정도로 높은 그의 신체에 대한 집착을 지적하고 있으며, 대부분의 관련 응답이 마이너스 형태질을 나타내고 있어 B씨의 신체에 대한 인식이 왜곡되어 있음이 시사된다. 그러나 로르샤하는 또한 B씨의 자기상이 과장된 정도는 아닐지라도, 비현실적인 자기 중요성을 지니며 자기의 자존심이 도전당하거나 위협받는 상황이 되면 매우 격렬하게 자신을 방어할 것임을 시사한다. 이런 결과들은 B씨가 자신의 외모에 대해 가지고 있는 부정적이고 왜곡된 상

으로 인해 부적절감을 느끼고 있다는 것을 감안할 때 이해될 수 있는 부분일 것이다.

MMPI-2와 로르샤하 결과의 통합

B씨는 MMPI-2에 매우 방어적인 태도로 응답하였고 자신의 문제를 최소화하고 부인하려고 애썼다(L=5). B씨는 자신의 어려움에 대해 부인 방어, 합리화 혹은 외부화로 일관했을 것으로 보이며, 결과적으로 자신의 행동이 자신이 경험하고 있는 문제들에 어떻게 기여했는지 인식하지 못했을 것으로 보인다(L=5; Fr=1). 이런 방어는 자신의 상태의 본질에 대한 통찰을 방해하였고, 결국 그가 심리적으로 생각이 깊은 사람이 아님을 시사한다. 그는 외모와 관련된 자신의 문제 혹은 외모로 인해 발생하는 문제를 심리학적인 측면에서 설명하려는 노력을 거부해 왔을 것이다. 게다가 B씨는 자기통제와 윤리적이고 도덕적인 고결함에 대해 지나치게 신경 쓰고 있으며, 사회적인 기준에 융통성 없고 경직된 태도로 따르려고 애쓴다. 적절한 행동과 고결한 도덕적인 기준에 대한 B씨의 염려는 아마도 타인에 의해 자신이 수용되지 못할까봐, 자신이 창피당하거나 모욕당할지도 모른다는 두려움과 관련되어 있을 것이다.

B씨의 최근의 정서 상태는 우울과 더불어 자신과 타인을 향한 잠재적인 강한 분노가 결합되어 있는 것으로 보인다(26/62; DEP=T68; S=4; AG=6). 우울감은 사회적 환경으로부터의 철수, 저하된 에너지, 동기부여의 저하, 피로감, 그리고 삶은 살만한 가치가 없다는 자포자기의 형태로 나타날 가능성이 있다(D1=T74, D4=T67, Hy3=T70, Sc2=T69, Sc4=T76).

B씨는 오랜 시간 동안 대인관계에서 어려움을 겪어왔는데, 이는 비판에 대한 과도한 민감성 및 만성적인 분노와 적대감과 관련되어 있다(26/62; 60/06; HVI). B씨는 타인과의 관계는 결국 공격적인 요소를 포함하고 있을 것이라고 예상하고 그 과정에서 자신이 공격의 목표가 될 것이라는 두려움을 지니고 있다(26/62; HVI; S=4; AG=6). 이처럼 타인에 대해 불신한 결과, 그는 타인이 자신에게 공격적인 의도를 가지고 있는지 그 신호를 찾아내기 위해 늘 각성되어 있고, 경계를 늦추지 않으며 방어하려는 태세를 갖추고 있다. 그는 남들이 하는 말이나 행동을 세심하게 살펴보지만 타인의 행동과 태도가 적대적인 의도를 갖고 있지 않은 경우에도 이를 왜곡하여 지각할 가능성이 크기 때문에 오해할 여지도 크다(X-%=.43; M-=3). 다시 말해, B씨는 자신의 적대감을 타인에게 투사하면서 자신이 타인들의 공격과 악의에 피해자가 될까봐 두려워하는 것이다. B씨가 사건을 바라보는 시각도 자기중심적이고 자기에게 몰두하고 있기 때문에 사건을 해석할 때도 자기준거적인

태도로 이해한다(Fr=1). 타인들과 상호작용이 끝난 다음에도 B씨는 타인들이 '진짜' 의미한 것이 무엇인지 그 진의를 파악하기 위해 의미를 되새겨보고 반추할 가능성이 크며, 사소하고 악의 없는 선의의 행동조차도 그 이면에 뭔가 숨겨져 있는 의도, 자신을 비웃거나 비하하려고 하는 숨은 의미가 있을 것이라고 해석할 수 있다.

B씨는 타인과의 대인관계 상황에서 매우 불편함을 느끼는데, 특히 처음으로 누군가를 만날 때 이런 불편함이 커진다(Si=T68; SOD=T78; Hy3=T70; Ma3=T35; Si1=T74). 통상 남들에게 다가갈 때 조심스럽고 정서적으로 거리를 두는데, 왜냐하면 타인들이 자신을 좋아하지 않을 것이며 이해하지도 않을 것이라고 기대하기 때문이다(60/06; T=0; HVI=positive). 앞서 언급했듯이, B씨는 타인을 불신하며 남들이 자신에게 창피를 주고 우습게 생각하거나 자신을 거부할 것이라는 두려움이 있다. 타인들이 자신에게 어떻게 반응할지에 대해 지나치게 과민할 것이며 악의 없는 말이나 반응에서도 비평적인 태도와 위협을 읽어낼 것이다. 남들에게 비밀을 털어놓는 것도 꺼려할 가능성이 높은데, 이는 그렇게 자신이 남들에게 털어놓은 비밀을 남들이 자신을 공격하는데 사용하지 못하도록 하기 위함이다. B씨는 특히 자신의 신체적인 외견 때문에 남들로부터 거절당하고 놀림 당하는 것에 매우 민감하다. 그가 지나치게 자신이 매력적으로 보여야 한다는 것에 집착하는 것은 왜곡되고 비현실적인 자기상 및 신체적인 매력에 대한 열등감을 반영한다(60/06; An+Xy=4; Fr=1). B씨가 가지고 있는 왜곡된 자기상 및 자신의 외모에 대한 남들의 반응에 지나치게 신경 쓰고 걱정하는 점 때문에 그는 정서적인 고통을 겪게 되었고 외모에서 보여지는 결핍을 "바로 잡기" 위해 추가적으로 성형 수술을 해야 한다고 주장하게 된 것으로 보인다. 왜곡되어 있는 B씨의 신체상을 고려할 때 그가 추가적인 성형 수술을 받는다고 해도 외모 때문에 겪고 있는 현재의 고통감이 줄어들거나 없어질 가능성은 매우 낮을 것이다.

B씨가 최근 정신과 병동에 입원해서 치료를 받아야 할 정도로 힘들었던 심리적인 어려움들은 전술한 바와 같이, 타인들과의 불편함을 반영하는 것으로 고려된다. 즉 새로운 업무 환경 속에서 처음 만나는 많은 사람들과 억지로 관계를 맺을 수밖에 없는 상황에 놓이게 되면서 그는 우울하고 불안하며 스트레스를 받게 되었던 것으로 보인다. 아마도 이런 상황이야말로, 남들로부터 공격받을까봐, 비판받을까봐, 모멸감을 느낄까봐 걱정하는 그의 특성을 감안할 때, 엄청난 정서적 고통을 느끼기에 충분한 상황으로 보인다. B씨가 회사에서 혹은 주어진 업무 환경에서 성공적으로 기능하는지의 여부는 함께 일하

는 사람들과 얼마나 편안하게 지내는지, 그래서 그들이 자신을 어떻게 바라볼지에 대해 극도로 예민하게 신경 쓰지 않아도 되는지에 달려있을 것이다. B씨가 효과적으로 기능할 수 있는 최선의 업무 환경은 아마도 타인들과 직접적으로 상호작용을 해야하는 상황이 제한적인 일을 할 때일 것이다.

B씨는 자신이 공격당하거나 거절당했다고 느꼈을 때, 혹은 오해받았거나 창피를 당했다고 느꼈을 때, 상당한 분노로 강하게 반응하며 그런 다음에는 그 사건에 대해 곱씹어 보고 반추한다. 타인에 대한 그의 불신을 감안할 때 B씨가 느끼기에 자신을 공격했다고 지각했던 사람을 다시 신뢰하기는 어려울 것이다. 이런 반응들은 그가 자신의 부모와 상당한 기간에 걸쳐 언쟁을 벌였었고 특히 그의 아버지나 오랜 기간 동안 그를 치료했었던 정신과 의사와도 관계를 끝낸 점 등을 볼 때 추측이 가능하다. 부모와 겪었던 갈등, 그리고 자신을 치료했던 정신과 의사와의 갈등 상황에서 B씨가 격분했던 이유는 성형 수술을 추가적으로 받겠다는 자신의 요구가 지지받기보다는 거절당했기 때문이다.

B씨의 자기상이 열등의식과 신체적인 외모에 대한 부적절감을 포함하고 있기는 하지만, 그는 동시에 과장된 자기중요감을 가지고 있다(Fr=1). B씨가 가지고 있는 자기상의 긍정적인 면은 자기가 가진 자원에 대한 현실적인 평가에 근거한 것이 아니라 자기의 강점, 힘, 역량에 대한 왜곡된 공상에 기반을 두고 있다(H:(H)Hd(Hd)=4:8). 따라서 B씨는 자신의 능력, 재능, 잠재력에 대해서 상당히 비현실적일 정도의 거대한 생각을 가지고 있을 가능성이 있다. B씨는 자신의 자존심이 도전받거나 위협당하는 경우 부인, 외부화, 합리화의 방어기제를 통해 격렬하게 자존심을 방어하려고 할 것이다. B씨의 자기집착은 기이할 정도의 수준이기 때문에, 자신의 가치와 자기 적절성에 대한 걱정은 자신의 외모를 둘러싼 왜곡되고 부정적인 생각으로 공고화된 것으로 보인다(Fr=1; An+Xy=4).

문제를 최소화하고 부인하려는 조심스럽고 방어적인 노력에도 불구하고 B씨의 응답들을 보면, 특이하고 일반적이지 않은 사고와 부자연스러운 추론을 하고 있음을 알 수 있다(X+%=.33; X-%=.43; M-=3). 비록 사고 장애나 인지적 오류(cognitive slippage), 혹은 현재로서 정신병이 활성화된 상태라는 신호는 보이지 않지만(Sc=T65; 특수 점수) B씨의 응답을 보면 자신을 둘러싼 다양한 사건들을 해석할 때 심각한 수준의 왜곡과 비합리적인 사고에 근거하고 있음이 시사된다. B씨는 기본적으로 자신이 처한 상황 속의 모든 세부적인 부분에 대해서도 조심스럽고, 신중하게 확인하고, 설명하려고 노력한다(Dd=7; Zd=+6.5). 이러한 특성들은 강박적 성향을 가진 사람들에게 전형적으로 나타나는 모습인데, 예를 들면 특이할 정도로 세부적인 부분에 주목한다거나 지나치게 조심하는 경향이 있다거나 감정이나 정서보다는 사고를 훨씬 더 편하게 생각한다는 점 등의 모습으로 설명할 수 있다. 이런 특성들이 업무현장에서는 긍정적으로 작용할 수 있겠지만, 완벽해지려는 그의 노력이 지나치기 때문에 결국 아주 작고 미세한, 때로는 관계없는 세부적인 부분에까지도 불필요할 정도로 의미를 부여하는 결과를 가져왔다. 그리고 이런 특성들이 결국 사건에 대한 부정확한, 자신만의 특이한 인식에 기여했다. 주변 환경에 대해 경계하는 B씨의 노력은 자신에 대한 공격－그가 필연적으로 발생할 것이라고 확신하는－의 신호를 조기에 찾아내고자 하는 자기방어적 시도를 반영하는 것으로 이해할 수 있을 것이다.

진단적 인상

DSM－IV

축Ⅰ 300.70 신체변형 장애(body dysmorphic disorder)

297.10 망상(편집성) 장애, 신체형(delusional(paranoid) disorder, somatic type)

296.25 주요 우울증, 단일삽화, 부분 관해(major depression, single episode, in partial remission)

축Ⅱ 300.01 강박 특성을 동반한 편집성 성격 장애(paranoid personality disorder with obsessive-compulsive features)

치료를 위한 제언

B씨의 상태가 망상 장애로 잘 설명되기 때문에 항정신병 치료제를 처방해야 하지만, B씨와 유사한 증상을 보이는 환자들이 신경 이완제에 반응한다는 보고가 있으므로(Phillips, 1991), B씨에 대해 항정신병 치료제 처방을 할 때 매우 조심스럽고 신중한 고려가 수반되어야 한다. 심리평가 결과에 나타난 점들을 살펴봐도 개별 심리 치료, 특히 통찰 지향적 방법을 사용한 심리 치료의 예후에 대해 몇 가지 측면에서 심각한 우려를 하게 된다. 첫 번째로, B씨는 방어적이고 심리내적인 자신의 문제, 자신의 단점 등을 부인하려고 노력했다. B씨가 가족 구성원들과의 갈등이나 정신과 병동에의 입원, 그리고 회사에서 휴가를 신청해서 쉬었던 부분들을 포함해서 상당한 개인적 문제들을 경험하고 있지만, B씨는 이 모든 것들에 자신의 책임이 있다는 생각을 하지 않는 것으로 보인다.

그가 엄격하고 융통성 없는 태도로 투사와 부인, 외재화와 합리화에 온전히 의존하고 있다는 점을 봤을 때, 자신의 문제에 대한 책임은 고사하고 이를 고려하는 것조차 거부할 가능성이 추측될 수 있다. 오히려 B씨는 그가 가진 모든 어려움은 자신의 신체적인 외모 때문에 생기는 것이고 타인이 자신의 고통에 대해 공감하지 못하기 때문에 발생하는 것이라고 주장하고 있다.

두 번째로, B씨는 타인에 대해 불신감이 크고 조롱당하거나 창피당할거라는 두려움을 가지고 있다. 그렇기 때문에 악의 없는 행동이나 말 속에서도 비판과 적대감을 읽어낸다. 자신이 공격당하거나 거부당했다고 느낄 때 B씨는 상당한 분노를 드러내며 자신이 상처받은 것에 대해서 곱씹고 반추한다; B씨는 용서하거나 잊어버리는 사람이 아니다. 그의 타인에 대한 믿음과 신뢰는 과거에 그 사람과 어떤 관계를 가졌었는지에 상관없이 그 사람이 자신을 공격했다고 믿기 시작하는 순간 완전히 흔들릴 수 있다. 이것은 그가 자신을 과거에 치료했었던 정신과 의사와의 관계에서 보여주었던 모습이기도 하며, 이런 모습은 정신과 의사뿐 아니라 다른 사람들과의 관계에서도 이와 유사한 모습으로 나타날 가능성이 크다. 특히 정신과 치료를 받게 된 계기가 B씨 자신의 필요에 의해서가 아니라 부모가 받아야 한다고 해서, 혹은 성형 수술을 받기 위해 필요하다고 해서 이뤄진 것이라는 사실이 특히 중요하다. 이렇게 정신과 치료를 받게 된 과정 속에서 B씨는 아마도 치료자가 자신의 편에 선 사람이라기보다는 자신을 지지하지 않고 이해하지 못하는 사람들을 대리하는 사람 정도로 여겼을 가능성이 크다.

위의 내용들을 종합해보면, 정신과 치료에서의 핵심 이슈는 치료자에 대한 B씨의 신뢰와 불신일 것인데, 특히 이러한 신뢰 여부는 추가적인 성형 수술을 원하는 자신의 바람을 치료자가 지지하는지의 여부와 관련되어 있다. 치료자는 치료자의 말로 인해 B씨가 오해받았다고 느끼거나 비판받았다고 느끼는 신호를 민감하게 알아차려서 치료적인 관계를 유지하고 공고히 하기 위해 그 부분을 회기 내에 즉각적으로 다뤄야 할 것이다. 또한 치료자는 치료 과정에서 전이가 발생하면서 필연적으로 만나게 될 갈등에 대해 다음과 같은 태도로 준비되어 있어야 한다; B씨는 자신의 모든 어려움과 문제들의 근원은 자신의 신체적인 결함에서 비롯되었다고 강력하게 주장할 것이다. 그러므로 치료자가 그 외에 다른 요인들이 존재할 수 있다라거나, 몇몇 문제는 본질적으로 심리적인 원인이 있다고 하거나, 몇몇의 어려움은 그의 외모와 상관없을 수도 있다고 말하는 방식으로 "치료를 시도"하게 되면, 그 방식이 아무리 친절하다 해도, 상처받고 분노할 것이고 이해받지 못했다고 느끼면서 결국 치료자에 대한 신뢰가 송두리째 흔들리게 될 것이다. 치료자는 B씨의 이런 반응을 예상하고 있어야 하고 그가 느끼는 낙담, 의심으로 가득 찬 철수, 그리고 화를 내는 것에 대해 방어적이지 않은 태도로 이야기할 준비가 되어있어야 한다. 치료자가 이러한 폭풍이 몰려오는 것을 잘 다루고 이를 치료적인 방식으로 잘 활용한다면 치료자에 대한 B씨의 안전감과 신뢰감을 높일 수 있도록 하는데 오히려 핵심적으로 작용할 것이다.

만약 치료자가 B씨와 정면으로 맞섬으로써 그를 설득하여 자신의 외모에 대한 관심과 염려에 지나치게 집착하는 것을 포기하도록 만드는 것을 목표로 치료하려고 한다면 치료가 성공할 확률은 지극히 낮아질 것으로 보인다. 오히려 그로 하여금 추가적인 성형수술은 불가능하며 자신이 느끼는 사회적 불편감을 해결하기 위해 타인들로부터 철수하는 것보다 더 효과적인 다른 방법들을 찾아볼 수 있도록 개념화한다면, 치료의 성공확률은 더 높아질 것이다. 치료의 목표를 위와 같이 설정하고 확고한 치료적 동맹관계를 확립할 수 있다면, B씨의 자기상이 가진 비현실적인 측면뿐만 아니라 타인들에 대한 그의 믿음을 검토해보는 것으로부터 치료를 시작할 수 있을 것이다.

Chapter

07

사례 2: 벌레 물린 것에 대한 이상 반응

Chapter

07

사례 2: 벌레 물린 것에 대한 이상 반응

심리평가 의뢰 사유

S씨는 48세의 백인 기혼 여성으로, 본 심리평가를 받기 2달 전쯤 왼손을 벌레에 물리기 전까지는 별다른 신체적인 문제가 없었다. 벌레에 물린 후 S씨의 손과 팔은 며칠 동안 심하게 부어올랐다. 벌레물린 상처의 붓기는 곧 가라앉았지만 S씨에게는 등쪽과 목, 왼쪽 유방, 눈에 통증, 피로, 심신쇠약 등이 나타났고 기억력에도 문제가 생기는 등 다양한 형태의 신체적 증상들이 나타났다. 병원에서 정밀검사도 받아봤지만, S씨의 신체적인 증상에 대해 어떠한 종류의 의학적 원인도 발견할 수 없었다. 결국 그녀의 주치의는 현재의 상태에 심리적인 요인이 영향을 끼쳤는지를 판단하기 위해 심리평가를 의뢰했다.

기본 배경 정보

S씨는 고등학교 졸업 후 학창 시절의 남자친구와 결혼했다. 당시 남자친구는 입대 후 베트남 전쟁에 파병되어 떠나야 했고 3년간의 의무 복무기간 동안 그들은 남편의 휴

가기간 동안에만 만날 수 있었다. 3년의 복무기간을 끝내고 제대한 뒤부터 두 사람은 함께 살기 시작했지만 얼마 후 이혼했다. S씨는 2년 후에 재혼했고 재혼한 남편과의 사이에 6남매를 낳아 키웠다. 그녀의 자녀들은 현재 12세에서 23세에 걸쳐있으며 지방의 작은 마을에서 살고 있다.

그녀는 아이들이 어렸을 때 잠시 동안 파트타임으로 일을 했었다. 1년 전쯤 그녀는 종일 근무를 하는 직장을 가져야겠다고 결심했고 '발달 장애 아동 거주 및 치료 기관'에서 발달 장애 아동들을 돌보는 자리에 취직했다. S씨의 업무는 아이들을 먹이고 입히고 씻기는 것이었고, 특히 지체 장애가 심각한 아이들을 보살피는 것이 주된 일이었다. 그녀가 자신의 일에 대해서 묘사할 때 특이했던 점은 자신이 돌보는 아이들에 대해 말할 때 반복적으로 "나의 아이들"이라고 표현했고 "저는 그 아이들을 제 친자식과 똑같이 사랑한답니다"라고 말하는 점이었다. 그녀는 자신이 돌보는 아동들에게 매우 밀착되어 있었는데, 예를 들면 자신이 근무하지 않는 휴무일조차도 기관의 허락을 받아 아동들을 집에 데려와 보살필 정도였고 자원해서 아동들에게 줄 음식을 집에서 준비해서 가져오거나 사탕을 가져다주기도 했다.

S씨가 현재의 기관에서 일하게 된 계기를 보면, 평소에 알고 지내던 교회의 지인으로부터 발달 장애 어린이들에게 특별한 도움의 손길이 필요하다는 말을 듣고 난 뒤에 발달 장애 환자들을 돌보는 기관에 근무할 자리가 있는지 찾아보았다고 한다. 그러고 나서 얼마 후 교회에서 밝은 섬광이 비치는 것을 목도했는데 그녀는 이것을 "발달 장애 아동들을 돌보라는 계시"였다고 설명했다.

S씨는 심리평가를 받기 2달 전쯤 근무 중 왼손을 벌레에 물리기 전까지는 자신에게는 아무런 문제가 없었노라고 말했다. 처음에는 손과 손목, 팔이 며칠에 걸쳐 점진적으로 부어올랐다. 붓기는 하루 이틀이 지나고 가라앉았지만 그렇게 벌레에 물리고 난 뒤부터 매우 다양한 신체의 이상 증상, 즉 몸에 기운이 없고 쉽게 피로해지며 기억력과 집중력이 저하되는 증상이 시작되었다. 두통과 온몸이 얼얼해지고 감각이 없어지는 증상도 나타나기 시작했고 눈, 등과 왼쪽 가슴에도 통증이 있다고 호소했다. 그녀는 검사받는 동안의 통증이 너무 심해서 참기 어렵다며 유방 X선 촬영도 하지 않겠다고 거부할 정도였다. S씨는 내과부터 시작해서 산부인과, 안과, 정형외과, 신경과, 신경심리학과에 이르기까지 병원의 거의 모든 과의 의사들에게 진단을 받았지만 어떤 과에서도 그녀의 현재 상태에 대한 의학적 설명을 하지 못했다.

벌레 물린 상처에 대한 설명을 할 때, S씨는 자신이 근무하는 기관의 인사과 직원이 어쩌면 "그녀가 자신과 함께 일하는 동료직원들과 갈등을 겪고 있는 것 때문에 업무를 회피하는 것일 수도 있다"고 조심스럽게 전언한 것에 대해 언급했다. 처음에 그녀는 이 부분에 대해 매우 흥분된 태도로 강하게 부인했지만, 나중에는 아동들을 돌보는 것과 관련해서 감독자나 동료들과의 생각과 기준에 차이점이 있다고 시인했다. 그러나 S씨는 갈등이 있던 경우마다 매번 자신이 옳았으며 다른 사람들이 틀렸다는 것을 단호하리만큼 강하게 주장했다. 동료들과 어떤 갈등이 있었는지에 대해 묻자, 자신이 다른 직원이나 동료들이 일하는 것보다 얼마나 더 오랜 시간 동안, 얼마나 더 열심히 아동들을 위해 일하였는지에 대해 설명했다. 그리고 설명하는 말미에 기관에서 일하는 동안 3회에 걸쳐 함께 일하는 동료들에 대한 불만사항을 보고했다고 인정했는데, 그 이유는 해당 직원들이 기관의 아동을 방치하거나 학대하는 행동을 했기 때문이라고 주장했다. 그녀는 계속해서 자신의 행동이 옳았음을 주장하였다.

현재의 상태에 대한 질문에, S씨는 지난 2개월 동안 회사에 출근하지 않고 있는 상태이기 때문에 자신이 돌보던 아동들이 보고 싶다고 대답했다. 그리고 아동들을 데리고 집에 가고 싶다고도 했다. S씨는 그렇게 하고 있지 못하여 기분이 슬프다고 대답했지만 그렇다고 우울감을 느낄 정도는 아니라고 주장했다. 왼팔에 통증을 느낄 때는 수면에 방해를 받았고 식욕은 줄어들었으며, 지난 9월 이후로 특별한 다이어트를 하지 않았음에도 체중이 줄어든 것 같다고 믿고 있었다. 에너지 수준이 낮아서 쉽게 피곤해지지만, 여전히 각종 활동에는 관심이 있고 즐기기도 하는데, 성적인 욕구는 눈에 띌 정도로 낮아졌다. 그녀는 가사일을 제대로 하지 못하고 가족을 돌보지 못하는 것과 아이들에게 가사일을 도와달라고 부탁하는 것 때문에 스스로를 비판적으로 느끼고 있었는데, 그 이유는 과거에는 그랬던 적이 한 번도 없었기 때문이다. 자살에 대한 생각이나 의도에 대한 질문에는 그런 적이 없다고 부인했다.

S씨의 과거 정신질환 병력은 매우 의미심장한데, 왜냐하면 그녀가 아버지의 알코올 중독과 남자친구와의 갈등 때문에 16세에 자살을 시도한 적이 있기 때문이다. 자살하려고 약을 먹은 그녀는 응급실에서 위 세척을 했고, 응급 치료 이후 정신과적인 치료는 따로 받지 않았다.

또한 5년 전 딸이 자동차 사고로 사망한 이후 "심각한" 우울증을 겪었다고 보고했고, 이때 몇 달 동안 자신의 방에서 나오지 않았다. 딸의 사고 이후 그녀는 자신이 다니던 근본주의 기독교 커뮤니티의 도움을 받았지만, 정신건강 전문가로부터는 도움을 받을 시도는 하지 않았다. 그 후 1년 정도 지났을 때, 딸과 함께 자동차에 타고 있던 딸의 친구가 고백하기를 딸의 잘못으로 교통사고가 난 것이 아니라 자신의 잘못으로 인해 벌어졌던 일이라고 말했을 때 "완전히 꼭지가 돌아버렸다"고 보고했다. 그 이후 그녀는 자신의 심리적 문제 때문에 예전에 한 달 정도 치료받았던 병원의 정신과 병동에 입원해서 치료받았음을 시인했으나, 입원의 이유나 어떤 치료를 받았는지에 대한 정보는 얻어낼 수 없었다. 약물 치료를 받았다고 말했지만 치료 약물명에 대해서는 기억하지 못했다. 병원에서 퇴원한 이후 S씨는 의사가 처방해 준 약물을 복용하지 않았으며 외래진료도 지속적으로 받지 않았다. 정신과 병원으로부터 앞서의 입원 치료에 대한 어떠한 기록도 찾아볼 수 없었다.

S씨는 알코올 복용과 약물 남용에 대해서는 부인했다. 자신의 아버지가 알코올 중독자였고 아이들에게 언어적인 학대를 했던 기억, 또 술에 취해서 집에 들어온 날에는 폭력적으로 행동했던 기억 때문에 자신은 술과 약물을 하지 않는다고 했다.

심리검사를 진행하는 동안 그녀는 말을 매우 빨리, 극적으로 하는 점이 특징적이었다. 또한 인터뷰할 때 S씨가 자주 주제에서 벗어나는 이야기를 했고 주제와 상관없는 세부 내용들을 장황하게 늘어놓았기 때문에 그녀를 특정한 주제에 집중시키기가 어려웠다. 또 여러 번에 걸쳐 자기만의 생각에 집착하고 사로잡혀 있음을 보여주었는데, 예를 들면 검사자가 질문을 했을 때 그 질문에 대답을 하지 않고 계속 "제 마음이 헤매고 있어요. 전 그냥 사람들이 그리울 뿐이에요"라고 반복해서 말했다. 그녀는 또한 검사를 하는 동안 혼란스럽다고 보고했다. 그녀는 스스로는 우울하지 않다고 부인했지만, 겉으로 보기에는 우울해보였다.

진단적 고려사항

사소한 신체적 트라우마(벌레물림)에 수반되어 나타나는 S씨의 다양한 신체증상, 즉 의학적으로 설명되지 않는 증상은 S씨가 신체형 장애의 일종, 즉 전환 장애나, 건강 염려증, 혹은 심리적 요소와 결합된 통증 장애를 겪고 있을 가능성을 시사한다. DSM－IV(미국 정신의학 협회, 1994)에 따르면, 신체형 장애(somatoform disorder)란 환자가 의학적 소견이나 진단적 기준으로는 설명되지 않는 질병이 수반되는 신체적인 증상들을 드러내는 것이다.

MMPI－2 코드타입 중 신체형 장애와 관련된 경우는 "Conversion V"를 포함해서 1, 2와 3번 척도가 다양한 조합으로 상승되는 경우이다.

혹자는 실제 질병으로 진단받은 환자가 건강염려와 관련된 MMPI－2의 척도를 상승시키는지 여부를 궁금해 하기도 한다. 이 질문에는 Swenson, Pearson 그리고 Osborne (1973)이 해답을 제시했는데, 이들은 Mayo Clinic에서 보았던 약 25,000명의 남성 환자와 25,000명의 여성 환자들의 MMPI 데이터를 수집하였다. 50,000명 모두 병원에서 정밀검진을 받았거나 신체적인 질병으로 치료를 받았던 환자들이었다. 이 환자들의 MMPI 평균 프로파일을 보면, 정상군의 수준 안에 머물러있으며 척도 1, 2 그리고 3번만 가볍게 상승한 것으로 나타났다. 이런 결과들은 질병을 앓고 있다고 해서 반드시 정서적인 고통이나 건강 염려, 혹은 건강과 관련된 걱정 여부를 나타내는 MMPI 지수를 상승시키는 것은 아니라는 것을 명확하게 보여준다. MMPI－2가 MMPI의 연장선상에 있다는 점을 감안할 때, MMPI－2 프로파일로 연구를 하더라도 위와 유사한 결과가 나올 것으로 예측할 수 있다.

제5장에서도 언급되었던 것처럼, 건강과 관련된 염려를 나타내는 로르샤하 지표 (An+Xy ≥ 3, FC'+C'F+C' > 2, CP > 0, Lamda ≥ 1.00)는 MMPI－2 지표에 버금갈 정도로 강력하지는 않다. 임상 경험으로 보면, 환자가 자신의 질병에 대한 불평을 할 때 그 불평이 심리적 요인의 색을 띠고 있는 경우에도 위의 지수들에서 유의미한 점수가 나오지 않는 경우는 흔하다. 이 지수들의 민감도가 낮지만, 그럼에도 의미하는 바가 매우 큰 것으로 보여진다; 비록 정신신체 장애(psychosomatic disorder) 환자들에서 로르샤하 지표가 상승되지 않는 경우도 자주 있지만, 그럼에도 신체에 대한 염려나 집착을 드러내지 않는 환자에서는 이 지수들이 거의 상승하지 않기 때문이다.

S씨가 보고한 내력과 병력을 보면, 정동 장애가 있는지의 여부를 질문하게 된다. 심리평가 면담을 하는 동안에는 우울감을 부인했지만 특정한 증상에 대해 물어봤을때는 우울감을 시사하는 행동들을 보였다고 검사자가 기록했다. 특히 S씨가 보고한 대로 과거에 우울증을 경험했던 삽화가 딸의 비극적인 죽음을 경험한 이후에 나타났다는 점은 주목할 만한 부분이다.

마지막으로 S씨가 언급한 동료들과의 관계에서 어려움을 겪는 점도 유의해서 살펴봐야 할 대목이다. 이런 어려움들은 다양한 이유로 인해 발생할 수 있다. 그렇지만 주변 사람들이나 동료들과 겪었던 마찰에 대한 S씨의 묘사를 살펴보면, 타인들을 짜증나게 만들거나 소외시키는 그녀의 성격적인 특성에 대해 궁금증이 들게 한다.

MMPI-2 데이터

타당성 척도: L과 K 척도 모두가 상승하는 경우는 일반적으로 흔하다. L 척도의 점수가 높은 것을 해석할 때는 S씨가 기독교 근본주의 교회에 몸담고 있다는 점, S씨의 사회 경제적인 수준과 지방의 시골에 현재 거주하고 있다는 점을 반드시 고려해야 한다. 그러나 이런 고려사항을 감안한다 하더라도, L과 K 척도의 점수가 높다는 것은 그녀가 자신이 수용할 수 없는 감정이나 충동, 행동을 부인하고 자신이 가진 문제점들을 최소화함으로써 자신에 대한 우호적인 인상을 만들려고 매우 노력했음을 보여준다. 또한 높은 L 척도 점수는 그녀가 자기 자신을 극도로 양심적이고, 책임감이 강한, 도덕적인 여자로서 자기상과 생활 스타일이 매우 관습적이고 나무랄 데 없이 훌륭한 사람으로 보고 있음을 시사한다. S씨는 매사에 엄격하고 융통성 없는 도덕적 기준을 들이대며 독선적인 방식으로 자기 주변의 일들을 다룬다. 특히 자신의 신실성이 걸려있는 문제나 자신의 진실성이 위태로워질 경우에는 더욱 그렇다.

높은 억압 척도 점수(R=T75) 및 낮은 불안 척도 점수(A=T43)와 함께 타당도 척도의 형태는 S씨가 부인과 억압, 외재화를 1차 방어기제로 사용하고 있음을 시사한다. 이와 같은 방어기제에 의존함으로써 그녀는 자신의 특성이나 행동의 문제들을 부인하고 합리화시키거나 자신의 문제점을 교묘하게 가림으로써 사회적으로 수용될만한 사람으로 보일 수 있도록 만들 수 있었을 것이다. 게다가 그녀는 설령 자신이 가진 심리적인 어려움에 대해 인정한다 하더라도 이런 어려움들을 자아 이질적인(ego-dystonic) 방식으로 바라보았다. 이런 방어기제의 사용은 그녀로 하여금 자신의 감정이나 정서, 행동에 대한 통찰을 하지 못하도록 방해했다. 결과적으로 전통적인 심리 치료를 통해 그녀가 나아지고 개선될 가능성은 크지 않을 것 같다.

임상 척도: 1번과 3번 척도의 상승과 2번 척도의 하락은 전형적인 "Conversion V" 형태이며, 이는 S씨가 자신의 심리적인 문제에 대해서 고민하거나 다루는 것을 회피하기 위해 무의식적으로 신체 증상을 이용하고 있음을 시사한다. 즉, 두통, 가슴 통증 등의 통증, 팔다리 저림, 피로감, 어지럼증, 그리고 수면 장애 등을 포함한 다양한 종류의 증상들이 나타났을 것으로 보인다(D3=T78; Hy3=T67). 이러한 신체적인 증상들의 발병 시점과

강도는 감정적인 스트레스와 밀접하게 연관되어 있다. S씨의 신체적인 불평은 타인들로부터 동정이나 안심시켜주는 말을 이끌어내고 책임을 회피할 수 있거나 문제가 되는 골치 아픈 상황에서 탈출할 수 있는 등의 이차적인 이득을 통해 강화되었다. S씨의 신체적 불평에도 불구하고, 그녀는 효율성의 측면에서는 저하된 수준이겠지만 그렇더라도 지속적으로 기능할 가능성이 크다.

S씨는 자기 자신과 남들을 확신시키고자 하는 강력한 욕구를 가지고 있기 때문에 어떠한 심리적 혹은 대인관계적 문제도 갖고 있지 않아야 하며, 자기 자신을 정상적이고 책임감이 강하며 도덕적인 사람으로 남들에게 비춰지도록 하는 것이 중요하다. 이렇게 하기 위해 S씨는 자신의 삶 속에서 일어나는 다양한 문제들을 부인했고 부적절한 부분을 최소화했다. 신체화를 사용함으로써 자신이 경험하는 어떤 어려움도 전적으로 신체적인 문제일 뿐 심리적인 것과는 관계없는 것으로 돌릴 수 있었다. 다소 긴장한다고는 했지만, 그녀는 자신이 감정적인 고통과 우울, 그리고 불안을 경험한다는 것을 인정할 것 같지 않는다.

S씨는 매우 강렬하고도 미숙한 의존 욕구를 가지고 있다. 그녀는 타인들로부터의 관심과 애정, 그리고 확신을 추구했기 때문에 타인들이 자신에게 관심을 충분히 표현해주지 않거나 자신이 원하는 정도로 신경을 자주 써주지 않는다고 느낄 때마다 불안을 느낀다. 그러나 이와 동시에 자신의 의존 욕구에 대해 편안하게 느끼지 않았을 것이고 그것으로 인해 갈등을 경험했을 것이다. 평상시 그녀는 활발하고 남들과 어울려야 하는 사회적인 상황에서 편안함을 느끼며 잘 어울려서 남들의 관심도 받았을 것으로 보인다. 그러나 피상적인 수준에서는 친근했다 하더라도, 그녀는 관심과 애정을 받고자 하는 자신의 욕구를 충족시키기 위한 도구로써 사회적인 관계에 접근했기 때문에 남들과 가졌던 관계는 깊이가 부족했을 것으로 보인다. 때에 따라 이기적이고 자기중심적이며 요구적인 태도로 행동했을 가능성도 있으며, 타인들을 조종하는 방식으로 행동하기도 했을 것이다. 신체적인 불평은 타인들로부터 도움을 받고 타인들의 동정심을 이끌어내기 위한 목적을 위해 충실하게 사용되었을 것이다.

앞서도 언급했듯이, S씨는 사회적으로 수용되는 방식으로 행동하는 것이 매우 중요하다. 이것 때문에 그녀는 부정적인 감정, 특히 표현하게 되면 반감을 살까봐 두려워했던 분노감정을 부인하고 억압했을 것 같다. 그러므로 보통의 경우 S씨는 자신의 부정적인 감정을 직접적으로 말하지 않는다. 그녀는 화난 심정과 분개심을 차곡차곡 쌓아두었을 가능성이 큰데, 특히 남들이 자신이 원하는 만큼의 관심 욕구를 충족시켜주지 않거나 자신을 실망시켰다고 느꼈을 때 더욱 그랬을 것이다. 대부분의 경우 그녀는 자신의 분노를 수동적이고 간접적인 방식으로 배출했을 가능성이 크지만, 그럼에도 불구하고 이따금씩 울화통(temper tantrum)과 같은, 특징지을 수 없는 분노 폭발을 경험했을 것이다.

자신의 심리적인 문제를 부인하고 합리적이고 상식적이며 도덕적인 사람이라는 인상을 유지하고자 하는 그녀의 강력한 욕구 때문에, S씨는 전통적인 심리 치료에는 잘 반응하지 않을 가능성이 커 보인다. 그녀는 신체적 불평을 자신의 어려움으로 보기를 매우 선호하며, 심리적 기제가 그녀의 상태에 어떤 역할을 하는지의 대한 어떠한 제안도 강력하게 저항할 가능성이 크다. 상담사나 치료사가 이와 같은 직접적인 해석을 해준다면, S씨는 성급하게 치료를 종결할 가능성이 커 보인다. 따라서 심리 치료의 모델 중 지지적이면서 문제 중심적인 방법으로 접근하여 그녀를 안심시켜주는 치료사와 함께할 때 가장 편안함을 느낄 것이다.

• 표 7.1 사례 2. MMPI-2 Profile

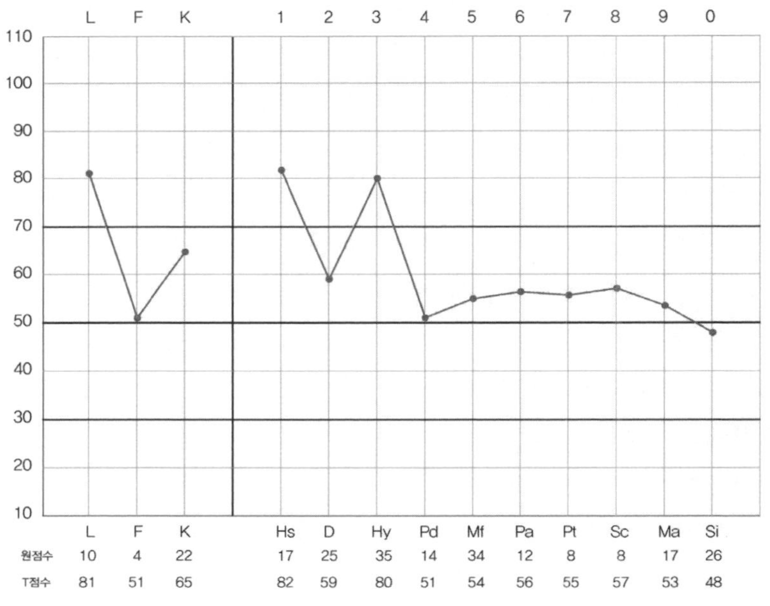

• 표 7.2 사례 2. MMPI-2 내용척도 및 보충척도

	Raw Score	T Score
FB	2	50
True Response Inconsistency (TRIN)	11	65T
Variable Response Inconsistency (VRIN)	9	66
Anxiety	5	43
Repression	26	75
MAC-R	18	45
Ego Strength (Es)	30	41
Dominance (Do)	17	54
Social Responsibility (Re)	23	56
Overcontrolled Hostility (O-H)	19	70
PTSD - Keane (PK)	5	45
PTSD - Schlenger (PS)	10	48
Addiction Potential (APS)	17	33
Addiction Admission (AAS)	0	19
Content Scales (Butcher et al., 1990)		
Anxiety (ANX)	3	43
Fears (FRS)	4	43
Obsessiveness (OBS)	2	41
Depression (DEP)	1	39
Health Concerns (HEA)	11	61
Bizarre Mentation (BIZ)	0	39
Anger (ANG)	5	47
Cynicism (CYN)	2	38
Antisocial Practices (ASP)	1	36
Type A (TPA)	3	38
Low Self-Esteem (LSE)	2	44
Social Discomfort (SOD)	5	46
Depression Subscales (Harris-Lingoes)		
Subjective Depression (D1)	10	56
Psychomotor Retardation (D2)	4	41
Physical Malfunctioning (D3)	7	78
Mental Dullness (D4)	4	57
Brooding (D5)	0	37
Hysteria Subscales (Harris-Lingoes)		
Denial of Social Anxiety (Hy1)	6	61
Need for Affection (Hy2)	9	60
Lassitude-Malaise (Hy3)	7	67
Somatic Complaints (Hy4)	6	62
Inhibition of Aggression (Hy5)	5	62

	Raw Score	T Score
Psychopathic Deviate Subscales (Harris-Lingoes)		
Familial Discord (Pd1)	2	50
Authority Problems (Pd2)	2	48
Social Imperturbability (Pd3)	5	60
Social Alienation (Pd4)	3	45
Self-Alienation (Pd5)	1	39
Paranoia Subscales (Harris-Lingoes)		
Persecutory Ideas (Pa1)	1	45
Poignancy (Pa2)	2	46
Naivete (Pa3)	8	65
Schizophrenia Subscales (Harris-Lingoes)		
Social Alienation (Sc1)	0	37
Emotional Alienation (Sc2)	1	49
Lack of Ego Mastery, Cognitive (Sc3)	2	55
Lack of Ego Mastery, Conative (Sc4)	1	43
Lack of Ego Mastery, Def. Inhib. (Sc5)	0	72
Bizarre Sensory Experiences (Sc6)	4	59
Hypomania Subscales (Harris-Lingoes)		
Amorality (Ma1)	2	54
Psychomotor Acceleration (Ma2)	4	45
Imperturbability (Ma3)	4	56
Ego Inflation (Ma4)	4	56
Social Introversion Subscales (Ben-Porath et al., 1989)		
Shyness/Self-Consciousness (Si1)	1	38
Social Avoidance (Si2)	3	51
Alienation -- Self and Others (Si3)	1	38

로르샤하 데이터

제일 먼저 살펴봐야 할 핵심 변인은 우울증 지표(DEPI=6)이며, 이 지표는 S씨의 현재 상태가 정동 장애를 포함하고 있음을 강하게 시사한다. DEPI는 경험적으로 추출된 변인들의 군집으로써, 우울의 감정적, 인지적 특성을 경험한 환자들이 보여주는 것과 동일한 변인들로 구성된다. 다만, DEPI는 "정서적 장애(disturbance)"를 가진 환자군에서 입증되었을 뿐 DSM-III-R에서 규정하는 우울증의 엄격한 진단적 기준에 부합하는 선택된 환자군에서 입증된 것은 아니다. 따라서 positive DEPI 환자의 경우는 DSM-III-R에서 우울 장애로 규정하는 진단적 기준에는 부합하지 않을지라도 우울증 환자들에게서 자주 관찰되는 감정적, 인지적 특성을 가지고 있을 가능성이 크다.

Positive DEPI인 경우, 로르샤하 데이터를 구조적으로 분석하는 방법은 우선적으로 수검자의 정서적인 경험과 자신의 정서를 통제할 수 있는지의 여부를 점검해보는 것이다. 이런 데이터는 매우 중요한 몇 가지를 시사한다. S씨는 매우 외향적인 사람이기 때문에(EB=3:5.5), 사고와 행동을 함에 있어서 감정이 매우 중요한 역할을 한다. 그녀는 의사결정을 하거나 어떠한 상황에 반응할 때도 이성이나 근거, 또는 논리보다는 자신의 직관을 더 신뢰하고 감성적인 인상에 더 의존한다. 현재 그녀는 우울한 정서와(C'=7) 무기력감(m=3)을 포함하는 매우 심각한 정서적 고통을 겪고 있다(es=14).

S씨가 자신의 감정을 제어하기 위해서 고군분투하며 매우 강렬하게 감정을 경험하는 여성이라는 것은 몇 가지 변인을 통해 추측해볼 수 있다. 우선 S씨는 정서적인 반응을 매우 강하게, 경우에 따라서는 과장된 방식으로 드러냄으로써 타인들의 관심을 자신에게로 이끌 수 있다(FC:CF+C=0:5; C=1). 로르샤하에서 FC 반응이 없다는 것은 자극원이 감정적인 반응을 이끌어 낼 때, 이러한 감정 반응을 스스로 제어하지 못하거나 자신이 느끼는 모든 것을 표현하지 않고 잠시 멈추거나 지연시키는 능력이 없음을 시사한다. S씨는 매우 쉽게 감정에 압도될 수 있고, 논리나 이성을 사용하여 자신의 내적인 상태를 조절하는 것이 효과적이지 않기 때문에 쉽게 감정의 소용돌이에 빠지기도 한다(C=1; FC=0; Lambda=.07). 어떤 사람들은 그녀의 감정적인 스타일을 진실되고 따뜻하며 표현적이라고 말할 수도 있지만, 또 다른 사람들은 그녀가 미숙하고 지나치게 극적인 면이 있다고 생각할 수도 있으며 어쩌면 S씨의 반응이 정말 진실된 것인지, 그게 아니라면 남들의 관심을 받고 싶어 하는 과장된 욕망을 보여주는 것은 아닐까하는 의구심을 품을 수도 있다.

아마도 이런 점 때문에 S씨는 정서적인 자극을 회피하려고 노력하고 자신이 감정적으로 흥분되는 상황이 발생하지 않도록 억제해 왔을 것이다(Afr=.36; C'=7; SumC': SumC=7:5.5). 즉 정서적인 상황으로부터 자신을 분리시키거나 감정을 억누름으로써 자신이 제어할 수 없는 정서적인 폭발이나 과잉 반응이 일어나지 않도록 애를 쓰며 이지화 방어기제를 사용하여(2AB+Art+Ay=5) 감정으로부터 자신을 떼어놓으려고도 했을 것이다. 이런 노력들 덕분에 그녀는 안정되고 구조화된 상황에서는 정서적인 평정 상태를 유지했을 수 있었지만, 그럼에도 지속적으로 감정에 압도되고 혼란스러워지는 것에 취약한 편이다(Adj D=-1). 결과적으로 S씨는 자신의 감정을 억눌러서 담아두려고 상당한 노력을 기울였지만, 때때로 상황에 걸맞지 않을 정도로 제어되지 않는 강력한 감정적인 반응을 밖으로 드러냈을 것이다.

S씨는 다른 사람들에 비해 자신이 열등하고 불충분한 사람이라고 느낀다(Egocentricity Index=.27; MOR=3). 이러한 그녀의 부정적인 자아상으로 인해 스트레스를 주는 사건이 발생하면 쉽게 우울해진다. 자기 자신의 가치에 대한 염려와 걱정은 최근의 사건으로 인해 생겨난 것이 아니라(FV=0; FD=2) 상당히 오랫동안 지속되어 온 것으로 보인다. 흔히 부정적인 자기상을 가진 사람들은 동료나 상사와 갈등이 있을 때 자기비판적으로 반응할 것으로 생각할 수 있지만, S씨의 경우는 그렇게 행동했다는 증거를 찾아볼 수 없었다. S씨의 반응을 보면, 갈등이 벌어지는 상황에서 자기비판적이 되거나 자신의 행동이 갈등에 어떻게 기여했는지 생각해볼 역량이 있음에도 불구하고(FD=2) 그렇게 하지 않았음을 확인할 수 있다. 오히려 이와는 반대로, 동료나 상사와의 사이에 벌어지는 갈등을 자신의 자기 가치감에 대한 도전이라고 해석하였고, 결과적으로 자신만이 옳고 다른 사람들은 모두 틀렸음을 방어적으로 주장하는 방식으로 대응했다(PER=3). 자기 자신을 방어하기 위해 S씨는 자신의 행동을 엄격하고 경직된 방식으로 설명하고 합리화하려고 했을 것이고 이렇게 하는 과정에서 남들의 지적이나 피드백을 전혀 고려하지 않았을 것이다(PER=3; Intellectualization Index=5).

대응손상 지표인 CDI가 positive로 나온 것을 보면, 전형적인 기준에서 봤을 때 그녀는 사회적으로 미성숙하며 대인관계에서 자주 어려움을 겪었을 가능성이 있다. 이것은 특이할 정도로 강렬한 그녀의 의존 욕구와 관련된 갈등과 연관되어 있다(Food=1). S씨는 타인으로부터 그녀를 아끼고 사랑하며 관심이 있다는 것을 확인받기를 원한다. 이렇게 타인들로부터 인정받고자 하는 욕구 때문에 그녀는 자신이 스스로 통제하고 관리할 수 있는 상황에서조차도 남들의 지시나 지도를 받고자 했을 것이다(Food=1; Ma:Mp=0:3). 그러나 이와 동시에 S씨는 타인들과 친밀한 정서적인 연대를 맺는 것에 대해서는 매우 조심스러워하며 타인들로부터 거리를 유지하고자 했을 것이다(T=0; H(H)Hd(Hd)=3). 왜냐하면 S씨는 타인들과의 상호관계가 긍정적이고 우호적일 것이라고 기대하지 않았기 때문이다(COP=0; AG=1). 이것은 그녀가 타인들이 자신을 사랑하고 아끼고 있다는 것을 표현해주기를 원하면서도 동시에 타인들과 거리를 유지하고 지나치게 밀착되지 않음으로써 타인들로부터의 안전거리를 유지하고자 하는 것과 같은, 그녀 내면의 의존 욕구로 인한 갈등을 경험하고 있다는 것을 시사한다. 타인과의 관여 측면에서 그녀가 선택한 타협점은 그다지 만족스럽지 않으며, 그렇기 때문에 외롭고 타인들로부터 소외되었다고 느끼고 있다(Isolation Index=.40).

앞서 언급되었던 바와 같이, 정동이 상황에 대한 S씨의 인식과 해석에 대단한 영향을 끼치기 때문에 논리와 근거는 감정에 의해 가려지고 묻혀 버린다(Lambda=.07; FQnone=2). 감정은 그녀로 하여금 특이하고 지극히 개인적인 방식으로 자극을 해석하도록 영향을 미친다(X+%=.40; Xu%=.27; Populars=3). S씨의 사고는 미성숙하고 비논리적이며 지엽적인데다 긴장되어 있어 이런 점들로 인해 잘못된 판단을 하는 경우가 종종 있다(WSum6=40). 다른 사람들은 액면 그대로를 받아들이는 상황에서도 그녀는 뭔가 상징적인 의미를 찾으려고 시도하기 때문에 사고 역시도 이상하고 특이하다(2AB+Art+Ay=5). 특수 점수가 기대치보다 높게 나왔지만, 반응을 검토해보니 특수 점수가 계산된 반응 어디에서도 기태적인 특성은 나타나지 않았다. 따라서 사고 장애의 가능성은 없는 것으로 보인다. 대신 그녀의 감정 및 타인과의 친밀함에 대한 집착이 그녀의 사고 과정을 불안정하게 하여 결국 사고의 일탈에 영향을 주었다고 볼 수 있다(응답 5, 9, 12, 14). 이런 사고 과정의 특성은 그녀가 교회에서 밝은 빛을 보았을 때 그 빛이 발달 장애아들의 거주 시설로 가서 그들을 돌봐주라는 계시로 해석했던 것과도 연관된다.

S씨는 유쾌하지 않은 상황, 불편한 상황에서 "공상으로의 비행"(flight into fantasy)으로 반응하는 경향이 강하다(Ma:Mp=0:3). 즉 현실의 고통스러운 면을 부인하기 위해서, 그리고 자신을 불편하게 만드는 상황과 직접적으로 대면하는 것을 회피하기 위해서 공상을 활용하는 것이다.

사례 2. 로르샤하 프로토콜

Card	Response	Inquiry	Scoring
I	(1) 세상에나, 이건 아마도 둘 중의 하나일 거예요. 박쥐거나.	(검: 수검자의 반응을 그대로 되풀이해준다) 수: 네. 이건 눈이고, 머리, 여긴 머리 부분이네요. 뭔가 작은 것 같아요. 박쥐가 어떻게 생겼는지는 잘 모르겠는데요… 한 번도 본 적이 없어서… 날개고요, 저 검은색 덩어리들이에요. 그게 제가 볼 수 있는 전부예요. 그런데 뭔가 그 외에 다른 동물 같이 보이지는 않아요. 사람처럼 보이지도 않고요. 뭔가를 찾고 있는 거라면 그게 제가 볼 수 있는 최선의 것이에요.	Wo FC'o A P 1.0 DR
	(2) 아니면 거미처럼 보여요.	(검: 수검자의 반응을 그대로 되풀이해준다) 수: 모르겠어요. 그 팔들이 다 떨어져 있잖아요. 다리도, 몸도요.	Wo F− A 1.0
	(3) 파리요. 그거에요. 진짜 보기 흉하게 생겼어요. 한 가지 형태인데 양쪽이 똑같이 생겼네요. 대칭이네요.	(검: 수검자의 반응을 그대로 되풀이해준다) 수: 네. 검: 어떤 점 때문에 거미로 보신 건가요? 수: 모르겠어요. 검: 어디를 보신 건가요? 수: 같은 부분이요. 뭔가 곤충 같아요. 아주 흉하게 생겼어요. 검: 흉하게 생겼다고요? 수: 검은색이고 뭔가 어두운 색이고. 예쁘지 않아요.	Wo FC'u A 1.0

Card	Response	Inquiry	Scoring
		뭔가 예쁜 것하고는 정 반대에요. 잘 모르겠어요.	
Ⅱ	(4) 수: 제가 볼 수 있는 건 얼룩뿐이에요. 완전히 그냥 얼룩이에요. 예쁘지도 않고 뭔가 자극이 되지도 않고… 아무런 특성이 없어요. 검: 모든 사람이 1개 이상의 모양을 봅니다. 시간을 충분히 갖고 보세요. 수: 토끼 2마리요. 여기요. 2마리의 검은 토끼요. 그런데 피 묻은 빨간 발을 가지고 있어요. 아 그런데 뭔가 토끼들이 입에서 피를 토하는 것 같아요. 길 위에 토끼 2마리가 죽어있는데 피를 토하는 것 같아요. 아니면 죽을 때까지 피를 토했던 것 같아요.	(검: 수검자의 반응을 그대로 되풀이해준다) 수: 네. 이게 제일 쉽네요. 귀에요. 빨간 얼룩이고요. 검은색은 3개의 얼룩에 얽혀 있어요. 아마 내부출혈일 거예요. 납작해졌는데 마치 차가 그 위를 밟고 지나간 것 같아요. 빨간 것이 나오고 있어서 전 피랑 내부출혈이라고 생각했어요.	W+ FC'.CF.mao (2) A,Bl 4.5 MOR,FAB2
Ⅲ	(5) 이번 거는 재미있어 보이네요. 두 사람인데 여자와 남자이고요. 행복해 보이네요. 마치 사랑에 빠진 것 같아요. 나비이거나 아니면 다른 뭔가 같아요. 아… 이 사람들이 아기를 가진 거네요. 맞아요.	(검: 수검자의 반응을 그대로 되풀이해준다) 수: 네. 마치 그들이 구부린 것처럼 보여요. 머리, 몸, 팔, 다리에요. 왜 아기인지는 저도 모르겠어요. 그냥 아기일 수도 있겠죠. 이게 아기 얼굴이에요. 저도 왜 그런지는 모르겠어요. 이것은 나비에요. 마치 사랑의 상징 같아요. 아니면 양쪽에는 2개의 심장이 한데 섞여 있는 것 같아요.	D+ Mpo H,A P 4.0 AB

Card	Response	Inquiry	Scoring
		검: 사랑의 상징이라고요? 수: 네. 연합해서요. 검: 행복하다고요? 수: 두 사람, 아기, 한 커플이 따로 떨어진 게 아니라 서로 결합하고 있어요. 아마 방금 아기를 낳았나 봐요. 그리고 이건 아기의 요람이나 뭐 그런 것 같아요.	
Ⅳ	(6) 시간의 종말 예언이요. 뿔 10개가 달린 남자인데 요한계시록에 나와요.	(검: 수검자의 반응을 그대로 되풀이해준다) 수: 10개 뿔 중 몇 개인 것처럼 보여요. 검: 어디에서 그것을 보셨나요? 수: 여기요. 얼룩 같은데 여기가 눈이에요. 저쪽은 아니고 이쪽에서 봤어요. 이것들이 저한테는 뿔처럼 보여요. 검: 눈이요? 수: 여기요. 이 반점이요. 하얀 반점이요.	WSo FC'− (H) 5.0
	(7) 음울하고 어두운 뭔가 황량한… 몹시 추운데… 사자나 뭐 그런 거 같아요. 버림받아서 아주 고독한 거예요. 길을 잃어버린 거죠.	(검: 수검자의 반응을 그대로 되풀이해준다) 수: 잘 모르겠어요. 검: 어디에서 그것을 보셨나요? 수: 어디에서 봤는지도 잘 모르겠어요. 검: 음울하고, 어두운 뭔가 황량한… 이라고 말씀하셨어요. 수: 네. 그랬죠. 검: 음울하고 황량해요? 수: 왜냐하면 지저분하고 엉망진창이잖아요. 그리고	Wv C'none Id AB

Card	Response	Inquiry	Scoring
		이건 뭔가 길을 잃어버린 것 같아요. 검: 저도 볼 수 있게 도와주세요. 수: 저한테는 그렇게 보여요. 색은 어둡고 짙은 색이고요. 이건 마치 어둡고 황량한 것처럼 보여요. 뭔가 상징적인 것처럼 보여요. 검: 상징적이라고요? 수: 그냥 뭔가 시간의 종말 예언처럼, 예수님이 오시기 전이죠. 그냥 그런 것 같아요. 정말 사자처럼 보이지는 않네요.	
V	(8) 이건 날아가는 박쥐 같아요. 네. 날고 있는 박쥐요.	(검: 수검자의 반응을 그대로 되풀이해준다) 수: 네. 이건 지금도 그렇게 보여요. 검: 박쥐요? 수: 이게 머리, 더듬이, 날개, 다리요. 지금 날고 있는 것 같아요.	Wo FMao A P 1.0
	(9) 이걸 보니 제 아이들이 떠오르네요. 할로윈 때 장식에서 봤어요. 약간 다르긴 한데. 박쥐, 마녀장식, 할로윈 같아요. 행복한 시간이죠. 하지만 이 박쥐는 약간 슬픈 쪽에 가까워 보이긴 하네요. 박쥐가 길을 잃어버렸고 버림받아서 혼자 있는 거예요. 아주 외롭게…	(검: 수검자의 반응을 그대로 되풀이해준다) 수: 아. 우린 박쥐를 만들었어요. 모양대로 잘라서 색칠도 했거든요. 그걸 생각나게 하네요. 검: 카드에 어떤 부분이 그걸 떠오르게 했나요? 수: 이게 박쥐인데, 몇 년 전에 제가 아이디어를 내서 박쥐를 마당에 걸어놓았거든요. 이것을 Great America에서 본 적이 있어요. 거	Wo Mpo A,Art 1.0 INC,DR2,PER

Card	Response	Inquiry	Scoring
		기에 박쥐와 해골이 묻힌 묘지가 있었거든요. 검: 아까 박쥐가 슬퍼 보인다고 말했었잖아요. 수: 여기는 하나밖에 없으니까 길을 잃어버린 거로 보여요. 우리 것은(우리가 만든 박쥐) 행복했고 대가족이었어요. 우리는 20개 정도 박쥐를 만들어서 마당에 달았었거든요.	
Ⅵ	(10) 음. 이건 눈이 있고 정말 작은 더듬이가 있어요. 꼬리는 길고요. 피부가 납작해진 거 같아요. 어둡고요. 이 카드는 모두 우울해 보여요. 여기 두 명의 사람이 아기와 같이 있는 것을 제외하고요. 어떤 것도 예쁘거나 아름답지 않아요. 여기 납작해진 박쥐는 차가 그 위를 밟고 지나갔어요.	(검: 수검자의 반응을 그대로 되풀이해준다) 수: 여기는 눈 같아요. 여긴 더듬이고요. 뭔가 납작하게 말린 박쥐 종류에요. 동물 가죽 깔개 말이에요. 검: 박쥐요? 수: 몰라요. 그냥 이 부분을 빼고는 박쥐처럼 생겼는데 이 부분은 꼬리 같기도 하고요. 아마 차에 치였나 봐요. 그래서 이렇게 납작해진 것 같아요. 검: 어두운 부분이요? 수: 네. 음울해요. 이것 모두 다 그래요. 검: 납작하다고요? 수: 그냥 그래요. 아마 양쪽이 모두 똑같고 같은 모양이라서 그런가 봐요. 이게 척추이고 그냥 완전히 평평할 정도로 납작해져 버린 것 같아요.	Do FC'u A MOR,DR,DV
Ⅶ	(11) 우리 강아지 2마리 같아요. 네. 완전히 그거	(검: 수검자의 반응을 그대로 되풀이해준다)	W+ FMa.FC'u (2) A,Fd 2.5 PER,DR

Card	Response	Inquiry	Scoring
	에요. 꼬리를 흔들고 있어요. 귀가 쫑긋 서 있고 정말 행복해하고 있어요. 얘가 로미오고요. 얘가 줄리에요. 가운데 있는 건 뭐죠? 어쩌면 2마리의 강아지와 2개의 뼈다귀? 그런데 얘네들은 음식을 나눠 먹지 않아요. 그러니까 뼈다귀도 2개인 거죠. 꼬리를 흔들고 있고 아주 행복해요.	수: 머리, 귀, 몸이요. 작고 긴 꼬리요. 저기 로미오가 있고 저기 줄리가 있어요. 짧고 뭉뚝한 다리에요. 뼈다귀 1개일 수도 있는데 우리 개들은 뭔가를 나눠 먹지 않아요. 이건 조금 기쁜 느낌이 나는 것 같아요. 색깔은 우울하고 음울해 보이기는 하지만 우리 개들은 행복해요.	
Ⅷ	(12) 음. 여기 분홍색 동물들은 아마 곰은 아니고 코요테 같아요. 물을 건너고 있어요. 이건 물이에요. 산의 뒤쪽에서 만나면 둘이 함께 할 수 있을 거예요. 산을 건너면 만날 수 있을 거예요.	(검: 수검자의 반응을 그대로 되풀이해준다) 수: 얘네들이 코요테에요. 여기 산이 있고 코요테들이 뛰고 있어요. 여기가 큰 강이고요. 두 마리 모두 만나려고 가고 있어요. 그래서 제 생각에 두 마리 모두 행복할 거라고 생각해요. 색을 보니까 행복해 보여요. 검: 물을 건너고 있다고요? 수: 파란 색이잖아요. 다리 4개를 봤어요. 이 다리는 공중에 떠 있고 이 다리는 바닥에 붙어 있어요. 방금 건넌 거예요. 혼자 따로 있는 게 아니라 이제 만날 거니까 행복해하고 있어요.	W+ FMa.CF.FD+ (2) A,Na 4.5 ALOG
Ⅸ	(13) 두 마리의 커다란 공룡이에요. 지구에서 진화(evolving)되어 나오	(검: 수검자의 반응을 그대로 되풀이해준다)	W+ FMa.ma.CF.FD− (2) (A),Na 5.5 MOR,AG,DV

Card	Response	Inquiry	Scoring
	는 것들을 포함한 것 같아요(involving). 여기 가운데가 지구에요. 그런데 태양인지 뭔지 뭔가에 노출돼서 죽어가고 있어요. 여기 오렌지색이요.	수: 이게 지구 같아요. 이것들이 공룡이고요. 이건 뜨거워 보여요. 왜냐하면 따뜻한 색이잖아요. 태양이 공룡 위로 빛을 뿜어 내리고 있고요. 어떤 이유에서인지는 모르겠는데 빛을 과다하게 쬔 거 같아요. 태양이 그 위로 빛을 주고 있고 파괴하고 있어요. 너무 강렬해서 열을 감당하지 못하는 것 같아요. 검: 진화하고 있다고요? 수: 뭔가 여기 지구에서 나오고 있는 것 같아요. 검: 나오고 있다고요? 수: 작은 호수일 수도 있고 지구일 수도 있을 것 같아요. 거기에서 끌어내고 있어요.	
X	(14) (매우 짜증이 난 것처럼 보임) 그냥 여러 색이 따로 떨어져 있어요. 어떤 가족이나 이런 게 아니에요. 다들 떨어져 있는 것 같아요. 그냥 아주 여러 색들이에요.	(검: 수검자의 반응을 그대로 되풀이해준다) 수: 네. 그냥 다양한 색들의 얼룩, 반점들이에요. 검: 따로 떨어져 있다고요? 수: 네. 왜냐하면 모두 다 떨어져 있으니까요. 뭔가 제가 친밀함이나 연대 같은 걸 생각하면 가족이 생각나거든요. 이건 모두 다 떨어져서 분리되어 있으니까 소외된 느낌이 들어요. 통합되지 않고요. 저한테는 가족이 친밀함 자체에요. 근데 이건 그게 아니에요.	Wv Cnone Id DR2

Card	Response	Inquiry	Scoring
	(15) 저기 사람이 있는데 꼭대기에서 매달려있어요. 아주 작은 사람이에요. 무슨 나무나 뭔가에서 그네를 타고 있는 것처럼요. 다리랑 팔이 다 위로 올려져 있어요. 작은 사람 한 명이 나뭇가지에 매달려있어요. 이 파란 건 물인 것 같아요. 모르겠어요. 글쎄 뭐 저한테는 안 떠올라요. 뭔지 모르겠어요.	(검: 수검자의 반응을 그대로 되풀이해준다) 수: 소녀 같아요. 이건 나뭇가지 같고요. 아주 얇고 작은 초록색 다리와 초록색 팔, 그리고 머리에요. 이런 것들이 나뭇가지 같아요. 상상력을 발휘해서 뭔가를 찾아야 한다면 이게 그거 같아요. 노란색은 태양 같고요. 태양의 따뜻한 색이죠. 밝음과 강렬함이죠. 이 여자가 파란, 물 위에 매달려 있어요. 검: 물이요? 수: 이게 첨벙거리는 물결 같아요. 꼭 물이 튀기는 것 같아요. 우리가 호수에 자주 가고 배도 있는데… 우리 애들도 나무에 이렇게 매달리기도 하는데 그래서 아마 제가 그렇게 봤나 봐요. 더는 잘 모르겠어요.	D+ Mp.CF.mpu H,Na 4.5 DV,PER,INC

• 표 7.3 사례 2. 구조적 요약지

```
CASE02.R3=================== STRUCTURAL SUMMARY ============================

 LOCATION                DETERMINANTS              CONTENTS       S-CONSTELLATION
 FEATURES          BLENDS              SINGLE                       NO..FV+VF+V+FD>2
                                                   H    = 2, 0    YES..Col-Shd Bl>0
 Zf     = 12     FC'.CF.m              M   = 2    (H)  = 1, 0    YES..Ego<.31,>.44
 ZSum   = 35.5   FM.FC'                FM  = 1    Hd   = 0, 0     NO..MOR > 3
 ZEst   = 38.0   FM.CF.FD              m   = 0    (Hd)= 0, 0      NO..Zd > +- 3.5
                 FM.m.CF.FD            FC  = 0    Hx   = 0, 0    YES..es > EA
 W   = 12        M.CF.m                CF  = 0    A    = 9, 1    YES..CF+C > FC
  (Wv = 2)                             C   = 1    (A)  = 1, 0    YES..X+% < .70
 D   =  3                              Cn  = 0    Ad   = 0, 0     NO..S > 3
 Dd  =  0                              FC'= 4     (Ad)= 0, 0      NO..P < 3 or > 8
 S   =  1                              C'F= 0     An   = 0, 0     NO..Pure H < 2
                                       C'  = 1   Art   = 0, 1    YES..R < 17
   DQ                                  FT  = 0    Ay   = 0, 0       6.....TOTAL
 .........(FQ-)                        TF  = 0    Bl   = 0, 1
  +  =  6   ( 1)                       T   = 0    Bt   = 0, 0    SPECIAL SCORINGS
  o  =  7   ( 2)                       FV  = 0    Cg   = 0, 0             Lv1     Lv2
 v/+ =  0   ( 0)                       VF  = 0    Cl   = 0, 0   DV    =   3x1     0x2
  v  =  2   ( 0)                       V   = 0    Ex   = 0, 0   INC   =   2x2     0x4
                                       FY  = 0    Fd   = 0, 1   DR    =   3x3     2x6
                                       YF  = 0    Fi   = 0, 0   FAB   =   0x4     1x7
                                       Y   = 0    Ge   = 0, 0   ALOG  =   1x5
     FORM QUALITY                      Fr  = 0    Hh   = 0, 0   CON   =   0x7
                                       rF  = 0    Ls   = 0, 0    Raw Sum6 =   12
      FQx  FQf  MQual  SQx             FD  = 0    Na   = 0, 3   Wgtd Sum6 =   40
  +  =  1    0     0     0             F   = 1    Sc   = 0, 0
  o  =  5    0     2     0                        Sx   = 0, 0   AB   = 2     CP   = 0
  u  =  4    0     1     0                        Xy   = 0, 0   AG   = 1     MOR  = 3
  -  =  3    1     0     1                        Id   = 2, 0   CFB  = 0     PER  = 3
 none=  2   --     0     0           (2) =  4                   COP  = 0     PSV  = 0

=================== RATIOS, PERCENTAGES, AND DERIVATIONS ===================

 R = 15         L =  0.07                  FC:CF+C = 0: 5     COP = 0    AG = 1
 ----------------------------------        Pure C  =    1     Food        = 1
 EB = 3: 5.5  EA =  8.5   EBPer= 1.8     SumC':WSumC= 7:5.5   Isolate/R  =0.40
 eb = 7: 7     es = 14        D =  -2      Afr      =0.36     H:(H)Hd(Hd)= 2: 1
        Adj es = 12     Adj D =  -1        S         = 1      (HHd):(AAd)= 1: 1
 ----------------------------------        Blends:R= 5:15     H+A:Hd+Ad  =14: 0
 FM = 4  :  C'= 7    T = 0                 CP        = 0
 m  = 3  :  V = 0    Y = 0
                                    P   = 3          Zf   =12            3r+(2)/R=0.27
 a:p    =   6: 4   Sum6   = 12      X+% =0.40        Zd   = -2.5         Fr+rF    = 0
 Ma:Mp  =   0: 3   Lv2    =  3      F+% =0.00     W:D:Dd =12: 3: 0       FD       = 2
 2AB+Art+Ay= 5     WSum6  = 40      X-% =0.20        W:M  =12: 3         An+Xy    = 0
 M-     =   0      Mnone  =  0      S-% =0.33        DQ+  = 6            MOR      = 3
                                    Xu% =0.27        DQv  = 2

============================================================================
  SCZI = 3     DEPI = 6*    CDI = 4*    S-CON = 6     HVI = No    OBS = No
============================================================================
```

• 그림 7.1 사례 2. 반응영역 기록지

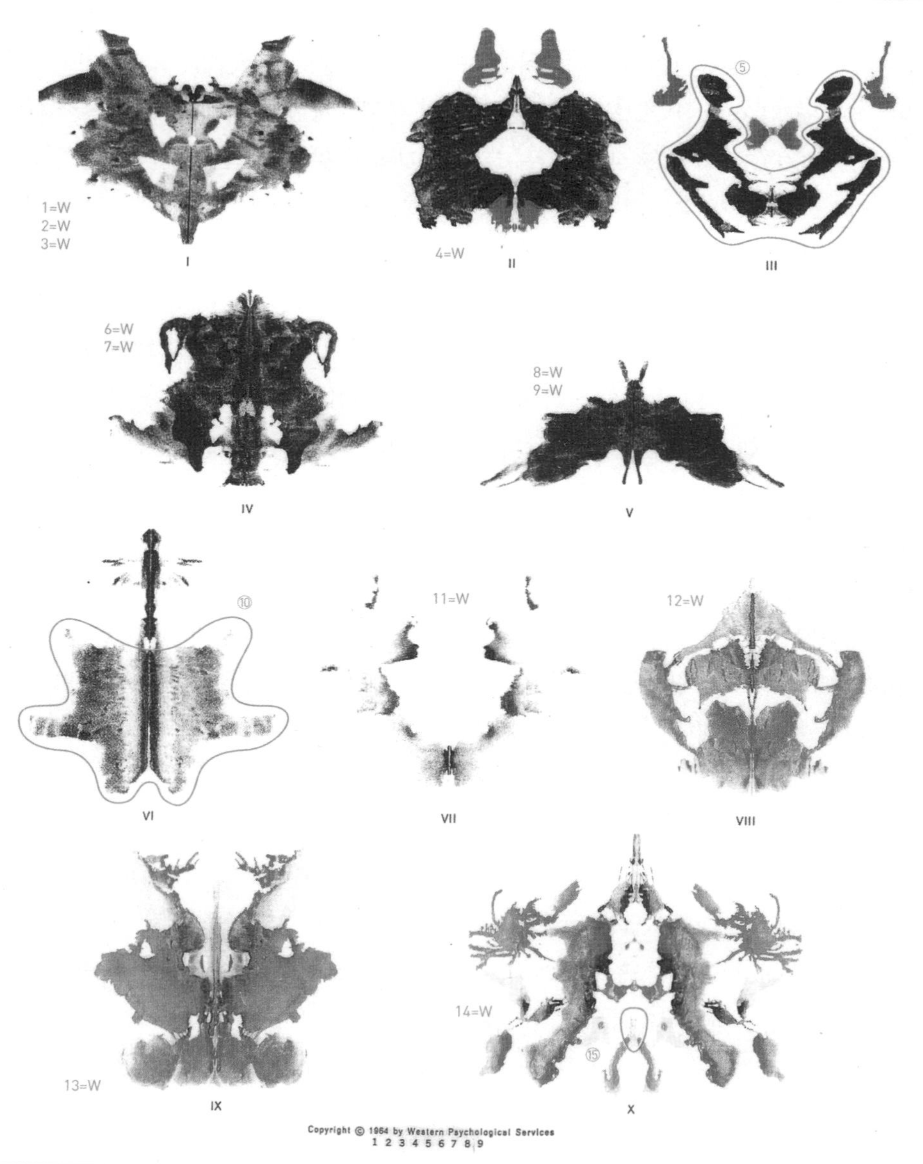

논평

MMPI-2와 로르샤하의 결과 데이터는 주요한 부분에서 일치되고 있으며, 동시에 각 진단 도구만의 고유한 정보를 제공함으로써 서로 진단해내지 못한 부분을 상호보완하고 있다. MMPI-2와 로르샤하 모두 그녀가 경험한 갈등 이면에는 특이할 정도로 강렬하고 미숙한 의존 욕구를 가지고 있다고 보았다. 두 진단 모두 그녀가 자신에게 문제가 있다는 점에 대해서 방어적으로 부인하고 자신의 행동을 이성적이고 이해할 만큼 옳은 것으로 설명하고 정당화시키는 경향이 있음을 지적하고 있다. 특히 MMPI-2는 보다 명확한 수준에서 강력한 그녀의 욕구, 즉 자신을 책임감 있고 선한, 남들이 함부로 비난할 수 없는 사람으로 보여지고 싶어 하는 욕구를 보여준다.

MMPI-2의 “Conversion V” 프로파일을 보면, 로르샤하를 통해서는 알 수 없는 정보를 확인할 수 있다. 즉 감정적인 갈등이 신체적인 불평에 초점을 두는 방식으로 표현되며, 이렇게 함으로써 심리적인 문제가 있음을 인정하거나 다루는 것을 회피하게 된다는 것이다. 로르샤하에서 C’ 응답 수가 많은 것은 이런 방어적인 책략과 일관성이 있는 것으로 해석될 수 있는데, 왜냐하면 이것은 반응을 내면화하려는 노력과 연관되어 있기 때문이다. 그러나 C’ 응답이 전환 장애의 존재를 직접적으로 시사하지는 않는다. 로르샤하 응답에서 신체에 대한 비정상적인 관심을 시사하는 응답이 나타나지 않은 것을 기억해야 한다.

MMPI-2 프로파일에서는 우울정서가 없는 것으로 나타나지만, 로르샤하를 통해서는 S씨가 현재 상당 수준의 우울감을 겪고 있는 것으로 추측할 수 있다. 슬픔과 우울의 신호와 관련해서 MMPI-2와 로르샤하 사이에 차이가 있는 것은 아마도 S씨가 MMPI-2 검사를 할 때 극도로 방어적인 태도로 검사를 실시했기 때문일 수도 있으며, 부인과 억압, 신체화와 이지화에 광범위하게 의존하고 있기 때문일 수도 있다. 제5장에서도 언급되었던 것처럼, 투사검사에서는 심리적인 어려움을 드러내는 검사 결과가 나온 수검자라고 하더라도 자기보고식 검사에서는 자신의 정서적인 어려움이 드러나지 않는 경우가 있고 또 그 반대의 경우도 있다. 이런 현상의 이유를 살펴보면, 우선 문제를 부인하려는 의도적인 노력 때문일 수도 있고 두 검사가 진단하는 정서적인 고통이 서로 다른 의식적 자각의 수준이기 때문일 수도 있다. 전체적으로 드러난 결과를 감안할 때, S씨의 MMPI-2와 로르샤하 결과 사이의 차이점은 그녀가 겉으로는 잘 드러나지 않고 기저에 깔려있는 슬픈 감정 때문에 어렵고 힘들어하고는 있지만, 이런 속상한 감정을 인정하지 않으려 하고 있음을 지적하는데, 왜냐하면 어쩌면 이러한 감정을 직접적으로 경험한다면 얼마나 고통스러운지를 알기 때문일 것이다.

또한 로르샤하는 S씨에 대해 감정적인 반응을 조절하는 것에 상당한 어려움을 겪고 있고 자신의 감정에 압도될 가능성이 큰 사람으로 묘사한다. 이렇게 한 결과, 처음에는 반응하지 않으려 시도하면서 감정을 담아두고자 하지만, 그런데도 가끔은 지나치게 감정적이고 통제되지 않은 방식으로 대응하게 된다.

앞서 언급되었던 것처럼, MMPI−2와 로르샤하 모두 그녀가 매우 강렬한 의존 욕구를 가지고 있으며, 이런 의존 욕구와 관련된 갈등을 경험하고 있다고 추측하였다. 또한 두 검사 모두 그녀가 타인과 피상적인 관계를 맺는다고 묘사했다. MMPI−2는 그녀가 자기중심적인 태도로 타인에게 접근하기 때문에 대인관계에서의 깊이도 없다고 설명하였다. 반면 로르샤하는 그녀가 타인들로부터의 관심과 애정을 요구하기는 하지만 동시에 사람들과의 상호작용이 결국에는 부정적일 것이라고 기대하기 때문에 타인들과 거리를 두고 있다고 보았다. 로르샤하는 또한 타인들과의 접촉이 그녀가 원하는 수준을 충족시키지 못하고 있으며, 그것 때문에 외롭고 소외되었다고 느끼는 것으로 추측하였다.

S씨가 사고하는 방식 및 데이터를 해석하는 방법을 보여주는 로르샤하 결과는 그녀의 사고 과정이 미숙하고 지나치게 자신만의 방식으로, 비논리적으로 이루어지고 있음을 보여준다. 그리고 그 이유는 그녀의 감정, 타인과 친밀하고자 하는 집착, 그리고 상황 속에서 상징적인 의미를 추론해내려는 시도가 그녀의 사고 과정을 방해하고 있기 때문인 것으로 보았다. 이런 사고 과정은 결국 남들 눈에는 기이하고 이상하게 보일 정도로 상황이나 사건에 대한 비합리적인 해석을 하게 되는 결과를 낳는다. MMPI−2를 통해서는 이런 특성이 시사되지 않았다.

MMPI−2와 로르샤하 결과의 통합

S씨의 응답은 그녀가 자신의 문제를 최소화하거나 부인하려고 시도하고 있음을 시사한다(L=T80; K=T65). 그녀는 자신의 삶의 스타일이나 자기상이 남들의 비난을 뛰어넘을 정도로, 매우 선하고 책임감 있으며 양심적인 사람으로 남들에게 보여지고자 하는 강력한 욕구를 가지고 있다. 그녀는 자신이 결함과 결점을 가진 사람이고 잘못할 수도 있다는 것에 대해서는 인정하지 않고 있다. 어려운 상황이 벌어지면, S씨는 그 문제의 원인과

책임을 외재화해버리고 그 상황에 대해 자신도 일정 부분 기여했을 수 있음을 인정하기보다는 곧바로 타인의 행동에 집중해버린다(L=T80; PER=3, Intellectualization Index=5). 그녀는 부인과 억압, 이지화와 외재화를 함으로써 남들이 보기에는 사회적으로 수용할 수 없다고 판단하는 자신의 행동과 성향에 대해 설명하고 합리화시키거나 얼버무린다. 도덕적으로 옳은 사람으로 보여지고 싶어 하는 그녀의 강렬한 욕구 때문에 타인들의 눈에는 독선적으로 보이는 행동에 대해서도 그녀는 합리화하고 정당화시키려고 할 것이다. 이러한 방어기제는 그녀 자신의 감정, 동기, 행동에 대한 통찰을 방해할 뿐 아니라 그녀의 자기상에 대한 공격이 될 수도 있는 타인들의 지적이나 의견에 대해 열린 마음으로 경청하는 것을 가로막기도 할 것이다.

S씨는 자신의 감정적인 고통을 신체적 고통으로 표현함으로써 자신의 심리적인 문제에 대해 고민하거나 직면하는 것을 회피해왔다(13/31 "Conversion V"). 이 프로파일이 가장 흔하게 호소하는 것으로는 두통, 가슴과 등의 통증, 팔다리 마비·저림, 피로, 수면 장애 등 의학적으로는 설명되지 않는 증상들이다. 이러한 증상이 나타나는 발병 시기와 심각도는 감정적, 정서적 스트레스와 관련된다. 이런 증상들은 그녀가 경험하는 어떤 문제를 정신사회적인 어려움이라기보다는 신체적인 문제 때문으로 설명하는 것에 의해, 그리고 남들이 그녀에게 어떻게 반응하느냐에 따라 강화된다. S씨가 보고하는 설명할 수 없는 신체적인 증상들은 그녀가 현재 동료, 상사들과 겪고 있는 반복되는 어려움들로부터 회피할 수 있게 만들어주는 피난처가 되고 있음이 확실해 보인다.

S씨는 매우 강렬하고 미숙한 의존 욕구를 가지고 있다(13/31 코드타입; Food=1). 그녀는 자신이 가치 있고 남들이 필요로 하는 소중한 사람이라는 느낌을 받기 위해 타인의 관심과 애정, 연민과 동정을 추구한다. 만약 남들이 그녀가 원하는 만큼 빈번하게 관심과 애정을 표현하지 않으면 그녀는 불안정감을 느낀다. 피상적으로는 남들과 친근한 것처럼 보일지 모르지만, S씨의 대인관계는 어려움을 겪고 있는 것으로 보이며(CDI=4) 타인들로부터의 관심과 애정을 유발하려고 끊임없이 시도하기 때문에 깊이 있는 대인관계를 갖기가 어려울 것이다(13/31 코드타입). 그녀는 타인의 승인과 허락을 얻고자 노력하지만 그런 행동이 타인들에게는 요구적이고 남을 조종하는 것으로 경험될 가능성이 있고, 결과적으로 그녀에 대해 짜증내고 인내심을 잃게 만드는 결과를 낳을 수 있다.

S씨는 타인과 접촉하고 싶어 하는 동시에 친밀한 관계를 맺는 것에 대해서는 조심스럽게 접근하고 타인들로부터 거리감을 유지한다. 왜냐하면 S씨는 타인과의 상호관계가

나쁘게 끝날 것이며 결국에는 상처를 받게 될 것이라고 예상하기 때문이다(T=0; H content=3; COP=0, AG=1). 타인들로부터 거리를 유지하려는 이러한 욕구는 어린 시절에 언어적으로 학대하고 알코올 중독으로 인해 변덕스럽고 예측할 수 없었던 아버지와의 경험에서 습득한 방식일 수 있다. 이렇듯 타인과의 관계에서 어느 정도로 관여할 것인가에 대해 스스로 결정한 타협점이 자신에게 만족스럽지 못했기 때문에 결과적으로는 외롭고 소외되어 남들로부터 지지받지 못하고 있다고 느끼고 있다(Isolation Index=.40).

S씨는 약간의 긴장을 경험하고 있음을 인정할지 모르겠지만, 상당한 수준의 감정적인 고통을 겪고 있노라고 공개적으로 인정할 가능성은 크지 않다(13/31 코드타입: Afr=.36; C'=7). 감정적인 어려움을 부인하는 이러한 경향성에도 불구하고, 로르샤하 응답을 보면 그녀가 상당 기간 우울감을 경험해 왔음을 짐작할 수 있다(DEPI=6; C'=7; m=3; Adj D=-1). 그녀의 우울 삽화에 대해 일부는 딸의 죽음에 대해 온전하게 해결되지 못하여 촉발된 것이 아닐까 추측되기도 하며, 그녀의 방어적인 태도 때문에 자신의 정서적인 이슈를 인정하고 집중하면서 충분히 탐색하는 것이 방해되었기 때문일 수도 있고, 혹은 좌절된 의존 욕구에 대한 반응 때문으로 추측해볼 수 있다.

S씨는 평소 감정을 매우 강렬하게 경험하는 여성이다(FC:CF+C=0:5; C=1). 그리고 강력한 감정으로 인해 자신이 압도당하거나 와해되지 않기 위해 자신의 감정을 표현하는데 있어 통제의 끈을 놓지 않으려고 애쓴다(Afr=.36; C'=7; SumC':WSumC=7:5.5). 감정적인 반응이 자극되면, 그녀는 자신에 대한 통제를 쉽게 잃어버리게 되고 감정 속에 침수되어 버리는데, 이는 자신의 내적인 상태를 조절하거나 행동을 단속하기 위해 논리와 이성을 활용할 수 있는 힘이 매우 취약하기 때문이다(Adj D=-1; FC=0; C=1; Lambda=.07). S씨의 이런 감정표현 스타일에 따뜻하고 표현적인 방식으로 대응하는 사람들이 있는가 하면 그녀를 미숙하고 지나치게 극적이며 과장이 심하다고 바라보는 사람들도 있을 것이다. S씨는 자신의 감정을 묻어버리거나 억누름으로써 감정적인 반응을 억제하려고 애쓰거나(C'=7), 이지화 방어기제를 사용해서 감정으로부터 자신을 분리시키려고 시도한다(Intellectualization Index=5). 그렇지만 이렇게 S씨가 상당한 노력을 기울여서 자신의 감정을 담아두고 밖으로 표출되지 않도록 애씀에도 불구하고 자신이 처한 상황에 비해서 지나친 반응을 하게 되기 쉽다.

S씨의 정동은 오히려 그녀가 상황을 해석할 때 비논리적이고 긴장된 사고를 하고 결과적으로 잘못된 판단을 하도록 하는 등, 불리하게 영향을 끼친다(Lambda=.07; FQnone=2;

X+%=.40; Xu% =.27; Populars=3). S씨의 사고 과정은 정서가 끼치는 부정적 영향, 타인과 친밀해지고자 하는 집착, 그리고 상황 속에서 상징적인 의미를 추론하려는 시도 때문에 미숙하고 상황을 자기식대로 해석하며 비논리적일 수 있다. 이렇게 상황을 비이성적이고 특이하게 해석하는 그녀의 행동을 타인들은 이상하고 낯설며 이해하기 어렵다고 판단할 수 있다(WSum6=40; Intellectualization Index=5).

S씨의 자기존중감은 오랜 시간에 걸쳐 매우 부정적으로 형성되었는데(Egocentricity Index=.27; MOR=3), 이는 최근에 직장에서 벌어진 갈등으로 인해 발전된 것이 아니다(FV=0; FD=2). S씨는 스스로 자신이 부적절하고 남들에 비해 열등하다고 느끼며 이렇게 자기상이 부정적이기 때문에 스트레스 상황에서 쉽게 우울해지는 등 스트레스에 취약한 모습을 보였다. 그래서 최근 동료나 상사들과 있었던 갈등에 대해 자신을 비판하기보다는 자신이 옳았고 다른 사람들이 틀렸다는 것을 증명하기 위해 격정적으로 대응했다(L=T80; PER=3; Intellectualization Index=5). 그렇게 대응하는 과정에서 S씨는 타인의 의견이나 피드백은 무시해버리는 식으로 자신의 행동을 합리화시키고 정당화했을 것이다. 자신이 옳았다는 생각, 그리고 요지부동으로 다른 사람들의 관점에 대해 고려하기를 거부하는 그녀의 확고한 주장이 다른 사람들에게는 독선적이고 융통성 없는 모습으로 인식되었을 가능성도 크다.

S씨가 발달 장애 아이들을 돌보는 업무를 보람 있는 것으로 생각하는 것은 이들과의 관계를 통해서 자신의 강렬한 의존 욕구를 충족시킬 수 있기 때문인 것으로 보인다. 무력하고 인지적으로 한계가 있는 아이들을 돌보기 위해서는 엄청난 수준의 관심과 인내가 필요하며, 바로 그 점이 그녀로 하여금 자신이 중요하고 필요한 사람이며 아이들이 자신을 원한다고 느끼도록 만들었을 것이다. S씨가 자신의 남편이나 친자녀들과의 관계에서는 왜 이러한 욕구를 충족 받지 못했는지에 대해서는 의문을 품어야 한다. 아마도 다른 사람들과 거리를 유지하고 자신의 감정 표현을 억제하는 S씨의 특성이 이런 상황에 모종의 역할을 했을 것으로 보인다. 따라서 심리 치료 과정에서 S씨가 자신의 남편 및 자녀들과 어떤 관계를 맺어왔고 어떤 갈등이나 거리감이 존재하는지를 다루기 위해 이들의 상호관계에 대한 추가적인 조사가 필요할 것으로 추측된다.

S씨가 발달 장애 아이들을 어떻게 치료할 것인가에 대해 동료직원들과 가졌던 갈등은 앞서 설명되었던 심리적인 특성의 관점에서 이해할 수 있다. 아이들의 치료와 관련해서 지나칠 정도로 보호하는 듯한 S씨의 대응은 그녀의 강렬한 의존 욕구와 감정이 건드

려졌을 때 과잉 반응을 보이는 특성, 그리고 감정적인 상황에서는 제대로 된 판단을 내리지 못하는 그녀의 특성을 반영한다. 이에 더해 문제가 있을 때 S씨는 그 문제에 연루된 다른 사람들을 비난하는 방식으로 반응하며 자신의 행동은 필요하고 옳은, 남들이 감히 비난할 수 없는 것으로 정당화시킨다. 이런 태도와 자세 때문에 S씨는 타인들과의 생각 및 관점의 차이를 해결하기 어려웠고 동료들을 더욱 더 공격하게 만들었으며, 결과적으로 갈등을 증폭시키는 식으로 작동하게 되었다. 이렇게 증폭되는 긴장이야말로 의학적으로는 설명되지 않는 그녀의 지속된 신체증상을 정확히 이해함에 있어 대단히 중요한 부분이다.

진단적 인상

DSM－IV

축Ⅰ 300.11 전환 장애(conversion disorder)

296.25 주요 우울증, 부분 관해(major depression, in partial remission)

축Ⅱ 302.50 히스테리성 성격 장애(histrionic personality disorder)

치료를 위한 제언

S씨는 자신이 심리적인 문제를 가지고 있다는 것을 강력하게 부인하고 있으며, 자신은 합리적이고 정상적이며 도덕적인 사람이라는 인상을 유지하고자 하는 욕구가 매우 강렬하다. 그렇기 때문에 신체적인 증상을 자신의 어려움으로 바라보고자 할 것이고, 자신의 신체적인 증상이 심리적인 반응과 연관되어있을 수 있다는 설명에도 격렬하게 저항할 것이다. 따라서 S씨가 보고하고 있는 다양하고 모호한 신체적 증상을 완화하기 위한 전통적 방식의 심리 치료를 제언한다면 절대로 받아들이지 않을 것이다. 그렇지만 S씨가 자신의 증상에 더 잘 대처할 수 있도록 돕기 위해, 처한 상황으로 인해 발생한 스트레스를 더 잘 관리할 수 있도록 지원하기 위한 방식의 심리 치료를 제시한다면 심리 치료를 받아들일 수 있을지도 모른다. S씨는 통찰 지향의 심리 치료에 대해서는 저항할 가능성이 크다. 왜냐하면 앞서 분석했던 바와 같이, 매우 방어적인 스타일이고 스스로가 아무런 심리적인 문제를 가지고 있지 않다고 주장하고 있기 때문이다.

S씨는 아마도 자신의 신체증상이 심각한 질병 때문이 아니라는 지속적이고 반복적인

의사의 확신을 필요로 할 수도 있다. 의사는 S씨의 상태에 대해 인지하고 있어야 하며 그녀의 반복적인 신체증상 호소에 대해 믿지 않거나 아픔을 과장한다고 치부해버리지 말고 대신 공감해주고 지지해주는 방식으로 접근해야 한다.

S씨가 업무로 복귀할 수 있도록 하기 위해서는 그녀가 돌보고 있는 발달 장애 아이들의 치료와 관련해 동료들과 있었던 갈등을 풀기 위한 시도가 필요하다. 이런 시도는 쉽지는 않을 것인데, 왜냐하면 동료들과의 갈등에 자신도 어느 정도 역할을 했다는 것을 인정하지 않고 자신은 늘 옳았고 도덕적으로도 선한 행동을 했다고 확신하기 때문이다. 이러한 갈등을 해결하기 위해서는 누가 맞고 누가 틀렸는지, 즉 옳고 그름을 판단하기 위한 시도가 아니라 시설 아동들의 복지를 개선하기 위해 어떤 방법이 가장 최선인지를 찾는 것에 우선적으로 중점을 두고 이야기를 풀어가야 한다.

검사 결과에서는 S씨의 상태가 심각한 우울요소를 포함하고 있는 것으로 시사되지만, 자신이 실제로 슬프다고 인정할 가능성은 매우 낮아 보인다. 따라서 우울증 치료를 위해 전통적으로 쓰이는 방식은 그다지 도움이 되지 않을 것이다. 과거에 자신이 속했던 교회로부터 도움과 지원을 받은 적이 있었고 그 부분에 대해서는 반응하고 있으므로 지속적으로 교회의 활동에 참여하고 교회로부터의 지원을 받는 것도 추천해 볼 수 있다.

마지막으로 S씨의 외로움, 소외감 그리고 타인으로부터 지원받지 못하고 있다고 느끼는 부분에 대해서는 충분한 설명이 되지 못했다. 이는 심리평가 면담에서는 보고되지 않았지만, 가족문제 혹은 부부문제가 있음을 의미하는 것일 수 있고, 매우 억제된 감정 스타일 때문일 수도 있다. 따라서 가족 치료나 부부 치료가 필요한지 여부를 파악하기 위해 이러한 가능성을 추가적으로 살펴봐야 할 것이다.

사례 3: 청소년기의 소외감 혹은 정신증?

Chapter

08

사례 3: 청소년기의 소외감 혹은 정신증?

심리평가 의뢰 사유

R군은 19세 백인 미혼 남성으로, 대학 입학 2개월 후부터 정신과 외래진료를 받고 있는 대학교 신입생이다. 정신과 치료를 의뢰한 것은 그의 부모였는데, R군이 대학에 입학한 후 학업과 삶에 대한 동기에 심각한 문제가 있고 고통스러운 정서와 사회적으로 소외되는 감정을 포함해서 대학 생활에 적응하는 것에 어려움이 있다고 했기 때문이었다. 부모는 R군이 괜찮은지 알아보기 위해 즉시 외래 치료를 예약했고 정신과 의사는 R군에게 개인 심리 치료를 받아볼 것을 추천했다. 정신과 의사는 이와 더불어 두 번째 회기 이후에 항정신병 치료제인 록시탄(loxitane)을 처방했다. 2개월 정도 지났을 때, R군의 아버지는 아들의 상태가 개선되는 속도에 만족하지 못하여, 또 다른 정신과 의사와의 상담을 요청했다. 본 심리평가는 R군의 현재 증상이 정신분열병의 증상인지 아니면 정신병적 특성을 동반한 정동 장애인지를 결정하기 위해 두 번째 정신과 의사가 요청했다.

기본 배경 정보

R군은 현재 학사관리와 규칙이 엄격하기로 유명한 미국의 유수한 대학에 신입생으로 재학 중이다. 대학 생활 적응에 대해 묻자, 매사에 동기가 없고 전공 공부나 사람들과 만나서 하는 활동에 대한 관심도 별로 없으며, 캠퍼스 생활에 대해 알아가려는 노력을 거의 하지 않는 등, 스스로도 제대로 기능하는데 문제가 있다고 말했다. 대학 생활에 대한 R군의 묘사가 매우 애매하고 불분명했기 때문에 실제로 어떻게 기능하고 있는지에 대한 상세한 파악은 어려웠다.

R군은 유치원부터 고등학교까지 모두 사립학교에 다녔다. 고등학교 3학년 2학기까지는 평균 A학점을 유지했는데 그 이후 동기가 저하되었고 사회적인 활동에서 철수하기 시작했다. 그 시점부터 R군은 자신이 타인들로부터 분리되는 듯한 느낌을 받기 시작했는데 어릴 때부터 매우 친했던 친구들과도 마찬가지여서 그들과 함께 있을 때 "그저 기계적으로 만나는 것"처럼 느꼈다고 한다. 그는 "친구들과 대화하고 있을 때조차 그들과 함께 있는 게 아니었어요. 같은 생각과 맥락 속에 있다고 느끼지 못했거든요. 친구들이나 사람들과 같이 느끼고 기뻐하고 분노할 수 없었기 때문에 사람들이 나를 싫어한다고 느꼈어요"라고 말했다. 자신이 점점 더 소외되고 혼자만 남겨진다는 느낌을 받게 되자, R군은 분노했고 두려워졌다. 왜 두려웠는지에 대해 묻자 "누군가가 나를 채찍질하는 것처럼 느껴져서 바위 뒤에 숨어야 할 것" 같이 느껴졌다고 대답했다. 매일매일 일어나는 일상적인 상황조차도 낯설고 비현실적으로 여겨질 때가 자주 있다고 했는데, 이런 생각이 들 때마다 "15초 동안 벽을 쳐다보자. 그러면 모든 게 괜찮아지고 이해될 거야. 사람들은 나한테 뭐라고 이야기하는데 그게 무슨 말인지 도대체 모르겠어"라고 스스로에게 말하면서 대처했다고 했다.

이러한 낯설고 이상한 느낌을 받는 때가 점점 더 자주, 더 강한 강도로 늘어나면서 R군은 자신의 삶에서 일상을 만들고 유지하기 위해 일정한 패턴을 설정하고 그것을 따르려고 노력했다. 그러나 이런 노력에도 불구하고 R군은 "모든 게 생각대로 되지 않았고 실패로 돌아가고 있었어요. 저는 아무것도 완성할 수 없었어요. 도대체 사고의 흐름을 따라갈 수가 없어요. 솔직히 말해서 전 생각하고 있던 게 아니에요. 마치 제가 혼수상태에 빠졌던 것 같아요"라고 말했다. R군은 주변의 어느 누구도 자신의 문제에 대해 눈치채지 못한다는 점에 놀라웠지만 학업이 그렇게 강도 높은 수준이 아니기에 자신이 원하는 만큼 혼자 있을 수 있었고 자신에 대한 관리감독도 거의 없었다고 말했다.

고등학교 때 우울감을 느낀 적이 있었는지 물어봤을 때, R군은 슬프거나 화날 때도 있었고 죄책감을 느낀 적도 있다고 했다. 자신의 슬픔, 분노, 죄책감 같은 감정을 촉발시킨 사건이나 대상이 있었는지에 대해서는 특별히 없었노라고 대답했다. 고등학교 3학년 때 특별히 스트레스를 줬던 사건이 있었는지에 대한 질문에도 역시 없다고 대답했다. 이러한 불쾌한 감정들이 나타난 시기가 R군이 사회적으로 철수하고 소외된다는 느낌을 받았을 때와 같은 시기에 함께 일어난 것인지, 아니면 그보다 먼저 일어난 것인지는 확실하지 않다. 환청이나 망상은 없다고 했지만, R군을 검사한 검사자에 따르면 이 질문에 R군이 얼버무리면서 대답했다고 했다.

처음에 심리평가를 위해 만났을 때는 자신이 우울하지 않다고 부인했었던 R군이 나중에는 슬프고 화가 난다고 말했다. 자신의 하루 중 대부분의 시간에 극도의 불안감을 느낀다고 말했는데, 이 불안감은 특정한 상황이나 주제, 아니면 불안을 야기하는 어떤 걱정거리에 한정되는 것이 아니라 늘 그렇다고 했다. 아침에 일어나기 어려워 주로 늦은 아침이나 오후에 개설되는 과목에 수강신청하여 듣고 있지만 여전히 아침에 늦게까지 자느라 수업에 빠지는 경우가 자주 있다고 했다. 식욕에는 변화가 없지만 집중을 하는데 어려움이 많아 강의에 집중하려고 엄청난 애를 쓰고 있고 이런 문제로 부모님께 염려를 끼치는 것 같아 죄책감을 느낀다고 했다. 자기 스스로에 대한 자신감과 자존감을 잃어버렸고 자신의 능력에 대해 더 이상 자랑스럽게 생각하지도 않으며 대학을 졸업하지 못하면 아버지로부터 비난받을까봐 두렵다고 말했다. 자살사고나 시도는 없었다고 보고하였고, 앞서 언급되었던 바와 같이 현재 록시탄 25mg을 처방받고 있다고 말했다. 약을 복용하면 생각을 말끔하게 정리하는데 도움이 된다고 보고했다.

R군은 부모님에 대해 양가적인 감정을 가지고 있다고 말했다. 그의 아버지는 금융과 회계를 전공한 후 대기업의 임원으로 근무하고 있으며 업무량이 많아 늘 늦게 퇴근하고 출장이 빈번했다. R군은 아버지를 존경하며 아버지를 기쁘게 해드리고 싶었지만 다가가서 말을 걸기가 어렵고 친해지기 어려운 사람이라고 인식하고 있었다.

어머니는 아버지보다는 말하기 편한 사람이라고 보고했지만, 초등학교 2학년에서 6학년까지의 시기에 반복적으로 심각한 우울증을 겪었던 어머니에 대해 분노의 감정을 표현했다. 그가 기억하기로 학교에서 즐겁고 행복한 기분으로 집에 오면 늘 어머니의 우울한 기분 때문에 “나의 즐거움을 망쳐버리는” 경험을 했다고 했다. R군은 또 어렸을 적

아버지가 회사에 출근하고 나서도 침대에 누워있는 어머니를 향해 “일어나서 뭐라도 좀 해! 지금 뭐하고 있는 거야? 일어나!”라고 소리 지르곤 했었고, 그럴 때면 어머니에게 강한 분노감정을 느꼈노라고 말했다. 어머니의 우울증상은 심각한 수준이었기 때문에 1회 이상 정신병원에 입원해서 치료를 받아야 했었고, 정신과 치료와 약물복용으로 상태가 많이 호전되어 최근 몇 년 동안은 약물복용 없이도 정상적이고 긍정적인 사회적응이 유지될 정도까지 좋아졌다고 했다. 어머니의 반복되는 우울증에 더해 정신질환과 관련된 가족력도 양성으로 나타났는데, R군의 외할아버지가 24세에 자살한 것으로 나타났다. 외할아버지가 자살한 이유에 대해서는 파악할 수 없었다.

R군은 과거에도 현재에도 술이나 마약 등 약물 남용을 하지 않는다고 했고 알코올이나 약물 남용과 관련된 가족력도 없었다.

진단적 고려사항

R군은 시간이 지나면서 점점 더 대학에서 공부하는 것도, 사회적으로 기능하는 것도 심각하게 어려워졌다고 보고했다. 증상을 살펴보면, 다양한 활동에 대한 흥미가 눈에 띌 정도로 줄어들었고; 동기부여, 집중, 그리고 사고에 어려움이 있으며; 타인들로부터 유리되고 분리된다는 느낌; 수면 장애; 사회적 철수와 소외감; 슬픔; 불안감; 죄책감 등을 겪고 있다. 이러한 증상은 주요 우울증상의 삽화와도 일치하지만 동시에 정신병적인 특성일 가능성도 있다. 혹은 정신분열병의 음성증상일 가능성도 있는데, 이러한 음상증상은 정서적 둔마(apathy), 정서적 철수, 무욕증(avolition), 무감동증(anhedonia), 주의력 장애를 포함한다(Andreasen & Olsen, 1982; Crow, 1985). 현재까지 R군에 대해 알 수 있는 정보만으로는 이 두 가지 중 R군의 장애가 어떤 것에 해당하는지 명확하게 진단할 수 없다.

정신분열병인지, 혹은 주요 우울증인지의 여부를 정확하게 진단하는 것은 지극히 중요하다. 왜냐하면, 이 두 가지 장애는 매우 상이한 방식으로 치료될 뿐만 아니라 그 예후도 매우 다르기 때문이다(DSM-IV, 1994). 치료적 측면에서 보면, 정신분열병에 대한 가장 우선적이고 일반적인 치료 양상은 항정신병 치료제를 사용하는 것이다. 반면 우울증은 항우울제 처방을 하거나 심리 치료를 하기도 하며, 두 가지 방식을 동시에 병행하는 방법 등이 효과적인 치료법으로 받아들여지고 있다. 예후를 보더라도 우울증은 전형적으로 치료에 대한 반응이 좋으며 정신분열병에 비해 치료에 실패하는 경우도 적다. 정신분열병 환자가 치료를 통해서 상당한 증상 호전을 보일 수는 있겠지만, 대부분의 경우는 만성적인 장애로 고통을 겪으며, 기능적 측면에서도 병전의 수준으로 완벽하게 치료되는 것은 불가능하다(Hegarty et al., 1994). 이와는 대조적으로 주요 우울증상을 겪었던 환자들 중 대다수는 증상이 완전히 없어지고 기능적으로도 만성화되지 않는다. 물론 비록 소수이기는 하지만, 상당수의 환자들이 예상했던 것보다 긴 시간동안 우울증의 증상을 지속적으로 경험하는 것도 사실이다. 게다가 정신분열병의 음성증상은 양성증상보다 항정신병 약물 치료에 더 반응하지 않을 뿐 아니라 증상도 더 오래 지속되는 경우가 흔하다(Mayerhoff et at., 1994; Pogue-Beile & Harrow, 1985). 따라서 본 심리평가의 결과는 매우 중요한 진단적 정보를 제공하여 R군에게 가장 효과적인 치료법을 수행할 수 있도록 할 것이다. 그리고 이를 통해 R군과 가족이 그의 상태가 장기적으로 어떤 양상을 나타낼 것인지에 대해 이해할 수 있도록 도울 수 있을 것이다.

정동 장애에 대한 가족력은 매우 중요하다. 왜냐하면 기분 장애와 정신분열병 모두 강력한 유전적 요소를 가진 것으로 알려져 있기 때문이다. 예를 들어, DSM-IV에서는 정신분열병 환자의 일차 생물학적 친족은 일반인에 비해 정신분열병이 발병할 확률이 10배 높다고 보고하고 있다. 반면 주요 우울증 환자의 일차 친족 중에서 주요 우울증이 발병할 확률은 일반인에 비해 2배 정도 높다고 알려져 있다. 따라서 우울증과 자살한 가족력이 있다는 것은 R군이 일반인에 비해 정동 장애를 가질 확률이 훨씬 더 높다는 것을 의미한다.

이와 관련하여, 특히 MMPI-2가 정신분열병과 우울증을 구별해 낼 수 있는지에 대해 살펴본 연구가 있다(Ben-Porath, Butcher, & Graham, 1991). Ben-Porath를 비롯한 연구자들은 남성 집단에서 우울증을 앓고 있는 집단과 정신분열병 환자군을 식별해내는 MMPI-2 임상 척도는 우울증 척도(2번 척도)임을 확인하였다. 즉 우울증 실험군의 2번 척도 점수가 정신분열병 대상군의 점수에 비해 현저한 수준으로 높게 나타났다. 8번 척도 점수는 그룹 간 유의미한 수준의 차이가 나타나지 않았다.

MMPI-2의 내용 척도를 살펴보니, 남자 정신분열병 환자는 남자 우울증 집단보다 기태적 정신 상태 척도(BIZ)에서 유의미한 수준으로 높은 값을 나타낸 반면 우울증을 앓고 있는 남자는 우울 척도(DEP)와 사회적 불편감 척도(SOD)의 점수가 유의미하게 높았다. 다중회귀분석 결과를 보면, 내용 척도 중 기태적 정신 상태 척도(BIZ)와 우울 척도(DEP)에서 차이를 보였으며, MMPI-2의 임상 척도만으로 파악할 수 있는 것보다 훨씬 더 많은 정보를 담고 있는 것으로 확인되었다. 이 비교 결과는 정신분열병과 우울증의 감별진단과 관련하여서는 MMPI-2 임상 척도를 통해 알 수 있는 정보와는 별도로, MMPI-2의 내용 척도가 의미 있는 독립된 정보를 시사한다는 것을 보여주었다.

로르샤하의 경우에는 정신분열병 지표(SCZI)와 우울증 지표(DEPI)가 정신분열병 및 주요 우울증을 감별해내는 것과 특별히 관련이 있다. 두 가지 지표 모두 특정한 진단(예를 들어, 정신분열병 혹은 우울증)을 받은 환자군과 정상인 대조 집단, 그리고 다른 정신병 환자군과의 비교를 통해 경험적으로 개발되었다. Exner(1991)는 정신분열병 환자들의 SCZI 점수와 정동 장애 환자들의 SCZI 점수를 비교해보았다. 이 실험에서 정신분열병 환자들 사례 중 82%가 상승된 SCZI값을 나타낸 반면 정동 장애 환자들에게서는 9%만이 positive SCZI값을 나타냈다. 우울증 진단을 받은 315명의 정신질환 입원환자 사례 중 11%에게서 positive SCZI값이 나타났는데, positive값의 대부분이 4점이었다. Positive 값이 4인 경우는 정신분열병이라는 결과가 오류일 가능성이 높기 때문에 매우 주의해서 해석해야 하는 점수이다. 동일한 사례 중 우울증으로 입원한 환자의 75%에서 DEPI지수가 positive로 나타났다. 320명의 정신분열병 입원 환자군에서는 82%가 positive SCZI 값을 나타냈고, 19%에게서만 positive DEPI값을 나타냈다. 따라서 심리평가자가 주요 우울증과 정신분열병을 감별해 내고자할 때는 SCZI와 DEPI을 조사해 봄으로써 중요하고도 의미 있는 정보를 얻을 수 있다.

MMPI-2 데이터

타당성 척도: MMPI-2의 타당성 척도에서 F와 F-Back 척도가 상승했기 때문에 주목할 필요가 있다. R군이 일반적인 수준보다 더 많은 수의 일탈적인 항목에 "그렇다"라고 응답한 것은 독해력 부족, 일관되지 않은 응답, 급성 정신증 보상 실패(decompensation), 혹은 증상에 대한 과장을 포함한 여러 가지 요인들 때문일 가능성이 있다. 그러나 R군의 독해능력은 고등학교 때 평균 이상의 성적을 받았었고 현재도 유수한 대학에 입학해서 재학 중인 것으로 보아 문제가 될 것으로 보이지 않는다. 이와 일관되게, 무선 반응 비일관성 척도(VRIN)도 타당한 점수를 나타내고 있다(T=54). 이는 R군이 읽을 수 있고 검사 항목을 제대로 이해했으며 지속적으로 집중해서 MMPI-2 검사 항목에 일관된 태도로 응답했음을 시사한다. 따라서 F값과 F-Back값의 상승은 주의결핍, 혼란, 혹은 독해능력에 문제가 있었기 때문에 나타난 것으로 볼 수 없다. 증상을 과장할만한 특별한 외부적인 요

인이 없다고 가정했을 때 이러한 타당성 척도 배열은 R군에게 감정적인 혼란, 정상적으로 기능하는데 어려움, 그리고 정신증 보상 실패를 수반하는 심각한 정신증이 나타나고 있음을 시사하는 것일 수 있다.

임상 척도: 78/87 코드타입은 정신건강 전문가들이 만나는 사람들 중에서 자주 발견되는 결과이다(Greene, 1991). 이 코드타입은 신경증 장애 환자들 사이에서 만큼이나 정신병적 장애 환자들 중에서도 자주 나타난다. 어떤 학자들은 이 코드타입이 신경증 장애인지 정신증 가능성을 가리키는 것인지 확인하기 위해서 더 높은 척도를 점검해보라고 권유한다(Graham, 1993; Greene, 1991). 8번 척도가 7번 척도보다 더 높을 때, 특히 신경증 3인조(1, 2, 3번 척도)가 상대적으로 낮을 때 정신병적 장애일 가능성이 높아진다. 반면 7번 척도가 8번 척도보다 높은 경우, 수검자는 심리적으로 고통스러워하고 있으며 자신이 경험하고 있는 비정상적인 사고와 행동 때문에 몹시 혼란스러워할 가능성이 크다. 또한 자신을 통제하기 위해서 고군분투하고 있을 가능성도 높다.

R군의 7번 척도 점수(Pt=T83)와 8번 척도 점수(Sc=T84)는 거의 동일한 수준이다. 7번과 8번 척도의 상대적인 상승은 78/87 코드가 정신증 보상실패의 취약함을 가리키는 것인지 아니면 현재 정신병적 장애가 있음을 나타내는 것인지 명확하게 가르쳐주지 않는다. 그럼에도 불구하고 기태적 정신 상태(BIZ=T88), 자아통합결여－인지적(Sc3=T84), 자아통합결여－억제부전(Sc5=T82)의 상승을 포함한 몇몇의 내용 척도와 보충 척도 점수에 의해 후자일 가능성이 지지되고 있다. 그러므로 R군은 비현실감, 타인들이 자신을 해치려고 한다는 염려, 환각, 또는 망상과 같은 정신증과 종종 관련된 기이한 사고와 비정상적인 경험을 나타내는 항목에 평균수준보다 훨씬 높은 정도로 "그렇다"고 응답했다.

78/87 코드타입은 R군이 최근 걱정, 불안, 우울, 긴장과 같은 상당한 수준의 정신적인 혼란을 겪고 있음을 시사하고 있다(D=T70; DEP=T78, ANX=T79; D1=T82; Sc2=T88). 그는 위축되어있고 매일의 삶 속에서 벌어지는 활동에 대처하기 위한 에너지가 부족하고 경직되어 있다고 느끼는 것 같다(D2=T76; D4=T82; Hy3=T75; Pd5=T77). 이런 반응은 현재로서는 압도적일지도 모른다. R군은 반추하고 걱정에 몰두되어 있을 것 같은데, 특히 개인적 부적절감에 대해 더욱 그럴 것이다. 이와 같이 높은 수준의 반추, 근심, 그리고 긴장으로 인해 R군의 사고는 비효율적일 것이고 집중이 방해받을 것이다.

전반적으로 R군은 자신감 부족과 열등감으로 인해 문제를 겪고 있을 가능성이 크다.

R군의 자기상은 부정적이고 자기 자신에 대해서 실패자로 느낄 것이며 매사에 쉽게 포기할 것이다(Low Self Esteem=T75; Si3=T74). 이 같은 자신감의 부족으로 인해 사회적인 대인관계 장면에서 수줍어하거나 걱정을 많이 하고 불충분하다고 느끼며, 그래서 결과적으로 사회적인 상황을 회피하게 된다. 특히 이성 간 상호작용에서 R군은 위축되고 위협당하는 느낌을 많이 받는데, 왜냐하면 남성으로서의 부적절감과 자기 자신에 대한 의구심 때문이다. 게다가 성적충동 및 성적인 활동과 관련된 죄책감 때문에 이성과의 데이트나 연애에 대해서도 불편감을 느낄 것이다(78/87). 그러나 R군은 남성으로서 자신의 부적절감과 의구심에 대한 보상기제가 작용하여, 아마도 상당한 수준의 성적인 환상과 공상을 할 가능성이 크다.

전반적으로 MMPI－2의 임상 척도 및 보충 척도는 현재의 정신병적 장애와 상당 수준의 감정적인 고통과 정서적인 혼돈을 겪고 있다는 점을 강력하게 지지하고 있다. 그럼에도 불구하고 임상 척도와 내용 척도를 통해서는 R군의 병증이 정신분열병과 관련된 정신증 보상실패인지, 아니면 정신병적 특성을 동반하는 기분 장애인지에 명확하게 구분할 수 없다.

• 표 8.1 사례 3. MMPI-2 Profile

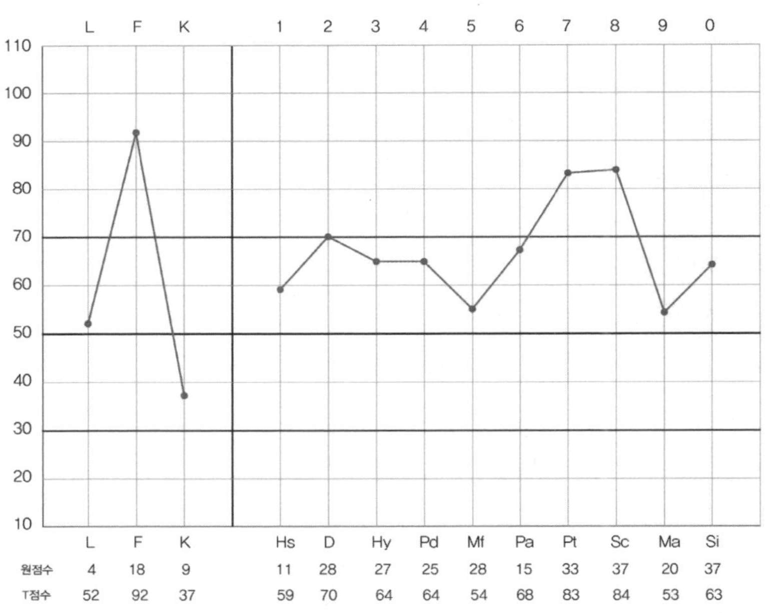

• 표 8.2 사례 3. MMPI-2 내용척도 및 보충척도

	Raw Score	T Score
FB	14	100
True Response Inconsistency (TRIN)	12	72T
Variable Response Inconsistency (VRIN)	6	54
Anxiety	32	81
Repression	18	56
MAC-R	26	58
Ego Strength (Es)	29	31
Dominance (Do)	8	20
Social Responsibility (Re)	16	39
Overcontrolled Hostility (O-H)	14	55
PTSD - Keane (PK)	30	87
PTSD - Schlenger (PS)	41	88
Addiction Potential (APS)	29	65
Addiction Admission (AAS)	2	46
Content Scales (Butcher et al., 1990)		
Anxiety (ANX)	7	56
Fears (FRS)	5	54
Obsessiveness (OBS)	7	56
Depression (DEP)	20	78
Health Concerns (HEA)	8	58
Bizarre Mentation (BIZ)	13	88
Anger (ANG)	6	50
Cynicism (CYN)	15	59
Antisocial Practices (ASP)	8	49
Type A (TPA)	10	53
Low Self-Esteem (LSE)	14	75
Social Discomfort (SOD)	10	54
Depression Subscales (Harris-Lingoes)		
Subjective Depression (D1)	19	82
Psychomotor Retardation (D2)	10	76
Physical Malfunctioning (D3)	5	59
Mental Dullness (D4)	9	82
Brooding (D5)	6	74
Hysteria Subscales (Harris-Lingoes)		
Denial of Social Anxiety (Hy1)	3	45
Need for Affection (Hy2)	5	43
Lassitude-Malaise (Hy3)	8	75
Somatic Complaints (Hy4)	6	67
Inhibition of Aggression (Hy5)	5	63

	Raw Score	T Score
Psychopathic Deviate Subscales (Harris-Lingoes)		
Familial Discord (Pd1)	1	45
Authority Problems (Pd2)	3	47
Social Imperturbability (Pd3)	3	45
Social Alienation (Pd4)	11	87
Self-Alienation (Pd5)	9	77
Paranoia Subscales (Harris-Lingoes)		
Persecutory Ideas (Pa1)	12	112
Poignancy (Pa2)	6	75
Naivete (Pa3)	3	41
Schizophrenia Subscales (Harris-Lingoes)		
Social Alienation (Sc1)	11	84
Emotional Alienation (Sc2)	5	88
Lack of Ego Mastery, Cognitive (Sc3)	7	84
Lack of Ego Mastery, Conative (Sc4)	8	82
Lack of Ego Mastery, Def. Inhib. (Sc5)	6	82
Bizarre Sensory Experiences (Sc6)	9	85
Hypomania Subscales (Harris-Lingoes)		
Amorality (Ma1)	3	58
Psychomotor Acceleration (Ma2)	10	73
Imperturbability (Ma3)	1	35
Ego Inflation (Ma4)	4	56
Social Introversion Subscales (Ben-Porath et al., 1989)		
Shyness/Self-Consciousness (Si1)	6	53
Social Avoidance (Si2)	3	49
Alienation -- Self and Others (Si3)	13	74

로르샤하 데이터

로르샤하의 탐색전략은 정신분열병 지표의 positive에 의해 결정되었다(SCZI=5). SCZI는 로르샤하의 10가지 변인으로 구성된, 경험적으로 추출해 낸 지표로서 정신분열병의 유무를 확인하기 위해 개발되었다. SCZI를 구성하는 변인들은 정신분열병 환자 집단, 정상인 집단, 그리고 정신분열병이 아닌 기타 정신질환 환자 집단 간의 비교를 통해 분석한 판별함수분석에 근거하여 구성되었다. SCZI 점수의 범위는 0~6점까지이며, 4점 이상일 경우에는 환자가 정신분열병을 앓거나 정신병적 장애를 가지고 있을 가능성이 매우 농후함을 가리킨다. 이 분석의 결과는 허위 양성(false positive), 즉 실제로는 환자가 아님에도 정신분열 또는 정신병 환자로 감별될 가능성이 낮다는 것을 의미한다. 허위 양성이 나오는 경우의 대부분은 SCZI값이 4일 때이다. 반면 SCZI값이 5이거나 6일 경우에는 정신분열병을 감별해내는 정확도의 확률이 최대치로 높아진다.

SCZI가 4 이상일 경우의 탐색전략은 수검자가 자극을 구조화하거나 해석할 때, 또는 개념화하는 과정에서 나타나는 수검자의 사고의 특징과 사고의 질, 또는 사고의 방식을 점검해보는 것부터 시작해야 한다. R군은 양향적 스타일을 가지고 있다(EB=4:5.5). 이렇게 일관성 없는 대처 방식을 가질 경우, 의사결정을 비효율적으로 하고 문제를 해결할 때 우유부단하며 잘못된 판단을 내릴 가능성이 높은 양상으로 나타난다. 현재의 상태로 봤을 때 R군은 심란하고 불안하게 만드는 생각과 근심이 주의집중과 몰입을 방해하기 때문에(m=3) 쉽게 산만해지고 부주의해지며 집중하기 어려워할 것이다. R군의 사고패턴과 가치기준은 매우 고정되어 있고 융통성이 없으며, 이런 점들은 R군이 생각을 바꾸거나 변화하는 것을 어렵게 만든다(a:p=8:1). 더불어 그의 사고는 매우 침울하고 비관적일 것이다(MOR=5).

R군의 특수 점수의 값, 즉 인지적 오류와 비논리적이면서도 자신만의 기이하고 독특한 사고를 하는지의 여부를 탐지하기 위한 목적으로 고안된 이 점수의 값은 예상치보다 상당히 높게 나타났다(Sum6=12; WSum6=42). 이는 그의 사고가 현저한 수준으로 비체계적이며 자기 자신만의 특이한 논리가 두드러진다는 것을 시사한다. 특수 점수가 나오는 반응에서 피검자의 교육수준이나 교육배경, 혹은 특수한 하위문화의 일원임이 반영되는 경우가 종종 있다. 그러나 R군은 중상류층의 가정에서 자랐고 유명한 대학교에 재학 중이라는 것을 감안할 때 이와 같은 사례에 해당되지 않는다. R군의 반응 중 몇몇 곳에서 인지적 오류의 증거가 나타나는데, 예를 들어 R군 정도의 학력이면 마땅히 알고 있어야 할 단어를 잘못 사용하는 경우가 이에 해당한다(예를 들어, IV번 카드에서 R군이 괴물의 팔을 "매달려있는 것"이라고 말한다거나 IX번 카드에서 분수가 물을 뿜는 것이 아니라 분수에서 "물이 푸릇푸릇 돋아나는 것"이라는 식으로 말함). 또한 로르샤하 자극에 대한 비현실적인 인식 및 기태적이고 이상한 추론을 하고 있음도 보여주고 있다. 예를 들어, III번 카드에서 두 마리의 "침울한" 고양이가 공놀이를 하고 있다고 했으며 IV번 카드에서는 어떤 존재가 공격적이고 사악한 의도를 가지고 있다고 했는데, 그 이유가 "크기" 때문이라고 하였다. 그는 이 존재가 "파괴하고 약탈하는 생각만 하고 있다"고 말했는데, 그 이유에 대해 "크기를 보니 파괴하는 것 이외에 다른 목적은 없는 것처럼 보인다"라고 설명했다. X번 카드에서는 악마가 불을 뿜는 것으로 본 것에 대해 자신은 "불이 향하는 방향 때문에. 위로 향해 있으니까—마치 뭔가

를 쏘는 것처럼"인 것으로 인식했다고 설명했다. 이런 응답들은 R군의 사고가 매우 방해받고 있으며, 현실을 정확하게 보고 평가하기보다는 자기 내부에서 자신을 사로잡고 있는 생각을 그대로 반영하고 있을 가능성이 더 크다는 것을 의미한다.

R군은 자극을 부정확하고 비전형적이며 왜곡된 방식으로 인식한다(Populars=5; X+%=.30; Xu%=.30; X-%=.40). 그는 대부분 사람들이 보는 것과는 매우 다르게 세상을 바라본다. R군의 인식은 비현실적이고, 기이하며 일반적이지 않은 것으로 묘사할 수 있다. 이는 평범반응이 일반인의 평균치보다 낮고 정확하게 인식하는 것에서도 큰 어려움을 겪고 있기 때문이다(X+%=.30; X-%=.40). 평균치보다 낮은 평범 반응이나 X+%가 평균보다 낮은 경우는 규범을 따르지 않는 사람, 지극히 개인주의적인 사람, 또는 매우 창의적인 사람에게서 나타나기도 하지만, 높은 X−%값은 주변 상황을 정확하고 현실적인 방식으로 인식하는 것에 뚜렷한 어려움을 겪고 있다는 것을 나타낸다. 특히 X−%가 상승되어 있고 Xu%보다 더 높다면 그럴 가능성은 더욱 높아진다. 마이너스 응답이 특정 부분에 집중해 있기보다는 프로토콜 전반에 흩어져 나타나고 있기 때문에, 인식을 정확하게 하지 못하는 어려움은 평가에 협력적이지 않았다거나 평가에 대한 부정적인 인식, 혹은 정서적인 붕괴 때문만으로는 설명할 수 없다. 앞서 언급한 바와 같이, 인식의 왜곡과 사고 장애가 복합적으로 나타나는 것은 정신병 장애가 발현될 때 가장 빈번하게 나타난다.

그런데 놀라운 점은, 매일매일 기능하고 학교에 적응하는 것에 어려움이 있다고 보고하는 R군이 스트레스 상황과 자신이 해결하기 어려운 상황을 다루는 능력에 있어서는 대부분 사람들보다 더 뛰어난 것으로 나타난 부분이다(Adj D=+1). 그러나 이것은 R군이 다른 사람들보다 더 잘 적응한다는 것을 의미하거나 자신이 가진 심리적인 자원과 자기 제어 능력이 충분하여 외부의 스트레스를 막을 수 있을 정도로 문제가 별로 없다는 것을 의미하는 것은 아니다.

이와 더불어 또 한 가지 놀라운 점은 R군이 겪고 있는 어려움에 대한 설명이 될 수 있는, 현재 겪고 있는 감정적인 고통이나 충족되지 못한 욕구에 대한 좌절을 나타내는 신호가 없다는 점이다(D=0; FM=2; C'=0, V=0; T=0, Y=1; DEPI=4). 따라서 이런 데이터들을 근거로 볼 때, R군을 정동 장애로 진단할 만한 충분한 근거자료는 없다고 볼 수 있다.

R군은 대부분 사람들보다 감정 제어에 취약하다(FC:CF+C=1:5). 매우 강렬하게 반응하는 경우가 잦기 때문에 타인들은 그가 매우 감정적이라고, 아마도 지나치게 감정적이거나 쉽게 흥분되는 사람이라고 여길 것이다. 이같이 강렬하게 반응하는 경향 때문에 R군

은 자신의 감정이 건드려지거나 감정이 일어나는 상황을 회피할 뿐만 아니라 자신의 감정을 표현하지 않고 억제하려고 노력한다. 이러한 자기제어 노력은 결과적으로 R군이 스스로를 압박하고 남들과 거리를 두는 방식으로 행동하게 만드는 결과를 낳았을 것이다(Afr=.33). R군은 특히 감정적으로 복합적인 상황을 다루는 것을 힘들어했을 가능성이 크다(Blends:R=5:20). 예를 들어, 새로운 사람들을 만나거나 자신이 알고 있는 사람들이라 하더라도 그들과 교류해야 하는 상황을 특별히 불편하게 생각했을 것이다. 왜냐하면, 사람들이 감정을 직접적으로 표현하는 사회적인 상황에서는 자신의 내면에 있는 감정적인 반응이 자꾸 건드려지고 자극된다는 것을 R군 스스로가 알고 있었기 때문이다. 따라서 그가 유지하고자 애쓰는 빈약한 자기 제어력은 종종 감정적으로 건드려지는 사회적인 상황에 의해 위협받을지도 모른다.

R군은 자기가치에 대한 지각이 매우 부정적이다(Egocentricity Index=.20; MOR=5). 이런 부정적인 자기상은 매우 만성적이고 오랜 시간 동안 지속되어 온 것으로 보이며, 최근의 실패나 어려움에 대한 반응으로 나타난 것은 아닌 것으로 보인다(FD=1; V=0). 자기 자신에 대한 자신감이 부족하고 자신이 부적절하며 남들에 비해 열등하다고 느끼는 그의 자기상은 아마도 실제적인 경험보다는 왜곡된 관념과 공상에 기반을 두고 있을 것이다(H:(H)Hd(Hd)=0:5). MOR 응답들은 R군이 현재 스스로를 악화되어 가고 있고 절망스러우며, 자포자기하고 있으며, 희망이 없는 사람으로 바라보고 있음을 시사한다. 예를 들어, I번 카드에서 들판에 누워 있는 나비를 보았는데 그 나비가 죽어서 여기저기 찢겨져 있었다; II번 카드에서는 망치로 한대 갈겨 맞은 나방을 보았고; III번 카드에서는 두 마리의 침울하고 절망에 빠진 고양이를 보았다; 그리고 마지막으로 V번 카드에서는 깨질 것처럼 연약한 나비가 찢겨져서 풀이 죽은 것처럼 보인다고 설명하면서 “마치 포기한 사람처럼”이라고 했다. 따라서 R군은 현재 낙담해 있고 희망이 없으며 평소보다 더 절망하여 자포자기하고 있는 심정을 느끼고 있다.

R군은 대인관계에 접근할 때도 조심스럽고 내성적인 태도로 임한다(T=0). 타인에 대한 R군의 시각은 불신과 부정적인 색깔로 입혀져 있다. 그는 사람들에 대해 의지할만하다거나 신뢰할만하다고 느끼지 않으며 대부분 사람들이 공격적이고 위협적인 태도로 행동할 것이라고 기대한다(COP=0; AG=3). 결과적으로, 위협적인 공격으로부터 자신을 방어함으로써 위험을 줄이기 위해 사회적 접촉을 회피하는 선택을 할 것이다. 타인들로부터의 철수는 결국 남들로부터 소외되었다는 느낌, 외롭다는 느낌, 그리고 멀리 떨어져서

유리되었다는 느낌을 갖게 만들었다(Isolation Index=.35). R군이 응답한 내용을 살펴보면, 그가 타인과의 사이에서 일어나는 공격의 대상이 될까봐 두려워했음을 알 수 있다. 예를 들면, Ⅶ번 카드 응답을 보면 두 명의 사람들이 서로 논쟁을 하고 있는 것으로 인식했는데 "모욕적인 말을 퍼붓고, 서로 거칠게 싸우고 있다"라고 하였다. 이에 더해, Ⅳ번 카드에 대한 지각은 "죽이고 약탈하는 것 말고는 다른 생각이 없는 … 파괴하는 것 이외에는 다른 목적이 없는" 무서운 존재이다. 이 카드에서 어쩌면 R군은 어떤 존재의 파괴적이고 공격적인 면을 자신과 동일시하고 있는 것이라고 볼 수도 있지만, 그보다는 자신이 또 다른 위협적인 공격의 희생이 될까봐, 그래서 그 공격으로부터 자신을 지킬수 있는 힘이 없을까봐 두려워하고 있다고 보는 것이 더 적합할 것이다(Egocentricity Index=.20; MOR=5).

사례 3. **로르샤하 프로토콜**

Card	Response	Inquiry	Scoring
I	(1) 제가 본 거는 2개인데요… 여기 윗부분은 지구 같아 보여요. 2개의 산이 나오고 있어요. 그리고 가운데는 계곡이고요. 2개의 작은 언덕이 계곡 가운데 있어요.	(검: 수검자의 반응을 그대로 되풀이해준다) 수: 그게 윗부분의 3분의 1을 차지하고 있어요. 저는 이것들을 절벽, 땅, 2개의 언덕, 바위 형태로 봤어요. 검: 어떤 점 때문에 그렇게 보았나요? 수: 왜냐하면 모양이 질서가 없고 기형적으로 생겼으니까요. 자연에서 만들어지는 것들은 구조도 없고, 정리되어서 생기지도 않잖아요. 봤을 때 자연이 머릿속에 떠올랐어요. 왜냐하면 막 뒤엉켰고 뭔가 무생물 같은, 죽어 있는 것같이 보였거든요. 검: 죽어있는 것 같다고요? 수: 양쪽에 날개가 없으니까요. 뭔가 생명이 있는 것 중에서는 닮은 게 없는 것 같아요.	Ddo F− Ls DR
I	(2) 수: 더 보이는 게 없는데요? 검: 대부분 사람은 1개의 카드에서 1개 이상을 봅니다. 수: 아 구멍이 있네요. 뭔가 예전에는 완전한 물체였는데 지금은 썩어가고 있는 것 같아요. 나비를 닮았어요. 검은 점들은 아마 날개가 떨어지는 것 같아요. 들판에서 찾을 수 있는, 죽어서 시든 검	(검: 수검자의 반응을 그대로 되풀이해준다) 수: 그냥 전체가 다 그래요. 뭔가 찢겨 버린 것 같아요. 검: 나비가요? 수: 여기 두 부분이 나비의 뒤쪽 날개에요. 이건 눈인 것 같고… 나비는 양쪽이 대칭이잖아요.	WSo FC'o A P 3.5 MOR

Card	Response	Inquiry	Scoring
	은색 나비 같아요. 더 보이는 건 없어요.		
Ⅱ	(3) 빨간 얼룩이 보여요. 이걸 보니까 피가 생각나요. 뭔가 어떤 사람이 망치로 나방을 내리쳐서 땅에 후드득 떨어진 거 같아요.	(검: 수검자의 반응을 그대로 되풀이해준다) 수: 네. 피가 번져서 더럽혀졌어요. 이 빨간색 때문에 그림이 더 생기있어 보이지는 않아요. 이 빨간색 때문에 뭔가 소름이 끼쳐요. 검: 나방이요? 수: 나방처럼 보이는 이유가 뭔가 닮은 걸 찾다 보니 그렇게 말한 거예요. 뭔가 날개 같은 게 보였고 대칭이니까요…	W+ CFu A,Bl 5.5 MOR,DR
	(4) 회색과 검은색이 어떤 대륙 같아요. 북극이나 남극 같아요. 대부분 어떤 나라들처럼 보이고 회색이랑 검은색은 뭔가 번졌어요. 한 가지 완전한 색이 아니고 검은색의 다양한 그림자? 뭔가 시골에 있는 산등성이나 산마루 같아요.	(검: 수검자의 반응을 그대로 되풀이해준다) 수: 크고 거대한 대륙처럼 보여요. 남극대륙은 거대하잖아요. 검: 저도 볼 수 있게 설명해 주세요. 수: 이게 생긴 모양이 어떤 나라처럼 생겼어요. 나라는 형태가 없잖아요. 행복한 곳이 아니에요. 황량하고 모든 것들이 다 어둡고 회색이에요. 뭔가 남극대륙 같은 곳에 붙어있는 곳 같아요.	Dv FY− Ls MOR
Ⅲ	(5) 뭔가 동물 2마리가 공이나 뭔가로 놀이를 하는 것 같아요. 여기 꼭대기는 고양이 머리 같고요. 딱히 무슨 목적이 있어서	(검: 수검자의 반응을 그대로 되풀이해준다) 수: 네. 그게 공이에요. 검: 고양이요? 수: 여기 코랑 작은 머리에요.	D+ Ma.FC− (2) A,Id 4.0 FAB2,MOR

Card	Response	Inquiry	Scoring
	그런 거가 아니라 그냥… 침울한 표정을 하고 앉아서 이 빨간 공을 서로 주고받고 있는 거 같아요.	검: 침통하다고요? 수: 네. 뭔가 절망한 것 같은 표정이에요. 검: 아까 목적이 뭔지 모르겠다고 말했거든요. 수: 네. 그러니까 뭔가 동상? 같아요. 뭔가 살아 움직이는 것 같지 않아서요.	
	(6) 글쎄요. 보이는 건 여기 아래 가운데뿐인데요. 뭔가 성지 같아요. 여기 삐죽 나와 있는 작은 것이요.	(검: 수검자의 반응을 그대로 되풀이해준다) 수: 여기 아래요. 아래 가운데요. 무슨 성지 같아요. 검: 성지라고요? 수: 왜냐하면 그 모양이나 구조 때문에 그래요. 탑이나 빌딩처럼 생겼어요.	Ddo Fu Id
Ⅳ	(7) 이것은 뭔가 압도적으로 공포스러운 생물이에요. 엄청나게 큰 매머드처럼 보이기도 해요. 엄청난 크기에요. 팔이 모두 몸에 매달려있어요(all dangled up). 여기 맨 아랫부분은 다리 같아요.	(검: 수검자의 반응을 그대로 되풀이해준다) 수: 이 부분을 제외하고 모든 부분이 마치 매머드가 뭔가를 잡으러 가는 것처럼 보이게 해요. 검: 뭔가를 잡으러 간다고요? 수: 활동적인 포즈를 취하고 있잖아요. 팔이 2개 있고 이건 무기인가? 나쁜, 악한 놈 같아요. 검: 악하다고요? 수: 머리가, 머리 방식이 마치 괴물의 머리를 닮았어요. 정상은 아니에요. 눈이 있는 모습이, 머리에 눈이 없어요. 크기가 마치 파괴하는 것 말고는 다른 목적이 없는 것 같아요.	Do Mao (H) P AG,ALOG,DV2

Card	Response	Inquiry	Scoring
	(8) 여기 이 부분에서 저는 이게 여기에 왜 있는지 모르겠어요. 왜냐하면 이게 없다면 괴물이 완성될 거 같거든요. 뭔가 새우 종류 같아요. 괴물은 뭔가를 죽이는 것, 약탈하는 것 말고는 다른 생각이 없어요. 오로지 그것만 생각하는 놈이에요.	(검: 수검자의 반응을 그대로 되풀이해준다) 수: 여기 아래 가운데 부분이 뭔가 새우처럼 보여요. 검: 새우요? 수: 여기요. 생긴 모양이 새우 같아요.	Do F− A
V	(9) 이것도 뭔가 나비랑 비슷하게 생겼어요.	(검: 수검자의 반응을 그대로 되풀이해준다) 수: 이렇게 보면 나비가 행복해 보여요. (카드의 아랫부분을 위로 올린다/오른쪽 부분을 위로 올린다) 너무 약해 보이고 부러질 것 같아 보여서 나비 같은 느낌이 들어요. 여기 검은 부분이 너무나 부서지기 쉬워 보여요. 검: 부서질 것 같다고요? 수: 구조가 없어요. 모양이 울퉁불퉁 튀어나온 부분만 있어요. 신발도 구조가 있고 나비도 구조가 있는데 이것은 구조가 없어요. 그냥 너덜너덜해진 것 같아요. 검: 슬퍼 보이나요? 수: 날개 때문에요. 뭔가 행복한 존재 같지는 않아요. 내 머릿속에는 뭔가 포기해서 팔을 아래로	Wo Fo A P 1.0 MOR,ALOG,INC

Card	Response	Inquiry	Scoring
		축 떨어뜨리고 포기한 사람처럼 보여요.	
	(10) 하지만 카드를 이렇게 돌렸을 때(카드의 윗부분을 아래로 돌림) 더 행복해 보이고 긍정적으로 보여요. 마치 기쁨에 팔을 들어 올리고 있는 나비나 뭔가처럼 보여요. 좀 더 구조가 있어 보이고 행복해 보여요. 다른 쪽을 돌려보면 아래로 내려보는 것 같아요. 마치 나비가 포기하고 땅으로 떨어진 것 같아 보여요.	(검: 수검자의 반응을 그대로 되풀이해준다) 수: 날개인데 가만히 있어요. 이것은 더듬이일 수도 있고요. 검: 긍정적이라고요? 수: 날개가 위로 올라가 있으니까요.	Wo Mpu A 1.0 DR,INC2
Ⅵ	(11) 거북이의 커다란 껍질(shell)처럼 보여요. 꼭대기 부분으로 거북이가 열심히 머리를 내밀고 있어요.	(검: 수검자의 반응을 그대로 되풀이해준다) 수: 뭔가 방금 꼼지락대고 움직여서 나온 것 같아요. 검: 어느 부분을 보고 계세요? 수: 이게 껍질이에요. 이 부분에서 거북이가 나왔어요. 검: 카드의 어떤 부분이 거북이 껍질을 생각나게 했나요? 수: 이걸 보고 뭐가 떠오르냐면 생물이 뭔가… 그 뭔가… 바깥 표면에 코딩이 되거나 바깥 뭔가… 이것은 뭔가 더 생명이 없는 것 같고 이것은 뭔가 더 생명이 있는 것 같아 보여요. 왜냐하면 뭔가 나오고 있으니까요.	Wo FMa− A 2.5 DV D+ FC'o Ls 2.5

Card	Response	Inquiry	Scoring
	(12) (카드를 아래로 돌림) 이렇게 보면 석탄 탄광의 갱도 같아요. 협곡의 꼭대기요. 2개의 작은 언덕이 쭉 일직선으로 아래로 내려오고 있어요. 그게 뭔가를 가리키고 있는 것 같아요.	(검: 수검자의 반응을 그대로 되풀이해준다) 수: 네. 지면의 제일 윗부분인데 이것은 아래로 내려가는 갱도이고요. 검: 석탄 탄광이요? 수: 아닌 것 같아요. 점점 더 까매지고 있거나 혹은 한 쪽이 검은색으로 되어있어요. 이게 바닥은 석탄일 수도 있을 거 같아요. 그래서 사람들이 그것 때문에 땅을 파는 거요. 검: 언덕과 계곡이요? 수: 네. 여기 가운데요. 반쪽짜리 원이요. 검: 뭔가를 가리키고 있다고 했잖아요? 수: 네. 마치 한 방향을 가리키는 것 같아요.	
Ⅶ	(13) 두 사람이 서로 막 싸우고 있어요. 어느 누구도 상대방에게 말할 틈을 주는 걸 용납하지 않으려고 하고 있어요. 두 사람이 머리를 쳐들고 막 욕을 퍼붓고 있어요. 서로 붙잡고 오른쪽 왼쪽으로 싸우고 있어요.	(검: 수검자의 반응을 그대로 되풀이해준다) 수: 여기 그들의 입이 크게 벌어져 있어요. 머리는 직접 상대방을 향해 기울인 게 아니라 다른 방향으로 기울어져 있어요.	D+ Mao (2) Hd P 3.0 AG
	(14) 이 두 명의 머리는 뭔가 악령에 홀린 것 같아요. 눈이 마치 화난 괴물이고 얼굴은 마르고 수척해요. 선함이라고는 전혀 없어요. 기본적으로 완전히 '악'이에요.	(검: 수검자의 반응을 그대로 되풀이해준다) 수: 네. 뭔가 나쁜 존재예요. 얼굴과 눈이 아주 많이 뒤틀려 있어요. 검: 무엇 때문에 그렇게 보셨나요?	Do Fu (2) (Hd)

Card	Response	Inquiry	Scoring
		수: 음… 악마는 아닌데 뭔가 그것과 비슷해요. 검: 악마요? 수: 첫 번째로는 모두가 서로 다른 방향을 바라보고 있어요. 어느 누구도 다른 사람들과 함께 협력하는 것처럼 보이지 않아요. 그것 때문에 친절하지 않은 것처럼 보여요. 검: 수척해 보인다고요? 수: 머리가 아닌… 마치… 마치 여기 이 얼굴이 뭔가로 덮인 것 같은… 아이 모르겠어요.	
	(15) 전체가 투구게 같아요.	(검: 수검자의 반응을 그대로 되풀이해준다) 수: 지난번에 그걸 봤는데 그게가 생각나요. 검: 어디에서 그걸 보았는지 말씀해주세요. 수: 전체 형태가 그래요. 베서니(Bethany)에 갔을 때 이런 게를 봤어요. 갑자기 그걸 봤던 게 떠올랐어요.	Wo F− A 2.5 PER
Ⅷ	(16) 이 그림은 색이 들어있고 생생하네요. 마치 동물 2마리가 나무를 올라가고 있는 것 같아요. 이게 뭔가 좀 더 살아 움직이는 것 같고 색도 화려하네요.	(검: 수검자의 반응을 그대로 되풀이해준다) 수: 네. 전체 그림이, 주로 분홍색이 뭔가… 검: 뭔가 어떻다고요? 수: 어두운 초록색이나 짙은 파란색보다 더 보기 편한 것 같아요. 검: 동물들은요? 수: 여기요.	W+ FMa.CFu (2) A,Bt P 4.5

Card	Response	Inquiry	Scoring
		검: 나무는요? 수: 왜냐하면 이 동물들이 나무를 올라가고 있는 것처럼 보이니까요.	
Ⅸ	(17) 이것도 색이 아주 완벽히 살아있네요. 첫 번째 느낌은 뭔가 밑기둥이 있는 분수 같아요. 여기 작은 부분이 분수가 있는 곳이고요. 이 부분에서 물이 푸릇푸릇 돋아나고 있어요(sprouting out water). 뒤에 있는 뒷배경에 있는 돔은 하나같아요. 모든 모양이 다들 아주 이상하게 생겼어요. 모두가 다들 얼룩얼룩 칠한 것 같아요. 초록색이랑 노란색은 분수고, 뭔가 가을을 나타내는 것 같아요, 나무와 덤불 같은 걸 나타내는 것처럼 보이고… 아니면… 그쯤인 거 같아요.	(검: 수검자의 반응을 그대로 되풀이해준다) 수: 여기요. 분홍 부분은 분수의 아랫부분, 기반이 되는 부분이에요. 검: 아까 돔을 보았다고 하셨지요? 수: 네. 여기요. 이런 작게 움푹 팬 곳이 길게 째졌어요. 검: 뒷배경 속에요? 수: 색깔들이 다들 겹쳐져 있잖아요. 초록과 노란색이라고 느껴졌지만, 명확한 그림은 안 보이네요. 명확한 그림이 나오려면 누군가 올바른 자리에 놓아야 할 거 같아요. 이것은 완성된 그림이 방금 막 흩어진 거예요. 처음으로 보는 괜찮은 그림이네요. 마치 물을 쏘아 올리는 분수 같아요. 꼭 관목처럼 생겼어요. 검: 아까 가을을 나타내는 것 같다고 하셨잖아요? 수: 노란색이 가을을 나타내잖아요. 뭔가 초록색에서 노란색으로 변화하는 거요. 그게 가을이니까…	WS+ ma.FD.CFo Id,Bt 5.5 AB,DV2
Ⅹ	(18) 아주 많은 걸 나타내네요. 파란색은 바다를 생각나게 하고요. 아주 다	(검: 수검자의 반응을 그대로 되풀이해준다)	Dv CF.mau Na

Card	Response	Inquiry	Scoring
	양한 많은 생각이랑 색들이 여기에는 있네요. 파란색은 바다를 생각나게 해요.	수: 파란색이요. 이건 뭔가 물이 튀기는 것, 첨벙거리는 것 같아요. 검: 물이요? 수: 파란색을 보니까 물이 생각나거든요.	
	(19) (카드를 뒤집으며) 이것으로 거의 머리를 만들 수 있겠어요. 눈이 2개이고, 코, 얼굴 옆면, 그리고 턱도 있어요.	(검: 수검자의 반응을 그대로 되풀이해준다) 수: 여기 눈이랑 코랑 입 그리고 머리의 옆면인 거죠.	Dd+ F− Hd 4.5
	(20) 초록색 악마가 정말 해괴하게 보이는데 불을 쏘고 있어요. 그냥 저한테는 악마의 형태로 보여요. 되게 생뚱맞네요. 별다른 구조는 안보여요. 대칭 구조를 제외하면요.	(검: 수검자의 반응을 그대로 되풀이해준다) 수: 네. 여기요. 검: 악마요? 수: 몸 모양이 생긴 모양으로 봐서 악마처럼 보여요. 날개나 뭐 다른 게 달린 거 같아요. 검: 아까 불이나 뭔가를 쏘고 있다고 말씀하셨지요? 수: 여기 2개의 초록이요. 검: 어떤 말씀이신지 모르겠어요. 수: 이걸 보니까 뭔가 불이나 뭔가를 쏘고 있는 것 같아요. 뭔가 엄청나게 분노한 짐승이거나 뭔가 비슷한 존재 같아요. 검: 불이요? 수: 이게 나가는 방향 때문에요. 뭔가 위로 올려 쏘는 것처럼 보이거든요. 제가 불을 보면 악마가 연상되거든요. 머리 위에는 2개의 날개가 달려있고요.	D+ CF.ma− (H),Fi 4.0 ALOG,AG

• 표 8.3 사례 3. 구조적 요약지

```
CASE03.R3==================== STRUCTURAL SUMMARY ============================

LOCATION              DETERMINANTS             CONTENTS      S-CONSTELLATION
FEATURES          BLENDS         SINGLE                       NO..FV+VF+V+FD>2
                                              H    = 0, 0     NO..Col-Shd Bl>0
Zf    = 13      M.FC             M  = 3       (H)  = 2, 0    YES..Ego<.31,>.44
ZSum  = 44.0    FM.CF            FM = 1       Hd   = 2, 0    YES..MOR > 3
ZEst  = 41.5    m.FD.CF          m  = 0       (Hd) = 1, 0     NO..Zd > +- 3.5
                CF.m             FC = 0       Hx   = 0, 0     NO..es > EA
W   =  8        CF.m             CF = 1       A    = 9, 0    YES..CF+C > FC
  (Wv = 0)                       C  = 0       (A)  = 0, 0    YES..X+% < .70
D   =  9                         Cn = 0       Ad   = 0, 0     NO..S > 3
Dd  =  3                         FC'= 2       (Ad) = 0, 0     NO..P < 3 or > 8
S   =  2                         C'F= 0       An   = 0, 0    YES..Pure H < 2
                                 C' = 0       Art  = 0, 0     NO..R < 17
    DQ                           FT = 0       Ay   = 0, 0      5.....TOTAL
.........(FQ-)                   TF = 0       Bl   = 0, 1
  +   =  8   ( 3)                T  = 0       Bt   = 0, 2    SPECIAL SCORINGS
  o   = 10   ( 4)                FV = 0       Cg   = 0, 0              Lv1    Lv2
 v/+  =  0   ( 0)                VF = 0       Cl   = 0, 0    DV   =   1x1    2x2
  v   =  2   ( 1)                V  = 0       Ex   = 0, 0    INC  =   1x2    1x4
                                 FY = 1       Fd   = 0, 0    DR   =   3x3    0x6
                                 YF = 0       Fi   = 0, 1    FAB  =   0x4    1x7
                                 Y  = 0       Ge   = 0, 0    ALOG =   3x5
     FORM QUALITY                Fr = 0       Hh   = 0, 0    CON  =   0x7
                                 rF = 0       Ls   = 3, 0     Raw Sum6 =  12
      FQx   FQf   MQual  SQx     FD = 0       Na   = 1, 0    Wgtd Sum6 =  42
  +  =  0     0     0     0      F  = 7       Sc   = 0, 0
  o  =  6     1     2     2                   Sx   = 0, 0    AB  = 1    CP  = 0
  u  =  6     2     1     0                   Xy   = 0, 0    AG  = 3    MOR = 5
  -  =  8     4     1     0                   Id   = 2, 1    CFB = 0    PER = 1
 none= 0     --     0     0     (2) =  4                     COP = 0    PSV = 0

=================== RATIOS, PERCENTAGES, AND DERIVATIONS ===================

R = 20          L =   0.54              FC:CF+C  = 1: 5    COP = 0      AG = 3
-----------------------------------     Pure C   =    0    Food         = 0
EB = 4: 5.5   EA =    9.5   EBPer= N/A SumC':WSumC= 2:5.5  Isolate/R   =0.35
eb = 5: 3     es =    8         D =  0  Afr       =0.33    H:(H)Hd(Hd)= 0: 5
         Adj es =    6    Adj D =  +1   S         = 2      (HHd):(AAd)= 3: 0
-----------------------------------     Blends:R= 5:20     H+A:Hd+Ad  =11: 3
FM = 2   :  C'= 2    T = 0              CP        = 0
m  = 3   :  V = 0    Y = 1
                                  P   = 5        Zf   =13         3r+(2)/R=0.20
a:p      =  8: 1   Sum6   = 12    X+% =0.30      Zd   = +2.5      Fr+rF    = 0
Ma:Mp    =  3: 1   Lv2    =  4    F+% =0.14   W:D:Dd = 8: 9: 3    FD       = 1
2AB+Art+Ay= 2      WSum6  = 42    X-% =0.40      W:M  = 8: 4      An+Xy    = 0
M-       =  1      Mnone  =  0    S-% =0.00      DQ+  = 8         MOR      = 5
                                  Xu% =0.30      DQv  = 2

==========================================================================
 SCZI = 5*     DEPI = 4     CDI = 3     S-CON = 5     HVI = No    OBS = No
==========================================================================
```

• 그림 8.1 사례 3. 반응영역 기록지

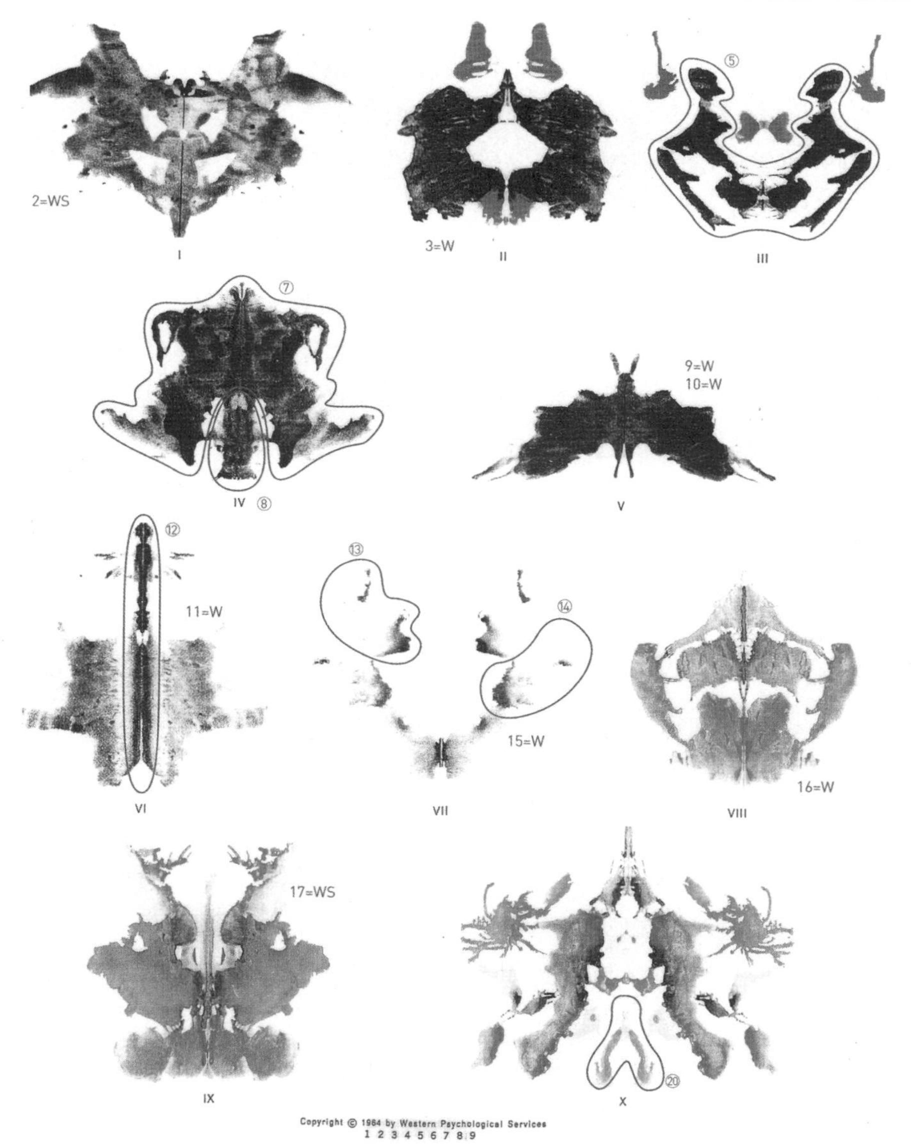

논평

이 사례에서 우선적으로 다뤄져야 할 문제는 정신분열병과 주요 우울증에 대한 감별 진단이다. MMPI－2와 로르샤하 결과가 모두 이 주제를 직접적으로 언급하고 있다. 앞서 언급되었던 것과 같이, MMPI－2 78/87 코드타입은 신경증 장애의 경우에서와 마찬가지로 정신증 장애에서 자주 볼 수 있다. 어떤 경우에는 신경증인지 정신증인지를 구분해 내기 위해 7번과 8번 척도의 상대적인 상승을 검토해볼 수도 있다. 이 사례의 경우에는 7번 척도와 8번 척도의 점수가 거의 동일하다. 따라서 MMPI－2 프로파일을 감별의 주요한 참고 기준이라는 측면으로 봤을 때는 애매모호하다고 할 수 있다. MMPI－2 내용 척도 역시 애매모호한데, 왜냐하면 정신병적 경험과 연관된 척도 및 감정적인 고통과 연관된 척도가 모두 상승되어있기 때문이다.

이와는 반대로 로르샤하로부터 얻은 데이터는 정동 장애의 지표 없이 정신병적 장애의 신호만을 아주 명확하게 보여주고 있다. 비록 negative DEPI가 기분 장애를 지지하지는 않지만, 그렇다고 negative DEPI가 기분 장애의 가능성을 완전히 배제하는 것은 아니라는 것을 기억해야 한다.

이 사례의 경우에는 로르샤하와 MMPI－2 결과 모두에서 정신병적인 특성이 감지되었으며 각각의 진단 결과가 다른 도구의 결과를 상호보완적으로 설명하고 있다. 두 검사 모두 R군에게 정신병적 장애가 나타나고 있다는 점에서 일치하고 있다(78/87; BIZ; Sc3; Sc5; SCZI; WSum6). 정신병적 장애를 지지하는 강력한 증거들과 제한적이기는 하지만 정동 장애임을 나타내는 증거들을 감안할 때, R군의 증상 중 가장 주요한 특징은 사고 장애와 인지적인 와해이며 기분 불안은 2차적인 것으로 결론 내리는 것이 가장 타당하다고 볼 수 있다. 정신분열병 환자가 병증이 지속되는 동안 기분이 불안하고 심란해지는 것을 경험하는 경우는 매우 흔한 일이다.

MMPI－2와 로르샤하 모두 R군에 대해 자신감이 부족하며 부정적인 자기상을 가진 사람으로 설명하고 있다. 로르샤하 데이터는 그의 저하된 자존감은 최근의 문제에 대한 결과로 나타난 단기적인 증상이라기보다는 만성적으로 지속되어 온 문제일 가능성을 시사한다(FD=1; FV=0).

또한 두 검사 모두 R군이 대인관계에서 심각한 어려움을 가지고 있는 것으로 설명한다. MMPI－2는 R군이 사회적인 대인관계를 회피하는 것은 수줍음과 부적절감 때문인 것으로 설명한 반면 로르샤하 데이터는 자신이 스스로를 방어할 수 있을 만큼의 힘이 없는 상태에서 타인들의 악의적인 공격에 자신이 희생자가 될지도 모른다는 공포감 때문에 타인에 대한 그의 시각이 매우 부정적이고 불신으로 가득 차 있다고 설명한다. 특히 MMPI－2 데이터는 R군이 이성과의 관계에서 특히 더 어려움을 겪는 것은 성에 대한 죄책감뿐만 아니라 남자로서의 부적절감 때문이라고 설명하고 있지만 로르샤하는 이런 이슈를 직접적으로 다루지 않았다. 이에 더해 MMPI－2는 R군이 많은 성적인 판타지에 빠져있을 가능성을 시사하는 반면 로르샤하에서는 성적인 관심을 드러내는 어떤 특이한 사인도 명확하게 드러나지 않았다(Sx=0).

MMPI–2와 로르샤하 결과의 통합

R군은 MMPI－2와 로르샤하 검사를 시행할 때 매우 협조적이었다. MMPI－2의 타당도 척도를 보면 R군이 평가 항목의 질문을 잘 읽었고 제대로 이해했으며 평가의 전반에 걸쳐 일관된 태도로 검사에 응했음을 보여준다. 또한 MMPI－2 검사를 진행할 동안에는 주의를 기울여서 검사했음도 알 수 있다(F; F-Back; VRIN). 솔직하게 응답했고, 그래서 심각한 수준의 감정적인 혼란, 기능상의 어려움, 그리고 심각한 정신병리를 나타내주는 다양한 지표를 평가 결과에서 얻을 수 있었다.

R군의 응답은 전체적으로 현재의 정신병적 장애와 일관된 양상을 보인다(78/87; BIZ=88; Sc3=84; Sc5=82; SCZI=5). 그의 반응은 그가 정신증에 동반되는 기이한 사고와 비정상적인 경험, 즉 비현실적인 느낌, 타인이 자신을 해칠 것이라는 걱정, 환청, 환각, 망상을 많이 겪었음을 나타낸다. 사고 과정은 인지적 이탈; 특이하고 기이한 자신만의 논리, 그리고 뚜렷한 인지적 와해의 징후가 분명하였다(SCZI: Sum6=12; WSum6=42).

R군은 자극을 부정확하고 비전형적이며 왜곡된 방식으로 인식한다(Populars=5; X+%=.30; Xu%=.30; X-=.40). R군은 상황을 대부분 사람들과는 매우 다르게 바라본다. 그의 인식은 비현실적이고, 기이하며, 일반적이지 않은 것으로 묘사될 수 있을 것이다(Populars; X+%=.30; X-%=.40). R군은 자신이 경험하고 있는 기이한 사고로 인해 고통을 겪고 화가 나 있을 것이며 자신을 제어하고 자제하기 위해서 무척 고생하고 있을 것이다(78/87). 이렇게 상당한 수준의 지각력 왜곡과 사고 장애가 혼합되는 것은 정신병적 장애가 나타날 경우에 가장 흔하게 발생한다. 이러한 사고 장애의 신호가 R군이 항정신병 약물인 록시탄(loxitane)을 처방받아 복용하고 있는 동안에 나타났다는 것은 예의주시할 만한 사항이

다. 왜냐하면 항정신병 약물은 이러한 인지적 이탈과 사고 장애를 줄여주는 약물이기 때문이다. 따라서 만약 R군이 항정신병 약물을 처방받지 않았던 시기에 심리평가를 진행했더라면 더욱 더 심각한 수준의 인지적 와해와 지각적 불명확함이 관찰되었을 것으로 볼 수 있겠다.

78/87 코드타입은 R군이 최근 걱정, 불안, 우울, 긴장 등을 포함해서 상당한 수준의 정신적인 혼란을 겪고 있음을 시사한다(D=T70; DEP=T78; ANX=T70; D1=T82; Sc2=T88). R군은 일상에서의 다양한 문제에 대면하고 과제를 처리할 에너지조차 충분하지 않고 자신이 경직되어있다고 느끼기 때문에 사회적으로 철수할 가능성이 크다(D2=T76; D4=T82; Hy3=T75; Pd5=T77). 의사결정을 내려야 하는 상황에서도 우유부단하고 동요하며, 판단을 할 때 실수하는 경향이 매우 클 것이다(EB=4.5:5). 자신에 대해 반추하고 특히 자신의 부적절감과 관련된 걱정에 사로잡혀있을 가능성이 크다(D5=T74; Sc4=T82; m=3). 그리고 이렇게 혼란스러운 사고에 사로잡혀 있기 때문에 쉽게 산만해지고 부주의하며 집중을 유지하지 못한다. 사고의 동요, 비효율적인 사고, 집중력 저하와 산만함은 R군이 학업을 성공적으로 지속하기 어렵고 대학 생활에 잘 적응하는 것이 어려울 것임을 나타내는 중요한 요소이다.

R군의 감정 제어 능력은 대부분 사람들의 수준보다 뒤쳐지는 경향이 있다(FC:CF+C). 상당히 강렬한 감정을 드러내는 경우가 잦기 때문에 다른 사람들은 R군을 매우 감정적이고 때로는 극도로 예민한 사람으로 여길 수도 있을 것이다. 그렇기 때문에 R군은 자신이 감정과 정서를 많이 느껴야 하는 상황을 회피함으로써 자신의 반응을 제어하고자 노력한다(Afr). 자신을 제어하기 위한 이러한 노력은 결국 R군이 제한되고 남들로부터 소외된 방식으로 행동하게 만드는 결과를 낳았다. 특히 R군은 감정적으로 복잡한 상황을 다루는 것에 대해 어려움을 느낄 것이다(Blends:R). 이렇게 사회적으로 관여해야하는 상황에서의 철수는 한편으로는 상황에 압도당하거나 상황으로 인해 와해되는 것을 회피하고자 하는 노력을 반영한 것일 수 있다. 왜냐하면 그런 상황 속에서는 자신의 감정이 직접적으로 표현되고 내면의 감정적인 반응이 건드려지는 것을 자주 경험했기 때문이다.

전반적으로 R군의 자기 가치감은 부정적이며 자신감이 부족하며, 열등감으로 인해 어려움을 겪고 있다(78/897; Low Self Esteem=T75; Si3=T74; Egocentricity Index=.20; MOR=5). R군은 스스로 실패 했다고 바라보며 매사에 쉽게 포기할 가능성이 크다. 비록 현재 그가 보통보다 더 절망적이고 희망이 없다고 느끼고 있지만(로르샤하의 내용) 그의 자기상은 늘 만성적으로 부정적이었다(FD=1; V=0). R군의 이와 같은 자신감 저하는 사회적인 대인관계 상황에 영향을 끼쳤고, 결과적으로 수줍어하고 긴장하며 부적절감을 느끼고 남들에 비해 열등하다고 느끼게 되었다. 결과적으로 R군은 사회적인 상황을 회피했을 것이다. 특히 그는 이성과의 대인관계를 위협적으로 받아들였는데, 이는 남자로서 자신의 적절함에 대해서 의구심을 가지고 있기 때문이다. R군은 성적인 충동과 성적인 활동과 관련된 죄책감 때문에 이성과의 연애나 데이트에 대해서도 불편감을 가지고 있을 것이다. 그럼에도 불구하고 R군은 성적인 판타지와 공상을 많이 할 것이며 이는 자신의 남성성에 대한 의구심을 보상하기 위한 작용을 할 것으로 보인다(78/87).

R군이 대인관계를 바라보는 시각은 부정적이고 불신에 가득 차 있다. 그는 대인관계에 접근할 때 경계적이고 조심스러우며 제한된 태도로 접근한다(T=0). 그는 사람들은 신뢰할 만 하다거나 자신이 의지할 수 있다고 믿지 않으며 대부분 사람은 위협적이고 적대적인 태도로 행동할 것이라고 기대한다(COP=0; AG=3). 결과적으로 그는 자신이 적대적인 공격으로부터 자신을 지켜낼 수 있는 힘이 없다고 믿기 때문에 그러한 공격의 희생자가 될까봐 두려워서 사회적인 교류상황을 회피할 것이다(Egocentricity Index=.20; MOR=5). 타인들로부터의 철수는 결국 소외되고 외로운 느낌으로 나타나며 타인들로부터 자신이 멀리 떨어져 있다고 느끼도록 만든다(Isolation Index=.35).

진단적 인상

DSM-IV 축 I 295.90 정신분열병, 미분화 유형(schizophrenia, undifferentiated type)
축 II 유예(deferred)

치료를 위한 제언

심리평가의 결과를 보면 몇 가지 치료 전략을 제안할 수 있다. 첫 번째로, 사고 장애와 인지적 혼란/와해를 제어하기 위해 항정신병 약물처방을 활용한 치료가 강력하게 추천된다. 치료의 목표 중 초기목표 한 가지는 R군과 가족에게 현재 그의 상태와 향후 약물 치료를 지속적으로 해야 하는 필요성에 대해서 교육하는 것이다. R군이 약물복용을 규칙적으로, 적절하게 하고 있는지 모니터링하고 관리하기 위해 반드시 그의 가족들이 치료에 포함되어야 한다.

두 번째로, 심리평가의 데이터를 보면 R군이 휴학에 대해 심각하게 고민하고 있음을 알 수 있다. R군은 지속적으로 집중하는 것에 어려움을 겪고 있기 때문에 현재의 상태에서는 학업적으로 성취할 가능성이 없어 보인다. 게다가 대학 캠퍼스의 친숙하지 않은 사회적 환경에 적응하려고 노력하는 것이 특히나 그에게는 스트레스를 주는 일이다. 왜냐하면 R군은 자신이 낯선 사람들과 교류해야 하는 익숙하지 않은 환경에 대해 두려움과 걱정으로 반응할 가능성이 높기 때문이다. 앞서 언급했던 것처럼, 처한 사회적 상황 때문에 그의 사고가 와해되고 자신의 감정적인 반응을 제어하지 못하여 결국 자기를 잃어버리게 될 수도 있다. 만약 R군이 학교에 남아서 학업을 지속하기를 강력하게 원한다면, 학업이나 과제의 양이 많지 않고 학업적 요구가 크지 않은, 그래서 사회적으로 R군이 압도당할 가능성이 적은 지방의 작은 대학교에서 공부하는 것이 그의 성공확률을 높일 수 있다.

심리 치료의 한 가지 목적은 R군과 그 가족이 그가 현재 겪고 있는 어려움의 본질에 대해서 이해할 수 있도록 현실적이고 교육적인, 직업적인 목표를 세울 수 있도록 돕는 것이 되어야 한다. 이에 더해 심리 치료를 통해 R군이 대인관계에서의 사건을 해석하는 것이 정확하거나 왜곡되지 않았는지를 스스로 확인하기 위해 대인관계에 대한 지각을 점검하도록 도와줄 수 있을 것이다.

R군을 치료하는 치료사가 가장 효율적인 치료를 할 수 있도록 돕기 위해 알아야 하는 중요한 요인 몇 가지가 있다. 우선 R군은 감정적으로 매우 강렬하게 반응하기 때문에 자신의 느낌이나 감정에 의해 쉽게 압도되고 와해될 수 있다는 점이다. 두 번째로 의사결정을 해야 하는 상황이 오면 R군은 비효율적이고 우유부단하며 제대로 판단하지 못하는 경향이 있다. 게다가 R군은 자신이 마치 굳어버린 것 같다고 느끼며 매우 기본적이고 삶을 영위하는데 필수적인 것들을 하는 것에 자신을 동기부여시키고 행동을 취하는 것에 어려움을 겪는다. 세 번째로, 특히 치료의 초기 단계에서 R군은 치료자를 신뢰하지 않고 의구심을 가질 가능성이 크다. 이러한 요소들을 감안하면, R군은 특정한 문제를 해결하는 것에 집중하는 방식, 또는 자신의 목표를 성취하기 위해 전략을 만들어내는 치료적 접근에 가장 잘 반응할 가능성이 높다.

Chapter

09

사례 4: 별거, 우울, 그리고 알코올 남용

Chapter 09

사례 4: 별거, 우울, 그리고 알코올 남용

심리평가 의뢰 사유

H씨는 30세의 백인 기혼 남성이다. 아내와의 별거 때문에 극심한 심적 고통을 겪던 나머지 별거 후 4주가 지난 시점에서 심리 치료를 예약했다. 이 심리평가는 진단을 명확히 하고 치료 계획을 수립하기 위해 요청되었다. 특히 검사자는 H씨가 자신의 기분에 대해 차분했다가 다시 "우울 속으로 뛰어드는 것 같다"고 묘사한 점으로 미뤄볼 때 매우 강렬한 감정의 동요가 있음에 주의를 기울였다. 또한 H씨가 자신의 기분동요(mood swings)가 양극성 장애의 증상인지 여부에 대해 알고 싶다고 문의한 점 등도 염두에 두어야 하는데, 왜냐하면 그가 양극성 장애의 가족력이 있다고 보고했기 때문이다.

기본 배경 정보

H씨와 아내는 3년 6개월 동안 교제한 후에 결혼했으며 2년간 결혼 생활을 유지했다. 평소에 정기적으로 만나서 파티를 즐기던 지인을 통해 아내와 처음 만나게 되었는데 처음

만났을 때는 아내가 친구들에게 코카인을 무료로 나눠주고 마약을 판다는 것 때문에 관심을 가졌었다. 첫 만남은 마약과 술을 마시기 위한 목적으로 만났지만 곧 성관계도 하는 사이가 되었다. H씨는 자신이 아내와 관계를 맺었던 것은 그녀를 "구원하기" 위해서였다고 자연스럽게 말했다. 이 말이 어떤 의미인지 질문했을 때, 그는 아내가 자신에게 털어놓았던 문제, 즉 마약 흡입량과 횟수가 점점 늘어나고 남자들에게 버림받았던 것 때문에 상처받았던 과거를 포함한 많은 아픔을 가진 점 때문에 도와주고 싶었다고 했다. H씨는 아내가 과거에 가졌던 관계들은 모두 오래 지속되지 않았고 난잡했었다고 설명했다.

H씨와 아내는 여러 차례의 육체적인 싸움을 포함해서 매우 변덕스럽고 불안한 관계, 즉 서로 싸울 때는 밀치고 때리고 할퀴어서 상처를 내면서 관계를 유지했다고 말했다. 아내에게 부상을 입혔는지에 대해서는 그런 적이 없다고 부인했다. 이런 싸움은 주로 그가 느끼기에 아내가 자신을 무시한다는 생각이 들었을 때, 또는 아내가 다른 남자들에게 친절하게 대하거나 추파를 던지는 행동을 한 다음에 일어났는데, H씨는 아내가 그렇게 행동하면 아내가 과거에 가졌던 성적인 관계들이 떠올라 너무 괴롭다고 보고했다. H씨는 결혼 전에 연애할 때와 결혼 후 얼마 되지 않았던 때에 일어났던 몇 가지 사건에 대해 보고하였다. 예컨대, 술집에서 아내와 다퉜는데 아내가 H씨를 놔두고 다른 남자와 함께 술집을 나가 밤을 새우고 온 적이 있었고 그것 때문에 아내가 귀가한 후 육체적으로 싸웠던 일에 대한 이야기였다.

H씨와 아내는 본 심리평가에 앞서 자신들의 싸움이 점점 더 심각해지고 파괴적으로 되어가고 있다는 것에 동의하여 6주 동안 서로 별거하기로 결정했었다. 부부 치료를 시작하는 것에 대해 의견을 나눴지만, 부부 중 어느 누구도 먼저 행동을 취하지는 않았다.

H씨는 현재 기분에 대해, 차분하고 안정된 기분 및 "작고 사소한 일들이 자신을 쳐지게 만들면" 우울감의 "나락으로 뛰어드는(plunging)" 것 같은 기분 사이를 왔다 갔다 하고 있다고 묘사했다. 이렇게 기분을 오락가락하게 만드는 촉발사건은 주로 아내가 냉랭하게 행동하거나, 카드 고지서 때문에 열을 받았을 때, 또는 회사에서 실수했을 때 등이라고 말했다. 이렇게 한 번 기분이 우울해지면 며칠씩 지속된다고 했는데, 그럴 때면 자신이 쓸모없이 느껴지고 자살을 생각하게 된다고 했다. 그는 절대 자살을 시도한 적은 없는데, 그 이유는 고통 없이 자살할 수 있는 방법을 찾지 못했기 때문이라고 했다. 그러나 자신만 없으면 자신의 주변 사람들이 더 행복해질 것이라고 믿는다고 했다. 수면리듬은 늘 불규칙적이지만, 현재는 고민으로부터 탈출하기 위한 한 가지 방법으로 수면

을 선택하고 있기 때문에 평소보다 더 잘 자고 있다고 보고했다. 식욕은 정상적이다. 우울이 심해지면, 에너지가 떨어지고 회사에도 출근하기 싫어지며 아무것도 하고 싶지 않는다고 했다. 자신이 즐기는 단 한 가지 활동은 음주인데, 왜냐하면 술을 마시면 자신의 문제를 잊어버릴 수 있기 때문이라고 했다. 집중도는 평소보다 저하된 상태이고, 자기비판적인 느낌이 드는데 이는 삶의 전반에 걸쳐서 나타났던 증상이라고 했다. 그러나 이와 동시에 "뭔가 대단한 것을 해야만 해! 보통 사람이 되는 것에 만족할 수 없어. 최고의 목수가 되고 싶고 AA모임(익명의 알코올 중독자들 모임)에서도 가장 현명한 사람이 되어야 해. 늘 잘해야 하고 회사에서 승진을 하지 못해 급여 인상을 받지 못하는 건 처참한 거지. 아내와의 잠자리에서도 잘하지 못했다는 생각이 들 때면 처참한 생각이 들어!"라는 압박도 느꼈다. 과거에도 이런 기분 때문에 좌절했던 경우가 있었지만, 그 기분이 하루나 이틀 이상 지속되었던 적은 없었고, 좌절했던 때조차도 지금처럼 슬프지는 않았노라고 말했다.

H씨는 자신의 기분을 표현할 때 "저는 내면 깊숙한 곳에서부터 화가 매우 많은 사람이에요. 그 이유에 대해서는 논리적으로 설명할 수 있어요"라고 스스로를 말했다. 술에 취하면 자주 "사람들과 세상에 대해" 화가 난다고 말했는데, 이러한 자신의 분노를 아내를 포함하여 자신을 방해한다고 느껴지는 모든 사람들에게 폭력적인 언어를 퍼부으며 표출한다고 대답했다. 그러나 폭력적인 행동을 한 적은 없다고 즉시 덧붙였다.

자신의 정서가 고양되고 확장되는 느낌, 혹은 과민해져서 흥분하기 쉬운 상태를 경험해 본 적이 있느냐는 질문에, 일이 잘 풀릴 때면 아주 강렬할 정도로 긍정적인 생각과 기분이 드는데 마치 자신이 "천하무적"이 된 것 같은 느낌이 든다고 보고했다. 이런 느낌은 몇 시간에서 때로는 며칠까지 지속되기도 하는데, 당황스러운 사건, 특히 아내와 뭔가 나쁜 일이 있을 때 멈춰진다고 했다. 이렇게 흥분된 기간 동안에도 수면에는 별다른 변화가 없었다. 그는 이런 경우 자신의 생각이 마치 달리기 시합을 하는 것처럼 빨리 진행되고 말도 더 빨라진다고 말했다. 이런 느낌이 들 때면, H씨는 "텔레파시를 보낼 수 있는 힘이 생겨서 내 생각을 다른 사람들의 머릿속에 심을 수 있기"를 소원한다고 말했다. 이제까지 누구도 자신의 말이 너무 빨라서 쫓아가기 힘들었다고 말해준 기억은 없노라고 했다. 기분이 좋을 때는 평소보다 집중력이 더 날카롭고 예민해진다고 했다. 그러나 이런 경우에도 목표 지향적인 행동이 더 늘어나거나 유희를 위한 행위에 지나치게 몰입하지는 않는다고 했다.

H씨는 며칠, 혹은 몇 주 동안 술을 마시지 않다가도 술을 많이 마시는 행동을 번갈아가며 한다고 말했는데, 술을 마시는 날에는 적어도 맥주 12병 정도는 마신다고 했다. 평일 저녁에 이어 주말까지 술을 마시는 경우에는 이보다 더 마시는 경우도 많다고 했다. 음주 때문에 출근이 매우 들쑥날쑥하여 직장에서 반복적인 문제를 겪었으며, "술을 마신 다음에는 자신이 완전히 쓸모없는 존재"처럼 느껴졌다고 했다. 실제로 회사에서 해고를 당한 경험은 없지만, 업무 성과가 나빠서 해고당할 것이 예상되면 곧바로 회사를 그만둬버리기 때문에 그렇게 해서 그만둔 직장은 몇 군데 있다고 했다. 음주운전 때문에 체포되어 "술에서 깰 동안" 감옥에서 밤을 보낸 적이 2회 정도 있었고, AA모임에 나가고는 있지만 1달 이상을 술에 취하지 않는 맨 정신의 상태로 지낸 적이 없노라고 했다. 지난 3년 동안 정기적으로 코카인을 흡입했지만 실제로는 코카인이나 다른 약물보다는 술을 더 좋아한다고 말했다.

H씨는 대학에서 순수예술을 전공했고 "서양화"를 전공했다. 그러나 3학년 때 "음주 때문에 계속 집중해서 공부하기가 어렵다"고 판단해서 자퇴했다. 또한 자신이 과연 예술가로써 성공할 수 있을지에 대한 의구심이 들었다고도 한다.

H씨는 현재 목수로 일하고 있는데, 손재주가 좋아 술을 마시지 않을 동안에는 업무 성과가 좋지만 술만 마시면 엉망이 된다고 했다. 업계에서는 솜씨가 좋기로 정평이 나 있기 때문에 어렵지 않게 일을 구하지만, 한 직장에서 몇 달 이상을 버텨본 적이 없다고 한다. 그는 건축가가 되려고 했던 자신의 꿈을 쫓아가지 못하는 자신에 대해서 매우 화가 난다고 보고했는데; "위험을 감수하면서 어떤 한 가지 – 학교를 끝마치는 것과 같은 – 에 매진하지 않는 내 모습이 마치 나에게 온 기회를 발로 차버리는 것 같아요"라고 말했다.

H씨는 양부모 모두 알코올 중독자인 가정에서 성장했다. 아버지는 성공해서 상당한 정도의 재산을 모았지만, 자신이 추구했던 것만큼의 부를 축적하지는 못했다고 한다. H씨는 아버지에 대해 언제나 곧 엄청난 거래를 성사시킬 것 같은 사업가였다고 묘사했다. 그의 아버지는 정서적으로 냉담하고 자신의 다음 사업 아이템에 대한 계획을 열정적으로 말할 때를 제외하고는 별로 말이 없는 사람이었다.

어머니에 대해서는 아주 친절하고 명석했지만 죄책감과 불안감으로 늘 괴로워했던 사람이라고 묘사했다. 가족과 가정주부로서의 책임감 때문에 늘 근심과 걱정으로 가득 차 있었고 결국 모든 것을 회피해 버렸다고 했다. H씨가 12살이 되던 해에 그녀는 약물

과다 복용으로 자살을 시도했었다. 학교에서 돌아온 H씨가 이런 어머니를 발견하고 어머니의 의식이 없다는 걸 확인하고는 구급차를 불러 목숨을 살렸다고 한다. 그는 어머니의 자살시도와 만성적인 우울의 원인은 폭력적인 싸움을 포함한 부모의 불행한 결혼 생활이라고 지목했다. 예를 들어, 그는 부부싸움으로 화가 난 어머니가 아버지의 머리에 뜨거운 커피를 부었던 사건, 또는 부모가 서로 때리고 발로 찼던 기억 등을 보고했다.

H씨에게 있어서 가족력은 매우 중요하다. 왜냐하면 원가족 양쪽에서 모두 알코올 남용의 가족력이 있기 때문이다. H씨의 외할머니는 양극성 장애로 진단을 받아 리튬 치료를 받은 경력이 있고 아버지의 누나, 즉 고모도 양극성 장애를 앓았었다는 말을 들은 적이 있지만 사실인지 여부는 알 수 없다.

진단적 고려사항

심리 치료사를 통해 언급된 바와 같이, 이 사례에서 가장 중요한 진단적 이슈는 H씨가 양극성 장애의 징후를 보이느냐의 문제이다. 특히 그는 유전의 영향이 매우 강력하게 작용한다고 연구된 양극성 장애의 가족력을 가지고 있기 때문에 이 진단여부에 대해서는 매우 중요하게 다루어져야 할 것이다(Goodwin & Jamison, 1990).

양극성 장애 진단 여부는 양 부모가 과거 우울했거나 조증을 나타냈던 삽화에서, 혹은 현재 보여주고 있는 증상들에 대해서 얼마나 구체적이고 자세한 정보를 얻을 수 있을지에 달려있다. 즉 확실한 진단을 내리기 위해서는 면밀하고 조심스러운 횡적, 종적 진단이 뒷받침되어야 함을 의미한다(Goodwin & Jamison, 1990). 왜냐하면 양극성 장애는 전형적으로 다행증(euphoria)과 우울증 사이에서 명확한 변동을 보이기 때문에 환자의 상태가 우울한 상태인지, 조증의 상태인지, 혼합된 상태인지, 아니면 평상의 상태인지에 따라 매우 상이한 모습을 보일 것이기 때문이다. 예를 들어, 환자가 우울한 상태라면 조증과 연관된 행동, 즉 고양된 기분(elevated mood), 행동과다증(hyperactivity), 웅장함(grandiosity), 말의 압력(pressured speech)과 사고의 비약(flight of ideas)을 나타내지 않을 것이고, 반대로 조증의 단계에서는 슬퍼 보이거나 무력해 보이고 불쾌감과 죄책감으로 인해 고통 받는 모습을 보이지 않을 가능성이 크다.

수검자의 증상이 양극성 장애에 해당하는지의 여부를 고려할 때 위와 같은 성격특성에 대한 묘사가 중요한 의미를 갖는다. 특히 성격검사의 결과들은 기분 등과 같은 수검자의 현재 상태에 대한 정보뿐 아니라 성격스타일이나 자기상과 같은 오랫동안 가져온 안정적인 성격특성에 대한 정보를 제공한다. 진단 결과를 해석할 때 평가자가 반드시 염두에 두어야 할 부분은, 어떤 심리적인 특성들은 시간이 지나면서 변하는 상태(state) 변인인 반면 시간이 지나도 변하지 않고 지속되는 특성(trait) 변인도 있다는 것이다. 따라서 양극성 장애 환자가 조증 상태나 평상 상태와는 반대되는 우울 상태에 있을 때 심리평가를 받게 되면, 그 결과는 매우 상이하게 나타날 것으로 짐작할 수 있다(Nichols, 1988). 환자의 우울증 증상을 나타내는 프로토콜이 존재한다고 해서 그것만으로 양극성 장애가 아닌 단극성 장애라고 결론 내릴 수는 없다. 이러한 구분은 발병 시기, 증상의 양상, 증상이 지속된 기간, 정서적 불안 삽화가 과거에서 현재에 이르기까지 어떤 추이로 나타났는지 등에 대한 전반적이고 면밀한 탐색에 기반해서만 내려질 수 있다.

MMPI－2와 로르샤하 진단 모두 환자의 우울이 존재하는지의 여부를 안정적이고 명확하게 진단해낸다(예를 들어 2번 척도나 DEPI). 그럼에도 불구하고 두 가지 진단 모두 우울함에 빠져있는 환자에 대해 양극성 우울(bipolar depression)인지, 단극성 우울(unipolar depression)인지를 파악해내지는 못한다. MMPI－2의 9번 척도가 상승하는 경우, 종종 경조증 삽화이거나 조증 삽화의 특성과 연관되는 경우가 있기는 하지만 그렇다고 해서 모두 그렇다고 볼 수는 없다(Greene, 1991). 예를 들어, Walters와 Greene(1988)은 정신분열병 환자와 조증 환자의 MMPI 9번 척도에서 차이가 없음을 증명했고, 9번 척도가 높은 코드타입들, 즉 9번 척도가 상승하거나 89/98 코드타입인 경우의 환자들에게서 정신분열병과 조증 환자가 나타나는 비율이 다르지 않다는 것도 알아냈다.

양극성 장애 환자의 로르샤하 응답을 분석한 연구는 거의 없다. 또한 로르샤하에서는 DEPI나 SCZI와 비교할만한, 경험적으로 추출된 조증 지수도 없다. Singer과 Brabender(1993)는 양극성 조증 환자와 양극성 우울 환자, 그리고 단극성 우울 환자의 로르샤하 프로토콜을 비교한 결과, 이 세 그룹 사이에 차이가 존재한다는 것을 발견했다. 양극성 조증과 양극성 우울 집단은 단극성 우울 집단에 비해 병리적 사고를 나타내는 응답을 확연하게 많이 했다. 이와 더불어 조증 집단은 인지적 오류, 취약한 현실 검증력, 빈곤한 논리를 포함하는 응답을 가장 빈번하게 나타냈다. 이와는 반대로 단극성 우울 집단은 양극성 우울 환자 집단보다 로르샤하의 우울 지수인 DEPI에서 positive값을 나타내는 경우가 보다 빈번했고, 조증 환자 집단과 비교했을 때는 강렬한 의존 욕구(Food 반응)를 나타내는 반응이 더 많았다. 즉, 이러한 결과들은 양극성 장애 환자는 인지적 오류(예: 특수 점수)나

현실 검증력의 결함(예: X-%)을 나타내는 징후를 보일 가능성이 크며, 특히 조증 삽화가 나타나는 동안에는 이런 특성이 더욱 강렬해진다는 점을 시사한다.

H씨에 대한 임상적인 이미지를 더욱 복잡하게 만드는 두 번째 이슈는 알코올과 물질 남용과 관련된 가족력이다. 이 이슈가 중요한 이유는 알코올과 코카인 모두 유기적인 기분 장애를 일으킬 수 있으며, 기분 장애의 증상들과 매우 유사한 행동과 기분, 그리고 인지의 변화를 유발할 수 있기 때문이다. 예를 들어, H씨는 비약적인 사고와 속사포를 쏘듯이 말하는 증상이 수반된 삽화를 경험한 적이 있다고 했다. 이런 증상이 약물 사용과 관련된 것인지 아니면 약물 사용과는 독립적으로 발생한 것인지는 확실하지 않다. 두 가지 경우 모두 양극성 장애의 징후일 수도 혹은 코카인 사용의 결과로 나타난 것일 수도 있다.

MMPI-2 데이터

타당성 척도: 타당성 척도의 점수를 보면, H씨가 MMPI−2 검사에 솔직한 태도로 임했으며 자신이 가진 심리적인 문제를 솔직하게 인정했음을 알 수 있다. K 척도의 점수는 일반군보다 낮은데, 특히 대학교육을 받은 집단과 비교해봤을 때 매우 낮다고 할 수 있다. 이것은 H씨가 매우 자기 비판적이며 언제든 자신의 문제점을 인정할 준비가 되어있다는 점을 시사한다. K 척도의 낮은 점수와 더불어 자아강도 척도의 낮은 점수(Es=T40)는 자기 방어 기능이 손상되었고 대처 기능에 심각한 어려움을 겪을 가능성을 시사한다.

임상 척도: H씨의 임상 척도는 2, 4, 6, 7번 코드와 0번 코드가 모두 상승되어 있다. 4번 척도가 가장 높으며 2번과 7번 척도가 같은 수준으로 상승되어 있는데, 이 조합은 247/427/472 코드타입으로 해석할 수 있다. 427 코드타입은 통상 알코올과 약물 남용을 하는 수동−공격성 개인에게서 흔히 나타나는 타입이다. 이 코드타입은 우울, 죄책감, 과민, 걱정, 긴장, 그리고 불안과 연관되어 있고, 자살사고가 나타나는 경우도 흔하다. 가족 구성원들과의 갈등, 특히 아내와의 갈등이 물질 남용과 연관되어 나타나고 있으며, 자신의 분노를 표현하는데 대한 갈등과도 연관되어 나타나고 있다. H씨는 분노하기도 하고 언어적으로 매우 적대적이기도 할 것 같지만, 실제로는 자신의 분노를 직접적이고 적절하게 표현하는 것에 어려움을 겪고 있으며 대신 분노를 간접적으로 표현한다.

어떤 식으로든 분노를 직접적으로 표현한 다음에는 죄책감을 느끼고 자신의 행동을 후회하며 걱정한다. H씨는 "쉽게 흥분하고 아주 예민한" 스타일이며 작은 어려움에도 마치 그것이 파국적인 위급 상황인 것처럼 반응한다.

427 코드타입을 통해서 추측해보면, H씨는 타인의 관심과 지지에 대한 충족되지 않은 강력한 욕구를 가지고 있으며 타인의 관심과 지지에 지나치게 쉽게 의존할 가능성도 있을 것으로 보인다. 이런 패턴을 가진 남성의 성장력을 보면, 종종 정서적으로 이들을 "구원해 준" 어머니와 극도로 친밀한 관계를 맺고 있는 경우가 많다(Friedman et al., 1989; Gilberstadt & Duker, 1965). 이런 남성들은 자신이 어머니와 맺었던 관계와 유사한, 매우 의존적인 관계를 성인이 되어 만나는 여성들과 만들기 위해 빈번하게 시도한다. 그는 강하고 지배적인 여성을 갈구했을 것이라고 추측해볼 수 있다. 그래서 그 여성을 통해 자신이 안정감을 찾고 더불어 여성의 강력한 힘이 자신의 내면 깊숙이 숨어있는 열등감을 보상해 줄 수 있기를 희망했을 것으로 추측할 수 있다. 아내에 대한 이러한 의존을 감안해 보면, H씨가 아내로부터 거절당했다고 생각되는 상황을 극도로 위협적인 것으로 느꼈을 가능성이 크며, 자신이 아내를 잃어버릴지도 모른다는 생각 때문에 고통스러워했을 것으로 보인다.

아내에 대한 H씨의 의존성은 그의 일반적인 대인관계 불편감의 맥락에서 이해되어야 한다(Si=T71; Hy1=34; Pd3=T97; Ma3=T41; Si1=T72; Si2=T71). H씨는 부끄러움이 많고 수줍어하는 성격으로 사회적으로 불안감이 높았을 것이고 타인과의 관계에서 어색함이 컸을 것이다. 그리고 쉽게 남의 시선을 의식하고 주변의 다른 사람들에 대해 불편감을 느끼기 때문에, 혼자 있거나 자신과 친밀한 관계에 있는 사람들과 함께 있는 것을 더 선호했을 것이다. 특히 H씨는 이성과 함께 있을 때 불편감이 컸을 것이다. 그는 지나치게 예민하고 쉽게 상처받기도 하며 남에게 오해를 받게 되면 쉽게 분노할 가능성이 크기 때문에 대인관계에서의 어려움은 점점 커졌을 것으로 보인다(Pa=T67).

427 코드타입은 종종 학업적, 업무적으로 좋은 성과를 내지 못하는 경우가 있다. H씨는 실패에 대한 두려움이 커서 남들과의 경쟁이나 자신이 평가받아야 하는 상황을 회피했을 가능성이 크다. 실패하는 상황에 자신을 노출시키고 싶어 하지 않는 모습은 내면에 깊이 숨겨진 열등의식을 반영하는 것이다(Low Self Esteem=T77; Si3=T74). 그의 낮은 성취는 아마도 자멸적인 방식으로 행동했기 때문에 그 결과로 나타난 것일 가능성이 있다.

양극성 장애와 관련하여서, H씨의 MMPI－2 프로파일이 수동－공격성 성격 장애 뿐 아니라 현재의 우울증과도 일치하고 있음을 알 수 있으나, 현재 조증 삽화가 나타나고 있다는 징후는 어디에서도 보이지 않고 있다(Ma=T62). 앞서도 언급되었던 것처럼, MMPI-2는 양극성 우울증과 반대되는 단극성의 삽화를 구분해낼 수 없다.

• 표 9.1 사례 4. MMPI-2 Porfile

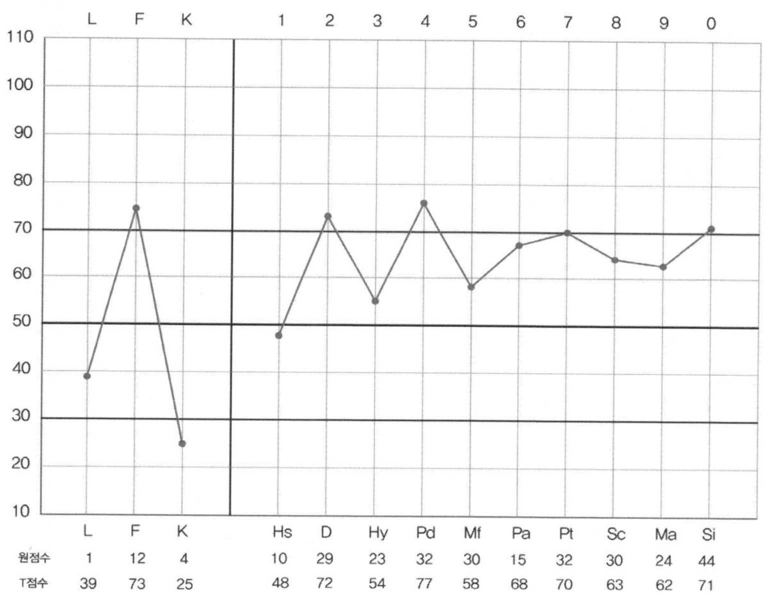

• 표 9.2 사례 4. MMPI-2 내용척도 및 보충척도

	Raw Score	T Score
FB	11	87
True Response Inconsistency (TRIN)	11	64T
Variable Response Inconsistency (VRIN)	5	50
Anxiety	31	80
Repression	10	39
MAC-R	21	48
Ego Strength (Es)	38	40
Dominance (Do)	17	51
Social Responsibility (Re)	19	47
Overcontrolled Hostility (O-H)	8	35
PTSD - Keane (PK)	20	72
PTSD - Schlenger (PS)	29	74
Addiction Potential (APS)	24	52
Addiction Admission (AAS)	2	46
Content Scales (Butcher et al., 1990)		
Anxiety (ANX)	16	75
Fears (FRS)	8	64
Obsessiveness (OBS)	9	63
Depression (DEP)	23	83
Health Concerns (HEA)	14	70
Bizarre Mentation (BIZ)	4	58
Anger (ANG)	9	59
Cynicism (CYN)	16	63
Antisocial Practices (ASP)	14	65
Type A (TPA)	7	46
Low Self-Esteem (LSE)	15	77
Social Discomfort (SOD)	17	71
Depression Subscales (Harris-Lingoes)		
Subjective Depression (D1)	15	71
Psychomotor Retardation (D2)	5	48
Physical Malfunctioning (D3)	3	51
Mental Dullness (D4)	7	72
Brooding (D5)	7	84
Hysteria Subscales (Harris-Lingoes)		
Denial of Social Anxiety (Hy1)	1	34
Need for Affection (Hy2)	2	33
Lassitude-Malaise (Hy3)	9	79
Somatic Complaints (Hy4)	3	52
Inhibition of Aggression (Hy5)	3	48

	Raw Score	T Score
Psychopathic Deviate Subscales (Harris-Lingoes)		
Familial Discord (Pd1)	9	97
Authority Problems (Pd2)	5	71
Social Imperturbability (Pd3)	4	52
Social Alienation (Pd4)	13	97
Self-Alienation (Pd5)	11	87
Paranoia Subscales (Harris-Lingoes)		
Persecutory Ideas (Pa1)	6	76
Poignancy (Pa2)	4	62
Naivete (Pa3)	5	51
Schizophrenia Subscales (Harris-Lingoes)		
Social Alienation (Sc1)	9	76
Emotional Alienation (Sc2)	3	60
Lack of Ego Mastery, Cognitive (Sc3)	4	60
Lack of Ego Mastery, Conative (Sc4)	8	82
Lack of Ego Mastery, Def. Inhib. (Sc5)	4	68
Bizarre Sensory Experiences (Sc6)	3	55
Hypomania Subscales (Harris-Lingoes)		
Amorality (Ma1)	3	58
Psychomotor Acceleration (Ma2)	8	63
Imperturbability (Ma3)	2	41
Ego Inflation (Ma4)	5	63
Social Introversion Subscales (Ben-Porath et al., 1989)		
Shyness/Self-Consciousness (Si1)	12	72
Social Avoidance (Si2)	7	71
Alienation -- Self and Others (Si3)	13	74

로르샤하 데이터

H씨의 로르샤하 프로토콜 분석은 우울증 지표(Depression Index)가 의미 있는 수준으로 상승한 것에서부터 시작되어야 한다. 이것은 우울증과 연합된 슬픔과 비관적이고 부정적인 사고가 나타나고 있음을 보여주는 신호이다(DEPI=6). 아직 대응 손상 지표(CDI=4)가 positive인 것을 해석할 시점은 아니지만, H씨의 현재 상태는 우울증뿐만 아니라 대인관계 대처의 어려움을 오랫동안 겪어온 것이라는 것을 유의미하게 바라봐야 할 필요가 있다. 이것은 그가 우울증에 더해 성격 장애를 가지고 있을 가능성에 대해 조심스럽게 고려해야 함을 지적한다.

DEPI가 positive일 경우 적절한 탐색 전략은, 대처 과정에서 정서가 하는 역할, 정서를 처리하는 능력, 그리고 현재의 감정적 상태의 본질을 점검하는 것에서부터 시작하는 것이다. 일반적으로 H씨는 스트레스 상황에 일관된 스타일로 대처하지 않는다(EB=3:4.0). 즉 H씨는 문제를 해결할 때 사고에 의존하지도 감정이나 직관에 의존하지도 않는다. 매우 유사한 상황에서도 어떤 때는 사고에 의해 강력하게 영향을 받기도 하고 또 다른 때는 감정에 의해 좌지우지되기도 할 가능성이 있다. 그가 스트레스 상황에 대처하는 효율적인 방법을 발달시키지 못했기 때문에 그는 감정에 의해 쉽게 압도되고(FC:CF+C=2:4; Lamda=.29) 스트레스에 의해 쉽게 와해된다(Adj D=-1). 그의 행동은 종종 그의 판단을 흐리게 만드는 강력한 감정적인 반응에 의해 쉽게 좌지우지된다. H씨의 만성적인 감정제어 능력의 결핍과 스트레스에 효율적으로 대응하는 역량의 한계를 감안할 때, 그는 충동적이고 성급하며 예측 불가능한 행동을 할 가능성이 매우 농후해 보인다(Adj D=-1; CDI=4). 감정적인 자극으로부터 철수하거나 자극을 피함으로써(Afr=.35) 자신에 대한 통제를 잃지 않으려는 H씨의 노력에도 불구하고, 행동화할 잠재적 가능성은 상당할 것으로 보인다.

현재 H씨는 고통스러운 부정적인 감정에 의해 압도되어 있는 상태이다(D=-3). 그리고 자신의 문제에 대해서 끊임없이 반추하며, 죄책감과 스스로에 대한 비난, 그리고 자기 자신에 대한 질책에 사로잡혀있는 상태이다(FV=1; FD=8). 고통스러운 생각이 의식 속으로 침입해 들어오고 있으며, 이렇게 자신을 힘들게 하는 생각들을 머릿속에서 떨쳐내기가 매우 어려울 것이다(m=5). 이런 부정적인 반추는 그의 집중을 방해하고 효율적으로 기능하기 위한 그의 능력을 손상시킨다.

H씨의 감정적인 상태는 우울감 뿐만 아니라 상당한 수준의 분노와 호전적인 태도를 수반하고 있다(S=10); 그는 우울한 만큼이나 분노에 가득 차 있다. 이러한 분노는 상당히 만성적인 것으로 보이며, 최근의 특정한 사건에 대한 반응이라기보다는 그의 성격으로 굳어져 오랫동안 지속되어 온 특성으로 보인다. 그는 타인에 대해 분노로 가득 차 있고 호전적이며 부정적인 태도를 품고 있기 때문에 타인에게 반응할 때도 쉽게 분노와 짜증을 내고, 자신이 공정하게 대우받지 못했다고 확신하며 반응한다. 만성적이고 강렬한 분노, 그리고 감정표현에 대한 통제력이 제한되어 있다는 두 가지 특성이 결합되어 있는 점으로 볼 때, 적대적인 감정을 폭발시킬 가능성이 상당히 클 것으로 보인다(FC:CF+C; Adj D=-1; EB). 이는 특히 알코올이나 코카인 남용으로 인해 H씨의 자기 자제력이 줄어들면 더 쉽게 나타날 것으로 보인다.

앞서 묘사된 바와 같이, 우울감, 분노 그리고 부정적인 자기반추는 H씨가 매일매일 해결해야 하는 업무나 맡은 바 책임을 처리할 수 있는 현재의 역량을 매우 저하시킨다(Adj D=-3). H씨는 집에서나 직장에서 자신의 책임을 완수하기 위해 필요한 자기 조직화 능력에도 상당한 어려움을 겪을 가능성이 커 보인다. 그의 감정적인 혼란스러움(D=-3; es=15)은 최근 아내와 별거하게 되면서 촉발된 것으로 예상된다(T=2). 대부분의 일반 성인은 로르샤하 프로토콜에서 한 개의 재질 반응(T)을 보인다. 한 개 이상의 재질 반응이 나온다는 것은 대인관계에서의 친밀함에 대한 욕구가 채워지지 않았다는 것이며, 결과적으로 채워지지 않은 욕구 때문에 좌절감을 느끼고 있음을 의미한다. 치료자는 H씨의 이런 박탈감이 최근에 있었던 상실에 대한 반응을 반영하는 것인지 아니면 만성적인 외로움을 반영하는 것인지를 결정해야 한다. 대부분은 수검자에게 최근에 특정한 상실의 경험이 있었는지를 질문해봄으로써 확인할 수 있으며, H씨의 경우에는 최근에 상실의 경험이 있다는 것이 확실하다. 그러나 이와 같은 상황을 고려할 때, 비록 H씨가 일반적인 경우보다 많은 재질 반응이 나온 것이 아내와의 별거 및 이혼 가능성에 대한 반응일 수도 있음을 시사하기는 하지만, 다른 검사 데이터를 보면 그가 만성적으로 좌절과 박탈감으로 인해 고통을 겪어왔음도 추측해볼 수 있다. 특히 그의 반응을 보면, 그가 타인들로부터 관심과 지지, 애정에 대한 지속적이고도 매우 강한 욕구를 지녀 왔음을 시사한다(Food=2).

H씨는 타인들과 의미 있는 관계를 만들고 유지하는 것에 어려움을 겪어왔고 늘 외로움을 느껴왔으며, 타인들과 분리되어 있다는 느낌, 정서적인 지지를 받지 못해왔다는 느낌 때문에 힘든 시간을 보내왔다(CDI=4; Isolation index=.41). H씨가 맺어온 관계는 몇 가지 이유들 때문에 문제가 많았고 좌절을 느낄 정도로 불만족스러웠다. 우선 첫 번째로, 그의 강력한 의존 욕구와 만성적인 분노의 조합을 고려할 때, 그는 타인들에게 매우 요구적이었을 것이고 자신의 요구가 만족되지 않으면 분노 폭발적 행동으로 반응했을 가능성을 추측해 볼 수 있다(S=10). 이와 동시에 H씨는 타인들의 요청에 대해서는 완강하게 거부했을 것으로 보이는데, 이는 그가 타인들의 요청을 자신에게 요구하는 것으로 인식하기 때문이다. 두 번째로, H씨는 평소 타인과 교류를 맺을 때 방어적이고 예민해서 쉽게 상처받거나 오해받고 비난받는다는 느낌, 무시당한다는 느낌에 취약하다. 이런 일이 발생할 때, H씨의 첫 번째 반응은 화를 내면서 도발적이고 상대방에게 모욕을 주는 공격적인 태도로 보복하는 것이다(PER=4). 평소 그가 사람들과 겪는 어려움들을 감안할 때, 그가 아내처럼 자신의 애정 욕구, 돌봄의 욕구, 따뜻함을 느끼고자 하는 욕구를 충족

시켜준 대상에게 쉽게 깊이 의지하게 된다는 점은 충분히 이해할 만하다. 또한 이런 관계가 위협받는 상황이 되면 깊이 상처받으며 분노로 반응할 것 역시 쉽게 예측할 수 있다.

H씨는 만성적으로 자신이 타인과 비교하면서 열등하고 부적절하다고 느껴왔다(Egocentricity Index=.19). 현재 H씨는 자신의 결혼 생활의 문제에 대해서 극도로 자기 비판적이며 죄책감을 느끼고 있다(FV=1; FD=8). 특히 비정상적으로 높은 FD 반응을 눈여겨 볼 필요가 있다. Exner의 규준 집단을 보면(1991), FD의 평균은 1.16(± 0.87)이다. 그러나 그는 FD=8로, 이것은 H씨가 매우 빈번하게 자신을 평가하며 자신의 행동에서 뭔가 실수나 잘못한 점을 찾는 성격을 지닌 사람일 가능성을 시사한다. 부적절감과 자신을 비판적으로 평가하는 경향성의 조합으로 보면, 타인이 자신을 어떻게 인식하는지 혹은 특정한 상황에서 자신이 어떻게 수행해내는지 등과 같은 부분에서 자신이 실패했다고 인식되면 그것에 대해 끝없이 반추하고 자기 비판적으로 스스로를 평가 절하하는 사고에 몰두함으로써 그는 더욱 취약해질 가능성이 시사된다. 이런 맥락에서 성적인 내용 반응이 기대 이상으로 나온 것(Sx=3)은 그가 자신의 성생활에 대한 걱정과 남성으로서의 적절감에 대한 의심에 사로잡혀 있음을 시사한다.

H씨는 사고를 처리하는데 있어서 상당한 노력과 공을 들인다(Zf=22; W>D+Dd; W:M=17:3). 그러나 Zd 점수가 높은 것(+8.5)은 매우 조심스럽게 해석되어야 한다. 왜냐하면, 특이할 정도로 공백 반응이 많은 것이 Zd 점수를 인위적으로 상승시켰을 수도 있기 때문이다. 이 부분을 고려했을 때, 그의 반응은 그가 사건에 대한 반추 경향성과 일치되는 완벽주의적 혹은 강박적인 스타일을 지녔음을 시사한다(Zd=+8.5; FQ+=3). 그러나 그의 빈곤한 대처 기술과 자원을 보면, 그는 자신의 이런 특성을 효과적인 방식으로 사용하지 않는다는 것을 알 수 있다. 외부로부터의 자극을 평범하고 관습적인 방식으로 인식할 수 있음에도(Populars=6), 그는 비관습적인 방식으로 상황을 해석하는 경향이 있다(X-%=.56). 이는 현실 검증력의 심각한 어려움을 드러낸다고 보기보다는 그의 사회적인 고립과 반항적 태도를 반영하는 것으로 보는 것이 적절할 것이다(Xu%=.33; S-%=1.00; S=10). 그러므로 H씨의 독특한 행동은 어쩌면 사회적인 기대를 묵살해버리고 사회의 관습에 저항하고자 하는 그의 욕구를 반영하는 것일 수도 있겠다. 인식적 오류나 사고 장애와 관련된 어떤 징후도 나타나지 않았다.

로르샤하 데이터가 직접적으로 H씨에 대해 양극성 장애의 진단적 기준에 부합되는지 아닌지를 설명해주지는 않고 있다. H씨의 프로파일은 몇 가지 측면에서 Singer와

Brabender의 연구 결과(1993)에서 나타난 조증 환자의 프로파일과는 다르다. 첫 번째로, Singer와 Brabender는 양극성 장애 환자들 사이에서 가장 빈번하게 나타나는 특징은 사고 장애 지표라고 설명하였다. 그러나 H씨는 사고 장애를 시사하는 반응이 평균 반응치보다 높게 나타나지 않았다(Sum6=1). 두 번째로, Singer와 Brabender는 조증 환자는 음식 반응이 거의 나오지 않는 반면 단극성 우울증 환자는 훨씬 많은 음식 반응이 나온다고 했는데, H씨에게서는 평균치보다 훨씬 높은 음식 반응이 나타났다는 점에 유의해야 한다. 그러나 음식 반응의 많은 수는 다양한 상황에서 나올 수 있는 것이기 때문에 양극성 장애로 진단하기에는 충분하지 않다. 전반적으로 검사 결과는 주요 우울증의 삽화, 그리고 현저한 대인관계 어려움, 충동성, 취약한 정서 조절, 그리고 부정적인 자기상 등을 동반한 성격 장애와 일치된다.

사례 4. 로르샤하 프로토콜

Card	Response	Inquiry	Scoring
I	(1) 두 사람이 서로 손을 잡고 있는 것처럼 보여요. 눈 속에서 즐겁게 뛰어노는 거예요. 그거 같아요.	(검: 수검자의 반응을 그대로 되풀이해준다) 수: 팔이 나부끼고 있는데 중간에서 만났어요. 작은 모자고요. 막 돌고 있어요. 마치 우리가 아이였을 때 팽이처럼요. 눈이 막 주위로 흩어져서 뿌려지고 있어요. 검: 눈이요? 수: 그냥 삐죽삐죽한 테두리 같아요. 정확하지 않고 명확하지도 않아요. 아마 지금 눈이 내리고 있는 것 같아요. 땅에 엄청나게 눈이 많이 내렸어요. 검: 아주 많은 양의 눈 같다고 말했어요. 수: 삐죽삐죽한 테두리와 발이 거의 가려졌으니까요. 다른 부가적인 게 없어요. 바람이 불어서 눈이 소용돌이치는 것 같아요.	W+ Ma.ma.FDu (2) H,Na,Cg 4.0 COP
	(2) 검: 대부분 사람은 1개의 카드에서 1개 이상을 봅니다. 수: 나비요.	(검: 수검자의 반응을 그대로 되풀이해준다) 수: 네. 이게 날개이고 더듬이에요. 이 하얀 점들은 마치 색칠한 것이나 표시해 둔 부분처럼 보여요.	WSo FC'o A P 3.5
	(3) 음… 두 명의 사람이 있고요. 어떤 종류의 동물이 그 가운데 있는 것같이 보이네요.	(검: 수검자의 반응을 그대로 되풀이해준다) 수: 앞에서처럼 두 명의 사람인데 모자와 팔이고요. 여기 이것은 사슴이나 소의 뿔 같아요. 위에서 아	Wo FDu (2) H,A,Cg 1.0

Card	Response	Inquiry	Scoring
		래로 이것들을 내려다보면 이렇잖아요. 검: 소라고요? 수: 몸의 너비와 뿔이 자란 머리의 부분이 돌출되어 있거든요. 검: 내려다봤을 때라고요? 수: 네.	
	(4) 작은 별 같은 것이 보여요. 잉크 반점 안쪽에 뭔가 공간이 있어요.	(검: 수검자의 반응을 그대로 되풀이해준다) 수: 이것들은 별의 하얀 부분들이에요. 어두운 형태 안쪽에 있는데 뭔가 떠오르는 태양이나 뭔가인 것 같아요. 검: 어떤 점 때문에 그렇게 보셨나요? 수: 검은 바탕에 4개의 하얀 부분을 보았어요. 그게 태양이 떠오르는 것처럼 보여요. 어린아이의 관점에서는요. 검: 떠오르는 태양이라고요? 수: 네. 이것의 한 부분만 보면 그래요. 다른 부분은 아래에 있어요. 빛이 그것으로부터 나오는 거예요. 아이가 그린 그림 같아요.	WSo FC'.mau Na 3.5
	(5) 어쩌면 왕관 같기도 해요.	(검: 수검자의 반응을 그대로 되풀이해준다) 수: 똑같은 거예요. 누군가의 머리 같기도 해요. 검: 저한테도 왕관을 어디에서 보았는지 알려주세요.	WSo FC'u Cg,Hd 3.5

Card	Response	Inquiry	Scoring
		수: 완전히 태양하고 똑같지는 않아요. 반짝반짝 빛나는 왕관에 달린 보석일 수도 있고요. 모양은 길게 늘어져서 머리같이 생긴 것 같아요. 검: 빛난다고요? 수: 밝으니까요－ 하얗고… 검지 않아요.	
Ⅱ	(6) 여성의 외음부요.(웃음)	(검: 수검자의 반응을 그대로 되풀이해준다) 수: 여기요. 여자의 음순 중, 대음순, 소음순이요. 뭔가 산도의 중간지점? 으로 보여요. 검: 어떤 점 때문에 그렇게 보셨나요? 수: 아마 아래에 있는 빨간색 때문에 그렇게 봤나 봐요. 윗부분 말고요.	WSo FC－ Hd,Sx 4.5
	(7) 팽이요. 뱅뱅 돌아가는…	(검: 수검자의 반응을 그대로 되풀이해준다) 수: 여기 가운데 안에, 팽이 같아요. 여기 축 위에서 돌고 있어요. 실이 팽이 둘레에 둘러쳐져 있어요.	DSo mao Id 4.5
	(8) 가운데가 교회의 첨탑 같아요.	(검: 수검자의 반응을 그대로 되풀이해준다) 수: 여기 이 부분이 뭔가 그리스정교회 교회의 첨탑 같아요. 검: 어떤 점 때문에 그렇게 보셨나요? 수: 여기 이 뾰족한 부분이요. 가운데 부분이 뭔가 균형을 만들어내는 것	DdSo Fu Id 4.5

Card	Response	Inquiry	Scoring
		같아요. 잉크 반점이 접힌 이 부분이요.	
Ⅲ	(9) 음식이 담긴 그릇 위에 두 사람이 있어요. 가마솥의 한 종류 같은 거예요.	(검: 수검자의 반응을 그대로 되풀이해준다) 수: 그 위로 몸을 숙이고 있어요. 허리, 발, 머리, 가슴- 가슴 때문에 여자들이라고 봤어요. 여기 그릇 위에 손을 대고 있어요. 검: 음식이 담겨있는 그릇 위에요. 수: 그냥 전체적인 모습, 모양이 그렇네요.	D+ Ma+ (2) H,Sx,Fd 4.0
	(10) 유리잔, 와인잔에 와인이 담겨있는 잔이에요. 빨간색이요. 정말 이 부분들을 통합시키지 못하겠어요. 그냥 그렇게 보여요. 그런 부분으로는 보이는데 어떤 형상화된 이미지로는 통합시키지 못하겠어요. 그냥 두 여자가 가마솥 위에 있어요.	(검: 수검자의 반응을 그대로 되풀이해준다) 수: 바깥 부분을 없애버리고 이 선과 그림자를 보면 유리잔의 손잡이 부분과 그 안에 들어있는 음료수같이 보여요. 검: 와인이요? 수: 빨간색이 와인일 수 있겠죠.	DdSo FCu Hh,Fd 4.5
Ⅳ	(11) 빅풋(Big Foot)이에요. 아시죠? 아래에서 위로 올려다보면 이렇잖아요.	(검: 수검자의 반응을 그대로 되풀이해준다) 수: 빅풋은 정말 크잖아요. 발, 큰 꼬리 그리고 팔과 손. 축소해서 본 거예요. 머리와 큰 털이 북슬북슬한 생물체에요. 검: 위로 올려다본다고요? 수: 위로 갈수록 점점 가늘어지기 때문에요. 그래서 뭔가 축소된 것처럼 보여요. 검: 털이 많다고요?	Wo FD.FTo (H) P 2.0 DV

Card	Response	Inquiry	Scoring
		수: 구불구불하고 어둡고 검은 색들이 다 달라서요. 뭔가 층이 진 것 같은 게 털이 나타내는 효과 같아요.	
	(12) 곰이나 뭔가 큰 곰 같아요.	(검: 수검자의 반응을 그대로 되풀이해준다) 수: 똑같은 거예요. 털이 온 몸에 가득하고. 곰이 다리를 세워서 일어나는 뒷모습 같아요. 구체적이고 확실한 건 안 보이네요. 다른 것들처럼 그림이 잘 보이는 카드는 아니네요. 검: 털이 있다고요? 수: 아까 말했듯이 잉크 반점 속에 검은색들이 다 달라요. 솜털이 보송보송한 것처럼 보여요. 검: 일어나고 있다고요? 수: 곰이 하는 것처럼 서 있는 거죠. 뭔가 공격하려고 준비하는 거예요.	Wo FT.FMao A 2.0 AG
	(13) 의자나 뭔가 받침대 위에 사람이 한 명 앉아있어요.	(검: 수검자의 반응을 그대로 되풀이해준다) 수: 이게 받침대이고, 다리, 사람이 거기에 앉아있어요. 검: 저한테도 보여주세요. 수: 분명하지는 않아요. 이것도… 발 같아요. 확실히 발 전체가 축소되어 보여요. 검: 축소되었어요? 수: 사람이 그 자세에서 발을 뻗치면서 균형을 유지하고 있는 모습이 그래요.	W+ Mp.FD+ H,Hh P 4.0

Card	Response	Inquiry	Scoring
V	(14) 나비 한 마리에요. 곤충인데 다 큰 거예요. 확실히 곤충이어서 그거 말고는 다른 건 안보여요.	(검: 수검자의 반응을 그대로 되풀이해준다) 수: 여기가 꼬리예요. 다 큰 나비의 성체에요. 날개랑 더듬이네요. 완전히 나비 같아서 다른 건 전혀 보이지 않는데요.	Wo Fo A P 1.0
Ⅵ	(15) 가죽이 벗겨진 동물이에요.	(검: 수검자의 반응을 그대로 되풀이해준다) 수: 여기가 다리이고, 몸의 가운데 부분 같고, 머리, 코 부분. 검: 가죽이 벗겨졌다고요? 수: 이렇게 펼쳐진 모습이 그래요. 곰 가죽 깔개나 뭔가 비슷한 것 같아요. 납작해진 뭔가인데 테두리는 너덜너덜해졌어요.	Wo Fo Ad P 2.5 MOR
	(16) 사막을 가로지르는 고속도로 같아요. 위에서 본 모습이에요.	(검: 수검자의 반응을 그대로 되풀이해준다) 수: 고속도로의 가운데 부분이에요. 여기 더 어두운 이 부분이요. 양쪽에는 황량한 지형이에요. 잉크 반점이 얼룩덜룩해요. 예전에 비행하곤 했었는데 애리조나의 사막을 아래로 내려다보는 것 같은 느낌이 들어요. 밤이나 땅거미 질 때요. 검: 사막이요? 수: 지형의 얼룩덜룩한 부분이 그렇게 보여요. 색의 색감이 모두 달라요. 그래서 고속도로 가까이에 있는 모래가 상상돼요.	Wv FD.YFu Ls PER

Card	Response	Inquiry	Scoring
		바위가 그 부분을 더 어둡게 만드는 거 같아요.	
	(17) 남근이나 뭔가 상징 같아요.	(검: 수검자의 반응을 그대로 되풀이해준다) 수: 그냥 여기 머리가 달린 긴 가운데 부분이 그렇게 보여요. 남근의 상징 같아요. 검: 상징이요? 수: 저는 뭔가 길고, 가느다란 물체 같아서 남근의 상징이라고 해석한 것 같아요. 뭔가 상징적인 방식인데 반대로 예를 들어 물이나 가꿔진 농지 같은 여성적 상징보다는 남성의 상징 같아 보였어요.	Do Fo Hd,Sx AB
Ⅶ	(18) 토끼 2마리요.	(검: 수검자의 반응을 그대로 되풀이해준다) 수: 네. 귀, 코, 꼬리 그리고 발이요. 뭔가의 위에 앉아있는 거예요. 검: 앉아있다고요? 수: 바로 저기에요.	Do FMpo (2) A
	(19) 2개의 작은 조각품인 듯해요. 아니면 조각상 1개인가? 테이블이나 이런 것 위에 장식하는 장식품이에요.	(검: 수검자의 반응을 그대로 되풀이해준다) 수: 이건 뭔가 주물로 만들어진 모양인 것 같아요. 왜냐하면 한쪽은 좀 더 어둡고 그래서 저기에 그림자가 진 것 같으니까요. 마치 빛이 나오는 곳이 있는 것처럼, 그래서 3차원처럼 보여요. 장식품의 받침대인데 이게 연결되어있어요.	W+ FVo Art 2.5

Card	Response	Inquiry	Scoring
		검: 그림자요? 수: 안쪽은 더 어둡고 그래서 그림자가 더 많아요. 그러니까 빛이 나오는 곳이 두 군데인가 봐요.	
	(20) 그릇의 단면도에요. 우리가 여기를 잡아당기고 있어요.	(검: 수검자의 반응을 그대로 되풀이해준다) 수: 여기가 그릇의 입구, 가장자리에요. 여기에 작은 장식이 있는 부분이에요. 뭔가를 여기에 담을 수 있어요. 이 부분이 안쪽이고요. 검: 더 자세하게 설명해주세요. 수: 여기에 입구예요. 구멍도 있고 바깥의 벽도 있어요.	DSo Fo Hh 4.0
Ⅷ	(21) 음… 색깔들이요. 분홍색, 파란색, 오렌지색…	(검: 수검자의 반응을 그대로 되풀이해준다) 수: 네. 멋진 색깔들이네요.	Wv Cn Id
	(22) 아니면 곰 두 마리이거나 어떤 다른 종류의 동물들 같아요. 설치류 같기도 하고. 물 마시려고 연못의 주위를 걷고 있어요.	(검: 수검자의 반응을 그대로 되풀이해준다) 수: 이것들이요. 앞이랑 뒷다리고요. 꼬리, 머리에요. 아래로 내려다보고 있어요. 어쩌면 물 때문에 반사된 모습일 수도 있어요. 검: 반사된 것의 원래 모양을 보셨어요? 수: 아니요. 그냥 물 주위로 원형 모양의 뭔가가 있어서요. 검: 물이요? 수: 파란색. 파랑, 초록색 색깔이요. 검: 아래로 내려다본다고요?	W+ FMa.FD.CF+ (2) A,Na P 4.5

Card	Response	Inquiry	Scoring
		수: 네. 뭔가 논리적으로 말이 되려면 비치는 거니까 2마리가 비치려면 2마리가 아래로 내려다보고 있어야 하잖아요.	
Ⅸ	(23) 세상에… 여기에서는 뭐가 보이냐면… 제게 보이는 건 꽃병이요. 아니면 어떤 항아리 종류 같아요.	(검: 수검자의 반응을 그대로 되풀이해준다) 수: 전체가 꽃병처럼 보여요. 검: 어떤 것 때문에 꽃병으로 보신 건가요? 수: 모양이 그래요. 바닥, 양측면들, 꽃병 입구, 이런 그림을 예전에 많이 그려봤거든요.	Wo Fo Hh 5.5 PER
	(24) 터빈(turbine)이 회전하고 있는 거요. 비행기의 터빈 부분인 것 같아요.	(검: 수검자의 반응을 그대로 되풀이해준다) 수: 여기 이 부분이 어떤 흐름 같아요. 차축-차축주위로 돌아가는 거죠. 흡기, 배기 매니폴드 같아요. 검: 회전하는 터빈이요? 수: 지금은 회전하고 있지 않을 수도 있는데 차축 위에 있어요. 제가 알기로는 터빈은 회전날개(회전 블레이드)가 있고 고정 날개가 있거든요. 검: 흐름이요? 수: 흡입하니까 그쪽으로 방향으로 바람이 지나가는 흐름이 있는 거죠.	DSo ma− Sc 5.0 PER
	(25) 거꾸로 놓인 종이요.	(검: 수검자의 반응을 그대로 되풀이해준다) 수: 종의 입 부분, 꼭대기, 그리고 종이 매달려 있는 끈이요. 종 가운데 종을	Do mp.FDu Id

Card	Response	Inquiry	Scoring
		치는 것이 보이지는 않지만 그 안쪽에 있어요.	
X	(26) 해 질 녘에 고층빌딩의 꼭대기에요.	(검: 수검자의 반응을 그대로 되풀이해준다) 수: 빨간색의 라인이 있고 안쪽은 여백이고요. 탑이나 빌딩의 꼭대기 부분 같아요. 붉은 뒷배경은 마치 황혼처럼 보이고요. 그 부분이 그렇게 보여요.	DdS+ CF.FDu Na,Sc 6.0
	(27) 바위랑 조개껍데기랑… 바닷가 해변에 있는 조수 웅덩이 있는 물체들 같아요.	(검: 수검자의 반응을 그대로 되풀이해준다) 수: 색감들이 제가 예전에 다이빙할 때 바닷가에서 봤던 것들과 비슷하게 생겼어요. 물체들의 커다란 집합체 같아요. 서로 붙어있지 않고 다 분리되어 있지만 조수 웅덩이 안에 놓여 있는 거죠. 검: 조수 웅덩이요? 수: 이건 완전히 색깔 때문에요. 이런 색을 조개껍질에서 예전에 본 적이 있어요. 빛과 색깔이 조개껍질 위에서 만들어낸 것 같은, 물속에서요… 그리고 다들 분리되어 있어요.	W+ CFo Na 5.5 PER

• 표 9.3 사례 4. 구조적 요약지

```
CASE04.R3=================== STRUCTURAL SUMMARY ============================

 LOCATION              DETERMINANTS              CONTENTS      S-CONSTELLATION
 FEATURES          BLENDS           SINGLE                      YES..FV+VF+V+FD>2
                                                H   = 4, 0       NO..Col-Shd Bl>0
 Zf    = 22        M.m.FD           M  = 1     (H)  = 1, 0      YES..Ego<.31,>.44
 ZSum  = 82.0      FC'.m            FM = 1      Hd  = 2, 1       NO..MOR > 3
 ZEst  = 73.5      FD.FT            m  = 2     (Hd)= 0, 0       YES..Zd > +- 3.5
                   FT.FM            FC = 2      Hx  = 0, 0      YES..es > EA
 W  = 17           M.FD             CF = 1      A   = 5, 1      YES..CF+C > FC
   (Wv = 2)        FD.YF            C  = 0     (A)  = 0, 0      YES..X+% < .70
 D  =  7           FM.FD.CF         Cn = 1      Ad  = 1, 0      YES..S > 3
 Dd =  3           m.FD             FC'= 2     (Ad)= 0, 0        NO..P < 3 or > 8
 S  = 10           CF.FD            C'F= 0      An  = 0, 0       NO..Pure H < 2
                                    C' = 0     Art  = 1, 0       NO..R < 17
   DQ                               FT = 0      Ay  = 0, 0        7.....TOTAL
 .........(FQ-)                     TF = 0      Bl  = 0, 0
  +  =  7  ( 0)                     T  = 0      Bt  = 0, 0      SPECIAL SCORINGS
  o  = 18  ( 2)                     FV = 1      Cg  = 1, 2             Lv1     Lv2
 v/+ =  0  ( 0)                     VF = 0      Cl  = 0, 0      DV   =  1x1     0x2
  v  =  2  ( 0)                     V  = 0      Ex  = 0, 0      INC  =  0x2     0x4
                                    FY = 0      Fd  = 0, 2      DR   =  0x3     0x6
                                    YF = 0      Fi  = 0, 0      FAB  =  0x4     0x7
                                    Y  = 0      Ge  = 0, 0      ALOG =  0x5
     FORM QUALITY                   Fr = 0      Hh  = 3, 1      CON  =  0x7
                                    rF = 0      Ls  = 1, 0       Raw Sum6 =   1
      FQx   FQf   MQual   SQx       FD = 1      Na  = 3, 2      Wgtd Sum6 =   1
  +  =  3    0      2      0        F  = 6      Sc  = 1, 1
  o  = 12    5      0      3                    Sx  = 0, 3      AB  = 1     CP  = 0
  u  =  9    1      1      5                    Xy  = 0, 0      AG  = 1     MOR = 1
  -  =  2    0      0      2                    Id  = 4, 0      CFB = 0     PER = 4
 none=  1   --      0      0       (2) =  5                     COP = 1     PSV = 0

=================== RATIOS, PERCENTAGES, AND DERIVATIONS ===================

 R = 27          L =  0.29                   FC:CF+C  = 2: 4   COP = 1    AG = 1
 -----------------------------------          Pure C  =    0   Food       = 2
 EB = 3: 4.0  EA =   7.0   EBPer= N/A     SumC':WSumC= 3:4.0   Isolate/R  =0.41
 eb = 8: 7     es = 15        D =  -3        Afr      =0.35    H:(H)Hd(Hd)= 4: 4
          Adj es = 11    Adj D =  -1         S        =10      (HHd):(AAd)= 1: 0
 -----------------------------------         Blends:R= 9:27    H+A:Hd+Ad  =11: 4
 FM = 3   :  C'= 3    T = 2                  CP       = 0
 m  = 5   :  V = 1    Y = 1
                                  P   = 6         Zf   =22            3r+(2)/R=0.19
 a:p     =  8: 3   Sum6   =  1    X+% =0.56       Zd   = +8.5         Fr+rF    = 0
 Ma:Mp  =   2: 1   Lv2    =  0    F+% =0.83    W:D:Dd =17: 7: 3       FD       = 8
 2AB+Art+Ay= 3     WSum6  =  1    X-% =0.07       W:M  =17: 3         An+Xy    = 0
 M-      =  0      Mnone  =  0    S-% =1.00       DQ+  = 7            MOR      = 1
                                  Xu% =0.33       DQv  = 2

============================================================================
  SCZI = 0     DEPI = 6*     CDI = 4*     S-CON = 7     HVI = No    OBS = No
============================================================================
```

• 그림 9.1 사례 4. 반응영역 기록지

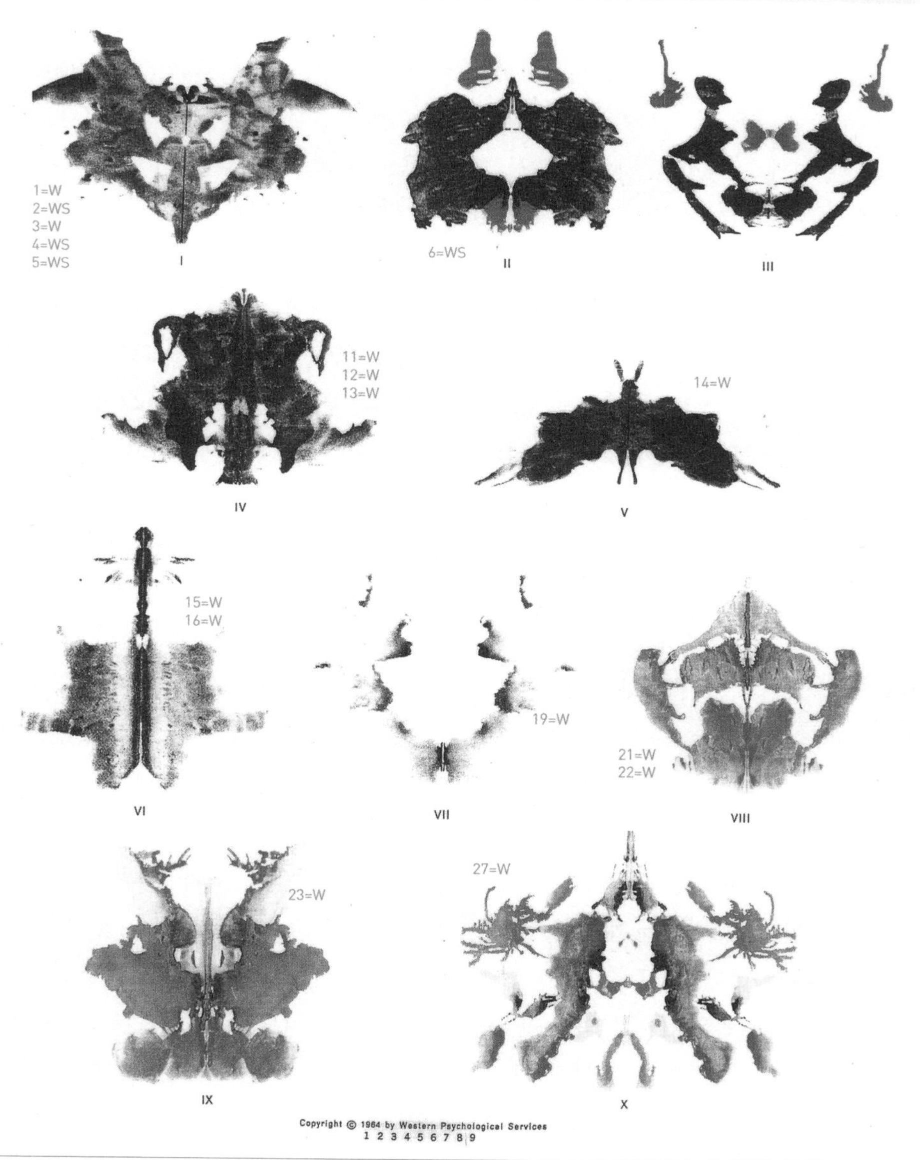

논평

이 사례에서는 MMPI－2와 로르샤하 결과가 몇 가지 중요한 측면에서 일치하고 있다. 특히 축I 진단에 더해 H씨가 현재 겪고 있는 불쾌한 기분, 성격 장애의 지표, 대인관계에서 적절하게 기능하는 것의 어려움, 의존 욕구, 그리고 부정적인 자기상 등에 대한 묘사들이 모두 일치하고 있다. 또한 두 검사의 결과는 각각 서로의 검사 결과를 매우 의미 있게 보완하고 있다.

두 검사가 모두 H씨를 분노가 많은 사람으로 묘사하고 있지만, 그 중에서도 로르샤하는 MMPI－2보다 그의 분노의 강렬함을 더 강조하고 있다. 또한 MMPI－2와 로르샤하는 분노가 표현되는 방식에 대해 서로 다른 의견을 제시하고 있다. 427 코드타입은 H씨가 자신의 분노를 수동－공격적인 방식으로 표현할 가능성을 시사하고 있다. 반면, 로르샤하는 충동적이고, 제어할 수 없는 행동화의 잠재적인 가능성이 매우 높을 것으로 추측한다. 이런 경우 로르샤하의 결과가 MMPI－2의 코드타입이 나타내는 분석을 보완하고 수정해준다. 아내와의 반복된 언어적, 물리적 다툼에 대해 H씨가 보고한 과거력을 보면, MMPI－2가 시사하는 것 같은 수동－공격적인 개인이 보이는 분노의 간접적인 표현보다는, 로르샤하가 제시하는 바와 같이 충동적으로 분노를 폭발시키는 것과 좀 더 일치한다. 물론 알코올과 코카인 남용이 분노 폭발에 중요한 역할을 한 것으로 볼 수도 있겠지만, 앞서 드러난 정보를 취합해보면 H씨는 자기제어에 매우 취약하며, 판단을 할 때 실수도 잦은 편이고, 자신의 정서적인 반응을 스스로 검열하는 능력이 거의 없다는 것을 알 수 있다. 이러한 특성들은 알코올과 코카인의 탈억제 효과에 의해 더욱 악화되었을 가능성이 커 보이기는 하지만, 이러한 특성들이 알코올과 코카인 남용에 의해 생겨났다고 볼 수는 없다.

두 가지 검사 모두 H씨의 의존 욕구를 매우 중요한 것으로 평가하였다. MMPI－2는 직접적으로 그의 내면 깊숙이 깔려있는 부적절감에 대한 보상기제로 강력하고 지배적인 여성을 찾고 있는 그의 욕구를 언급하였다. 제1장에서 다뤘던 것처럼, MMPI 비평론자들은 이 진단 도구를 증상과 관련된 피상적인 정보만을 제공하는 도구로 특징지었다. 그러나 이러한 고정관념과는 반대로 이 사례에서는 MMPI－2가 그의 의존 욕구와 관련된 역동적인 이슈 및 이러한 역동에 대한 가족력적인 바탕에 대해 설명하고 있다. 이러한 역동은 로르샤하의 구조적 요약을 통해서는 명확하게 규명되지 않는다. 대인관계에서의 어려움의 원인이 될만한 또 다른 특징들, 즉, 타인이 뭔가를 요청할 때 분개하는 반응, 방어적 태도, 타인에게 공격적으로 복수하는 경향 등은 로르샤하에 의해 확인되었다.

H씨는 취약한 자기-존중감 및 열등감을 가지고 있는데, 이 부분은 로르샤하와 MMPI-2 결과 모두에서 다뤄졌다. MMPI-2는 이러한 이슈를 그가 그동안 보여주었던 저성취와 연관시켰다. 로르샤하 데이터는 자신의 행동을 평가하려는 경향성, 그리고 자신이 실패로 인식한 것에 대해 반추하는 특성을 묘사함으로써 이런 해석을 보완한다. 이에 더해 남자로써 적절성에 대한 H씨의 염려는 MMPI-2보다는 로르샤하에서 보다 명확하게 정의되었다.

MMPI-2와 로르샤하 결과의 통합

H씨는 MMPI-2와 로르샤하 검사를 시행할 때, 매우 솔직한 자세로 응답했다. 응답을 살펴보면, 임상적으로 심각한 수준의 우울증과 비관적인 사고, 걱정과 죄책감(MMPI-2 427; DEPI=6; C'=3; m=5; FD=8; FV=1) 뿐만 아니라 오랫동안 지속되어 온 대응 및 대인관계에서의 어려움이 일관되게 나타나고 있다(427; CDI=4; Adj D=-1). H씨는 고통스럽고 부정적인 감정에 의해 쉽게 압도되고 자신의 문제점에 대해서 끊임없이 반추하며 죄책감과 자기질책, 그리고 자기비난에 사로잡혀 있다(Pt; D=-3; Lamda=.29). 그리고 주의와 집중력을 흐트러뜨리고 효과적인 기능을 손상시키며 그의 의식으로 들어오는 침투적 사고에 대한 고민을 멈출 수 없다(m=5). 집이나 회사에서 처리해야하는 매일 매일의 책임을 효율적으로 소화해내기 위해 필요한 자기 조직화에도 상당한 어려움을 겪을 가능성이 크다(K; Dominance=T51; D=-3). 슬픔과 낙담, 분노, 그리고 죄책감이 너무나 강렬해서 자신의 문제점을 해결하기 위한 수단으로 자살을 고려했을 가능성도 있다(427).

H씨는 스트레스 상황에 대처할 때 일관된 방식을 사용하지 않는다(EB=3:4.0). 그리고 감정에 쉽게 압도되기도 하고 스트레스로 인해 와해되기도 쉽다(K; Es=T40; FC:CF+C=2:4; Lamda=.29; Adj D=-1). 예민하기 때문에 쉽게 흥분되기도 하고 작은 어려움에도 그것이 마치 파국인 것처럼 반응하기도 한다(427 코드). 일반적으로 그의 행동은 강력한 감정적인 반응에 의해 좌지우지되기 때문에 그것이 그의 판단을 흐리게 만든다. 오랫동안 자신의 감정조절을 잘 하지 못해왔고 스트레스에 효과적으로 대응하는 역량이 제한되어 있다는 점을 감안할 때 충동적이고 예측 불가능한 행동을 할 가능성이 상당하다는 것은 쉽게 파악할 수 있다(427; Adj D=-1; CDI=4). 이러한 특성들은 결국 잠재적으로 행동화할 가능성

을 시사한다.

H씨의 현재 정서적인 상태는 우울감뿐만 아니라 확연한 분노와 적대감도 수반하고 있다(S=10); 즉 H씨는 우울한 만큼이나 분노로 가득 차 있다. 이 분노는 만성적인 것으로 보이며, 최근의 사건의 결과로 나타난 것이라기보다는 오랫동안 지속되어 온 성격적인 특성으로 보인다. 그는 타인에 대해 분노와 적대감이 가득한, 부정적인 태도를 보여왔으며 자신이 공정하게 대우받지 못했다는 확신이 들 때면 더욱 쉽게 이런 태도를 보였다. 만성적이고 강렬한 분노 및 감정의 표현 능력의 한계가 있다는 특성이 조합되어, 화가 나면 적대적인 폭발을 할 상당한 가능성을 안고 있는 것으로 보인다(427; FC:CF+C=2:4; Adj D=-1; EB). 이런 경향성은 H씨가 알코올이나 코카인을 남용함으로써 자기 제어가 취약해지는 경우에 더 쉽게 일어났을 것으로 보인다.

H씨가 겪고 있는 현재의 감정적인 소용돌이는 최근에 아내와 별거하게 된 상황 및 이혼할지도 모른다는 위협으로 인해 촉발되었다. H씨는 타인으로부터의 충족되지 못한 관심과 지지의 욕구가 강렬하며 타인에게 지나친 정도로 쉽게 의존하게 되기도 한다(427; T=2; Food=2). 그가 응답하는 패턴을 보면, H씨가 강력하고 보호적인 여성, 자신이 안전감을 느낄 수 있도록 만들어주고 자신의 내면에 깔려있는 열등감을 보상해 줄 수 있는 강력한 힘을 지닌 여성을 소망한다는 것을 시사한다. 아내에 대한 그의 의존이 너무나 강렬하기 때문에 아내와의 관계가 파괴적이고 격렬해져도 그녀를 움켜잡고 매달리고 있는 것이다. 아내에게 의존하는 H씨의 특성을 볼 때, 만약 아내가 그를 거부한다는 느낌이 들면 극도로 불안하고 위협받는다는 느낌이 들 것이고 아내를 잃어버릴지도 모른다는 생각이 들면 감정적인 고통이 더욱 커질 것이다.

H씨가 아내에게 의존하는 것은 오랫동안 대인관계에서 어려움을 겪어왔던 맥락 속에서 이해되어야 한다. H씨가 그동안 맺어왔던 대인관계는 좌절과 불만족, 파란만장함으로 특징지어질 수 있다. H씨는 타인과 관계를 수립하는 것도, 의미 있는 관계를 유지하는 것에도 어려움을 겪었기 때문에 늘 외롭고 타인과 연결되어있지 않은 소외감을 느꼈을 것이며 정서적인 지지를 박탈당했다고 느꼈을 것이다(CDI=4; Isolation index=.41). 그는 수줍음도 많고 사회적으로 불안해하며 타인들과 어울릴 때 불편감을 느꼈을 것이다(Si=T71; Hy1=T34; Pd3=T97; Ma3=T41; Si1=T72; Si2=T71). 그는 쉽게 남의 시선을 의식하고 잘 알지 못하는 사람들과 함께 있으면 불편해지기 때문에 혼자 있거나 친밀한 관계를 가진 사람들과 함께 있는 것을 더 선호한다. 특히 이성과 함께 있는 것을 더욱 불편하게 느낀

다. 이미 관계를 맺은 사람들에게는 매우 요구적일 가능성이 크고 자신의 관심 욕구나 애정 욕구가 충족되지 않게 되면 폭발적으로 반응할 가능성이 크다(427; S=10; T=2; Food=2). 그런 감정의 폭발이 있고 난 다음에는 죄책감을 느끼고 자신의 폭발로 인해 상대방과의 관계가 망쳐질까 봐 걱정했을 것이다.

H씨는 타인들이 자신에게 반응해주기를 기대했지만, 타인들의 요청을 요구로 인식했기 때문에 정작 자신은 타인들의 요청에 완고하게 저항했다(S=10). 그는 타인과 교류할 때 방어적이고 과민하며 지나치게 민감하다. 또한 상처받고 오해받는 것, 비판받거나 업신여김을 당하는 것에 매우 취약하다(Pa=T67; PER=4). 이런 일이 벌어지면 H씨의 첫 반응은 도발적이면서 모욕적이고 공격적인 태도로 행동함으로써 보복을 하는 것이다. 그가 사람들과 겪었던 어려움을 감안해보면, 그가 아내에게 깊이 의지하게 된 것이 충분히 이해할 만하다. 왜냐하면 그의 아내는 애정 욕구와 돌봄의 욕구, 그리고 따뜻함에 대한 그의 욕구를 만족시켜주었기 때문이다. 또한 같은 맥락에서 아내를 잃어버릴지도 모른다는 생각이 H씨에게 얼마나 위협적으로 다가왔을지도 이해할 수 있다. H씨는 아내와의 관계에 있어 위협적으로 작용하는 모든 것에 대해 상처받고 격분했을 가능성이 크다. 외형적으로는 H씨가 아내와의 관계를 시작하게 된 계기가 아내를 그녀의 문제들, 특히 폭력적인 남자들과의 불행한 관계로부터 구하기 위해서였다고 했는데, 이는 H씨가 오랫동안 지속되어 온 폭력적이고 불행한 결혼 생활을 했던 어머니와 맺었던 관계를 자신의 아내와 다시 재연하고자 하는 욕구를 반영하는 것일 수 있다. 즉 어머니를 "구원"해야만 하는 책임감을 아내와의 관계에서 다시 재연하고자 했을 수 있다.

H씨는 만성적으로 타인과 자신을 비교했을 때 열등감과 부적절감을 느껴왔다(427; Egocentricity Index=.19). H씨는 빈번하게 자기 자신을 평가했으며 자신의 행동에 잘못된 점이 있는지를 찾는 경향이 있다(FD=8). 자아 비판적 사고, 자신에 대한 평가절하, 그리고 남들이 자신에 대해 어떻게 생각하는지에 대한 생각에 매몰되어있다. 특히 특정한 상황에서 자신이 어떻게 행동했는지, 어떤 성취를 이뤘는지 등에 대해 스스로 생각할 때 실패라고 인식되는 부분이 있다면 그것에 대해 끊임없이 반추한다. 실패할까봐, 실패로 인해 남들 앞에서 창피를 당하거나 굴욕감을 느끼는 것이 두려워, 타인에 의해 평가받아야 하는 상황이나 남들과의 경쟁을 회피했다(427; LSE=T77; Si3=T74; Egocentricity Index=.19). 이런 실패에 대한 두려움 때문에 학교와 직장에서 늘 능력 이하의 성취를 거둬왔을 것으로 보인다. 자신의 성생활에 대한 염려, 그리고 남자로서의 적절감에 대한 의구심에 사로잡

혀있다(Sx=3). 이와 같은 H씨의 염려를 고려할 때, 아내의 성적인 행동에 집착하는 것은 충분히 이해될 수 있을 것이다. 언제라도 아내가 다른 남자와 외도를 할 수 있다는 생각과 환상에 미칠 듯이 괴로워하며, 이런 생각을 할 때마다 자신이 성적으로 실패했다는 생각과 그로 인한 분노가 치밀어 올라왔을 것이다.

H씨가 양극성 장애인지에 대한 구체적인 질문과 관련해서 MMPI-2와 로르샤하 모두 현재의 우울증상과 동시에 성격 장애에 대해서는 일치된 결과를 보여주고 있다. 진단 데이터에서는 조증의 징후는 나타나지 않고 있다(Ma=T63; Sum6=1). 그러나 앞서도 언급된 바와 같이, 이런 결과 자체만으로 양극성 장애의 가능성을 완전히 배제할 수는 없다. 수검자가 양극성 장애의 진단기준을 충족시키는지를 평가하기 위해서는 현재의 증상에 대한 패턴을 살펴보는 것뿐만 아니라 과거에 있었던 우울과 조증 삽화와 관련된 종단적인 데이터를 면밀하게 조사해봐야 한다. H씨가 보고한 과거력은 DSM-IV가 규정하는 조증의 진단기준에 해당하는 별도의 삽화가 포함되어 있지 않다. 따라서 양극성 장애임을 지지하는 자료는 얻을 수 없었다.

진단적 인상

DSM-IV 축 I 296.22 주요 우울증, 단일삽화, 중등도(major depression, single episode, moderate)

303.90 알코올 의존증(alcohol dependence)

305.60 코카인 남용(cocaine abuse)

축 II 310.9 경계선적, 수동-공격성 특징을 수반한 성격 장애 NOS (personality disorder NOS, with borderline and passive-aggressive features)

치료를 위한 제언

심리평가 결과를 바탕으로 할 때 몇 가지 치료적 제언을 얻을 수 있다. 우선 첫 번째로, H씨의 알코올과 물질 남용은 직접적으로 다뤄져야 하며 개인적인 정신과 치료와 더불어 AA 집단과 같은 물질 남용 치료가 병행되어야 할 것이다. 기존의 데이터를 보면, 치료의 예후와 관련된 매우 흥미로우면서도 모순적인 결과가 있다. 즉 MMPI-2 코드타입을 보면 H씨의 치료 동기는 외부적인 스트레스 유발요인이 줄어들고 살아가는 상황이 개선된다면 약해질 것임을 시사한다. 이에 더해 427 코드타입이 시사하는 바는 인내심과 삶에 대한 성찰이 거의 없는 행동지향적인 스타일이다. 이러한 요소들을 통합해볼 때 H씨에게 적절한 치료적 제언은 통찰 지향적인 정신과적 치료보다는 단기 치료가 보다 더 적합한 접근 방식이 될 것이다.

이와는 반대로, 로르샤하 결과를 보면, H씨는 스스로 성찰할 수 있는 자기성찰 능력을 가지고 있음을 시사한다(FD=8). 이 점은 H씨가 스스로 자신의 대인관계의 문제점과 어려움, 자기개념, 감정제어, 성취와 같이 단기적 접근을 통해서는 효과적으로 다뤄지기 어려운 이슈들을 점검하도록 도울 때 매우 큰 자산이 될 수 있다. 왜냐하면 그가 가진 위와 같은 문제들의 기질적 특성을 봤을 때 매우 오랜 기간 동안 견고하게 지속되어 온 특성일 것이기 때문이다. 즉 현재 그가 겪고 있는 결혼문제로 인한 고통이 해결되고 치료자와 온전하고 건강한 치료적 동맹을 맺을 수 있다면 H씨에게는 장기 심리 치료가 상당한 도움을 될 수 있음을 시사한다. 그럼에도 불구하고 치료자는 H씨가 현재 당면한 고통이 사라지면 치료를 종결하겠다고 한다 하더라도 놀랄 필요가 없다.

H씨와의 치료적 관계는 그의 사회적 불편감, 강력한 의존 욕구, 분노, 그리고 부정적인 자기개념에 의해 특징지어질 가능성이 크다. H씨가 타인과 함께 있을 때 남의 눈치를 지나치게 많이 보고 불편해 하며 어색함을 느끼기 때문에 치료자와의 관계 역시 처음 만나서 마음을 열고 치료를 위한 신뢰관계를 수립하는 것에 어려움을 겪을 가능성이 크다. 치료자는 H씨의 이런 불편감으로 인해 치료를 시작한 후 곧 치료를 거부할 가능성이 있다는 점에 유의해야 한다. 따라서 이를 미연에 방지하기 위해서 전통적인 방식, 즉 내담자로부터 거리를 두는 자세가 아닌 관여하는 자세를 취함으로써 치료를 거부하는 상황이 오지 않도록 적극적으로 임해야 할 것이다. H씨의 관심과 수용에 대한 욕구를 감안할 때 상담 초기 동안에는 표면적으로는 매우 친절하고 순응적일 가능성이 크다. 예를 들어, 치료자가 탐탁지 않게 생각할까봐 그가 두려워하는 것, 예를 들면, 분노를 공개적으로 인정하는 것과 같은 것은 애초부터 드러내지 않을 가능성이 크다. 그는 치료자의 말, 특히 자신이 인식하기에 자신에게 비판적이거나 자기에게 창피함과 당황스러움, 불충분감을 느끼게 하는 말에는 매우 민감해질 가능성이 크다.

시간이 지나면서 H씨는 치료자가 자신에게 요구한다고 느껴지면 분노의 감정을 느낄 것이고, 이런 감정을 직접적으로 치료자에게 이야기하기보다는 행동화하는 것으로 반응할 가능성이 크다. 즉흥적인 행동화 대신 자신의 반응을 관리할 수 있는 효율적인 방법을 H씨가 찾을 수 있도록 돕기 위해서, 치료자는 이러한 상황에 닥치게 되면 감정에 휩싸여 내담자와 분노의 전쟁을 하지 않도록 노력함과 동시에 직접적이고 단호한 태도로 이에 맞설 충분한 준비가 되어있어야 한다. 또한 치료적인 관점을 유지하기 위해 치료자는 H씨의 자극에 보복으로 응수하기보다는 H씨의 행동에 대한 그의 반응과 치료자 자신의 반응을 면밀히 관찰하고 경각심을 가지고 경계해야 할 필요가 있다.

Chapter

10

사례 5: 컴퓨터와의 대화: 편집증

Chapter

10

사례 5: 컴퓨터와의 대화: 편집증

심리평가 의뢰 사유

J씨는 32세의 흑인 기혼여성이다. 정부기관에서 7년째 근무 중인 여성으로, 최근 그녀가 기이하게 행동하는 것을 목격한 동료들과 관리자의 요청으로 심리평가를 받게 되었다. 예를 들어, 한 번은 J씨가 컴퓨터 화면을 바라보면서 이상한 얼굴표정을 짓고 있는 것을 동료가 목격했다. 이상하다고 느낀 동료가 무슨 일이 있냐고 물어보자, J씨는 자신이 컴퓨터에게 말을 하고 있으며 컴퓨터가 대답하기도 한다고 했고 동료는 그 상황을 웃어 넘겼다. 심리평가를 통해 그녀의 현재 상태와 정신건강 전문가에게 치료를 받아야 하는지의 여부, 그리고 J씨의 상태가 업무에 영향을 끼치는지의 여부를 진단해 보아야 한다.

기본 배경 정보

J씨는 남편과 함께 내원하여 면담을 진행했다. J씨는 고등학교를 졸업했고 학교에 다닐 때는 평균정도의 성적을 받았다. 다섯 형제 중 셋째로, 언니 두 명과 여동생 한 명,

남동생 한 명이 있다. J씨의 부모는 그녀가 14세 되던 해에 이혼했으며 이혼 후에 형제들과 함께 학교 선생님이었던 어머니와 함께 살았다. 아버지는 그녀가 살던 동네에서 몇 블록 떨어진 곳에서 살았었고 아버지와는 정기적으로 만남을 유지했다. 어머니는 엄격하지만 사랑이 많고 교회에 다니는 분이셨으며 교육과 자조적인 삶, 노동윤리를 중요한 가치로 여기는 사람이었다. 그녀의 부모는 자신들의 결혼 생활의 문제에 대해 아이들에게 이야기하지 않았었기 때문에 부모가 별거를 결정하기 전까지 부모 사이의 긴장관계에 대해서는 어느 정도 인식하고 있었지만 실제로 어떤 이유로 부모가 이혼했는지는 모른다고 했다. 어머니는 재혼하지 않았다.

J씨의 아버지는 제철 공장에서 일하는 노동자였는데, 이혼 후 1~2년쯤 지나서 재혼하여 3명의 자녀를 낳았다. 그녀는 어머니와는 친밀하지만 아버지와는 그렇지 않았다고 보고했으며 아버지는 조용하고 퇴근 이후 대부분의 시간을 스포츠 채널을 시청하거나 차를 고치고 아버지 소유의 2층짜리 건물을 손보고 수리하는 데 보냈다고 보고했다. 그녀는 이복형제들과 정기적으로 만나기는 했지만 자신에 비해 나이가 너무 어렸기 때문에 가까운 사이라고 느껴본 적은 없노라고 했다. 가족 내에서 물리적, 성적 학대는 없었다고 보고했다.

J씨는 정부 기관에서 7년째 비서업무를 해오고 있고 현재까지는 '만족'이나 '우수' 수준의 업무평가를 받는 등 비교적 좋은 업무이력을 가지고 있다. J씨에게 현재의 업무 상황과 심리평가를 받게 된 이유에 대해 물어봤을 때, 그녀는 자신이 사용하지 않았고 사인하지 않았음에도 급여 통장에서 돈이 빠져나가고 있는 것 때문에 고민이라고 대답했다. J씨는 이것 때문에 휴가를 갈 수 있을 정도의 돈을 저축하지 못해서 화가 나 있었다. J씨는 남편을 의심하고 있었는데, 남편은 아니라고 부인하지만 분명히 그가 월급에서 돈을 빼내가도록 계략을 짠 것이라고 믿고 있었다. 반면 J씨의 남편은 그녀의 월급이 충동구매로 인한 카드값으로 대부분 소진된다고 말했다. J씨는 충동구매를 했다는 말에 대해서는 화를 내며 부인했고, 누군가 자신의 카드를 훔쳤거나 자신과 동일한 이름을 가진 다른 여자가 구매한 것이라고 주장했다. 이 주제로 이야기할 때는 J씨의 사고의 흐름을 따라잡기 매우 힘들었다.

검사자가 J씨에게 동료들에게 말한 내용, 즉 컴퓨터와 대화를 하고 기이한 광경을 보았다는 보고에 대해 질문하자, J씨는 이상한 것을 본적은 없지만 가족들이 자신에게 말하는 목소리는 들었음을 인정했다. 사실 가족의 목소리를 너무나도 정확하게 들은 나머지 형제자매들에게 전화를 걸어 자신의 직장에 왜 왔는지에 대해 따졌었던 적도 한 두 번 있었다고 했다. 목소리가 말한 내용에 대해 묻자 다소 얼버무리며 머리를 자르라고 했다는 식으로 애매한 대답을 했다. 이런 경험에 대해 놀라거나 괴로워하는 것으로 보이지 않았고 그 경험을 이상한 것으로 생각하지도 않는 것 같았다.

J씨는 또 자신의 팔에 문제가 생기고 있다고 했는데, 짧은 기간이기는 하지만 여러 번에 걸쳐 팔이 무감각해지고 무거워지거나 힘이 빠지는 경험을 했노라고 말했다. 심리검사 실시 6주 전부터 시작되었다고 했으나, 문제에 대해 자세하게 보고해달라고 요청하자 사건이 발생한 시기를 다시 계산해보더니 몇 달 전 직장 상사와 격의 없이 대화를 하던 중 자신의 팔을 건드렸는데 그때부터 시작되었다고 보고했다. J씨는 상사가 건드렸던 것이 자신의 팔에 특이한 감각을 일으켰고 상사가 뭔가 "초능력 같은 것"을 부린 것은 아닌지 의아해하고 있었다.

남편에 의하면, 자신의 아내가 심리검사 3달 전부터 자신을 의심하기 시작했다고 말했다. 예를 들어, J씨가 자신의 언니들 중 한 명에게 남편이 자신을 독살하려고 하는 것 같아 두렵다고 말하면서 남편이 준비한 음식은 먹지 않았다고 했다. 남편이 요리한 음식에 독약을 탔는지 검사하기 위해 병원과 경찰서에 가져가기도 했지만 거부당했다고 한다. J씨는 최근에 13세인 딸과 어머니를 모시고 다른 주에 살고 있는 친척을 방문한 적이 있었는데, 이 여행에서 돌아오고 나서 그녀는 자신이 집을 비운 사이 남편이 음식물에 독약을 탔을지도 모른다는 두려움 때문에 집에 있는 모든 기본 음식, 즉 밀가루나 설탕 같은 것들을 버렸다. 또한 남편에 의하면, J씨가 자신의 여동생과 그가 불륜관계에 있다면서 고소한 적이 있다고 했다. 그러나 남편이 옆에 있을 때나 남편 없이 혼자 면담을 할 때도 고소한 원인에 대해 제대로 설명하지 못했다. 남편은 아내의 현재 행동과 자신을 고소한 것에 대해 어리둥절하고 걱정된다고 했다. 남편은 지난 몇 달 동안 자신의 아내가 서서히, 그렇지만 분명하게 극적인 성격으로 변하고 있고 타인에 대한 태도에도 변화를 보인다고 강조했는데, 과거에는 이렇게 화내거나 남들을 불신하고 의심하지 않았다고 말했다. J씨와 남편 모두 이런 변화를 발생하게 만든 갑작스러운 유발 원인에 대해서 아는 바가 없었다.

J씨는 현재나 과거 몇 개월 동안 우울한 적이 없었다고 보고했으며, 불안이나 걱정, 혹은 심하게 놀란 적도 없었다고 보고했지만, 업무에 몰입하기는 어려웠다고 인정했다. 수면과 식욕, 에너지 등에는 별다른 변화가 없지만, 남편은 그녀가 짜증을 잘 내고 제대

로 쉬지도 못했으며 잠드는 것도 힘들어했고 한밤중에 깨서 돌아다니기도 했다고 보고했다. 음주나 물질 남용은 부인했고, 가족 중 정신병리가 있던 사람도 없었다.

본 심리평가는 J씨의 회사 인사부에서 요청했다. 인사부 매니저는 그녀가 과거에는 어떠한 심리적인 문제도 없었다고 보고하면서 최근 행동 변화에 대해서 진심으로 놀라고 걱정하는 것처럼 보였다. 그리고 심리평가의 결과를 통해 J씨의 현재 상태에 대해 더 자세히 파악하고 가장 합당한 치료를 제시하려는 생각을 가지고 있었다.

진단적 고려사항

남편과 본인 자신이 보고한 J씨의 증상을 보면, 편집형 사고, 환청, 과민, 차분하게 쉬지 못하고 집중하기 어려운 점 등인데, 이런 증상들은 정신분열병의 징후일 수도 있고 정신병적 특징을 동반한 양극성 장애의 조증 단계에서 나타나는 징후일 수도 있다. 편집증적 징후를 보면, 흔히 망상형 정신분열병을 쉽게 생각하게 되지만 편집증적 특성은 정신병적 특성을 동반한 양극성 장애환자에서도 자주 보여지는 증상이다(Goodwin Jamison, 1990). 자신도 모르는 큰돈이 사용되었다고 하고 또 그것을 기억하지 못한다고 주장하는 점이 이상하긴 하지만, 돈을 흥청망청 쓰는 행동은 조증 삽화에서는 매우 흔히 일어나는 양상의 하나이다.

환자의 증상에 근거해서 정신분열병인지 혹은 정신병적 특성을 동반한 양극성 장애인지를 구별하는 것은 매우 어렵다. 왜냐하면 위의 두 장애와 연관된 증상과 행동적 문제들은 상당히 많은 부분에서 겹치기 때문이다. 예를 들면, 정신분열병과 양극성 장애 모두 초조증(agitation); 안절부절증(restlessness); 과민성(irritability)과 적개심; 과대망상이나 피해망상; 무질서하고 비논리적인 사고와 말의 흐름; 부적절한 성적 행동; 그리고 과도한 운동 활동성을 보인다. Nichols(1988)는 특히 편집증적 증상을 동반한 조증과 편집증적 증상을 동반한 정신분열병 장애 경우, 이 두 가지 장애를 식별해내는 것이 어려울 수 있음을 시사했다. 왜냐하면 "(편집증적 증상 때문에) 후자는 일반적인 정신분열병보다 사고 장애가 덜하고 전자는 일반적인 조증보다는 고양감과 과잉활동이 적은 편이기 때문이다"(P. 80)

과거에는 정신분열병과 조증을 구분할 때 사고 장애가 나타나는지의 유무로 구별해내는 것이 가능하다고 생각했다. 왜냐하면 사고의 장애가 정신분열병에 나타나는 질병 특유의 증상이라고 여겨졌기 때문이다(Arieti, 1974; Bleuler, 1950). 그러나 최근의 연구 결과를 보면, 사고 장애는 정신분열병에만 특징적으로 나타나는 증상이 아니며 정신분열병과 정신병적 특성을 동반한 양극성 장애 모두에게 나타나는 핵심 특성이라는 것이 밝혀졌다(Goodwin & Jamison, 1990; Harrow & Quinlan, 1977). 이러한 연구 결과에 더해, 앞서의 두 가지 장애가 사고 장애의 심각성 측면에서도 다르지 않다는 것이 밝혀졌다. 오히려 정신분열병 환자에 비해 조증 환자의 사고 장애 수준이 더 심각하다는 연구 결과들이 발표되는 추세이다(Harrow, Grossman, Silverstein, & Meltzer, 1982). 그렇지만 양극성 장애의 경우, 기분 장애의 시기에만 정신병적 증상이 일어나는 반면 정신분열병의 경우에는 정신병적 증상이 기분 장애의 유무여하에 상관없이 독자적으로 나타난다(DSM-IV, 1994). 그렇지만 정신분열병 환자가 장애를 앓고 있는 동안 특정 시기에 정동 장애의 진단기준에 부합하는 특징을 드러낼 수도 있음을 기억해야 한다. Goodwin과 Jamison(1990)은 정신분열병과 조증에서 발현되는 증상들이 매우 유사하기 때문에 두 장애를 구별하기 위해서는 환자가 나타내는 종합적 증상요인 뿐 아니라 환자의 병전기능 수준, 가족력, 장애의 진행 상황, 기존의 정신병리 삽화의 특성 등 다양한 요인을 살펴볼 것을 권고하고 있다.

Nichols(1988)은 기분 장애 관련 MMPI연구를 검토해본 결과, 조증 환자들의 경우 대부분 9번 척도가 가장 높거나 두 번째로 높은 임상 척도였고 4, 6과 8번 척도가 상승하는 경우도 빈번했다는 결론을 내렸다. 반면 조증 환자의 경우에 1, 2, 3번과 7번 척도가 상승하는 경우는 흔치 않았다. 조증 사례에서 가장 빈번하게 보이는 2-코드타입은 49/94, 69/96과 89/98 타입이었다(Nichols, 1988; Wetzler & Marlowe, 1993). Winters, Newmark, Lury, Leach와 Weintraub(1985)는 정신분열병 환자군, 우울증 환자군, 혹은 양극성 장애 환자군을 비교해본 결과, 2가지의 코드타입만이 특정한 하나의 장애와 명확하게 연관되어 있음을 발견했다: 68/86 코드타입은 정신분열병과 연관되어 있으며 984 코드타입은 조증과 연관되어 있다.

MMPI-2에 비해 상대적으로 조증 환자의 로르샤하 응답 샘플을 검토한 연구자료는 거의 없고, 특히 조증 환자와 정신분열병 환자를 비교한 연구는 현재로서는 전무하다. 현재까지 연구된 로르샤하 관련 문헌을 보면, 조증 환자들은 전형적으로 심각한 사고 장애, 인지적 오류(cognitive slippage), 취약한 현실 검증력을 드러낸다고 알려졌다(예: Singer & Brabender, 1993). 결과적으로 조증 환자는 positive SCZI가 나오는 경우가 자주 있으므로, 정신분열병과 정신병적 특성을 동반한 양극성 장애를 구별하려고 할 때 SCZI에만 의존해서는 안 된다. 임상 결과, 조증 환자와 정신분열병 환자는 로르샤하 응답 타입에서도 차이가 있고 특수 점수(special score)에서도 차이가 있었다; 조증 환자들의 응답은 횡설수설하는 경우가 잦았고(DR2) 지나치게 복잡했으며(Blends) 정신분열병 환자들보다 더 많은 정서적인 혼란이 포함된 내용을 담고 있었다. 정신분열병 환자와 조증 환자의 로르샤하 프로토콜을 비교하는 연구가 많지 않다는 점은 향후 이 분야에서의 경험적인 연구가 더욱 필요하고 값진 것이 될 것임을 의미한다.

MMPI-2 데이터

타당성 척도: MMPI－2의 타당도 척도는 F(T=106)와 Fb(T=89)가 상승한 것을 눈여겨볼 필요가 있다. F와 Fb가 이 정도의 수준으로 상승한 것은 무작위 응답, 심리적 혼란, 설문 항목을 제대로 이해하지 못한 경우, 도움을 요청하는 경우, 정신병이 있는 경우, 아니면 증상을 과장하려는 경우를 포함해서 다양한 원인 때문이다. 임상 척도를 해석하기 전에 위와 같은 원인 중 어떤 것이 타당도 척도의 상승을 견인했는지 선별해야 한다.

F가 높을 경우 VRIN 척도의 점수 점검을 통해 비일관된 응답이나 무작위 응답의 가능성을 점검할 수 있다. VRIN은 수검자가 질문 문항 이해력이 부족하거나, 혼란스럽거나, 무작위 응답 등의 이유로 인해 MMPI－2에 비일관되게 대답했는지를 진단하기 위해서 특별히 고안된 척도이다(Butcher et al., 1989). VRIN은 T 점수보다는 원점수에 기반해서 해석된다. VRIN의 원점수가 13점이거나 그 이상인 경우에는 수검자가 비일관되게 응답을 했기 때문에, MMPI－2 프로파일이 타당하지 않은 결과라는 것을 가리킨다. VRIN은 반드시 F 척도와 함께 해석되어야 한다(Butcher et al., 1989; Graham, 1993; Greene, 1991). F와 VRIN 값이 모두 높은 경우에는 수검자가 MMPI－2 검사를 비일관된 방식으로 완성했을 가능성을 시사한다. 반대로 F값은 높지만 VRIN값은 낮거나 중간 정도인 경우에는 수검자가 테스트를 무작위로 검사했다기보다는 일관되게 검사했을 가능성을 시사하므로, 결과적으로 F 척도의 상승은 정신병리일 가능성을 반영한다고 본다.

VRIN값을 분석한 경험적 연구가 거의 없기 때문에 MMPI－2 진단 매뉴얼은 (a) VRIN은 향후 추가적인 연구를 통해 그 타당성이 확립되기 전까지는 실험적인 것으로 여겨져야 하고 (b) VRIN에 기반한 해석은 매우 조심스럽게 내려져야 한다고 권유하고 있다(Butcher et al., 1989). 그럼에도 불구하고 앞서 설명된 바와 같이, F와 VRIN 사이의 관계는 여러 연구를 통해 지지되고 있다. Wetter, Baer, Berry, Smith, Larsen(1992)는 수검자 집단을 솔직한 집단, 무작위 집단, 그리고 fake－bad 집단으로 나누었다. 그랬더니 유의미한 수준의 집단 간 차이가 MMPI-2의 임상 척도와 타당도 척도에서 나타났다. 무작위 집단에서는 F와 VRIN이 상승한 반면 fake-bad 집단에서는 F는 상승했지만 VRIN은 정상범주의 수준을 보였다. Wetter, Baer, Berry, Robison, Sumpter(1993)는 꾀병을 부리라는 지시를 받은 수검자들은 정신병원의 환자들과 F와 F-K, 그리고 Ds 척도에서 예측했던 대로 차이가 나타났지만, VRIN에서는 차이가 나타나지 않았다는 것을 찾아냈다. VRIN은 꾀병 집단과 환자 집단 모두에서 컷오프에 해당하는 13점 미만으로 나타났다. Wetter et al.(1993)는 무작위 응답이 VRIN값을 상승시키는 것은 맞지만, faking-bad에서는 상승하지 않는다는 결론을 내렸다. J씨의 VRIN 점수는 12점이기 때문에 F값의 상승을 무작위 응답, 비일관된 응답, 혼란스러움, 혹은 취약한 독해능력 때문으로 볼 수는 없다.

J씨의 MMPI 프로파일에서는 F값의 상승이 증상을 과장하거나 faking-bad 때문일 가능성을 반박하는 몇 가지 증거가 있다. 우선 첫 번째로, J씨가 fake-bad 하는데 동기부여가 될만한 어떤 보상도 확인되지 않았다. 오히려 반대로 임상 면접을 하는 동안에 J씨는 집중하지 못했고 최근에 나타난 자신의 행동변화와 그로 인해 남들을 걱정하게 만드는 것 때문에 매우 괴로워하고 있는 것처럼 보였다. 두 번째로, Graham(1993)은 fake-bad 프로파일은 모든 임상 척도가 매우 높게 상승하는 특징을 보인다고 했지만, J씨의 프로파일을 보면 6, 8, 9번 척도만 상승했고 3번과 7번 척도는 매우 낮다는 것을 확인할 수 있다. 세 번째로, faking-bad에 민감한 다른 MMPI-2 지표, 즉 F-K 지표(Gough, 1950)를 보면 예측되는 수준을 넘지 않았다(F-K=6). Wetter et al.(1992)는 F-K 지표가 MMPI-2에 솔직하게 응답한 집단 및 무작위나 fake-bad로 작성하도록 지시받은 집단, 그리고 fake-bad 집단과 정신병원의 환자들 집단을 매우 정확하게 구분해내는 지표임을 확인했다(Wetter et al., 1993). 따라서 전체적으로 봤을 때, F 점수의 상승은 J씨의 faking-bad를 반영하는 것이라고 결론 내리기에는 그 근거가 미약하며, 오히려 J씨의 현재 상태가 심각한 정신병리를 포함하고 있음을 시사하는 것이라고 보는 것이 적절하다.

임상 척도: 임상 척도의 프로파일을 보면, 6, 8, 9번 척도의 상승이 두드러진다. 68/86 코드타입은 심각한 정신병리, 사고 장애, 편집증적 특성을 경험하고 있음을 시사한다. 68/86 코드타입은 어떤 경우에는 A형 성격 장애(예: 편집증적 성격 장애와 분열성 성격 장애)

와 관련되기도 하지만, 일반적으로는 정신분열병 진단과 관련되어 있다(Graham, 1993). 앞서 설명했던 바와 같이, 68/86 코드타입은 양극성 장애보다는 정신분열병과 관련되어 있을 가능성이 훨씬 더 크다(Winters et al., 1985). 이 사례에서 정신병적 장애가 나타날 가능성, 특히 정신분열병이 나타날 가능성은 "편집증 계곡" 배열을 감안할 때 매우 높아질 것으로 보인다. "편집증 계곡"이란 6번 척도와 8번 척도의 T 점수가 65점 이상으로 상승하고 두 척도 모두 7번 척도보다 10점 이상 높은 경우에 해당되는 것으로(Friedman et al., 1989), 이럴 경우 환청, 망상, 그리고 편집증 사고를 포함한 정신병적 증상과 연관되는 것으로 확인되었다. 또한 내용 척도(Bizarre Mentation=T76)에 의해서도 정신병적 장애의 가능성이 강력히 시사된다.

68/86 코드타입을 가진 사람들은 자폐적 논리; 상황에 대한 오해석; 분열되고, 비논리적이며 장황한 사고의 흐름과 같은 사고 과정의 어려움을 드러낸다. 결과적으로 J씨는 자신의 업무에 몰입하기 어려웠을 것이고, 집중에도 문제가 있었을 가능성이 있다. 또한 기억력에도 문제가 있었을 것이다. 그녀가 남들과는 다른 특이한 생각을 표현했을 가능성이 크고, 게다가 기태적, 혹은 편집증적 사고나 피해망상과 같은 비현실적인 믿음까지는 아니더라도, 이상한(peculiar) 생각을 했을 가능성이 크다(Pa1=T105). 또한 체계화된 망상도 나타났을 가능성이 있다. J씨는 남들이 자신을 오해하거나 홀대한다고 느끼기 쉽고 다른 사람들이 자신에게 해를 가하거나 자신을 이용하려고 한다는 생각에 사로잡히기도 쉽다(Pd4=T70; Pa1=T105; Sc1=T77). 그녀는 다른 사람들을 의심하는 불신의 눈으로 바라보며 경계하고, 타인들로부터 조심스럽게 거리를 유지한다.

68/86 코드타입의 성인은 종종 직장에서의 책임이나 가정에서의 역할을 매우 잘 소화해내기도 한다. 그러나 현재 시점에서 J씨는 피로감, 비효율성, 그리고 심리적인 보상실패(decompensation)의 결과로 인해 집중에 어려움을 겪고 있으며, 이로 인해 성인으로서의 책임을 수행하고 조절하기 위한 역량이 위태로운 지경에까지 이르렀다. 일상의 활동에 관심이 없어 철수하게 된 결과, 업무성과는 지지부진할 것이다. 어떤 경우에는 이런 보상실패가 스트레스 사건에 대한 반작용으로 일어나기도 하겠지만, 또 다른 경우에는 별다른 설명이 가능한 원인이 없는 경우에 일어나기도 하겠다(Gilberstadt & Duker, 1965). 그녀는 스트레스를 경험할 경우 환상 속으로 철수하거나 공상 속에 몰두하는 방식으로 대처할 것이다.

J씨는 현재 긴장과 걱정, 우울감의 정서를 보고하고 있지만, 주로는 과민한 분개심

(irritable resentment)이 지배적이다. 남들이 자신에게 부당한 요구를 하고 있고 자신을 이용하려고 한다는 생각 때문에 남들의 요청이나 부탁에도 부정적으로 반응하게 된다(68/86; Hy2=T26; Pa3=T41; Sc1=T77). 대인관계에서의 소통은 분노와 의심, 그리고 적대감의 성격을 띨 가능성이 매우 크다. 그 결과 타인들은 그녀를 분노가 많고 불친절하며 함께 어울려 지내기 어려운 사람으로 바라볼 가능성이 있다. 협박이나 공격적인 행동도 나타날 것으로 보이는데, 특히 술을 많이 마신 후에는 이런 행동이 나타날 가능성이 크겠다(Gilberstadt & Duker, 1965).

두 번째로 고려해야 할 코드타입은 69/96 타입이다. 68/86 코드타입과 연관된 특성 중 정신병적 증상들, 환각, 사고 장애, 망상, 편집증적 사고, 분노와 적대감 등을 포함한 많은 특성들은 69/96 타입과도 연관된다. 또 69/96 코드타입의 사람들은 집중하기가 어렵고 기억기능에도 문제가 나타난다. Graham(1993)은 69/96 코드타입이 정신분열병과 가장 빈번하게 관련되어 있다고 주장한 반면, Greene(1991)은 많은 임상가들이 69/96 코드타입을 "사고 장애라기보다는 오히려 기분 장애"를 반영하는 것으로 고려하고 있다고 제안한다.

• 표 10.1 **사례 5. MMPI-2 Profile**

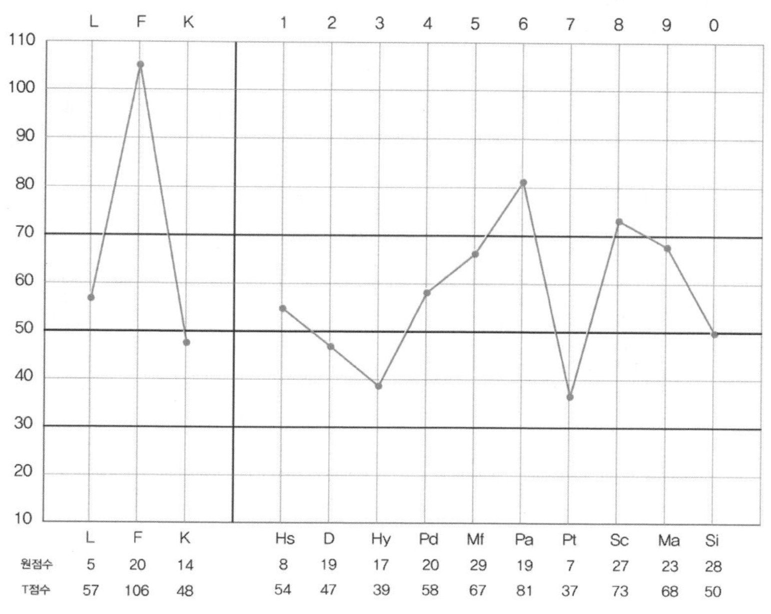

• 표 10.2 사례 5. MMPI-2 내용척도 및 보충척도

	Raw Score	T Score
FB	12	89
True Response Inconsistency (TRIN)	11	65T
Variable Response Inconsistency (VRIN)	12	78
Anxiety	14	53
Repression	18	54
MAC-R	23	58
Ego Strength (Es)	36	53
Dominance (Do)	16	49
Social Responsibility (Re)	18	41
Overcontrolled Hostility (O-H)	19	70
PTSD - Keane (PK)	20	68
PTSD - Schlenger (PS)	14	52
Addiction Potential (APS)	26	58
Addiction Admission (AAS)	3	56
Content Scales (Butcher et al., 1990)		
Anxiety (ANX)	8	53
Fears (FRS)	13	73
Obsessiveness (OBS)	6	50
Depression (DEP)	8	55
Health Concerns (HEA)	12	63
Bizarre Mentation (BIZ)	10	76
Anger (ANG)	6	50
Cynicism (CYN)	13	57
Antisocial Practices (ASP)	14	72
Type A (TPA)	10	56
Low Self-Esteem (LSE)	7	54
Social Discomfort (SOD)	9	52
Depression Subscales (Harris-Lingoes)		
Subjective Depression (D1)	10	56
Psychomotor Retardation (D2)	6	51
Physical Malfunctioning (D3)	2	41
Mental Dullness (D4)	5	61
Brooding (D5)	1	42
Hysteria Subscales (Harris-Lingoes)		
Denial of Social Anxiety (Hy1)	3	45
Need for Affection (Hy2)	1	26
Lassitude-Malaise (Hy3)	2	47
Somatic Complaints (Hy4)	5	57
Inhibition of Aggression (Hy5)	5	62

	Raw Score	T Score
Psychopathic Deviate Subscales (Harris-Lingoes)		
Familial Discord (Pd1)	4	62
Authority Problems (Pd2)	3	53
Social Imperturbability (Pd3)	3	47
Social Alienation (Pd4)	8	70
Self-Alienation (Pd5)	2	43
Paranoia Subscales (Harris-Lingoes)		
Persecutory Ideas (Pa1)	11	105
Poignancy (Pa2)	2	46
Naivete (Pa3)	3	41
Schizophrenia Subscales (Harris-Lingoes)		
Social Alienation (Sc1)	10	77
Emotional Alienation (Sc2)	0	40
Lack of Ego Mastery, Cognitive (Sc3)	2	55
Lack of Ego Mastery, Conative (Sc4)	2	49
Lack of Ego Mastery, Def. Inhib. (Sc5)	3	59
Bizarre Sensory Experiences (Sc6)	6	68
Hypomania Subscales (Harris-Lingoes)		
Amorality (Ma1)	4	70
Psychomotor Acceleration (Ma2)	6	55
Imperturbability (Ma3)	3	50
Ego Inflation (Ma4)	7	74
Social Introversion Subscales (Ben-Porath et al., 1989)		
Shyness/Self-Consciousness (Si1)	5	49
Social Avoidance (Si2)	1	42
Alienation -- Self and Others (Si3)	6	52

로르샤하 데이터

J씨의 로르샤하 프로토콜 탐색전략은 positive 정신분열병 지표(SCZI=4)에 의해 결정되었다. Positive SCZI를 보면, 환자가 정신분열병이나 또 다른 정신병적 장애에 걸렸을 가능성이 매우 높은 것이 사실이지만, 그녀의 로르샤하 프로토콜이 이런 진단을 지지한다고 확실하게 결론을 내리기 전에 그녀의 기록을 신중하게 살펴봐야 할 이유가 몇 가지 있다. 우선 첫 번째로, SCZI값이 4인 경우는 허위 양성의 위험성(예: J씨가 실제로는 정신분열병이 아님에도 정신분열병이라고 결론내리는 경우)이 가장 커진다. 두 번째로, J씨의 경우처럼 응답 숫자가 적은 점(R=14), 잉크 반점에 대한 반응에서 상대적으로 다른 결정인은 거의 없고 형태에만 지나치게 의존한 점(Lambda=1.00), 혼합 반응이 적은 점(Blends:R=1:14), 그리고 방

어수준을 드러내는 지표(PER=3)를 보면, J씨가 검사에 대한 반응을 할 때 솔직하게 검사에 임했는지에 대해 의문을 제기하게 된다. 이러한 요인들로 인해 로르샤하 결과가 J씨의 현재 심리적 상태를 나타내는 것에 한계가 있을 것으로 짐작해볼 수 있다.

Positive SCZI인 경우의 탐색전략은, J씨가 전형적으로 정신분열병 환자들에게서 나타나는 인지적 왜곡을 보이는지 진단하기 위해서 그녀의 사고 과정을 점검하는 것에서부터 시작된다. J씨는 내향적인 문제해결 스타일을 가지고 있다(EB=3:0). 즉 의사결정을 하기 전에 내적으로 모든 가능성에 대해 고려하고, 문제를 해결하기 위해 다른 방법을 고려하는 과정에서 논리적이고자 노력하며, 이런 과정에서 전반적으로 감정에 의해 휘둘리지 않음을 가리킨다(EBPer=3.0). 특히 응답 반응수가 적은 것을 감안할 때, 예상외로 높은 특수 점수는 J씨의 사고와 판단이 심각할 정도로 방해받고 있고 혼란스러우며 결함이 있음을 시사한다. 그리고 인지적 오류의 가능성도 있다(Sum6=12). 특수 점수가 나타난 응답을 분석해보니, 미성숙할 뿐 아니라(응답번호 6번의 재료가 잘려진 모양은 "갈짓자 형태(zig-zag like)"로 표현) 언어를 특이하게 사용한 반응(응답번호 3번의 "쌍둥이 듀엣(twin duet)"; 응답번호 4번의 "가슴이 함께 만나고 있어요")이 있었다. 그리고 INCOM(응답번호 7번의 더듬이(antennae)가 달린 새)이 있었는데, INCOM의 경우는 비현실적이기는 하지만 그렇다고 기태적인 수준은 아니었다. 따라서 이러한 응답을 보면, J씨가 정신분열병의 경우에 종종 보이는 기태적이거나 혼돈스러운, 혹은 이상한 수준까지는 아닐지라도, 사고 과정의 어려움이 있음을 시사한다.

Lambda값이 기댓값보다 높게 나온 것은 복잡하고 애매한 자극을 단순하게 만들거나 제약하고자 하는 뚜렷한 경향성을 나타낸다(L=1.00). J씨는 심지어 자극이 명확하고 분명한 경우에도 대부분 사람들이 하는 것과 비슷한 방식으로 사물을 인식하지 않았다. 그리고 자극을 불완전하고 부주의하게 처리함으로 인해 사건을 오해하고 왜곡하며 오해석하기도 한다(Populars=3; X+%=.43; Lambda=1.00). 이렇게 부정확한 인식과 왜곡된 해석은 그녀가 주변 환경을 위협적이고 지나치게 요구하는 것으로 인식하여 그런 환경으로부터 거리를 유지하려고 할 때 나타날 가능성이 가장 크다. 상황을 부주의하고 비효율적으로 보는 이런 특성의 결과로 그녀의 행동 또한 부적절했을 가능성이 크다.

점수의 순서를 분석해보니, 처음 1번부터 5번 카드까지 에서는 마이너스 응답이 나오지 않았고 모든 마이너스 응답은 마지막 6번부터 10번까지의 카드에서 나왔다. 이것은 J씨의 심리적 구조의 급성 보상실패를 반영하는 것일 수도 있지만, 프로토콜을 분석해보면 그보다는 오히려 J씨의 노력이 검사 중반을 넘어가면서부터 점점 약해졌을 가능성이 시사된다. 후자의 해석이 전자보다 더 그럴듯해 보이는데, 그 이유는 J씨가 대답한 첫 번째 마이너스 응답은 또한 그녀의 첫 번째 모호한(vague) 응답이었고, 4개의 마이너스 응답 중 3개에서 DQv나 v/+를 포함하고 있었으며, 마지막 5개의 카드에 대한 응답은 훨씬 덜 복잡하고 덜 구체적이면서 동시에 처음 5개 카드에 대한 반응만큼 정교하지 않았기 때문이다. 그녀의 사고 과정의 수준은 지나치게 단순하고 세련되지 못하며 미숙한 경향이 있다(DQv=3; DQv/+=1). 마이너스 응답 중 어떤 것도 기태적이거나 카드가 요구하는 형태를 벗어나지 않았다. 즉 마이너스 응답들은 지각적 정확성에 대한 심각한 왜곡을 가리키기보다는 애매한 응답이 시사하는 바와 같이 충분한 노력을 기울이지 않은 태도와 관련되어 보인다. 이런 패턴은 정신분열병 환자에게서 전형적으로 나타나는 양상이 아니다. 왜냐하면 정신분열병 환자의 경우에는 왜곡되고 부정확한 지각이 응답기록의 전반에 걸쳐 산재해서 나타나는 것이 일반적이기 때문이다.

J씨는 통제 능력이 평균수준인 것으로 보이지만(Adj D=0; CDI=3), 유채색 반응이 전혀 없다는 점을 고려하면 이러한 결과는 신뢰할만한 것으로 보기 어렵다(EB=3:0). EB의 어느 한 쪽이라도 0이 나온다는 것은 지극히 드문 경우이다. 유채색 반응이 부족한 것은 아마도 그녀를 혼란에 빠뜨리고 압도할 정도로의 위협적인 정서를 억제하려고 그녀가 상당한 노력을 기울였음을 시사하는 것일 수 있다. 따라서 Adj D 점수는 평균수준보다 낮은 EA(EA=3.0)와 평균보다 낮은 Adj es 점수(Adj es=4)를 고려할 때 그녀의 대응능력을 과대평가한 것으로 볼 수 있다.

EB에 유채색 반응이 없는 것은 그녀가 불편하고 곤란한 감정으로부터 자신을 방어하려고 노력한 것임을 시사하기 때문에 정서적인 곤란의 신호가 있는지의 여부를 신중하게 점검해보는 것이 특히 중요하다. 현재로서는 감정적인 혼란을 나타내는 어떤 조짐도 없다(DEPI=3; CDI=3; es=4; D score=0, C'=0; Y=0). 그렇다고 유채색 반응이 나타나지 않은 것이 전반적으로 감정을 회피한 결과로 나타난 것으로 보는 것도 어렵다. 왜냐하면 그녀는 정서적인 자극에 반응하는 것을 편안하게 느끼기 때문이다(Afr=.56). 높은 람다값을 고려하면, 혼합 반응의 수가 평균보다 적은 것은 그녀의 빈곤한 심리적 기능을 시사하는 것이라 볼 수 있겠다(Blends=1:14).

J씨는 자기에게 초점이 맞춰져 있고 자기에게 몰두하는 경향이 있다(Egocentricity Ratio=.50). 이는 그녀가 자신만의 생각과 개인적인 관심에 더 몰두해있고 상대적으로 외부적인 현실은 무시하는 경향이 있을 수 있음을 시사한다. 더불어 평균 이상의 자부심을

가지고 있을 것으로 보인다. 그녀가 건강에 대한 염려와 신체의 온전함에 대한 근심에 사로잡혀 있을 가능성은 마이너스 형태질을 보이고 있는 해부 반응(An)을 통해 추측해볼 수 있다. 운동 반응을 포함하고 있는 응답이나 마이너스 응답의 내용을 통해서는 특별히 시사되는 바가 없다.

대인관계와 관련해서, 그녀는 타인과 엮이는 것에 대해 매우 신중한 편이며 쉽게 타인을 신뢰하지 않는다(T=0). 대부분의 상호작용에 대해 긍정적일 것이라고 기대하기는 하지만(COP=1; AG=0), 사회적인 상호작용에 대해서는 흥미가 부족하고 주로 철수하거나 소외될 것으로 보인다(H(H)Hd(Hd)=3). 또한 타인과 상호작용을 할 때 방어적으로 행동하는 경향이 있다(PER=3).

J씨의 로르샤하 프로토콜에 대해 설명하면서 언급했듯이, positive SCZI는 매우 신중하고 조심스럽게 해석되어야 하는데, 특히 SCZI=4일 경우에는 더욱 그러하며, SCZI 단일 지표 하나만으로 자동적으로 환자가 정신분열병이나 기타 정신병적 장애를 나타낸다고 말할 수 없다. 그녀의 응답을 보면, 사고 과정이 부정확하고 체계적이지 못한데다 비논리적이기까지 하며, 자극에 대한 인식 또한 왜곡되어 있음이 시사되고 있기는 하지만, 분석 결과가 확실하게 정신분열병임을 뒷받침하지는 않고 있다. 따라서 전반적으로 J씨의 프로토콜을 분석한 결과로는 완전히 정신분열병일 가능성을 지지하거나 이와는 반대로 정신분열병일 가능성을 완전히 배제할 수도 없다. 그러나 그렇다고 해서 로르샤하 데이터가 또 다른 진단 결과를 강력하게 시사하지도 않는다. 예를 들어, 정동 정신병으로 예상할만한 정서적 불안의 신호도 어디에서도 나타나지 않고 있다. 그보다는 오히려 제한되고, 방어적이며, 빈곤한 로르샤하 응답의 성질을 고려할 때(L=1.00; DQv=3; Blends=1:14; PER=3) 이러한 결과는 애매모호하며 진단을 내리기에는 매우 제한된 정보만을 제공하고 있다.

사례 5. 로르샤하 프로토콜

Card	Response	Inquiry	Scoring
Ⅰ	(1) 나비 같네요.(카드를 내려 놓으면서)	(검: 수검자의 반응을 그대로 되풀이해준다) 수: 네. 날개가 두 개 있고요. 몸 부분과 머리에요. 이 부분이 등 같아요. 그리고 여기가 밑부분 같고요. 내가 본 적 있는 나비처럼 생겼어요.	Wo Fo A P 1.0 PER
	검: 대부분 사람은 1개의 카드에서 1개 이상을 봅니다. (2) 수: 3명의 사람인 것도 같아요. 마치 춤, 작은 춤 같은 거예요.	(검: 수검자의 반응을 그대로 되풀이해준다) 수: 네. 이게 사람인데 허벅지 부분으로 걸치고 있어요. 몸을 바깥으로 펼치는 거예요. 발레처럼. 이 두 명의 사람을 다른 사람이 위로 들어 올리는 거예요. 머리를 아래로 향하고요. 이건 손을 잡고 있고요. 검: 머리를 아래로 숙였다고요? 수: 머리는 안 보이고요. 마치 옷의 깃 같아요. 그러니까 깃 밑에 있는 머리일 수 있겠죠.	W+ Ma.FDo (2) H,Cg 4.0 COP
Ⅱ	(3) 음… 이건 작은 쌍둥이 듀엣 같아요. 손뼉을 치고 있고 무릎도… 그거에요.	(검: 수검자의 반응을 그대로 되풀이해준다) 수: 네. 이건 2개의 몸이에요. 여기가 머리 부분, 눈이고요. 손뼉 치고 손을 나란히 같이 두었어요. 무릎도 같이 붙어 있어요. 그런데 발은 안 보여요. 아마 그 안쪽에 있나 보네요. 검: 쌍둥이 듀엣이라고요?	W+ Mao (2) H,Cg 5.5 DV2

Card	Response	Inquiry	Scoring
		수: 네. 왜냐하면 각각의 몸이 저한테는 똑같이 생긴 거로 보여요. 입도 똑같고 눈도 그렇고요. 작은 모자도 똑같이 튀어나와 있고요. 유니폼도 비슷하게 만들어졌고요. 무릎도 같이 있고요. 그리고 발도 둘 다 안 보이고요. 검: 발이 없나요? 수: 없어요. 발은 안 보이네요.	
Ⅲ	(4) 음… 이것은 마치… 작은 쌍둥이 모양 같아요… 어떤…	(검: 수검자의 반응을 그대로 되풀이해준다) 수: 음… 엉덩이 부분이 똑같이 밖으로 튀어나와 있어요. 다리 하나만 똑같아요. 부츠나 힐을 신은 것 같아요. 그들의 가슴이 나와서 만났어요. 마치 고개 숙여 인사하려고 나온 것처럼요. 둘의 입과 코가 서로를 향하고 있네요. 머리도 모양이 비슷하고요. 검: 가슴이 마주한다고요? 수: 네. 마치 고개 숙여 인사하려고 나온 것처럼요.	Do Mpo (2) H,Cg,Sx P DV2
	(5) 작은 오리들이요. 아니면 병아리들인가? 뭐 그런 것들이요.	(검: 수검자의 반응을 그대로 되풀이해준다) 수: 맞아요. 여기 아랫부분이요. 오리나 닭 모양이에요. 자라는 걸 예전에 본 것 같아요. 검: 무엇 때문에 그렇게 본 건가요?	Do Fo (2) A,Cg PER

Card	Response	Inquiry	Scoring
		수: 그려진 모양이 그래요. 오리의 형체일 수도 있겠어요. 아니면… 사람일지도… 그런데 어쨌든 양쪽이 같은 모양이에요. 닭이나 오리처럼요. 검: 어떤 위치에서 그것을 보셨나요? 수: 전체 모양이 오리 형체 같아요. 아니면 사람이 오리 모양의 유니폼을 입고 있는 것일 수도 있겠네요.	
Ⅳ	(6) 이건 작은… 옷을 들고 있는 상(像) 같아요. 모피 코트 같은데 진짜 모피 코트는 아니고 그런 소재(물질)에요. 지그재그 모양으로 절단되었어요. 그런데 여기 꼭대기에는 수탉의 머리를 갖고 있어요. 팔은 밖으로 뻗쳐져 있고요.	(검: 수검자의 반응을 그대로 되풀이해준다) 수: 여기가 팔이에요. 여기 보이세요? 모피 코트는 아니에요. 그렇지만 옷걸이나 어떤 것에 걸쳐진 어떤 소재(물질) 같아요. 아니면 닭 머리일 수도 있어요. 검: 한 가지를 보는 것인지 두 가지를 보는 것인지 잘 모르겠네요. 수: 무엇인가가 이 옷을 받치고 있어요. 그런데 온전한 옷이 아니에요. 마치 뭔가를 만들기 시작할 때처럼요. 옷 선반 위에요. 꼭대기에는 뭔가 칠면조나 닭 모양처럼 생겼고요. 검: 옷이요? 수: 마치 뭔가를 만들기 시작하는 것처럼요. 완전히 다 완성된 게 아니고요. 검: 상이요?	W+ mpu Ad,Art,Hh 4.0 DR

Card	Response	Inquiry	Scoring
		수: 네. 아니면 무슨 선반이나 뭔가 같아요.	
V	(7) 넓은 새나 뭔가 같아요. 다리가 아래쪽에 있고요. 날개를 펼쳤네요. 그런데 뿔이 있어요. 그러니까 새는 아니고… 그렇죠? 모르겠…	(검: 수검자의 반응을 그대로 되풀이해준다) 수: 네. 이게 날개처럼 생겼어요. 이건 다리고요. 당신은 매가 어떻게 보이나요? 그렇지만 사슴을 더 닮은 거 같아요. 그러니까 뭐라고 말을 못 하겠어요. 뭐라고 부르는지 모르겠어요. 그런데 여기 아래는 새 같아요. 검: 1개를 본 건가요? 아니면 2개를 본 건가요? 수: 둘 다 같이요. 검: 날개를 펼쳤나요? 수: 네. 날 준비를 하고 있거나 아니면 이미 하늘을 날고 있어요.	Wo FMao A 1.0 DV,INC
VI	(8) 모르겠어요… 뭔가 식물 같기도 해요. 작은 스티커(sticker)들이 붙어있어요.	(검: 수검자의 반응을 그대로 되풀이해준다) 수: 네. 여기 이 부분이요. 그런데 잎이 달린 식물 종류는 아닌 것 같아요. 이건 카키 잡초종류의 식물이에요. 여기 윗부분에는 스티커의 뾰족한 부분 같고요. 바로 그거에요. 검: 스티커요? 수: 바로 여기랑 여기요. 검: 선인장이요? 수: 왜냐하면 잎이 달린 식물이 아니니까요. 선인장은 항상 정리를 못 할 것 같으면서도 결국에는 정리	Wv F− Bt DV,DR2

Card	Response	Inquiry	Scoring
		를 하잖아요. 선인장 식물의 뿌리는 아마 아닐 거예요.	
Ⅶ	(9) 그냥 그림이 보이네요. 그런데 마지막에, 아니 제 말은 중간에 마치 닭처럼, 닭을 닮았어요.	(검: 수검자의 반응을 그대로 되풀이해준다) 수: 네. 이건 뭔가 그림 같아요. 검: 제게도 보여주세요. 수: 이 부분 말고는 별로 다를 게 없어요. 돌이나 아니면 막대기나 아니면 뭔가 같아요. 고깃덩어리일 수도 있고 아니면 잘린 닭일 수도 있어요. 그런데 처음부터 봤던 건 아니에요. 검: 그림이요? 수: 왜냐하면 가끔 페인트로 그림을 그리기 시작했는데 무슨 디자인을 할지 잘 모를 때가 있잖아요. 그래서 아무 모양 없이 계속 페인트칠하고요. 하지만 이 작은 깨진 조각 속에 어떤 의미가 담긴 것 같아요. 그런데 어떤 의미인지는 정확하게 안 보여요. 검: 의미라고요? 수: 모르겠어요. 그냥 작은 조각이에요. 검: 닭이요? 수: 왜냐하면 이 그림이 양쪽에 날개랑 비슷한 모양을 가지고 있어서요.	Wv Fu Art,A DR2
Ⅷ	(10) 이건 제가 학교 다닐 때 공부했던 과학책에서 본	(검: 수검자의 반응을 그대로 되풀이해준다)	W+ FMa− (2) A,An P 4.5 DR2,PER

Card	Response	Inquiry	Scoring
	것 같아요. 신체랑 모양이 비슷해요. 그렇지만 뭐랄까 양쪽에 동물인 것 같다고 말하는 게 낫겠네요. 동물인데… 뭐라고 불러야 하나 쥐인데 양쪽을 기어 올라가고 있어요. 그리고 그 몸이 뼈다귀 해골을 닮았어요. 머리 부분은 보이지 않고, 어깨까지만 보이고요. 여자보다는 남자의 해골 같아요.	수: 네. 그래요. 마치 해골 같아요. 저한테는 남자의 해골 같아 보여요. 여기는 윗부분이고요. 여기는 몸의 오른쪽, 왼쪽 부분 같네요. 여기는 2마리의 쥐같이 보이고요. 알겠죠? 쥐들이 꼬리를 몸쪽으로 밀착시키고 있어요. 쥐의 얼굴이에요. 몸의 어깨에 매달려있어요. 그리고 윗부분 여기는 어깨에서 멈췄어요. 몸의 머리는 보이지 않아요. 그렇지만 위로 곧이 뻗친 완전한 척추를 가지고 있어요. 앞쪽에까지 뻗친 뼈는 없어요. 안 그래요?	
Ⅸ	(11) 이건 뭔가 꽃 같아요. 뿌리도 있고요… 그런데 잎이나 뭔가가 없어요. 그렇다고 카키 타입(선인장 같은)의 식물도 아니에요.	(검: 수검자의 반응을 그대로 되풀이해준다) 수: 맞아요. 여기가 뿌리처럼 보여요. 순무의 뿌리 같아요. 온실에 가면 이미 뽑혀서 정리되어 가방 안에 있잖아요. 이 부분은 꽃의 잎 모양이 아니에요. 그러니까 뭔지 잘 모르겠네요.	Ddv/+ F− Bt 2.5 DR
	(12) 그냥 디자인 같아요. 아랫부분은 식물이고 뿌리도 있고. 그런데 윗부분은 꽃처럼 안 생겼네요.	(검: 수검자의 반응을 그대로 되풀이해준다) 수: 어떤 디자인 모양 같아요. 뭔지는 모르겠어요. 검: 카드의 어떤 점 때문에 그렇게 보였나요?	Dv F− Id DR2

Card	Response	Inquiry	Scoring
		수: 아마도… 그걸 뭐라고 부르죠? 새우요? 요리할 준비가 된 것처럼요? 검: 아까는 그렇게 말하지 않았어요. 처음부터 그것을 본 건가요? 수: 아니요. 지금 봤어요. 검: 모양을요? 수: 왜냐하면 대부분의 경우에 눈이 녹는 것처럼 어떻게 생겼는지, 그림으로 그릴 수는 없지만, 눈이 녹는다는 건 알잖아요. 그게 마치 눈 같았어요. 그려진 건 알겠는데 정확히 어떤 모양인지는 알 수 없는 거요…	
X	(13) 이것이 타조의 다른 포지션일 수도 있나요?	(검: 수검자의 반응을 그대로 되풀이해준다) 수: 네. 이게 타조같이 생겼어요. 꼭 꼬리 같고요. 이것도 타조 같네요. 다른 자세로 누워있는 거예요. 이것은 타조의 입 일부분처럼 생겼고 이건 다른 입 같네요. 여기는 타조의 다리 같고요.	Do FMp− (2) A
	(14) 달팽이나 아니면 뭔가 다른 건가? 바다 동물들이요? 바다에 사는 물고기인가? 여기도 작은 타조 같아요. 여기 끝에 작은 거요.	(검: 수검자의 반응을 그대로 되풀이해준다) 수: 네. 이건 이 작은 노란 것들이요. 검: 달팽이들이요? 수: 생각이 안 나는데요? 검: 바다 동물들은요? 수: 여기요.	Do Fu (2) A DV

• 표 10.3 사례 5. 구조적 요약지

```
CASE05.R3=================== STRUCTURAL SUMMARY ============================

LOCATION              DETERMINANTS             CONTENTS       S-CONSTELLATION
FEATURES          BLENDS          SINGLE                       NO..FV+VF+V+FD>2
                                              H    = 3, 0      NO..Col-Shd Bl>0
Zf    =  7      M.FD              M  = 2      (H)  = 0, 0     YES..Ego<.31,>.44
ZSum  = 22.5                      FM = 3      Hd   = 0, 0      NO..MOR > 3
ZEst  = 20.5                      m  = 1      (Hd) = 0, 0      NO..Zd > +- 3.5
                                  FC = 0      Hx   = 0, 0     YES..es > EA
W   =  8                          CF = 0      A    = 6, 1      NO..CF+C > FC
 (Wv = 2)                         C  = 0      (A)  = 0, 0     YES..X+% < .70
D   =  5                          Cn = 0      Ad   = 1, 0      NO..S > 3
Dd  =  1                          FC'= 0      (Ad) = 0, 0      NO..P < 3 or > 8
S   =  0                          C'F= 0      An   = 0, 1      NO..Pure H < 2
                                  C' = 0      Art  = 1, 1     YES..R < 17
  DQ                              FT = 0      Ay   = 0, 0       4.....TOTAL
.........(FQ-)                    TF = 0      Bl   = 0, 0
 +   =  4  ( 1)                   T  = 0      Bt   = 2, 0     SPECIAL SCORINGS
 o   =  6  ( 1)                   FV = 0      Cg   = 0, 4              Lv1    Lv2
v/+  =  1  ( 1)                   VF = 0      Cl   = 0, 0     DV   =   3x1    1x2
 v   =  3  ( 2)                   V  = 0      Ex   = 0, 0     INC  =   1x2    0x4
                                  FY = 0      Fd   = 0, 0     DR   =   2x3    5x6
                                  YF = 0      Fi   = 0, 0     FAB  =   0x4    0x7
                                  Y  = 0      Ge   = 0, 0     ALOG =   0x5
    FORM QUALITY                  Fr = 0      Hh   = 0, 1     CON  =   0x7
                                  rF = 0      Ls   = 0, 0      Raw Sum6 =   12
     FQx   FQf  MQual  SQx        FD = 0      Na   = 0, 0     Wgtd Sum6 =   43
 +  =  0    0     0     0         F  = 7      Sc   = 0, 0
 o  =  6    2     3     0                     Sx   = 0, 1     AB  = 0    CP  = 0
 u  =  3    2     0     0                     Xy   = 0, 0     AG  = 0    MOR = 0
 -  =  5    3     0     0                     Id   = 1, 0     CFB = 0    PER = 3
none=  0   --     0     0         (2) =  7                    COP = 1    PSV = 0

=================== RATIOS, PERCENTAGES, AND DERIVATIONS ===================

R = 14          L =  1.00                 FC:CF+C = 0: 0      COP = 1    AG = 0
-----------------------------------       Pure C  =    0      Food       = 0
EB = 3: 0.0  EA =  3.0    EBPer= 3.0    SumC':WSumC= 0:0.0    Isolate/R  =0.14
eb = 4: 0     es =  4          D =  0     Afr     =0.56       H:(H)Hd(Hd)= 3: 0
          Adj es =  4      Adj D =  0     S       = 0         (HHd):(AAd)= 0: 0
-----------------------------------       Blends:R= 1:14      H+A:Hd+Ad  =10: 1
FM = 3  :  C'= 0    T = 0                 CP      = 0
m  = 1  :  V = 0    Y = 0
                                P    = 3         Zf    = 7          3r+(2)/R=0.50
a:p     =  4: 3   Sum6   = 12   X+% =0.43        Zd    = +2.0       Fr+rF    = 0
Ma:Mp   =  2: 1   Lv2    =  6   F+% =0.29     W:D:Dd = 8: 5: 1      FD       = 1
2AB+Art+Ay= 2     WSum6  = 43   X-% =0.36        W:M   = 8: 3       An+Xy    = 1
M-      =  0      Mnone  =  0   S-% =0.00        DQ+   = 4          MOR      = 0
                                Xu% =0.21        DQv   = 3

============================================================================
 SCZI = 4*    DEPI = 3    CDI = 3     S-CON = 4     HVI = No   OBS = No
============================================================================
```

• 그림 10.1 사례 5. 반응영역 기록지

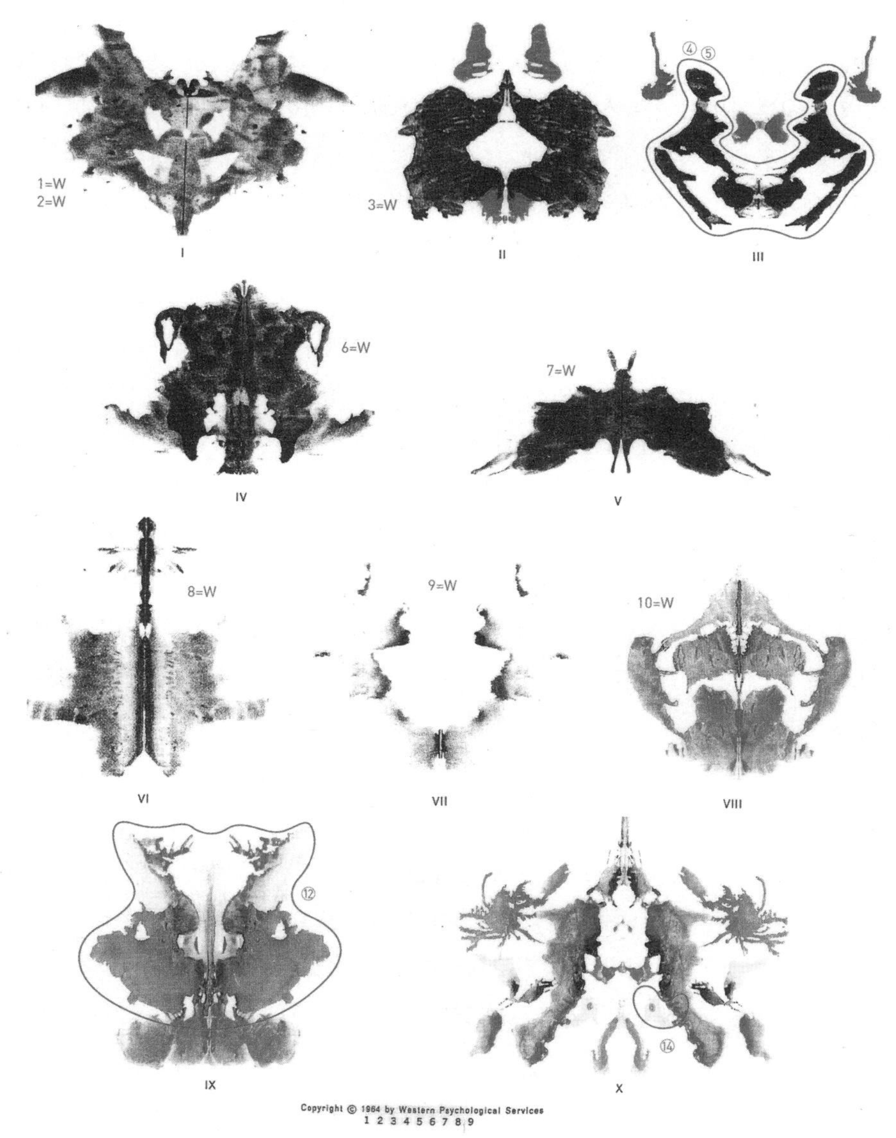

논평

MMPI-2의 결과는 J씨가 확실하게 편집증적 특성을 동반한 정신병적 장애, 즉 편집증 타입의 정신분열병일 가능성이 가장 높은 것으로 설명하고 있다. 이와는 달리 로르샤하는 정신병적 장애의 여부에 대해 애매한 입장을 취하고 있다. 로르샤하가 매우 불안정한 사고 과정, 인지적 오류, 그리고 부정확한 현실검증을 시사하고 있기는 하지만, MMPI-2에서 명확하게 규명된 편집증적 특성이 로르샤하를 통해서는 발견되지 않았다. 이 사례에서 MMPI-2와 로르샤하는 의견이 일치하지 않고 있다. 그렇지만 임상가는 68/86 코드타입이나 69/96 코드타입과 정신병적 장애 사이에 강력한 상관관계가 있다는 점을 감안할 때, MMPI-2에 의해 시사되는 결과에 확신을 가질 수 있을 것이다. J씨의 심리적 경직성 때문인지 아니면 비일관된 태도 때문인지 구분할 수는 없으나, 로르샤하 데이터로는 명확한 결과를 얻을 수 없다. MMPI-2와는 다르게 로르샤하는 그녀의 업무성과나 집중, 효율성이 정신병리에 의해 문제가 될 거라고 지적하지는 않고 있다. 혹자는 유채색 반응이 없는 것이 68/86 코드타입에서 흔히 볼 수 있는 무감동, 동기저하를 반영하는 것이라고 주장할 수도 있겠지만, 이런 해석은 로르샤하의 결과를 MMPI-2 분석 결과에 끼워 맞춰 설명하는 것이며 이러한 주장을 뒷받침하는 어떠한 경험적 데이터도 없다.

이 사례의 경우 MMPI-2 없이 로르샤하에 의존하는 것만으로는 수검자의 진단과 관련된 질문에 임상가가 명확하게 대답할 수 없다. 반대로, 다른 사례의 경우에는 로르샤하로부터 나온 결과 없이 MMPI-2에서 얻는 데이터 만에 의존해서 진단을 내리기 위한 질문에 대답할 수 없을 가능성이 크다. 이런 사실이 이 책의 기본 전제이다. 즉 환자의 심리적인 상태에 대한 가장 완성된 진단 결과를 얻기 위해서는 MMPI-2와 로르샤하 각각의 결과보다는 두 가지 검사 모두의 결과가 필요하다는 것이다. 두 가지 검사 중 하나의 결과에만 의존하게 되면, 진단을 내리기 위한 필수적인 질문에 정확하고 신뢰할 만한 답을 제시할 수 있는 범위가 제한될 것이다. 특히 심리검사를 시행하기 전에는, 수검자가 MMPI-2에는 솔직하게 응답하지만 로르샤하 검사에서는 그렇지 않을지, 혹은 그와는 반대로 로르샤하 검사에서는 터놓고 검사에 임하지만 MMPI-2 검사에서는 그렇지 않을지 알 수가 없기 때문에 한 검사만을 선택할 수 없다.

MMPI-2와 로르샤하 결과의 통합

J씨는 MMPI-2 검사상에서 심각한 수준의 심리적인 장애를 시사하는 항목에서 이상할 정도로 많은 항목을 띄우고 있다(F=T106; Fb=T89). 타당도 척도의 배치형태는 무작위 검사나 비일관적인 응답태도(VRIN) 혹은 진단 항목을 제대로 이해하지 못했거나 자신의 현재 문제를 과장하려고 했기 때문에 나타난 결과는 아니다.

MMPI-2의 임상 척도 프로파일은 J씨가 환각, 망상, 사고 장애, 편집증 사고와 같은 심각한 정신병리를 보이고 있음을 시사한다. 그녀는 자폐적 논리, 상황에 대한 오해석, 비논리적이고 와해되었으며, 횡설수설하는 발상의 흐름 때문에 사고 과정에 어려움을 드러낼 가능성이 크다(68/86). 이러한 어려움의 결과, J씨는 업무를 처리하기가 어렵고 집중도 잘 안 되며 기억력에도 문제가 있을 가능성이 있다. 편집형 사고나 피해망상과 같은 기태적인 믿음까지는 아니라 하더라도 특이하고 비현실적인 발상을 표출하거나 이상하게 비춰질 가능성도 크다(Pa1=T105). 남편이 자신을 독살시키려고 한다는 믿음이나 남편이 자신의 여동생과 불륜관계에 있다고 질투하고 의심하는 것들은 피해망상과 성적인(erotic) 내용을 동반한 체계화된 망상을 반영하는 것으로 볼 수 있다. 그녀가 자신의 팔에 나타난 이상한 감각적인 경험이 그의 관리자가 만졌기 때문이라고 내린 판단은 또 다른 망상적인 사고의 예시가 될 수 있다.

과거에 J씨가 자신에게 주어진 회사에서의 업무와 가정에서의 책임을 잘 수행했다고 하더라도, 현재로서는 심리적인 보상실패의 결과로 인한 피로와 비효율성, 집중력 때문에 성인으로서의 책임을 다할 수 있는 능력이 어려워진 상황이다. 이는 일상생활에 대한 무관심과 일상으로부터 철수한 결과, 직장에서의 업무 성과 또한 악화될 것이다. 어떤 경우에는 이런 보상실패가 스트레스 상황에 대한 반작용으로 나타날 수도 있겠지만, 또 다른 경우에는 인식할 수 있을 정도로 다급한 상황이 아닌 경우에도 일어날 수 있다. 그녀는 환상과 자기에게만 몰두한 백일몽으로 철수하는 방식으로 스트레스에 대응하는 경향이 있다(68/86; EA).

보통의 경우, J씨는 다른 사람들이 자신을 오해하거나 홀대한다고 느낄 것이고 다른 사람들이 자신을 해치려 하거나 자신을 이용하려고 한다는 근심에 사로잡혀 있을 가능성이 높다(68/86; Pd4=T70; Pa1=T105; Sc1=T77). 이러한 특징은 자신이 결제하지 않았음에도 통장에서 돈이 빠져나가고 다른 사람들이 그 돈을 쓴다는 의심과 관련되어 있을 수 있다. 그녀는 다른 사람들을 의심하는 불신의 시각으로 바라보고 타인들로부터 조심스럽고 신중하게 거리를 유지한다(68/86; T=0). 타인들이 자신에게 부당한 요구를 하고 자신을 이용하려 한다고 느끼기 때문에 다른 사람들의 부탁이나 요구에 부정적으로 반응한다(68/86; Hy2=T26, Pa3=T41; Sc1=T77). 사람들과의 상호작용은 불신과 분노, 의심과 적대감의 특성을 띨 것이다. 그래서 결과적으로 다른 사람들은 그녀가 화가 많고 거리감이 있으며 쌀쌀맞은, 그래서 함께 어울리기 힘든 사람이라고 생각할 가능성이 높다. 상호작용에 대해 긍정적으로 바라본다고 해도(COP=1; AG=0) 사회적인 상호작용에 참여하는 것에는 흥미가 없으며 사회적으로 소외되어있고 철수하는 것처럼 보일 것이다(H(H)Hd(Hd)=3).

J씨의 현재 기분은 긴장감과 걱정, 우울한 감정에 대해서 보고할 수도 있지만, 주로 과민한 분개심이 가장 특징적이다(68/86). 특히 과음을 한 다음에는 위협적이고 공격적인 행동이 나타날 가능성이 더욱 농후하다.

진단적 인상

DSM－IV 축Ⅰ 295.40 정신분열형 장애(schizophreniform disorder)
축Ⅱ None

치료를 위한 제언

이러한 결과는 현재의 정신병적 장애와 일치된다. MMPI－2 결과는 편집형 타입의 정신분열병으로 진단될 가능성을 시사하고 있지만, J씨의 과거력을 보면, 증상이 발현된 지 6개월이 안 되었기 때문에 정신분열병의 DSM－IV 기준에 부합되지 않는다(DSM-IV, 1994). 임상적인 병력은 조증이나 우울증의 명확한 삽화가 없기 때문에 양극성 장애와 일치되지 않으며, 진단 데이터 역시 양극성 장애 환자의 전형적인 데이터가 아니다. J씨의 상태가 지속된 기간을 고려할 때, 정신분열형 장애(schizophreniform disorder)로 진단하는 것이 가장 적절해 보이지만, 지속기간이 6개월 이상 더 계속된다면 정신분열병으로 진단명이 바뀌어야 할 것이다.

정신과 의사에게 의뢰될 경우, 환청과 망상적 사고, 그리고 편집형 사고가 나타나고 있기 때문에 항정신병 약물에 대한 처방이 강력히 추천된다. 타인을 대할 때 보이는 불신이 가득한 태도와 제한되고 방어적인 심리적 상태를 고려할 때, 몇 가지 이유로 인해 지금 시점에서 전통적인 심리 치료를 받는 것이 그녀에게 도움이 될 것 같지는 않다. 그 이유로는 첫째, 그녀가 상담회기를 통해 자신의 사고, 느낌, 행동, 동기가 자신의 문제에 어떻게 기여하고 있는지 점검해보기보다는 상담회기를 자신의 억울함과 분노를 토해내는 것에 사용할 가능성이 있을 뿐만 아니라, 치료자와의 효과적인 치료적 동맹을 구축하기가 어려울 것이기 때문이다. 이에 더해 그녀는 치료사의 개입을 통해 상황에 대한 자신의 부정확한 관점을 수정하려고 하기보다는 치료사의 말을 왜곡하거나 오해석할 가능성이 높다. 혹자는 그녀가 남편에 대한 불만을 토로했기 때문에 부부상담도 고려되어야 한다고 주장할 수 있겠으나, 심리평가의 결과를 보면 부부상담에 대해 그녀가 합리적이고 이성적인 태도로 반응할 가능성이 높지 않기 때문에 부부상담은 고려하지 않는 편이 낫다. 예를 들어, 자신을 해치려고 한다는 J씨의 주장을 남편이 부인하면, 그녀는 이것이야말로 남편이 사악한 의도를 감추고 있다는 강력한 증거라고 해석하는 등, 남편의 말을 쉽게 자신의 망상적 믿음에 통합시켜 버릴 수도 있다. 즉, 부부상담이 이 부부의 커뮤니케이션을 개선시키고 신뢰를 높이거나 부부관계에서의 긴장을 풀어줄 것으로 기대되지 않는다.

따라서 J씨의 치료는 처음에 심리교육에 집중해서 그녀와 남편으로 하여금 그녀가 가진 장애의 특성을 이해하고, 향후에 일어날 수 있는 정신증 보상작용 실패의 예방차원에서 지속적으로 약물복용을 관리하는 것이 얼마나 중요한지, 그리고 향후 그녀의 상태에 대한 함축적 의미를 깨닫게 해야 한다. 이러한 치료적 노력에 가족 구성원들을 적극적으로 포함시키도록 해야 하는데, 왜냐하면 가족구성원들을 통해 정신분열병 환자의 이해하기 어려운 행동상의 변화를 발견하게 되는 경우가 자주 있기 때문이다(DSM-IV, 1994). 그리고 이러한 심리교육 회기에서는 환자의 보상작용의 실패를 일으키는 요소에 대한 가족들의 걱정과 의문점들에 대해 다뤄질 수 있다.

일단 효과적인 치료적 약물처방이 자리를 잡기 시작하면, J씨가 일을 계속할 수 있도록 다양한 도움을 줄 필요가 있다. 그녀가 일을 계속할 수 있는지의 여부는 약물의 부작용, 특히 정신운동 과정의 속도가 느려지는 것과 같은 증상을 경험하는지의 여부뿐만 아니라 약물이 얼마나 효과적으로 그녀의 정신병적 증상들을 통제할 수 있느냐에 달렸다. 이에 더해 업무성과는 한곳에 주의를 두거나 집중을 유지하는 것에 어려움, 그리고 앞서 설명한 바와 같이 동기부여가 어려운 것들의 영향을 받기 쉽다. 마지막으로 그녀가 근무하는 곳의 인사담당 상사가 심리적 장애에 대해 이해도가 낮을 것으로 보이기 때문에,

상사에게도 J씨의 현재 상태에 대해 교육시키고 정신분열병에 대한 구시대적이거나 편향된, 혹은 비현실적인 생각을 수정해주며, 그녀에게 어떻게 응대하는 것이 좋은지에 대한 이해를 돕는 것이 필요해 보인다. 이를 통해 근무처의 관리자나 상사들은 향후 그녀가 보상실패의 결과로 나타나는 특정한 신호를 내보이면 어떻게 해야 할 지 배울 수 있을 것이다. 물론 이런 개입은 그녀가 동의하는 경우에만 시행될 수 있을 것이다.

Chapter

11

사례 6: 자살가능성 진단

Chapter

11

사례 6: 자살가능성 진단

심리평가 의뢰 사유

C씨는 44세의 백인 기혼녀로 광고회사의 임원이다. 부부 문제 때문에 개인 정신과 치료를 시작했고 주치의인 여성 정신과 의사와 일주일에 3회에 걸쳐 사이코드라마에 기반한 심리 치료를 집중적으로 실시하고 있다. 치료를 시작한지 몇 개월 후 C씨는 자신이 짧게는 몇 시간에서 길게는 며칠에 걸쳐 지속되는 강렬한 고통을 몇 번이나 경험했노라고 보고했다. 그리고 고통스러운 시간이 진행되는 동안에는 슬퍼서 울게 되고 자신이 "통제불능" 상태라고 느끼게 되는데다 자살에 대한 침투적 사고 때문에 괴롭다고 했다. 이 시점에서 치료자는 그녀의 우울과 자살위험도, 성격구조와 정신증적 보상작용 실패(decompensation) 가능성을 진단하고자 심리평가를 요청하였다.

기본 배경 정보

C씨는 심리평가 회기에 약속시간보다 일찍 도착했다. 세련된 옷차림에 균형잡힌 자세와 자신감이 있어 보이는 사람이었다. 자신의 과거에 대해 솔직하게 이야기했고 자신과 정신과 전문의 모두에게 상당한 걱정을 일으키고 있는 최근의 사건에 대해서 담담하게 털어놓았다. 심리평가 도중 우울증이 의심되는 행동적 신호는 관찰되지 않았다.

C씨는 치료를 잘 하기로 명성이 난 한 정신과 의사와 개인 심리 치료를 시작하게 되어 매우 흥분되었고 자신과 남편 사이의 긴장에 대해 더 잘 이해하고 싶다고 말했다. C씨는 심리 치료를 시작한지 몇 달 후부터 의사와 토론했던 주제에 대한 자신의 강렬한 감정 변화 때문에 매우 혼란스럽고 걱정된다고 말했다. 그 당시에는 며칠 동안 기분이 좋다가도 다시 몇 시간에서 며칠에 걸쳐 기분이 바뀌는데, 그럴 때면 침대에서 나오기도 싫고 회사에 가기도 싫으며 좋아하던 일들에도 아무런 관심이 없어진다고 했다. 그리고 그럴 때면 반복적이고 침투적인 자살사고 때문에 괴롭다고 보고했다. 예를 들어, 고속도로를 달리는 와중에도 고속도로 갓길의 제방으로 돌진할까하는 생각이 "내 마음속으로 들어온다"고 했다. 특히 C씨는 쳐다보지도 않고 차가 빠른 속도로 다니고 있는 차도로 걸어 들어가는 등 몇 차례 걸쳐 자신을 위험에 빠지게 만들었던 사건 때문에 걱정하게 되었다. 다른 때는 자살에 대한 생각을 하거나 자살계획을 세우지 않았다. 상담시간에 치료자와 고통스러운 이슈에 관해 이야기를 나눈 것 이외에는 이런 기분 변화의 시발점이 될만한 특별한 이유를 찾지 못했다. 자신을 치료해주는 정신과 의사가 휴가를 갔던 한 주 동안 C씨의 기분 상태는 "점점 더 까맣게 변하고" 있었고 여행에서 돌아오고 난 후에는 다시 좋아졌다.

최근에 우울했었는지를 묻는 임상가의 질문에 C씨는 침울하고 변덕스러웠다고 대답했다. 지난 2주 동안 두드러지게 우울했던 적은 없노라고 답했는데, 자신이 우울했다가 괜찮았다가 하는 것은 오래전부터 있어왔던 증상이며 종종 외롭고 소외되는 느낌을 경험한다고 말했다. 그녀는 더 우울한 기분이 들 때 도망갈 수 있는 탈출구로 종종 잠을 선택하곤 하지만, 수면에는 특별한 변화가 없었다. 섭식 패턴에도 별다른 변화는 없었다. 그녀는 성인이 되고 난 다음부터 줄곧 먹는 습관을 조절하기 위해서 의식적으로 노력해왔고 어렸을 때는 기분이 안 좋을 때면 주로 단 것에 탐닉했었다고 말했다. 십대였던 어느 때에 먹었던 것을 토하려는 시도에 실패하고 난 후, 기분이 몹시 불쾌하다는 것을 깨닫고 이후에는 다시는 시도하지 않았다고 했다. 설사약이나 배변제를 복용한 적은 없다고 했으며, 업무에 집중하는 것에도 별다른 어려움이 없다고 말했다. 그녀는 인생의 대부분에 걸쳐 매우 자기비판적인 사람이었다고 묘사하였다. 최근 자살에 대한 생각이나 의도를 가진 적이 있느냐는 질문에는 그런 적이 없다고 부인했다.

C씨는 광고대행사의 회계 담당 임원으로 근무하고 있다. 회사에서 그녀의 업무는 신규 고객을 발굴해내고 세일즈 프레젠테이션을 하는 것, 이를 통해 광고 캠페인을 만들어내는 크리에이티브 팀과 고객사 사이를 연결해주는 연결고리로서의 역할을 하고 고객이 만족할 수 있도록 관리하는 것이다. C씨는 고객사와 상사들로부터 일 잘하기로 인정받은 사람이다. 고객사가 화가 나서 더 이상 광고를 주지 않겠다고 협박하는 상황에서도 고객의 필요에 적절하게 응대하고 고객이 어떤 부분에서 만족하고 어떤 부분에서 화가 났는지를 잘 관리해서 결과적으로 계약을 유지하도록 만들었던 적이 한 두 번이 아니었다. 적어도 지난 몇 개월간 업무 성과 때문에 힘들었던 적은 없는 것으로 기억하고 있다.

C씨는 남부 태생이며 외가 쪽이 남부의 부유한 집안이라고 설명했다. 외할아버지는 제1차 세계대전 중 군대에 군수품을 납품해서 부유해졌고 그 자본을 바탕으로 전쟁이 끝난 이후에는 화물트럭 사업을 크게 일으켰다고 한다. 자신의 어머니에 대해서는 집안에만 있는 전형적인 가정주부로 “자신이 아는 한 가장 절제되고 엄격한 여성”이라고 설명했다. 이와는 반대로 자신의 아버지에 대해서는 가난한 집안 출신의 매력적이고 사회성도 좋은 잘생긴 사람이라고 묘사했다. 아버지는 장인의 회사에서 일하다가 나중에는 장인의 회사를 물려받았다고 한다. 아버지에 대해 회상할 때는 애정이 가득한 태도로 말을 했는데, 자신의 아버지는 “삶의 멋진 것들”, 즉 아름다운 옷, 맛난 음식, 값비싼 와인을 좋아하고 문화행사에 참석하거나 아버지 소유의 명마를 두고 경마도박을 하는 것을 사랑하는 사람이었다고 말했다. 아버지는 정기적으로 뉴욕으로 날아가 아트 갤러리의 개막식 행사에 참석하기도 했고, 오페라나 교향악단의 연주회에도 참석하곤 했다고 회고했다. 그렇지만 이런 여행에 어머니가 동반하는 경우는 많지 않았고, 그녀가 기억하기로는 어머니와 아버지 사이에는 애정 표현이 거의 없었다고 말했다.

아버지는 C씨가 대학교 졸업반이던 때 심장마비로 돌아가셨고 아버지의 죽음이 어떤 영향을 끼쳤는지 물어봤을 때 “그냥 묻어버렸어요”라고 대답했다. 왜냐하면 당시 졸업반이었기 때문에 주중에는 학교과제를 처리하느라 정신이 없었고 주말에는 어머니를 도와 아버지 사후에 정리해야 할 것들이 너무 많았기 때문이었다고 말했다.

자라면서 C씨는 정말로 어머니를 기쁘게 해드리고 싶었고 자신의 행동이 혹시나 어머니를 화나게 만들어서 자신을 미워하지 않을까 늘 겁이 났다고 했다. 특히 C씨는 어머니가 자신의 외모 때문에 화내지 않을까 걱정스러웠다고 기억했다. 어머니는 패션에 관심이 없었고 새 옷을 사는 경우가 거의 없었던데다 몸매가 드러나지 않는 형태의 옷을 입었기 때문에 언제부터인가 자신의 스타일링은 스스로 했다고 말했다. 어머니는 C씨가 여성스러운 옷이나 눈에 띄는 옷을 입는 것을 좋아하지 않았다고 결론 내렸는데, 그 이유는 어머니는 늘 자신이 입기에는 너무 큰 옷이나 남성적인 옷을 골라줬기 때문이다. 지금은 만약 자신이 십대 때처럼 살이 쪄서 매력적으로 보이지 않는다면 어떨까 하고 궁금해하고 있다. 고등학교 3학년 때쯤 되어서야 살도 빠지고 좀 더 멋지게 옷을 입는다면 자신도 더 매력적으로 보일 수 있을 거라는 것을 알게 되었지만, 대학에 입학하기 전에는 기존에 입던 옷스타일과 외모를 바꿀 생각을 감히 할 수 없었다고 했다. 대학에 입학하고 나서 집으로부터 멀리 떨어지게 된 이후부터 다이어트를 하기 시작했고 살이 빠지면서 점점 더 여성스러운 옷을 골라 입기 시작했다고 말했다.

C씨는 대학에 입학하기 전에는 데이트를 하지 않았다. 그녀는 외모 때문에 아무도 자신에게 데이트 신청을 하지 않았던 것 같다고 믿고 있다. 대학교 1학년 때 한 선배와 사귀게 되었고 2학년 때까지 동거했는데 그 남자는 사람 좋고 친절하기도 했지만, 남을 통제하려고 하고 냉담한 사람이었다고 기억했다. C씨는 처음에 설명할 때 그 남자친구와 서로 합의하에 관계를 정리했다고 했지만 나중에는 남자친구가 다른 주의 대학원에 진학하면서 함께 가고 싶어 하지 않았다고 말했다. 남자친구에게 거절당하면서 엄청난 충격을 받았고 그 이후에 현재의 남편과 만나서 결혼하기 전까지는 가벼운 데이트만 했었노라고 말했다.

C씨는 결혼 초기에는 행복했는데, 특히 아이들 둘이 어렸을 때는 행복했노라고 말했다. 그렇지만 시간이 지나면서 남편이 자신과 소통하려 하지 않는다고 느끼면서 부부관계에 점점 더 불만을 갖게 되었다. C씨가 느끼기에 남편은 “자신의 감정으로부터 도망가는 사람” 같았다. C씨가 집에서 느끼는 외로움은 직장에서 동료들과 경험하는 친근한 관계와 대비되었다. 남편에게 부부 치료를 받아보자고 제안했지만, 남편은 거절했다. 결국 그녀는 너무나 불행해서 남편이 자신의 불만을 심각하게 받아들이기를 희망하면서, 집을 떠나 다른 곳에 거주하면서 혼자 지내기로 결정하였다. 이 일 이후 남편도 부부 치료를 받는 것에 동의했고, 부부상담이 부부 사이의 의사소통을 개선한 것에 도움을 준

것 같다고 느끼고 있다. C씨는 알코올 남용이나 물질 남용에 대해서 모두 부인했다.

진단적 고려사항

심리평가를 의뢰한 정신과 의사는 현재 C씨의 우울증의 심각성, 자살의 위험도, 성격구조와 정신증 보상 실패의 가능성 등이 어느 정도인지 평가하기 위해 심리평가를 의뢰했다.

우울증(depression): MMPI-2와 로르샤하 모두 현재의 정서 장애를 민감하게 감지해낸다. MMPI-2의 2번 척도는 증상으로 나타나는 우울과 사기저하, 그리고 삶의 환경에 대한 전반적인 불만을 민감하게 판별한다. 2번 척도가 반응성 우울의 평가치로 발달되었기 때문에 2번 척도의 점수는 개개인의 당시 기분 상태에 따라 변화할 것으로 여겨진다. 이와 유사하게 DEP 역시 우울증의 존재 여부를 민감하게 잘 감지해내는 것으로 보인다.

로르샤하의 우울 지표(DEPI)는 정동 장애를 가진 환자의 로르샤하 데이터로부터 추출되어 개발된 경험적인 지표이다. DEPI 점수는 0~7까지 분포되는데, DEPI 점수가 5점~7점인 경우에는 정동 장애로 진단된 환자들에게 공통적으로 나타나는 정서적, 인지적 특징을 가지고 있음을 의미한다(Exner, 1991). 정상 성인군의 경우에는 3%정도에서만 positive DEPI가 나타났으며, 반면 우울증 환자군의 85%에서 positive DEPI를 나타냈다. 그렇지만 현재까지는 우울증 환자들 개개인을 대상으로 한 교차 타당도는 증명되지 않았다. 그럼에도 불구하고, 앞선 결과들은 DEPI가 우울증의 유무여하에 민감하게 반응한다는 것을 시사한다.

자살(suicide): C씨의 자살위험도에 대해서는 매우 신중하고 조심스럽게 접근해야 할 이유가 몇 가지 있다. 가장 중요한 부분은, 우선 자살과 같이 빈번하게 일어나지 않는 현상은 그것이 어떤 현상이 되었건 간에 정확하게 예측하기가 매우 어렵다는 점이다. 예를 들어, Meehl(1973)은 심리평가 결과가 갖는 실용적 가치는 평가 결과에 기반하여 예측해내는 식별력에 달려있기도 하지만, 그것뿐만 아니라 특정한 임상적 현상이 일어나는 빈도수에 달려있다는 점도 강조했다. Meehl은 자살과 같이 기본적으로 발생할 확률이 낮은 현상을 다룰 때는 "(자살과 같은) 특정한 현상이 발생하지 않을 것"이라고 단순히 결론 내리는 것이 임상가의 입장에서는 오히려 정확할 확률이 더 높다고 주장했다(예: 해당 특정 환자가 자살을 저지르지 않을 것이다). 왜냐하면 현상이 발생하는 빈도수 자체가 극히 드물기 때문이다. 게다가 Meehl은 심지어 드물게 일어나는 그 현상에 대한 임상가의 예측이 매우 타당하고 예측력이 정확한 방법에 근거해서 내려진 결론이라 하더라도 허위 양성(false positive)의 위험이 높을 수 있다고 언급했다(즉, 실제로 자살을 시도하지 않을 환자에 대해 자살을 시도할 것이라고 결론내리는 것). 비록 누군가는 자살가능성이 없음에도 자살가능성이 있는 것으로 예측해서라도 실제로 자살위험성을 가지고 있는 사람을 확인하는 것이 필요하다고 주장하겠지만, 임상가의 입장에서는 실제로는 그렇지 않은 경우임에도 한 사람을 자살위험성이 있는 사람으로 낙인찍는 것에 대한 실질적, 윤리적 의미에 대해 명확하게 인식하고 있어야 한다(Rosen, 1954).

또한 예측을 위해 사용되는 심리학적 도구의 정확성이 감소할수록 특정한 예측에 오류가 발생할 확률이 높아진다는 것에 대해서도 인지하고 있어야 한다. MMPI를 사용한 자살 예측 관련 연구들은 MMPI 데이터가 자살을 예측하는 부분에 있어서 아주 정확한 것은 아니라는 점을 보여준다. Greene(1991)은, 예를 들어 MMPI의 어떤 임상 척도나 코드타입, 보충 척도, 문항들도 자살과 안정적으로 연관된 것은 없다고 결론 내렸다. 이런 점에도 불구하고, Greene은 수검자 개개인이 MMPI－2의 4가지 질문 항목, 즉 자살사고와 시도에 대해 직접적으로 묻고 있는 4가지 항목의 응답을 임상가가 점검해 볼 것을 권유하고 있다(질문 항목: 150, 506, 520, 524). 이때 이 항목들은 안면 타당도는 있지만 예측 타당도는 아직 증명되지 않았다는 점을 기억해야 한다.

그렇다면 자살의 위험도를 진단하기 위해 임상가가 해야 할 것은 무엇일까? Meehl에 따르면, 자살을 할 것인가에 대한 질문에 대해 자살을 "하지 않을 것이다"라고 말하는 것만으로도 대부분의 경우에는 더 맞을 확률이 높아진다. 그러나 이렇게 될 경우 임상장면에서 환자의 치료 계획, 즉 환자의 안녕을 보장하기 위해 필요한 조치를 취한다거나 환자에게 입원이 필요한지를 결정하기 위해 필요한 중요한 질문에 대답할 수 없게 된다. 이와는 다른 접근 방법이 Graham(1993)에 의해 제시되었다. Greene과 마찬가지로 Graham도 정확하게 자살을 예측해낼 수 있는 통계적 공식이나 MMPI－2의 특정 척도는 없다고 결론 내렸다. 그렇지만 Graham은 심리평가 데이터, 임상적으로 발견된 점, 자살위험도의 증가와 연관된 임상적 요소를 추론해낼 수 있는 개인력을 통합 점검하게 되면, 자살의 위험성에 대한 질문에 대응할 수 있음을 제시했다. 예를 들어, 개인력의 경우는 우울증의 심각도, 에너지 수준, 충동성, 사회적 소외감과 절망을 느끼는지의 여부 등이 포함된다. 물론 임상가의 입장에서는 자살이 발생하는 비율이 드물기 때문에 이런 추론이 제한적이라는 점을 인지해야 한다(Finn & Kamphuis, 1995).

로르샤하 자살지표(S-CON)는 수검자의 자기파괴적 행동 위험성을 파악하기 위해 개발된 것으로, 경험적으로 추출된 로르샤하의 변인군이다. S－CON은 로르샤하 검사를 실시한 후 60일 이내에 자살을 시도한 59명 수검자들의 프로토콜에 기반해서 만들어졌다. 이 변인군들은 정상군(0%)과 정신분열병(12%)에서의 허위 양성률이 매우 낮은 것에 비해 실제 자살사례의 75%를 정확하게 판별해냈다. 그러나 우울증 환자군의 20%만이 S－CON에서 positive 점수를 보였다.

초기의 S－CON은 이후 별도의 101명으로 이루어진 자살군 사례의 데이터를 통해 교차 타당도가 검증되었고 더욱 정교화되었다. 개정된 S－CON은 자살생존군의 83%를 정확하게 확인해 낸 반면, 정상인의 0%, 정신분열병군의 6%, 우울증 환자군의 12%를 잘못 확인했다. 따라서 S－CON은 자살충동을 느끼지 않는 우울증군들의 자살위험도에 대해서는 부정확하게 예측한다고 볼 수 있다. Exner(1993)는 이 주제에 대해 논하면서 임상가들이 수검자의 S－CON이 positive로 나올 경우 자기파괴적 특성이 나타날 가능성이 있는지의 여부를 신중하게 점검해볼 것을 주장했다. 그러나 한 가지 유의할 점은, 개정된 S－CON은 개별 사례를 통해 교차 타당도가 증명되지는 않았다는 점이다. 게다가 임상가들은 앞서 논의된 바 있는 자살이라는 현상의 낮은 기본 확률을 예측해내는 것은 MMPI－2 데이터뿐만 아니라 S－CON을 포함한 로르샤하 데이터를 통해서도 어렵다는 것을 알아냈다(Finn & Kamphuis, 1995). 이런 한계에도 불구하고 S－CON은 자살의 위험성에 대한 유망한 지표이며, 따라서 positive인 경우 심각하게 다뤄져야 한다.

앞서 논의된 내용은 임상장면에서 자살경향성을 진단할 때 주의해야 할 몇 가지 시사점을 보여준다. 첫 번째로, 임상가들은 자살경향성을 정확하게 예측함에 있어서 자신들이 가진 한계점에 대해 인식하고 있어야 한다. 왜냐하면 자살이란 빈번하게 일어나는 현상이 아니기 때문이다. 두 번째로, 자살과 연관된 특정한 MMPI－2 척도 점수나 프로파일은 없다. 세 번째로, 우울증 환자들의 경우처럼 허위 양성의 위험에 대해 인식하고 있어야 하지만, 나타나는 경우도 만약 로르샤하의 S－CON이 positive로 나온다면 반드시 자살위험도가 있는지 점검해봐야 한다. 네 번째로, 심리검사나 임상적 개인력 등의 데이터를 통해 우울증의 심각도, 에너지 수준, 충동성, 사회적 소외감, 절망감 등과 같이 자살의 위험도를 증가시키는 정신사회적 특성이 보일 경우, 임상가는 자살가능성이 있다는 추론을 이끌어 낼 수 있을 것이다. 그런 다음에야 비로소 임상가는 수검자의 현재 시점에서의 자살위험도를 신중하게, 논리에 근거해 예측할 수 있을 것이다. 물론 이런 경우에도 신뢰할 수 있을 정도로 확실한 예측은 내려질 수 없음을 인지해야 한다. 다섯 번째로, 임상가는 자살경향성이 쟁점이 되는 임상적 면담을 하는 경우, 자살위험에 대한 의사결정을 함에 있어서 심리평가 결과만을 사용하기보다는 임상 면접의 단계에서 자살의도나 자살사고가 있는지 수검자에게 직접적으로 물어봐야 한다.

정신증(psychosis): 우울증과 관련된 앞선 논의와 마찬가지로 MMPI－2와 로르샤하 모두 정신병적 사고와 경험들을 민감하게 판별해낸다. MMPI－2 척도 중 6번 척도와 8번 척도는 편집증; 관계망상과 피해망상; 특이하고 이상한 사고 과정; 그리고 기태적 감각 경험 등을 포함하는 정신병적 증상과 직접적으로 관련되어 있는 항목들을 포함하고 있다. 또한 Bizarre Mentation 척도는 이상한 사고와 경험, 편집증적 사고, 환각 등을 수반하는 항목들을 포함하고 있다.

몇몇 로르샤하 요인들도 정신증과 관련되어 있다. 정신분열병 지표(SCZI)는 기타 정신병적 장애의 경우에도 positive하게 나오기도 하지만, 특별히 정신분열병을 탐지해 내기 위해 개발되었다. 로르샤하 점수들 중 특정한 몇 가지는 인지적 오류와 체계적이지 못한 사고 과정(특수 점수) 뿐만 아니라 자극을 명확하게 인식하는 것에 대한 어려움에도 민감하게 반응한다(F+%, X+%, X-%, Populars). 예를 들어, 정상인들의 경우는 특수 점수가 계산되는 응답을 거의 하지 않는다(정상인들에게 나타나는 특수 점수 합계의 평균값은 1.62개임).

MMPI-2 데이터

타당성 척도: 타당성 척도의 점수는 타당한 수준 이내에 있다. C씨는 MMPI－2 검사에 솔직하고 정직한 태도로 임했다. 자신의 문제를 방어적으로 축소하거나 심리적인 어려움으로 인한 증상들을 과장하려는 어떤 의도도 보이지 않았다.

임상 척도: 그녀가 호소하는 불쾌감, 동기부여의 어려움, 침투적 자살사고 등을 고려할 때, C씨의 MMPI－2 프로파일은 기대했던 결과와 큰 차이가 있다. 왜냐하면, 모든 임상 척도가 T 점수 65점 이하이기 때문이다. 놀랍게도 우울감을 지지할만한 어떤 신호

도 나타나지 않았다(D=T53; DEP=T56). 임상 척도에서 65점 이상인 척도가 없기 때문에 C씨의 프로파일은 정상수준 범위 내(WNL: within-normal-limits) 프로파일로 읽혀질 수 있다. 이러한 점수는 정신병리가 없음을 시사하지만, 이 결론은 최근 그녀가 겪은 감정적인 고통 및 자살사고의 임상력과 앞뒤가 맞지 않는다.

Duckworth와 Barley(1988)은 MMPI WNL 프로파일과 관련된 문헌연구를 통해, 임상 장면에서 보여진 WNL 프로파일은 방어적인 응답 세트이거나 통찰의 부족함, 혹은 비교적 긍정적인 심리적 적응을 의미할 가능성이 있다고 제안했다. C씨의 경우에는 타당성 척도에서 방어적 태도를 드러내는 신호가 발견되지 않았다. 비록 C씨가 학업적으로나 직업적 성취의 측면에서 비교적 매우 잘 기능했던 개인력을 가지고 있다고는 해도, 임상적 개인력을 볼 때 그녀가 잘 적응해왔고 주의를 기울일만한 임상적 문제가 없다고 결론내리는 것은 잘못된 것임을 시사한다.

Duckworth와 Barley(1988)은 MMPI 임상 척도가 T70점 이하일 때 WNL 프로파일을 해석하는 몇 가지 가이드라인을 제시했다. 이 가이드라인은 MMPI−2의 임상 척도 점수가 T65점 이하일 경우에 적용해야 한다. 어떤 연구자들은(예: Lachar, 1974) WNL 프로파일은 T 점수가 60~70 사이의 임상 척도를 70이상으로 상승된 것처럼 해석해볼 것을 제시한다(MMPI-2에서는 T 점수가 55~65점 사이일 경우 위와 유사하게 해석됨). 그러나 다른 연구자들은(예: Butcher, 1985; Graham, 1984) 임상 척도가 경미하게 상승했어도 여전히 정상 범위 안에 있는 경우 확립된 MMPI 코드타입으로 사용할 수 있으며, 이는 정신병리적 특성보다는 성격적 기술에 더 적합하다고 제안했다. Bucher(1985)는 WNL MMPI 프로파일을 해석할 때, 임상 척도보다는 내용 척도가 성격에 대해 더 잘 설명할 수 있는 자료일 수 있으며, 특히 모든 임상 척도의 T 점수가 60~64점 사이에 위치한 경우에는 더욱 그렇다고 제안했다. 그러나 C씨의 내용 척도를 살펴보면, 이 역시 T65 이상으로 상승한 것을 찾아볼 수 없다.

이 같은 가이드라인에 따르면, C씨의 MMPI−2 프로파일은 46/64 코드타입으로 볼 수 있다. 종종 46/64 코드타입이 심각한 정신병리(예: 편집형 정신분열병)와 연관되는 경우도 있지만, C씨의 경우에는 46/64 코드에서 성격적 기술과 관련된 부분에 집중하였다.

46/64 코드타입은 C씨가 우울한 기분과 죄책감을 경험했을 가능성을 시사한다. 앞서 언급되었던 바와 같이, 2번 척도의 점수(D=T53)를 보면 C씨의 전반적인 우울수준이 정상 범주 안에 있음을 알 수 있다. 이런 결과는 그녀의 우울한 기분, 자살사고, 저하된 에너

지 수준, 그리고 저하된 동기부여 수준을 감안할 때 기대하기 어려운 결과이다. 이와 마찬가지로 DEP 역시 정상 수준에 머물러 있다(DEP=T56). 그러나 2번 척도와 DEP 중 어느 것도 상승되지 않았지만, 9번 척도는 기대수준 이하로 나타났다(Ma=T41). 이렇게 낮은 점수는 저하된 에너지 수준, 욕구의 부족, 그리고 동기부여에 어려움이 있음을 시사한다. 9번 척도의 낮은 점수, 특히 T 점수가 40보다 낮을 경우에는 2번 척도가 상승하지 않았다 해도 우울증과 연관되는 경우가 종종 있다(Friedman et al., 1989; Greene, 1991).

46/64 코드타입은 그녀가 자주 화를 내고 분개하기도 하며 짜증도 잘 낸다는 점을 시사한다. 이런 경우 C씨는 주로 자신의 감정을 무시하거나 억누르고 분노를 감추려고 하는데, 그 이유는 그녀 스스로 화내는 것 자체를 창피한 것으로 여기고 다른 사람들이 자신에 대해 적대적이거나 화난 사람으로 바라보는 것을 원치 않기 때문이다. 그러나 이렇게 분노를 부인한 결과, 자신의 상처받은 마음이나 분노한 감정이 얼마나 강렬한지 알아채지 못할 가능성이 있다. 대신 자신의 분노를 주로 간접적이고 수동적인 방식으로 표현하기 때문에 다른 사람들은 그녀의 이런 면에 대응하기 어려웠을 것이다. C씨의 수동－공격적 책략은 타인들로 하여금 분노에 찬 공격과 보복을 하도록 유도했을 것이고, 결과적으로 그녀 자신은 남들이 자신에게 상처를 줬고 부당하게 대우했다고 느꼈을 것이다. 그녀는 이런 불편한 상황이 벌어지는 것에 자신의 행동이 어떻게 기여했는지 인식하지 못할 가능성이 크다. 대신에 자신이 얼마나 상처받았는지, 얼마나 무시당했는지, 얼마나 부당한 대우를 받았는지에 집중할 것이고 특히 가족구성원들로부터 얼마나 상처받았는지에 민감할 것이다. C씨는 비판당하고 거부당하는 느낌, 남들로부터 업신여김 당하는 것에 매우 민감하다. 인간관계에서 C씨는 자신이 한 긍정적인 측면은 강조하면서 어려운 상황과 문제가 발생함에 있어 자신이 기여한 부분에 대해서는 무시해버릴 가능성이 있다. 그러면서 자신의 행동은 합리화시키고 타인은 비난하면서, 자신의 분노한 감정을 타인들에게 투사할 가능성이 크다.

C씨는 의존 욕구와 관련된 갈등을 겪고 있다. 타인들로부터의 인정을 갈구하며 특히 남자에게 관심과 동정을 바라는 등의 많은 요구를 할 가능성이 있다. 그러나 이와 동시에 타인이 자신에게 요구나 부탁을 해올 경우, 부당하게 자신에게 부담을 지운다고 느끼는 경우가 많을 것이고 만일 자신이 무시당하거나 거절당한 경우, 혹은 고생한 만큼 인정받지 못했다는 느낌이 들면 쉽게 분노하는 식으로 반응할 것이다.

현재 정신병적 장애의 신호나 임박한 정신증적 보상실패를 나타내는 신호 중 그 어떤 것도 나타나지 않고 있다(Sc=T55; BIZ=T39). C씨는 Greene이 자살사고 혹은 자살행동과 특별히 연관되는 것으로 규정한 4개의 항목 중 어떤 것에서도 신호가 나타나지 않았다.

• 표 11.1 사례 6. MMPI-2 Profile

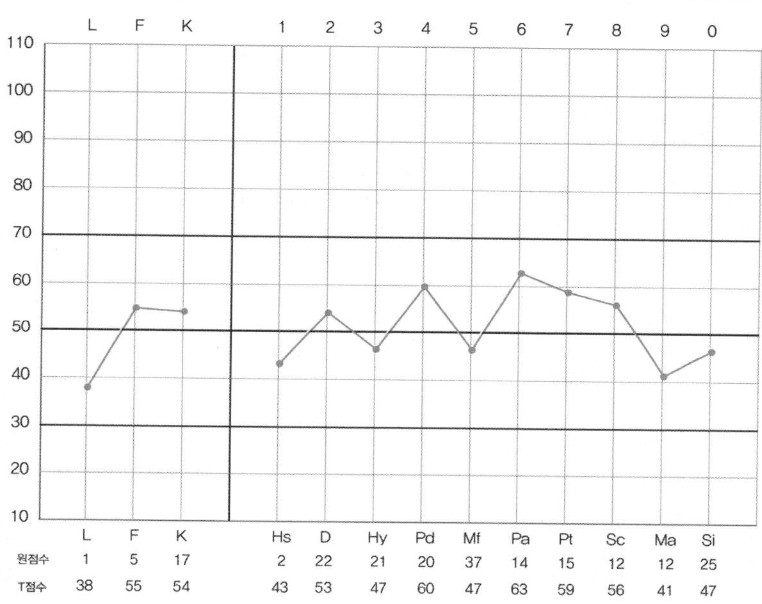

• 표 11.2 사례 6. MMPI-2 내용척도 및 보충척도

	Raw Score	T Score
FB	0	42
True Response Inconsistency (TRIN)	10	58T
Variable Response Inconsistency (VRIN)	4	46
Anxiety (A)	16	57
Repression (R)	19	57
MAC-R	15	37
Ego Strength (Es)	37	55
Overcontrolled Hostility (O-H)	16	59
Dominance (Do)	20	63
Social Responsibility (Re)	23	56
Post Traumatic Stress Disorder - Keane (PK)	9	51
Post Traumatic Stress Disorder - Schlenger (PS)	11	49
Addiction Potential (APS)	23	50
Addiction Admission (AAS)	2	50
Content Scales (Butcher et al., 1990)		
Anxiety (ANX)	9	55
Fears (FRS)	4	43
Obsessiveness (OBS)	3	44
Depression (DEP)	8	56
Health Concerns (HEA)	5	49
Bizarre Mentation (BIZ)	0	40
Anger (ANG)	4	45
Cynicism (CYN)	9	50
Antisocial Practices (ASP)	6	49
Type A (TPA)	7	48
Low Self-Esteem (LSE)	5	51
Social Discomfort (SOD)	4	44
Depression Subscales (Harris-Lingoes)		
Subjective Depression (D1)	9	53
Psychomotor Retardation (D2)	6	51
Physical Malfunctioning (D3)	1	34
Mental Dullness (D4)	1	42
Brooding (D5)	5	63
Hysteria Subscales (Harris-Lingoes)		
Denial of Social Anxiety (Hy1)	5	56
Need for Affection (Hy2)	6	46
Lassitude-Malaise (Hy3)	2	47
Somatic Complaints (Hy4)	1	41
Inhibition of Aggression (Hy5)	5	62

	Raw Score	T Score
Psychopathic Deviate Subscales (Harris-Lingoes)		
Familial Discord (Pd1)	3	56
Authority Problems (Pd2)	2	46
Social Imperturbability (Pd3)	4	54
Social Alienation (Pd4)	4	50
Self-Alienation (Pd5)	4	53
Paranoia Subscales (Harris-Lingoes)		
Persecutory Ideas (Pa1)	2	51
Poignancy (Pa2)	4	59
Naivete (Pa3)	6	55
Schizophrenia Subscales (Harris-Lingoes)		
Social Alienation (Sc1)	3	50
Emotional Alienation (Sc2)	3	67
Lack of Ego Mastery, Cognitive (Sc3)	0	43
Lack of Ego Mastery, Conative (Sc4)	4	59
Lack of Ego Mastery, Def. Inhib. (Sc5)	1	46
Bizarre Sensory Experiences (Sc6)	0	41
Hypomania Subscales (Harris-Lingoes)		
Amorality (Ma1)	1	45
Psychomotor Acceleration (Ma2)	2	35
Imperturbability (Ma3)	3	50
Ego Inflation (Ma4)	4	56
Social Introversion Subscales (Ben-Porath et al., 1989)		
Shyness/Self-Consciousness (Si1)	3	44
Social Avoidance (Si2)	3	51
Alienation -- Self and Others (Si3)	5	49

로르샤하 데이터

C씨의 로르샤하는 응답 수가 27개이기 때문에 유의미한 해석이 가능하다. 첫 번째 positive 핵심 변인은 D < Adj D이다. 이는 C씨가 최근에 상당한 상황적인 스트레스를 경험하고 있으며, 이것이 그녀의 심리적 적응에 영향을 끼쳤을 가능성이 크다는 것을 의미한다. D < Adj D인 경우의 탐색전략은, 우선 신중하고 단호한 태도로 스트레스 상황을 관리할 수 있는 환자의 능력에 대한 점검부터 진행해야 한다. 그러고 나서 그녀가 겪고 있는 스트레스의 근원과 특성을 점검해야 한다.

C씨의 Adj D값은 평균수준 이상이며(+2), 이는 보통의 경우라면, 어렵거나 예기치 않

은 상황 또는 부정적인 상황을 잘 이겨내고 스트레스를 참아내는데 필요한 심리적 자원을 가지고 있음을 시사한다. D=0이라는 사실은 스트레스에 대한 C씨의 반응이 일반적으로 충동성보다는 자제력, 심사숙고, 자기 제어 등에 기반하고 있음을 시사한다. 다시 말해서, 그녀는 삶의 기복을 이겨낼 수 있을 정도로 충분한 자아강도를 가지고 있다.

그러나 데이터의 몇몇 부분에서 그녀가 최근 심각한 감정적 고통으로 인해 힘들어하고 있음이 드러나고 있다. 우선 첫 번째로, 규준 집단에서는 D와 Adj D값이 1점 차이가 나는 것이 보통이지만, C씨의 경우에는 2점이나 차이가 난다. 이것은 그녀가 불쾌하고 어려운 상황, 자신이 원하지 않는 상황을 다룰 수 있는 평상시의 능력을 가지고 있지만, 현재는 그녀의 대응 자원이 스트레스를 다룰 수 있을 정도로 효율적이지 않다는 것을 시사한다. 두 번째로, eb 비율의 좌항이 언제나 우항보다 값이 큰 경우가 대부분이다. C씨의 경우처럼 eb 비율의 우항 값이 좌항 값보다 더 클 경우(eb=6:12)는 상당한 수준의 상황적 고통이 있음을 나타낸다. 이는 슬픔과 걱정, 무력감이 혼합된 상태(C'=2; Y=7; m=3)와 부정적이고 자기비판적인 느낌이 섞인 상태(V=2)를 의미한다. Y가 m보다 훨씬 크다는 것을 유의미하게 살펴봐야 하는데, 왜냐하면 이는 현재의 스트레스가 그녀의 사고보다 감정에 더 큰 영향을 끼치고 있음을 시사하기 때문이다. 특이할 정도로 높은 Y 점수는 그녀가 매우 불안하고 무기력하며 자신이 할 수 있는 것이 없다고 느낀다는 것을 나타낸다. 세 번째로, 3개의 Color-Shading Blend 반응은 상당히 흔치 않은데(CF.FC'; M.FC'.CF; FY.FC), 이것은 상황적인 스트레스로 인해 그녀가 강렬하고 혼란스러운 감정적 반응을 경험했거나 혹은 영향을 받았음을 나타낸다.

그녀가 스트레스와 최근 스트레스의 결과에 대처하는 능력을 살펴본 후에는, 그 다음의 positive 핵심 변인을 파악하는 것으로 탐색전략을 진행해야 한다. 그렇지만 C씨의 경우에는 다른 핵심 변인 중 어떤 것에서도 positive가 나타나지 않았다. 따라서 탐색전략은 제3변인을 점검하는 것으로 진행되어야 한다. 제3변인의 첫 번째 변인은 DEPI이다(DEPI=5). Positive DEPI가 나오게 되면 현재 상태가 정서적 동요를 수반하고 있을 가능성이 높아짐을 의미하기는 하지만, 그렇다고 해서 반드시 DEPI=5가 정동 장애의 진단적 기준에 부합한다는 것을 시사하지는 않는다. 그보다는 오히려 그녀가 강렬하고 고통스러운 감정의 삽화를 경험하기 쉽고 이런 삽화는 상대적으로 짧은 시간 동안 지속될 가능성이 있음을 나타낸다고 봐야 한다. C씨에게 나타나고 있는 문제를 이해하는 과정에서, DEPI=5와 높은 es(18)가 결합되어 현재 겪고 있는 감정적 고통의 중요성을 강조하고 있다는 점을 기억해야 한다.

그 다음의 탐색전략은 감정을 다루는 C씨의 특유한 방식을 살펴보는 것이다. C씨는 자신의 감정을 일관성 있는 태도로 다루지 않는다. 가끔은 그녀의 반응이 논리와 이성에 의해 지배되기도 하지만, 감정에 의해 행동과 반응이 좌지우지되는 경우도 있다(EB=9:7.5). 이처럼 감정을 다루는데 있어 일관성이 부족한 것은 생각했던 것보다 그녀의 심리적 기능에 감정이 더 큰 영향을 끼치는 경우도 종종 있을 수 있다는 점을 주시해야 한다.

어떤 경우에는 반응하기에 앞서 시간을 지연시키고 조심스럽게 계획을 세울 수 있는 상당한 능력이 있고, 더불어 논리적이고 조심스러우며 감정적으로 균형을 갖춘 태도로 계획적으로 반응할 수도 있다(M=9; FC:FC+C=7:4). 그러나 다른 경우에는 극도로 감정적인 여자로서 대부분 사람들보다 훨씬 더 감정에 즉각적으로 반응하는 경향도 있다(Afr=.93; SumC=11). 그녀는 지나치게 정동에 휩쓸리기도 하고 압도되기도 한다; 바꿔 말하면, 이성이나 논리보다는 감정이 그녀의 의식을 지배하는 경우가 자주 있다(Lambda=.17). 결과적으로 그녀는 상황에 지나칠 정도로 과잉 반응할 가능성이 있다. 많은 수의 혼합 반응(14:27)은 감정이 그녀에게 끼치는 영향이 매우 크기 때문에 그녀의 심리적 기능이 지나치게 복잡하다는 것을 시사한다. 특히 강렬한 감정적 고통이 그녀 자신의 감정을 관리할 수 있는 능력까지도 압도했을 가능성이 있다(Blends created by m and Y=7). 그녀가 3개의 Color－Shading Blends 응답을 했고 2개의 C′를 포함하고 있다는 사실은, 그녀의 감정적 고통이 온전히 상황적인 것만은 아닌 사실상 더 오랜 기간 동안 지속되어 온 것이고 긍정적이면서도 부정적인 반응이 혼란스럽게 섞인 상태라는 것을 시사한다.

C씨의 자기상(self-image)은 죄책감과 수치심, 그리고 자기비판으로 점철되어 있다(V=2; MOR=4). 그녀가 겪고 있는 최근의 감정적 고통 중 한 가지 중요한 구성요소는 자기 자신에 대한 부정적이고 가혹한 반응을 하고 있다는 점이다. 그녀의 부정적인 자기상은 자신의 강점과 약점에 대한 현실적인 평가에 기반을 둔 것이 아니라 자기 자신에 대한 왜곡된 시각(H:(H)Hd(Hd)=2:10), 특히 자신의 신체상과 성적인 부분에 관련된 갈등을 반영하고 있다. 자신의 신체상과 신체적 온전함에 대한 근심은 로르샤하의 Morbid 반응의 내용뿐만 아니라(응답 1번의 "머리가 없는 여자", 응답 3번의 두 마리의 상처 입은 코끼리들) Ⅲ번 카드에서의 평범 반응을 특이할 정도로 정교하게 설명한 것에서 드러나고 있다(응답 6번의 "몸의 일부분이 잘려나간" 빼빼마르고 수척한 두 명의 여인).

그녀의 성적인 면에 대한 갈등은 몇 가지 자료를 통해 시사되고 있다. 첫 번째로, 평균 반응수보다 더 높은 성적인 응답 반응은 그녀가 성적인 주제들에 몰두되어 있음을 시사한다(Sx=6). 두 번째로, 그녀가 성적인 이슈에 죄책감이나 수치심으로 반응할 가능성이 Sx 내용과 FV 반응의 조합에서 시사된다. 세 번째로, 마이너스 응답을 살펴보면 3개의 마이너스 응답 중 2개가 여성의 생식기와 관련된 지각을 포함하고 있다(응답 16, 22). 종합적으로 볼 때, 이런 결과는 그녀가 여성으로서 자기 자신에 대해 가지고 있는 부정적 이미지와 함께 어쩌면 여성으로서 자신의 여성성에 대해 혐오감을 가지고 있을 수도 있음을 시사한다.

전반적으로, C씨는 보통의 사람들보다는 훨씬 더 많이 타인에게 관심이 있는 것으로 나타났다(Human content=12 vs. 평균적 응답범위 5~7). 인간 내용을 포함한 반응이 평균보다 높게 나왔고 이것이 타인에 대한 건강한 관심을 반영하는 것이라고 볼 수도 있지만, 또한 사회적 상호작용에 대한 과장된 예민성과 염려를 반영한다고도 볼 수 있다. 이 환자의 경우에는 몇 가지 이유 때문에 전자보다는 후자의 해석이 더 적합할 것으로 보이는데, 즉 평균보다 많은 (H)+Hd+(Hd) 내용과 더불어 공격적인 응답(AG=4) 역시 평균보다 많이 나왔기 때문이다.

C씨가 타인과 관여하는 양상은 두 가지 중요한 요인, 즉 분노(COP=0; AG=4)와 수동-의존적 성향(Ma:Mp=3:6)으로 설명된다. 협동적인 운동 반응이 전혀 없고 4개의 AG 응답이 나왔기 때문에, 타인과의 상호교류에 있어서 핵심적 특성은 적개심일 것이며 대인관계는 상호호혜적이지 않을 것으로 고려된다. 평균치보다 더 높은 (H)+Hd+(Hd) 응답은 그녀가 타인들을 현실에서 온전하게 살아 움직이는, 독립되고 구분된 인간으로 보지 않고 서로의 욕구를 충족시키기 위해 존재하는 부분적인 대상으로 바라보고 있음을 시사한다(H:(H)Hd(Hd)=2:10). 그녀는 어떤 인간관계든 어느 한 사람의 욕구는 만족되지만 상대방의 욕구는 무시되거나 좌절당하는 것이 당연하다고 본다. 결과적으로 C씨는 타인과의 대인관계와 상호작용에 있어서 매우 민감하고 방어적으로 되는 경향이 있으며 자신이 위협당하거나 안전하지 않다고 느낄 때는 적대적이고 강압적으로 반응한다(AG=4; PER=3). 그녀의 심리적 기능에 있어서 분노와 공격성이 얼마나 중요한 요인인지는 로르샤하 응답 6번에서 매우 생생하게 표현되었다(두 명의 여인이 서로 상대방에게서 뭔가를 떨어뜨려 놓으려고 싸우고 있다). 그리고 응답 14번(두 명의 소녀가 화가 나서 서로를 쳐다보고 있다)과 26번(두 명의 닌텐도 게임 캐릭터가 서로를 쳐다보고 있다), 그리고 27번(두 존재가 너무 화가 나서 얼굴이 다양한 색감의 보라색 그늘로 변했다)에서

도 생생하게 표현되고 있다.

수동－의존적 경향성은 Ma와 Mp 반응수의 관계를 통해 알 수 있다(Ma:Mp=3:6). 규준을 보면, Ma가 Mp보다 큰 것이 일반적이며 이 환자의 경우처럼 Mp가 Ma보다 큰 경우는 매우 드물다. 이런 특이한 결과는 C씨가 책임을 지려하지 않고, 혼자서 독립적으로 어려운 상황을 다루는 것을 회피하는 것, 그리고 불쾌한 상황에 대해 직접적인 행동을 취하기보다는 환상 속으로 철수하는 방식으로 대응한다는 것을 시사한다. 이런 태도로 인해 타인과 관계를 맺을 때 의존적인 역할, 순종적이고 순응적인 역할을 맡게 되는지도 모른다. 그녀는 가장 큰 스트레스 상황도 혼자서 다룰 수 있는 심리적인 자원을 가지고 있음에도 불구하고(EA=16.5; Adj D=+2), 어려운 일이 발생하면 자기 스스로 어려운 상황에 대처하고 이겨내기 보다는 누군가 강력하고 결단력 있는 사람이 책임을 지고 일을 해결해줘서 자신은 그 결정과 방향을 순종적으로 순응하고 따르기만 하면 되기를 희망한다.

C씨는 평균보다 많은 평범 반응을 나타냈다(Populars=9). 이것은 그녀가 사회적인 기대와 관습에 대해 신경을 많이 쓰고 염려하고 있음을 시사한다. 앞서 언급했던 사회적인 상호작용에 대한 민감도(H:(H)+Hd+(Hd))와 사회적인 기대치에 대한 그녀의 인식은 남들이 자신을 어떻게 보는지, 남들이 자신의 행동을 적절하다고 생각하는지에 매우 신경을 쓰고 있으며 남들의 기대에 맞추려고 노력할 가능성이 크다는 것을 시사한다. 타인의 기대치에 부응하기 위한 그녀의 노력은 결국 남들을 기쁘게 하기 위해, 남들의 승인을 얻기 위해 상당한 공을 들이고 있음을 시사한다. 이와 관련해서, 의복 관련 응답이 평균치 이상으로 나온 것은(Cg=5 vs. 평균값은 1) 그녀가 남들의 반대에 대한 두려움을 감추고 덮고자 노력한다는 것을 시사할 수도 있다.

C씨는 자극에 접근하는 방식이 매우 조심스럽고 신중하며 방어적인 것 같다(W<1/2D+Dd; W:M=4:9). C씨의 인지적인 능력과 자원을 감안할 때, 이러한 보수적인 접근은 자신에 대한 부정적인 자아상으로 인해 사회적인 경쟁으로부터 방어적으로 철수하고 있음을 드러내는 것일 가능성이 크다. 또한 이것은 강박적인 성향을 반영하는 것일 수도 있다. 만약 그녀가 완벽주의자가 아니라면 정확한 사람일 것이다(FQ+=2; P=9). 예측되는 것처럼, 자극에 대한 그녀의 지각은 정확하고 관습적이었다(X+%=.74; F+%=1.00).

C씨의 기록은 매우 높은 특수 점수, 특히 그녀처럼 많은 성취를 이룬 사람으로서는 기대하기 어려운 수준의 높은 점수가 나왔다. 이런 특수 점수를 포함하고 있는 응답들을 분석해보면, 대부분이 사고 장애나 인지적 오류라기보다는 미성숙함을 반영하고 있음이

시사된다. 예를 들어, 많은 일탈된 표현(DVs)은 사춘기 청소년에게나 어울리는 수준의 것으로 보인다. 예를 들어, 응답 1번과 12번에서 재질을 "Fabricky"[4]라고 표현한다거나 응답 13번에서 고양이를 묘사할 때 "Smooshed"[5]라고 표현한 점, 응답 22번에서 엉덩이의 색을 표현할 때 "Pinky"[6]이라고 한 점 등이 그것이다. 이와 유사하게 응답 2번에서의 INCOM 역시 살펴보면 미성숙한 수준의 표현이다(날고 있는 코끼리). 특수 점수를 포함하는 다른 응답들은 인지적인 과정이 왜곡되도록 만들었을 가능성이 있는 강력한 정서적인 반응–특히 분노가 수반되었을 경우–을 시사한다(응답 6번과 27번). M– 반응이 2개 나타난 것을 보면, 그녀는 의사결정을 할 때 실수가 잦거나 잘못된 판단을 내릴 가능성이 있는 것으로 보인다. 종합적으로 볼 때, 현재 상태에서 정신증 장애가 있다는 어떤 표시도 드러나지 않았고 정신증적 보상작용 실패의 가능성을 드러내는 지표도 없었다.

4) 역자 주: fabric에 대해 사전에 없는 속어적 표현.
5) 역자 주: smush의 잘못된 표기_부서진.
6) 역자 주: pinky는 새끼손가락이라는 뜻이지만, 이 수검자는 Pink에 형용사를 뜻하기 위해 y를 더해 Pinky로 표현함.

사례 6. 로르샤하 프로토콜

Card	Response	Inquiry	Scoring
I	(1) 이 그림은 머리가 없는 여자가 두 손을 위로 올리고 있는 것 같아요.	(검: 수검자의 반응을 그대로 되풀이해준다) 수: 그게 여기 가운데예요. 치마는 아래로 내려오는 것처럼 보여요. 이건 가슴 같고요. 팔을 올리고 있고 손은 이렇게 하고 있는 거죠. 그런데 머리는 없어요. 검: 치마요? 수: 뭔가 천같이 보여요. 밝기도 하고 어둡기도 하고요. 그리고 천 뒤로 다리를 볼 수 있어요.	D+ Ma.FV+ Hd,Cg,Sx 4.0 DV,MOR
	(2) 수: 음… 모르겠어요.(웃음) 검: 천천히 봐보세요. 대부분 사람은 1개의 카드에서 1개 이상의 그림을 봅니다. 수: 이 부분은 여자예요. 그리고 날아가는 동물이나 뭔가 같아요. 제겐 그렇게 보여요. 무슨 코끼리나 뭔가 같이요. 1개 이상 보면 그걸 말해줘야 하는 거 맞죠? 검: 맞아요. 맞는 답이나 틀린 답은 없어요. 그저 당신 눈에 무엇으로 보이는지 말씀해주시면 돼요.	(검: 수검자의 반응을 그대로 되풀이해준다) 수: 여기 둘이요. 그리고 그들의 귀가 뒤로 날아가는 것 같아요. 마치 하늘에서 움직여서 귀가 꼬리랑 몸 뒤로 젖혀버린 것처럼요. 검: 귀가 뒤로 젖혀졌다고요? 수: 방향 때문에요. 마치 바람이 불어서 귀가 뒤로 젖혀진 것 같아요. 그래서 그것 때문에 움직이고 있구나라고 한 거예요.	Do FMa.mao A INC
II	(3) 세상에… 제가 코끼리에 꽂혔나 봐요! 음, 이것도 두 마리의 코끼리처럼 보여요… 그리고 이건 피 같아요. 아마 코끼리들이 상처를 입었나 봐요. 음… 잘 모르겠어요.	(검: 수검자의 반응을 그대로 되풀이해준다) 수: 맞아요. 검: 어디에서 보셨나요? 수: 여기요. 코끼리의 코가 만지고 있어요. 아주 긴 코를 가지고 있고 똑같은 모	D+ CF.FC'o (2) A,Bl P 3.0 MOR

Card	Response	Inquiry	Scoring
		양의 얼굴, 큰 머리, 그리고 그것에 맞게 비례하는 몸도 있고요. 검: 피라고요? 수: 여기요. 빨갛고… 뭔가 피가 얼룩진 거 같아요. 마치 피 같은 게 후드득 떨어져서 코끼리의 회색 피부 위에 빨간 점이 된 거죠.	
	(4) 제일 꼭대기에 있는 이것이 돌아가는 모자 같아요.	(검: 수검자의 반응을 그대로 되풀이해준다) 수: 뱅뱅 도는 모자 같아요. 검: 어떤 점 때문에 그렇게 보았나요? 수: 잘 모르겠어요. 음… 크고 원뿔 모양이고 머리 위에 있으니깐요. 검: 뱅뱅 돌아요? 수: 네. 뭔가 빛과 어두움에 대한 것 같아요. 이게 뭔가 움직임을 만들어요. 그리고 작은 것들이 거기에서 나오고 있어서 뭔가 예술가가 움직임을 표현하려고 한 거 같아요.	Do ma.YFo Cg INC
	(5) 아니면 뭔가 물감이 튄 것 같아요.	(검: 수검자의 반응을 그대로 되풀이해준다) 수: 피와 같은 거죠. 검: 물감이요? 수: 그냥, 색깔 때문에도 그렇고, 물감이 튀기면… 알잖아요. 가장자리가 여러 방향과 모양들로 퍼져나가잖아요.	Dv CFo Id

Card	Response	Inquiry	Scoring
Ⅲ	(6) 세상에나 제가 진짜 이걸 보는 건지 잘 모르겠어요. 그런데 이건 춤추는 여자 두 명 같아요. 그래서… 해골 같은 여자들이에요. 정말 섬뜩한 모양이에요. 빼빼 마른 모습이에요. 몸이… 너무 말랐어요. 그리고 무엇을 들고 있는 것 같아요. 서로 대결하고 있는 것 같고, 싸우는 것 같기도 하고… 뭔가를 밀고 있는데 서로한테서 뭔가를 떨어뜨려 놓으려고 하는 것처럼요.	(검: 수검자의 반응을 그대로 되풀이해준다) 수: 네. 둘 다 너무 말랐어요. 몸 일부가 잘려져 나간 것처럼 보일 정도로 말랐어요. 검: 무엇 때문에 그렇게 보셨나요? 수: 상체는 온전한 몸인데 하체의 어떤 부분이 없어진 것 같아요. 너무 말랐어요. 그리고 여기 하얀 부분 때문에 누군가가 몸의 일부를 떼내어 가져간 것 같아요. 무엇 때문에 여자로 봤냐고요? 가슴 때문에요. 그리고 얼굴도요. 아 그리고 이건 하이힐에 뾰족구두 같아요. 검: 싸운다고요? 수: 음… 이게 뭔지는 모르겠는데 두 사람이 이걸 갈기갈기 찢는 것 같아요. 검: 빨간색이 분노를 생각나게 한다고 말했는데요. 수: 빨간색이 분노처럼 보인다고 생각하지는 않아요. 화난 부분은 여기와 여기를 보고 생각났어요. 뭔가가 찢어져서 이 부분이 찢기고 남은 부분이에요. 그리고 여기 이 부분은 아주 공격적인 자세를 하고 있어요.	DdS+ Ma.FC'.CFu (2) H,An,Sx,Cg P 4.5 DV,AG,MOR
	(7) 가운데 있는 이것은 빨간 나비 모양 타이 같아요.	(검: 수검자의 반응을 그대로 되풀이해준다)	Do FCo Cg

Card	Response	Inquiry	Scoring
		수: 그냥 빨간 나비 모양이에요. 모양과 색이 그래요.	
Ⅳ	(8) 이건 으깨진 곰 양탄자 같아요.	(검: 수검자의 반응을 그대로 되풀이해준다) 수: 진짜 그걸 보는 게 맞는지는 모르겠어요. 머리와 눈이에요. 몸과 다리의 아웃라인처럼 보여요. 가장자리는 털이 있는 것처럼 보이고요. 여기는 밝기도 하고 어둡기도 하고 한 부분이 털처럼 보여요. 곰의 피부처럼요. 검: 털이 났다고요? 수: 네. 털 난 것 같은 그런 질감이에요. 검: 으깨졌다고요? 수: 네. 납작해진 것처럼 보여요.	Wo FTo Ad 2.0 DR
	(9) 하마의 머리 같아요.	(검: 수검자의 반응을 그대로 되풀이해준다) 수: 네. 완전히 하마의 머리에요. 눈 2개가 있고요 하마의 입도 있고요. 뿔도 2개 있어요. 그런데 하마가 뿔이 있는지는 모르겠네요.	Do Fo Ad
	(10) 이 부분을 떼어내면 거인 같아요. 위협적인 거인처럼 보이지는 않아요. 그냥 신화에 나오는 그런 거인 같네요. 아까 그 곰 러그 보다는 거인이 더 진짜 같이 보이네요. 저한테는…	(검: 수검자의 반응을 그대로 되풀이해준다) 수: 네. 맞아요. 왜냐하면… 여기가 머리고 팔이고 큰 발이에요. 거의… 그거 있잖아요.(손을 움직여 움직임을 보여준다) 검: 거인이… 수: 거인이 쿵쿵거리며 걷는 게 떠올랐어요. 커다란 발로 쿵쿵 걷는 거죠.	Do Ma.FDo (H) P

Card	Response	Inquiry	Scoring
		검: 커다랗다고요? 수: 이 크기만요. 몸의 다른 부분에 비해 너무 커서… 마치 발가락이 위로 올라가서 걷고 있는 것 같아요… 마치 금방 내려오려고 하는 것처럼요.	
V	(11) (웃음) 박쥐요.	(검: 수검자의 반응을 그대로 되풀이해준다) 수: 모양이 그냥 그래요.	Wo Fo A P 1.0
	(12) 음… 이걸 보니까 춤추는 다리들 같아요. 그래서 저는 여기가 사람 얼굴 같다고 생각했어요. 거의 무슨 복장 같아요. 네. 아마 여기가 의상의 한 부분일 수도 있는데 여기가 모자나 투구이고 큰 깃털 달린 망토 같은 것 같아요. 그리고 여기는 춤추고 있는 다리들인 거죠.	(검: 수검자의 반응을 그대로 되풀이해준다) 수: 여기가 춤추는 다리고요. 모양이 그렇고 이건 머리 같이 생겼고요. 이건 의상 같아요. 밝고 어두운 부분 때문에 천같이 보여요. 부풀어 오르는 거예요. 검: 부풀어 오른다고요? 수: 네. 모양이나 그 방향이 그래 보여요. 그리고 또 저한테는 천같이 그렇게 보여요. 검: 어떤 의미인가요? 수: 마치 무슨 의상인데 어둡고 밝은 재료 같아요. 뭔가 불투명한 거요.	W+ Ma.ma.FY+ Hd,Cg 2.5 DR
VI	(13) 고양이요. 부서진 고양이요. 거의 러그처럼 되었어요. 동물 가죽으로 된 러그요. 윗부분은 고양이 머리 같고 납작해진 동물 같아요. 러그보다는 좀 덜 순해 보여요. 마치 누군가가 동물	(검: 수검자의 반응을 그대로 되풀이해준다) 수: 이건 수염처럼 보여요. 코와 귀고요. 모양이 그래요. 검: 납작해졌다고요? 수: 모양 때문에 납작해진 거 같아요. 양쪽이 모두 다 납작해진 거예요. 몸, 양쪽으로 대칭된 몸이니까요.	Wo Fo Ad P 2.5 MOR,DR,PER

Card	Response	Inquiry	Scoring
	을 데려다가 납작하게 만든 거 같아요.	검: 러그요? 수: 똑같아요. 납작한 동물의 가죽 모양이에요.	
Ⅶ	(14) 음. 우선 처음으로 보인 건 묶은 머리를 한두 명의 소녀들이에요. 소녀가 서로를 쳐다보고 있는 건지는 모르겠어요. 화난 것처럼 보이기도 하고요. 진지한 것처럼 보이기도 하고요. 이 부분은 분노처럼 느껴져요. 한 명이 밀쳐내는 것 같기도 하고요. 하지만 얼굴은 화난 것처럼 보이지 않아요.	(검: 수검자의 반응을 그대로 되풀이해준다) 수: 얼굴과 묶은 머리요. 그 모양이 그래요. 서로를 쳐다보고 있어요. 검: 그들이 화났거나 진지한 것처럼 보인다고 했지요? 수: 입 주위가 어두운색인데 그것 때문에 화난 것처럼 보여요. 그리고 몸의 이 부분이 다른 쪽을 보고 있으니까 또 화난 것처럼 보이고요. 몸과 가슴 그리고 목이 가슴까지 내려왔어요. 상체의 1/2이요.	D+ Mp.FYo (2) Hd,Sx P 3.0 AG,PER
Ⅷ	(15) 오(웃음) 2마리의 곰이요.(웃음)	(검: 수검자의 반응을 그대로 되풀이해준다) 수: 모양이 그래 보여요.	Do Fo (2) A P
	(16) 이 부분이 저한테는 성적으로 보여요. 어떤 의미로는요…	(검: 수검자의 반응을 그대로 되풀이해준다) 수: 오렌지색, 분홍색 부분이 마치 엉덩이와 벌린 다리 같아요. 그리고 음부에 있는 음모와 질, 그리고 항문처럼 보여요. 검: 무엇 때문에 그렇게 보았나요? 수: 글쎄요. 모양이 그래요. 제 생각에는… 엉덩이 모양, 다리 모양이요. 그리고 어두운 오렌지 명암과 가운데 밝은 부분은 성기의 오목한 뒷부분 같아요.	Do Mp.FV− Hd,Sx

Card	Response	Inquiry	Scoring
	(17) 이 부분은 분홍색 나비 같아요.	(검: 수검자의 반응을 그대로 되풀이해준다) 수: 바로 여기요. 검: 나비요? 수: 모양이 그래요. 나비는 가운데 부분에 몸이 있잖아요. 그리고 색이 분홍색이에요.	Do FCo A
	(18) 이것은 팔 같아요. 곰이 사람의 손을 잡고 있는 것처럼요.	(검: 수검자의 반응을 그대로 되풀이해준다) 수: 네. 모양이 그래요. 곰이 양쪽에서 손가락 하나를 꽉 움켜쥐고 있는 것 같아요.	Dd+ FMao (2) A,Hd P 3.0 FAB
Ⅸ	(19) 이건 마치 신화에 나오는 용같이 보이네요. 그게 처음 든 생각이에요.	(검: 수검자의 반응을 그대로 되풀이해준다) 수: 모양이 그래요. 검: 신화요? 수: 글쎄 모르겠어요.(웃음) 모르겠어요. 점이 있는 꼭대기 부분이랑… 색깔도 관련이 있는 것 같아요. 만약 검은색이었다면 그렇게 대답 안 했을 거 같아요. 아마도 오렌지색 때문에 실존하는 게 아니라 뭔가 신화에 나오는 존재처럼 보이게 했나 봐요.	Do FCu (2) (A)
	(20) (웃음) 이건 소녀 두 명의 머리 같아요. 얼굴은 약간 부서진 것 같고요. 흠…	(검: 수검자의 반응을 그대로 되풀이해준다) 수: 네. 맞아요. 머리카락은 뒤에 묶거나 쪽을 진 거 같고요. 옆모습 같아요. 아랫부분은 거의 납작하고요. 검: 납작하다고요?	Do FYu (2) Hd

Card	Response	Inquiry	Scoring
		수: 모양이랑 아마 그림자 때문에요. 더 어둡잖아요.	
	(21) 두 명의 노인들이 머리를 숙인 것 같은데 (웃음) 곤충의 머리 같아 보여요. 그러니까 곤충 머리를 하고 있는 노인 두 명이에요. 그게 비록… 저도 아는데… 하지만 그렇게 보여요…	(검: 수검자의 반응을 그대로 되풀이해준다) 수: 네. 곤충 인간이요. 잊을 수 없어요. 누가 알아요. 잘 모르겠어요. 마치 무릎을 굽히고 있는 것처럼 보여요. 등과 머리는 숙이고 있고 땅을 쳐다보고 있어요. 음영 때문인 것 같아요. 이 부분은 더 어둡고… 마치 그림자 안에 있는 것처럼요… 얼굴은 아래로 향하고 있고… 이 부분이 엉덩이와 머리에요. 검: 곤충 머리요? 수: 네. 이것들이요.(웃음) 모양이 그래요.	Do Mp.FYu (2) H,Ad,Sx INC
	(22) 이것도 저한테는 성적으로 보여요. 흠…	(검: 수검자의 반응을 그대로 되풀이해준다) 수: 이 부분이요. 여기 모양 때문인 것 같아요. 이 부분이 질로 보이는데 아마 더 밝고 또 모양 때문에 음순처럼 보여요. 여기는 둥그런 게 엉덩이 같고요. 어쩌면 분홍빛 색 때문에 살처럼 보이는 것 같기도 하고요…	Do FY.FC− Hd,Sx DV
X	(23) 글쎄요. 게 2마리 같아요. 파란 게요.	(검: 수검자의 반응을 그대로 되풀이해준다) 수: 저기요. 모양이 파란 게 같아요.	Do FCo (2) A P INC
	(24) 저 오렌지색으로 된 것이 위시본(wishbone)	(검: 수검자의 반응을 그대로 되풀이해준다)	Do FCo Id INC

Card	Response	Inquiry	Scoring
	같아요.	수: 모양이 그래요. 오렌지색으로 된 것 같아요.	
	(25) 이것들은 동물 같아요. 몸이 길고 구불구불한 동물인데 꼬리가 길고 돌돌 감겨서 마치 움직이는 것 같은 동물이에요.	(검: 수검자의 반응을 그대로 되풀이해준다) 수: 여기요. 모양이 그래요. 아마 색도 그런 것 같아요. 마치… 동물 중에서 초록색인 것들이 있잖아요. 초록색 유충 같은 거요. 검: 돌돌 감겼어요? 수: 모양이랑 방향이 돌돌 말린 것 같아요. 검: 돌돌 말렸다는 게 무슨 말인지 모르겠어요. 수: 씰룩쌜룩 거리는 것처럼 움직이는 것처럼 보여요.	Do FMa.FCo A
	(26) 흠… 이것들은 진짜 화난 것처럼 보여요. 비디오 게임에 나오는 캐릭터처럼… 서로 막 노려보는 비디오 게임 속의 캐릭터처럼요.(웃음)	(검: 수검자의 반응을 그대로 되풀이해준다) 수: 닌텐도에 나오는 캐릭터들처럼요. 서로를 향해서… 눈이랑 여기 밝은 부분도. 진짜 화난 것처럼 보여요. 그리고 작은 더듬이가 있어요. 꼭 갖고 싶은 것들 있잖아요. 하지만 저는 절대 가질 수가 없네요.	D+ Mp.FYo (2) (H) 4.5 AG,PER
	(27) 얼굴들 같아요. 소년의 얼굴인데 진지해요… 제게 보이는 건 화난 얼굴들이에요. 화나 보여요. 저한테는 거의 해마처럼 보이는데 그것보다는 인간에 더 가까워요. 둥둥 떠다니는 것처럼 보이네요. 물속에 있을 수도 있고 인간의 얼굴을 하	(검: 수검자의 반응을 그대로 되풀이해준다) 수: 모양이 그래요. 이마에 코, 턱. 제 생각에는 색깔이 확실히 화나 보이게 만드는 것 같아요. 짙은 보라색에서 분홍색까지요. 검: 색깔이 왜요? 수: 색의 강도요. 보라색은 그냥 화난 색이에요. 마치	D+ Mp.CF− (2) Hd,A 4.5 AG,INC

Card	Response	Inquiry	Scoring
	고 있는 뭔가 그런 존재 같아요. 그런데 화난 얼굴이에요. 서로를 바라보고 있는…	우리가 진짜 화나면 얼굴이 다른 색으로 변하잖아요. 더 어두워진다고 해야 하나? 서로에게 엄청나게 화났어요. 검: 떠다닌다고요? 수: 완전히 물속에 있는 건 아니고요. 잘 모르겠어요. 어떻게 보이는지 잘 모르겠어요. 여자 같아요. 떠다니는… 검: 설명해주세요. 수: 공기 중이나 물속에서 떠다니는 것일 수도 있어요. 확실한 형태가 없는 모양이에요. 어떤 파도 모양 같기도 하고요…	

• 표 11.3 사례 6. 구조적 요약지

```
CASE06.R3=================== STRUCTURAL SUMMARY ============================

 LOCATION                  DETERMINANTS               CONTENTS       S-CONSTELLATION
 FEATURES          BLENDS               SINGLE                       YES..FV+VF+V+FD>2
                                                   H    = 2, 0       YES..Col-Shd Bl>0
 Zf     = 11      M.FV                M   = 0      (H)  = 2, 0        NO..Ego<.31,>.44
 ZSum   = 34.5    FM.m                FM  = 1      Hd   = 7, 1       YES..MOR > 3
 ZEst   = 34.5    CF.FC'              m   = 0      (Hd)= 0, 0         NO..Zd > +- 3.5
                  m.YF                FC  = 5      Hx   = 0, 0       YES..es > EA
 W   =  4         M.FC'.CF            CF  = 1      A    = 8, 1        NO..CF+C > FC
   (Wv = 0)       M.FD                C   = 0      (A)  = 1, 0        NO..X+% < .70
 D   = 21         M.m.FY              Cn  = 0      Ad   = 3, 1        NO..S > 3
 Dd  =  2         M.FY                FC'= 0       (Ad)= 0, 0        YES..P < 3 or > 8
 S   =  1         M.FV                C'F= 0       An   = 0, 1        NO..Pure H < 2
                  M.FY                C'  = 0     Art   = 0, 0        NO..R < 17
   DQ             FY.FC               FT  = 1      Ay   = 0, 0         5.....TOTAL
 .........(FQ-)   FM.FC               TF  = 0      Bl   = 0, 1
  +  =  8  ( 1)   M.FY                T   = 0      Bt   = 0, 0       SPECIAL SCORINGS
  o  = 18  ( 2)   M.CF                FV  = 0      Cg   = 2, 3                Lv1     Lv2
 v/+ =  0  ( 0)                       VF  = 0      Cl   = 0, 0       DV    =  3x1     0x2
  v  =  1  ( 0)                       V   = 0      Ex   = 0, 0       INC   =  6x2     0x4
                                      FY  = 1      Fd   = 0, 0       DR    =  3x3     0x6
                                      YF  = 0      Fi   = 0, 0       FAB   =  1x4     0x7
                                      Y   = 0      Ge   = 0, 0       ALOG  =  0x5
    FORM QUALITY                      Fr  = 0      Hh   = 0, 0       CON   =  0x7
                                      rF  = 0      Ls   = 0, 0        Raw Sum6 =  13
      FQx  FQf  MQual  SQx            FD  = 0      Na   = 0, 0       Wgtd Sum6 =  28
  +  =  2    0     2     0            F   = 4      Sc   = 0, 0
  o  = 18    4     3     0                         Sx   = 0, 6       AB   = 0     CP   = 0
  u  =  4    0     2     1                         Xy   = 0, 0       AG   = 4     MOR  = 4
  -  =  3    0     2     0                         Id   = 2, 0       CFB  = 0     PER  = 3
 none=  0   --     0     0           (2) = 11                        COP  = 0     PSV  = 0

================== RATIOS, PERCENTAGES, AND DERIVATIONS ===================

 R = 27         L =  0.17                    FC:CF+C = 7: 4     COP = 0     AG = 4
 -------------------------------------        Pure C  =    0     Food          = 0
 EB = 9: 7.5   EA = 16.5    EBPer= N/A     SumC':WSumC= 2:7.5   Isolate/R   =0.00
 eb = 6:12        es = 18       D =    0      Afr       =0.93    H:(H)Hd(Hd)= 2:10
            Adj es = 10    Adj D =   +2      S         = 1      (HHd):(AAd)= 2: 1
 -------------------------------------        Blends:R=14:27     H+A:Hd+Ad   =14:12
 FM = 3   :  C'= 2    T = 1                   CP        = 0
 m  = 3   :  V = 2    Y = 7
                                  P    = 9          Zf   =11           3r+(2)/R=0.41
 a:p     = 10: 5   Sum6   = 13    X+% =0.74         Zd   = +0.0        Fr+rF    = 0
 Ma:Mp =  4: 5     Lv2    =  0    F+% =1.00     W:D:Dd = 4:21: 2       FD       = 1
 2AB+Art+Ay= 0     WSum6  = 28    X-% =0.11         W:M = 4: 9         An+Xy    = 1
 M-      =  2      Mnone  =  0    S-% =0.00         DQ+ = 8            MOR      = 4
                                  Xu% =0.15         DQv = 1

==========================================================================
 SCZI = 2     DEPI = 5*     CDI = 0     S-CON = 5     HVI = No     OBS = No
==========================================================================
```

• 그림 11.1 사례 6. 반응영역 기록지

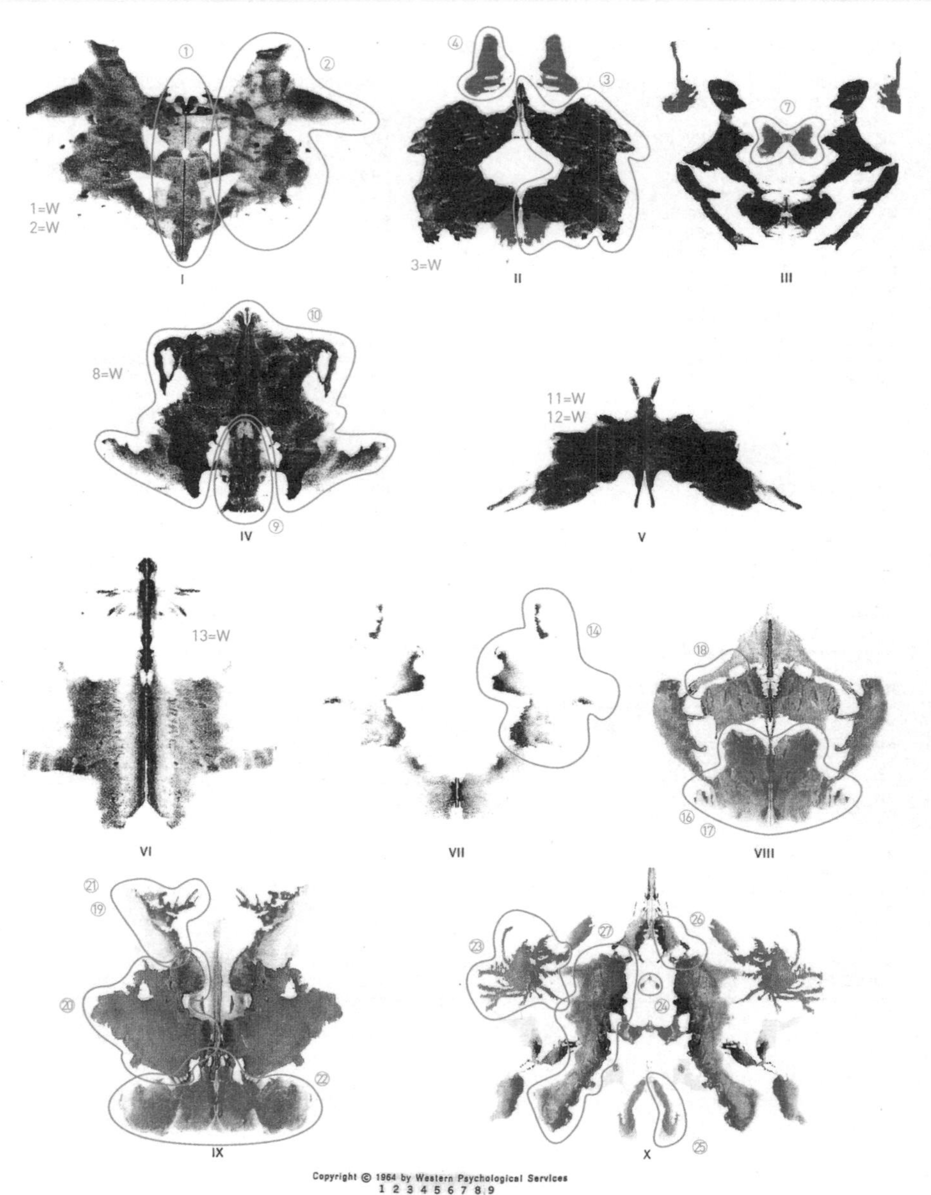

논평

46/64 코드타입과 로르샤하 모두 C씨에 대해 현재 우울과 걱정, 그리고 분노를 겪고 있는 사람으로 묘사하고 있기는 하지만, MMPI-2 코드타입이나 로르샤하 데이터 어디에서도 축1의 정동 장애 가능성을 시사하지는 않았다. MMPI-2보다는 로르샤하가 C씨가 가진 취약성, 즉 강렬한 정서적 반응에 의해 압도되고 순간적으로 사로잡히는 것에 취약한 모습을 보다 잘 묘사하고 있다.

MMPI-2와 로르샤하 모두 C씨가 현재 상당 수준의 의존적, 수동-공격적 성격 특성을 나타내는 것으로 묘사하고 있다. 두 검사 모두, 그녀의 정서적인 반응과 대인관계 패턴이 분개의 양상으로 뒤덮여 있음을 명확하게 드러내고 있다. 그러나 로르샤하보다는 MMPI-2가 보다 명확하게 수동-공격적인 성격특성을 밝혀냈고, 분개를 간접적으로 표현하는 방식으로 인해 대인관계에서의 어려움이 야기되고 있음을 잘 보여주고 있다. 이렇게 MMPI-2를 통해 발견된 결과는 로르샤하에서 드러나는 공격성이 직접적이기보다는 간접적인 방식으로 표현될 가능성이 농후하다는 것을 시사한다. 더 나아가 두 검사 모두 그녀를 타인에 의해 상처받고 무시당하는 것, 도외시되고 제대로 대우받지 못하는 것에 민감하다고 묘사하고 있다. C씨의 로르샤하 결과를 보면, 그녀가 대인관계에서 상호적이라기보다는 한쪽으로 치우쳐 편파적으로 지각할 수밖에 없는 이유에 대해 이해할 수 있다.

두 검사 모두 C씨를 타인의 관심과 집중, 인정을 추구하는 사람으로 설명하고 있기는 하지만 로르샤하는 타인의 인정을 얻고 타인을 만족시키고자 하는 욕구; 얼마나 순종적이고 순응적으로 행동하는지; 또한 타인이 자신을 탐탁지 않게 여길지 모른다는 두려움을 감추지 위해 얼마나 노력하는지에 초점을 맞추고 있다. 이에 더해 로르샤하는 누군가 의사결정력이 높고 책임질 수 있는 사람, 적극적인 사람에게 의지하고 싶어 하는 그녀의 욕망도 드러내고 있다.

MMPI-2와 로르샤하 모두 수치심과 자기 비판적인 모습이 C씨의 현재 정서적 상태의 중요한 특성임을 찾아냈다. 그러나 두 검사는 C씨의 자기상에 대해서는 각기 다른 측면에 집중하고 있다. MMPI-2는 C씨가 자신의 분노를 수치스러워하기 때문에 자신의 분노를 억누르고 무시하며, 분노의 반응을 감추려고 노력하고 있음을 시사한다. 이는 타인이 자신을 적대적이고 분노에 가득 찬 사람으로 보기를 원치 않기 때문이다. 이와는 달리 로르샤하 응답은 그녀가 자신의 신체상과 신체적인 외견, 그리고 성적인 면에 대한 갈등을 경험하고 있음을 시사하고 있다.

MMPI-2와 로르샤하 결과의 통합

C씨는 MMPI-2와 로르샤하 검사에 열린 마음과 정직한 태도로 응답한 것으로 보인다. 자신에게 호의적이거나 반대로 자신에게 비판적으로 응답한 지표는 나타나지 않았다. 그러나 C씨의 응답 패턴을 보면 자기 자신에 대한 통찰이 부족할 가능성이 있음이 시사된다(WNL MMPI-2 프로파일).

보통의 경우, C씨는 스트레스를 견뎌내고 어렵거나 예기치 않은 부정적인 상황에 대해 충동적으로 반응하기보다는 자제력과 숙고, 자기 제어력을 가지고 이 같은 상황을 관리하는데 필요한 심리적인 자원을 가지고 있다(Adj D=+2). 이는 그녀가 삶의 기복을 이겨내고 대처할 수 있는 충분한 내인력을 가지고 있음을 뜻한다. 검사 데이터는 정동 장애로 진단될 만한 어떤 증거도 제시하지 않고 있다. 그러나 현재 시점에서 C씨는 자신이 겪고 있는 스트레스를 다룰 수 있는 역량이 제대로 발휘되지 못하고 있다. C씨는 만성적으로, 짧고 일시적이기는 하지만 극도로 강렬한 감정적인 고통에 취약한 것으로 보이며, 이렇게 감정적 고통을 겪을 때면 슬픔과 분노, 걱정과 자기비판의 복합적인 감정의 소용돌이에 빠지게 된다(46/64; C', Y, m, V; DEPI=5; Color Shading Blends). 이런 삽화가 일어나면, C씨는 불안한 무기력함과 어쩔 수 없다는 무력감에 압도될 수 있다(Y=7). 또한 낮아진 에너지와 활력의 부족, 그리고 동기부여의 어려움으로 인해 괴로웠을 가능성도 고려된다(Ma).

C씨는 감정을 일관된 방식으로 처리하지 않는다. 가끔은 그녀의 반응이 논리와 이성에 의해 지배되기도 하지만 또 다른 경우에는 그녀의 반응과 행동이 감정에 의해 작동되었다(EB=9:7.5). 실제로 C씨는 반응하기 전에 반응을 지연시키고 신중하게 계획을 세운 후에 논리적이고 이성적이며 제어된 방식으로 조심스럽게 대응전략을 실행할 수 있는 능력을 가지고 있다(M=9; FC:CF+C=7:4). 또한 C씨는 과제에 대해 접근할 때, 완벽주의는 아니라 해도 정확하고 신중하고 강박적일 수 있다(FQ+=2; P=9). 이러한 특성은 C씨가 자신의 일에서 성공하는데 매우 중요한 자산이었을 것인데, 왜냐하면 자신의 업무를 계획하고 수행할 때는 이성적이고 신중한 태도로 처리했을 것이기 때문이다. 이런 상황에서 C씨는 자신의 감정이 상황을 지배하게 하거나 자신의 행동에 영향을 끼치도록 놔두지 않았다.

그러나 그 외의 다른 경우에는 극도로 감정적이 되며 상황에 과도하게 반응하는 경향성이 있다(Afr=.93; SumC=11). C씨는 정서에 지나치게 관여하거나 압도될 수 있고; 달리 말하면 C씨의 인식이 이성이나 논리보다는 감정 속에 잠겨버리고 그녀의 행동을 지배했다는 것을 의미한다(Lambda=.17). 이것은 C씨가 자신이 늘 회피해왔던 불편한 감정에 집중하고 그것을 인식하게 되거나 슬픔, 분노, 무기력감과 무력감의 감정에 압도당해서 사로잡히게 되면, 심리 치료 회기에서도 강렬하게 반응할 가능성이 있음을 시사한다.

C씨가 타인과 관여하는 모습은 두 가지 주요한 요소로 결정된다. 즉 분노(COP=0; AG=4)와 수동－의존적 경향성(Ma:Mp=3:6)이다. 그녀는 모든 대인 간 상호작용의 핵심적인 측면은 적대감일 것이라 기대하고 타인과의 관계는 상호적이지 않을 것이라고 생각한다. C씨는 타인을 바라볼 때 전체적이고 현실적이며 독립된 사람으로 보는 것이 아니라 서로가 서로의 욕구를 채워주고 충족시켜주기 위해 존재하는 부분적인 대상으로 바라본다(H:(H)Hd(Hd)=2:10). 또한 C씨는 어떤 관계에서든 한 사람의 욕구는 충족되는 반면 다른 상대방의 욕구나 필요는 무시되거나 좌절당한다고 여기는 것으로 보며, 결과적으로 누구의 욕구가 충족될 것인지 혹은 누가 실망하고 욕구의 충족을 박탈당할 것인지에 대한 갈등과 긴장이 존재할 것이라고 생각한다. 이러한 관계 모델은 아마도 부모의 결혼 생활을 관찰하면서 학습한 것으로 보인다. 결과적으로, C씨는 자신이 얼마나 상처받았는지, 얼마나 무시당하고 대우받지 못했는지, 혹은 가족 구성원들을 포함한 타인에 의해 얼마나 무시당했는지에 초점을 맞추기 쉬우며 비판받거나 거부당하는 것, 또는 업신여김을 당하는 것에 매우 민감하게 반응한다(46/64). C씨는 타인에게 매우 완강할 수 있고 남들이 자신을 기꺼이 도우려고 한다는 느낌이 들지 않을 때면 "언제든" 분노하고 요구적인 태도로 반응할 가능성이 있다(46/64; AG=4; PER=3). 이와 동시에 C씨는 타인이 자신에게 요구하거나 요청해오면 부당하게 부담을 지운다고 느끼기 쉽다.

비록 C씨가 분노와 화가 나는 것을 자주 느끼고 쉽게 짜증을 내기는 하지만, 그녀 자신은 분노를 수치스러운 것으로 여기고 타인이 자신을 적대적이고 화를 잘 내는 사람으로 보기를 원하지 않기 때문에 분노와 화를 감추거나 무시하고 억누르려고 한다. 그 결과 C씨는 자신의 상처받은 감정과 분노의 감정이 얼마나 강렬한지에 대해 인식하지 못할 가능성이 있다(46/64). 늘 그렇듯, 그녀는 자신의 분노를 간접적이고 수동적인 방식으로 표현할 것이기 때문에 상대방은 어떻게 해야 할지 몰라 힘들어할 가능성이 있다. 그녀의 수동－공격적 대응 방식은 타인들의 분노에 찬 공격과 보복을 자극할 가능성도 있다. 즉, 그녀는 분노를 간접적으로 표현하는 것이 타인에게 어떻게 영향을 끼치는지 인식하지 못하기 때문에 남들이 자신을 지속적으로 부당하게 대우한다고 느낄 것이며 결과적으로 그녀의 억울함은 더욱 커질 것이다.

C씨가 타인과 관여하는 방식 또한 수동-의존적인 경향이 매우 강하다(Ma:Mp=3:6). 그녀는 책임을 회피하고 곤란한 상황을 독립적으로 다루는 것을 기피한다. 또한 유쾌하지 않은 상황에 대해서는 직접적인 행동을 취하는 대신 환상 속으로 철수하는 방식으로 대응한다. 이런 태도로 인해 C씨가 타인과의 관계에서 의존적이고 수동적인 역할을 하게 되었을 가능성이 있다. 혼자서도 스트레스가 큰 상황을 조절하기에 필요한 심리적인 자원을 가지고 있지만, 어려움이 발생하면 스스로 상황을 해쳐나가기보다는 강력하고 결단력이 있으며 능력이 있는 누군가가 책임져 주기를 소원하며 자신은 그 사람이 지시하는 것에 순응적이고 수동적인 자세로 따라가기를 바란다. C씨는 자기 자신에 대해 의구심을 가지고 있으며, 다른 누군가의 허락이나 확신 없이 의사결정 내리기를 힘들어한다. 또한 주도적이고 독립적으로 행동을 취하는 것에 어려움을 느낀다. 따라서 우리는 그녀가 느끼기에 남편이나 치료사와 같은 사람들이 책임지지 않고 방향을 지시해주지 않게 되면, 혹은 그녀에게 확신을 주거나 그녀가 원하는 안내를 해주지 않으면 쉽게 좌절하고 분개할 것이라고 예측할 수 있다.

C씨는 남들이 자신을 어떤 사람으로 바라보는지에 매우 신경을 쓴다. 즉 그녀의 행동에 찬성하는지 혹은 탐탁지 않게 생각하는지에 대해 늘 인식하며 남들의 기대에 맞춰 행동하려고 노력한다(Populars=9). 바꿔 말하면, C씨는 순응적으로 행동함으로써 타인들의 인정을 얻으려고 노력할 가능성이 있다. 타인에 대한 이러한 민감성과 타인을 기쁘게 만드는 방법을 찾아내는 능력이 아마도 그녀의 직업에서의 역할, 즉 다루기 까다롭고 요구적인 고객들과의 관계를 개발하고 그런 고객들이 기분 나쁘거나 불만족스러운 경우에도 좋은 관계를 유지하도록 하는 것에 있어서 매우 중요한 자산이었을 것으로 보인다. 더불어 타인을 기쁘게 만들고자 하는 욕구는 자신의 의존 욕구가 좌절되었을 때 경험하는 분개의 감정 같은, 남들이 비난할까봐 두려워하는 측면들을 감추고 덮으려는 시도로 나타났을 것이다(Cg=5). 대인관계에서의 상호작용에 대한 그녀의 순종적이고 순응적인 태도는 아마도 어린 시절에 어머니로부터 인정받기 위해 어머니를 기쁘게 하기 위한 행동을 하고 어머니가 싫어하는 행동은 하지 않으려고 노력했던 모습의 반복으로 해석될 수 있을 것이다. C씨의 이러한 노력들은 결국 그녀가 나이에 적합한 수준의 자율성을 획득

하지 못하도록 방해한 것으로 보인다.

C씨의 자기상은 죄책감, 수치심, 자기비판으로 얼룩져있다(V=2; MOR=4). 현재 그녀가 겪고 있는 정서적인 고통의 중요한 한 가지 요소는 바로 자기 자신에 대한 부정적이고 가혹한 반응이라는 점이다. 그녀의 부정적인 자기상은 그녀의 강점과 약점에 대한 현실적인 평가에 기반한 것이 아니라 자신에 대한 왜곡된 상을 반영하고 있다(H:(H)Hd(Hd)=2:10). 특히 자신의 신체적인 상 및 성적인 면과 관련된 부분에서 더욱 그렇다. 앞서 언급되었듯이, 죄책감과 수치심 또한 자신의 분노표현에 대한 남들의 반응에 대한 두려움과 관련되어 있는 것으로 보인다.

C씨의 신체상에 대한 걱정과 근심은 어머니의 심기를 건드리지 않기 위한 외모에 대한 갈등, 몸무게에 대한 갈등, 그리고 속이 상하면 단 음식을 탐닉했던 반응 등의 개인력으로 볼 때 충분히 예측할만한 부분이다. 또한 C씨의 반응은 성적인 면에 대한 갈등, 여성으로서의 자신에 대한 부정적인 상, 그리고 어쩌면 자신의 여성성에 대한 혐오감과 역겨움을 시사하고 있는 것으로 보인다(Sx=6; FV; content). C씨가 가지고 있는 여성으로서의 자신에 대한 부정적인 감정은 여성스러움에 대해 반대하고 매력적으로 보이려는 것을 좌절시켰던 자신의 어머니와 동일시한 결과로 인해 발달되었을 것으로 보인다. 추측건대, C씨는 어머니가 아버지를 포함해서 어머니가 받았던 것보다 더 많은 관심과 주목을 그녀가 다른 남성들로부터 받을 경우 그녀를 거부하고 반대할지 모른다는 두려움 때문에 과체중 상태를 유지하고 어울리지 않는 옷을 입음으로써 이성들과의 관계를 회피했을 것으로 보인다. 즉, C씨는 어머니보다 더 매력적으로 보일 경우 어머니가 화를 낼지도 모른다고 두려워했을 것으로 보인다.

자극에 대한 C씨의 인식은 매우 정확하고 전통적이다(X+%=.74; F+%=1.00). 비록 미성숙함 때문에 어떤 응답들은 부자연스럽게 들리기도 하지만 인지적 오류나 사고 장애를 나타내는 신호는 나타나지 않았다. 전반적으로 정신증적 보상실패의 위험을 나타내는 어떤 지표도 나타나지 않았다.

검사 데이터는 현재 상태에서 C씨의 자살 위험도를 시사하는 어떤 경고도 포함하지 않고 있다(S-CON; MMPI-2 문항). 그럼에도 불구하고 C씨가 부정적인 감정에 의해 압도되고 사로잡힐 가능성의 수준을 보건대, 강렬한 슬픔과 분노의 감정, 무기력함과 무력감, 그리고 수치심이 건드려지면 자살적 사고가 그녀의 사고 속으로 침투할 가능성이 있는 것으로 보인다. 평소에는 자신의 감정과 행동을 조절할 수 있기에 충분한 자아강도를 갖고 있기는 하지만, 이처럼 강렬한 고통을 수반하는 삽화를 겪게 되면 자제력이 줄어들 가능성이 있다.

진단적 인상

DSM－III－R 축 Ⅳ 61.1 배우자와의 관계 문제(partner relational problem)
축 Ⅱ 301.9 의존적, 수동－공격적 특성을 동반한 성격 장애 NOS
(personality disorder NOS, with dependent and passive-aggressive features)

치료를 위한 제언

C씨는 여러 측면에서 심리 치료에 저항할 가능성이 큰 것으로 보인다. 첫 번째로, C씨의 사회적 민감도와 다른 사람들을 기쁘게 하고자 하는 욕구를 감안할 때, 심리 치료의 과정에서 치료자가 그녀에게 보여주는 반응에 매우 민감하게 반응할 가능성이 크고 치료자의 기대치에 맞추기 위해 반사적으로 노력할 것이다. 치료자가 자신을 부정적으로 평가할까봐 두려워 자신의 행동, 과거, 그리고 감정에 대한 정보를 노출하는 것을 매우 불편하게 여길 가능성이 있다. 따라서 치료자는 치료를 하는 과정에서 그녀가 실제 자신을 솔직하게, 있는 그대로 표현하기보다는 "옳은 것"을 말하고 행동할 가능성이 있다는 것에 경계하고 있어야 한다. 예를 들어, 그녀는 치료자가 자신에게 반감을 가질지도 모른다는 두려움 때문에 부정적이고 분노한 반응을 감추려고 시도할 것이고, 만약 분노를 표현한 경우라면 그런 자신의 모습을 창피하게 느낄 가능성이 크다.

치료자는 치료 진행 동안 그녀가 치료자의 중립자적인 태도에 실망하고 좌절할 수 있고, 동시에 치료자가 책임을 지고 지시적으로 말하며 그녀를 대신해서 결정 내려 주기를 바랄 것이라는 점을 예측하고 있어야 한다. 예를 들어, C씨는 치료자의 권위에 자신이 복종하고 순응할 수 있는 관계를 이끌어내려고 노력하면서 자신은 무력한 태도를 취하거나 반복적이고 주장적으로 치료자에게 의사결정을 하라고 요구할 수 있다. 또 치료의 성공여부는 치료자의 책임이라고 할 수도 있다. 치료자는 이러한 요구에 순응하거나 C씨의 분노에 반응하기보다 그녀의 이러한 투사적인 반응을 해석하고 탐구함으로써 그녀가 자신의 자원을 보다 더 효율적으로 활용하고 나아가 보다 더 독립적으로 행동하는 능력을 키울 수 있도록 도와야 한다.

C씨를 치료하는 심리 치료 과정에서는 그녀가 정서를 관리하고 정서에 압도당하지 않도록 방어하는 태도를 주요하게 다루어야할 것이다. 앞서 언급되었던 바와 같이, C씨가 갈등을 다룰 때는 주로 부정적인 감정을 억압하고 방해가 되는 문제를 생각하지 않고 회피하는 경향이 있다. 이런 태도는 C씨가 자신의 행동이 끼치는 영향과 행동의 원인에 대해 통찰하지 못하도록 방해했을 가능성이 있다. 그렇지만 일단 C씨가 자신의 반응에 대해 인식하고 난 다음에는 강렬하고 불안한 감정에 사로잡혀서 압도당했을 것이다. 이것이 시사하는 바는, 치료자는 실현 가능한 수준에서 매 치료 회기의 마지막 단계에서 새로운, 그리고 감정이 강렬하게 올라올 수 있는 이슈는 삼가야 한다는 것이다. 대신 그녀가 치료 회기 내에 감정적으로 격렬해지는 이슈를 잘 해결해낼 수 있도록 치료자가 의도적으로 도와줘야 한다. 또한 치료자는 감정이 격렬해지는 이슈를 다룰 때, 그녀의 관찰자아 및 그녀 내면의 합리적이고 이성적인 면을 활성화시키는 시도를 해야 한다.

앞서 설명되었던 바와 같이, C씨가 겪고 있는 결혼 생활의 어려움을 이해하기 위해서는 몇 가지 이슈, 즉 관계를 맺을 때 그녀가 보여주는 수동-의존적, 순종적, 순응적 역할과 그녀의 욕구가 좌절되었을 때 나타나는 수동-공격적 반응을 핵심적으로 바라봐야 할 것이다. C씨는 자신의 분노가 어느 정도인지에 대해 인식하지 못할 가능성이 크고 분노를 표현할 때 어떤 식으로 간접적으로 표현하는지, 자신의 행동이 타인들에게 어떤 영향을 끼치는지에 대해 알아차리지 못할 가능성이 크다. C씨는 자신의 분노를 보다 더 적절하게 표현하는 법을 배우는 것만으로도 큰 도움을 얻을 수 있다. C씨가 대인관계에서 기대하는 기대치도 점검해봐야 한다. 예를 들어, C씨는 자신의 요구에 대한 적절한 응답을 보장받기 위해 언제든 싸울 준비를 하고 있어야 한다는 자신의 기대치가 과연 현실적인 것인지 아니면 수정되어야 할 것인지에 대해 점검해볼 수 있다. 이런 이슈는 개인심리치료와 함께 진행할 수 있는 부부 치료에서 가장 직접적으로 다뤄질 수 있겠다.

Chapter

12

사례 7: 성폭행 살인사건의 가해자

Chapter 12

사례 7: 성폭행 살인사건의 가해자

심리평가 의뢰 사유

T씨는 24세의 백인남성으로, 남편과 사별한 68세의 미망인을 살인한 죄목으로 기소되었다. 돈을 빼앗으려는 목적으로 침입한 T씨는 피해자를 부엌칼로 58회 이상 찌른 후 성폭행했다. T씨는 이 사건에 대해 자백한 후 현재 구속된 상태에서 재판을 기다리고 있다. 살인사건 이전에는 전과기록이나 체포 또는 폭력에 대한 기록이 없다. 변호사는 그의 상태가 재판을 받을 수 있는 정도인지, 만약 정신병리적 문제가 있다면 T씨를 변호하는데 우호적으로 쓰일 수 있기 때문에 해당 여부를 진단하기 위해 심리평가를 의뢰했다. 특히 범죄를 저지르는 동안 그가 보였던 기이한 행동을 감안할 때 그가 그토록 잔인한 살인을 저지르게 된 심리학적인 원인이 있는지, 있다면 무엇 때문인지 이해하기 위해 심리평가가 의뢰되었다.

기본 배경 정보

T씨의 발달력에 대한 정보는 임상가의 인터뷰뿐만 아니라 학교의 학업기록, 병원의 의료기록, 학교 재학 시절 선생님들 및 가족들과의 인터뷰를 통해 얻을 수 있었다.

발달력: T씨는 작은 농장에서 태어나 성장했다. 5남매의 막내로 태어나 위로 두 명의 형들과 두 명의 누나들이 있다. 그의 아버지는 해고되기 전까지는 지역의 트럭 수리소에서 수리공으로 일했었고 직업을 잃은 후에는 줄곧 농사를 지었다. 직장을 잃기 전에도 아버지는 자주 술을 마셨지만 일을 잃은 다음에는 술을 마시는 양이 훨씬 더 많아졌고 결국 오랜 기간 너무 많은 술을 마신 나머지 간 경변에 걸리게 되었다. 그의 아버지는 농장에서 기른 야채와 가축을 판매해서 가족을 건사했다. T씨에 따르면, 아버지는 가족들에게 언어적 학대를 자주 하기는 했지만 물리적인 폭력은 한 번도 없었고 단지 어머니에게는 몇 차례 손찌검을 한 적이 있다고 했다. 아버지는 T씨가 18세 되던 해에 간암으로 악화되어 사망했다.

학적부에 따르면 T씨는 학습능력에 문제가 있었고 성적이 매우 낮았던 것으로 기록되어있다. 학교 상담사의 평가기록을 보면, T씨는 인지적 능력, 즉 지능에 문제가 있고 평균 하 수준의 지능을 가지고 있기 때문에 학습의 모든 분야에서 심각한 수준의 지연이 있었다. 이런 어려움 때문에 그는 학습 장애(learning disabilities) 치료 프로그램에 참석했고, 학습 장애 치료 프로그램처럼 잘 짜이고 구도화된 프로그램 안에서 T씨는 느리기는 했지만 꾸준한 향상을 나타냈다. 재학 시절 품행관련 문제가 있었다는 기록은 없다. T씨의 선생님은 그가 위축되고 수동적인데다 같은 나이 또래의 학생들과 비교했을 때 미숙한 면이 많았기 때문에 친구도 거의 없었고 반 친구들의 놀림감이 되는 경우도 잦았다고 했다. 선생님은 부모에게 T씨가 심리 치료를 받는 것이 좋겠다고 조언하기도 했지만 부모는 아무런 조치도 취하지 않았고 결국 고등학교를 졸업할 때까지 학습 장애아들을 위한 프로그램을 들어야 했다.

고등학교를 졸업한 다음에는 특별한 기술이 필요 없는 잡다한 일들을 했고 체포되던 당시에도 일을 하고 있었다. T씨는 가족들 이외에 다른 사람을 만나는 적이 거의 없는 외로운 사람이라고 스스로를 표현했지만 친구를 사귄다거나 사회적 관계를 맺기 위한 노력은 거의 기울이지 않고 있다고 했다.

어릴 적에는 외할아버지와 사이가 좋았는데 그를 일관되게 지원해주고 사랑해주는 유일한 사람이었다. 그러나 안타깝게도 외할아버지는 T씨가 15세 되던 해에 사망했다. 외할아버지의 장례식에서 T씨는 바닥에 엎드려 의식을 잃을 때까지 울었고 온몸에 제어되지 않는 경련을 보여서 곧바로 동네병원에 입원되었다. 병원에서는 간헐적으로 몸이 따끔거리고 저리는 현상과 사지에 감각이 없어지는 증상, 그리고 운동 협응에 문제가 있다는 진단을 받았다. 즉 식사를 할 때 수저를 떨어뜨린다거나 걸음을 걸을 때 휘청거리면서 불안정하게 걷는 것과 같은 현상이 나타났다. 의식을 잃은 듯 보여서 응급실에 실려 간 적이 2번 있었지만 그는 이 같은 삽화에 대해 기억하지 못하고 있었다. T씨의 증상이 발작 장애로 인한 것인지 진단하기 위해 실시한 CT와 뇌전도 검사, 그리고 신경학적 검사의 결과는 '정상'으로 나왔으며, 결국 T씨의 증상이 불안, 슬픔, 그리고 과호흡에 기인한 것이었음이 밝혀졌다. 검사 결과, 정신건강 전문가의 지속적인 관리가 필요하다는 조언이 있었지만 그의 어머니는 아들의 문제가 신체적인 질병으로 인한 것일 뿐 정서적인 원인은 아니라고 극구 부인했다. 결국 어떠한 심리적인 도움이나 치료적 개입도 취해지지 않았고 그 이후에 발작과 유사한 삽화가 보고된 적은 없었다.

T씨는 아버지가 사망한 후 가족 농장을 책임지게 된 큰형이 자신에게 취한 태도에 불만이 컸다고 한다. T씨는 큰형이 자신을 지속적으로 모욕하고 바보로 만들었다고 느꼈다. 큰형이 자신에게 지나치게 많은 양의 일을 시키는데다가 방세와 생활비를 급여에서 떼는 것에 불만을 품고 항의했을 때, 큰형이 자신에게 소리를 지르고 땅바닥에 눕힌 뒤 발로 차버리겠다고 협박했다고 했다. 이 사건 이후에 T씨는 아파트를 얻어서 나가 살기 위해 저축하기 시작했다.

19살이 되었을 때 어머니에게 나가 살겠다는 계획을 말하자 어머니는 큰형에게 복종하지 않고 가족 농장을 떠난다면 그와 의절하겠노라고 위협했다. 그 일이 있은 며칠 뒤 T씨가 침대에 앉아 칼을 자신의 이마에 대고 자해하려는 것을 어머니가 발견했다. T씨는 병원 응급실로 이송되었고 결국 자살사고와 불안, 우울증으로 인해 정신과 병동에 입원조치되었다. 정신과 병동의 관계자들에 따르면, 어머니와 큰형이 면회를 하고 간 다음에는 과호흡과 몸을 떠는 경련 증상이 나타났다고 했다. 정신과 병동의 직원들은 그의 정신적인 고통이 집을 떠나고 싶어 하는 소망과 집을 떠날 경우 가족들이 자신을 거절할 것이라는 두려움 사이의 갈등과 관련되어 있을 것이라고 결론 내렸다. 또한 정신과의 기록에 따르면 T씨의 사고는 "편집증적 특색"을 띠고 있는 것으로 묘사되었다.

정신과 병동에서 진행된 가족들과의 상담 중 어머니는 그가 분가한다면 T씨와 의절하겠다고 위협했다. 또 어머니는 그에게 "우리 가족의 치부를 남들에게 다 드러냈다"면서 그를 향한 분노를 표출했다. 입원해 있는 동안 T씨는 머리가 어지럽고 "죽을 것 같다"면서 불만을 토로한 적이 여러 번 있었다. 신경과의 의견으로는, 신경학적 장애의 증거는 없었고, 결국 T씨는 항우울제(desyrel), 항불안제(xanax), 항 정신병 치료제(prolixin)를 포함한 약물 처방을 받았다. 기분이 좋아지고 자살사고가 줄어들게 되면서 입원 후 10일 뒤에 퇴원을 했지만, 퇴원 후에도 집에 들어가 살게 되었으며 병원에서 추천한 정신과 통원 치료와 약물 치료는 전혀 받지 않았다.

살인사건의 역사: T씨는 21세가 되어 결혼할 때까지 집에서 살았다. 그는 아내는 자주 싸웠고 아내는 그때마다 떠날 것이라고 위협했다. 잦은 다툼 끝에 그들은 결국 이혼하기로 결정했지만, 집의 임대 기간이 끝날 때까지는 함께 살기로 했다. 두 사람은 함께 살고 있는 동안 각자가 다른 상대를 만나 연애하는 것에 대해 동의했다. T씨는 아내의 고양이가 어떤 남자의 무릎에 앉았던 적이 있었는데 그 남자에게 아내가 반했었다고 말했다. 함께 사는 동안에도 T씨는 병원 응급실에 자주 갔었는데, 주로 가슴통증이나 몸의 왼쪽에 감각이 없어지고 일시적으로 발음이 불분명해지는 증상 등이 나타난다는 이유에서였다. 뇌 CT 검사 결과, 뇌졸중(CVA)의 가능성을 염려했지만 결국 '정상' 소견이 나왔고 T씨의 상태를 설명해줄 수 있는 어떤 임상적 원인도 나타나지 않았다. 그래서 정신과적인 상담이 진행되었는데, 정신과 의사는 T씨가 자신의 결혼 문제 때문에 걱정이 많고 불안하며 우울하므로 항불안제(xanax)와 항우울제(desyrel) 처방과 더불어 정신과 치료를 병행하라고 조언했다. 그렇지만 치료를 계속하지 않았고 얼마 후 살고 있던 집의 임대기간이 만료됨에 따라 두 사람은 따로 살게 되었다.

별거 이후 하숙집에서 살기 시작한지 한 달이 되지 않아 그는 고등학교 때부터 알고 지내왔던 여성과 데이트를 시작했다. 두 사람은 매일 만났고 곧 함께 사는 것에 대해 이야기하기 시작했다. 그러나 여자친구가 다니던 교회의 목사가 그녀에게 유부남과의 만남에 대해 경고하면서 그녀는 주춤거렸고 목사의 충고가 계속되면서 결국 T씨가 이혼을 매듭짓기 전까지는 관계를 더 이상 진행시키지 않겠다고 결심했다. 그러나 그는 현재 변호사를 고용할 돈이 없어 이혼을 못하고 있지만 돈만 모아진다면 진심으로 이혼하고 싶다는 것을 설명하면서 두 사람은 만남을 계속하기로 했다. 그럼에도 불구하고 그녀는 T

씨와 잠자리를 갖는 것에 대해서는 거부 의사를 분명히 했는데, 왜냐하면 아직 T씨는 유부남인 상태이고 자신은 죄를 짓고 싶지 않다는 이유에서였다. 이 문제로 인해 큰 언쟁이 몇 번 있었는데 살인사건이 있었던 날의 전날에도 이 문제로 인해 둘이 심하게 다투었다.

살인사건이 있던 날, T씨는 오후부터 초저녁까지 사촌과 함께 술을 마시고 코카인을 나눠 흡입했다. 자주는 아니지만 예전부터 가끔씩 코카인을 흡입했던 경험이 있었다. 당일 마신 맥주가 12~14병 정도 되는 것 같다고 기억하고 있었는데 맥주를 마시던 중 여자친구가 퇴근 후 합석했다. 그날 밤 잠자리를 갖자고 그가 여러 번 요구하면서 둘은 싸우게 되었고, 싸우는 동안 여자친구는 그가 이혼하지 않는다면 관계를 끝내겠다고 위협했다. T씨는 자신을 떠나지 말아 달라고 애원했고 결국 서로 영원한 사랑을 맹세하는 것으로 싸움을 끝냈다.

여자친구가 집으로 돌아간 후 T씨는 계속 술을 마셨고 이혼하기 위해 돈을 모으려면 어떻게 해야 하는지 방법을 연구했다. 그때 T씨는 사촌의 집에서 한 블록 떨어진 곳에 살고 있는, 경제적으로 부유하다고 알려진 미망인을 떠올렸고, 그녀의 돈을 빼앗으려는 계획을 세운 다음 즉시 실행으로 옮겼다. T씨는 미망인의 집으로 가서 벨을 누른 후 트럭을 견인해야 하는데 전화 한 통만 써도 되는지 물어봤다. 미망인이 집으로 들어오게 하자 그는 집안에서 가스 냄새가 난다면서 지하에서 가스가 새는지 점검을 해주겠노라고 자청했다. 지하실에서 가스배관을 점검하고 난 후 T씨는 미망인에게 돈을 달라고 요구했지만 그녀는 집에 현금이 없기 때문에 다음 날 아침에 은행에서 돈을 찾아서 주겠노라고 대답했다. 그때 그는 미망인이 경찰을 부를까봐 겁이 났고 두려워 그녀를 마구 때리기 시작했다. T씨는 이 상황에 대해 전혀 기억나지 않는다고 말했다.

살인사건의 기록은 T씨가 강제로 피해자를 위층으로 올라가게 한 다음 화장실로 끌고 가 계속 폭행한 것으로 되어있다. 어느 시점엔가 그는 그녀를 목욕탕 안에 남겨두고 부엌칼을 가지고 나온 후 그녀를 찌르기 시작했다. 경찰의 기록에 의하면, 미망인을 58회 칼로 찌른 것으로 보인다. 그런 다음 T씨는 옷을 벗고 미망인에게 성폭행을 시도했다. 경찰은 T씨가 성폭행을 할 때 탈의한 상태였다고 했는데 왜냐하면 그의 옷에는 혈흔이 남아있지 않았기 때문이다. 그런 다음 옷을 입고 미망인의 집을 빠져나왔다. 미망인의 지갑을 뒤지거나 옷장의 서랍 등에서 금품을 뒤진 흔적이 나오지 않았고 없어진 물건도 없었다.

T씨는 살인현장에서 찾아낸 발자국이 단서가 되어 체포되었다. T씨는 피해자의 집에 침입해 돈을 빼앗으려 했다는 사실은 자백했지만, 그 이후의 실제 살인에 대해서는 기억나지 않는다고 주장했다.

T씨는 체포되기 전에 환청이나 환시는 없었노라고 했다. 이 살인사건 이전에 폭력적 행동이나 범죄행위를 한 기록은 없다.

T씨는 수감된 이후 곧바로 구치소의 정신과적 진단을 받았다. 그의 정서 상태는 긴장과 걱정, 초조증(agitation)이 동반된 우울감을 나타내고 있는 것으로 나왔다. 며칠 후 그는 슬픔과 걱정뿐만 아니라 두통과 어지러움증, 그리고 가슴과 팔에 따끔거리는 증상이 있다고 호소했다. 임상적 진단 결과에서는 이런 증상을 설명할 만한 어떤 신체적인 원인도 없는 것으로 나타났고, 그 시점에서 정신과 의사는 항불안제(xanax) 처방을 시작했다. 구치소로 인도된 지 1주일 후에 T씨는 목소리가 들리는 것 때문에 잠을 잘 수 없다고 말했다. 그 목소리는 살해된 미망인이 자신에게 멈춰달라고 애원하는 소리였고, 살인이 있었던 바로 다음날부터 들리기 시작했다고 말했다. 결국 저용량의 haldol이 PRN 기준으로 처방되기 시작했다. 일주일이 지나도록 환청이 계속된다고 보고했기 때문에 매일 haldol을 복용하라는 처방이 내려졌고 점차 복용량도 많아졌다. 그러나 구치소의 경비는 T씨가 "미친 것처럼" 행동해서 검찰의 기소를 벗어날 것이라고 뽐내는 것을 우연히 들었노라고 말했다. 살인사건 후 4달이 지난 지금 본 심리평가가 진행되는 시점에서 위의 약물 처방 및 투약이 여전히 이루어지고 있는 상태이다.

진단적 고려사항

꾀병: 가장 첫 번째로 다뤄져야 할 사항은 T씨가 자신의 심리적 어려움과 장애의 증상을 보고할 때 얼마나 진실하고 정직했느냐의 여부다. 왜냐하면 구치소의 교도관이 T씨가 정신병을 가장할 것이라고 떠벌렸다고 보고했기 때문이다. 임상현장에서 수검자가 거짓으로 검사를 했는지 정직하게 했는지 여부는 어떤 경우에도 늘 중요하게 고려되어야 한다. 특히 반응편중에 대한 평가는 수검자가 법률적 문제에 관련되어 있을 경우 더욱 중요한데, 왜냐하면 강력한 보상은 심리평가를 실시하는 임상가를 의도적으로 속이게 만드는 동기가 될 수 있기 때문이다(Rogers, 1988). 예를 들어, 자녀 양육권에 있어 정신건강이 쟁점이 될 경우라면, 수검자는 자신이 가진 문제들을 부인함으로써 지극히 호의적

인 인상을 만들려고 시도할 것이다. 반면 정신적 손해배상이나 형사범이 형량을 줄이기 위한 시도를 할 경우라면, 심리적인 문제를 만들어내거나 과장하기 위한 충분한 동기부여가 될 것이다. 이 사례에서는 T씨에게 심리적 장애가 있다면, 정신 이상을 이유로 무죄주장을 할 수 있기 때문에 무죄주장의 근거자료로 사용될 가능성이 있다. 혹은 살인으로 기소된다 하더라도 사형구형을 피하기 위한 시도를 해볼 수 있을 것이다.

MMPI 타당도 척도는 fake－good이나 fake－bad를 시도하는 수검자를 파악해내기 위해 특별히 개발된 척도이다. Schretlen(1988)은 의도적으로 정신적 장애와 관련된 증상을 나타내는 꾀병환자를 구분해내기 위해 심리검사를 분석해보았고, 그 결과 MMPI의 타당도 척도가 이러한 목적에 가장 부합되는 것으로 결론 내렸다. Ziskin과 Faust(1988)는 정신건강 전문가들에 의해 사용되는 평가 도구와 방식에 대해 대체적으로 비판적임에도 불구하고, MMPI의 타당도 척도에 대해서는 효과적이고 객관적으로 꾀병을 감지해낼 수 있는 검사라고 결론 내렸다. Berry et al.(1991)는 꾀병을 감지하기 위한 MMPI 타당도 척도의 효과성에 대해 평가한 결과, “MMPI에 기반을 두고 있는 척도들은 두 종류의 수검자 집단, 즉 검사에 솔직하게 응답한 집단과 거짓으로 응답할 것으로 의심되거나 꾀병부리는 것으로 보이는 수검자 집단을 상당히 명확하게 구분해 내는 것”으로 결론지었다(p. 594). 또한 그들은 F 척도에 더해 F－K 척도(Gough, 1947), 위선 척도(Ds; Gough, 1954), Obvious minus Subtle scales(Wiener, 1948)의 효용성에 대해서도 점검해보았다. Berry et al.은 F 척도야말로 정직하게 검사에 임한 집단과 꾀병 집단을 구분하는 가장 강력한 변인임을 발견했다. 그 다음으로 원판의 Ds와 F－K 항목이 그 뒤를 잇는다. 그리고 이보다 훨씬 낮은 수준이기는 하지만, 개정판 Ds 척도와 Obvious minus Subtle scales도 효과가 있었다. Berry et al.은 F 척도와 원판 Ds 척도, 그리고 F－K 지표를 “꾀병을 구분해내기 위해 현재 사용되는 지표들”로 구분했다(p. 594).

원판의 MMPI 타당도 척도는 MMPI 개정판이 나오고 MMPI－2가 새롭게 출시되면서 확장 수정되었다(Butcher et al., 1989). F 척도를 보완하기 위해 고안된 유사한 척도, 즉 MMPI－2의 전반부에만 나타나는 척도 중 하나인 이 척도는 MMPI－2의 후반부에 정상에서 벗어난 일탈이 있는지 여부를 탐지해내기 위해 고안되었다. 두 개의 척도는 응답에서 비일관성이 나타나는지를 규명하기 위해 개발되었다. 즉 무선 반응 비일관성 척도(VRIN; Butcher et al. 1989)는 무작위 응답으로 인해 나타나는 비일관성을 감지해내기 위해 개발되었고, 고정 반응 비일관성 척도(TRIN; Butcher et al., 1989)는 유사한 내용을 묻는 항목에 대해 비일관된 태도로 응답하는지 여부를 감지해내기 위해 개발되었다. 원판 MMPI와 MMPI－2의 타당도 척도가 꾀병과 무작위 응답을 골라내는 것에 민감하다는 것은 다양한 연구를 통해 증명되었다(Wetter et al., 1992; Wetter et al., 1993). 그러나 Rogers, Bagby, 그리고 Chakraborty(1993)은 MMPI－2 타당도 항목들은 순진하게 꾀병을 부리는 수검자들을 감지하는 것에 있어서는 매우 효과적이지만, 특정한 장애로 꾀병을 부릴 수 있는 방법을 아는 수검자는 그 탐지망을 피해갈 수 있다고 경고했다. 전반적으로 현재까지 밝혀진 논문들이 나타내는 바를 요약해보면, F 척도와 같은 MMPI－2의 타당도 척도들은 꾀병인지의 여부가 이슈로 떠올랐을 경우에 조심스럽고 신중하게 점검해봐야 한다는 것을 강조하고 있다.

로르샤하의 경우에는 MMPI－2의 타당도 척도와 유사한 목적으로 개발된 척도가 별도로 존재하지 않는다. MMPI－2와 비교했을 때 상대적으로 과장되거나 방어적인 태도가 로르샤하의 응답에 영향을 끼칠 가능성에 대해서는 별다른 정보가 없는데, 이는 아마도 로르샤하의 경우에는 의식적인 왜곡이 어렵다는 믿음 때문인 것으로 보인다. 이 믿음은 로르샤하의 경우 수검자의 무의식적인 심리적 과정을 자극하기 때문에 의식적으로 통제할 수 없고 따라서 수검자가 의도적으로 조작할 수 없다는 일반적인 신념에 기인한다고 볼 수 있다. 그러나 경험적 연구의 결과를 보면, 이런 믿음이 정확하지 않다는 것을 알 수 있다. 예를 들어, Exner(1991)는 로르샤하의 자극이 모호하다는 것과 응답이 의식적인 통제로부터 자유롭다는 전제를 날카롭게 일축했다(pp.100-104, pp.111-116).

꾀병이 로르샤하의 결과에 영향을 미치는 것과 관련해서는 어떤 명확한 결론도 내려지지 않았다(Exner, 1991; Perry & Kinder, 1990). Ganellen et al.(1996)는 두 그룹의 로르샤하 프로토콜을 비교했다. 즉 중죄를 지어 재판을 기다리고 있어 꾀병을 부려야 할 만한 동기가 충분한 수검자 집단을, 정직한 그룹과 꾀병을 부리는 집단으로 나누었다. 그 기준은 사전에 실시한 MMPI 검사의 타당도 척도 점수에 근거했다. 이들 중 꾀병 가장 집단이 얼마나 성공적으로 정신병 관련지수를 의도적으로 띄웠는지를 평가하기 위해 두 그룹의 로르샤하 프로토콜 결과를 비교했다. 꾀병을 부리는 집단의 수검자들이 정신증으로 가장하려는 시도에도 불구하고, 로르샤하의 정신증을 드러내는 지수, 즉 SCZI, X+%, X－%, Xu%, 평범 반응(P), 특수 점수에 있어서 정직하게 대답한 그룹과 별다른 차이를 보이지 않았다. 이런 결과를 보면, 꾀병 가장 집단이 의도적으로 정신증으로 보이게 만드는 로르샤하 프로토콜을 만들 수는 없음이 시사되었다. 그렇지만 Netter와 Viglione

(1994)가 발견한 바에 따르면, 정신분열병이 있는 것처럼 꾀병을 부리도록 지시를 받은 수검자가 사전에 정신분열병의 주요 증상과 특성에 대한 정보를 알고 있는 경우에는 실제로 positive SCZI로 나타났다.

이러한 연구 결과들이 시사하는 바는 다음과 같다: (a) 로르샤하는 꾀병을 부리는지 아닌지를 감지해내는 것에 있어서는 효율적이지 않다; (b) 특정한 장애에 대해 잘 알지 못하는 순진한 수검자는 그 장애와 일치되는 로르샤하 프로토콜을 의도적으로 만들지 못할 가능성이 크다. 그렇지만 (c) 특정 장애에 대해서 잘 알고 있는 수검자는 해당 장애와 일치되는 로르샤하 응답을 만들어낼 수도 있다.

반사회성 성격 장애: 명확하게 물어본 것은 아니지만, 고려해야 할 중요한 질문 한 가지는 바로 T씨가 보이는 특성들이 반사회성 성격 장애(APD)의 진단 기준과 일치하는지의 여부이다. DSM-IV에 의하면, 반사회성 성격 장애로 진단되려면 15세 이전에 품행장애가 발병했다는 진단기록이 있어야 하고 15세 이후에는 타인의 권리에 대해 노골적으로 무시하고 침해하는 태도를 보여야 한다. 예를 들어, 반사회성 성격 장애를 가지고 있는 사람은 법을 어기는 행동, 사기 치는 행동을 하고 충동성과 공격성이 있으며 화를 잘 내고 무책임한데다가 자신들의 행동에 대해 반성하거나 후회하지 않는 등의 행동 이력이 있다.

반사회성 성격 장애의 DSM-IV 진단기준에 부합되기 위해 개발된 것은 아니지만, 심리검사 데이터는 수검자가 이 성격 장애의 많은 특성들을 가지고 있는지의 여부를 구분하기 위해 효과적으로 사용될 수 있다. 예를 들어, MMPI-2의 4번 척도가 상승한 경우, 특히 4번 척도가 높게 상승한 프로파일이거나 49/94 프로파일인 경우는 수검자가 화 나있고 충동적이며 자기중심적이고 감정적으로 피상적임을 시사한다. 또 사회의 관행을 따르지 않고 무책임한데다 권위를 가진 인물에 대해 분개하며 대인관계에서 교묘하게 타인을 조정하는 사람임을 시사한다. 특히 4번 척도가 가족에 대한 불만족(Pd1)때문이라기보다는 권위를 가진 대상과의 갈등으로 인해 상승했다면(Pd2) 반사회성 성격 장애일 가능성이 높다. 이와 유사하게 MMPI-2의 반사회적 행위의 내용 척도(ASP)가 상승한 것은 품행문제 및 반사회적 행동의 이력과 연관된 것이다.

앞서 묘사된 반사회성 성격 장애의 많은 특성들은 특정 로르샤하 변인과도 직접적으로 관련되어있다. 예를 들어, 충동성은 로르샤하 변인들 중 통제(D 점수) 및 정서 조절

(FC:CF+C)과 관련된 변인에서 나타나고, 타인들의 안녕에 대한 무관심은 로르샤하 변인 중 대인관계와 관련된 변인, 즉 애정결핍(T=0)이나 타인을 자신만의 고유한 욕구와 필요를 가지고 있는 분리되고 현실적인 사람이 아니라 반사회적인 사람의 욕구를 충족시켜 주기 위해 존재하는 부분적인 대상으로 인식하는 것 등(H<(H)Hd(Hd))에서 명확하게 드러난다.

반사회성 성격 장애의 로르샤하 데이터와 관련된 이런 예측은 교도소 수감자들을 대상으로 한 여러 편의 경험적 연구 결과를 통해 검증되었다(Gacono & Meloy, 1994). Gacono와 Meloy는 법정 병원과 교도소에 수감되어 있는 남성 수감자들의 데이터 중 DSM-III의 반사회성 성격 장애의 진단기준에 부합되는 경우를 예시 사례로 제시했다. 예측되었던 바와 일관되게 예시 사례의 수감자들은 정서를 조절하는 역량이 매우 취약했으며(FC:CF+C=1:3 vs 평균 2:1) 통제되지 못한 감정으로 인해 감정적 폭발이 일어날 가능성이 평균에 비해 높게 나타났다(C≥1). 이에 더해 반사회성 성격 장애자인 수감자는 대인 간의 관계를 바라보는 시각에서 상호성이 낮게 나타나(COP<2) 상대방을 완전한 대상으로 보기보다는 부분적 대상으로 바라보고 있음을 드러냈다(H:(H)Hd(Hd)=2.17:2.66 vs 평균 2:1). 또한 타인에게 접근할 때 정상군에 비해 훨씬 더 빈번하게 불신과 의심을 드러냈다(T=0). 예상 외로, 반사회성 성격 장애 수감자들의 대부분은 D<0, 즉 자기통제 역량의 부족과 충동성에 만성적으로 취약한 모습을 나타내는 결과를 보이지 않았다. Gacono와 Meloy는 반사회성 성격 장애 사례의 범죄 행동은 만성적인 충동성 때문이라기보다는 미래의 결과를 예측하는 역량이 제한되어 있는 것(Lambda)과 더불어 현실 검증 및 현실 판단 능력의 손상과 관련되어 있을 가능성이 더 클 수 있다고 제안했다(X+%<.70; X-%; M->0).

MMPI-2 데이터

타당성 척도: MMPI-2 타당성 척도는 T씨가 정신병리와 연관되어 있는 특이한 경험(F=T79)과 관련된 질문 항목에 중등도 수준으로 '그렇다'를 표기했음을 말해준다. F 척도의 상승된 수준은 심리적인 어려움을 가지고 있는 환자들에게 기대할 수 있는 기대치 수준의 범위 안에 있다. 따라서 그가 과장하거나 자신의 문제를 과도한 수준으로 보고하려고 했다거나 혹은 있지도 않은 문제들을 가상으로 만들려고 시도했다고 의심할 만한 이유를 찾을 수 없고 꾀병이라는 신호도 찾아볼 수 없다. 오히려 반대로 L 척도의 상승을 보건대, 그는 자신의 좋은 점, 미덕을 강조하려고 애썼고 자신의 단점에 대해서는 순

진하고 세련되지 못한 방식으로 최소화하려고 노력했음이 시사된다. 그럼에도 불구하고 L 척도에 대한 이런 해석은 그의 학력수준과 사회경제적 위치에 한계가 있다는 점을 고려할 때 잠정적인 것으로 여겨야 한다.

임상 척도: 그의 MMPI－2 프로파일은 6개의 임상 척도가 65점 이상으로 상승해 있는 복잡한 프로파일이다. 물론 가장 높은 임상 척도는 3번 척도와 8번 척도이다. 그러므로 프로파일은 38/83 코드타입으로 해석되어야 한다. 4번 척도나 반사회적 행위(ASP=T55) 중 어느 것도 상승하지 않았기 때문에 MMPI－2 데이터는 반사회성 성격 장애의 진단에 대해서는 직접적인 지지를 하지 않고 있다.

38/83 코드타입의 프로파일을 가진 사람의 사고와 행동은 종종 이상하고 특이하다. 그는 사고와 집중, 그리고 사소한 의사결정을 하는 것조차도 방해하는 기억력으로 인해 어려움을 경험했을 가능성이 크다. T씨의 생각은 남들과는 다르고 독특하며 비논리적일 가능성이 크고, 그가 말하는 것은 이상하고 사고 간의 이완된 연결로 뚜렷하게 특징지어진다. 이런 코드타입은 종종 정신병적 장애와 연관되어 있는 경우가 흔하며, 가끔은 신체형 장애 환자들에게서 나오는 코드타입이기도 하지만, 주로는 정신분열병과 연관되어 있는 경우가 가장 빈번하다. 이 코드타입을 가진 어떤 환자들은 종종 "발작적인 정신병적 삽화"로 불리기도 했던 단기적, 일시적인 정신증 보상작용 실패를 경험하는 경우가 있다(Friedman et a., 1989; Trimboli & Kilgore, 1983).

38/83 코드는 T씨가 불안감, 긴장감, 그리고 걱정(ANX=T72)을 포함해서 상당한 감정적인 혼란을 경험했음을 시사한다. 겉으로 보기에 그는 슬프고 비관적이며 희망도 없는 사람으로 보였다(DEP=T70; D1=T69). T씨는 통상적으로 어려움이나 불만에 대해 물어봤을 때 모호하고 얼버무리는 태도로 대답함으로써 자신의 문제를 부인하고 억압하려고 시도한다. 감정적인 스트레스는 두통, 어지럼증, 근골격계의 통증, 사지의 저림, 피로감, 시야 흐림, 수면 장애 등과 같은 명확한 의학적인 설명이 되지 않는 신체적인 증상으로 전환되었을 것이다(HEA=T66; Hy4=T72). 이런 증상들은 통상 급작스럽게 발병하며 명확한 의료적인 치료가 없이도 가라앉는다. T씨는 또한 이인증과 같은 비현실적인 느낌을 보고했을 수도 있다. 이런 신체적 증상이 그의 불안을 억제하는 것은 아니며 오히려 그의 불안은 짧은 기간이지만 주된 근심거리인 신체적인 문제로 일시적으로 옮겨지면서 사라지게 된다.

이 프로파일은 T씨가 미숙하고 의존적이며 타인들로부터의 관심과 애정 욕구를 과도하게 갈망한다는 것을 시사한다. 그러나 그는 동시에 수줍음이 많고 내향적이며 소외감을 느끼고 부자연스러워하며 사회적인 불안감을 경험하고 있다(Si=T66; SOD=T65; Pd4=T90; Si1=T65; Si2=T67). 그는 거절당하고 창피당하거나 모욕당할지도 모른다는 두려움 때문에 조심스럽게 타인들로부터 거리를 두려고 할 가능성이 있다. T씨가 타인들로부터 애정을 획득하기 위해 애쓸 때도 그는 어색하고 부자연스러우며 유치하고 미숙한 방식으로 하기 때문에 다른 사람들은 그의 방식을 낯설다고 느끼며 결국 그에게 싫증을 내고 돌아서게 되었을 것이다. 그의 이상하고 전형적이지 않은 사고방식 때문에 다른 사람들과 의사소통을 할 때 어려움을 겪었을 가능성이 큰데, 이는 타인들에게 자기 자신을 표현하는 측면에서나 타인들이 자신에게 말하는 것을 이해하는 측면 모두에서 그랬을 가능성이 크다. 이런 점들 때문에 T씨는 상당한 좌절을 겪었을 것이고 결국 사회적인 관여에서 철수하는 그의 경향성을 더욱 더 강화시켰을 것이다.

앞서 언급되었던 바와 같이, 38/83 코드타입은 종종 정신증적 보상작용 실패와도 관련된다. Greene(1991)은 38/83 코드타입을 가진 사람에게 정신병적 반응이 나타날 때면 유아적이고 자기도취적 자질 뿐만 아니라 종종 행동적인 퇴행도 나타난다는 것을 강조했다. Trimboli와 Kilgore(1983), 그리고 Friedman et al.(1989)은 정신증적 보상작용 실패가 행동적인 퇴행을 수반하고, 환자들이 시간이 지난 후에는 기억하지 못하는 "단기적이고 고도로 성애화된 정신병적 삽화"를 수반하는 경우도 있다고 묘사했다(Friedman et al., 1989, p.176).

• 표 12.1 **사례 7. MMPI-2 Profile**

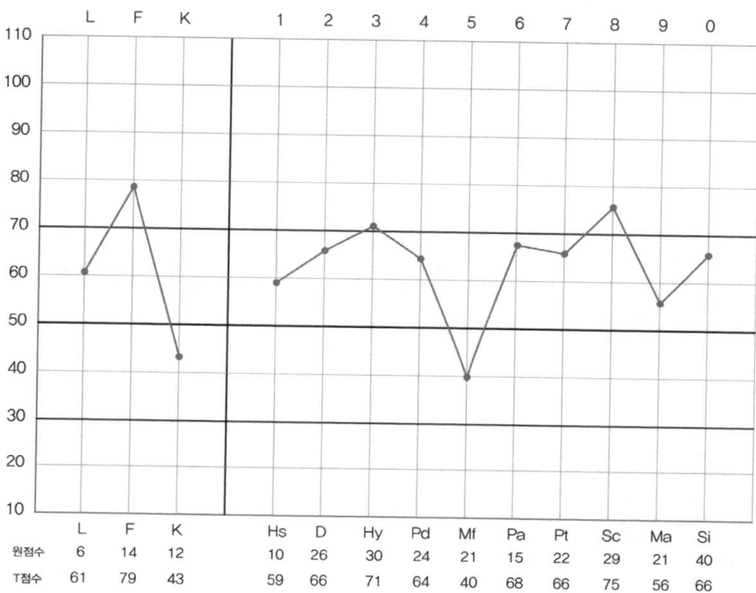

• 표 12.2 MMPI-2 내용척도 및 보충척도

	Raw Score	T Score
FB	18	115
True Response Inconsistency (TRIN)	12	72
Variable Response Inconsistency (VRIN)	12	76
Anxiety	23	68
Repression	17	54
MAC-R	23	53
Ego Strength (Es)	27	30
Dominance (Do)	12	35
Social Responsibility (Re)	16	40
Overcontrolled Hostility (O-H)	14	55
PTSD - Keane (PK)	15	62
PTSD - Schlenger (PS)	23	66
Addiction Potential (APS)	28	63
Addiction Admission (AAS)	6	65
Content Scales (Butcher et al., 1990)		
Anxiety (ANX)	15	72
Fears (FRS)	9	67
Obsessiveness (OBS)	5	50
Depression (DEP)	15	70
Health Concerns (HEA)	12	66
Bizarre Mentation (BIZ)	6	63
Anger (ANG)	5	48
Cynicism (CYN)	11	51
Antisocial Practices (ASP)	11	55
Type A (TPA)	4	41
Low Self-Esteem (LSE)	13	72
Social Discomfort (SOD)	15	65
Depression Subscales (Harris-Lingoes)		
Subjective Depression (D1)	14	69
Psychomotor Retardation (D2)	6	54
Physical Malfunctioning (D3)	5	67
Mental Dullness (D4)	5	62
Brooding (D5)	3	57
Hysteria Subscales (Harris-Lingoes)		
Denial of Social Anxiety (Hy1)	4	51
Need for Affection (Hy2)	5	43
Lassitude-Malaise (Hy3)	7	66
Somatic Complaints (Hy4)	7	72
Inhibition of Aggression (Hy5)	5	63

	Raw Score	T Score
Psychopathic Deviate Subscales (Harris-Lingoes)		
Familial Discord (Pd1)	3	51
Authority Problems (Pd2)	5	62
Social Imperturbability (Pd3)	6	64
Social Alienation (Pd4)	11	90
Self-Alienation (Pd5)	5	58
Paranoia Subscales (Harris-Lingoes)		
Persecutory Ideas (Pa1)	4	64
Poignancy (Pa2)	7	81
Naivete (Pa3)	3	41
Schizophrenia Subscales (Harris-Lingoes)		
Social Alienation (Sc1)	6	63
Emotional Alienation (Sc2)	3	59
Lack of Ego Mastery, Cognitive (Sc3)	6	77
Lack of Ego Mastery, Conative (Sc4)	5	65
Lack of Ego Mastery, Def. Inhib. (Sc5)	3	60
Bizarre Sensory Experiences (Sc6)	6	70
Hypomania Subscales (Harris-Lingoes)		
Amorality (Ma1)	2	50
Psychomotor Acceleration (Ma2)	6	53
Imperturbability (Ma3)	6	65
Ego Inflation (Ma4)	4	53
Social Introversion Subscales (Ben-Porath et al., 1989)		
Shyness/Self-Consciousness (Si1)	10	65
Social Avoidance (Si2)	7	67
Alienation -- Self and Others (Si3)	9	62

로르샤하 데이터

T씨는 20개의 로르샤하 응답 수를 보였고 이는 기준치 범위 안에 드는 응답 수이다. 응답 수가 20개인 점, 응답하는데 쏟은 노력의 양(Zf=14), 그리고 방어적 태도에 대한 신호가 나타나지 않았기 때문에(PER=0) 그의 로르샤하 기록은 해석이 가능하다. 첫 번째 positive 핵심 변인은 정신분열병 지표이다(SCZI=4). Positive SCZI가 나타내는 것은 수검자가 정신분열병적 양상을 띠고 있거나 정신병일 가능성이 매우 높다는 것을 나타내기는 하지만, SCZI 점수가 5나 6이 아닌 4인 경우에는 허위 양성의 가능성이 높다. 따라서 Positive SCZI에 대한 해석은 매우 조심스럽고 신중하게 다뤄져야 한다. Gacono와

Meloy가 연구한 반사회성 성격 장애를 가진 수감자 표본들 중에서는 단지 7%만이 이 정도 수준의 SCZI값을 얻었다.

SCZI가 positive일 경우, 해석을 위한 탐색 전략은 사고 과정의 효율성과 질에 대한 점검에서 시작되어야 한다. EB를 보면, 그는 내향적인 문제해결 스타일을 지니고 있다(EB=6:2.5). 즉, 그는 일반적으로 느낌과 직관이 의사결정과 문제해결에 끼치는 영향을 최소화하고 대신 사고와 관념에 의존한다. T씨의 사고는 융통성이 없고 완강하다; 그는 일단 마음을 먹고 난 다음에는 자신의 의견을 변경하는 것이 매우 힘들다(a:p=9:2). 현재의 정신병적 상태를 시사할 만한 인지적 오류나 사고 장애의 신호는 나타나지 않았다(Sum6=0). 어떤 이는 사고 장애가 없다는 것이 현재 T씨가 항정신병 약물을 처방받아 치료하고 있기 때문으로 설명될 수 있지 않느냐고 문제를 제기할 수도 있을 것이다. 물론 항정신병 약물을 사용하여 효과적으로 치료할 경우 정신병적 증상이 줄어들 수는 있지만, 일반적으로 약물은 로르샤하에서 나타나는 사고 장애의 모든 신호를 완벽하게 제거하지는 않는다.

T씨는 검사 자극이 확실한 부분에 대해서는 관습적인 방식으로 응답했다(Populars=6). 이는 그가 사회적인 행동에 대한 관습적인 기준을 이해하고 있음을 시사한다. 그러나 T씨는 사고와 판단, 추론에 어려움이 있고 사고의 과정이 주로 상황을 확대하고 그것을 해결하기 위해 행동계획을 짜는 식으로 행동하는 사람이기 때문에 관습적인 기준이 제시하는 사회의 규칙에 따르지 않았을 가능성이 있다. 사건에 대한 그의 인식은 현저히 부정확하고 비현실적이며 특히 대인관계적 맥락에서는 더욱 두드러진다(X+%=.35; F+%=.38; X-%=.40; Xu%=.20; M-=3). 건강하고 현실적인 의사결정을 방해할 정도로 사고상의 어려움도 유의미한 수준이다(M-=3). 따라서 행동과 기대치의 기준이 명확한 경우에는 적절하게 행동할 수 있는 힘을 가지고 있음에도 불구하고(Populars=6), 이와 같은 왜곡과 서투른 판단이 결국 적절치 않은 행동을 하게 만들었을 것이다.

앞서 설명되었던 것처럼, 인식과 사고, 그리고 판단상의 왜곡은 정신이상과 관련되었다기보다는 T씨가 사건을 자신만의 특유한 방식으로 접근하고 분석하는 등 제멋대로 처리하는 방식과 연관되어 있다. 상황을 "다루는" T씨의 자세는 급히 서두르고, 비효율적이며, 사건을 되는대로 아무렇게나 계획하고 처리하는 것과 핵심적인 정보조차도 놓쳐버리는 경향에 기반을 두고 있다(Zd=-3.5). 이와 같이 사건 분석에서의 비효율적인 접근 방식으로 인해 T씨는 상황을 제대로 읽지 못하고 관련된 세부적인 부분에 충분한 주의를 기울이지 않는다. 때에 따라서는 그가 특정 자극 특성을 무시해버리고 대신 전체적이고 인상주의적인 방식으로 응답하기는 하지만, 마이너스 응답 중 대부분은 카드 특성의 총체적인 왜곡을 수반하지는 않는다(응답 18, 19, 20; W>D+Dd). 그는 정보를 결합하고 통합하는 역량이 제한되어 있기 때문에 그렇게 할 때면 실수를 하게 된다(DQ+의 마이너스 응답 6개; W위치의 마이너스 응답 5개). 전반적으로 이런 점들은 그가 종종 중요한 세부사항을 알아채지 못하고 관련되어 있는 정보를 정확하고 현실적인 방식으로 통합하고 계획하는 것에 어려움을 겪고 있음을 나타낸다.

탐색전략은 그가 내적, 외적 요구에 대처하기 위해 사용하는 심리적인 자원인 통제(controls)를 점검하는 것으로 이어진다. Adj D가 양수의 범위 안에 있는 점은 그가 보통의 경우에는 스트레스를 이겨낼 만한 충분한 자원을 가지고 있다는 것을 시사한다(Adj D=+1). 그러나 통상적으로 Adj D가 양수인 경우에 시사되는 높은 수준의 통제는 기대하기 어려워 보인다. 왜냐하면 가용할 수 있는 심리적 자원의 측정치인 EA가 평균 수준 안에 머물러 있기 때문이다(EA=8.5, 규준그룹의 평균값은 8.83). Adj D 점수 산정에 사용되는 변인들을 살펴보면, T씨의 Adj D가 양수로 나온 것은 현재의 감정적 고통의 수준이 낮기 때문이지(es=6) 자아강도가 평균 수준보다 월등히 높기 때문은 아니라는 것을 알 수 있다. es값이 평균 수준임에도 불구하고 그는 현재 불안하고 걱정이 많은 것처럼 보인다(m=3).

앞서 강조되었던 것처럼, T씨의 기본 스타일은 내향적이며 이는 그의 대처기제에 사고가 끼치는 영향보다 감정이 미치는 영향이 훨씬 적다는 것을 의미한다. 대부분의 상황에서 그는 정서 표현을 통제할 수 있다(FC:CF+C=2:1). 그러나 자기통제에 실패할 가능성과 감정이 조절되지 않은 상태에서 분출되어 나올 가능성도 있다(C=1). 그는 이렇게 자기통제를 잃어버리는 상황이 발생하지 않도록 하기 위해 정서가 관여된 상황을 피하거나 철수하는 방식으로 노력한다(Afr=.43).

T씨의 감정적인 상태와 정서에 대한 통제를 이해하기 위해서는 그의 색채투사 응답(CP=1)이 암시하는 것을 충분히 고려해야 한다. 색채투사 응답은 매우 희귀한 응답으로, 정상인 표본의 2%, 우울증 입원 환자군에서는 4%, 통원 환자군에서는 1%에서만 나오는 응답이다(Exner, 1993). Exner는 CP 응답을 한 수검자들의 주된 문제는 정신 신체적 증상을 포함해서 정서와 우울을 다룰 때 히스테릭한 방식을 사용하는 것이라고 보고했다. 이러한 환자들을 치료하는 치료자들은 그들이 다른 환자들보다 부인 방어기제를 월등히 빈번한 수준으로 사용하며 감정표현을 조절하는데 어려움을 겪는다고 말한다. CP 응답

이 나왔다는 것은 T씨가 외부적인 현실의 고통스러운 측면을 인정하지 않고 부정적인 감정은 부인해버리는 것, 혹은 부정적인 반응을 거짓 긍정 감정으로 대치함으로써 감정적인 갈등과 부정적인 정서에 대해 대응하려고 노력한다는 것을 시사한다. 비록 그렇게 하는 것이 "현실을 왜곡하는 것"이라 하더라도 T씨는 그렇게 대응하려고 노력했음을 시사한다. 지금 T씨가 느끼고 있는 슬픔(C′=1)이나 자기비판(V=0), 또는 분노(S=1)를 나타내는 신호는 달리 나타나지 않았다.

T씨가 자기 자신을 바라보는 관점은 부정적이며 자기 가치에 대해서도 낮은 기대치를 가지고 있다(Egocentricity ratio=.30). 현재는 T씨가 자기 비난이나 죄책감을 느끼고 있지는 않다(FV=0; FD=0). 그러므로 자기 자신의 행동에 대한 후회나 반성의 신호는 나타나지 않고 있다고 보는 것이 맞다. 그는 내적 통찰이나 자기성찰 역량이 거의 없는 것으로 보이며, 이것은 곧 그가 자기 자신에 대해 순진할 수 있음을 시사한다(FD=0). Morbid가 나온 응답 2개의 내용을 살펴보면, 9번 카드에 대한 응답이 매우 극적이라는 점에 유의해야 하며(자동차 사고가 났는데 자동차의 조각들이 "온 사방으로 날아가고 있는"), 이는 그의 심리적인 구조가 갑자기, 격렬하게 붕괴될 가능성이 있음을 시사한다.

대인관계에 대한 T씨의 접근 방식은 애착에 대한 뚜렷한 갈등과 양가성으로 특징지어진다(T=0; Food=1). 보통의 경우, 그는 타인들을 신뢰할만하고 믿을 만하다고 인식하지 않기 때문에 관계를 맺을 때 매우 조심스럽고 의심이 가득한 방식으로 접근한다(T=0). 대부분 사람들로부터 거리를 유지할 가능성이 크고 그나마 만들어가는 소수의 관계는 그가 스트레스를 받는 상황에서 자신에게 실제적인 도움이나 조언 혹은 감정적인 지원을 해줄 수 있는 사람들에게만 제한된다. 그러나 그와 동시에 그는 타인들로부터의 관심과 애정, 그리고 돌봄과 배려에 대한 강력한 욕구를 가지고 있다(Food=1). 그가 가진 의존 욕구의 강도는 운동 반응의 언어적 내용(1번 응답의 "음식을 찾고 있는 박쥐"; 19번 응답의 "피크닉에서 사람들이 먹을 준비가 된 것")에서 강화된다. 따라서 그가 대부분 사람들로부터 거리를 유지하지만 일단 누군가에게 애착을 느끼게 되면 그 대상이 남자이건 여자이건 상관없이 매우 의존적으로 될 가능성이 크다. 흥미로운 점은 Food 반응이 CP 반응과 함께 혼합되어 나타났다는 점이다. 이 두 가지의 조합은 그가 의존 욕구에 위협이 되는 상황에서는 문제가 있다는 것을 부인하고 모든 일이 다 잘될 거라고 스스로를 확신시키려고 처절하게 노력하거나 또는 정신 신체적 증상을 발전시키는 것으로 반응할 것이라는 점을 시사한다.

전반적으로, positive SCZI가 나타나고는 있지만, 인지적 오류나 사고 장애의 신호가 나타나지 않는 점 등을 감안할 때 이런 데이터들은 정신분열병과는 일치되지 않는다(WSum6=0). 즉 SCZI가 positive로 나온 것은 정신 이상을 시사하는 것이라기보다는 상황에 대한 그의 부정확한 인식과 빈약한 판단력 때문인 것으로 시사된다.

T씨의 프로토콜은 Gacono와 Meloy(1994)가 반사회성 성격 장애자들에게서 찾아낸 로르샤하 결과와는 전체적으로 일치하지 않는다. 즉 T씨의 정서조절은 일반적으로 적절하고(FC:CF+C=2:1); 타인들을 전체적인, 현실 속의 진짜 사람으로 바라보며(H:(H)Hd(Hd)=7:3); 람다값도 평균 수준 범위 안에 있기 때문이다(Lambda=.67). 그럼에도 불구하고 Gacono와 Meloy의 표본과 마찬가지로 T씨 역시 취약한 현실 검증력과 판단력의 신호를 보여주고 있으며(X+%=.35: X-%=.40; M-=3) 타인과의 대인관계에서 무심함과 불신감을 보여주고 있다(T=0).

사례 7. 로르샤하 프로토콜

Card	Response	Inquiry	Scoring
I	(1) 박쥐요. 공중을 날고 있어요. 뭔가 먹을 것을 찾고 있네요.	(검: 수검자의 반응을 그대로 되풀이해준다) 수: 저기요. 저기 큰 부분 전체요. 검: 어떤 점 때문에 박쥐로 본 건가요? 수: 그 넓이 때문에요. 검: 공중을 날고 있어요? 수: 네.	Wo FMao A P 1.0
	(2) 수: 음… 모르겠어요. 검: 대부분 사람은 1개 이상을 봅니다. 수: 모르겠어요. 검: 천천히 한 번 봐보세요. 충분히 보다 보면 보이는 게 있을 겁니다. 수: 두 사람이 패러슈팅을 하는 거 같아요.(한숨 쉬며) 그냥 그것 같아요.	(검: 수검자의 반응을 그대로 되풀이해준다) 수: 사람들이 저기랑 저기예요… 퍼져나가고 있고… 아래로 내려오고 있어요. 검: 어느 부분을 보고 말씀하시는 건지 모르겠어요. 수: 저기랑 저기요. 검: 사람들이 패러슈팅을 한다고요? 수: 팔 때문에요. 검: 패러슈팅이요? 수: 사람들이 패러슈팅할 때 공중에서 퍼져나가는 그런 모양이니까요.	Do Mao (2) H
II	(3) 어떤 사람의 머리인데 입술에 피가 묻었어요.	(검: 수검자의 반응을 그대로 되풀이해준다) 수: 2개의 눈, 그리고 여기 아래 입에서 피를 흘리고 있어요. 검: 피를 흘려요? 수: 여기요. 이게 피처럼 보여요. 거: 피요? 수: 빨간색이잖아요.	WS+ FC− Hd,Bl 4.5 MOR

Card	Response	Inquiry	Scoring
	(4) 두 사람이 서로 손을 잡고 있는 것 같아요.	(검: 수검자의 반응을 그대로 되풀이해준다) 수: 손이요. 여기랑 저기. 검: 두 사람이요? 수: 손만이요.	D+ Mpu (2) Hd 3.0
Ⅲ	(5) 두 사람이 서로 손을 잡고 있어요. 춤추고 있어요.	(검: 수검자의 반응을 그대로 되풀이해준다) 수: 한 사람은 여기 있고 한 사람은 여기에요. 손을 잡고 있어요. 검: 춤을 춘다고요? 수: 네. 움직이는 게 그래 보여요.	D+ Mao (2) H P 3.0 COP
	(6) 두 마리의 말 같아요. 저한테는 그것밖에 안 보여요.	(검: 수검자의 반응을 그대로 되풀이해준다) 수: 저기랑 저기요. 검: 말들이요? 수: 모르겠어요. 그냥 말처럼 보여요. 검: 저한테도 좀 보여주세요. 수: 머리 생긴 모양이 그래요. 검: 저는 안 보이네요. 수: 무슨 의미예요? 됐어요.(목소리가 화난 것처럼 들림)	Do F− (2) A
Ⅳ	(7) 거인 같아요.	(검: 수검자의 반응을 그대로 되풀이해준다) 수: 네. 여기요. 전체 모양이요. 검: 거인이요? 수: 왜냐하면 진짜 크니까요. 그리고 넓고요. 검: 크다고요? 수: 모르겠어요. 그냥 커 보여요. 검: 카드의 어떤 점 때문에 크게 보이나요?	Wo Fo (H) P 2.0

Card	Response	Inquiry	Scoring
		수: 그냥 그렇게 보이는데요. 생긴 모양이 그래요. 검: 당신이 보는 것과 똑같이 저도 보고 있는지 확인하고 싶네요. 저한테도 거인을 보도록 해주세요. 수: 전체가 그렇게 보여요. 팔이 두 개 있고 다리 두 개, 두 개의 발…	
	(8) 큰 발을 가진 큰 사람처럼 보여요.	(검: 수검자의 반응을 그대로 되풀이해준다) 수: 네. 여기가 큰 발이니까요. 검: 커요? 수: 왜냐하면 이게 진짜로 크니까요. 검: 카드의 어떤 점 때문에 진짜 크게 보이나요? 수: 어떤 점이… 뭐라고요? 검: 카드의 어떤 점을 보고 사람이 크다고 생각하신 건가요? 수: 그냥 크게 보여요.	Do Fo H P
V	(9) 나비 같아요.	(검: 수검자의 반응을 그대로 되풀이해준다) 수: 날개요. 그리고 작은 눈들… 발도 있고요…	Wo Fo A P 1.0
	(10) 비행기같이 보이기도 해요. 그게 전부에요.	(검: 수검자의 반응을 그대로 되풀이해준다) 수: 가운데 부분이고… 날개가 2개 있고요.	Wo Fu Sc 1.0
VI	(11) 드릴(바위 깨는 착암기) 같네요.	(검: 수검자의 반응을 그대로 되풀이해준다) 수: 드릴의 양쪽 손잡이가 여기 있고요. 그리고 저기에는 드릴 같은 것들이 있어요.	Wo Fu Sc 2.5

Card	Response	Inquiry	Scoring
		검: 드릴 같은 것들이요? 수: 손잡이 2개하고 그리고 드릴 같은 거요.	
	(12) 마치 누군가 진흙 웅덩이에 떨어진 것 같아요. 그게 전부에요.	(검: 수검자의 반응을 그대로 되풀이해준다) 수: 튀기는 모양이 그래요. 검: 튀겨요? 수: 네. 검: 어떤 점 때문에 튀긴다고 보셨어요? 수: 이게 막 퍼지는 모양이 그래요. 검: 진흙 웅덩이요? 수: 왜냐하면 검은색이고 마치 더러운 물 같으니까요. 수: 아까 누군가 떨어졌다고 했는데요. 검: 여기 두 팔과 두 발이 그렇게 생겼어요.	W+ ma.C'F− Na,H 2.5
Ⅶ	(13) 튀겨진 닭 같아요.	(검: 수검자의 반응을 그대로 되풀이해준다) 수: 네. 바로 여기요. 이게 다리 부분이고 여기가 허벅지 같아요. 검: 튀겨졌다고요? 수: 왜냐하면 튀겨진 닭의 색 같아서요. 황금색인데… 생긴 모양도 그렇고요.	Do Fu Fd CP
	(14) 패러슈팅을 하는 한 쌍의 사람들 같아요. 그것만 보이네요.	(검: 수검자의 반응을 그대로 되풀이해준다) 수: 네. 그렇게 펼쳐지는 모양이에요. 저기 사람이 있고요. 검: 어떤 점 때문에 그렇게 보신 건가요? 수: 펼쳐진 모양이 그래요. 발이요.	D+ Ma.mp− (2) H,Sc 1.0

Card	Response	Inquiry	Scoring
		검: 패러슈팅이요? 수: 그 펼쳐진 모양이 그래요. 검: 이것이 펼쳐진다고 이야기하셨거든요. 수: 서로 다른 방향으로 가고 있어요.	
Ⅷ	(15) 어린아이들의 색칠공부책 같아요.	(검: 수검자의 반응을 그대로 되풀이해준다) 수: 다양한 색들이 여기저기에 있잖아요. 그게 다예요.	Wv Cnone Art
	(16) 그다음에… 두 마리의 큰 동물들 같아요. 옆면이요. 그게 다예요.	(검: 수검자의 반응을 그대로 되풀이해준다) 수: 바로 여기랑 여기요. 검: 동물들이요? 수: 저 부분하고 저 부분 때문에요. 생긴 모양 때문에요. 검: 크다고요? 수: 동물들이 걸어가는 모양, 크게 발걸음을 떼는 모양 때문에요.	Do FMao (2) A P
Ⅸ	(17) 흉곽 같아요.	(검: 수검자의 반응을 그대로 되풀이해준다) 수: 여기랑 여기가 갈비뼈 같아요. 검: 제가 제대로 보는지 확실하지 않네요. 수: 가운데 아랫부분의 척추와 양옆으로 펼쳐진 모습 때문에 그래요. 검: 펼쳐진다고요? 수: 양쪽, 다른 방향으로 향해진 모양이 그래요. 이쪽으로 나가고, 이쪽으로 나가고요…	Do F− An
	(18) 사고 났을 때의 자동차 같아요. 그것만 보여요.	(검: 수검자의 반응을 그대로 되풀이해준다)	W+ ma− Sc 5.5 MOR

Card	Response	Inquiry	Scoring
		수: 여기 자동차가 있고 여기 저기에 자동차의 조각들이 온 사방에 날아다니고 있어요. 검: 어떤 점 때문에 그렇게 보셨나요? 수: 여기 이 부분이 차 같고요. 차의 다른 부분들의 조각이 온 사방으로 날아다니는 거예요.	
X	(19) 여러 명의 사람이 피크닉 테이블 주위에 모여 있어요. 그리고 막 먹을 준비를 하고 있고요.	(검: 수검자의 반응을 그대로 되풀이해준다) 수: 여기에 피크닉 테이블이 있고요. 여기와 여기 그리고 저기에 서로 다른 사람들이 있어요. 검: 피크닉 테이블이요? 수: 그렇게 보여요. 검: 좀 설명해주시겠어요? 수: 왜냐하면 피크닉 테이블처럼 길어서요. 검: 사람들이 먹을 준비가 되었고요. 수: 네. 여기저기에 둘러서 테이블에 앉을 준비가 되었어요.	W+ Ma− H,Hh 5.5
	(20) 여러 명의 어린아이들 같아요. 놀고 있어요. 그게 다예요.	(검: 수검자의 반응을 그대로 되풀이해준다) 수: 네. 여기요. 다양한 것들이 있고 다양한 색들이 있어서요. 검: 어린아이들이요? 수: 여러 가지 다른 것들, 작은 것들이요. 아이들처럼요. 한 명은 여기 있고 한 명은 저기 있고…	W+ Ma.FC− H 5.5 COP

• 표 12.3 사례 7. 구조적 요약지

```
CASE07.R3=================== STRUCTURAL SUMMARY ============================

LOCATION                 DETERMINANTS            CONTENTS      S-CONSTELLATION
FEATURES          BLENDS              SINGLE                   NO..FV+VF+V+FD>2
                                                 H    = 6, 1   NO..Col-Shd Bl>0
Zf     = 13     m.C'F                 M  = 4     (H)  = 1, 0  YES..Ego<.31,>.44
ZSum   = 38.0   M.m                   FM = 2     Hd   = 2, 0   NO..MOR > 3
ZEst   = 41.5   M.FC                  m  = 1     (Hd)= 0, 0    NO..Zd > +- 3.5
                                      FC = 1     Hx   = 0, 0   NO..es > EA
W  = 11                               CF = 0     A    = 4, 0   NO..CF+C > FC
  (Wv = 1)                            C  = 1     (A)  = 0, 0  YES..X+% < .70
D  =  9                               Cn = 0     Ad   = 0, 0   NO..S > 3
Dd =  0                               FC'= 0     (Ad)= 0, 0    NO..P < 3 or > 8
S  =  1                               C'F= 0     An   = 1, 0   NO..Pure H < 2
                                      C' = 0     Art  = 1, 0   NO..R < 17
   DQ                                 FT = 0     Ay   = 0, 0    2.....TOTAL
.........(FQ-)                        TF = 0     Bl   = 0, 1
 +  =  8  ( 6)                        T  = 0     Bt   = 0, 0  SPECIAL SCORINGS
 o  = 11  ( 2)                        FV = 0     Cg   = 0, 0           Lvl     Lv2
v/+ =  0  ( 0)                        VF = 0     Cl   = 0, 0  DV    =  0x1     0x2
 v  =  1  ( 0)                        V  = 0     Ex   = 0, 0  INC   =  0x2     0x4
                                      FY = 0     Fd   = 1, 0  DR    =  0x3     0x6
                                      YF = 0     Fi   = 0, 0  FAB   =  0x4     0x7
                                      Y  = 0     Ge   = 0, 0  ALOG  =  0x5
    FORM QUALITY                      Fr = 0     Hh   = 0, 1  CON   =  0x7
                                      rF = 0     Ls   = 0, 0   Raw Sum6 =    0
     FQx  FQf  MQual  SQx             FD = 0     Na   = 1, 0  Wgtd Sum6 =    0
 +  =  0    0     0     0             F  = 8     Sc   = 3, 1
 o  =  7    3     2     0                        Sx   = 0, 0  AB  = 0     CP  = 1
 u  =  4    3     1     0                        Xy   = 0, 0  AG  = 0     MOR = 2
 -  =  8    2     3     1                        Id   = 0, 0  CFB = 0     PER = 0
none=  1   --     0     0             (2) =  6                COP = 2     PSV = 0

=================== RATIOS, PERCENTAGES, AND DERIVATIONS ===================

R = 20          L =  0.67                     FC:CF+C = 2: 1     COP = 2    AG = 0
-----------------------------------           Pure C  =    1     Food        = 1
EB = 6: 2.5   EA =  8.5   EBPer= 2.4        SumC':WSumC= 1:2.5   Isolate/R   =0.10
eb = 5: 1     es =  6         D =   0         Afr      =0.43     H:(H)Hd(Hd)= 7: 3
         Adj es =  4     Adj D =  +1          S        = 1       (HHd):(AAd)= 1: 0
-----------------------------------           Blends:R= 3:20     H+A:Hd+Ad   =12: 2
FM = 2   :  C'= 1    T = 0                    CP       = 1
m  = 3   :  V = 0    Y = 0
                                 P    = 6          Zf   =13            3r+(2)/R=0.30
a:p     =  9: 2    Sum6   =  0   X+% =0.35         Zd   = -3.5         Fr+rF    = 0
Ma:Mp   =  5: 1    Lv2    =  0   F+% =0.38      W:D:Dd =11: 9: 0       FD       = 0
2AB+Art+Ay= 1      WSum6  =  0   X-% =0.40         W:M =11: 6          An+Xy    = 1
M-      =  3       Mnone  =  0   S-% =0.13         DQ+ = 8             MOR      = 2
                                 Xu% =0.20         DQv = 1

============================================================================
 SCZI = 4*    DEPI = 2     CDI = 2     S-CON = 2     HVI = No    OBS = No
============================================================================
```

• 그림 12.1 사례 7. 반응영역 기록지

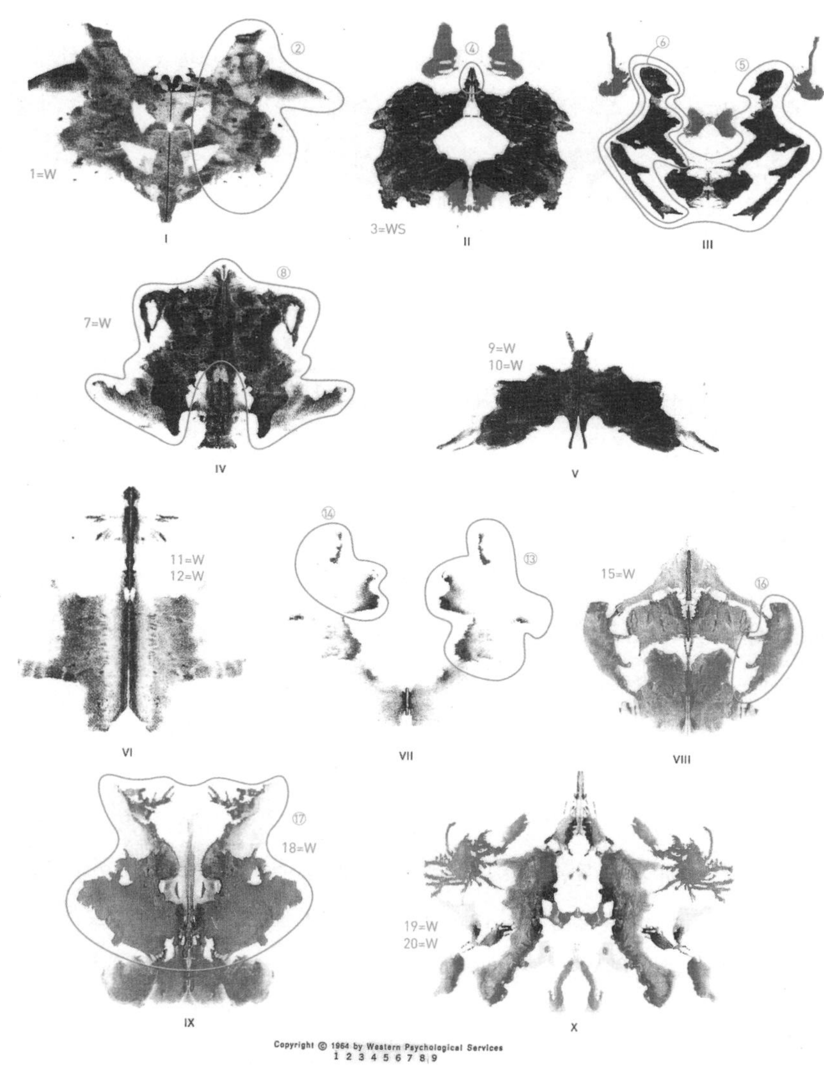

논평

MMPI-2와 로르샤하의 결과가 몇 가지 중요한 부분에서 매우 명확하게 일치하고 있다. 두 가지 진단 모두 부인과 억압, 그리고 신체화를 주요 방어기제로 설명한다. 양 검사 모두 그가 스트레스 상황에 반응할 때, 정서적인 고통을 의학적인 원인을 찾을 수는 없는 신체적 고통과 통증으로 전환한다고 묘사한다. 이는 신체적 장애를 시사하는 증상들, 예를 들면 간질, 발작, 심장마비와 같은 증상들을 안고 의사를 찾아갔던 T씨의 반복된 이력과도 일관된다. 그러나 이런 증상들은 정밀검사를 해보면 아무런 원인을 찾을 수 없었다.

두 검사 모두 T씨를 한편으로는 강력하고 미숙한 의존 욕구를 가지고 있지만 또 다른 한편으로는 상당한 사회적 불편감 때문에 타인들과 관여하는 것에서 철수하고자 하기 때문에 두 가지 욕구 사이에서 갈등을 겪고 있는 사람으로 묘사하고 있다. 그러나 MMPI-2와 로르샤하는 T씨가 가지고 있는 대인관계에서의 불편감의 원인으로는 서로 다른 것을 지목하였다. MMPI-2는 사회적인 불편감의 원인으로 모욕당하고 남들 앞에서 창피당할지 모른다는 두려움을 강조한 반면 로르샤하는 타인에 대한 기본적인 불신으로부터 이런 불편감이 나왔다고 강조한다.

MMPI-2와 로르샤하 모두 T씨가 현재 정신이상 증상을 보이고 있는지에 대해 상당한 우려를 표하고 있다. 38/83 프로파일은 그의 사고가 이상하고 특이하며 비전형적인 데다가 앞뒤가 맞지 않고 비논리적이라고 규정하고 있다. 그렇지만 여전히 이런 특징들이 정신이상을 나타낸다고 보는 것이 맞는지에 대해서는 확신하지 못하고 있다. 로르샤하 역시 이와 유사한 우려를 나타내고 있기는 하지만 로르샤하의 프로토콜은 현재의 정신이상에 대해서는 증거를 거의 제시하지 못하고 있다. 왜냐하면 인지적 오류나 명시적인 사고 장애가 로르샤하 응답에서는 나타나지 않고 있기 때문이다. 대신 로르샤하는 T씨가 포괄적이고 특정사실이나 세부내용보다는 전반적인 인상에 기반해서 데이터에 접근하기 때문에 결과적으로 사고에 있어서 어려움이 있고, 부정확한 판단과 취약한 의사결정이라는 결과가 나타난다고 시사한다; 자극분야를 성급하고 비효율적으로, 아무렇게나 대충 훑어보는 경향이 있고; 중요하고 핵심적인 정보와 어떤 일이 벌어졌는지를 알리는 신호를 놓쳐버리는 경향이 있다. 결국 두 가지 검사 모두에서 명확하게 반영된 것은 T씨가 빈약한 판단을 한다는 점과 상황에 대해 부정확한 결론을 내릴 가능성이 있다는 점이다. 현재 정신이상이 있음을 나타내는 조짐은 없지만 MMPI－2와 로르샤하 모두 단기적 정신증 보상작용 실패가 나타날 가능성이 있음을 시사하고 있다.

T씨의 감정적인 기능을 설명하는 부분에서는 MMPI－2와 로르샤하의 의견이 일치하지 않는다. MMPI－2 프로파일은 로르샤하보다 더 명확하게 T씨에게 불안과 긴장 그리고 걱정 등을 포함한 감정적인 혼란이 나타나고 있음을 시사했다. 두 검사 모두 억압과 부인, 그리고 신체화가 T씨의 주요 방어기제라고 규정하였다. 로르샤하는 T씨가 자기통제를 놓쳐버리기 쉽고 억제되지 않고 아무런 제약을 받지 않는 충동적인 감정의 방출에 취약하다는 것을 강조함으로써 두 검사 결과를 통해 발견된 내용을 공고히 하고 있다.

MMPI－2와 로르샤하 결과의 통합

T씨는 검사 문항을 읽고 이해하는데 어려움이 없었으며 일관되고 솔직한 태도로 응답했다. MMPI－2 타당도 척도는 특별히 과장하려고 시도했다거나, 지나치게 확대하려고 시도한 점, 혹은 없는 증상을 만들려는 어떤 시도도 없음을 나타낸다(F=T79). 오히려 T씨는 자신의 좋은 점을 강조하고 자신의 문제점들을 순진하고 세련되지 못한 방식으로 축소하려고 노력했음이 드러났다(L=T61).

T씨의 응답패턴을 보면, 그의 사고와 행동이 종종 이상하고 특이했을 것으로 시사된다. 사고와 집중하는 것에도 어려움을 겪었고 적절한 의사결정을 방해할 정도로 기억력에도 문제가 있었다. 특히 사소한 의사결정을 할 때도 방해를 받을 정도로 기억에 어려움을 겪었다(38/83). 그의 관념도 특이하고 독특했으며 앞뒤가 맞지 않았다. 정신이상을 시사하는 인지적 이탈이나 사고 장애의 신호는 없었다(WSum6=0). 그러나 정신이상의 신호는 없다 해도 단기 정신증 보상작용 실패의 가능성은 여전히 존재한다(38/83).

T씨는 수용되는 행동의 기준이 매우 확실하고 명확한 경우에는 사회적으로 기대되는 기대치에 맞출 수 있지만(P=6), 사건에 대한 인식이 현저하게 부정확하고 비현실적이기 때문에 행동이 충동적이고 깊이 생각하지 않은 채 행동할 가능성이 매우 높다(X-%=.40; Xu%=.20; M-=3). 이런 인식과 사고, 그리고 판단을 할 때 실수하는 경향은 정신이상 때문이라기보다는 T씨가 자신의 개성대로 사건에 접근해서 분석하는 등 제멋대로인 그의 방식과 연관되어 있다. T씨는 상황을 다룰 때 서두르고 비효율적이며, 사건을 되는대로 계산하고, 정보의 핵심적인 부분마저도 놓쳐버리는 경향이 있다(Zd=-3.5). T씨는 자신이 취해야 할 행동 방침에 대해 적극적이고 조직적으로 사고하고 자신이 취할 수 있는 다양

한 선택지들을 고려하지 않고 자신에게 다가온 첫인상이나 모호한 느낌에 따라 행동해 버린다. 다시 말해, 자신이 어떤 행동을 했을 경우에 수반될 수 있는 가능한 문제점들에 대해 신중하게 고려하지 않고 자신이 보기에 "좋아 보이는" 첫 계획을 그대로 추구한다는 것이다. 그의 빈곤한 의사결정, 논리적이지 않고 앞뒤가 맞지 않는 사고, 사건에 대한 부정확한 인식은 술을 마시게 되면 더 악화될 가능성이 크다.

T씨는 불안, 긴장, 걱정 등을 포함해서 상당한 감정적인 혼란을 최근 경험했다(ANX=T72; m=3). 겉으로 보기에 T씨는 슬퍼 보이고 비관적으로 보인다(DEP=T70; D1=T69). 늘 그렇듯이, 그는 자신의 문제와 부정적인 감정 반응을 부인하고 억압하려고 한다(38/83; CP=1). 어쩌면 그는 어려움에 대처하는 것을 회피하기 위해 현실을 받아들이지 않고, 현실의 고통스러운 측면을 인정하지 않고 거부하며, 부정적인 감정을 부인하고 부정적인 반응을 가짜 긍정의 감정으로 대치하려고 할 수 있다(CP=1). 우리는 T씨가 이렇게 부정적인 감정에 대해 방어적으로 반응하는 것이 부모의 거부의 결과, 즉 문제가 있다는 것을 인정하려고 하지 않고 가족 구성원 중 한 명에게 문제가 있음을 부인함으로써 가족의 치부가 외부에 알려지지 않도록 하려고 했던 것의 결과로 발전되었을 것이라고 추측할 수 있다.

T씨는 억압과 부인, 그리고 신체화를 주요 방어기제로 사용하며 이것들에 의존한다. 따라서 감정적인 고통은 신체적인 증상, 특히 두통이나 어지럼증, 가슴통증, 저림, 시야가 흐려지는 것이나 수면 장애와 같이 명확한 의학적 설명을 찾을 수 없는 신체적인 증상으로 전환되었을 것이다(HEA=T66; Hy4=T72; CP=1; An+Xy=1). 이러한 증상들은 급성으로 발병하고 갑자기 시작되며 특별한 의료적 치료 없이도 사라질 가능성이 크다. 또한 그는 이인증상과 같은 비현실감도 보고할 가능성이 있다. 이런 신체적 증상은 그의 불안감을 억제하는 것은 아니며 오히려 그의 불안은 짧은 기간이지만 주된 근심거리인 신체적인 문제로 일시적으로 옮겨지면서 사라지게 된다.

T씨는 상당히 미성숙하고 의존적이며 타인들로부터의 관심과 애정에 대해 과장된 욕구를 가지고 있다(38/83; Food=1). 그러나 그는 수줍어하고 내향적이며 타인들로부터 소외감을 느낀다. 그리고 사회적 상황에서 불안이 높고 불편감을 느낀다(Si=T66; SOD=T65; Pd4=T90; Si1=T65; Si2=T67). 다른 사람들은 그와의 상호관계를 피했을 것이다. 왜냐하면 그의 행동이 어설프고 부자연스러우며 유치하고 미숙한 것과 더불어 그의 특이하고 비전형적인 생각 때문에 타인들과 소통하는데 어려움을 겪었을 것이기 때문이다. T씨는 타

인들과 관여하는 것에 대해 뚜렷한 양가감정을 경험한다. 왜냐하면 그는 타인들을 믿고 의지할 만한 사람들, 혹은 신뢰할 만한 사람들로 인식하지 않기 때문이다(T=0). 따라서 T씨는 상처받고 실망하며 거절당하고 모욕당하지 않기 위해 종종 타인들을 회피하고 사회적인 상호작용에 접근할 때 경계와 두려움 가득한 불신을 갖는다(Si=T66).

T씨는 타인들로부터 거리를 유지하기는 하지만 누군가에게 일단 애착을 갖게 되면 그 사람에게 매우 의존하게 될 가능성이 크며 상대방이 여성이든 남성이든 상관없이 상대방으로부터 자신의 가치에 대한 확신과 애정을 얻고자 하는 강렬한 욕구를 갖게 된다(Food=1). 특히 자신이 의존하고 있던 사람과의 관계가 끝나거나 끝날 것으로 위협받는 상황이 되면 강력한 감정적인 반응을 하게 되고 무너질 가능성이 크다. 이는 그가 가족으로부터 분리되는 것에 어려움을 겪었을 가능성을 시사하는데, 왜냐하면 그의 강렬한 의존 욕구가 가족들에 의해 채워졌을 것이고 그가 가족들 이외의 다른 사람들과는 매우 제한적인 관여만을 하고 있었기 때문이다. 유기, 즉 버림받는 것에 대한 강렬한 감정적인 반응에 매우 취약한 면과 방어기제로 부인과 신체화를 사용하는 것이 결합된 그의 특성은 반복되는 그의 이력, 즉 할아버지의 사망과 같이 실제로 중요한 관계를 상실했거나 혹은 그가 독립적으로 살겠다고 말했을 때 가족들과 겪었던 갈등이나 여자친구와의 관계가 끝날지 모르는 상황과 같이 중요한 관계를 상실할 것 같은 위협을 느끼게 되면 그 결과로 의학적인 설명을 찾을 수 없는 신체적인 증상을 발현시켜온 점과 정확히 들어맞는다.

T씨의 기록을 보면, 그가 자기 자신에 대해 부정적인 시각을 가지고 있으며 자기 가치에 대해서도 낮은 기대치를 가지고 있다(Egocentricity ratio=.30)는 것을 알 수 있다. 이것은 학업성취도와 관련해서 지속적이고도 고질적인 문제가 있었던 내력과 일관되며 친구들에게 놀림과 따돌림을 당했던 것, 그리고 가족들에게 조차 제대로 된 대우를 받지 못했던 점과도 일관된다. T씨는 현재 자기 비난이나 죄책감을 갖고 있지 않다(FV=0; FD=0). 따라서 자신이 한 행동에 대한 후회나 반성의 신호는 보이지 않는다. 그는 내적 통찰이나 자기성찰 역량이 충분한 것으로 보이지 않는데, 이는 T씨가 자기 자신에 대해 순진하고 심리적으로 잘 이해하고 있지 못하다는 것을 시사한다(FD=0).

앞서 설명된 심리적 특성은 T씨가 68세의 미망인을 살해했을 당시의 심리적인 상태를 이해하는 것과 관련이 있다. 아내와의 별거 이후에 T씨는 급격하고 강렬하게 새로운 여자친구에게 감정적으로 의지하게 되었다. 그들의 관계는 여자친구의 교회 목사가 그녀에게 유부남과 관계를 맺고 있다고 책망한 이후에 변하게 되었다. 이것 때문에 여자친구는 이혼이 얼마나 진행되고 있는지에 대해 그와 언쟁을 벌이게 되었고, 두 사람 사이의 친밀감과 성관계가 줄어들게 되었으며 결국 여자친구가 그에게 관계를 끝내자고 선언하는 지경에 이르게 되었다. 실제 버림받은 상황이든 버리겠다고 위협하는 상황이든 상관없이 버림받는 것에 강렬하게 반응하는 그의 취약성을 감안할 때, 여자친구가 더 이상 그와 만나지 않겠다고 말했을 때 그가 상당한 정서적인 고통과 감정의 소용돌이를 경험했으리라는 것을 쉽게 예측할 수 있다. 이런 상황이야말로 T씨가 심리적으로 붕괴되기 가장 쉬운 상황이다.

T씨는 여자친구가 자신을 떠나겠노라고 협박했을 때 미결 상태인 이혼 문제를 어떻게 해서든 해결해야 한다는 강렬하고도 필사적인 압박을 느꼈을 가능성이 크다. 상황에 대해 무계획적이고 비효율적으로 접근하는 전형적인 T씨의 방식과 일관되게, 그는 충동적으로 좋지 못한 생각을 고안해냈고 이혼을 종결하기 위해 필요한 돈을 얻기 위한 비이성적인 계획, 즉 돈이 많을 것이라고 생각한 미망인에게 강도짓을 해서 돈을 마련하겠다는 계획을 생각해냈다. 그의 판단, 추론, 논리는 살인사건 전날에 마신 술과 코카인 남용 때문뿐만 아니라 그의 감정적 상태와 심리적 분열로 인해 위태로워졌다. 강도짓으로 돈을 빼앗을 수 있을 거라는 기대가 좌절된 것이 확실해 보이자 T씨는 격정적이고 통제되지 못한 감정적 폭발로 반응했다. 이렇게 효과적이지 못한 방어와 빈곤한 의사결정, 그리고 잘못된 생각과 강렬한 감정들이 음주 및 코카인 남용과 결합되어 자기통제를 벗어났고, 결국 심리적 붕괴와 행동적인 퇴행이라는 결과로 나타났다. 살인이 일어난 상황이 기이하고 비이성적이며 억제가 안 되는 것이었음을 보면, 그가 살인을 저지르는 동안 단기적이고 극도로 성애화된 정신증 보상작용 실패를 겪었음이 시사되며 그 점 때문에 나중에 자신이 저지른 살인에 대해 기억하지 못하는 것일 수 있다.

진단적 인상

DSM－IV 축 I 309.28 불안과 우울감을 동반한 적응 장애(adjustment disorder with mixed anxiety and depressed mood)

298.9 정신병적 장애 NOS(psychotic disorder, not otherwise specified)

300.11 전환 장애(conversion disorder)

305.00 알코올 남용(alcohol abuse)

축Ⅱ 301.22 정신분열형 성격 장애(schizotypal personality disorder)

치료를 위한 제언

본 심리평가는 어떠한 치료적 개입계획을 세우기 위해서라기보다는 T씨에게 심리적인 문제가 있을 경우 T씨가 유죄 선고를 받게 되더라도 형량을 경감시킬 수 있는 근거 자료가 되기 때문에 T씨의 변호인이 요청하여 시행되게 되었다. 그럼에도 불구하고 평가의 결과가 구속 수감되어 있는 동안 T씨를 효과적으로 관리하기 위한 목적과 심리적 치료를 위해 유용하게 쓰일 수 있을 것이다.

T씨를 치료하기 위해 다양한 치료적 개입을 시도해볼 수 있으나 반드시 기억해야 할 것은 그가 주요 방어기제로 부인, 억압, 그리고 신체화를 사용한다는 사실이다. 교도소의 의료진들도 그의 경향성, 즉 스트레스를 받는 상황에서 신체적 증상을 발현시키는 경향성에 대해 알고 있어야 한다. 그래야만 신중한 방식으로 응대할 수 있을 것이며 그의 증상에 과잉 반응하지 않으면서도 적절한 조치를 취할 수 있을 것이다.

T씨의 방어적 구조를 고려할 때, 그는 제한된 자기성찰 및 자기반성 역량을 가지고 있을 것이며 따라서 자기 자신에 대한 이해가 매우 피상적이고 고지식할 가능성이 크다(FD=0). T씨는 자신의 감정에 잘 접근하지 못하고 자기가 하는 행동의 원인이 무엇인지, 행동의 동기부여가 무엇인지 잘 파악하지 못하고 있다. 따라서 통찰지향의 심리 치료는 효과적인 접근 방식이 아닐 것이다. 이보다는 지지적 방식이 가장 효율적일 것으로 보인다.

T씨에 대한 치료를 할 때 앞서 언급되었던 사람들과 관련된 갈등에 대한 존중이 필요해 보인다. 한편으로 T씨는 타인들로부터의 강력한 지지, 안심, 위안, 애정에 대한 욕구가 있지만, 그럼에도 불구하고 타인들을 불신하고 두려워하기 때문에 늘 조심하고 자신을 잘 드러내지 않으며 타인들과 엮이는 것에 대해 걱정한다. 따라서 어떠한 치료적 개입을 사용하더라도 서서히 접근해야 하며 우선적으로 지지적인 입장을 취함으로써 T씨의 감정적인 고통을 줄여주고 교도소에 수감되어 재판을 준비해야 하는 스트레스에 그가 효과적으로 대처할 수 있도록 도움을 주는 방식이 되어야 한다. 이와 더불어 여자친구와의 관계가 중단되는 상황에도 잘 대처할 수 있도록 도움을 줄 수 있어야 한다. 왜냐하면 T씨에게는 자신의 재판과 관련된 뉴스보다도 여자친구와의 관계에 생기는 변화가 오히려 감정적인 상태에 즉각적이고 강렬한 영향을 줄 가능성이 크기 때문이다.

T씨가 심리 치료를 받게 된다면, 치료자는 T씨가 행동을 멈추고 상황의 다른 측면에 대해 생각하며 그 행동으로 인한 영향과 결과를 심사숙고함으로써 과거에 했던 것과는 다르게 상황을 더 정확하고 완전하게 바라볼 수 있도록 도와주는 중요한 역할을 할 수 있을 것이다.

Chapter

13

사례 8: 양극성 장애와 ADHD의 감별진단

Chapter 13

사례 8: 양극성 장애와 ADHD의 감별진단

심리평가 의뢰 사유

A씨는 49세의 백인 기혼 남성으로, 우울증 때문에 정신과 치료를 받고 있다. A씨의 우울증의 심각성 수준을 진단해보고 이와 더불어 양극성 장애의 신호가 있는지 여부를 확인하기 위해 그의 정신과 의사가 심리평가를 의뢰했다. 양극성 장애의 가능성이 의심되었던 이유는 반복해서 나타나는 우울증 삽화와 더불어 환자가 자신을 묘사할 때 안절부절못해서 가만히 있지 못하고 주의가 산만하며 생각을 집중할 수 없는데 어떤 경우에는 "생각이 이 생각에서 저 생각으로 화살이 날아가듯" 한다고 묘사했기 때문이다. A씨는 안절부절못하고 주의가 산만한 것이 성인기까지 지속되는 주의력 결핍 및 과잉행동 장애(ADHD)의 증상이 아닌지 궁금해 하고 있다. 마지막으로 치료자의 입장에서는 A씨가 겪고 있는 어려움들이 정동 장애 뿐 아니라 성격 장애와도 관련 있는지 궁금해 하고 있다. 특히 치료자는 A씨의 증상이 자기애적 성격 장애의 진단기준에 맞는지에 대해 궁금해 하고 있다.

기본 배경 정보

임상 면접을 하는 동안 A씨는 자신의 어린 시절 중 많은 부분이 기억나지 않고 자신의 과거가 흐릿하다고 반복해서 이야기했다. 그는 3남매 중 둘째였는데 아버지는 남부 시골마을의 전도사였고, A씨의 표현에 따르면 인생에서 실패한 "애처로운" 사람이었다. 아버지는 구역의 여성신도에게 성적으로 접근했다는 이유로 고발되어 전도사 자리에서 물어나야 했다. 그러나 이 고발사건은 입증되지 않았고 이런 이유 때문에 마을 사람들은 아버지의 경쟁자가 이 일을 꾸며낸 것일 거라고들 생각했다. A씨는 이 사건 때문에 자신의 아버지가 "마을의 웃음거리"가 되었노라고 말했다. 교회의 전도사 자리에서 물러난 이후에 아버지는 이삿짐 센터의 직원으로 일하면서 가족들을 건사했다. A씨가 사춘기 시절과 그 이후 보인 많은 행동은 아버지에 대한 반발이었다고 회고했다. 예를 들어, 십대 때 흡연을 시작한 것도 아버지가 친구에게 자신의 아들은 담배를 피우지 않는다고 자부심 있게 말한 것을 듣고 나서부터였다고 했다.

A씨는 어머니에 대해서는 차갑고 감정을 드러내지 않으며 비판을 잘 하는 사람이라고 묘사했다. A씨가 기억한 한 가지 사건은 어머니가 자신에게 화가 났을 때 무릎을 꿇게 한 다음 자신을 위해 기도하면서 "악마야! 내 아들의 몸에서 물러가라"고 명령했던 것이라고 했다. 어머니는 그의 동생이나 누나에게는 악령을 쫓는 의식을 행한 적이 한 번도 없다고 말했는데, 어머니가 어떤 이유로 그렇게 행동했는지는 알 수 없지만 그 사건을 기억하면서 어머니도 "애처로웠다"라고 말했다. 그의 누나는 A씨에게 말하기를 "너는 너를 돌보는 사람을 계속해서 힘들게 만드는 사람이었어"라고 말했는데 이 말을 듣고 그는 뜻밖이었다고 보고했다.

A씨는 고등학교를 상위 10% 수준의 성적으로 졸업했는데, 이렇게 좋은 성적에도 불구하고 자기 자신에 대해 늘 "게으르고 바보 같다"고 생각했다. 왜냐하면 선생님들로부터 자신이 가진 가능성만큼 충분히 성취하지 못한다는 말을 들어왔었기 때문이다. 중고등학교 때의 행동에 대해 물어봤을 때, A씨는 자신이 안절부절못하고 수업시간에 잠시도 가만히 있지 못했지만, 전도사의 아들이었고 "어항 속에서 살았기 때문에" 늘 자신을 통제하려고 노력했었다고 자신에 대해 설명했다. 그는 수업시간에 자주 지루함을 느꼈고 집중하는 것이 어려웠기 때문에 친구들의 행동이나 교실 밖에서 나는 소음에 의해 쉽게 산만해졌다고 기억했다. 한 가지 일을 시작했어도 그것을 끝내지 못하고 다른 일을 시작하

는 경우가 자주 있었고 결국 숙제를 제대로 끝내지 못하거나 대충대충 해가곤 했었다고 말했다. 또 학교에 책이나 과제물을 가져가는 걸 깜빡하고 잊는 경우도 잦았다고 한다.

A씨는 어린 시절 친구들과 게임할 때 자신의 차례가 돌아오기를 기다리기 어려웠다거나 자기 차례가 오기 전에 미리 해버리는 등과 같은 또래관계에서의 어려움은 기억하지 못했다. 그는 청소년기 때 혼자 있기를 더 좋아하는 아이였다고 묘사했다. 그는 자신의 행동이 가져올 수 있는 결과에 대해 깊이 고민하지 않고 위험한 행동을 충동적으로 했던 경험이 있다고 했다. 예를 들어, 한 번은 교도소의 농장 담을 넘은 적이 있었는데 그 이유는 잡히지 않고 몰래 들어가고 나올 수 있는지를 시험해 보고 싶어서였다고 말했다. 결국 교도소의 경비원에게 잡혔지만 처벌을 받았는지는 기억나지 않는다고 했다. 절도나 거짓말, 무단결석이나 남의 물건을 부쉈던 경험, 혹은 폭력 등과 관련된 전과는 없으며 더불어 신체적 학대나 성폭력 관련 전과도 없다고 했다.

고등학교를 졸업한 이후, A씨는 결혼하기 전 2년 동안 지역의 전문대학에 다녔다. 첫 번째 직업은 공장의 조립라인에서 부품을 조립하는 것이었다. 그는 이런 직업의 특성인 일의 반복을 참고 인내하기가 어려웠고 자주 실수했으며 결국 근무한 지 얼마 되지 않아 공장을 그만뒀다고 보고했다. A씨는 자신이 회사를 그만두지 않았다면 아마도 해고되었을 것이 뻔하다고 강조해서 말했다.

공장을 그만 둔 이후 A씨는 물류회사에 취직해서 일을 시작했다. 이 회사에서는 24년에 걸쳐 근무했으며, 처음 서류정리를 하는 사무직 직원에서 나중에는 홍보 부서의 부사장이 되기까지 줄곧 승승장구 했다고 말했다. 그러나 이렇게 말하는 과정에서도 그는 자신이 승진될 만한 자격이 충분하다고 믿지는 않는 것 같았다. 그는 자신의 경력 전반에 걸쳐서 집중과 과제에 대한 몰입, 그리고 시작한 일의 끝을 내는 것에 어려움을 겪었노라고 말했다. 자신의 직장 상사를 포함해서 회사의 많은 사람들은 그에 대해 많은 장점과 긍정적인 자질을 가진 사람이라고 생각하지만, 스스로는 절대 그렇게 생각하지 않는다고 평가했다. A씨는 자신의 성공이유는 자신의 재능이나 능력 때문이 아니라 주어진 상황을 재빨리 정리하고 "실제로 손에 오물을 묻혀가며 더러운 일을 직접 할 사람"에게 업무를 위임했기 때문이라고 설명했다. "난 실제로 그 일을 하지 않았어요. 그들이 한거죠. 나는 자신의 일에 대해 분명히 알고 실제로 해내는 사람들 20명을 관리감독 했어요. 하지만 나 자신은 내가 무슨 일을 하는지 제대로 안 적이 한 번도 없었어요" 그의 회사 내 위치는 회사가 구조 조정을 단행했던 때, 즉 심리평가를 실시하기 3년 전에 없어졌다.

A씨는 직장을 그만두고 난 후 우울해졌다고 한다. 슬프고 기운도 없었으며 어떤 일에서도 흥미를 느낄 수 없었다고 말했다. 그리고 침대에서 지나치게 많은 시간을 보냈고 세상으로부터 철수했다고도 했다. 매일매일 회사에 가던 날들이 그리웠고 일이 없어진 상황에 대해 강한 반발심이 들었다고 말했다. 결국 정신과 의사를 찾아 치료를 받게 되었고 정신과 의사는 그를 주요 우울 장애로 진단했다. 항우울제 처방과 통찰 지향의 정신과 치료를 받은 결과, 우울증상은 호전되었고 이후 약물 치료와 심리 치료를 종결했다.

A씨는 회사로부터 퇴직금을 후하게 받은 덕분에 은퇴 후 2년 동안은 재정적으로 힘들지 않게 지낼 수 있었다. 본 심리평가를 받기 9개월 전쯤부터 A씨는 아내가 10년 동안 일해왔던 회사에 영업사원으로 취업하여 일하기 시작했는데 아내는 영업에서 "발군의" 실력을 보였지만, 그는 스스로 "나는 그럭저럭 일했어요. 잘하지는 못했죠. 열심히 일하지는 않았어요. 정말 만족스럽지 않았거든요"라고 말했다. A씨는 자신이 영업 방면에서는 초심자일 뿐이라고 여겼고, 일을 이어나가도록 자기 자신을 동기부여하기가 어려웠으며, 그래서 자신이 예전에 일하던 위치와 유사한 자리를 찾고 싶다고 말했다.

A씨는 자신의 현재 상태에 대해 우울보다는 불안한 상태로 묘사했다. 수면은 좋지만 최근 6개월 동안 30 파운드 이상 체중이 불었고, 예전에 비해 에너지 수준은 높아졌지만 들쑥날쑥하다고 했다. 최근 삶에서 재미를 거의 느끼지 못한다고 묘사했는데, 사실은 삶 전반에 걸쳐 스스로에 대한 비판적인 생각을 해왔음을 시인했다. 그는 과연 새로운 직장을 구할 수 있을지 의구심이 든다고 했고, 죽어버리면 이 모든 문제가 다 해결될 수 있다는 생각으로 위안받는다고 말했다. 자살사고에 대한 질문에 A씨는 자기 자신을 해칠 의도는 전혀 없다고 재빨리 대답했고 반복해서 강조했다. 검사자는 A씨가 이것에 대해 확신을 주려고 애쓰는 것은 아닌지 의구심이 들었다. 과거 혹은 현재 시점에서 조증 증상의 존재여부에 대해서는 부인했다. 최근 우울증 때문에 다시 정신과 치료를 시작한 A씨는 기존의 정신과 의사로부터는 더 이상 도움받을 것이 없다고 생각하여 새로운 치료사를 만나보기로 결심했다고 말했다.

그는 과거 혹은 현재 알코올 남용의 경험은 없으며 알코올 중독과 관련된 가족력도 없다. 정신병리와 관련된 가족력은 매우 의미심장한데, A씨의 아버지가 우울증을 앓아왔지만 정신건강 전문가로부터 제대로 된 치료를 받아본 적이 없었기 때문이다. 이에 더해 그의 동생은 베트남 전쟁 참전용사인데 오랫동안 심리적 어려움 때문에 치료를 받았던 이력이 있다. 동생의 진단명은 모르지만 리튬 처방을 받았다는 것은 알고 있다고 했다.

진단적 고려사항

성인 주의력 결핍 및 과잉행동 장애: A씨는 성인 ADHD와 관련된 중요하고도 어려운 진단적 질문을 생각하게 한다. 이 질문은 최근까지도 임상장면에서 접하기 매우 어려웠는데, 왜냐하면 ADHD는 청소년기가 지나면 자연스럽게 치유된다는 믿음이 보편적이었기 때문이다. 성인 ADHD 가능성은, 최근 들어 ADHD가 한때 사람들이 생각했던 대로 아동기와 청소년기에 한정된 것이 아니라 성인기까지 지속될 수 있다는 것이 알려지면서부터 심각하게 다뤄지기 시작했다(Barkley, 1990; Wender, 1995). 성인 ADHD 진단은 아동기 병력이 특히 중요하므로 우선적으로 어린 시절로부터 얻은 데이터에 기반하여 내려진다. 아동기 병력은 성인 ADHD진단에 매우 핵심적인데, 왜냐하면 ADHD 증상이 아동기에 발현되어야 하기 때문이다; 만약 아동기에 증상이 발현되지 않았다면 성인 ADHD로 진단내릴 수 없다. 이에 더해 다른 정신질환의 가능성도 조심스럽게 살펴봐야 한다. 왜냐하면 주의력 결핍, 집중력문제, 안절부절못함, 임무 완수에 실패, 그리고 충동성 등은 양극성 장애나 불안 장애, 우울 장애, 혹은 성격 장애의 증상으로도 나타나기 때문이다.

MMPI-2나 로르샤하 중 어느 것도 직접적으로 성인 ADHD 여부를 감별해주지 않는다. 그럼에도 불구하고 이 검사들을 통해 다른 정신질환, 즉 조증, 우울증, 혹은 불안증의 발현유무와 관련된 중요한 정보를 얻을 수 있다. 물론 위의 질환들이 있다고 해서 그것이 성인 ADHD의 가능성을 배제하는 것은 아니다. 왜냐하면 심리적 장애가 ADHD와 함께 나타날 수도 있기 때문이다.

A씨의 어린 시절 경험을 보면, 안절부절못하고 잠시도 가만히 있지 못하며 주의산만과 오랫동안 집중하는 것에 어려움을 겪은 것, 그리고 과제를 완수하지 못하거나 물건을 자주 잊어버리는 것, 지시를 끝까지 따라 하지 못하는 것과 충동적인 행동 등 전형적인 ADHD의 증상들을 보여왔음을 알 수 있다. 따라서 DSM-IV의 진단기준으로 볼 때, 아동기 ADHD에 해당한다. 그리고 이런 증상들은 A씨가 묘사했던 바와 같이, 성인이 되어 직장에서 근무하는 내내 지속되었고 특히 조립공정 라인 업무를 어려워했던 것처럼 성인이 되어서까지도 지속적으로 나타났던 것으로 보인다. 그러나 이것이 현재 그가 성

격 장애나 정동 장애를 앓고 있을 가능성을 배제한다는 의미는 아니다.

양극성 장애: A씨의 심리평가와 관련된 두 번째 이슈는 그가 양극성 장애인지 아닌지의 여부이다. 이와 관련해서는 사례 4번에서 설명된 내용을 참고하기 바란다.

자기애성 성격 장애: DSM－IV(1994)에 따르면, 자기애성 성격 장애와 연관된 특성들로는 거대감, 자신이 특별하고 독특하다는 믿음, 자신에게 특별한 자격과 권리가 있다는 믿음, 타인들로부터의 칭찬과 감탄에 대한 과도한 욕구, 그리고 대인관계에 대한 착취적 접근, 취약한 공감능력, 그리고 질투심에 사로잡히는 특성 등이 있다. 임상적으로 볼 때, 자기애성 성격 장애 환자는 특히 타인의 비판에 종종 민감하며, 실제적 비판이든 암묵적 비판이든 간에 창피와 모욕감으로 반응한다.

MMPI－2나 로르샤하 모두 자기애성 성격 장애와 관련된 특별한 척도나 척도군이 존재하지는 않는다. 그럼에도 불구하고 개념적으로는 몇 가지 검사 변수들이 앞서 묘사된 임상적인 특성들과 연관되어 있다. 예를 들어, 로르샤하의 몇 가지 변수들이 자기애성 성격 장애와 연관된 자기개념 이슈와 관련되어 있다. 즉, 자신에게 특별한 자격과 권리가 있다는 믿음과 웅대하고 오만한 자기상을 가진 사람들은 한 개 이상의 반사 반응이 나오는 경우가 자주 있다. 비판에 매우 민감한 환자들의 경우에는 자기중심성 지표(Egocentricity Index)가 상승하면서 동시에 부정적인 자기상(MOR>2; V>1; FD>2)을 나타내는 응답이 같이 나오기도 한다. 자기애성 성격 장애 환자에게서 종종 나타나는 착취적 대인관계와 취약한 공감능력은 MMPI－2의 4번 척도와 9번 척도의 상승, 그리고 로르샤하의 특정 변수(Fr+rF>0; Egocentricity index>.45; H<(H)Hd(Hd))와 관련될 가능성이 크다. 자기애성 성격 장애 환자의 로르샤하 프로토콜과 MMPI－2 결과에 대한 연구는 기타 DSM－IV의 성격 장애에 대한 연구가 많이 되어있지 않은 것과 마찬가지로 매우 드문 편이다. 따라서 추가적인 연구가 필요하겠다.

MMPI-2 데이터

타당성 척도: A씨는 자신이 겪고 있는 개인적인 어려움과 감정적인 스트레스에 대해 매우 일관된 자세로 정직하고 열려있는 마음으로 검사에 임했다. L, F, K 척도를 보면 A씨의 프로파일이 임상적으로 유효한 결과임을 알 수 있다. 그의 K 척도(T=37)는 사회경

제적 수준을 고려할 때 기대 이하의 수준이며, 이를 볼 때 그가 제한된 개인적 자원을 가지고 있으며 부정적인 자기개념을 가지고 있을 가능성을 고려해볼 수 있다. 이와 더불어 K 점수가 낮다는 것은 그가 최근 스트레스 상황을 겪고 있기 때문에 그의 대처자원이 취약해졌을 가능성도 시사한다.

임상 척도: 20/02 코드타입은 A씨가 사회적으로 내향적인 사람이며 수줍어하고 잘 긴장하는, 감정을 겉으로 잘 드러내지 않는 사람으로서 사람들과 모여 있는 사회적인 상황을 불편해하는 사람임을 시사한다(SOD=T73; Hy1=T34; Pd3=T39). 그는 자신감이 없고 불안정하며 자신이 부적절하다고 느끼기 때문에 늘 남의 시선을 의식하고 눈치를 본다(LSE=T88; Ma4=T30; Si1=T68). A씨는 자신이 잘 알지 못하는 타인과 대화하는 것을 어려워한다. 결과적으로 그는 사회적인 상호작용을 피하고, 그렇게 하기 어려운 상황에서는 가능한 빨리 사회적 상호작용의 상황으로부터 벗어났다. 하지만 A씨는 사회적으로 타인과 상호작용을 하고 만나야 하는 상황을 불편해하고 고통스러워서 혼자 있는 것을 선호했음에도 불구하고, 소외감과 외로움을 느끼기도 하였다(Sc1=T78; Si2=T71).

앞서 기술된 바와 같이, 오랜 시간 지속되어 온 대인관계에서의 어려움, 취약한 사회적 기능, 부정적인 자기존중감 때문에, 그는 약간의 우울한 감정을 종종 느꼈다. A씨가 경험한 우울증은 만성적이고 기질적으로 몸에 깊이 밴 것으로 설명될 수 있다. A씨는 이같이 자주 경험하는 자신의 우울증에 대해 어쩌면 인생의 피할 수 없는 부분의 하나로 받아들였을 가능성이 크다. 그러나 현재 시점에서 A씨가 느끼는 정서는 평상시 느꼈던 우울감보다 더 희망이 없고, 더 비관적이며, 보다 더 큰 공허함이다; 자신의 능력에 대해 더 자주 의구심을 가지며; 자신을 폄하하고 비판적으로 바라보고 있다. 그러다보니 자신이 성취해온 것에 가치를 두지 않으며 타인이 자신을 칭찬하거나 찬사를 보내도 이를 묵살해버릴 것이다(LSE=T88; Ma4=T30). 게다가 지나칠 정도로 걱정하고 자신의 상황을 자기 비판적인 태도로 반추하는 경향이 있다(Pt=T64; A=T75; ANX=T70).

이러한 결과를 볼 때, MMPI-2 데이터는 자기애성 성격 장애 진단을 지지할 만한 근거를 제공하지 못하고 있다. 더불어 웅대함이나 자기중심적, 혹은 특권적 태도로 대인관계를 대하는 특성을 지지할 만한 근거도 보이지 않고 있다. 앞서 논의되었던 바와 같이, 20/02 코드타입은 깊게 뿌리박힌 부정적인 자기상 및 사회적 상호작용을 회피하려는 경향을 시사한다.

● 표 13.1 사례 8. MMPI-2 Profile

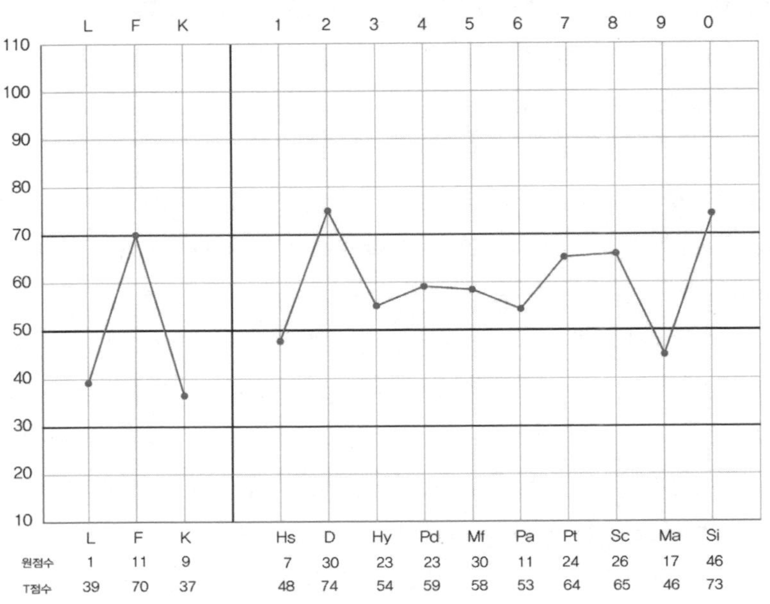

• 표 13.2 사례 8. MMPI-2 내용척도 및 보충척도

	Raw Score	T Score
FB	11	87
True Response Inconsistency (TRIN)	9	50
Variable Response Inconsistency (VRIN)	4	46
Anxiety	28	75
Repression	17	54
MAC-R	19	44
Ego Strength (Es)	35	45
Dominance (Do)	15	45
Social Responsibility (Re)	15	37
Overcontrolled Hostility (O-H)	11	45
PTSD - Keane (PK)	21	72
PTSD - Schlenger (PS)	31	76
Addiction Potential (APS)	21	44
Addiction Admission (AAS)	4	56
Content Scales (Butcher et al., 1990)		
Anxiety (ANX)	14	70
Fears (FRS)	0	35
Obsessiveness (OBS)	5	50
Depression (DEP)	21	80
Health Concerns (HEA)	3	44
Bizarre Mentation (BIZ)	0	39
Anger (ANG)	7	53
Cynicism (CYN)	10	49
Antisocial Practices (ASP)	14	65
Type A (TPA)	9	50
Low Self-Esteem (LSE)	19	88
Social Discomfort (SOD)	18	73
Depression Subscales (Harris-Lingoes)		
Subjective Depression (D1)	17	77
Psychomotor Retardation (D2)	8	65
Physical Malfunctioning (D3)	4	59
Mental Dullness (D4)	8	77
Brooding (D5)	7	79
Hysteria Subscales (Harris-Lingoes)		
Denial of Social Anxiety (Hy1)	1	34
Need for Affection (Hy2)	4	40
Lassitude-Malaise (Hy3)	9	79
Somatic Complaints (Hy4)	3	52
Inhibition of Aggression (Hy5)	4	55

	Raw Score	T Score
Psychopathic Deviate Subscales (Harris-Lingoes)		
Familial Discord (Pd1)	2	51
Authority Problems (Pd2)	7	73
Social Imperturbability (Pd3)	2	39
Social Alienation (Pd4)	5	56
Self-Alienation (Pd5)	7	67
Paranoia Subscales (Harris-Lingoes)		
Persecutory Ideas (Pa1)	1	46
Poignancy (Pa2)	4	62
Naivete (Pa3)	5	51
Schizophrenia Subscales (Harris-Lingoes)		
Social Alienation (Sc1)	9	76
Emotional Alienation (Sc2)	3	69
Lack of Ego Mastery, Cognitive (Sc3)	4	66
Lack of Ego Mastery, Conative (Sc4)	9	87
Lack of Ego Mastery, Def. Inhib. (Sc5)	5	68
Bizarre Sensory Experiences (Sc6)	2	51
Hypomania Subscales (Harris-Lingoes)		
Amorality (Ma1)	4	66
Psychomotor Acceleration (Ma2)	6	53
Imperturbability (Ma3)	3	47
Ego Inflation (Ma4)	0	30
Social Introversion Subscales (Ben-Porath et al., 1989)		
Shyness/Self-Consciousness (Si1)	11	68
Social Avoidance (Si2)	8	71
Alienation -- Self and Others (Si3)	11	68

로르샤하 데이터

분석 결과, 구조적 요약에서 positive로 나온 핵심 변인이 몇몇 있기는 하지만(D<Adj D; CDI=4; DEPI=5), 무엇보다 자살가능성 지표(S-CON)가 positive인 것에 유념할 필요가 있다(S-CON=9). S－CON은 경험적으로 추출된 로르샤하 변수군으로, 다음과 같은 방식으로 개발된 지수이다. 즉 로르샤하를 검사한 후 60일 이내에 자살을 시도했던 59명의 수검자들의 프로토콜을 분석하여 그 중 적어도 30개 이상의 사례에서 공통적으로 나타난 변수들을 찾아냈다. 이 변수들을 선택한 후 자살 성공 집단을 3개의 서로 다른 비교 집단군(정신분열병군, 우울증 입원 환자군, 정상인군)과 비교했고, 이 비교를 통해 실제 자살한 사람들과 비교 집단들과의 차별점을 드러내는 변수군을 확인하였다. S－CON은 이 변수들로

구성되고 그 값이 도출되었다. S-CON을 구성하는 변수 11개 중 8개 혹은 그 이상이 positive인 경우, 가장 최저치 수준의 허위 양성률(실제로는 그렇지 않음에도 자살한 사람으로 구분됨)과 허위 음성률(실제로는 자살한 사람임에도 그렇지 않은 사람으로 구분됨)로 실제 자살에 성공한 사람들을 가장 명확하게 구분해냈다(Exner & Wylie, 1977).

S-CON은 앞서의 연구가 진행된 몇 년 후 규모가 더 큰 자살 실행군(N=101)을 대상으로 재검토되고 교차검증되었다. 한 가지 추가 변수, 즉 MOR 지수가 S-CON 구성변수에 추가되었고(MOR>3) 자기중심성 지표의 기준을 좀 더 정교화하였다. 자살 성공 집단을 이번에도 우울증 입원환자군과 정신분열병군, 그리고 일반인군에 비교해보았다. S-CON은 절단점 8점으로, 가장 최저치 수준의 허위 양성률과 허위 음성률로 자살 집단과 비교 집단군들을 정확하게 구분해냈다. 비록 positive S-CON이 로르샤하 검사를 시행한 수검자가 검사 시행 후 60일 이내에 자기 파괴적인 행동을 할 것이라고 예측하는 것은 아니지만, A씨의 S-CON이 positive인 점이 불길한 신호인 것만은 확실하다. 왜냐하면 이것은 A씨가 자살을 시도하려는 사람들이 보여주는 성격적 특성을 상당히 많이 가지고 있음을 나타내는 것이기 때문이다. 결국 치료자는 그가 자살을 시도할 위험성에 대해 사전에 인지하고 있음으로써 그의 안전을 보장하는 적절한 치료 절차와 단계를 활용해야 할 필요성이 강력하게 시사된다.

S-CON에 대해 살펴본 다음, 우선적으로 고려해야 할 첫 번째 positive 핵심 변인은 A씨가 최근 경험하고 있는 상당한 스트레스를 나타내는 부분이다(D<Adj D). 이는 A씨가 24년 동안 일해왔던 회사에서 누렸던 상급자로서의 위치, 위신, 책임감과 함께 고액의 연봉을 더 이상 받지 못하게 되었고 현재의 직업도 매우 불안정한 그의 상황과도 일치된다. 일상생활에서의 요구에 대해서는 겨우겨우 대처하고 있지만(D=0), 불쾌한 상황에 대처하기에는 A씨의 심리적 자원이 제한되어 있으며, 대인관계 등에서도 제대로 기능하기에 어려움이 있을 가능성이 크다(Adj D=0; CDI=4; EA=3.5).

가용 가능한 심리적인 자원 혹은 자아강도를 의미하는 EA의 값이 평균보다 낮다는 것은 매우 의미심장하다. 왜냐하면 이 결과는 결국 A씨가 스트레스 상황에 처하게 되면 만성적으로 쉽게 흐트러지는 사람일 수 있음을 나타내기 때문이다. 기대치가 구체화되어 있고 구조가 잡혀진 상황에서는 적절하게 기능할 수 있지만, 변하는 상황에 효과적으로 대응하는 것에는 어려움을 겪으며 특히 자신에게 닥친 상황이 모호하고 자신에 대한 기대치가 명확하게 정의되어 있지 않은 상황에서는 더욱 그럴 가능성이 크다. 뒷부분에 자세하게 언급하겠지만, positive DEPI는 이러한 혼란이 전형적으로 우울증을 포함한다는 것을 나타낸다. 현재 시점에서 A씨는 압도된 느낌을 경험하며, 객관적으로 어려운 상황, 특히 그의 연령과 경제 상황을 고려할 때 어려운 상황에 대해 건설적으로 처리할 능력이 없는 무기력한 사람으로 스스로를 인식하고 있다.

A씨는 오랫동안 지속되어 온 우울감에 대한 만성적인 취약성과 눈에 띌 정도로 뚜렷한 기분의 동요를 일상 속에서도 종종 겪었을 것으로 보인다(DEPI=5; CDI=4). 즉, 그는 차분하고 공정한 방식으로 문제 상황에 대응하기보다는 상대적으로 사소한 스트레스에도 차분하고 긍정적이며 자신감을 갖는 기분이었다가 한순간에 날카로워져서 기분이 쳐지고 낙담하고 자기비판적이고 절망적으로 느끼는 식으로 반응할 것이다. A씨는 대부분의 성인들보다 훨씬 더 강렬한 감정을 경험한다(FC:CF+C=1:2) 그의 감정적인 반응은 자주 극단적이고 혼란스러우며 언짢아있으며(Color-Shading Blends=1), 이것이 A씨로 하여금 효과적으로 기능하는 것을 방해했을 가능성이 고려된다.

아마도 이것 때문에 A씨는 감정적인 반응이 건드려지는 상황을 피하고자 했을 것이다(Afr=.40). 그는 자신의 반응 중 이성적이고 논리적이며 이지적인 측면을 강조함으로써 감정으로부터 거리를 유지하려고 애썼으며, 자신이 드러내는 반응 중 감정적인 측면을 부인하려고 한다(Intellectualization Index=7). 그러나 오히려 그런 행동 때문에 A씨는 감정이 수반된 상황을 현실적이고 직접적으로 다루는 능력이 방해되었을 것이다. A씨는 일터에서와 같이 자신의 방어적인 노력이 감정을 잘 통제할 수 있을 때 효과적으로 잘 기능할 것 같지만, 사회적으로 상호작용을 해야 하는 상황처럼 감정적인 반응을 이끌어내는 상황 속에서는 불쾌한 감정적인 반응에 압도당했을 가능성이 크다.

A씨의 자기개념은 극단적일 정도로 부정적이다(Egocentricity Index=.14; MOR=4). 그는 자기 자신을 부적절하고 무능력하며 가치 없는 사람으로 바라본다. 그의 부정적인 자기상은 매우 뿌리 깊은 것으로 오랫동안 지속되어 왔다. 그는 자기 자신을 평가하고 책망하기 위해 자신이 한 행동과 성취, 성격을 자주 살펴보기는 하지만, 자기 자신에 대해 수시로 비판적이고 폄하하며 좋은 점은 거의 보지 않는다.

A씨는 대인관계에서도 어려움을 겪어왔던 경험이 많을 가능성이 있고 사회적인 기술도 매우 취약할 것이다(CDI=4). 이런 어려움들은 앞서 설명했던 바와 같이, 부정적인 감정에 의해 쉽게 압도되기 때문일 가능성이 크다. 특히 사회적인 상황 속에서는 A씨의 자기비판과 무능력함, 그리고 무력감이 자극되기 때문에 더욱 그럴 것이다(Egocentricity

Index=.14; MOR=4; m=4). 이런 그의 불안정감 때문에 그가 느끼기에 남들이 자신의 자존감을 위협하거나 도전한다고 느껴지면, 그들의 의견에 동의하지 않거나 그들의 의사결정에 의구심을 주장하는 등 매우 방어적인 방식으로 대응했을 것이다(PER=4). 결과적으로, A씨는 사회적 대인관계에 대해 거의 흥미를 갖지 못하고 사회적 조우의 상황을 기피했고(T=0; H content<5), 속마음을 잘 드러내지 않는 조용한 편이어서 자신의 개인적 정보를 드러내는 경우에도 마지못해 조심스럽게 드러낸다(T=0). 다른 사람들은 아마도 A씨에 대해 남들과 거리를 두고 사회적인 활동에 참여하는 것에 거의 흥미가 없으며 알아가기에 어려운 사람으로 인식할 것이다.

A씨는 자신의 타고난 지적인 능력을 매우 효과적인 방식으로 사용할 수 있는 능력이 있다. 문제의 상황에 대응하는 그의 패턴을 보면, 가용 가능한 정보를 활용하여 문제를 처리하기 위해 상당한 노력을 기울인다(Zf=11; W:M=12:1). Zf 점수가 평균 수준이기는 하지만, A씨의 경우에는 그의 반응 응답 수가 평균보다 낮기 때문에(R=14) 언뜻 보기에 드러나는 것보다 실제로는 Zf 점수의 의미가 매우 중요하다. A씨는 문제를 해결할 때 자신이 구할 수 있는 사실의 모든 측면을 활용해서 설명하려고 노력하는 등 조심스러우면서도 어쩌면 완벽주의적인 성향도 가지고 있을 것이다(FQ+=2). 게다가 A씨는 정보를 구하고 구성할 때는 조심스럽고 정확하게 접근하지만, 상황을 전형적이고 일상적인 방식에 얽매여 바라보기보다는 창의적으로 바라보는 능력도 가지고 있다(Populars=2; X+%=.50; Xu%=.29; X-%=.21). 이렇게 정보를 조심스럽고 구조화된 형태이면서도 동시에 창의적인 방식으로 통합하고 사용할 줄 아는 그의 역량은 업무 환경에서 문제를 분석하고 전략을 도출해 내기 위한 훌륭한 자산으로 작용했을 것이다. 즉 문제를 해결하기 위한 전략을 도출해 내고 그 전략과 계획을 실행에 옮기기 위한 책임을 다른 사람들에게 위임하는데 중요한 자산이 되었을 것이다. 이런 능력들은 A씨가 업무적으로 성취를 해내고 상당한 책임을 가진 자리에까지 승진할 수 있었던 배경을 이해하는데 매우 중요한 부분이다.

A씨가 전형적인 응답은 거의 하지 않았다는 사실(Populars=2)과 현실 지각력에 문제가 없다는 병전 기록을 고려할 때, 자신이 지각한 것을 특이한 방식으로 표현하는 점은 아마도 상황 속에서 일반적으로 자신에게 기대되는 방식을 무시하고 그 대신 인습에 얽매이지 않는 독특하고 비전형적인 방식으로 대응하고자 했을 가능성을 시사한다. 그렇다고 이런 측면들이 반사회적 방식의 가능성을 의미하는 것은 아니다. 단지 그가 사회적인 행동의 규범에 도전하는 것을 중요시하고 가치 있게 여겼다는 것을 시사한다.

앞서 논의되었던 바와 같이, 로르샤하 데이터는 그가 만성적으로 우울증에 취약한 상태임을 일관되게 보여주고 있다. 현재의 조증 삽화를 시사하는 증거는 제시된 것이 없다.

A씨의 자기개념이 자기애성 성격 장애 환자가 나타내는 자아 상태의 극단적 특성, 즉 웅대함에서 자기가치의 개념이 완전히 소멸된 상태에 이르기까지의 양 극단 사이를 오가며 변동을 거듭하는 특성을 지지하는 징후는 전혀 없다. 게다가 대인관계에서의 착취적인 접근을 시사하는 징후도 발견할 수 없다. 따라서 로르샤하는 자기애성 성격 장애 진단을 지지하지 않고 있다.

사례 8. 로르샤하 프로토콜

Card	Response	Inquiry	Scoring
Ⅰ	(1) (수검자가 팔짱을 끼고 앉음) 음…(한숨) 나뭇잎이요. 책 속에서 눌린 거 같아요. 왁스가 입혀진 파라핀지를 사용하지 않아서 책장의 종이에 고르지 않게 잎의 색이 배였어요. 그리고 떨어져 나간 부분도 있고요. 그래서 색으로 보나 모양으로 보나 어떤 나뭇잎인지 식별할 수 없어요. 그러니깐 이것은 바로 잘못 말려진 나뭇잎이에요.	(검: 수검자의 반응을 그대로 되풀이해준다) 수: 이점들 때문에 아마도 메이플 나뭇잎 같기는 해요. 나뭇잎의 수분이 바깥쪽으로부터 안쪽으로 말라진 것 같아요. 여기 이 부분은 수분 주머니 같아요. 촉촉해 보이는 게 종이 위에 베인 수분들 같아요. 나뭇잎을 떼어낼 때 종이에 달라붙어 있던 것 같아요. 검: 잘못 눌렸다고요? 수: 맞아요. 원래는 색과 모양을 보존하려고 했을 거예요. 검: 색깔을요? 수: 그렇죠. 그런데 이건 아니잖아요. 이건 회색이잖아요. 나뭇잎은 회색이 아니잖아요.	WSo FC'+ Bt 3.5 MOR
	(2) 수: 그게 전부에요. 검: 대부분 사람은 1개의 카드에서 1개 이상의 그림을 봅니다. 수: 아 맞아요. 이건 박쥐에요! 그런데 차에 치인 박쥐 같아요. 고속도로 위에서 납작해진 거예요. 남부로 향하는 고속도로 위에서 깔린 건가? 그냥 농담이에요.(웃음)	(검: 수검자의 반응을 그대로 되풀이해준다) 수: 네. 여기가 박쥐의 작은 손이에요. 작은 손이지만 물건을 움켜잡을 수 있죠. 검: 저에게도 박쥐를 보여주세요. 수: 여기 날개와 몸이 있잖아요. 검: 납작해졌다고요? 수: 완전히 2차원이에요. 완전히 납작해져서 깊이가 전혀 없는 거죠.	Wo Fo A P 1.0 MOR, DV
Ⅱ	(3) 색이 있네요… 음… 네. 모스크바 서커스에서 춤추고 있는 곰들이에요.	(검: 수검자의 반응을 그대로 되풀이해준다)	W+ FMa.CFo (2) A, Cg 5.5 COP

Card	Response	Inquiry	Scoring
	아주 완벽히 춤을 잘 추죠. 밝은색의 모자와 신발을 신고 있어요.	수: 춤추는 곰들이에요. 빨간 모자와 빨간 신발이죠. 검: 곰들이라고요? 수: 잘 모르겠어요. 그냥 모양이 춤추는 곰들 모양 같아 보여요. 마치 곰 한 마리, 곰 두 마리…	
	(4) 이건 스텔스 전투기에요. 지금 전투기가 발견된 거예요. 그래서 기지로 돌아가려고 대공포화가 전투기 주위에서 뻥뻥 터지고 있어요. 이것도 남쪽으로 향하고 있는 것 같네요.(웃음)	(검: 수검자의 반응을 그대로 되풀이해준다) 수: 여기 이 모양이 스텔스기 모양이에요. 후퇴하는 모양인데 이런 모양은 레이더를 흡수하기 위해 이렇게 생긴 거예요. 그렇지만 이것들이 밤하늘에서 터지는 폭발이에요. 검: 폭발이요? 수: 여기 검은 바탕이 밤하늘이고 빨간 부분이 불길이 터지는 거예요.	WS+ ma.CF.C'u Sc,Fi,Na 4.5 AG
Ⅲ	(5) 사람들이 같이 협력해서 물레로 항아리를 만들고 있어요. 이건 남부 캘리포니아 산악지역에 사는 사람들의 새로운 놀 거리죠. 2백만 달러만 내면 주중에 항아리를 같이 만드는 것을 배울 수 있어요. 여기 두 사람이 즐겁게, 항아리가 대칭되게 만들려고 애쓰고 있어요. 사실 서로 잘 맞는 것 같지만 한 명이 다른 한 명보다 훨씬 힘이 세요. 그래서 서로 힘을 조정하는데 어려움이 있어요. 그	(검: 수검자의 반응을 그대로 되풀이해준다) 수: 여기 한 사람 그리고 여기가 다른 사람이에요. 이건 항아리이고요. 행복한 경험인 거예요. 항아리 모양으로, 대칭되게 하려고 하고 있어요. 검: 행복해요? 수: 뭔가 공격적이거나 전투적인 포즈가 아니에요. 뭔가 애를 쓰는 포즈가 아니에요. 즐겁고 재미있는 포즈 같아요. 항아리가 제대로 만들어져서 나오는지 보고 싶어 해요. 함께	D+ Mao (2) H,Art P 3.0 COP, DR

Card	Response	Inquiry	Scoring
	렇지만 어쨌든 재미있고 신나게 하고 있어요. 두 명 모두 이 경험을 즐거웠던 것으로 기억할 거에요.	만들고 있는데 재미있어 하고 있어요.	
Ⅳ	(6) 음… 이건 나라가세트(Naragasett) 인디언의 호간(Hogan) 위로 가을밤에 피어오르는 연기에요. 말리지 않은 나무인 생재(生材)를 태우고 있어요. 왜냐하면 이들이 모아놓은 잘 말려진 장작들은 남쪽으로 이동하기 위해서 이미 실어놨거든요. 이 연기를 충분히 참고 견딜 수 있어요. 왜냐하면 마른 장작을 더 모으려면 아침에 출발하지 못하고 출발이 늦춰지게 될 테니까요. 이건 어렵네요.(웃음)	(검: 수검자의 반응을 그대로 되풀이해준다) 수: 그들이 집단으로 같이 쓰는 공동 난로에요. 호간(Hogan)은 용어고요. 검: 연기요? 수: 회색과 검은색 그늘이 있잖아요. 밤에 연기를 보면 이렇게 생겼잖아요.	Wv ma.YFu Fi,Ay DR
Ⅴ	(7) 음…(한숨) 이건 화석이에요. 150년 동안 영국 박물관에 보관되어 있던 거예요. 과학자들이 여러 세대에 걸쳐서 이걸 연구해왔는데 도대체 이게 뭔지 알지 못했어요. 현재 큐레이터, 어… 이게 맞는 용어인지 모르겠는데, 그게 뭔지에 대한 이론을 알고 있어서 그걸 작은 공룡 화석이 담긴 상자에서 꺼내와서 날개 달린 포유동물이 있는 상자에 넣었어요. 과학자들이 자	(검: 수검자의 반응을 그대로 되풀이해준다) 수: 사실, 짐승의 발가락을 여기 아래에서 보고 있어요. 이걸 보니 화석화된 가닥(digits)이 생각나요. 어쩌면 이렇게 생긴 화석을 아마 본 적이 있던 것 같아요. 검: 카드의 어느 부분에서 그것을 보았나요? 수: 카드 전체가 그래요. 전체 구조가 화석같이 생겼어요. 저한테는… 검: 화석이요?	Wo F− An,Ay 1.0 DR,PER

Card	Response	Inquiry	Scoring
	기가 한 행동을 알아보는지 확인하려고요.	수: 모르겠어요. 어떤 점이 그렇게 생각나게 했는지는…	
Ⅵ	(8) 와… 이건 저쪽 서부에서 온 인디언들이에요. 그들이 해달의 가죽을 벗겨냈는데 그 위로 새 살이 돋아난 거예요. 아니 살이 아니라 털이요. 털이 그 위로 자라난 거예요. 그래서 그걸 정확한 명칭은 잘 모르겠는데 그 어떤 의식을 하는 장소 같은 것의 벽에 못 박아 붙이기로 했는데… 그 장소는 마을을 공격하는 곰들에게 어떤 토템의 효과가 있기를 희망하면서 의식을 치르는 곳이에요. 그들은 정말로 오늘 어떤 마지막 신호가 나타나기를 희망하고 있어요. 그래서 그들의 노력이 곰을 내쫓는 데 도움이 되었기를 바라고 있어요.	(검: 수검자의 반응을 그대로 되풀이해준다) 수: 네. 이건 가죽 같아요. 그런데 여기 윗부분은 어떤 자연스러운 부분이 없고 초자연적인 것 같아요. 검: 가죽이요? 수: 북서부의 인디언들이 떠올랐고 그들의 동물상과 의복이 같이 생각났어요. 날가죽이나 털가죽 같아요. 검: 털가죽이요? 수: 펼쳐진 거예요. 검: 벽에 붙였다고요? 수: 왜냐하면 아주 빡빡하게 펼쳐져 있으니까요. 쭉 잡아당겼어요. 검: 가죽이요? 수: 여기 다시… 생각이 없어요. 그냥 이야기를 꾸며 만들어낸 거예요.	W+ mpo Ad,Ay 2.5 DR, MOR
Ⅶ	(9) 이건 얼어붙은 툰드라 지역에 카리부가 만들어낸 발자국이에요. 이건 아마 영구 동토층 같네요. 이건 늪지의 곤죽 같은 것들인데 영원히 차가운 거예요. 자 이건 풀을 뜯어 먹으면서 생겨난 발자국 같네요. 카리부들이 여기에서는 뛰어다니지 않았어요. 카리부	(검: 수검자의 반응을 그대로 되풀이해준다) 수: 이 전체 모양이 저한테는 발자국처럼 보여요. 검: 발자국이라고요? 수: 뭔가 크게 느껴져요. 그런데 갈라진 발굽(소나 말 등의)이 아니에요. 검: 풀을 뜯어 먹는다고요? 수: 움직이지 않고 정지해 있는 거죠. 만약 달려서 생	Wo Fu Ad 2.5 DR

Card	Response	Inquiry	Scoring
	들이 뭔가 봄에 자라난 맛있는 이끼를 먹고 있어요.	겨난 발자국이라면 발자국의 크기가 작았을 거고 앞부분의 깊이가 뒷부분보다 더 얕았겠죠.	
	(10) 특이한 환상 산호도(atoll)에요. 이건 위에서 쳐다보는 거예요. 이 산호초는 실제로는 Amelia Earhart가 찍은 사진이고 엄청난 센세이션을 일으켰었어요. 다시 찾아보려고 했을 때는 파도 아래로 사라져 버렸어요. 하지만 우리는 그게 존재한다는 걸 알죠. 왜냐하면 위성 사진으로 볼 수 있으니까요. 겉모양이 150마일 상공에서도 물속 10피트까지 다 보여요.	(검: 수검자의 반응을 그대로 되풀이해준다) 수: 큰 옷감에서 잘린 거예요. 환상 산호도에 대한 이야기는 잠시 그냥 생각나서 만들어낸 이야기에요. 좀 많이 나갔죠. 근데 이제 다시 돌아왔어요. 검: 위성 사진이요? 수: 선명해 보이지 않는, 불분명한 부분이 있어서요. 환상 산호도는 대칭적으로 생겼어요. 검: 불분명해 보인다고요? 수: 초점이 맞지 않았어요. 아니면 필름이 이걸 담기에는 수준이 떨어지는 거일지도 모르죠. 검: 150피트 상공에서 보이는 거라고요? 수: 이것도 그냥 이야기를 만들어낸 거예요. 바다로 뒤덮인 거죠.	Wo FDo Ls,Art 2.5 DR
Ⅷ	(11) 민족지학과 관련된 그림들이 정말 많네요. 이건 고고학자가 톨텍(Tolteks) 제단 위의 석판을 뒤집었을 때 발견된 그림이에요. 제단에 대한 이야기가 많이 쓰여 있었고 거기 묻은 핏자국에 대해서 사람의 것인지 아	(검: 수검자의 반응을 그대로 되풀이해준다) 수: 어쨌든 그건 가문의 문장이에요. 검: 어디에서 그걸 보신 건가요? 수: 여기 이 분홍색 모양을 보고 가문의 문장이라고 생각했어요. 뒷발로 일어선	Wo F+ Art,Ay,A 4.5 DR

Card	Response	Inquiry	Scoring
	니면 동물의 것인지 많은 호기심이 들어서 어떤 사람이 자신이 그 석판을 뒤집을 수 있다고 생각했어요. 그래서 돌려놓은 돌들을 관찰해보니 문장을 발견했어요. 아마도 피라미들을 건설한 지배가문의 것이겠죠? 그것에는 육지의 생물이 아닌 바다의 생물이 강조하듯이 새겨져 있어요. 이런 점 때문에 고고학자는 아마도 과거에 이 지역을 바다가 덮었던 것은 아닌가? 그것에 대한 전설이 있지 않을까에 대해 의심해보기 시작했어요.	사자처럼요? 여기에는 바다 생물이 일어서있어요. 이 회색은 아마도 가오리나 다른 바다 생물체 같아요. 검: 핏자국이요? 수: 아니요. 실제 그걸 본건 아니에요. 이 이야기의 핵심은 어떤 사람이 돌을 들어 올려서 그 아래를 보면서 돌이 제 자리에 잘 맞게 놓인 것인지 본다는 거에 있어요.	
Ⅸ	(12) 와(놀람) 맞아요. 이건 George Crapper, 화장실을 발명한 사람이에요. 그리고 그 사람이 가짜 벽난로를 발명한 사람이기도 해요. 색깔을 입힌 은박 호일 끈들로 만들어졌어요. 바람을 불어넣으면 호일 끈들이 막 손뼉 치듯이 부딪히는 거죠. 집안의 막내아들이었기 때문에 풀무질 하는게 용납되었죠. 켈트족의 휴일에 불을 피우며 폭죽처럼 소리 나게 하는 것은 크나큰 영광이죠.	(검: 수검자의 반응을 그대로 되풀이해준다) 수: 제가 봤던 가짜 벽난로같이 생겼어요. 색깔이 있는 은박 호일에 바람을 불어넣는 장치로 바람을 불어서 만드는 거죠. 불같이 생겼는데 진짜 그런 것 같네요. 검: 어디에서 불을 보았는지 저에게도 불을 보여주세요. 수: 이게 뭔가 어떤 사람이 알루미늄으로 불을 피우려고 시도하는 것 같아요. 불 그 자체가 아니라 불 모양이요. 휴일에, 우리가 뭔가 크리스마스 때처럼 나눔의 정신을 표현하는 그런 상	Wo ma.FCu Fi,Sc 5.5 DR2, PER

Card	Response	Inquiry	Scoring
		징적인 때에 사용하는 건 괜찮다고 생각해요. 예를 들어 산타 할아버지는 나눔의 기쁨을 상징하잖아요. 그런 생각을 복사한 거예요. 하지만 진짜 불을 피우는 것보다 이게 훨씬 쉽잖아요. 그리고 켈트라고 말했던 건 휴일이 저한테는 뭔가 늘 이상하게 느껴지기 때문에 그랬어요.	
X	(13) 음… 아, 이건 크리스털이에요. 사실 안과 의사가 처음으로 안경을 만들 수 있도록 그 아이디어를 줬던 처음의 그 크리스털이에요. 원하는 안과적 효과가 나타날 수 있도록 크리스털을 키울 수 있어요. 그래서 안과 과학의 새로운 세계를 열었지요.	(검: 수검자의 반응을 그대로 되풀이해준다) 수: 네. 예전에 한 번 크리스털이 어떻게 만들어지는지에 관한 책을 읽은 적이 있어요. 그게 제가 크리스털에 대해 알고 있는 전부지만요. 크리스털의 구조는 얼룩을 보면 알 수 있다더라고요. 그래서 크리스털을 만드는 사람들이 특정한 구조를 보여주기 위해 얼룩을 사용한대요. 여기 이 빨간색이 얼룩을 사용하기 위한 빨간색이죠. 잘 기억이 나지는 않아요. 검: 크리스털이요? 수: 모르겠어요. 모든 카드에서 오른쪽이 왼쪽이랑 완전히 똑같아요. 그게 항상 문제인 거 같아요. 오른쪽이랑 왼쪽이 완벽하게 똑같은 게 뭘까 그걸 찾으려고 고민했어요.	Dv F− Id PER,DR2

Card	Response	Inquiry	Scoring
	(14) 그리고 또… 아니에요. 음… 예전에 제가 입었던 재킷에 묻어있던 얼룩과 진짜 비슷하다고 말하려고 했어요. 정말 이상한 모양이었죠. 바로 이런 모양이었어요. 곰팡이류, 흰곰팡이 같은 것들이 만든 거죠.	(검: 수검자의 반응을 그대로 되풀이해준다) 수: 네. 그건 이렇게 색깔이 다양하지 않았어요. 겨드랑이에 생긴 얼룩이었어요. 오래 입어서 얼룩이 심하게 생겼었고 그걸 1년이나 지난 다음에 알아챘어요. 그 모양이 바로 이런 모양이었어요. 검: 어떤 점이 그 얼룩을 떠오르게 했나요? 수: 몰라요. 그 옷감이 파란색이었어요. 제 기억으로는. 색깔 때문에 떠오른 건 아니고 무늬 때문에 생각났어요.	Wv F− Id PER,MOR

• 표 13.3 사례 8. 구조적 요약지

```
CASE08.R3=================== STRUCTURAL SUMMARY ============================

 LOCATION                DETERMINANTS              CONTENTS       S-CONSTELLATION
 FEATURES          BLENDS              SINGLE                     NO..FV+VF+V+FD>2
                                                H    = 1, 0      YES..Col-Shd Bl>0
 Zf     = 11      FM.CF              M  = 1     (H)  = 0, 0      YES..Ego<.31,>.44
 ZSum   = 36.0    m.CF.C'            FM = 0     Hd   = 0, 0      YES..MOR > 3
 ZEst   = 34.5    m.YF               m  = 1     (Hd) = 0, 0       NO..Zd > +- 3.5
                  m.FC               FC = 0     Hx   = 0, 0      YES..es > EA
 W   = 12                            CF = 0     A    = 2, 1      YES..CF+C > FC
   (Wv = 2)                          C  = 0     (A)  = 0, 0      YES..X+% < .70
 D   =  2                            Cn = 0     Ad   = 2, 0       NO..S > 3
 Dd  =  0                            FC'= 1     (Ad) = 0, 0      YES..P < 3 or > 8
 S   =  2                            C'F= 0     An   = 1, 0      YES..Pure H < 2
                                     C' = 0    Art   = 1, 2      YES..R < 17
   DQ                                FT = 0     Ay   = 0, 4        9.....TOTAL
 .........(FQ-)                      TF = 0     Bl   = 0, 0
  +  =  4   ( 0)                     T  = 0     Bt   = 1, 0      SPECIAL SCORINGS
  o  =  7   ( 1)                     FV = 0     Cg   = 0, 1             Lv1     Lv2
 v/+ =  0   ( 0)                     VF = 0     Cl   = 0, 0      DV   =  1x1     0x2
  v  =  3   ( 2)                     V  = 0     Ex   = 0, 0      INC  =  0x2     0x4
                                     FY = 0     Fd   = 0, 0      DR   =  7x3     2x6
                                     YF = 0     Fi   = 2, 1      FAB  =  0x4     0x7
                                     Y  = 0     Ge   = 0, 0      ALOG =  0x5
    FORM QUALITY                     Fr = 0     Hh   = 0, 0      CON  =  0x7
                                     rF = 0     Ls   = 1, 0       Raw Sum6 =  10
     FQx  FQf  MQual  SQx            FD = 1     Na   = 0, 1      Wgtd Sum6 =  34
  +  =  2    1    0     1            F  = 6     Sc   = 1, 1
  o  =  5    1    1     0                       Sx   = 0, 0      AB   = 0    CP  = 0
  u  =  4    1    0     1                       Xy   = 0, 0      AG   = 1    MOR = 4
  -  =  3    3    0     0                       Id   = 2, 0      CFB  = 0    PER = 4
 none=  0   --    0     0          (2) =  2                      COP  = 2    PSV = 0
=================== RATIOS, PERCENTAGES, AND DERIVATIONS ===================

 R = 14         L =  0.75              FC:CF+C = 1: 2     COP = 2     AG = 1
 -----------------------------------   Pure C  =    0     Food        = 0
 EB = 1: 2.5  EA =  3.5  EBPer= N/A   SumC':WSumC= 2:2.5  Isolate/R   =0.29
 eb = 5: 3    es =  8        D =  -1    Afr      =0.40    H:(H)Hd(Hd)= 1: 0
          Adj es =  5    Adj D =   0    S        = 2      (HHd):(AAd)= 0: 0
 -----------------------------------   Blends:R= 4:14    H+A:Hd+Ad   = 4: 2
 FM = 1  :  C'= 2   T = 0               CP       = 0
 m  = 4  :  V = 0   Y = 1
                                 P    = 2        Zf  =11          3r+(2)/R=0.14
 a:p    =  5: 1   Sum6  = 10     X+% =0.50       Zd  = +1.5       Fr+rF   = 0
 Ma:Mp  =  1: 0   Lv2   =  2     F+% =0.33    W:D:Dd =12: 2: 0    FD      = 1
 2AB+Art+Ay= 7    WSum6 = 34     X-% =0.21       W:M =12: 1       An+Xy   = 1
 M-     =  0      Mnone =  0     S-% =0.00       DQ+ = 4          MOR     = 4
                                 Xu% =0.29       DQv = 3

============================================================================
 SCZI = 2    DEPI = 5*    CDI = 4*    S-CON = 9*    HVI = No    OBS = No
============================================================================
```

• 그림 13.1 **사례 8. 반응영역 기록지**

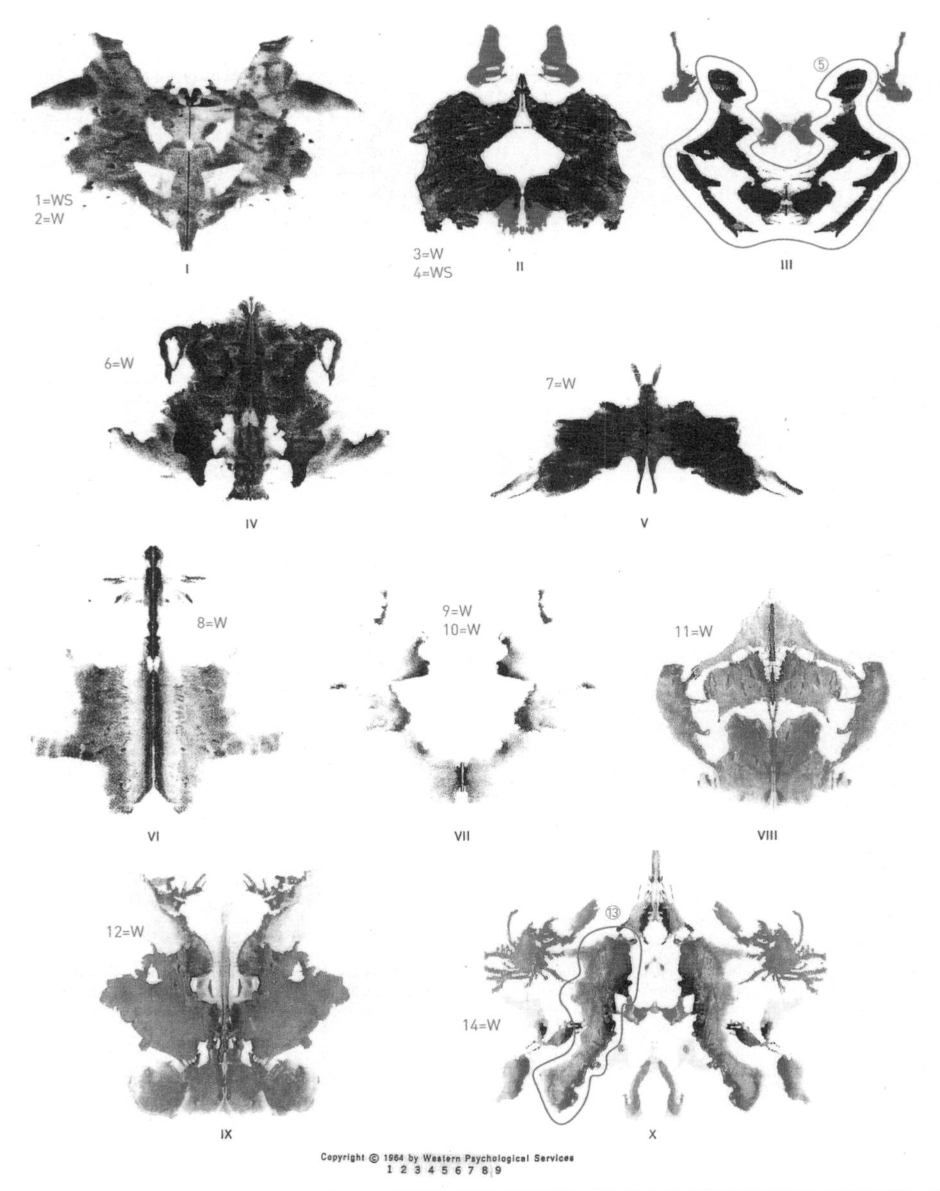

논평

MMPI-2와 로르샤하의 결과 데이터 모두 A씨의 정동의 양상, 자기상, 그리고 대인관계 기능 측면에 대해 매우 유사하게 설명하고 있다. MMPI-2와 로르샤하는 A씨에 대해 만성적으로 쉽게 우울해지는, 우울에 취약한 사람으로 묘사하고 있다. 즉, 만성적으로 자기 자신에 대해 비판적이고 부적절감과 무능력감, 그리고 남들보다 열등한 사람이라고 느끼며, 사회적으로 불편감과 불안함을 느껴서 철수하는 사람으로 묘사하고 있다. 그리고 두 가지 검사 모두 A씨가 삶에서 벌어지는 스트레스 상황에 대처하는데 있어 제한적인 심리적 자원을 가지고 있다는 것에 동의하고 있다. 이렇듯 MMPI-2와 로르샤하 검사 결과 모두 그가 오랫동안 심리적, 대인관계적 어려움들을 겪어왔다는 것으로 수렴되고 있기는 하지만, 로르샤하는 A씨가 현재 삶의 어려움에 압도되지 않으려고 고전하고 있음을 보여주는 반면 MMPI-2에서는 이를 시사하는 결과가 보이지 않았다.

로르샤하는 A씨의 성격스타일 및 MMPI-2에서는 나타나지 않은 방어작용과 관련된 정보를 보여주었다. A씨의 로르샤하 응답은 그가 감정이 건드려질 것 같은 상황을 회피하고 이지화 방어를 사용함으로써 감정적인 반응을 통제하려고 애썼다는 점을 보여주고 있다. 또한 문제를 구조적이고 창의적인 방식으로 해결해내는 A씨의 능력과 힘을 강조했다. 이에 더하여 로르샤하 응답은 상황 속에서 자신에게 기대되는 일반적인 응답 방식을 무시하고 그것에 도전하고자 하는 욕구를 시사하는데, MMPI-2를 통해서는 이것이 드러나지 않았다.

MMPI-2와 로르샤하 모두 A씨를 만성적으로 쉽게 우울해지는, 우울에 취약한 사람으로 묘사하고 있다. 현재의 조증 삽화에 대해서는 MMPI-2와 로르샤하 검사 모두 어떤 증거도 제시하지 않고 있다. 따라서 그가 말하는 증상, 즉, 집중하기 어렵고 생각에 몰두하기 어려우며 관심을 지속하기 힘들다는 보고는 조증 삽화로는 설명되지 않는다. 이러한 어려움들은 ADHD의 잔유 증상이거나 아니면 감정적으로 문제가 되는 주제에 사로잡혀 있으면서 그것에 대해 반추하는 특성이 반영된 것일 수 있다.

MMPI-2와 로르샤하 검사 중 어느 것도 자기애성 성격 장애 진단을 지지하지 않고 있다. 즉, 웅대감, 거만한 자기상, 자신에게 특별한 특권이 있다는 생각, 혹은 대인관계에서 착취적인 특성 등 자기애성 성격 장애 환자들의 전형적인 특성을 지지하는 증거도 전혀 나타나지 않았다. 아마도 치료자가 자기애성 성격 장애 진단을 고려한 것은 A씨가 비판에 매우 민감하고 매우 방어적으로 행동했기 때문일 수도 있다(PER=4). 이 사례에서 보인 비판에 대한 민감성은 자기애성 성격 장애 환자들의 특성에서 보이는 자기 웅대감에서 위축된 자기상으로의 널뛰기와 관련되어 있다기보다는, 만성적으로 느껴온 부적절감과 낮은 자존감에 기인한 것으로 보인다.

MMPI-2와 로르샤하 결과의 통합

A씨는 MMPI－2 검사에 정직하고 솔직한 태도로 응답했다. 원래 성격에 깊게 베일 정도의 만성적이고 오랜 기간 지속되어 온 우울증을 경험하고 있던 A씨는 현재 상당 수준의 우울증이 더해지면서 심리적 고통을 경험하고 있다(20/02; CDI). A씨는 사소한 스트레스 상황에서도 쉽게 우울해지고 걱정하며 압도되곤 하는데, 그 결과 그의 만성적인 우울증이 주기적으로 악화되는 결과가 초래되었다(DEPI=5). 그는 감정기복도 큰 편인데, 상대적으로 사소한 스트레스 상황에서도 차분하고 긍정적이고 자신감 있는 기분이었다가 갑작스럽게 자기 비판적이고 무력감과 낙담을 느끼는 기분을 경험하는 등 감정이 변동되기도 했을 것이다(20/02; DEPI; CDI; Color-Shading Blend). 한편, 임상 면접이나 검사 결과 데이터를 봤을 때, 양극성 장애를 나타내는 증거는 전혀 제시되지 않았다. 따라서 A씨가 집중하기 어렵고, 사고에 몰두하기 힘들며 집중을 지속하기 어렵다고 보고한 것은 조증 삽화로는 설명되지 않는다. 이러한 어려움들은 아마도 ADHD의 잔유 증상이거나 혹은 감정적으로 고통을 겪고 있는 주제에 사로잡혀 있거나 그에 대해 반추하는 A씨의 특성이 반영된 것일 수 있다.

A씨의 오랜 시간 동안 지속되어 온 우울증의 중요한 특성은 매우 낮은 자존감이다(20/02; LSE=T88; Ma4=T30; Si1=T68; Egocentricity Index=.14; MOR= 4). A씨는 지속적으로 뿌리 깊은 부적절감과 자기 자신에 대한 의구심, 그리고 열등감 때문에 괴로워해왔다. 그는 종종 자신이 한 행동과 성취, 성격에 대해 평가하고 비판하기 위해 자주 살펴보지만, 자기 자신을 강하게 비판하고 폄하하는 태도로 바라보며, 자신에 대해 좋게 생각하는 것이 거의 없다. A씨의 부정적인 자기상을 감안할 때, 그가 자신의 강점과 재능을 알아차리기 매우 어려웠을 것으로 보이며 자신이 이룬 성취나 성공경험에 대해서도 명예롭게 생각하기도 쉽지 않았을 것이다. 그는 타인이 자신을 칭찬하고 찬사를 보내도 그것을 거절하고 무시하며 의미를 최소화했다. 이렇게 자기 의심이 오랜 기간 이어져오게 했을 원인 중 하나는 ADHD였을 것이다. 그는 아동기에 진단을 받지는 않았지만, 학교에서 잠재력

에 상응하는 결과를 내지 못한다는 말을 들어왔고 성인이 되어서도 업무성과에 있어서 제 역량을 제대로 발휘하지 못한다는 평가를 반복적으로 들으면서 확실하게 자기의심을 경험하게 되었을 것으로 보인다. 그의 부정적인 자기상의 또 다른 요인은 그가 자신의 부모에 대해 가지고 있는 시각, 즉 부모를 한심하고 무기력하며 특히 자신의 아버지를 실패자로 바라보는 시각과 연관된다. 비록 A씨가 의식적으로는 자신의 부모를 역할 모델로 생각하고 있지 않고 자신과 부모 사이에 거리를 두려고 하고 있지만, 부모에 대한 이러한 부정적인 감정으로 인해 긍정적인 자기상의 발달이 방해를 받았을 가능성이 매우 크다.

A씨는 지난 24년 동안 근무해왔던 직장, 연봉과 직급이 높고 특별대우와 책임이 큰 자리에서 일해왔던 곳에서 해고된 이후에 상당한 스트레스를 겪고 있음을 보고했다. 현재 그는 경력을 어떤 방향으로 추구해야 하는지 불확실하게 느끼고 있으며 현재의 직업에 불만족하고 있다. 살아가면서 생기는 대부분의 일을 처리할 수 있다고는 해도, 불쾌한 상황에 대처하기에는 제한적인 심리적 자원을 가지고 있으며, 결과적으로 스트레스 받는 상황이 되면 만성적으로 아주 쉽게 흐트러졌다(CDI=4; EA=3.5). 현재 그는 걱정스럽고 불안하며 압도된 느낌을 받고 있다. 그리고 자기 자신을 무기력하고 특히 그의 나이와 경제적인 환경을 고려하여 객관적으로 봤을 때 어려운 상황을 건설적으로 처리할 역량이 없는 사람으로 인식하고 있다(LSE=T88; Ma4=T30; Si1=T68; m=4). A씨는 스스로 한계가 많고 단점과 부족함이 많은 사람이라는 생각 속에 살고 있을 가능성이 크다. 따라서 결과적으로 그는 자신의 개인적인 강점을 활용해서 긍정적인 결과를 성취해내려고 적극적으로 나서기보다는 수동적으로 철수할 것이다. 그의 어찌할 수 없는 무기력한 공포는 부정적인 자기상 및 다른 직업을 못 구할까봐 겁내고 있는 두려움에 기인한 것으로 보인다. 또한 자신이 과거 직장에서의 직급에 어울리는 수준의 직장을 구하지 못하고 결국에는 실패할 것이라고 염려하고 있다. 이런 생각은 자신도 결과적으로는 자신의 아버지가 그랬던 것과 똑같은 "애처로운 실패자"가 될 것이라는 두려움을 반영하는 것일 가능성이 있다.

A씨는 사회적인 상황 속에서는 자주 편안하지 않고 불안하며 어색함을 느낀다(20/02; SOD=T73; Hy1=T34; Pd3=T39; CDI=4). 이는 상당 부분 그가 느끼는 열등감 및 비판이나 거부에 대해 매우 민감하게 반응하는 점 때문일 것이다. 타인과의 상호작용이 자기비판적인 생각을 불러 일으키고 자신이 무능력하고 부적절하다는 느낌을 갖게 만들며 이런 생각

에 대해 반추한다(Egocentricity Index=.14; MOR=4; m=4). 그의 이 같은 불안정성 때문에 그는 자신이 타인들로부터 위협받는다고 느끼면 매우 방어적으로 대답했을 가능성이 크다(PER=4). 예를 들어, 만약 남들이 A씨의 의견에 동의해주지 않거나 그의 의견이나 의사결정에 문제를 제시하는 경우 그는 남들의 이런 행동을 자신의 자존감에 대한 위협으로 해석하기 때문에 방어적으로 행동했을 것이다.

부적절감과 열등감, 그리고 무능감을 느껴야 하는 위험을 줄이기 위해, A씨는 사회적인 상황에 대한 회피를 선호했고, 특히 그가 잘 알지 못하는 사람과 어쩔 수 없이 함께 해야 하는 상황에서는 가능하면 신속하게 그 상황을 떠나려고 했다. 타인들과 함께 있을 때 안전감을 느끼는 것이 어려웠기 때문에 A씨는 말없이 내성적이고 조심스러운 태도로 행동했고; 타인들과 거리를 유지했으며; 남들에게 드러내야 할 때 매우 조심스럽고 신중했다(T=0). 따라서 다른 사람들은 A씨를 냉담하고 자신들과 함께 있는 것에 거의 흥미가 없는 사람이며 가까이 하기에 어려운 사람이라고 인식했을 것이다(T=0; Hcontent=1). 불행하게도 이런 점들 때문에 그는 더욱 외로웠고 남들로부터 지지받지 못한다고 느꼈으며 결과적으로 만성적인 우울증을 더욱 깊어지게 만들었다(20/02; Isolation Index=.29). 남들과 함께 있을 때 느끼는 불편함, 내성적이고 남들과 유리된 듯한 행동, 그리고 방어적으로 반응하는 행동 경향성들은 영업을 할 때 중요한 영향을 미쳤을 것이며, 이 직업을 지속적으로 추구해야 하는지에 대한 동기부여에도 영향을 미친 것으로 보인다.

A씨는 이지화, 합리화, 그리고 부인 방어기제를 통해 정서적인 반응으로부터 거리를 두었다(Intellectualization Index=7). 이런 방어 스타일은 겉으로 보기에는 A씨가 매우 논리적이고 이성적이고 합리적으로 반응하는 것처럼 남들에게 보이게 하기 때문에 그가 사건들에 신경 쓰이지 않는 것 같은 인상을 줄 수 있다. 그러나 그러한 모습 이면에서 A씨는 끊임없이 우울증과 걱정, 자기회의에 의해 압도당하지 않기 위해 몸부림쳐왔다. 결과적으로, A씨는 그가 가진 감정적인 고통의 깊이를 남들이 알아차리지 못하도록 감정을 숨기고 부정하는 것에 성공해왔을 것이다.

A씨의 반응은 그가 자신의 이지적인 능력을 매우 효과적이고 창의적인 방식으로 사용해왔다는 점을 지적한다. 그는 문제를 해결할 때 매우 조심스럽고 정확하며 명확하게, 자신이 구할 수 있는 사실의 모든 측면을 활용해서 설명하려고 애쓰는 경향이 있다(Zf=11; W:M=12:1; DQ+=4). A씨는 또한 상황을 전형적이고 전통적인 사고의 틀 안에 갇혀서 접근하기보다는 창의적인 방식으로 볼 수 있는 능력이 있다(Populars=2; Xu%=.29). 이렇게

정보를 신중하게 구조화시키면서도 동시에 창의적인 방식으로 통합하는 능력은 업무장면에서 문제 상황을 해결하기 위해 문제를 분석하고 전략을 만들어내며 이것을 자신의 계획대로 실행하기 위해 권한과 책임을 위임하는데 있어서 매우 중요한 자산이었을 것이다.

A씨는 주어진 상황 속에서 자신에게 기대되는 일반적 기대를 무시하고 비관습적인 방식으로 주로 대응하고자 하였다(Populars=2; Xu%=.29; DR=9). 그러나 이것은 그가 반사회적인 방식으로 행동할 가능성이 있음을 시사하는 것은 아니며, 단지 A씨가 일반적이고 보편적인 행동에 도전하는 다소 독특한 방식으로 행동했음을 시사한다. 우리는 A씨의 이런 스타일이 전도사의 아들로 성장하면서 그가 경험했던 압박과 부모의 가치에 순응하라는 무언의 압력에 대한 반응으로 발달된 것이라고 말할 수 있다. A씨는 자신이 의식적으로 부모의 기대치를 거부해왔고 부모가 신봉하는 전통적인 가치를 무시해왔다고 보고했다. 이는 A씨가 가지고 있는 정체성의 상당 부분이 부모의 가치와 이상에 대한 반발로 형성되었으며 이와 더불어 자신은 부모와 다르다는 것을 증명하고 싶어 하는 욕구에 의해 형성되었다는 점을 의미한다. 예를 들어, A씨는 자신이 "규칙을 깼을" 때 즐거움을 느꼈고 그런 자신의 모습을 자랑스럽게 생각했을 가능성이 있다. 우리는 A씨가 자신의 가치와 이상, 그리고 열망을 구성하고 체계화해나가는 과정에서 긍정적인 정체성을 발전시켜보지 못했기 때문에 자신의 삶에 있어서 명확한 방향이 없는 취약한 사람이라고 볼 수 있을 것이다(Egocentricity Index=.14).

비록 임상 면접의 과정에서 A씨가 자살의도에 대해 부인하기는 했지만 그의 검사 결과는 자살시도를 할 가능성이 상당할 수 있음을 내포하고 있다. 특히 A씨 환경이 악화된다면 더욱 그럴 수 있을 것이다(S-CON=9). 따라서 A씨의 자살 위험에 대해서는 조심스러운 주의가 기울어져야 하며, 특히 A씨가 우울증이나 무기력감을 호소하는 수준이 깊어지면 더욱 주의를 기울일 필요가 있다.

진단적 인상

DSM-IV 축 I 300.40 기분 부전 장애(dysthymia)

296.35 주요 우울증, 재발성, 부분 관해(major depression, recurrent, in partial remission)

314.01 주의력결핍 및 과잉행동 장애(attention deficit hyperactivity

disorder)

축Ⅱ 301.82 회피성 성격 장애(avoidant personality disorder)

치료를 위한 제언

앞서 묘사된 결과는, A씨의 우울 증상과 걱정, 불안감을 줄이고 자존감을 개선시키기 위해 약물 치료와 심리 치료를 병행하는 것이 유익할 것임을 시사한다. 그리고 ADHD의 잔류증상을 치료하기 위한 약물처방도 고려되어야 한다. 치료에 대한 A씨의 반응을 모니터링할 때, ADHD의 증상이 약물로 치료된다면 그러한 개선이 정서적인 고통의 저하로 인한 결과인지, 주의산만의 감소 때문인지를 조심스럽게 구분해내야 한다.

A씨의 인지적인 강점과 변화하고자 하는 동기는 치료 예후에 있어 긍정적인 신호이며, 그가 개인 심리 치료를 통한 효과를 보기 위해 필요한 심리적인 힘을 가지고 있음을 시사한다. 그러나 심리평가 결과를 보면, 개인 심리 치료에 방해가 될만한 몇 가지 요소가 시사된다. 우선 첫 번째로, 감정으로부터 거리를 두려는 경향성과 이지화 방어에 의존하려는 특성으로 인해 타인들이 그의 감정적인 고통과 아픔이 어느 정도인지 그 수준을 알아차리지 못하게 방해할 가능성이 있다. 치료자는 이 이슈에 민감해야 할 것이며, 그가 보고하는 최근의 사건에 대한 반응이나 자신의 현재 기분에 대해 표면적으로 말하는 그대로를 수용하지 않아야 한다.

두 번째로, A씨는 타인과의 접촉을 회피하려는 경향이 있다. 특히 자신의 기분이 저하될 때는 더욱 그렇다. 따라서 가장 도움이 필요한 순간에 치료자로부터 철수할 가능성이 있다. 앞서 강조되었던 것처럼, A씨는 치료자와 충분한 신뢰관계를 쌓아서 치료 과정에서 감정적으로 불편함을 느낀다 하더라도 인내심을 가지고 치료를 지속한다면 심리 치료를 통해 많은 개선을 볼 수 있을 것이다.

세 번째로, A씨는 부적절감과 무능력감, 창피함에 매우 민감한 것으로 보이며 자신이 비판받게 되면 방어적으로 반응한다. 따라서 자신이 취약하다고 느끼는 내면의 삶에 대해 드러내는 것에 대해 저항할 가능성이 있다. 이때 치료자는 A씨가 당황해하거나 방어적으로 느끼는 신호에 대해 민감하게 알아차려야 하며, 이러한 반응을 유발하는 것이 무엇인지, 이런 상황들이 A씨의 자존감에 어떻게 영향을 미치는지에 대해 다룰 준비가 되어있어야 한다. 이렇게 함으로써 A씨가 자신의 가치에 대해 보다 더 일관된 느낌을 유지할 수 있을 것이다.

심리평가의 결과는 A씨가 말로는 자살할 의도가 없다고 강조하고 있음에도 불구하고 자살을 시도할 가능성에 대해 상당한 염려를 자아내고 있다. 따라서 치료자는 A씨의 자살 가능성을 평가해보고 지속적으로 관찰함으로써 A씨의 안전이 보장될 수 있도록 해야 한다.

Chapter

14

사례 9: 업무 복귀 적합성 및 과거 문란한 성관계

Chapter 14

사례 9: 업무 복귀 적합성 및 과거 문란한 성관계

심리평가 의뢰 사유

K씨는 43세의 히스패닉계 기혼남으로서, 3년 전 면허가 취소되기 전까지는 약사로 일했었다. 본 심리평가는 취소된 약사면허를 복원시키기 위한 조치의 일환으로 그의 변호사가 의뢰했다. 심리검사자는 그가 약사로서 관리감독 없이도 일할 수 있는지, 또 효과적으로 일하는 것을 방해할 정도의 심리적 문제가 있는지를 진단하기 위해 본 심리평가를 실시하기로 하였다. 지난 3년 동안 우울증 치료를 받았던 과거력을 고려할 때, 현재의 우울증 여부와 그 심각도 여부와 관련된 특정한 질문들이 다뤄질 예정이다.

기본 배경 정보

앞으로 기술되는 모든 정보는 K씨가 실시했던 임상 면접과 각종 기록을 살펴보는 과정에서 수집된 것들이다. 면접을 하는 동안 K씨는 반복해서 약사면허가 완전히 복원되어야 한다는 점과 아무런 제약 없이 자신의 일을 할 수 있기를 바란다는 희망사항을 강조했다. K씨는 13세에 동네 약국에서 일을 시작한 이래로 줄곧 약사가 되려는 꿈을 가져왔다고 했다. 고등학교를 졸업한 이후 대학에 입학했으나, 아버지가 양극성 장애 치료를 위해 병원에 입원하는 과정에서 발생한 재정적인 어려움 때문에 어쩔 수 없이 그만두게 되었다. 그 이후로 K씨의 아버지는 여러 차례에 걸쳐 병원에 입퇴원을 거듭했지만 K씨는 결국 대학으로 다시 돌아왔고 생물학 및 약학 학위를 취득했다. 대학 재학 중에도 약국에서 아르바이트를 계속했었다.

K씨는 동네 약국에서 약사로 근무했는데, 3년 반 지난 시점부터 약국의 사장과 갈등을 경험하기 시작했다. 상사와 갈등이 있었던 것은 두 가지 이유인데, 하나는 급여 때문이었고 다른 하나는 K씨가 부업으로 했던 가정용 건강관리 제품 영업을 하는 과정에서 그가 근무하는 약국과 경쟁하는 약국에 자신의 제품을 판매했기 때문이었다. 이 일이 있은 후, K씨는 지역의 큰 약국에 수석 약사로 고용되었다. 그의 업무는 채용, 약국 직원의 관리감독, 스케줄링, 재고 관리감독, 대학병원 및 동네병원과의 관계 관리, 그리고 약국과 계약을 하고 있는 보험회사 관리 등이었다. K씨의 업무평가는 7년 동안 내리 만족할 만한 수준이었다.

K씨의 약사면허는 본 심리평가가 시행되기 3년 전에 효력정지 되었는데, 그 이유는 K씨가 규제 약물을 불법적으로 유통한 사건에 연루되었다는 혐의로 조사를 받았기 때문이다. 그는 자신은 그 사건에 연루되지 않았으며 약국의 사장이 자신의 휴무일에 허위 처방전을 작성해서 마약성 약물을 유통한 것이라고 주장했다. 그렇지만 약국 내 모든 약품을 관리 감독하는 것이 K씨의 책임이었기 때문에 그는 처벌을 받았다. K씨는 검사자에게 자신은 약국 사장이 한 짓에 대해 전혀 모르고 있었으며, 그 범죄로 인해 어떠한 이득도 취한 적이 없다고 단호하게 주장했다.

이러한 업무관련 문제와 함께, K씨와 아내 사이의 관계도 점점 소원해지고 있었다. 결혼 18년 차 부부로 슬하에 14살, 11살 된 두 딸을 두고 있지만, 부부관계는 지속적으로 멀어져왔다. 이들 관계는 오랜 기간 매춘을 해왔다는 K씨의 고백 이후 더욱 악화되었는데, 예를 들어 첫 번째 직장에서 매춘부와 약국의 약품저장소에서 성관계를 가졌고, 그 다음날 약국의 사장은 K씨가 약품을 훔쳤다고 고발했다. K씨가 없어진 약품을 변상해주고서야 사장은 고발을 취소했는데, 그는 반복해서 자신은 약품을 훔치지 않았고 약품을 훔친 것은 매춘부였다고 검사자에게 말했다. 그는 이 사건에 대해 자신이 어리고 철없던 때였노라며 “바보 같고 진짜 멍청한 짓”이라고 말했다. 그는 또 다른 지역 약국에서 잠시 일했을 때 밤 11시에서 아침 7시까지 당직근무를 선 적이 몇 주 있었는데, 그 때도 매춘부와 관계를 가진 적이 있다고 보고했다. 그는 검사자에게 당시의 상황을 조심스럽게 설명했는데, 그 매춘부와는 구강성교만 했었고 삽입성교는 한 적이 없다고 강조했다. 매춘부와의 주기적인 성매매는 K씨가 아내에게 고백하는 순간까지 지속되었다.

K씨의 아내는 그의 고백을 들은 후 크게 분노했고 그를 떠나겠다고 위협했다. 그러자 K씨는 더욱 죄책감을 느끼고 우울감에 빠졌다. 그는 또한 그 즈음에 시작된 주정부의 약국 내 불법 약물 유통 조사에 대해 걱정하고 불안해하며 두려워했다. 과거 매춘으로 부부싸움이 있은 후, 그는 유서를 남긴 채 약국에서 가져온 수면제(halcion) 여섯 알을 삼켰다. 아내가 그를 발견했을 때, 그는 의식이 없는 상태였고 옆에서 유서를 찾았기 때문에 아내는 즉시 아는 내과의사에게 연락하여 정신과 병동으로 입원하였다. K씨는 검사자에게 말하기를 당시에 자신이 삼킨 수면제로는 죽지 않는다는 것을 잘 알고 있었지만 그 당시에는 정말 자포자기하는 심정이었다고 설명했다.

병원기록에 따르면, 처음 병원에 왔을 때 K씨는 슬프고 초조해 하고 있었으며 아주 빠르게 말하면서 자살사고를 표현했다. 그리고 자신이 매춘부들과 난잡한 성교를 했었기 때문에 그 결과로 AIDS에 감염되었을 거라는 신체화 망상을 보이며 죄책감에 시달리고 있었다. 종합검진 결과, 신체적 문제는 없었고 2년에 동안 6개월에 한 번씩 실시한 HIV 검사에서도 음성으로 나왔다. K씨는 불안을 줄이기 위해 처음에는 항불안제인 재낵스(xanax) 처방을 받았지만, 그 다음에는 항우울제인 엘라빌(elavil)과 항정신병제인 트릴라폰(trilafon)을 처방받았다. K씨가 입원해 있던 3주 동안 아내는 이혼 소송을 진행했다. 퇴원할 때는 더 이상 자살에 대해 생각하지 않았고 우울증상도 많이 완화되었다. 그렇지만 망상의 강도는 줄었다 해도 여전히 K씨는 자신이 했던 성적 행동에 대한 죄책감과 두려움에 강박적으로 사로잡혀 있었다; 정신과 의사는 이러한 증상에 대해 "병원 내원 당시에는 정신증으로 보일만큼 그 강도가 셌지만 현재는 걱정을 과도하게 과장하는 수준"이라고 설명했다. 그의 정신의학적 상태 때문에 약사면허는 정지된 상태였고 입원해 있는 동안에는 심리검사가 진행되지 않았다.

K씨는 퇴원 후 개인 정신과 치료를 받기 시작했다. 입원 당시 진료한 정신과 의사의 치료가 만족스럽지 않아 퇴원 후에는 다른 병원에 가서 약물처방을 받았고, 사회복지 기관에서 상담 치료를 받기 시작했다. 처음에 슬퍼하고 불안해했으며 울먹이고 어쩔 줄 몰라하면서 말을 빨리했던 것으로 기록되어있다. 진단 시의 첫인상은 격정성 우울증(agitated depression)에 가까웠다. 그러나 정신과 의사는 K씨가 나타내는 증상이 그 동안 그가 해왔던 거짓말, 절도, 결과에 대해 고려하지 않고 여러 차례 매춘부와 접촉했던 점, 그리고 자신이 했던 지난날의 과오에 대해 후회하거나 뉘우치는 점이 없다는 점을 고려할 때, 성격장애, 특히 반사회성 성격 장애일 가능성을 고려하였다. K씨는 약물 치료를 시작한 지 2달 만에 모든 약물 치료를 중단했으며, 6개월 이후에는 심리 치료도 중단하였다.

퇴원한 후 몇 개월이 지난 후, K씨는 이혼한 전부인의 단짝친구이자 그 역시 이혼한 한 여성과 가까운 사이가 되었다. 두 사람은 곧 연애를 시작했고 사귄지 3개월이 되었을 때 결혼하게 되었다. 본 심리평가를 실시하는 시점은 이 커플이 결혼한 지 2년이 지난 시점이다. K씨는 이 새로운 결혼에서의 부부관계에 대해 매우 긍정적으로 묘사했다.

K씨는 병원에서 퇴원한 후 3~4개월이 지났을 무렵 다시 약사로써 일을 시작하려고 했지만 업무에 집중하기가 힘들어 근무한 지 하루 만에 그만두었다. 이후 K씨는 건강관리 회사의 영업사원으로 일을 시작했고, 나름대로 성과가 좋았다고 말했다. K씨의 혐의에 대한 조사가 끝난 후 주정부 감시국에서는 K씨에게 약사로서 업무를 개시해도 좋다는 허가를 내렸지만 반드시 관리감독 하에서만 일할 것을 명령했다. K씨는 검사자에게 자신의 면허에 보호관찰 조건이 붙은 것은 자신이 정신질환으로 치료받았던 병력 때문이라고 말했다. 본 심리평가 실시는 K씨가 9개월째 약사로 근무하고 있던 시점이었다. K씨의 업무평가는 좋았고 그는 자신의 면허에 보호관찰이라는 조건이 붙은 것이 공정하지 못한 것이며, 따라서 약사로서의 경력을 충분히 살리고 다양한 기회를 얻을 수 있도록 자신의 면허가 아무런 제약 없이 회복되기를 바라고 있었다. 주정부 감시국의 제한적 조치에 대한 불만을 표현하면서 그는 "나는 아무런 잘못도 하지 않았기 때문에 주머니에 남은 마지막 한 푼까지 다 털어서" 면허를 복구시키기 위해 싸울 것이라고 강력하게 말했다.

임상 면접을 하는 동안, K씨는 지난 2개월 동안 자신의 기분에 어떠한 비정상성도 나타나지 않았다고 말했다. 수면과 식욕도 정상이었고 집중에도 별다른 어려움이 없으며 자존감 하락이나 자살사고 등도 없다고 말했다. 우울증의 특정한 증상에 대해 물었을 때, 식습관에서도 건강을 의식하고 있고 "아주 좋은" 집중력을 보이며 "거대감이 아닌 자기 확신감을 경험하고 있어요. 에너지 수준도 높고 아주 높은 수준의 자부심도 느끼고 있어요. 그렇지만 아주 겸손하고, 쉽게 화를 내거나 예민한 반응을 보이지는 않아요"라고 대답했다. 그는 과거에 조증 삽화를 경험한 것에 대해서는 인정하지 않았고, 과거와 현재의 알코올이나 약물 남용 경력도 부인했다. 진행 중이었던 심리 치료에 대해 물었을 때, 그는 두 번째 부인에게 자기의 마음을 말할 수 있기 때문에 치료를 받아야 할 필요성을 느끼지 못한다고 대답했다.

K씨는 심리평가에 대해 극도로 불안해하고 걱정하는 듯이 보였다. 예컨대, WAIS－R을 검사하는 동안 답하지 못했거나 틀린 문항에 대해 검사시행 후 검사자에게 문항의 답을 수정하기를 몇 차례에 걸쳐 요청한 점도 이를 설명한다. 임상 면접을 하는 동안에도 그는 아주 빠르게 말했었고 특히 지나치게 세밀하고 구체적으로 대답하는 점 때문에 무슨 말을 하는지 핵심을 파악하기 어려운 등 검사자가 그의 사고의 흐름을 따라가기 어려운 경우도 여러 번 있었다. 그의 기분은 검사 수행동안 분노와 웃음 사이를 오가는 등 매우 불안정(labile)했고, 묻지도 않았는데 자신의 연봉을 말하는 등 자기 자신에 대한 부적절한 노출도 있었다. 또한 부적절한 농담을 하기도 했는데, 예를 들어 인지검사를 시행하는 도중 검사 문항이 K씨에게 미키마우스가 미니마우스와 이혼한 것과 관련된 농담을 떠올리게 한 적이 있었는데, 그 농담을 "그 여자는 열나 머저리야(She's fucking Goofy)!"라고 말하면서 끝맺었다. K씨는 이 농담을 하며 떠들썩하게 웃고 검사자의 무릎을 치기도 했다.

진단적 고려사항

심리검사를 하는 동안 본 심리평가가 어떤 상황에서 의뢰되었는지 잊지 말아야 한다. 특히 이 평가는 변호사에 의해 의뢰되었고, 전문가 면허를 복원시켜 어떤 제약도 없이 전문가로서 일할 수 있도록 하기 위한 노력의 일환이다. K씨의 면허가 보호관찰에 걸려있는 가장 큰 이유는 그의 정신과적 병력 때문이므로 K씨는 자신이 매우 잘 적응하고 있고 전문가로서의 업무를 수행하는데 장애가 될만한 어떠한 심리적인 문제도 없음을 보여주려고 애쓸 가능성이 크다.

따라서 K씨가 자신을 긍정적으로 보이려고 노력할 수 있다는 가능성에 대해 신중하게 주의를 기울여야 한다. 심리평가의 목적이 수검자의 업무 능력을 평가하기 위한 맥락 속에서 이루어지는 것이라면, 수검자가 심리적인 어려움들을 최소화함으로써 긍정적인 인상을 만들려고 노력한다는 점은 충분히 이해할 수 있는 부분이다. 이런 경우는 기업의 채용 전 검사상황이나 업무복귀를 위한 검사 등의 상황에서 흔히 볼 수 있는 장면이다. 이 경우 수검자들은 MMPI를 검사할 때 자신들이 심리적으로 건강하고 도덕적으로 진실하며 자기 자신을 잘 제어하고 긍정적으로 대인관계를 할 수 있는 사람임을 강조하는 방식으로 응답한다. 취업 지원자라면 누구나 자신에 대해 호의적인 인상을 남기고 싶어 하는 자연스러운 동기가 있으므로 취업 지원자의 MMPI 검사 결과에 정신병리적 징후가 조금이라도 나타난다면 이는 매우 심각하게 다뤄져야 한다고 권고되고 있다(Butcher, 1979; Graham, 1993).

특히 MMPI 타당도 척도는 수검자가 자신의 정서적인 문제를 축소하려고 하거나 좋게 보이려고 하는 시도를 구별해내기 위해 개발되었다(Graham, 1993; Greene, 1991). 메타분석을 통해 방어적인 응답자와 정직한 응답자 사이에는 MMPI의 표준 타당도 척도와 보충 타당도 척도에서 유의미한 차이가 있다는 것이 발견되기는 했지만, fake－good 프로파일을 구별해내기 위한 MMPI의 역량은 fake－bad 프로파일에 대한 식별보다 덜 수립되었다(Baer et al., 1992). 일반적으로 좋게 보이고 싶어 하는 수검자 중 세련되지 못하고 순진한 수검자의 경우에는 L 척도가 상승하는 반면 보다 세련된 수검자의 경우에는 K 척도가 상승하는 것이 보통이다. 두 경우 모두 F 척도는 상대적으로 낮은 것이 일반적이다(Grahan, Watts, & Timbrook, 1991; Grayson & Olinger, 1957; Grow, McVaugh, & Eno, 1980; Otto, Lang, Megargee, & Rosenblatt, 1988; Rappaport, 1958; Rice, Arnold, & Tate, 1983; Walters, White, & Greene, 1988; Woychyshyn, McElheran, & Romney, 1992). Gough(1950)는 F와 K 척도의 원점수 사이의 관계를 활용하면 fake－good 프로토콜을 구별해낼 수 있다고 제안했다. 두 척도 사이의 차이가 음의 방향이라면(K가 F보다 클 경우) 이것은 수검자가 좋게 보이려고 노력하는 fake－good일 가능성을 시사한다. F－K 지수값이 몇 점 이상, 혹은 이하여야 fake－good일 가능성이 높은지에 대한 확실한 기준은 아직 마련되지 않았지만, 몇몇 연구자들은 F－K 지수가 -11 이하라면(F-K<-11) 이것은 수검자가 방어적으로 응답했음을 가리키는 것이라고 제안한다(Grow et al., 1980; Hunt, 1948). 그러나 타당한 프로파일과 fake－good 프로파일 사이에 겹쳐지는 부분이 많기 때문에 F－K 지수는 허위 양성 확률, 즉 타당한 프로토콜을 타당하지 않은 프로토콜이라고 잘못 구분해낼 확률이 높다(Cofer et al., 1949; Exner, McDowell, Pabst, Strackman, & Kirkman, 1963; Grow et al., 1980; Hunt, 1948; McAnulty, Rappaport, & McAnulty, 1985). 특히 수검자의 사회경제적 수준이 높을수록 방어적이지 않다 하더라도 K 척도 값이 상대적으로 높게 나올 것으로 기대되기 때문에 오류확률이 더욱 높을 수 있다.

방어적 응답이 로르샤하 결과에 미치는 영향에 대해서는 상대적으로 거의 연구된 바가 없다. 어떤 연구에서는 fake－good 상황이나 표준 집단의 수검자가 검사한 로르샤하 프로토콜은 다르지 않다고 보고되고 있지만(Carp & Shavzin, 1950; Fosberg, 1938, 1941), Seamons et al.(1981)이 연구 보고한 바에 따르면, 주정부 교도소에 수감되어 있는 재소자들에게 로르샤하 검사를 실시하기 전에 심리적으로 안정된 것처럼 보이게 하라고 안내한 후 로르샤하 검사를 실시했더니 그 결과가 달라졌다고 했다. Fake-good 상태에서는 수검자들이 응답에서 더 많은 평범 반응을 드러냈고, 특이하거나 일탈된, 또는 극적인 내용의 반응은 더 적었다.

최근의 연구를 보면, 업무복귀를 위한 심리검사에서 MMPI에 방어적인 태도로 응답한 수검자가 로르샤하 프로토콜에서도 방어적 응답을 했음을 알 수 있다(Ganellen, 1994). 이 연구에 참여한 수검자들은 모두 항공사의 파일럿들이었는데, 알코올과 약물 남용 치료 프로그램을 끝낸 다음 의무적으로 개인 심리평가를 수행해야 하는 사람들이었다. 수검자들은 모두 파일럿 면허 복구에 심리평가의 결과가 중요하게 반영되고 그 결과에 따라 다시 업무복귀를 할 수 있을지의 여부가 결정된다는 점을 알고 있었다. 따라서 수검자들은 자신의 직업과 생계가 달려있는 중요한 문제였기 때문에 호의적인 인상을 남기고 싶은 상당한 동기부여가 있었을 것이다.

이들의 로르샤하 검사에서는 평균 응답보다 적은 응답 수, 제한된 응답 스타일, 관습적이고 평범하게 보이려는 노력 등 신중하고 방어적인 응답을 할 것으로 기대되었다. 또한 수검자가 좋은 인상을 주려는 노력을 하고 그것이 성공한다면 로르샤하에서도 어려움을 나타내는 신호가 거의 나타나지 않거나 아예 나타나지 않을 것으로 예측되었다. 그러나 모든 수검자가 MMPI에서 상당히 방어적으로 검사했음에도 불구하고, 로르샤하에서는 수검자들이 MMPI와 임상 면접에서는 부인했던 것들, 즉 자신이 감정적인 고통을 겪고 있고, 자기비판적인 생각을 하고 있으며, 대인관계에서의 어려움과 문제를 겪고 있음을 나타내는 프로토콜이 나왔다. Ganellen(1994)은 검사 도구의 차이 때문에 수검자들이 로르샤하와 같은 투사적 검사 도구에 비해 MMPI 같은 자기보고식 검사에서는 자신의 심리적 어려움들을 성공적으로 부인하는 것이 더 쉬울 수 있다고 주장했다. MMPI 문항의 대부분이 표면적으로 타당하기 때문에 수검자가 자신의 문제점을 회피하려고 시도한다면 병리적 내용을 담고 있는 문항에 의식적으로 수긍하지 않는 응답을 할 수 있다. 이와는 반대로 로르샤하는 수검자의 응답을 검사자가 어떻게 해석할지에 대한 힌트가 거의 없기 때문에, MMPI보다는 로르샤하 검사에서 의도적으로 응답을 조절하는 것이 더 어려울 것이다.

MMPI-2 데이터

타당성 척도: MMPI－2 타당성 척도의 형태를 보면, 대부분 사람들도 인정하는 아주 사소한 약점이나 결함을 포함하여 개인적인 어려움이나 잘못, 감정적인 문제를 부인하고 심리적인 어려움에 대해 적게 보고함으로써 가능한 자신에 대해 가장 우호적인 인상을 만들려는, 의도적이면서 결연한 수준의 순진한 노력을 기울이고 있음이 시사된다(L=T78; K=T66; F-K=-22). 이는 자신을 가능하면 최대한 좋은 사람으로 보이고 싶어 하는 욕구가 반영된 fake－good 응답들과 일치된다. 이렇게 하기 위해 그는 마치 자신이 대단히 도덕적이고 정서적으로 안정되어 있으며 심리적으로 건강한 사람인 것처럼 MMPI－2에 응답했다. 따라서 이런 상황으로 볼 때, 그가 본 심리평가에 극도로 방어적인 접근을 할 가능성이 있다고 시사된다. 결과적으로 그는 자기 자신 및 과거에 자신이 했던 행동들에 대해 편향된 모습을 보여줄 가능성이 크고; 과거의 문제들에 대해 대충 얼버무리고 넘어가거나 축소하며 정당화하며; 그리고 자신이 한 행동의 원인에 대한 통찰은 부족할 것이다.

임상 척도: 앞서 설명한 것처럼, 방어적인 응답태도는 MMPI－2 임상 척도의 점수를 낮추는데 영향을 미친다. 이와 마찬가지로, 이 환자는 MMPI－2 임상 척도 중 어떤 척도도 T 점수가 65점을 넘지 않는 결과가 나왔다. 실제 임상 척도 중에서 T 점수가 50을 넘은 척도는 2번 척도(D=T52)와 8번 척도(Sc=T51)이다. 따라서 임상 척도의 점수에 기반해서는 신뢰할 만한 해석을 할 수 없다. 또한 MMPI－2의 내용 척도와 보충 척도에서도 점수상승이 없기 때문에 이에 기반한 신뢰할 만한 해석이 불가능하다. Graham(1993)은 모든 임상 척도의 T 점수가 60점보다 낮은 방어적인 MMPI－2 프로파일에서는 의미 있는 정보를 얻을 수 없다고 했다. 왜냐하면 이는 잘 적응되고 정서적으로 안정되어 있는 등 긍정적인 적응을 강조하려는 사람인지, 아니면 반대로 잘 적응하지 못하고 정서적으로 안정되지 못하면서도 정서적으로 문제없이 안정적이라고 주장하는 사람인지를 구분할 수 없기 때문이다.

• 표 14.1 사례 9. MMPI-2 Profile

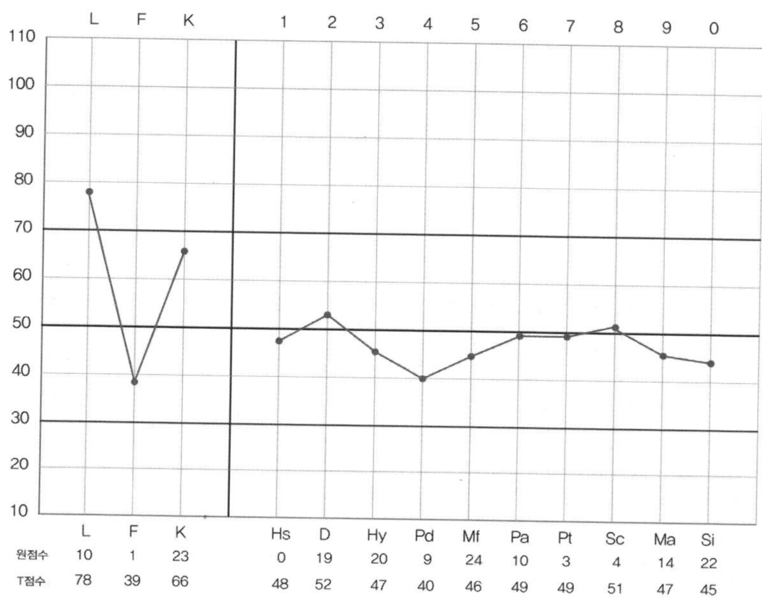

• 표 14.2 사례 9. MMPI-2 내용척도 및 보충척도

	Raw Score	T Score
FB	1	46
True Response Inconsistency (TRIN)	9	50
Variable Response Inconsistency (VRIN)	4	46
Anxiety	2	39
Repression	15	50
MAC-R	21	48
Ego Strength (Es)	37	49
Dominance (Do)	16	48
Social Responsibility (Re)	27	68
Overcontrolled Hostility (O-H)	14	55
PTSD - Keane (PK)	1	38
PTSD - Schlenger (PS)	1	38
Addiction Potential (APS)	24	52
Addiction Admission (AAS)	2	46
Content Scales (Butcher et al., 1990)		
Anxiety (ANX)	3	45
Fears (FRS)	1	42
Obsessiveness (OBS)	5	50
Depression (DEP)	2	45
Health Concerns (HEA)	0	33
Bizarre Mentation (BIZ)	2	50
Anger (ANG)	5	48
Cynicism (CYN)	6	45
Antisocial Practices (ASP)	5	44
Type A (TPA)	9	50
Low Self-esteem (LSE)	4	52
Social Discomfort (SOD)	4	43
Depression Subscales (Harris-Lingoes)		
Subjective Depression (D1)	3	40
Psychomotor Retardation (D2)	6	54
Physical Malfunctioning (D3)	3	51
Mental Dullness (D4)	0	38
Brooding (D5)	0	40
Hysteria Subscales (Harris-Lingoes)		
Denial of Social Anxiety (Hy1)	4	51
Need for Affection (Hy2)	9	59
Lassitude-Malaise (Hy3)	0	38
Somatic Complaints (Hy4)	0	38
Inhibition of Aggression (Hy5)	5	63

	Raw Score	T Score
Psychopathic Deviate Subscales (Harris-Lingoes)		
Familial Discord (Pd1)	0	38
Authority Problems (Pd2)	2	42
Social Imperturbability (Pd3)	6	64
Social Alienation (Pd4)	3	45
Self-Alienation (Pd5)	4	53
Paranoia Subscales (Harris-Lingoes)		
Persecutory Ideas (Pa1)	1	46
Poignancy (Pa2)	2	48
Naivete (Pa3)	7	60
Schizophrenia Subscales (Harris-Lingoes)		
Social Alienation (Sc1)	0	48
Emotional Alienation (Sc2)	1	50
Lack of Ego Mastery, Cognitive (Sc3)	0	42
Lack of Ego Mastery, Conative (Sc4)	1	43
Lack of Ego Mastery, Def. Inhib. (Sc5)	0	40
Bizarre Sensory Experiences (Sc6)	1	45
Hypomania Subscales (Harris-Lingoes)		
Amorality (Ma1)	1	42
Psychomotor Acceleration (Ma2)	3	39
Imperturbability (Ma3)	4	44
Ego Inflation (Ma4)	3	43
Social Introversion Subscales (Ben-Porath et al., 1989)		
Shyness/Self-Consciousness (Si1)	4	48
Social Avoidance (Si2)	3	49
Alienation -- Self and Others (Si3)	4	47

로르샤하 데이터

K씨의 로르샤하 프로토콜은 응답 수로 볼 때 타당하며(R=27) 검사 자극에 반응하면서 보여준 심리적 에너지의 양의 측면에서도 타당하다(Zf=20; Blends=15). 로르샤하에 대한 열려있고 솔직한 자세는 그의 현저히 방어적인 태도를 고려할 때(PER=12 vs 규준 샘플의 PER응답은 1.02임) 놀랄만하다. 해석 전략을 결정하기 위한 핵심 변인의 고려 전에, 자살지표가 positive인지 여부를 반드시 고려해야 한다(S-Con=8). K씨의 경우, 로르샤하 검사 후 60일 이내에 자살을 실행했던 환자들이 보였던 심리적인 성격특성 중 많은 부분을 가지고 있기 때문에 자살할 가능성이 신중하게 고려되어야 한다(8번 사례의 S-Con에 대한 토의부분을 참고할 것). K씨의 프로토콜의 나머지를 살피는 동안 이런 불길한 가능성에 대해서 기억하

고 있어야 한다.

첫 번째 positive 핵심 변인은 정신분열병 지표이다(SCZI=4). 앞서 나왔던 다른 사례에서 이미 언급되었듯이, SCZI는 정신분열병을 가지고 있거나 기타 정신이상이 있는 환자들을 확인하기 위해 주로 사고 과정의 왜곡 및 비현실적이고 부정확한 인식을 하고 있는지의 여부에 집중하여 만들어진 통계 기반 지표이다. SCZI 점수가 postive인 경우, 수검자가 정신분열일 가능성이 매우 농후하기는 하지만, SCZI＝4일 경우에는 허위 양성일 가능성(예: 환자가 실제로는 정신분열병 환자가 아님에도 불구하고 정신분열병 환자로 판정되는 것)이 가장 높다. 따라서 SCZI가 positive이긴 하지만, 로르샤하 프로토콜에 기반하여 K씨가 정신분열병을 앓고 있다는 결론을 내리기 전에 신중한 주의가 필요하다.

탐색 전략은 첫 번째로, K씨의 사고 과정과 인식의 정확성을 점검하는 것에서부터 시작해야 한다. K씨는 양향성(ambitent)이기 때문에 문제를 해결하고 의사결정을 할 때 비효율적이고 우유부단하며 일관적이지 못할 가능성이 크다(EA=8:9.0). 그는 선택을 할 때 주저하고 확신이 없으며 자기 자신에 대해 의구심을 갖는다. 또한 자신의 결정이 "맞는" 선택인지에 대해 재고해보고 또 재고하면서 마음을 바꾸는 경우가 자주 있다. 이런 점 때문에 K씨는 실수를 자주하는, 실수에 취약한 사람이다. K씨는 특히 비관적인 걱정과 상황에 대한 불안감, 그가 집중하고 관심을 유지하는 것을 방해하는 낙담의 감정들 때문에 판단의 실수 및 사고 과정의 비효율성을 보이는 것 같다(eb=12:15; m=7; MOR=4).

이에 더해, 그가 심각한 사고의 방해를 받고 있고 사고에 체계가 없으며 결함 있는 판단과 개념화를 하고 있음을 드러내는 로르샤하 검사의 응답개수가 많은 것을 보면, 신중하게 생각하고 결론 내려 행동하는 것이 아닌, 대충 생각하고 행동할 가능성이 매우 높다는 것을 보여준다(WSum6=20). 특수 점수를 포함하고 있는 응답들을 살펴보면, 대부분의 특수 점수는 부적절하고(irrelevant) 관련이 없으며(extraneous) 탈선적인(tangential) 많은 생각들 때문에 채점되었다. 예를 들어, 3번 카드의 8번 응답에서 K씨는 칠면조의 위시본(wishbone)이 부러진 것에 대한 묘사로 응답을 시작했다가 나중에는 자기 어린 시절의 추억과 같은 이상하고 부적절한 내용에 대해 구체적이고 세밀한 설명을 했다(예: "어린 시절의 추억이 없는 어른이 어디 있겠어요? 저는 있어요."). 마찬가지로, 5번 카드의 13번 응답은 흔히 나오는 응답을 했지만(춤출 때 입는 의상을 입은 댄서) 곧 이어 그림을 보니 광고가 떠오른다고 말하는 부분이나 광고에서 나왔던 CM송을 부르는 지점에서 응답이 오염되어 버렸다. K씨가 검사자에게 미키 마우스의 이혼에 대한 농담을 하고 농담의 제일 우스운 부분을 말하고 나서 검사자의 무릎을 살짝 쳤을 때도, K씨가 자신의 응답이 매우 부적절한 경우에도 생각나는 것을 말하기를 멈출 수 없었다는 것을 보여준다. 이런 응답들은 K씨가 말의 압력(pressure)과 부적절한 익살, 그리고 사회적인 맥락에 대한 고려나 자기제어 없이 느슨하게 연결된 여러 생각들을 빠른 속도로 말해버린다는 인상을 준다. 이는 사고의 비약(flight of ideas)을 드러내는 특성들이다.

K씨의 응답에는 평범 반응이 3개뿐이다. 그가 평균보다 더 많은 응답을 했음을 고려할 때(R=27), 평범 반응이 평균보다 낮다는 것은 상당히 중요한 의미가 있다. 이는 그가 자극을 종종 특이하고 부정확하며 왜곡된 방식으로 인식함을 시사하는데, 자극이 비교적 단순하고 대부분 사람들이 동의하는 자극에 대해서도 마찬가지이다(X+%=.33; Xu%=.26; X-%=.33). 게다가 그의 행동은 가끔 비정통적이고 사회적 관습이나 기대치에 대해 무시하고 있음을 반영한다. 마이너스 응답들을 살펴보면, 마이너스 응답에 어떤 패턴이 없음을 알 수 있다. K씨의 마이너스 응답이 부적절하고 불필요한 많은 요소를 포함하고 있기 때문에 특이하기는 하지만, 이 응답들 중 기태적인 응답은 없었다.

K씨는 대부분 사람들보다 자극에 훨씬 더 강하게 휘둘린다(L=.08). 일반적으로 낮은 람다값은 필요 이상으로 많은 것을 통합하는 과잉통합 스타일의 결과로 나타난 것일 수도 있고 혹은 정서나 관념에 과도하게 매몰되어 있기 때문에 나타난 것일 수도 있다. K씨의 기록을 보면, 강렬한 정서 및 과잉통합 스타일의 신호 모두를 명확하게 보여주고 있다. 실제로 K씨는 자극 영역에서 세부사항들까지도 통합하고 설명하기 위해 특이할 정도로 많은 양의 에너지를 소모했다(Zd=+7.0; Zf=20; W>D+Dd). 이것이 조심스럽고 빈틈없으며 때로는 정확하게 사고하는 특성을 반영하는 것일 수도 있지만, K씨의 응답들은 특별하게 신중하거나 상세하지 않았다. 대신 그의 응답들은 논리적이고 합리적인지 아니면 응답이 적절한지에 대한 고려 없이 재빨리 연상되는 답을 찾아내는 포괄적인 인지 스타일과 혼란스러운 사고를 반영한다. 어떤 경우에는 이렇게 즉흥적이고 재빠르며 융통적인 스타일이 자산이 되는 경우도 있겠지만, K씨의 응답이 얼마나 부정확하고 와해되었는지, 그리고 얼마나 초점이 맞지 않는지를 본다면, 데이터를 통합하고 구조화하려는 그의 시도가 자산이라기보다는 단점에 가깝다는 것을 알 수 있다. 이에 더해 그의 사고 과정은 교육수준을 고려할 때 기대되는 수준에 비해 미숙하고 세련되지 못하다(DQv=4; DQv/+=1).

보통의 경우, K씨는 적절한 자기통제력과 스트레스 사건에 대처할 수 있는 능력을 가졌을 것으로 보인다(Adj D=0; CDI=2). Adj D 점수를 구성하는 변인들을 살펴보면, 스트레스를 견뎌내는 내인력은 평균보다 더 크다는 것을 알 수 있다(EA=17 vs 규범 점수는 8.87임). 스트레스 내인력을 측정하는 측정치인 Adj D 점수가 겨우 0점인 것은 기대하지 못했던 부분인데, 왜냐하면 심리적 자원을 측정하는 EA가 평균치보다 훨씬 높기 때문이다. 따라서 Adj D 점수가 기대치보다 낮게 나온 것은 어쩌면 정상적인 수준보다 훨씬 높은 수준의 스트레스 때문일 수 있다. 임상 면접 중 K씨는 이와는 반대되는 주장을 했지만, 프로토콜은 그가 현재 매우 높은 수준의 정서적 고통을 경험하고 있음을 시사한다(es=27 vs 규범 점수는 8.20임). 물론 K씨의 괴로움 중 일부는 본 심리평가에 대한 염려와 연관되어 있을 수도 있지만, 이런 점수들은 그의 고통이 사실상 상황 때문이라기보다는 만성적일 가능성을 시사한다(Adj es=16).

우울지수가 positive로 나온 것은(DEPI=7) K씨의 상태가 정서와 관련된 상당한 문제들을 포함하고 있음을 강력하게 시사한다. 대개 K씨는 매우 강렬한 감정적 반응을 할 것이고 대부분 사람들이 하는 수준만큼의 감정조절이나 통제를 하지 못할 것이다(FC:CF+C=2:8). K씨는 자신의 느낌과 충동에 대한 반응을 할 때 자신의 행동이 어떤 결과를 가져올지에 대한 고려 없이 성급하고 무모한 태도로 행동할 가능성이 크다. 그는 아마도 통제 상실을 피하기 위해 감정적으로 흥분하지 않으려고 애쓸 것이다(Afr=.42). 그가 대답한 응답의 질과 유쾌하고 낙관적이며 긍정적인 이미지를 강조하는 것은 그가 경조증적 방어를 통해 부정적인 정서를 회피하려고 노력하고 있음을 시사한다(예: 1번 카드에서 브로드웨이 뮤지컬의 댄서들; 2번 카드의 어릿광대 두 명이 춤추는 것; 3번 카드의 두 명의 재즈 댄서들이 봉고드럼을 치는 것; 5번 카드의 자메이카 댄서들).

자신의 감정을 억누르려는 이러한 노력에도 불구하고, K씨는 현재 극심한 슬픔의 감정과 불안, 걱정, 무기력감, 그리고 무능력감을 포함한 매우 강력한 감정적인 반응에 압도되어 있다(C'=8; m=7; Y=6). K씨의 현재 정서 상태는 매우 고통스럽고 혼란스럽다(Color-Shading Blends=3). Shading－Shading Blends가 2개 나타나는 경우는 매우 드문 경우이며(예: M.FY.C'F), 그의 감정 상태가 현재 극심할 정도로 고통스럽고 부정적인 정서적 반응을 포함하고 있음을 의미한다. 그리고 이것으로 인해 K씨의 심리적 기능이 방해되고, 감정적인 경험이 지배당하며, 사고 역시 침범당하고 있음을 나타내고 있다. K씨의 사고가 방해받고 있고 혼란스럽다는 것은 혼합 반응 응답이 평균보다 훨씬 많이 나온 것에서 알 수 있는데, 이는 그의 정서가 심리적 기능을 자극하여 지나치게 복잡해지도록 자극함을 시사한다(Blends:R=15:27, 평균 기대치는 7:27). 혼합 반응 응답을 분석해보면, 전형적인 응답에 비해 혼합 반응이 훨씬 복잡하다는 것을 알 수 있다(3개의 결정인을 포함한 Blends=6, 4개의 결정인을 포함한 Blends=1). K씨의 응답 중 혼합 반응의 수와 그 복잡도는 정서적 요인들이 과도하게 복잡한 심리적인 기능을 만들어내고 있다는 것을 시사한다. 이런 발견점들은 앞서 설명된 사고 어려움 중 많은 부분은 K씨가 느끼는 고통스러운 감정이 그의 사고 과정에 영향을 끼쳐서 와해되고 붕괴되는 수준에 이르도록 만들었다는 것을 시사한다(WSum6=77; DR=15; X+%=.41; X-%=.33).

K씨의 자기상은 매우 부정적이며, 부적절하고 열등하다고 느낀다(Egocentricity Index=.26). 그의 자기상은 손상되고 취약하며 상처받았다는 느낌을 포함하고 있다(MOR=4). 임상 면접에서 K씨는 어떠한 잘못된 행동도 단호하게 부인했지만, 최근 자신이 겪고 있는 어려움에 대해 자기 자신을 비난하거나 자신에 대해 의구심을 가질 것으로 보인다(FD=3). 이에 더해 그는 신체적 온전함에 대해서도 보통보다 훨씬 큰 수준으로 염려하는 것으로 보이는데, 이것은 K씨가 자신의 건강에 대해 염려하고 걱정하고 있음을 시사한다(An+Xy=2; MOR 및 신체 기능과 연관된 응답의 조합, 예: 6번 응답에서 지문에서 나온 피; 8번 응답에서 칠면조의 위시본에서 나온 피; 14번 응답에서 암에 걸린 X-ray).

K씨의 응답들 중 음식 반응의 수 또한 매우 드문 경우이다(Fd=5). 규정상 음식 반응은 나오지 않는 것이 일반적이다(Fd 반응 중앙치=0). 특이할 정도로 음식 반응이 많이 나온 것은 K씨가 강렬한 의존 욕구를 가지고 있음을 시사한다; 즉 그는 대부분의 다른 성인들보다 훨씬 더 많은 관심과 위로, 애정이 어린 돌봄과 배려, 그리고 타인들로부터의 지원이 필요하다. 이 같은 강렬한 의존 욕구와 일관되게, 타인에 대한 관심도 평균치 이상이다(Human Content=9). 타인에 대해 애착을 형성할 수 있는 능력이 있기는 하지만(T=1) K씨는 현재 외롭고 소외되었으며 타인들로부터 지지받지 못한다고 느낀다(Isolation Index=.41). 소외 지표가 positive인 대부분 사람은 대인관계적 상호작용에서 상호적으로 행동하는 것이 부족한데, K씨의 경우는 그렇지 않다(COP=2). 이것은 그가 과도하게 높은 의존 욕구가 기능한 결과로(Fd=5), 어쩌면 자신이 받는 관심의 양에 대해 만족감을 느끼기 어려울 것이기 때문에 만성적으로 외롭다고 느끼고 있음을 시사한다. 이에 더해 타인과 소통하는 것에 문제가 있고(WSum6=21), 기복이 심한 감정을 갖고 있으며(FC:CF+C=2:8), 그의 깊은 불안정(insecurity)으로 인해 타인에게 반응할 때 방어적이고 논쟁적인 방식으로 반응하는 경향(PER=12; Egocentricity Index=.26) 때문에 타인과 관계를 만들고 이를 유지하는 것이 어려웠을 것으로 보인다.

사례 9. 로르샤하 프로토콜

Card	Response	Inquiry	Scoring
I	(1) 브로드웨이 뮤지컬의 댄서들 두 명 같아요. 라스베이거스 쇼에서 멋진 옷을 입고 있는 거죠. 그거에요. 댄스 파트너들이 들어 올린 모양인데, 발은 여기 있고 이런 스텝을 밟고 있는 거예요. 모두 일사불란한 동작을 하고 있는 거예요.	(검: 수검자의 반응을 그대로 되풀이해준다) 수: 여기 손이 있어요. 파트너가 들어 올린 거죠. 여기가 의상이고요. 두 명의 남자가 파트너니까 전체는 4명이네요. 여기가 팔이고 여기가 발이고요. 여기가 댄서 파트너들의 엉덩이에요. 검: 브로드웨이 뮤지컬이라고요? 수: 왜냐하면 의상 때문에요. 옷의 주름 장식이 그래요. 손을 바깥으로 뻗친 것도 그렇지만 그것뿐만 아니라 의상이 그래요.	W+ Ma+ (2) H,Cg 4.0 COP, DR
	(2) 아니면 발레리나가 댄스 스텝을 밟으려고 기둥에 기대어 있는 모습이에요.	(검: 수검자의 반응을 그대로 되풀이해준다) 수: 대칭 때문에요. 팔과 다리의 위치 때문에 그렇기도 하고 도약하는 모양도 그렇고요.	W+ Mao (2) H,Id 4.0
	(3) 남자 한 명인데, 팔이 굵은 남자가 크리스마스트리 2개를 들고 가고 있어요. 알잖아요. 나무 2개를 끌고 가는 거예요. 첫 번째 크리스마스 때 샀던 트리가 바로 생각나네요.	(검: 수검자의 반응을 그대로 되풀이해준다) 수: 카드를 돌려서 보면 등이랑 어깨선을 볼 수 있어요. 나무를 끌면서 가고 있어요. 남자는 뒷배경으로 있고… 그 단어가 뭐더라? 뭔가를 끄는 건데… 이 부분이 가장 멀리 있는 부분인 걸 알 수 있어요. 나무는 맨 앞에 있고요.	W+ Ma.FD.FYu H,Bt 4.0 DV

Card	Response	Inquiry	Scoring
		검: 어디를 보고 그 말을 하는지 잘 모르겠어요. 수: 남자가 나무를 끌고 있어요. 남자가 들기에는 너무 무거운 거라서요. 이렇게 튼튼하고 강한 팔과 다리를 가졌는데도요. 검: 강해요? 수: 근육 좀 보세요. 눈에 딱 보이는걸요. 검: 보인다고요? 수: 경계의 색이 다르니까요. 여기는 거의 골격까지 볼 수 있을 지경이에요. 이 음영을 보세요.	
Ⅱ	(4) 어릿광대 두 명이 춤추고 있어요. 이건 쉽네요.	(검: 수검자의 반응을 그대로 되풀이해준다) 수: 네. 여기 빨간색 모자가 있고 이건 페인트에요. 무대 위에서 광대들이 장난을 치는 것처럼 보여요. 검: 페인트요? 수: 빨간색 페인트처럼 보여요. 그것 말고 뭐겠어요? 빨간색 페인트죠.	W+ Ma.CFo (2) (H), Cg 4.5 COP
	(5) 수: 카드를 이렇게 돌리면… 제가 본 걸 말하지 않는 게 낫겠어요. 그렇지만 음… 아니에요. 검: 맞고 틀린 답은 없어요. 보이는 건 무엇이든 말씀해주세요. 수: 음… 사실 가톨릭교회에 가면 볼 수 있는 예수님의 이미지에요. 수염이 이런 모양이죠. 이렇게 말했다	(검: 수검자의 반응을 그대로 되풀이해준다) 수: 여기가 구름이에요. 그리고 어느 정도 거리가 있어요. 여기가 예수님이고요. 팔을 들어 올리고 있어요. 검사자님도 가톨릭 신자인 친구가 있을 거라고 생각해요. 예수님의 수의까지도 보일 정도예요. 여기 하얀 부분이 수	DS+ Ma.FY.C'Fu (H), Cl 4.5 DR2

Card	Response	Inquiry	Scoring
	고 벌칙이 있거나 처벌받는 건 아니죠? 검: 아니요. 모든 사람이 각자 다른 것 보니까요. 어떤 답도 "정답"은 아니에요. 그냥 카드가 무엇으로 보이는지만 말씀해주세요. 수: 음… 예수님이 보여요. 예수님이 하늘의 구름을 가까워지게 모았어요. 뭔가를 위해서 깨끗하게 치웠어요.	의에요. 예수님이 구름 속에서 나타나고 있는 것처럼 보여요. 검: 구름이요? 수: 음… 그 맞는 용어가 뭐더라? 적운인가? 그거 있잖아요. 검: 어떤 부분에서 그것을 보셨나요? 수: 뭉게구름이요. 그 구조를 볼 수 있어요. 비가 오려고 하는지 막 어두워지려고 하는 것 같아요. 여기 음영이 그래요. 검: 수의요? 수: 어둠이요. 그런데 어둠 사이에 하얀 공간이 있잖아요. 물론 수의가 거기 있지 않다는 건 알아요.	
	(6) 누군가 범죄자의 범죄기록에 남겨진 지문 자국 같아요. 피가 살인현장이나 강간이나 그런 비슷한 현장에서 흘러내린 거예요.	(검: 수검자의 반응을 그대로 되풀이해준다) 수: 여기요. 검: 어떤 점 때문에 그렇게 보셨나요? 수: 제가 한 번 가봤잖아요. 회사를 옮길 때 그 사이 잠깐 택시를 운전해볼까 생각한 적이 있었기 때문에 알아요. 손가락을 굴리는 그런 거 있잖아요. 만약 손에 상처가 나 있다면 피가 날 수도 있어요. 검: 피를 보셨나요? 수: 빨간색이잖아요. 당연히 그렇죠. 검: 찍힌 자국 같다고요?	Do CF.YF− Art,Bl MOR, PER

Card	Response	Inquiry	Scoring
		수: 얼룩이 이런 식으로 졌어요. 음영이 다르잖아요.	
Ⅲ	(7) 재즈 댄서 두 명이 봉고 드럼에 맞춰 춤추는 거예요.	(검: 수검자의 반응을 그대로 되풀이해준다) 수: 맞아요. 여기 드럼이 있잖아요. 여기 하이힐 슈즈가 있고 그들이 춤추는 거예요. 검: 재즈 댄서들이라고요? 수: 댄서들이 입고 있는 옷을 보면 그래요. 검: 옷이요? 수: 검은색으로 몸에 딱 붙는 무용수들이 입는 타이츠를 입었잖아요. 브로드웨이 쇼에 나오는 사람들은 검은색 짧은 재킷이나 짧고 허리춤이 낮은 바지를 잘 입지 않죠. 예전에 TV에서 본 롤라 팔라나(Lola Falana)를 본 적이 있는데 그때 봤던 기억이 났어요.	D+ Ma.FC'o (2) H, Cg,Id P 3.0 PER
	(8) 그거 말고는 뭐가 보이냐면… 이걸 말하면 이상하게 생각하실 거예요. 칠면조의 위시본(wishbone)이 부러진 거예요. 뼈가 부러져서 여기 가운데 부분이 칠면조의 피에요. 칠면조가 요리되지 않은 것이거든요. 아이들을 위해서… 어떻게 어른이 어린 시절의 행복한 기억이 없을 수가 있나요. 저는 있거든요.	(검: 수검자의 반응을 그대로 되풀이해준다) 수: 여기요. 칠면조가 4조각으로 나누어졌는데 각각의 모서리 부분이 비스듬히 생겼어요. 검: 어디에서 그것을 보셨나요? 수: 이런 부분들이 다 그렇게 생겼어요. 부러진 거죠. 검: 부러졌다고요? 수: 네. 맞아요. 위시본이요. 검: 그리고 피라고요?	D+ mp.CFo An,Bl 4.0 MOR,DR2

Card	Response	Inquiry	Scoring
	(수검자가 자신의 어린 시절 이야기를 함)	수: 빨간색이잖아요. 피나 아니면 기름이 똑똑 떨어지는 것 같아요. 아마 설익었나 봐요. 딱 맞는 말이 뭐더라? 설익은 피? 아니면 뭔가… 하여튼 그거에요.	
Ⅳ	(9) 음… 날개를 펼치고 있는 새 같아요. 못생긴, 검정 올빼미요. 정말 못생겼어요.	(검: 수검자의 반응을 그대로 되풀이해준다) 수: 여기가 머리고, 날개고요. 검: 어디에서 그것을 보았는지 확실하지 않네요. 수: 전체를 말하는 건 아니고요. 이건 나무에요. 검: 올빼미요? 수: 날개의 깃털이 생긴 모습이 올빼미 같아요. 머리 근처에는 털이 복슬복슬하고요. 솜털로 뒤덮였어요. 검: 솜털이라고요? 수: 음영이 그래 보여요. 검: 못생겼다고요? 수: 색 때문에요. 검은색은 늘 어둠이나 두려움과 연관되어 있잖아요.	W+ FMp.FT.FC'u A,Bt 4.0 ALOG
	(10) 그리고 혹시 땅돼지 만화를 본 적이 있나 모르겠네요. 현대미술 같은 거나 아니면 영화 중에서 사람 캐릭터로 만든 영화 있잖아요. 뭔가 술에 취하거나 약에 취한 건데… 마치 쥐의 머리나 너구리의 머리에 사람 몸과 생각들을 가지고 있고요. 약에 취하거나 아니면 악몽 속에서	(검: 수검자의 반응을 그대로 되풀이해준다) 수: 여기가 얼굴이고요. 악마의 변호인처럼요. 여기 뿔이 나와 있는 게 보여요. 애들이 보면 무서울 거 같아요. 반은 사람이고 반은 괴수예요. 검: 악마의 변호인이라고요? 수: TV를 너무 많이 봤나 봐요. 악마의 망토 때문에	W+ FY.ma.FDu (H), Fi,Cg 4.0 DR

Card	Response	Inquiry	Scoring
	나타나는 건데 사람 잡아먹는 귀신 같아요.	그렇게 봤어요. 뿔도 그렇고… 여기랑 여기예요. 검: 악마요? 수: 뿔이랑 뭔가 어둠의 왕자 같아요. 검은 물체랑 지옥에서 연기가 뿜어져 나오는 거 같아요. 제 생각에는… 검: 연기라고요? 수: 음… 그 음영이 그래 보여요. 이 인물이 그림자와 연기에서 나오고 있는 것처럼 보여요.	
V	(11) 나비요.	(검: 수검자의 반응을 그대로 되풀이해준다) 수: 그럴 것 같아요. 아이들이 한 번이라도 그걸 잡아봤다면 그 뿔(antler)을 연(opened) 다음에… 이게 뭐죠? 검: 아까 나비라고 말씀하셨어요. 수: 날개를 이렇게 펼쳤잖아요. 쫙. 나비를 잡으면 나비들이 막 긴장해서 날개를 막 펼치잖아요.	Wo FMpo A P 1.0 DV,PER,DR
	(12) 박쥐요.	(검: 수검자의 반응을 그대로 되풀이해준다) 수: 다시 이 검은색, 어두움 때문에요. 검: 어디에서 그것을 보셨나요? 수: 몸이 곤충이라기보다는 뭔가 포유류의 몸처럼 생겼어요. 곤충의 날개는 이렇게 안 생겼거든요. 제 말이 맞을 거예요. 제가	Wo C'Fo A P 1.0 PER

Card	Response	Inquiry	Scoring
		위스콘신에 있을 때 박쥐를 본 적이 있거든요.	
	(13) 댄서인데 자메이칸 댄서가 팔에 깃털을 달고 있는 것 같아요. 서서 춤추는 거예요. 바하마 광고 보신 적 있어요?(노래를 부름) "자메이카라면 더 좋아요" 그런 건가? 하여튼 TV를 너무 많이 본 거 같네요.	(검: 수검자의 반응을 그대로 되풀이해준다) 수: 네. 이건 의상이에요. 모자나 아니면 댄서 의상의 실루엣이죠. 깃털이 달렸어요. 모자 위에 과일도 있고요. 그 방송 광고에서 나왔던 것처럼요. 제가 거기에 가본 적이 있거든요.(자신의 이야기를 함) 검: 깃털이라고요? 수: 여기저기 가장자리가 축 늘어져 있어 보이잖아요.	W+ Mao H,Cg,Bt 2.5 DR2,PER
Ⅵ	(14) 수: 어떤 사람의 동맥을 X-ray로 찍은 거예요. 그게 뭐더라? 정맥신우조영술(IVP)라고 하나요? 조영제가 혈관으로 들어가고 있어요. 피가 그 정맥 혈관에서 밖으로 분출되어 흘러가고 있어요. 절대 제가 틀릴 리가 없어요. 검: 틀리다고요? 수: 뭐 바보같이 실수하는 거죠.	(검: 수검자의 반응을 그대로 되풀이해준다) 수: 그럼요. 피가 흘러가는 걸 볼 수 있어요. 어딘가에서 혈관이 끊어졌나 봐요. 어쩌면 암의 징조일 수도 있고 동맥이 막힌 것 같기도 하고요. 제가 X-ray를 많이 봤거든요. 검: 암이나 막혔다고요? 수: 변색이 되었잖아요. 검: 무슨 의미인지 모르겠어요. 수: 이건 혈관 같고요. 이건 피부 조직 같아요. 색감이 그렇네요.	Wv ma.YF- Xy,Bl PER,MOR
	(15) 뭔가 곤충 같아요. 그 애벌레인데 땅 위에서 기어가고 있어요. 그걸 뭐라고 부르더라? 야간 렌즈인가? 그걸 이용하고	(검: 수검자의 반응을 그대로 되풀이해준다) 수: 여기가 애벌레의 머리 부분이에요. 혹시 지렁이 본 적 있어요? 기어 다니는	W+ FMa.YF- A,Na 2.5 PER, DR2

Card	Response	Inquiry	Scoring
	있어요. 그러니까 밤에 기어 다니는 것 같아요. 혹시 낚시 가본 적 있어요? 이때가 지렁이 같은 벌레를 잡기에 최고의 시간이죠. 혹시 작은 마을에서 자랐나요?	거죠. 예전에 삼촌과 낚시를 했던 적이 있었는데 그때가 최고의 시기였죠. 검: 어디 부분에서 그것을 보셨나요? 수: 나뭇잎이고 땅은 젖었어요. 이건 밤에 기어 다니는 거예요. 먹이를 찾으려고 더듬이로 방향을 찾고 있어요. 그 고양이의 수염처럼 애벌레의 더듬이로요. 검: 젖었다고요? 수: 색감이 그래요. 최근에 비가 온 것 같아요. 검: 야간 렌즈요? 수: 음… 그러니까 보통 카메라로는 밤에 사진을 찍을 수 없잖아요. 그러니까 특별한 렌즈가 필요한 거죠.	
Ⅶ	(16) 여기저기에 해마가 있네요. 해마 있잖아요. 현미경으로 본 거예요. 혹시 개미농장 만들어본 적 있어요? 저한테는 해마로 보이네요.	(검: 수검자의 반응을 그대로 되풀이해준다) 수: 여기, 여기, 여기, 여기에요. 검: 해마요? 수: 윤곽이 그렇네요. 구조도 그렇고요. 검: 현미경으로 본 거라고요? 수: 그냥 눈으로 보면 안 보이니까요. 그냥 눈으로 보면 수족관 안에서 수영하고 있는 게 잘 보이지 않잖아요. 그래서 클로즈업해서 본 거예요. 제 생각에는 그런 것 같아요.	Do FD− (2) A DR2
	(17) 신에게 맹세하건대, 치킨 맥 너깃이요.(웃음)	(검: 수검자의 반응을 그대로 되풀이해준다)	Wv Fo Fd DR

Card	Response	Inquiry	Scoring
	우리 딸이 어젯밤에 이 걸 조금 먹었어요.(이야기를 함)	수: 여기저기 전부 그렇네요. 두드려진 치킨 같아요. 이건 그레이비 소스이고요. 반죽이 접시 한쪽으로 떨어지고 있어요. 검: 어떤 점 때문에 그렇게 보신 건가요? 수: 제가 지금 배가 고프거든요.(웃음) 검: 저도 볼 수 있게 해주세요. 수: 모르겠어요. 그 크기 때문인가. 실제로 1불 99센트짜리 치킨 맥 너깃의 실제 사이즈에요.(웃음) "저렴한 값에 즐기는 넉넉한 음식"(마치 방송의 아나운서가 말하는 것처럼 흉내 냄)	
	(18) 바구니 가득 들어있는 새우 같아요. 그 외에는…	(검: 수검자의 반응을 그대로 되풀이해준다) 수: 이건 쉽네요. 마른 새우가 거기 있는 걸 실제로 보는 것 같아요. 튀김을 길게 늘였어요. 검: 새우요? 수: 이것도 점심때가 다 돼서 그런가 봐요. 모양이 일정하지 않고 불규칙해요. 조각조각이 모양도 사이즈도요.	Wv Fu Fd
	(19) 다 찢긴 팬케이크 같아요. 알잖아요. 팬케이크를 굽고 남은 것들은 다 같이 모아 놓잖아요.	(검: 수검자의 반응을 그대로 되풀이해준다) 수: 맞아요. 전부 다 모아보면 탄 부분에서 떨어져 나간 부스러기처럼 보일 거예요. 사람들이 그러잖아요.	Wv FC'– Fd MOR, DR,DV

Card	Response	Inquiry	Scoring
		타서 바삭해진 부분은 안 먹고 남기잖아요. 검: 탔다고요? 수: 여기 더 어두운 부분이 보여요. 여기가 검은색, 탄 것이에요. 유대인들은 이 것을 회색(grizzle)이라 부르죠.	
Ⅷ	(20) 이제 더 흥미롭고 더 색이 많아지네요. 아무튼… 캐리비안의 해적 같아요. 디즈니월드에 간 거 같아요. 오래된 배의 돛대 같은데 디즈니 스타일로 만든 거예요.	(검: 수검자의 반응을 그대로 되풀이해준다) 수: 여기가 돛대이고요 여기가 일층이고, 이건 뱃머리, 그리고 아래는 돛이에요. 정말 재밌는 놀이에요. 혹시 해본 적 있어요? 검: 아니요. 해본 적 없어요. 아까 디즈니 스타일로 만들어졌다고 했잖아요. 수: 색깔이 화려하잖아요. 뭔가 생동감 있게 그려지긴 했는데 진짜 같아요. 흔히 말하는 "진짜처럼 만들어진" 것, 그래서 역사 속 그 시간에 진짜 살았던 것처럼 느껴보라고 만든 것 같아요.	Wo CFo Id 4.5 PER,DR2
	(21) 음… 뭔가 캠핑 여행 갔을 때 고기 굽는 선반 위에 올려진 물고기 2마리 같아요. 분홍색인데 아직 요리가 다 되지 않은 거예요. 그 아래 불이 있고요. 송어요리를 하는 것 같아요. 파란색은 아마 연기를 나타내나 봐요. 고기 굽는 틀	(검: 수검자의 반응을 그대로 되풀이해준다) 수: 여기 물고기가 있어요. 여기도 하나, 여기도 하나요. 물고기의 머리와 아가미도 보이고요. 막대기가 여기 있어요. 새로운 장치인가 봐요. 칠면조를 그릴 위에 두었어요. 검: 불이라고요?	W+ CF− Fd,Fi 4.5 DV,DR

Card	Response	Inquiry	Scoring
	(spigot)이에요. 저 정말로 배가 고파서 점심 먹을 생각만 하나 봐요.	수: 저기요. 저 빨간색이 불을 의미해요. 파란색은 연기를 나타내고요. 검: 아까 굽는 틀이라고 했었죠? 수: 네. 맞아요. 이 튀어나온 것이 고리 같아요. 고정된 거예요. 탑 위에 있어서 불을 뒤집을 수 있어요.	
Ⅸ	(22) 음. 이건 뭐지? 튤립 같아요. 튤립 송이요. 줄기 하나에 4송이가 달렸어요. 이상하지 않아요?	(검: 수검자의 반응을 그대로 되풀이해준다) 수: 맞아요. 여기가 줄기예요. 검: 튤립이요? 수: 분홍색, 보라색, 그 송이 모양이 튤립 같아요. 수목원에 작년에 갔었는데 거기에서 봤어요. 검: 줄기가 한 개라고요? 수: 네. 그러니까 줄기 하나에 꽃이 4개 달린 거죠.	Do FCu Bt PER,INC
	(23) 페퍼민트 아이스크림이요. 라임 셔벗이랑 섞인 거요. 아 엉망이네요.	(검: 수검자의 반응을 그대로 되풀이해준다) 수: 여기요. 아이스크림 같아요. 라임 셔벗이에요. 그리고 막 넘치고 있어요. 여기는 설탕으로 만든 콘이고요. 검: 페퍼민트라고요? 수: 분홍색이라서요. 검: 아까 엉망이라고 말씀하셨어요. 수: 줄줄 새고 있는 것처럼 보이니깐요.	Dv/+ ma.CF− Fd 2.5
	(24) 음… 그다음에는. 전기 기술자의 불이 보이네요. 이게 아크(arc)인데 불을 내는 축 늘어진 선	(검: 수검자의 반응을 그대로 되풀이해준다)	WS+ ma.CF.C'F− Fi,Ex 5.5 DR2,AG

Card	Response	Inquiry	Scoring
	도 보여요. 불이 어쩌면 그렇게 균일하게 타는 걸까요? 이게 그냥 그림이라는 것 저도 알아요. 화학성분이 타는 것에서 나는 오렌지 연기 같아요. 파란색이 뭔가 화학물질을 보여줘요. 페인트와 화학성분, 그리고 전기적인 불의 조합이에요. 페인트 통이 전부 폭발하고 있어요. 그러니까 이렇게 대칭이 되면 안 되는 거죠. 저한테는 그렇게 보이네요.	수: 맞아요. 여기 아크가 있는데 거기 전선이 상태가 안 좋아요. 분리된 게 보여요. 검: 불이요? 수: 노란색과 빨간색이 그래요. 여기 보세요. 전기로 만든 불이 있는데 불꽃들이 날아다니고 있잖아요. 하얗게요.(이야기를 함) 검: 화학적인 불이라고요? 수: 화학적인 불은 뭔가 다른 색으로 탈테니까요.	
X	(25) 이건 판독하기가 다른 그림들과는 좀 다르네요. 수족관 같아 보이고요 다양한 종류의 물고기들이 있어요. 산호초도 보이고요. 물고기가 헤엄치고 있어요. 파란색은 물고기를 나타내고요, 초록색은 해조류를 나타내요. 검은색은 물에 떠다니는 나무를 나타내고요. 제 어린 시절의 추억들, 좋았던 시절의 추억들이 보여요.	(검: 수검자의 반응을 그대로 되풀이해준다) 수: 물고기. 여기는 산호 부분이고요. 여기는 해조류 부분, 해마도요. 검: 산호요? 수: 제가 바하마에 몇 번 가봤었거든요. 검: 어떤 점 때문에 그렇게 보신 건가요? 수: 삐죽삐죽한 가장자리 부분 때문에요. 검: 해조류요? 수: 그냥 그 연못에 있는 것 같은 거요. 해조류는 늘 초록색이잖아요. 검: 나무라고요? 수: 어둡고 나머지 색들과는 다른 색이잖아요.	W+ FMa.CF.mp.C'F+ (2) A,Na 5.5 PER,DR
	(26) 그 외에 보이는 건 조류 보호구역이 보여요. 울	(검: 수검자의 반응을 그대로 되풀이해준다)	D+ FMa.CFu (2) A,Bt 4.0 DR

Card	Response	Inquiry	Scoring
	새 몇 마리, 딱따구리 몇 마리가 나무 위에서 방방 뛰고 있어요. 나뭇잎이랑 쓰레기 조각들도 보이고요.	수: 여기 딱따구리들이 나무를 먹고 있어요. 울새들도요, 1, 2, 3, 4. 검: 울새라고요? 수: 잘 모르겠어요. 아마 그 색 때문에 그렇게 봤나 봐요. 혹시 노랑색이나 밤색 울새 본 적 있어요? 전 본 적이 있거든요.	
	(27) 진짜 이상한 것 하나가 보여요. 캡틴 비디오 연속극이요. 선생님이 그렇게 나이가 들었는지는 모르겠지만… 그 캡틴이 헬멧을 쓰고 거기 서 있는 거 같고 총을 꺼내서 쏘고 있어요. 연기가 나고 있고요… 뒤에 가방을 메고 있는데 저걸 보니 기억나요. 인간이 실제로 공중 20~30피트에서 날 수 있대요! 예전에는 제트팩이라고 불렸었데요. 아무튼… 오발틴이나 보스코 시럽이요. 기억나요?	(검: 수검자의 반응을 그대로 되풀이해준다) 수: (웃음) 네. 제가 어렸을 때를 생각해봤어요. 여기 팔이 펼쳐졌고 연기가 이 무기에서 뿜어져 나오고 있는 거예요. 검: 연기라고요? 수: 어두운 것 때문에요. 연기의 검은색 때문에요.	D+ Mp.C'F.ma− (H), Sc,Fi 4.0 DR, PER

● 표 14.3 사례 9. 구조적 요약지

```
CASE09.R3==================== STRUCTURAL SUMMARY =============================

 LOCATION                      DETERMINANTS            CONTENTS       S-CONSTELLATION
 FEATURES           BLENDS                  SINGLE                     YES..FV+VF+V+FD>2
                                                     H    = 5, 0      YES..Col-Shd Bl>0
 Zf      = 20       M.FD.FY                 M  = 3   (H)  = 4, 0      YES..Ego<.31,>.44
 ZSum    = 73.5     M.CF                    FM = 1   Hd   = 0, 0      YES..MOR > 3
 ZEst    = 66.5     M.FY.C'F                m  = 0   (Hd)= 0, 0       YES..Zd > +- 3.5
                    CF.YF                   FC = 1   Hx   = 0, 0      YES..es > EA
 W   = 18           M.FC'                   CF = 2   A    = 7, 0      YES..CF+C > FC
   (Wv = 4)         m.CF                    C  = 0   (A)  = 0, 0      YES..X+% < .70
 D   =  9           FM.FT.FC'               Cn = 0   Ad   = 0, 0        NO..S > 3
 Dd  =  0           FY.m.FD                 FC'= 1   (Ad)= 0, 0         NO..P < 3 or > 8
 S   =  2           m.YF                    C'F= 1   An   = 1, 0        NO..Pure H < 2
                    FM.YF                   C' = 0  Art   = 1, 0        NO..R < 17
   DQ               m.CF                    FT = 0   Ay   = 0, 0         8.....TOTAL
 .........(FQ-)     m.CF.C'F                TF = 0   Bl   = 0, 3
   +  = 16  ( 4)    FM.CF.m.C'F             T  = 0   Bt   = 1, 4     SPECIAL SCORINGS
   o  =  6  ( 2)    FM.CF                   FV = 0   Cg   = 0, 5                Lv1      Lv2
 v/+  =  1  ( 1)    M.C'F.m                 VF = 0   Cl   = 0, 1     DV    =    4x1      0x2
   v  =  4  ( 2)                            V  = 0   Ex   = 0, 1     INC   =    1x2      0x4
                                            FY = 0   Fd   = 5, 0     DR    =    9x3      7x6
                                            YF = 0   Fi   = 1, 3     FAB   =    0x4      0x7
       FORM QUALITY                         Y  = 0   Ge   = 0, 0     ALOG  =    1x5
                                            Fr = 0   Hh   = 0, 0     CON   =    0x7
                                            rF = 0   Ls   = 0, 0      Raw Sum6 =    22
      FQx  FQf  MQual  SQx                  FD = 1   Na   = 0, 2     Wgtd Sum6 =    80
  +  =  2    0     1    0                   F  = 2   Sc   = 0, 1
  o  =  9    1     4    0                            Sx   = 0, 0     AB   = 0      CP   = 0
  u  =  7    1     2    1                            Xy   = 1, 0     AG   = 1      MOR  = 4
  -  =  9    0     1    1                            Id   = 1, 2     CFB  = 0      PER  =11
 none=  0   --     0    0                (2) =  7                    COP  = 2      PSV  = 0
=================== RATIOS, PERCENTAGES, AND DERIVATIONS ====================
 R = 27           L =   0.08                     FC:CF+C =  1: 9    COP = 2      AG = 1
 ------------------------------------           Pure C  =      0    Food          = 5
 EB = 8: 9.5   EA = 17.5    EBPer= N/A        SumC':WSumC= 8:9.5    Isolate/R   =0.41
 eb =12:15      es = 27         D =  -3          Afr       =0.42    H:(H)Hd(Hd)= 5: 4
          Adj es = 16     Adj D =   0           S          = 2      (HHd):(AAd)= 4: 0
 ------------------------------------           Blends:R=15:27      H+A:Hd+Ad   =16: 0
 FM = 5   :  C'= 8    T = 1                     CP         = 0
 m  = 7   :  V = 0    Y = 6
                                    P    = 3            Zf   =20              3r+(2)/R=0.26
 a:p     = 15: 5    Sum6   =  22    X+% =0.41          Zd   = +7.0            Fr+rF      = 0
 Ma:Mp =    7: 1    Lv2    =   7    F+% =0.50      W:D:Dd =18:  9:  0         FD         = 3
 2AB+Art+Ay= 1      WSum6  =  80    X-% =0.33         W:M  =18:  8            An+Xy      = 2
 M-      =  1       Mnone  =   0    S-% =0.11         DQ+  =16                MOR        = 4
                                    Xu% =0.26         DQv  = 4
=============================================================================
  SCZI = 4*    DEPI = 7*    CDI = 2    S-CON = 8*    HVI = No    OBS = No
=============================================================================
```

• 그림 14.1 사례 9. 반응영역 기록지

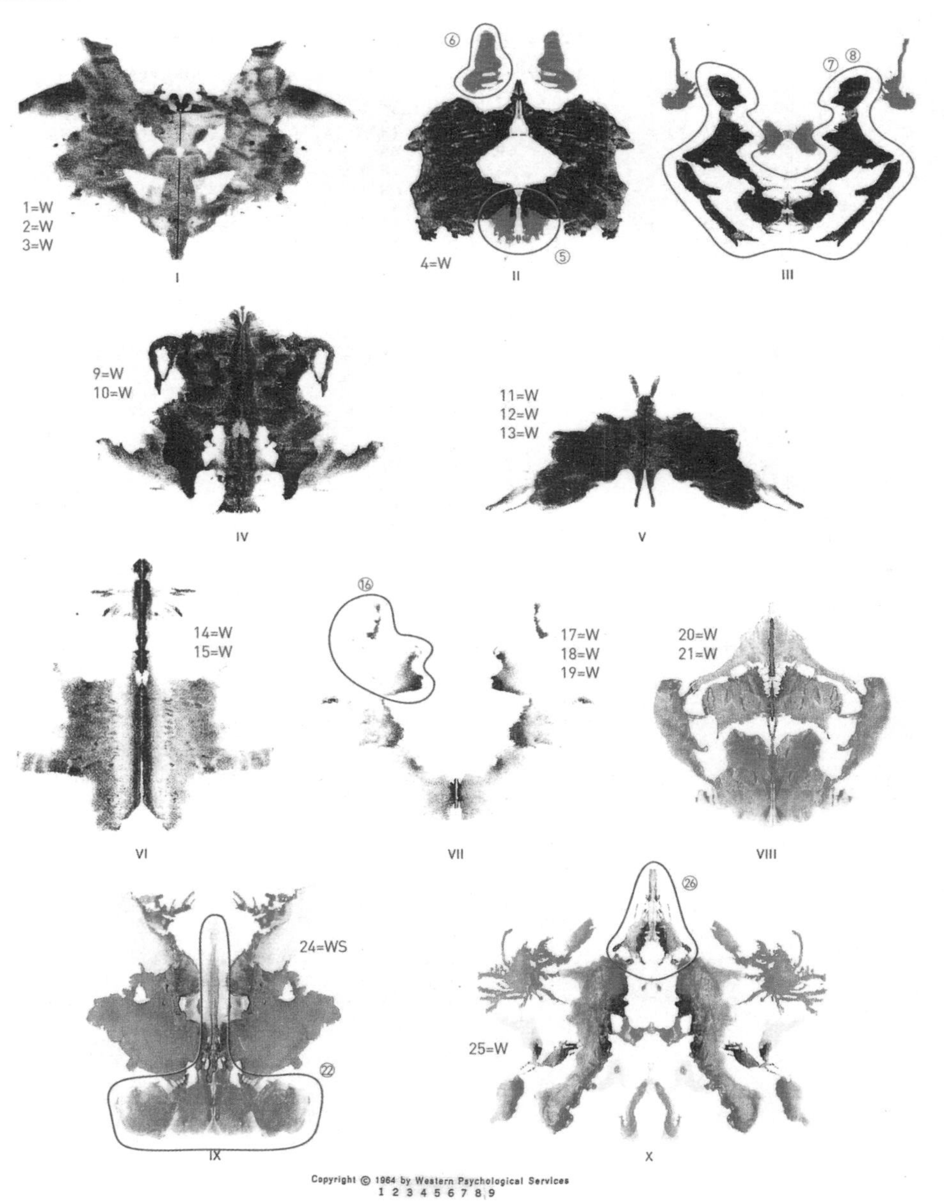

논평

이 사례의 경우, MMPI-2와 로르샤하가 K씨에 대해 제공하는 정보가 서로 상이하다. 업무 역량을 진단하기 위해 심리평가가 요구되는 경우에 흔히 발생하는 것처럼, K씨의 MMPI-2는 매우 방어적이고 의도적으로 정신병리에 대해 부인하고 있음이 드러났다. 이와는 반대로 로르샤하는 K씨가 정서적 장애, 와해된 사고 과정, 사고의 비약, 극도의 대인관계적 의존성, 그리고 신체적 온전함에 대한 집착 등을 포함하는 상당한 심리적 문제점들을 가지고 있음을 보여준다. 따라서 임상 면접과 MMPI-2의 결과를 통해 스스로는 자신이 심리적으로 건강하고 어떤 감정적, 혹은 개인적 염려로 인해 마음이 괴롭지 않다고 강력하게 주장했지만, 로르샤하 데이터는 이와는 완전히 다른 반대의 가능성을 제시하고 있다.

Ganellen(1994)이 강조했듯이, 두 심리검사 도구의 구성 방식의 차이로 인해 MMPI-2보다는 로르샤하에서 의도적으로 응답을 왜곡하기 어려운 것이 그 원인일 수 있다. 수검자가 자신의 심리적인 어려움을 인정하고 싶어 하지 않을 경우, MMPI-2에서는 많은 질문 문항들이 표면적으로 타당하기 때문에 그렇게 할 수 있을 것이다. 이와는 반대로 로르샤하에서는 어떻게 숨기는지, 혹은 어떻게 정신병리적인 인상을 만들어내는지에 대한 안내를 거의 제공하지 않는다.

MMPI-2와 로르샤하 결과의 통합

K씨는 본 심리평가에 자신의 모습을 최대한 우호적이고 좋은 모습으로 보여주기 위해 순박한 노력을 기울여 응답했다. 그는 자신의 심리적인 문제와 감정적 곤란, 그리고 개인적인 어려움, 심지어 대부분 사람들이 인정하는 아주 작은 약점에 대해서도 의도적으로 부인하거나 적게 보고함으로써 긍정적인 인상을 만들려고 노력했다(L=T78; K=T66; F-K=-22; PER=12). 이렇게 하기 위해 그는 자신이 대단히 도덕적이고 정서적으로 안정되어 있으며 심리적으로 건강한 사람인 것처럼 응답했다. 결과적으로 그는 자신과 과거에 한 행동들에 대해 상당히 편향된 이미지를 드러냈을 것이다; 과거의 어려움들에 대해 얼버무리거나, 최소화하고 정당화시켰다; 그리고 자신의 행동에 대한 원인에 대해서는 통찰력이 부족했다.

임상 면접을 하는 동안의 정반대되는 주장에도 불구하고 로르샤하 반응을 보면 현재

K씨의 감정적 고통이 매우 높다는 것을 알 수 있다(es=27 vs 규준 샘플의 값은 8.20임). 그의 고통 중 일부는 본 심리평가를 하는 상황에 대한 걱정, 염려와 연관되어 있을 수 있지만, 그의 응답은 만성적으로 고통스러워 해왔음을 시사한다(Adj es=16).

K씨의 현재 상태는 매우 중대한 정서적 곤란(DEPI=7; S-CON=8)을 포함하고 있다. 대개 K씨는 상당히 강렬한 감정적인 반응을 하며 대부분의 성인들이 갖고 있는 수준만큼의 감정조절 및 제어능력이 부족하다(FC:CF+C=2:8). 이같이 자신의 느낌과 충동을 조절하는 것에 한계가 있다 보니 자신의 행동이 어떤 결과를 가져올지에 대한 충분한 고려 없이 충동적이고 무모하며 경솔한 방식으로 행동하는 경우가 잦다. K씨는 감정적으로 자극되는 상황을 회피하려고 하는데, 아마도 이는 자제력을 놓쳐버리는 상황을 피하려고 하기 때문일 것이다(Afr=.42). K씨가 쾌활하고 긍정적이며 낙관적인 이미지를 강조하는 것은 그가 부인이나 부정 같은 경조증적 방어를 사용하여, 불쾌한 정동을 피하고 불쾌감을 분산시키는 활동을 끊임없이 함으로써 자신에게 다가오는 부정적인 정동을 회피하려고 노력하고 있음을 시사한다.

자신의 감정을 담아두려는 그의 이 같은 노력에도 불구하고 그는 강렬한 슬픔과 불안, 걱정, 무기력감, 그리고 무능력감에 압도된 것으로 보인다(C'=8; m=7; Y=6). 현재 그의 정서 상태는 상당히 고통스럽고 혼란스럽다. 이렇게 강력하고 부정적인 느낌들은 전반적으로 그의 심리적인 기능을 방해하고 있으며, 그의 감정적인 경험도 지배하고 그의 사고까지도 침범하고 있다(Color-Shading Blends=3; Shading-Shading Blends=2). 또한 이런 정서적인 반응들은 지나치게 복잡한 심리적 기능이 일어나도록 자극하며, 이로 인해 그의 사고 과정이 방해를 받는다(Blends:R=15:27; 3개 이상의 결정인을 포함한 혼합 반응수=6, 4개 이상의 결정인을 포함한 혼합 반응수=1).

K씨의 응답은 심각한 사고에 방해, 인지적 혼란 및 판단과 개념화의 결함이 나타나고 있음을 보여준다(WSum6=20). 특히 본 심리평가의 경우처럼 검사자에게 긍정적이고 우호적인 인상을 남겨야 하는 것이 중요한 상황에서조차(L=T70; K=T66; F-K=-22) 그의 응답들 중 상당히 많은 응답은 부적절하고 탈선적인 생각이나 의견을 보였는데, 이는 그가 자신의 행동이 검사자에게 끼치는 영향에 대한 고려도 없이 남을 의식하지도 않은 채 말하는 모습이 있음을 드러낸다. 그의 응답들은 말의 압력, 부적절한 익살, 그리고 사회적인 맥락에 대한 고려나 자기제어 없이 느슨하게 연관된 여러 생각들을 빠른 속도로 말해버리는 특징을 보인다. 이러한 것들은 사고 비약의 특성들이다. K씨는 자극을 특이하고 부

정확하며 왜곡된 방식으로 인식하는데, 상대적으로 단순하고 대부분 사람들이 비슷하게 받아들이는 자극에 대해서조차 그러하다(P=3; X+%=.33; Xu%=.26; X-%=.33). 그 결과, 그의 행동은 종종 특이하고(unorthodox) 사회적인 관습과 기대치를 무시하는 특성을 반영한다. 이 같은 사고의 어려움 중 많은 부분은, 고통스러운 정서가 K씨의 사고 과정에 끼치는 와해시키고 혼란스럽게 만드는 영향에 이어 부차적으로 나타나는 것으로 보인다.

보통의 경우, K씨는 비효율적이고 우유부단하며 문제를 해결할 때나 의사결정을 할 때 비일관되게 행동한다(EA=8:9.0). 그는 선택의 순간에 주저하고 확신이 없으며 자기 자신에 대해 의구심을 갖는다. 그리고 자신이 내린 결정이 "맞는" 결정이고 선택인지에 대해 고려해본 후에도 재고하고 다시 생각해보는 등 마음을 자주 바꾼다. 이런 경향 때문에 K씨는 판단을 내릴 때 잦은 실수를 한다. 특히 이 시점에서 K씨는 비관적인 걱정, 상황적 불안, 그리고 좌절감이 그의 한 가지에 집중하고 관심을 유지할 수 있는 능력을 방해하고 있기 때문에, 판단착오와 비효율적인 사고 과정을 보여줄 가능성이 매우 크다(eb=12:15; m=7; MOR=4).

K씨의 자기상은 매우 부정적이며 자기 자신을 부적절하고 다른 사람에 비해 열등한 사람으로 인식하고 있다(Egocentricity Index=.26). 그는 자기 자신을 손상되고 취약하며 상처입은 사람으로 바라본다(MOR=4). 비록 임상 면접을 하는 동안 자기 자신은 어떤 잘못도 하지 않았고 결백하다고 강하게 주장하고 있지만, K씨는 자신이 그 문제에 대한 책임이 있다는 것에 대해 우려하고 있다(FD=3). 게다가 K씨는 자신의 신체적 온전함에 대해서도 평균 이상으로 걱정하고 있다(An+Xy=2). 이런 점들은 그가 매춘부들과 접촉한 결과, 자신이 AIDS에 걸렸다고 확신하는 것을 포함한 신체적 망상과 관련된 내력이 있음을 고려할 때 더욱 타당하며, 병원에서의 검사 결과가 K씨의 염려와는 반대로 나왔음에도 불구하고 여전히 건강에 대한 걱정에 사로잡혀 있는 것을 통해서도 확인된다.

K씨는 강렬한 의존 욕구를 가지고 있으며 이는 그가 대부분의 성인들이 필요로 하는 것보다 더 많은 관심과 위로, 보살핌과 지원을 원한다는 것을 의미한다. 또한 타인들로부터 관심을 받지 못할 때면 불안해하고 자신이 부적절하며 가치 없다고 느낀다(Fd=5; Human Content=9). K씨는 외롭고 소외감을 느끼며 남들로부터 도움받지 못했다고 느끼는데(Isolation Index=.41), 이는 아마도 그가 가진 과도하게 높은 수준의 의존 욕구로 인해 타인들이 자신에게 보여주는 관심, 흥미에 만족하기 어렵기 때문일 것이다. 그러나 남들과의 의사소통에 문제가 있고(WSum6=21), 감정적으로 불안정하며(FC:CF+C=2:8) 마음 깊은 곳

에 있는 불안 때문에 남들에게 반응할 때 방어적이고 논쟁적으로 접근하는 그의 특성들 때문에 타인들과 관계를 만들고 유지하는 것 또한 어려웠을 것이다(PER=12; Egocentricity Index=.26). 우리는 그가 매춘부와 접촉한 것이 아마도 아주 짧은 시간 동안 돈 때문이라 해도, 그가 가진 만성적인 외로움에서 벗어나고, 자신을 가치 있고 매력적인 특별한 사람으로 다뤄주는 사람과 관계 맺고 싶어 하는 욕망 때문일 것이라고 추측할 수 있다.

K씨의 과거력, 임상 면접 과정과 심리검사 과정에서 보인 행동, 그리고 검사 결과들은 그가 임상적으로 유의미한 수준의 우울증, 속사포처럼 빨리 말하는 증상, 부적절한 익살, 사고의 비약, 정서적 불안정, 그리고 목표 지향적이고 즐거운 행위에 과도하게 편향되어 있음을 나타내고 있다. 비록 이런 특성들 중 일부는 과거에 앓았던 경정적 우울증(agitated depression)의 한 부분이라고 생각되지만, 이런 특성들은 또한 양극성 장애의 임상적인 증상이기도 하다. 특히 정서적 불안과 부적절한 익살, 그리고 경조증적 방어에 이어, 사고의 비약과 심각한 사고의 혼란이 나타나는 것은 강력하게 양극성 장애일 가능성을 시사한다. 과거에 조증삽화의 이력이 없기 때문에 그의 현재 상태는 제2형 양극성 장애, 즉 적어도 한 번 이상의 주요 우울삽화와 한 번 혹은 그 이상의 경조증 삽화를 포함한 제2형 양극성 장애와 가장 일치한다. 판단에서의 실수와 행동상의 문제들이 반사회성 성격 장애를 반영한다는 증거는 나타나지 않았다. K씨의 행동적 문제들, 예를 들면 매춘부들과의 관계들은 경조증 삽화가 있었던 시기에 벌어진 사건일 가능성으로 고려되어야 한다.

진단적 인상

DSM－IV 축Ⅰ 296.89 제2형 양극성 장애, 가장 최근의 복합 삽화: 중증 강도 (bipolar II disorder, most recent episode mixed; moderate severity)

축Ⅱ 799.9 유예(referred)

치료를 위한 제언

K씨 스스로는 자신이 정서적으로 건강하고 정신병리적 징후들도 없다고 주장하고 있지만, 본 심리평가의 결과를 보면 상당한 수준의 심리적인 어려움들을 갖고 있음이 명확하게 나타난다. 특히 K씨는 정서적인 문제들, 즉 강렬한 슬픔, 걱정, 무기력감, 무능력

감, 그리고 건강 관련 이슈들에 사로잡히는 등 정서적 문제들로 고통 받고 있다. 이 같은 고통스러운 정서 상태의 강도만큼 K씨의 심리적인 기능이 방해받고 있고 사고가 침범당하고 있기 때문에 인지적 혼란과 판단에 있어서의 착오, 그리고 사고의 비약을 초래한다. 그리고 약사라는 직업은 신중하고 세부적 부분에 대한 조심스러운 집중을 요하는 직업이기 때문에 이런 특성들이 매우 우려된다. 예를 들어, 약을 조제할 때 부주의한 실수를 하게 된다면 환자에게 해를 끼치거나 심각한 경우 사망에 이르게 할 가능성도 있기 때문이다. 겉으로 보기에, K씨는 자신의 부적절한 행동에 대해 충분히 의식하지 못하고 관심을 기울이지 않는 것으로 보이며 사회적 관습에 대해서도 무시하는 것으로 보이는데, 이점 또한 염려스럽다. 이러한 결과들이 시사하는 바는 (a) K씨는 치료를 받을 필요가 있으며 치료를 통해 개선될 것으로 보인다. 그리고 (b) K씨의 전문적인 자격에 대한 어떠한 의사결정도 치료가 진행되고 심리적인 상태가 개선되기 전까지는 연기되어야 한다는 점이다.

K씨는 정신과 의사로부터 양극성 장애에 대한 약물 치료를 위한 평가를 받아야 할 것이다. 그리고 과거의 조증 혹은 경조증적 삽화와 관련된 부수적인 정보를 취합할 필요가 있다. 특히 K씨가 스스로 자신의 심리적인 어려움들에 대해 기술하는 자기보고는 완전하지 않을 것으로 보이기 때문에 더욱 부가적 정보가 필요하다. K씨의 직업과 경력에 대한 의사결정, 그리고 직업적 책무를 맡기 위한 준비가 되었는지를 현실적으로 진단해 볼 수 있도록 돕기 위해 심리 치료 또한 권고된다. 심리치료자는 K씨가 스스로에 대한 자기 제어력을 개발하고 자신의 행동이 어떤 영향을 끼칠 것인지를 예측할 수 있도록 도울 수 있을 것이다. 이를 통해 K씨는 더 이상 잘못된 판단을 하지 않고 자신의 직업이나 현재의 결혼 관계를 위태롭게 만들지 않을 수 있을 것이다. 또한 심리 치료를 통해 K씨가 대인관계에서 갖는 어려움들, 특히 그의 강력한 의존 욕구가 발현되는 방식과 그의 행동이 타인들에게 끼치는 영향에 대해 다룸으로써 그를 도울 수 있다. 마지막으로 치료를 통해 자신의 건강에 대한 염려와 과거에 성적으로 무분별했던 행동에 대한 죄책감이 신체적 염려로 표현되는 것도 다루어야 할 것이다.

본 심리평가 과정에서 그랬던 것처럼, 그를 치료하는 정신과 의사에 대해서도 K씨는 방어적으로 대응할 가능성이 있다. 왜냐하면 자신의 직업과 관련된 향후의 결정이 이 치료에 대한 자신의 대응과 자신이 얼마나 치료 과정을 준수하는지에 어느 정도는 기반할 것이기 때문이다. 따라서 K씨와 치료적 동맹을 결성하고 증진시키는 정신건강 전문가들의 다각적인 노력이 필요하다. 특히 전문가들의 이러한 노력은 K씨에게 그가 가진 장애의 특성과 양극성 장애를 약물요법과 심리 치료를 병행하여 치료하게 될 경우 기대할 수 있는 결과, 그리고 치료를 담당하는 전문가들의 역할에 대한 교육을 통해 가능해질 것이다.

K씨를 치료하는 전문가들은 그의 강렬한 의존 욕구에 대해 충분히 자각하고 있어야 하며, 이러한 욕구가 치료에 대한 그의 반응과 치료적 관계에 대한 느낌에 어떤 영향을 끼치는지에 대해서도 기민하게 파악하고 있어야 한다. 예를 들어, 심리 치료가 진행되는 과정에서 K씨는 어쩌면 치료자에게 지나치게 의존할 수도 있고 자신의 자주성을 포기하고 오로지 치료자를 즐겁게 하기 위해서만 애쓸 가능성도 있기 때문이다.

Chapter

15

사례 10: 건강이상에 대한 반응

Chapter 15

사례 10: 건강이상에 대한 반응

심리평가 의뢰 사유

J씨는 67세의 백인 기혼남으로, 최근에 생긴 건강상의 문제에 따른 심리적 적응과 우울증의 수준을 진단하기 위해 담당의사가 심리평가를 의뢰한 사례이다.

기본 배경 정보

본 심리평가를 진행하기 6개월 전쯤 J씨는 심각한 심혈관 질환을 앓아 혈관 성형 수술과 심장박동기 삽입 수술을 받았다. 그런데 심장 수술을 한지 며칠 후에 수술부위에 합병증이 생겨 급히 응급실로 옮겨졌고, 가슴에 물이 차는 증상을 보여 응급 치료를 받았다. 이때 치료실로 옮겨져 몇 시간 동안 처치를 받았었는데, 그 당시 의사와 간호사들이 자신이 죽을 수도 있다는 것을 심각한 목소리로 말하던 것을 어깨너머로 들어 생생하게 각인되었다. 그는 의사가 응급 처치한 다음날 아침 자신에게 "어젯밤에 죽음의 문을 노크하고 돌아온 사람"이라고 불렀던 그 말이 반복해서 생각난다고 했다. 그는 이것을 "참혹한" 경험이었다고 말했는데, "내 자신의 죽음에 대해 그렇게 생생하게 묘사했던 의사의 말에서 벗어날 수 없을 것 같다"고 했다.

J씨는 이후부터 자신의 죽음에 대한 생각에 사로잡혔다고 보고했다. 즉 미래의 계획이나 미래에 대한 생각을 더 이상 할 수 없고, 대신에 자신이 얼마나 오랫동안 살아있을 수 있을까에 대해 의구심을 갖게 되었다고 말했다. 수면이나 식사, 에너지에는 별다른 변화가 없다고 했고, 집중은 할 수 있지만 그러기 위해 예전보다 훨씬 더 많은 노력이 필요하다고 말했다. 이렇게 아프기 전에는 자신이 당면한 어떤 어려움도 충분히 이겨내고 해결할 수 있을 거라고 생각했었는데, 지금은 과연 그렇게 할 수 있을지 자신의 능력에 대해 의구심이 든다고 말했다. 자살사고나 의도는 없다고 보고했다.

그의 의학적 질환에 대해 이야기하는 동안 그는 결혼 생활도 오랫동안 갈등과 마찰이 있어왔다고 말했다. 그는 자신이 불행하고 결혼 생활에 만족하지 못하며 아내에게 잡혀 산다고 말했다. 아내와의 마지막 부부관계도 언제였는지 기억나지 않는다고 했다. 부부 사이에 성생활이 이처럼 소원해진 것은 심장 질환을 앓기 전에도 오랫동안 지속되어 왔으며 심장 질환으로 인하거나 영향을 받은 것은 아니라고 했다.

J씨는 아내에게 점점 더 과민한 짜증을 냈고 최근에 들어서는 거의 물리적 폭력에 가까운 수준의 행동도 했다고 말했다. 이런 반응의 기폭제가 된 것은 아내가 자신의 신체적인 상태나 건강에 대해 지나치게 걱정하거나 자신의 의사결정에 대해 의문을 제기할 때이며, 이때 강렬한 분노가 치솟는다고 말했다. 그는 과거에도 이와 유사한 분노가 폭발한 적이 있었다고 말했다. 과거에 몇 번 정도는 서로 뺨을 때리고 밀치고 했던 적도 있었지만, 대개의 경우는 이처럼 싸움이 벌어지면 자신이 이성을 잃고 스스로에 대한 제어를 잃어버리기 전에 집을 나와 버린다고 했다. 한 번은 싸움 때문에 아내가 다친 적도 있었지만 그것은 사고였다고 주장했다. 그 날 부인이 다친 것은 아내가 그에게 접시를 던지자 그는 유리그릇을 던졌고 그것이 산산조각이 나면서 발생한 사고라고 설명했다.

J씨는 대학을 졸업한 이후에 정치학 석사학위를 땄고, 곧바로 1960년대 초반부터 연방정부에서 근무하기 시작했다. 그는 스스로를 "케네디 시대의 자유주의자"로서 시민의 권리를 보장하는 정책을 시행하기 위해 헌신했던 사람이라고 묘사했다. 은퇴할 때까지 연방정부에서 일했고 여러 차례에 걸쳐 승진과 표창을 받을 정도로 업무적으로도 인정받았다. 동료들이나 부하직원들과 따뜻한 인간관계를 유지했으며 은퇴 이후에도 지속적으로 연락하며 지낸다고 말했다.

7년 전 은퇴한 이후에 그는 활동적으로 살기 위해 파트타임으로 일하기도 했고 자원봉사를 하기도 했다. 가장 최근에는 지역 서비스 센터에서 지역 조직 및 기관과의 관계를 개발하는 일을 파트타임으로 했었다. J씨가 이 일의 적임자로 고용될 수 있었던 것은 지역 내에서 이 분야에 경험이 있는 사람으로 알려져 있었고 지역 조직이나 기관들 중 대부분이 그가 연방정부에서 일하는 동안 관계가 있었던 곳들이었기 때문이다. J씨에 의하면, 지역 서비스 센터는 제대로 운영되지 않고 있으며 자신이라면 더 잘 운영할 수 있을 것이라고 믿었는데, 그의 이런 믿음은 "이런 운영 방식은 해서는 안 되는 방식의 교과서로 불릴 만 하다"라고 평가하는 그의 말에서도 확인할 수 있다.

그런데 J씨가 스스로에 대해 묘사하는 과정에서 갑자기 친구들이나 동료들이 바라보는 자신과 실제 자신의 모습은 매우 다르다고 말했다. 친구들은 자신을 리더십이 있고 친근하며 위트가 넘치는 자신감 있는 사람이라서 일을 해낼 수 있는 사람으로 묘사할 거라고 그는 믿고 있었다. 이런 말을 확인할 수 있을 법한 사례도 제시했다. 예를 들어, 최근 심장 질환으로 아팠을 때 많은 친구들과 동료들이 진심으로 걱정하며 전화를 하거나 카드를 보내준 것을 언급했는데 그 중 몇 사람은 최근에 만나서 알게 된 사람들이라고 했다. 그럼에도 불구하고 그는 결정을 내려야 할 때, 미팅에 입고 가야할 옷을 결정할 때와 같이 작고 사소한 결정을 내릴 때조차도 자신의 내면에서는 끊임없이 "조용한 논쟁"이 벌어진다는 것을 남들은 알아채지 못한다고 말했다. 그는 자신이 내린 결정에 대해 반추해보고 계속해서 대안과 결정내린 것 사이를 왔다 갔다 하기 때문에 자신이 만족할 만한 결론을 내리는 것이 정말 어렵다고 말했다. 그는 자신이 왜 그런 쓸데없는 것에 시간을 낭비하는지 질문해보지만 도저히 멈출 수 없다고 했다. 또한 자신이 행동할 때 감정이나 느낌도 없이 융통성 없고 기계적으로 할 때가 많은 사람이라고 스스로를 인식하고 있었다. 그는 이런 내적인 논쟁은 오랜 세월동안 지속되어 왔는데, 이 부분과 20대에 겪었던 우울증 때문에 정신과적 도움도 구해봤다고 말했다. 치료가 도움이 되기는 했지만 어른이 되고 나서도 여전히 자신의 의사결정에 대해 반추하는 것은 계속되고 있다고 말했다.

J씨는 알코올이나 물질 남용은 하지 않으며, 체포나 구금당했던 적, 그 외 기타 법적으로 문제가 됐던 적은 없다고 보고했다.

진단적 고려사항

J씨가 경험하고 있는 다양한 문제들, 즉 죽음, 미래에 대한 비관적인 시각, 삶에 대한 흥미 저하, 집중의 어려움, 그리고 자신감 하락 등은 최근의 우울증과 일치되는 증상이다. 우울증 진단을 지지하는 검사 데이터는 MMPI-2 검사의 2번 척도와 DEP의 상승, 그리고 로르샤하의 DEPI나 CDI가 positive로 나오는 경우일 것이다.

임상 면접을 하는 동안, J씨는 분노 조절과 의사 결정상의 어려움, 반추, 그리고 무감동 등의 특성으로 고전하고 있음을 시인했다. 분노는 아마도 우울증 삽화 중에 드러나는 것일 수 있는데, 왜냐하면 많은 우울증 환자의 기분 상태는 슬픔뿐만 아니라 분노와 짜증으로 표현되는 경우가 자주 있기 때문이다. 또한 짜증과 분노는 양극성 장애와 같은 축 I의 장애, 그리고 반사회성 성격 장애, 편집형 성격 장애, 자기애적 성격 장애, 경계선 성격 장애, 강박성 성격 장애 등을 포함한 축 II의 몇몇 장애들과 연관되어 있기도 하다. 의사결정과 관련된 어려움들, 그리고 의사결정시 보이는 반복적인 생각은 강박적 성격 스타일을 시사한다고 볼 수 있는데, 이는 또한 자기 회의, 낮은 자존감 등 기타 다른 요인들과 연관되어 있을 가능성도 있다. 따라서 J씨가 가진 분노의 특성과 분노가 유발되기 쉬운 상황에 대한 탐구뿐만 아니라 그의 성격구조, 방어기제, 분노표현의 조절에 대해서도 탐색해봐야 한다.

MMPI-2 데이터

타당성 척도: J씨는 MMPI-2 질문 문항에 솔직하고 열린 자세로 응답했다. 그는 솔직하게 자신의 어려움과 증상들에 대해 인정했다. K 점수는 그의 교육수준을 고려하면 상당히 낮은 것으로(K=T39), 이는 그가 불만족감이 크고 지나치게 스스로에 대해 비판적이며 언제라도 자신의 감정적인 고통을 인정할 준비가 되어있음을 시사한다.

임상 척도: J씨가 현재 낙담하고 희망도 없으며, 자신감 저하 및 건강 상태에 대해 걱정까지 하고 있다는 점을 감안할 때, 그의 MMPI-2 프로파일은 다소 의외라고 할 수 있다. 비관적이고 낙담한 그의 태도가 2번 척도(D=T52)와 7번 척도(Pt=T59)의 상승으로 반영되어 나타날 것이라고 기대했지만 실제로는 그렇지 않았다. 또한 건강에 대한 J씨의 걱정과 염려는 아마도 1번 척도(Hs=T42)나 Health Concerns(HEA=T48)의 상승을 이끌 것

이라 생각하지만 이 역시도 J씨의 경우에는 해당되지 않는다.

65점 이상으로 나타난 척도는 4번 척도(Pd=T67) 하나뿐이었다. 4번 척도만 치솟은 프로파일은 J씨가 반항적이고 충동적인 사람으로 권위를 가진 대상과 쉽게 갈등에 빠질 수 있으며 좌절에 대한 인내심이 취약한 사람임을 시사한다. 이 같은 4번 척도의 상승은 그의 연령을 고려할 때 다소 의외인데, 4번 척도의 경우 나이가 들어감에 따라 점수가 줄어드는 것이 전형적인 양상이기 때문이다(Colligan, Osborne, Swenson, & Offord, 1989; Swenson et al., 1973). Duckworth와 Anderson(1995)은 나이든 사람에게서 4번 척도가 상승하는 경우, 특히 65세 이상인 경우에는 4번 척도의 상승이 반사회적 행동이라기보다는 오랜 세월동안 지속되어 온 자기중심적 행동, 사회적 소외, 무관심, 정서적 거리감을 반영할 가능성이 높다고 말했다.

J씨가 반사회성 성격 장애의 다양한 특성들을 가지고 있다고 결론내리기 전에 보충척도와 내용 척도를 점검해볼 필요가 있다. 특히 반사회적 행동과 관련된 과거력이 없으므로 더욱 필요하다. 내용 척도인 반사회적 특성 척도는 평균 수준에 머무는 반면(ASP=T53), 가정문제 내용 척도는 상승해있다(FAM=T82). Harris－Lingoes의 Pd 하위 척도 중 가정불화 척도(Pd1=T84)와 사회적 소외 척도(Pd4=T67) 점수는 상승한 반면 권위불화 척도(Pd2=T42)와 사회적 침착성 척도(Pd3=T52)는 상승하지 않았다. 따라서 4번 척도가 경미하게 상승한 것은 반사회적 성격특성 때문이 아니라 가정 환경이 불편하고 적대적이며, 사랑과 이해와 지원이 부족하고, 상당한 수준의 갈등과 긴장을 경험하고 있기 때문에 나타난 결과로 보인다.

J씨의 MMPI－2 프로파일은 4번 척도의 단독 상승으로 보기보다는 3번 척도가 T64이기 때문에 임상적으로 유의미한 수준으로 상승한 것은 아니라 하더라도 34/43 프로파일로 해석될 수 있다. 34/43 코드타입의 사람들은 전형적으로 분노 통제에 어려움을 느끼며 자신의 분노를 사회적으로 적절한 수준에서 건설적으로 표현할 수 있는 방법을 발달시키지 못한 사람들이다. 34/43 코드타입을 고려할 때, 그의 어려움들은 깊게 뿌리박힌 만성적 분함과 억울함, 그리고 그가 느끼기에 자신을 이해해주지 않고 충분한 관심을 주지 않는 가족 구성원들을 향한 적대감과 관련되어 있다. J씨는 자기중심적이고 관심을 바라며 거절에 매우 민감할 가능성이 높다. 그는 자신이 비판받거나 오해받았다고 느낄 때나 무시당했다는 느낌이 들면 폭발적인 태도로 화를 내기 쉬울 것이다.

MMPI－2 관련 문헌연구와 임상현장에서의 경험적 지식으로 볼 때, 3번 척도와 4번 척도의 상대적 상승은 수검자가 분노를 통제할 수 있는지 여부를 보여주는 중요한 신호일 수 있으며 특히 분노의 표현이 보다 충동적일 경우 더욱 그럴 가능성이 높다는 것을 시사한다. 3번 척도가 4번 척도에 비해 더 높을 경우는 분노가 억제될 가능성이 크고 보다 간접적으로 표현된다. 반면 4번 척도가 3번 척도보다 높은 경우는 감정이 보다 직접적으로 표현될 가능성이 높다. J씨의 43 코드타입은 대부분 감정을 과잉통제하고 사회적으로 적절한 방식으로 행동하지만, 그럼에도 그의 행동은 주기적인 패턴으로 일어나는 적대적이고 공격적인 폭발로 인해 방점이 찍혀졌을 것임을 시사한다. 적대적인 폭발은 시간이 흐르면서 서서히 분노가 쌓이고 그가 억울하다고 느끼는 사건들이 차곡차곡 누적되면서 일어났을 것이고, 그럴 때 J씨가 보이는 반응은 겉으로 보기에는 분노의 폭발을 촉발시킨 사건에 비해 지나치다 싶을 정도로 과도한 수준이었을 것이다. 그리고 이러한 폭발은 남들이 보기에는 놀라운 일이었을 것이다. 이 같은 43 코드타입의 해석은 J씨가 보고한 과거력, 즉 아내와 싸우는 동안 화가 나서 이성을 잃어버렸고 결국 신체적으로 폭력을 썼던 그 당시의 상황과 일치된다. 남들은 그의 분노에 찬 행동을 문제라고 여기지만 J씨는 그것에 동의하지 않을 가능성이 높다. 대신 그는 자신에게 문제가 있다는 것을 부인하고 남들에게 비난의 화살을 돌릴 것이다. 결국 J씨가 이 같은 자신의 행동 패턴을 바꾸는 것은 지극히 어려울 것이다.

비록 MMPI－2 임상 척도에서는 기분의 불쾌감이 시사되지 않았지만, 내용 척도는 그의 불쾌한 기분을 시사하고 있다(ANX=T70; DEP=T68). 이러한 점수는 그가 걱정이 많고 불안해하며 슬프다는 것; 삶의 중압감을 느낀다는 것; 모든 것이 더 좋아질 것이라는 믿음에 의구심을 갖는 것, 그리고 삶은 헛되다고 생각하는 것 등을 나타낸다. 이에 더해 그의 강박성 척도(OBS=T66) 점수는 그가 반추하고 조바심을 내며 사소하고 중요하지 않은 문제에 대해서도 지나치게 걱정하기도 하고; 의사결정을 내리는 것이 어려우며; 침투적이고 불편한 생각들로 인해 방해받고 있음을 시사한다. 이에 더해 그는 반복적이고 강박적인 행동을 할 가능성도 있다.

제4장과 5장에서 언급되었던 것처럼, 서로 연관되어 있는 MMPI－2 척도값들에서 얻는 결과 사이에 불일치가 나타나는 것은 임상현장에서 흔히 볼 수 있다. 본 사례의 경우 2번 척도와 DEP 점수 사이에 불일치가 나타나고, 7번 척도와 ANX, 그리고 OBS 사이에 불일치가 나타난다. Greene(1991)과 Graham(1993)은 MMPI－2 내용 척도들 사이의 실증적 상관관계는 아직 확고하게 수립된 것은 아니라고 지적했다. 그리고 내용 척도에

기반해서 찾아낸 결과들이 임상 척도에 기반한 결론과 일치하지 않을 경우에는 임상 척도에 기반한 결론이 훨씬 더 강력하고 실증적으로 잘 수립된 결론이기 때문에 주의를 기울여야 사용할 것을 제안했다. 따라서 그가 불행하다고 느끼고 걱정스러워하고 있으며 반추적임을 시사하는 내용 척도 점수는 그 이외의 데이터가 이를 지지하지 않는 이상 잠정적인 것으로 봐야 한다.

• 표 15.1 사례 10. MMPI-2 Profile

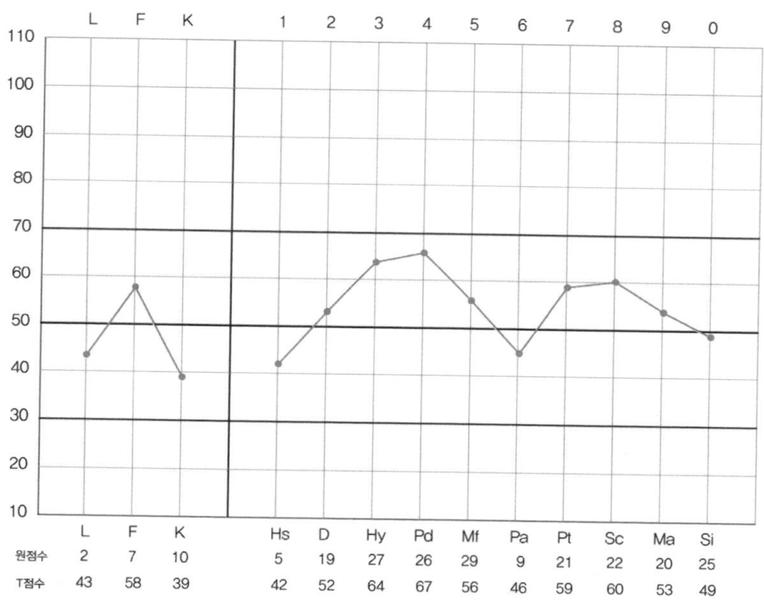

• 표 15.2 사례 10. MMPI-2 내용척도 및 보충척도

	Raw Score	T Score
FB	6	67
True Response Inconsistency (TRIN)	10	57
Variable Response Inconsistency (VRIN)	4	46
Anxiety	20	60
Repression	13	45
MAC-R	17	39
Ego Strength (Es)	31	36
Dominance (Do)	18	55
Social Responsibility (Re)	22	55
Overcontrolled Hostility (O-H)	12	48
PTSD - Keane (PK)	16	63
PTSD - Schlenger (PS)	23	66
Addiction Potential (APS)	26	57
Addiction Admission (AAS)	1	41
Content Scales (Butcher et al., 1990)		
Anxiety (ANX)	14	70
Fears (FRS)	2	45
Obsessiveness (OBS)	10	66
Depression (DEP)	14	68
Health Concerns (HEA)	4	48
Bizarre Mentation (BIZ)	1	46
Anger (ANG)	9	59
Cynicism (CYN)	14	56
Antisocial Practices (ASP)	10	53
Type A (TPA)	14	68
Low Self-Esteem (LSE)	9	62
Social Discomfort (SOD)	2	39
Depression Subscales (Harris-Lingoes)		
Subjective Depression (D1)	11	64
Psychomotor Retardation (D2)	2	32
Physical Malfunctioning (D3)	3	51
Mental Dullness (D4)	6	67
Brooding (D5)	5	68
Hysteria Subscales (Harris-Lingoes)		
Denial of Social Anxiety (Hy1)	5	56
Need for Affection (Hy2)	6	47
Lassitude-Malaise (Hy3)	6	66
Somatic Complaints (Hy4)	4	57
Inhibition of Aggression (Hy5)	3	48

	Raw Score	T Score
Psychopathic Deviate Subscales (Harris-Lingoes)		
Familial Discord (Pd1)	7	84
Authority Problems (Pd2)	2	42
Social Imperturbability (Pd3)	4	52
Social Alienation (Pd4)	7	67
Self-Alienation (Pd5)	6	63
Paranoia Subscales (Harris-Lingoes)		
Persecutory Ideas (Pa1)	3	58
Poignancy (Pa2)	1	41
Naivete (Pa3)	4	46
Schizophrenia Subscales (Harris-Lingoes)		
Social Alienation (Sc1)	6	64
Emotional Alienation (Sc2)	2	59
Lack of Ego Mastery, Cognitive (Sc3)	4	66
Lack of Ego Mastery, Conative (Sc4)	5	65
Lack of Ego Mastery, Def. Inhib. (Sc5)	2	54
Bizarre Sensory Experiences (Sc6)	1	46
Hypomania Subscales (Harris-Lingoes)		
Amorality (Ma1)	2	50
Psychomotor Acceleration (Ma2)	6	53
Imperturbability (Ma3)	5	59
Ego Inflation (Ma4)	4	56
Social Introversion Subscales (Ben-Porath et al., 1989)		
Shyness/Self-Consciousness (Si1)	2	42
Social Avoidance (Si2)	1	41
Alienation -- Self and Others (Si3)	10	65

로르샤하 데이터

J씨의 로르샤하 프로토콜의 탐색전략은 상황적 스트레스에 대한 고려부터 시작해야 한다(D<Adjusted D). 그의 결과를 보면, 보통의 경우에는 스트레스를 다룰 수 있을 정도의 적절한 자아강도를 가지고 있는 것으로 보인다(Adj D=0; CDI<4; EA=8.5). 그러나 현재 시점에서는 상당한 상황적 스트레스를 경험하고 있으며, 이것이 그의 심리적인 평정에까지 영향을 끼치고 있으며(D=-1; es=13) 그의 생각과 느낌 모두에 작용하고 있는 상태이다(m=3; Y=5). 이로 인해 결과적으로는 강렬한 불안, 걱정, 반추, 그리고 무기력감이 나타나며, 특히 그가 최근에 경험한 건강상의 문제에 대한 반작용으로 나타났을 가능성이 매우 큰

것으로 보인다. 그는 또한 자기비판적이고 자기폄하적인 반응들로 인해 곤란을 겪고 있다(V=1).

해석의 다음 단계는 강박성향 지표(OBS)가 positive인 것을 기준으로 하여 진행해야 한다. OBS는 실증적으로 도출된 지수로써, 완벽주의적이고 지나치게 세부사항에 사로잡혀 있으며, 우유부단하고, 자신의 느낌을 표현하는 것에 곤란함을 겪는 사람들을 변별해 낸다(Exner, 1991). OBS는 강박 장애 환자 또는 강박적 성격 장애 환자 146명으로 구성된 집단을 기타 정신질환 환자 집단(예: 우울증 환자, 정신분열병 환자 혹은 성격 장애 환자 집단)과 비교하여 개발되었다. 집단 변별 분석의 결과, 6개의 로르샤하 변인으로 구성된 조합이 강박적 환자의 집단과 비교 집단을 식별해 낸다는 것을 발견했다. OBS는 비환자 집단이나 강박환자가 아닌 기타 정신질환 환자 집단에서는 유의미하게 나오는 경우가 거의 없었다. 다시 말해, 허위 양성률이 낮음을 의미한다. 예를 들어, 규준샘플에서는 단지 2%에서만 정적인 OBS가 나타난다. 따라서 J씨에게 나타난 positive OBS 점수는 주목할 필요가 있고, 앞서 언급된 성격적 특성의 전부, 혹은 그 중의 많은 부분을 가지고 있음을 시사한다.

몇 가지 변인들을 보면, J씨가 완벽주의적 성향을 뚜렷하게 가지고 있음을 알 수 있다(OBS; FQx+=5; X+%=.93; Populars=9). 그는 조심스럽고 철저하게, 그리고 조직적으로 정보를 처리하고 자극 사이의 관계를 밝혀내려고 애쓴다(W>D+Dd; DQ+=8, Zd=+3.5). 그는 과잉 통합을 하는 사람으로(Zd=+3.5), 이것은 오랫동안 지속되어 온 특성으로 신중하고 양심적이며 정확한 스타일로 자료에 대응하고 문제를 해결해내는 것과 실증적으로 연관되어 있다. 이러한 특성들은 어떤 경우에는 분명히 강점으로 작용할 것이다. 예를 들어, 세부사항에 대해 신중하고 조심스럽게 주의해야 하는 일을 하는 경우나, 자신에게 익숙하지 않고 기술적으로 요구사항이 많은 문제를 해결해야 하는 경우에는 이런 특성들이 강점이 될 것이다. 그러나 동시에 이런 특성들이 약점이 되는 경우도 있는데, 예를 들어 지나치게 조심스러워지거나 반추적이 될 때, 그리고 사소한 세부사항에 사로잡혀 "큰 그림"을 볼 수 없게 될 때이다. 또한 세부사항에 지나치게 집중하기 때문에 본질적인 것과 비본질적인 것을 구분하지 못할 가능성도 있다.

낮은 람다값(L=.07)은 지나치게 생각과 느낌에 몰입될 수 있고 그를 괴롭히는 주제에 대한 생각을 멈출 수도 없음을 의미한다. 이것은 아마도 최근의 건강문제에 대한 걱정스러운 반추와 같은, 자신을 불편하게 만드는 문제들에 대한 침입적인 사고로 나타날 것이다. 어떤 주제에 대한 생각을 멈추지 못하는 이런 특성으로 인해 그가 다른 문제에 집중하고 주의를 기울이는 능력은 방해받았을 것이다(m=3). 또한 그가 자신의 선택을 여러 차례 따져보는 것에서 나타나는 것처럼, 앞의 특성들이 그의 의사결정 능력도 방해했을 가능성이 있다. 그의 완벽주의적 성향을 고려하면, 실수하지 않을까라는 두려움 때문에 의사결정을 마무리 짓는 것에 어려움을 겪었을 것으로도 보인다.

J씨는 일단 특정한 주제에 대한 생각을 발전시키거나 의견을 구성하면, 융통성 없이 경직된 자세를 고수할 가능성이 높다(a:p=7:2). 그는 다른 사람들의 의견이 자신의 의견과 다를 경우 그것을 중요하게 여기거나 고려하지 않으며, 자신의 입장만을 독단적이고 독선적으로 방어한다. 따라서 그의 의견이나 태도를 바꾸는 것은 상당히 어렵다. 그리고 이것으로 인해 대인관계에서의 어려움을 겪었을 것이다.

보통 J씨는 자신의 반응을 통제할 수 없을지 모른다는 두려움 때문에 불편해할 것이고, 결국 통제를 놓쳐버리는 상황에서 자신을 보호하기 위해 감정에 관여되는 것을 제한할 것이다(Afr=.25). J씨가 CP(Color Projection) 응답을 1개 나타냈다는 점에 주목할 필요가 있다. CP 응답은 임상적 샘플이나 비임상 샘플 모두 매우 드물게 나타나는 응답이다. 예를 들어, 규준 샘플에서는 2% 미만의 사람들만 1개 이상의 CP 응답을 한다. 따라서 이렇게 흔하지 않은 응답의 출현은 상당히 의미심장하다. CP 응답은 그가 불쾌하고 부정적인 반응을 완고하고 고지식한 방식으로 부인함을 시사하는데, 이것은 정말 화가 나서 행동상으로는 이미 그가 화났음을 보여주는 순간에서조차도 정작 자신은 화나지 않았다고 주장할 정도이다. 또한 그는 상황의 부정적인 측면을 무시하거나 묵살해버릴 것이다. 부정적인 반응을 거부하려는 그의 시도는 반동형성(reaction formation)을 사용하는 등 부정적인 감정을 거짓 긍정 감정으로 대체하는 형태로 나타날 수 있다.

또한 J씨는 정서적인 반응을 억누르려는 방어적인 노력으로 이지화, 합리화, 그리고 정서를 고립시키는 방법 등을 사용한다(Intellectualization Index=7). 이것은 그가 상황에 반응할 때 느낌을 사용하기보다는 논리와 지적 능력, 그리고 이성을 사용해서 반응하는 것을 선호했음을 시사한다. 감정에 대한 통제를 유지하고자 했던 J씨의 단호한 노력을 보면, 왜 그가 자기 자신을 "로봇 같은" 사람이고 감정이나 느낌을 배제하고 기능하는 사람이라고 했는지에 대한 설명이 된다.

J씨가 응답한 내용을 살펴보면, 앞서 묘사된 방어기제들이 특히 공격적인 느낌이나 충동을 통제하는 것에 집중되어 있음을 알 수 있다. 예를 들어, 2번 카드의 3번 응답을

보면, 그가 처음에는 2마리의 코끼리들이 무엇인가를 놓고 싸우고 있기 때문에 피가 났다고 묘사한다. 그러다가 다시 공격적인 행동을 무효화시키는 말, 즉 "그런데 다시 보니 코끼리들이 상아가 없네요. 그렇다면 어떻게 상아도 없는 코끼리들이 서로에게 상처를 내서 피를 흘리게 만들 수 있겠어요?"라고 말함으로써 처음의 응답을 무효화시켜 버린다. 6번 카드의 8번 응답에서는, 아름답고 이국적인 나비가 날고 있다고 말하고는 곧이어 "어떤 먹이를 찾는 새가 이 나비를 볼 거예요. 그리고 나비를 파괴할 거예요. 아니면 어떤 포식자가…"라고 말했다. 응답의 대부분이 이국적인 곤충들과 그 곤충들이 살고 있을 법한 열대지방에 대한 묘사들을 중심으로 이루어진다. 그리고 자극을 보면서 자신이 느낀 지각의 공격적인 측면에 대해서는 언급하지 않는다. 8번 카드의 11번 응답에서, 그는 구름의 모양과 구성의 평화로움에 대해 강조한다. 그리고 평화로운 인상을 묘사해달라는 검사자의 요구를 받았을 때 거기에는 "어떤 폭력적인 행위가 없다"라고 대답한다. 이러한 응답들은 그가 자신이 통제하기 어려운 적대적인 충동으로부터 거리를 두기 위해 이지화 방어기제를 사용하고 있다는 점을 시사한다. 이러한 방어기제가 효과적으로 기능할 때는 공격성이 통제되고 그가 정당화시킬 수 있는 이지화된 방식으로 표현될 가능성이 높다. 예를 들어, 적대감은 그가 인식하기에 객관적이고 건설적인 것으로 뭔가 상대방에게 도움이 될법한 비판적인 발언으로 돌려졌을 것이다. 물론 비판적 발언의 대상인 상대방은 다르게 느꼈을 가능성도 크다.

J씨는 감정표현을 제한함으로써 합리적이고 이성적이며 논리적인 사람으로 보이고자 시도했지만, 여전히 통제되지 않는 감정의 폭발을 드러낼 가능성이 있어 보인다 (FC:CF+C=2:3; C=1). 순수 색채 반응(C)이 나타났다는 것은(9번 카드, 14번 응답) 감정이 강렬하게 경험되어 행동이 제어되지 않는 경우가 있다는 것을 나타낸다. 이 같은 순수 색채 반응은 또한 추상미술적 지각을 포함하는데, 이 또한 J씨가 이지화 방어를 사용하여 자신의 감정을 통제하려고 시도했음을 시사한다. 물론 그럼에도 불구하고 이런 방어들이 모든 상황에서 효과적이지는 않았다. 앞서 논의되었던 바와 같이, 그의 방어적 행동의 대부분은 적대적인 반응을 통제하기 위한 목적으로 방향이 맞춰졌다. 따라서 J씨가 자신의 말이나 행동의 효과에 대해 생각하거나 고려하지 않고 충동적인 방식으로 행동할 경우 분노가 폭발할 가능성과 여지가 늘 있다.

J씨가 자신의 감정적인 반응을 통제하에 놓고 감정적으로 자극받는 상황을 방지하려고 노력했던 또 다른 이유는 그가 부정적이고 우울한 정서를 경험하는 것에 취약했기

때문이다(DEPI=5). 이처럼 우울과 부정적 정서를 경험하는 삽화는 아주 잠깐동안 지속되었겠지만 그의 감정적인 평정은 심각하게 흐트러졌을 것이고 이런 상황에서 그는 심리적으로 혼란스러워졌을 것이다. 이와 같은 상태는 최근에 겪은 그의 건강문제로 인해 강하게 촉발되었고, 결과적으로 그는 상당한 수준의 불안감과 무기력감, 자기비판과 비관적 사고로 반응하게 된 것이다(m=3; Y=5; V=1; MOR=3). 따라서 J씨는 미래와 자기 자신에 대해서 낙심하고 걱정하고 있으며 부정적이고 우울한 느낌이 들었을 것이다. 앞서 지적되었던 것처럼, 그는 이와 같이 자신을 불편하게 만드는 문제들에 대해 반추하기 쉽다.

일반적으로 J씨는 긍정적인 자기상을 가지고 있으며 자기 자신에 대한 믿음도 있다. 그리고 자신의 능력에 대해서도 자신감을 가지고 있다(Egocentricity Index=.53). 그러나 현재는 자신의 능력에 대해 의구심을 갖고 있고 스스로가 상처입고 취약하다고 느끼는 등 평소의 그답지 않은 자기 비판적인 생각을 경험하고 있다(SumV=1; MOR=3). 이 같은 불편한 생각들은 자신이 취약하고 무방비 상태에 놓여있다고 생각하게 만든 최근의 건강 문제들에 대한 반응일 가능성이 크다. MOR 응답 중 2개는 흔히 나타나는 반응이지만(2번 카드에서 2마리의 동물들이 싸우고 있다고 반응한 것과 6번 카드에서 곰가죽 러그라고 반응한 것), 세 번째는 매우 특이한 반응이다(3번 카드에서 2마리의 죽은, 생명이 없는 고양이들이 창문 밖으로 던져지는 것). 이 반응은 자신이 아플 때 비정하고 냉혹한 방식으로 다뤄졌던 것에 대한 상당한 불안감을 반영할 가능성이 크다.

J씨가 직장동료나 함께 일하는 사람들과 쉽게 따뜻한 인간관계를 맺었다고 묘사한 것과 달리, 검사 결과에서는 속마음을 거의 드러내지 않고 타인들로부터 거리를 두고 있을 가능성이 높은 반응을 보인 점은 매우 의외이다(T=0). 그는 타인들과의 상호교류는 협력적이기도 하지만 동시에 위협적인 측면도 가지고 있다고 기대한다(COP=2; AG=2). 쌍반응을 포함하고 있는 인간 운동 반응(M) 응답의 내용을 살펴보면, 3번 카드에서 남자 두 명이 "각자의 모자를 벗어서 서로에게 인사하고 있다"고 묘사한 것이 눈에 띈다. 이 같은 문장이 시사하는 것은 그가 대인관계에서 보이는 행동이 철두철미할 수준까지는 아니라 해도 격식을 갖춘 것임을 의미한다. 이같이 격식을 갖추는 특성과 높은 평범 반응의 숫자가 결합한 것은(P=9) 그가 적절하고 정확한, 전형적인 방식으로 행동하는 것을 강조하는 사람이며 자신의 기준에 맞지 않는 행동에 대해서는 상당히 비판적이고 못마땅해할 가능성이 있음을 시사한다.

사례 10. 로르샤하 프로토콜

Card	Response	Inquiry	Scoring
I	(1) 이국적인 나비요.	(검: 수검자의 반응을 그대로 되풀이해준다) 수: 그게 아니에요. 검: 처음으로 대답한 것이 이국적인 나비 한 마리를 봤다고 말한 거였어요. 수: 아 맞다. 맞아요. 양쪽에 있는 그림 2개가 마치 거대하고 비치는 나비의 날개같이 생겼는데 검은 혈관이 있어요. 아니 혈관이 아니라 연결해주는 갈비뼈 같아요. 그리고 작고 귀여운 촉수가 있고요. 아니, 촉수가 아니라 더듬이요. 검: 비친다고요? 수: 제가 볼 수 있을 정도로 비쳐요. 반투명이에요. 검: 반투명이라고요? 수: 어떤 부분은 다른 부분보다 더 밝아서요. 검: 아까 날개가 거대하다고 했거든요. 수: 음. 전체를 보면요 반쪽이 1/2 이상을 차지했거든요. 보니까 가운데 부분이 몸처럼 보이고 양쪽이 날개인데 날개가 몸보다 훨씬 더 커요.	Wo FV.FC'+ A P 1.0
	(2) 수: 그림에서 1개 이상의 그림을 볼 수도 있나요? 검: 대부분 사람은 1개 이상의 그림을 봅니다.	(검: 수검자의 반응을 그대로 되풀이해준다) 수: 네. 팔 두 개를 밖으로 펼치고 있어요. 둘이 서로를 붙잡고 있어요. 가운데는	W+ Ma.FYo (2) (H),H,Cg 4.0 COP

Card	Response	Inquiry	Scoring
	수: 처음에는 이국적인 나비가 보였어요. 그와는 달리 양쪽의 두 그림이 여자들 같아요. 어떤 조각상 같은 것들이요. 날개가 달린 모습인데 서로를 붙잡고 있어요. 팔은 날려고 하고 있어요. 그리고 가운데 있는 모양은 또 다른 존재인데 양쪽 사람들을 붙잡고 있어요.	또 다른 존재가 일정한 간격을 두고 양쪽을 붙잡고 있어요. 밝은 부분과 어두운 부분이 구분되죠? 여기가 다리고 여기는 몸통 그리고 가운데 있는 인물의 팔이에요. 그리고 날개 달린 인물은 서로가 팔을 잡고 있어요. 검: 밝은 부분과 어두운 부분이요? 수: 여기요. 여기 가운데 부분이요. 뭔가 어떤 옷 같아요. 아니면 밝은 빛 속에 사람이 있는 거요.	
Ⅱ	(3) (웃음) 처음에는 두 마리의 코끼리 같았어요. 코끼리 두 마리가 코를 맞대고 서로 만나고 있어요. 뭔가를 놓고 싸우고 있는 것 같아요. 빨간 얼룩이 꼭 피처럼 보이네요. 되게 이상하게도 새끼 코끼리 같아요. 상아가 없는 걸 보면… 아니 코끼리가 아니라 피그미 같은 작은 동물들이 뭔가를 놓고 싸우는 게 틀림없어요.	(검: 수검자의 반응을 그대로 되풀이해준다) 수: 네. 마음이 바뀌었어요. 검: 처음에 본 것은 두 마리의 코끼리였어요. 수: 여기 이 길게 늘어난 게 상아같이 보여요. 그것 때문에 코끼리로 봤던 거예요. 검: 싸운다고요? 수: 여기 이 빨간 얼룩들 때문에요. 그런데 그다음에 보니까 상아를 갖고 있지 않은 것 같았어요. 그러면 어떻게 상대방이 피를 흘리게 만들 수 있지? 라고 생각했어요.	D+ FMa.CFo (2) A,Bl P 3.0 AG,MOR,DR
	(4) 어쩌면 춤 같은 것일 수도 있어요. 손뼉을 치는 거죠. 여기 이 빨간 점이 의미하는 게 뭔지 모르겠어요. 제가 본 것을 어떻	(검: 수검자의 반응을 그대로 되풀이해준다) 수: 네. 맞아요. 검: 어디에서 그걸 보셨는지 알려주세요.	W+ Mao (2) H 4.5 COP

Card	Response	Inquiry	Scoring
	게 끼워 맞춰야 할지 모르겠어요.	수: 음… 이건 마치(수검자가 손뼉을 침) 두 명의 댄서가 모여서 손뼉 치고 뒤로 물러서고 다시 하나로 모이는 거 같아요. 그 전통춤이나 포크댄스처럼요. 그런데 여전히 빨간 점은 뭔지 모르겠어요.	
Ⅲ	(5) 음… 이건 두 명의 남자들의 모습(상)이에요. 모자를 벗어서 상대방에게 경의를 표하는 거예요. 그리고 그사이에 빨간 나비 모양이 있어요. 이 나비 모양이 뭘 의미하는지는 진짜 모르겠어요… 그렇지만 어쨌든 빨간 나비 모양이에요.	(검: 수검자의 반응을 그대로 되풀이해준다) 수: 맞아요. 여기 남자 한 명 그리고 여기 다른 남자 한 명의 모습(상)이에요. 여기 아래는 남자들의 모자예요. 마치 옛날 스타일의 중산모나 아니면 실크햇 같이 생겼어요. 사람들이 서로 인사할 때나 환영할 때 하는 모양이에요. 검: 실크햇이요? 수: 음… 첫 번째로는 비버햇이라고 생각했어요. 겉이 둥그렇게 생겼으니까. 둥그렇고 털도 있고요. 검: 털이 있다고요? 수: 음… 아니네요. 이건 그냥 평범한 동그란 모자의 윤곽이네요. 만약 비버햇이었다면 겉모양이 더 가지런하지 않고 고르지 않았을 거예요. 털이라면 이렇게 완벽하지 않죠. 아마 제멋대로 늘어져 있었을 거예요. 검: 그다음에는 빨간 나비 모양을 언급하셨어요.	D+ Ma.CF+ (2) H,Cg P 4.0 DR

Card	Response	Inquiry	Scoring
		수: 정말 잘 모르겠어요. 확실치는 않지만, 뒷배경의 일부이거나 아니면 오래된 드레스를 입은 여자가 등 뒤에 나비 모양 장식을 달고 멀리 걸어가는 것인지, 혹은 앞에 나비 장식을 달고 걸어오는 것인지 잘 모르겠어요.	
	(6) 어쩌면 남자 두 명이 모자를 벗어서 인사하는 그 뒷배경에 있는 것은 음… 잘 모르겠어요. 하지만 뭔가 죽은 고양이들 같아요. 아니 죽지는 않았는데… 뭔가 어떤 종류의 장식 같기도 해요.	(검: 수검자의 반응을 그대로 되풀이해준다) 수: 제가 처음에는 죽은 고양이들이라고 했다가 그다음에 마음이 바뀌었어요. 하지만 처음 들었던 생각은 죽은 고양이들이 창문 밖으로 내던져진 것 같았어요. 검: 어디에서 그것을 보셨나요? 수: 여기 꼬리를 보세요. 생명이 없는 것처럼 보이잖아요. 머리 부분은 움직이지 않고 있고 정지해 있잖아요. 고양이들은 보통 아주 활기가 넘치거든요. 검: 장식은요? 수: 아니요. 그건 못 봤어요.	Do mao (2) A MOR,AG
Ⅳ	(7) 아, 뭔가 아이들 이야기책에 나오는 사람 잡아먹는 거인처럼 생겼어요. 자신의 왕좌에 앉아있어요. 자기의 시종들을 기다리고 있어요. 그 거인이 그런데 움직이지 못해요. 발이 거대하고 엄청나게 커요. 그 거인의 몸은 두툼하고 굵	(검: 수검자의 반응을 그대로 되풀이해준다) 수: 맞아요. 이 전체가 사람 잡아먹는 그 거인이에요. 이게 그 거인이 앉아있는 왕좌에요. 검: 아까 거인의 발이 크다고 말했어요.	W+ Mp.FD+ (H),Hh P 4.0

Card	Response	Inquiry	Scoring
	은데 팔은 아주 약해요. 그래서 제 생각에 이 거인은 자기의 시종들에게 의지해야 하는 거예요. 아이들 책 속에 등장하는 거인인데 아마 뇌가 그렇게 크지 않은가 봐요. 머리가 아주 작아요.	수: 음. 이게 신발이에요. 넓은 부분이 신발이나 부츠이고요. 몸보다 신발들이 크고 거대하게 보여서요. 몸보다 발이 더 보는 사람에게 가까이 있는 것처럼 보이네요. 그리고 바지에 신발이 딱 끼워져 있어요. 검: 그리고 머리가 작다고요? 수: 네. 이게 거인의 머리인데요. 칼라 맨 꼭대기 위에 머리가 있어요. 그래서 그런지 작은 코와 머리만 보이잖아요.	
V	(8) 이건 나비에요. 아름다운 나비요. 커다란 나비요! 아마 아프리카나 아니면 어떤 이국적인 열대지방 같은 곳의 나비 같아요. 그리고 날고 있는데 제 생각에 어떤 새 같은 것이 이 나비를 보고 파괴할 거 같아요. 아니면 포식자가…	(검: 수검자의 반응을 그대로 되풀이해준다) 수: 네. 맞아요. 검: 이국적이라고요? 수: 여기 펼쳐진 날개이고요. 더듬이랑 몸체이고요. 뭔가 얼룩덜룩한데… 어둡고 밝은 것이 그렇게 보여요. 제가 본 것 중에서 가장 큰 나비에요. 아마 아프리카에서 온 나비일 거에요. 그냥 제 생각에는 열대지방에 사는 나비들이 여기처럼 북부지방에 사는 나비들보다 훨씬 클 것 같아요.	Wo FMa.FY+ A P 1.0
VI	(9) 어떤 것들의 조합 같아요. 이건 곰의 피부에요.	(검: 수검자의 반응을 그대로 되풀이해준다) 수: 납작한 게, 곰의 다리 혹은 곰의 가죽이나 피부 같아요. 황갈색인데 곰의	Do FYo Ad P MOR,PER

Card	Response	Inquiry	Scoring
		가죽이 그렇잖아요. 갈색 곰인 거죠. 여기가 나누어진 것 같아요. 난롯가에 있는 곰 가죽처럼요. 검: 황갈색이라고요? 수: 음영이 달라서요. 검: 나누어졌다고요? 수: 여기요. 여기 가운데 부분이 더 어두워요. 저기는 더 밝고요. 이걸 보니까 예전에 봤던 그림이 떠올랐어요.	
	(10) 뭔가 이건 로켓이 발사하는 것처럼 보여요.(웃음) 네. 바로 그거에요. 로켓이 우주로 발사될 때 나오는 그 불길이 터지는 거요. 뭔가 나사가 진행하는 성과도 없는 어떤 미션으로 발사되는 로켓 같아요. 저기, 엄청난 굉음과 함께 발사되고 있어요. 이건 뒷부분의 빨간 불꽃이에요.	(검: 수검자의 반응을 그대로 되풀이해준다) 수: 맞아요. 여기가 비행선이에요. 여기 이 부분 전부, 그 곰 가죽 부분이 우주선에서 나오는 불꽃이 됐어요. 여기가 우주선의 코 부분이에요. 검: 뒷부분의 빨간 불꽃을 아까 언급하셨어요. 수: 음… 이건 빨갛고 어두운, 그러니까 어두운 붉은색의 불꽃 같아요.	W+ ma.YF+ Sc,Fi 2.5 CP
Ⅶ	(11) 여러 가지가 보여요. 이건 구름 같아요.	(검: 수검자의 반응을 그대로 되풀이해준다) 수: 네. 넓은 거예요. 근데 그것이 구름처럼 비치고 양털같이 보여요. 그 음영 때문에 비친다고 봤어요. 검: 평화롭고 조용하다고요? 수: 어떤 폭력적인 행동도 없으니까요. 적어도 조용히 고정된 것 같아요.	WSv/+ mp.C'F.YFo Cl 4.0

Card	Response	Inquiry	Scoring
	(12) 두 명의 여자 얼굴인데 서로를 마주 보고 있어요. 머리는 올림머리를 하고 있고요. 뭔가 폭신하고 부드러운 구름 같아요. 우리가 평화로운 초록 풀밭 위나 목초지 위에 누워서 하늘을 쳐다보면 보이는 구름을 원하는 모양으로 생각해서 이름을 지을 수 있잖아요. 어쨌든 그 모양이 아주 평화롭고 고요하게 보이네요.	(검: 수검자의 반응을 그대로 되풀이해준다) 수: 여기 한 명, 저기 한 명이요. 서로를 바라보고 있어요. 검: 머리요? 수: 여기가 위로 올림머리를 한 머리에요.	Do Fo (2) Hd P
Ⅷ	(13) (머리를 흔들며) 제기랄, 음… 이건 뭔가 장식하는 어떤 조각이에요. 양쪽엔 곰이에요. 가운데는 인디언의 장식품인데 제가 인디언들의 상징은 잘 모르지만 어떤 부족의 이야기를 해주는 거 같아요. 그 부족의 상징이 곰인 거죠. 자기네 부족의 이야기를 해주는 거예요. 색이 아주 많잖아요. 뭔가 어떤 종류의 영웅전설 같은 거예요.	(검: 수검자의 반응을 그대로 되풀이해준다) 수: 맞아요. 양쪽에 곰 2마리가 있어요. 그리고 제가 생각해낸 것은 인디언, 정치적으로 정확하게 말하자면 아메리카의 원주민인데 그들은 언제나 자연과 아주 가까운 존재들로 묘사되곤 하죠. 자연과 어떻게 살아야 하는지 잘 알고 있는 사람들로요. 그 인디언들이 상징을 하나 차용한 거예요. 그런 다음 제 생각에는 가운데 들어가야 할 것은 곰이에요. 인간이나 어떤 부족을 상징하는 거죠. 그리고 제일 중심에 있는 어떤 개인이나 아니면 부족의 영웅전설 같은 거죠. 그 이야기가 어떤 건지는 모르겠지만 뭔가 상형문자 같은 거예요.	W+ FCo (2) Art,A,Ay P 4.5 AB

Card	Response	Inquiry	Scoring
Ⅸ	(14) 추상화의 한 부분 같아요. 화가가 그림 작품인데 거의 수채화 물감을 사용해서 그린 거예요. 서로 다른 색들은 서로 다른 다양한 기분을 나타내고 있어요. 초록빛 색조나 물색 같은 청록색은 뭔가 금지하거나 불길한 전조 같은 거예요. 오렌지색은 희망을 나타내고 있고요. 바닥에는 빨간, 빨간 피가 있고요. 제 생각에는 그런 느낌을 가진 사람들의 피 같아요.	(검: 수검자의 반응을 그대로 되풀이해준다) 수: 네. 초록색은 뭔가를 금지하거나 불길한 것을 전조하고 있어요. 오렌지는 제 생각에는 태양이 떠오르는 것과 연관되어 있어요. 그래서 태양이 떠오르는 건 희망과 연관 지을 수 있지요. 아마 그게 삶의 이야기겠지요. 서로 정 반대되는 두 극단 사이에서 몸부림치는 것 같아요.	Wv/+ Cnone Art,Bl AB
Ⅹ	(15) 바닷속의 생명 같아요. 게, 새우, 바닷가재 모두 바닷속 깊은 바닥에 있는 것들이잖아요. 자기들의 인생을 살고 있는 거예요. 뭐라고 부르더라? 먹이사슬의 제일 바닥에 있는 생물들을 뭐라고 부르죠? 저기엔 켈프(해초의 일종)랑 게가 있네요. 저기 꼭대기에는 어부의 낚싯바늘 두 개가 있고 뭔지 모르겠는 것들도 있네요. 성게가 낚시의 미끼에요. 이건 마치 색들로 가득한 화려한 바닷속 삶을, 스쿠버 다이빙하는 사람들이 볼 것 같은 장면을 보여주는 것 같아요.	(검: 수검자의 반응을 그대로 되풀이해준다) 수: 맞아요. 여기가 게와 새우에요. 이건 바닷가재처럼 생겼고요. 한 번도 본 적이 없어서 바닷가재를 잘 모르지만요… 어떤 이유인지 모르지만, 켈프라는 단어가 머릿속에 떠올랐어요. 아마 바닷가재를 잡을 때 켈프를 이용하나 보죠? 실제로는 바닷가재를 잡을 때 항아리나 단지 같은 걸 이용한다는 걸 알아요. 하지만 이건 현실과는 관계없는 거잖아요. 여긴 바다 생물들의 먹이인 플랑크톤 같은 것들도 있어요. 바다생물들의 삶을 그래픽으로 보여	W+ FCo (2) A P 5.5 DR,FAB

Card	Response	Inquiry	Scoring
		주는 모습 같아요. 인간의 방해를 받으면서도요…	

• 표 15.3 사례 10. 구조적 요약지

```
CASE10.R3=================== STRUCTURAL SUMMARY ============================

LOCATION              DETERMINANTS             CONTENTS        S-CONSTELLATION
FEATURES          BLENDS          SINGLE                       NO..FV+VF+V+FD>2
                                                H    = 2, 1    NO..Col-Shd Bl>0
Zf     = 11     FV.FC'            M  = 1       (H)   = 2, 0   YES..Ego<.31,>.44
ZSum   = 38.0   M.FY              FM = 0       Hd    = 1, 0    NO..MOR > 3
ZEst   = 34.5   FM.CF             m  = 1       (Hd)= 0, 0      NO..Zd > +- 3.5
                M.CF              FC = 2       Hx    = 0, 0   YES..es > EA
W   = 10        M.FD              CF = 0       A     = 5, 1   YES..CF+C > FC
  (Wv = 0)      FM.FY             C  = 1       (A)   = 0, 0    NO..X+% < .70
D   =  5        m.YF              Cn = 0       Ad    = 1, 0    NO..S > 3
Dd  =  0        m.C'F.YF          FC'= 0       (Ad)= 0, 0     YES..P < 3 or > 8
S   =  1                          C'F= 0       An    = 0, 0    NO..Pure H < 2
                                  C' = 0       Art   = 2, 0   YES..R < 17
  DQ                              FT = 0       Ay    = 0, 1     5.....TOTAL
..........(FQ-)                   TF = 0       Bl    = 0, 2
 +   =  8   ( 0)                  T  = 0       Bt    = 0, 0   SPECIAL SCORINGS
 o   =  5   ( 0)                  FV = 0       Cg    = 0, 2             Lv1     Lv2
v/+  =  2   ( 0)                  VF = 0       Cl    = 1, 0   DV    =   0x1     0x2
 v   =  0   ( 0)                  V  = 0       Ex    = 0, 0   INC   =   0x2     0x4
                                  FY = 1       Fd    = 0, 0   DR    =   3x3     0x6
                                  YF = 0       Fi    = 0, 1   FAB   =   1x4     0x7
                                  Y  = 0       Ge    = 0, 0   ALOG  =   0x5
     FORM QUALITY                 Fr = 0       Hh    = 0, 1   CON   =   0x7
                                  rF = 0       Ls    = 0, 0    Raw Sum6 =    4
     FQx  FQf  MQual  SQx         FD = 0       Na    = 0, 0   Wgtd Sum6 =   13
 +  =  5    0    2     0          F  = 1       Sc    = 1, 0
 o  =  9    1    2     1                       Sx    = 0, 0   AB   = 2     CP  = 1
 u  =  0    0    0     0                       Xy    = 0, 0   AG   = 2     MOR = 3
 -  =  0    0    0     0                       Id    = 0, 0   CFB  = 0     PER = 1
none=  1   --    0     0          (2)  =  8                   COP  = 2     PSV = 0

=================== RATIOS, PERCENTAGES, AND DERIVATIONS ===================

R = 15         L =  0.07                FC:CF+C  = 2: 3       COP = 2     AG = 2
-----------------------------------     Pure C   =    1       Food          = 0
EB = 4: 4.5   EA =  8.5    EBPer= N/A  SumC':WSumC= 2:4.5    Isolate/R    =0.13
eb = 5: 8     es = 13          D =  -1  Afr       =0.25       H:(H)Hd(Hd)= 3: 3
        Adj es =  7     Adj D =   0     S         = 1         (HHd):(AAd)= 2: 0
-----------------------------------     Blends:R= 8:15        H+A:Hd+Ad   =11: 2
FM = 2   :  C'= 2    T = 0              CP        = 1
m  = 3   :  V = 1    Y = 5
                                                                3r+(2)/R=0.53
                               P    = 9          Zf   =11       Fr+rF     = 0
a:p      =  7: 2   Sum6   =  4  X+% =0.93        Zd   = +3.5    FD        = 1
Ma:Mp    =  3: 1   Lv2    =  0  F+% =1.00     W:D:Dd =10: 5: 0  An+Xy     = 0
2AB+Art+Ay= 7      WSum6  = 13  X-% =0.00        W:M =10: 4     MOR       = 3
M-       =  0      Mnone  =  0  S-% =0.00        DQ+ = 8
                                Xu% =0.00        DQv = 0

=============================================================================
  SCZI = 1     DEPI = 5*     CDI = 1     S-CON = 5     HVI = No    OBS =YES
=============================================================================
```

• 그림 15.1 사례 10. 반응영역 기록지

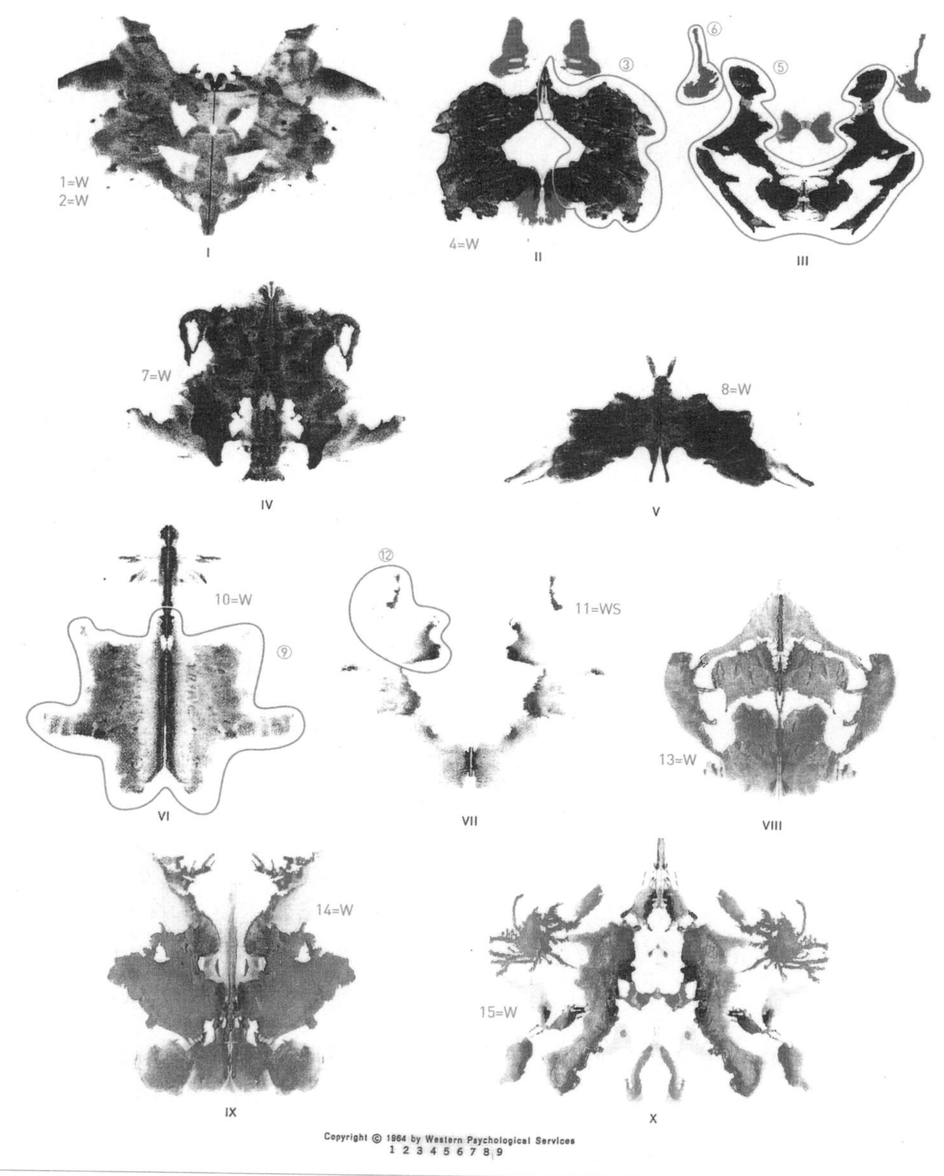

1 2 3 4 5 6 7 8 9

논평

J씨의 MMPI－2 임상 척도와 로르샤하 결과는 그의 심리적 상태에 대해 서로 상보적이기는 하지만 매우 상이한 관점을 제공한다. 34/43 코드타입은 J씨가 분노를 억제하기 위해 고전하고 있고 그에게 통제되지 않은 폭발이 가끔이긴 하지만 반복해서 일어날 가능성이 있음을 강조한다. 그리고 로르샤하 또한 그가 자신의 느낌, 특히 분노를 표현하는 것을 통제하고 제한하기 위해 노력하고 있음을 보여준다. 로르샤하는 MMPI－2를 통해 발견된 점을 보충해주고 있는데, J씨가 이지화, 합리화, 정서분리, 그리고 부인의 방어기제를 사용하여 감정 경험으로부터 거리두기를 하고 있으며 그 수준이 매우 심도깊은 수준이라고 묘사하고 있다.

MMPI－2 임상 척도를 통해서는 현재의 감정적 고통을 알 수 없지만, MMPI－2의 내용 척도와 로르샤하를 통해서는 이 같은 강렬한 걱정, 슬픔, 그리고 불안감 가득한 반추의 신호를 찾아낼 수 있다. 제5장에서 언급되었던 바와 같이, 보통의 경우에는 내용 척도가 시사하는 결론이 다른 데이터들을 통해 지지되지 않는 한 내용 척도보다는 임상 척도의 결과를 훨씬 더 신뢰해야 한다. 그러나 본 사례의 경우에는 로르샤하 데이터에 의해 내용 척도의 가설들이 사실임이 확인되었다. 따라서 임상가의 입장에서, 본 사례의 경우와 같이 로르샤하의 결론이 MMPI－2 내용 척도와 일치하고 있고 그것이 J씨의 감정적인 혼란과 걱정, 두려움들을 확연하게 보여주고 있을 때는 굳이 내용 척도의 결과를 굳이 강조하지 않아도 될 것이다.

로르샤하는 (J씨의) 완벽주의; 세부사항에 대한 지나친 몰두; 업무 수행 시 조심스럽고 정확한 접근; 그리고 자신을 드러낼 때 격식을 차리는 것 등 강박적 성격특성을 보여주는 매우 강력한 증거를 제공한다. MMPI－2의 OBS 내용 척도에서는 이것을 시사했지만, 임상 척도의 프로파일에서는 이러한 특성이 전혀 드러나지 않고 있다.

로르샤하는 MMPI－2에 의해서는 시사되지 않는 J씨의 자기상 및 자존감과 관련된 정보를 제공한다. 마지막으로 로르샤하는 MMPI－2에서는 보이지 않았던 대인관계에서의 어려움이 발생할 수 있는 잠재적 원천 몇 가지, 즉 융통성 없는 완강한 태도와 상호작용을 할 때 감정적으로 거리를 두는 것 등을 찾아냈다. 34/43 코드타입은 J씨가 가장 쉽게 분노할 때는 자신을 이해하지 못하는 타인들에 의해 자신이 무시당하거나 업신여김을 받았다고 느낄 때, 또는 “부당한 대우를 받았다고” 느낄 때임을 시사한다. 그러나 로르샤하는 이런 결론을 보여주지 않았다.

MMPI-2와 로르샤하 결과의 통합

J씨는 MMPI-2와 로르샤하 검사 모두에 솔직하고 정직한 태도로 임했다. J씨는 최근에 상당한 수준의 상황적 고통, 특히 치명적 수준에까지 이르렀었던 심장 수술을 포함한 심각한 의학적 문제로 인해 촉발된 것으로 보이는 고통을 경험하고 있다(ANX; DEP; D<Adj D; D=-1; es). 이같이 최근에 경험한 섬뜩할 정도로 두려웠던 사건 때문에 상당한 수준의 슬픔과 불안, 걱정, 비관적 사고, 무력감과 낙담으로 반응하고 있다(m=3; Y=5; V=1; MOR=3). 그는 삶은 부질없는 것이라는 의구심, 모든 것이 나아지지 않을 것이라는 생각, 그리고 자신의 상태가 점점 더 나빠져서 결국에는 죽고 말 것이라는 두려움을 가지고 있다.

이 같은 최근의 삽화는 J씨가 오랜 시간 동안 우울과 불안에 취약했다는 것을 고려할 때, 그다지 독특한 경험은 아니었던 것으로 보인다(DEPI=5). 비록 이 같은 삽화가 지속된 시간이 짧았다 하더라도 그 시간 동안 J씨의 감정적인 평정은 심각하게 방해받았을 것이고 심리적으로 혼란스러웠을 것이다. 또한 걱정되고 속상한 문제들에 대해 반추하곤 했을 것이다. 이 같은 경향성은 최근의 건강문제와 죽음에 대한 생각과 같은 침입적이고 두려운 사고들로 인해 드러나게 되었다(MMPI-2 OBS=T66; Lambda=.07). 이런 생각들이 반복적이고 침입적으로 나타나는 속성을 가지고 있기 때문에 이와 관련 없는 문제들을 처리하는 J씨의 생산적 능력을 방해했을 것이다(m=3).

보통의 경우라면 J씨는 긍정적인 자기상을 가지고 있으며 자기 자신을 신뢰한다. 그리고 자신의 능력에 대한 자신감도 있다(Egocentricity Index=.53). 그러나 현재로서는 그는 자신의 역량에 의구심을 가지고 있고 스스로에 대해 상처입고 취약한 사람이라고 생각하고 있으며, 본인의 성격과는 상이한 반응과 자기 비평적 사고들로 인해 어려움을 겪고 있다(SumV=1; MOR=3). 이처럼 불편한 생각들은 최근에 겪은 건강문제에 대한 반응으로, 그로 하여금 자신이 취약하고 무방비 상태에 놓여있다고 느끼도록 만들었을 것이다.

일반적으로 J씨는 자신이 반응을 통제할 수 없을 것 같은 감정이나 두려움을 아주 불편하게 생각한다. 그리고 정서에 관여되는 것을 제한함으로써 통제력을 잃을 것 같은 상황으로부터 자신을 보호하려고 애쓴다(Afr=.25; CP=1). 그는 상황에 대한 반응을 할 때, 감정과 느낌으로 대응하기보다는 차분하고, 감정에 좌지우지 되지 않은, 논리적인 방식으로 대응하는 것을 선호할 것이다(Intellectualization Index=7). 그는 감정 표현을 제한하고 겉으로 보기에 감정을 과잉통제하는 것처럼 보일 정도로 이성적이고 합리적이며 논리적이고자 애쓴다(34/43 코드타입; Afr=.25; Intellectualization Index=7). 이렇게 노력한 결과, 그는 정서 경험이 제한된 범위 내에 머무는 기계적이고 "로봇 같은" 존재로서 살아왔을 가능성이 크다.

J씨의 응답을 보면, 그가 자신의 감정을 통제하려는 노력이 특히 분노와 공격성, 그리고 충동을 억누르는 것에 집중되어 있다는 것을 알 수 있다. J씨의 방어기제가 효과적으로 작동했을 때, 그의 분노는 통제되고 이지화된 방식으로 표현되었을 것이다. 예를 들어, 적대감은 J씨가 정당화시킬 수 있는 비판적인 발언으로 돌려서 표현되어 상대방을 도와주는 건설적인 것처럼 포장되었을 것이다. 그러나 남들은 이 같은 J씨의 발언을 가혹하고 자신들을 폄하하는 비판적인 것으로 경험했을 것이다. 하지만 그의 방어기제와 자기통제가 실패했을 때는, 평소에는 제한되고 사회적으로 적절했던 그의 행동이 적대감과 폭발적인 분노가 터져버리는 것으로 방점을 찍었을 가능성이 있다. 이런 경우, 감정은 강렬하게 경험되고 행동은 걷잡을 수 없었을 것이다(FC:CF+C=2:3; C=1). 아마도 그의 반응은 겉으로 보기에는 분노의 폭발을 촉발시킨 사건에 비해 과도했을 것이다. 그리고 그가 보인 반응의 강도는 다른 사람들을 놀라게 할 정도였을 가능성이 크다. 이것은 그가 보고했던 바와 같이, 아내와 반복해서 싸우는 과정에서 화가 나서 이성을 잃어버리고 결국 물리적인 폭력을 쓸 정도로 공격적이 되곤 했던 경험들과 일관된 것으로 보인다.

MMPI-2는 분노와 관련한 J씨의 어려움들은 그가 느끼기에 자신을 이해해주지 않고 자신에게 관심이 없는 가족 구성원들을 향한 깊고 만성적인 억울함, 그리고 적대감과 관련되어 있음을 시사한다(43 코드타입; FAM=T82; Pd1=T84). 그는 타인의 관심을 요구하는 매우 자기중심적인 사람일 수 있다. J씨는 자신이 비판받거나 오해받았다고 느낄 때, 또는 무시당하거나 업신여김을 당했다고 느낄 때가 폭발적인 분노의 감정에 쉽게 휩싸이는 경우였을 것이다.

J씨의 응답들은 강박적 성격 특성들과 일치된다(MMPI-2 OBS=T66; positive OBS). 보통의 경우 그는 조심스럽고 신중하며 양심적이고 성실한 사람으로 완벽주의적 성향을 뚜렷하게 가진 꼼꼼한 사람이었을 것이다(FQ+=5; X+%=.93; Populars=9). 이러한 특성들은 세부적 사항에 대한 조심스러운 주의가 필요한 경우나 기술적으로 요구사항이 많은 문제를 해결하기 위해 정확하고 철두철미한 접근이 필수적인 경우에는 강점 요인으로 작용했을 것이다. 그러나 그가 지나치게 신중해지고 반추적으로 되어 세부적인 사항에 집착하게

되면, 그러한 특성은 오히려 약점으로 작용할 수도 있다. J씨의 완벽주의적 성향을 고려할 때, 실수할지 모른다는 두려움 및 여러 대안 중 최선의 선택이 무엇인지, 그리고 다른 대안을 선택했을 경우의 가능한 결과가 무엇인지에 대해 초조해하고 걱정하며 반추하느라 결국 의사결정에 어려움을 겪었을 것이다.

대인관계에서 J씨는 말을 잘 하지 않아서 남들은 그를 차갑고 거리감 있는 사람, 냉담한 사람으로 인식했을 것이다(T=0; Afr=.25). 그는 사회적 상호작용에 접근할 때 격식을 차려서 행동했을 가능성이 크다. 적절하고 합당한, 관습적인 방식으로 행동하는 것을 강조했을 것이고, 자신의 기준에 미치지 못하는 행동에 대해서는 탐탁지 않게 여기고 매우 비판적으로 되었을 것이다(Populars=9). 이같이 자기의 의견만 고집하는 독단적이고 독선적인 방식 때문에 그는 남들의 관점이나 시각을 무시하고 거절했으며, 융통성 없는 태도로 자신의 입장만을 방어하는 이 같은 경향성 때문에 그는 대인관계에서 어려움을 경험했을 것이다(a:p=7:2). 남들은 그의 완벽주의적이고 융통성 없는 스타일을 상당히 요구적이고 통제적이라고 경험했을 것이다.

진단적 인상

DSM–III–R 축 I 296.32 주요 우울증, 재발성, 중증 강도(major depression, recurrent, moderate severity)

축 II 301.40 강박성 성격 장애(obsessive-compulsive personality disorder)

치료를 위한 제언

앞서 논의된 결과를 보면, 개인 심리 치료를 통해 J씨가 자기비판적인 사고를 줄이고 자신의 죽음 및 건강 상태에 대한 비관적인 걱정과 두려움을 다른 시각으로 바라볼 수 있도록 돕는다면 개선의 효과를 볼 수 있다고 고려된다. 치료자는 불쾌한 문제에 대해 반복적이고 비생산적인 방식으로 반추하는 그의 특성에 대해 인지하고 있어야 한다. 더불어 치료자는 비구조화된 치료적 접근을 통해 동일한 문제에 대해 반복해서 다루는 것을 허용하지 말아야 한다. 대신 그의 감정적인 고통을 야기하는 왜곡을 구별하고 점검하고 수정하기 위해, 그의 비관적인 반추적 사고의 순환고리를 끊고 중단시키는 시도를 함으로써 최선의 결과를 얻을 수 있을 것이다.

치료의 위험성 중 한 가지는 J씨가 자신의 문제와 걱정에 대해 지나치게 논리적이고 이지화된 방식으로, 진심은 거의 담기지 않은 방식으로 문제들에 대해 토의함으로써 자신의 감정으로부터 거리를 둘 가능성이 있다는 점이다. 물론 치료자는 그의 연령을 고려하여 이러한 그의 방어를 존중하고 그를 몰아붙여 지나치게 빨리 자기를 표현하도록 강요하지는 말아야 할 것이다. 만약 치료자가 그렇게 행동한다면 그는 치료자에 대해 지나치게 요구적이고 지배적이며 판단적이라고 인식할 것이다.

J씨가 가장 관심이 있고 흥미를 느끼는 부분은 자신의 건강 상태와 죽음에 대한 고통을 줄여주는 것일 것이다. 그러나 건강과 죽음에 대한 주제와 더불어 분노를 관리하고 폭발적으로 감정을 분출시키는 상황을 피할 수 있는 보다 건설적인 방식을 개발하고 연습할 수 있도록 돕는 것도 좋은 치료가 될 것이다. 그렇게 하기 위해서는 현재의 건강상태에 대한 반응을 다루고 고통을 경감시키기 위해 필요한 시간보다는 보다 더 오랜 시간의 치료가 필요하다. 만약 J씨가 심리 치료에 동의한다면, 치료자는 그가 치료자에게 분노하면서 반응하는 때를 민감하게 알아채서 이를 다뤄야 한다. 그런 상황이 되면, J씨는 당시의 상황에서 자신이 좌절했고 참을 수 없이 화났다는 것을 부인할 것이라는 것은 쉽게 짐작할 수 있다. 그럼에도 불구하고, 이러한 반응들 및 수용적이고 무비판적이며 보복하지 않는 치료자에게 화나는 자신을 방어하는 그의 태도에 대해 다룸으로써 그로 하여금 자신의 분노에 대해 알아차리고 궁극적으로는 자신의 분노를 보다 통제되고도 덜 파괴적인 방식으로 표현할 수 있도록 도울 수 있을 것이다.

참고문헌

Acklin, M. W. (1993). Integrating the Rorschach and the MMPI in clinical assessment: Conceptual and methodological issues. *Journal of Personality Assessment, 60*, 125-131.

Allison, J., Blatt, S. J., & Zimet, C. N. (1988). *The interpretation of psychological tests.* New York: Hemisphere.

American Psychiatric Association. (1994). *Diagnostic and statistical manual of mental disorders* (4th ed.). Washington, DC: Author.

Anastasi, A. (1988). *Psychological testing* (6th ed.). New York: Macmillan.

Andreasen, N. C , & Olsen, S. (1982). Negative v positive schizophrenia: Definition and validation. *Archives of General Psychiatry, 39*, 789-794.

Archer, R. P. (1987). *Using the MMPI with adolescents.* Hillsdale, NJ: Lawrence Erlbaum Associates.

Archer, R. P., & Gordon, R. A. (1988). MMPI and Rorschach indices of schizophrenic and depressive disorders among adolescent inpatients. *Journal of Personality Assessment, 52*, 276-287.

Archer, R. P., Gordon, R. A., Giannetti, R. A., & Singles, J. M. (1988). MMPI scale correlates for adolescent inpatients. *Journal of Personality Assessment*, 52, 707-721.

Archer, R. A., & Krishnamurthy, R. (1993a). Combining the Rorschach and the MMPI in the assessment of adolescents. *Journal of Personality Assessment, 60*, 132-140.

Archer, R. A., & Krishnamurthy, R. (1993b). A review of MMPI and Rorschach interrelationships in adult samples. *Journal of Personality Assessment, 61*, 277-293.

Archer, R. P., Maruish, M., Imhof, E. A., & Piotrowksi, C. (1991). Psychological test usage with adolescent clients: 1990 survey findings. *Professional Psychology: Research and Practice, 22*, 247-252.

Arieti, S. (1974). *Interpretation of schizophrenia*. New York: Basic Books.

Arkes, H. R. (1981). Impediments to accurate clinical judgment and possible ways to minimize their impact. *Journal of Consulting and Clinical Psychology*, *49*, 323–330.

Arkes, H. R., & Harkness, A. R. (1980). Effect of making a diagnosis on subsequent recognition of symptoms. *Journal of Experimental Psychology: Human Learning and Memory*, *6*, 586–575.

Aronow, E., Reznikoff, M., & Moreland, K. L. (1995). The Rorschach: Projective technique or psychometric test? *Journal of Personality Assessment*, *64*, 213–228.

Atkinson, L. (1986). The comparative validities of the Rorschach and MMPI: A meta–analysis. *Canadian Psychology*, *27*, 238–247.

Atkinson, L., Quarrington, B., Alp, I. E., & Cyr, J. J. (1986). Rorschach validity: An empirical approach to the literature. *Journal of Clinical Psychology*, *42*, 360–362.

Baer, R. A., Wetter, M. W., & Berry, D. T. R. (1992). Detection of underreporting of psychopathology on the MMPI: A meta–analysis. *Clinical Psychology Review*, *12*, 509–526.

Ball, J. D., Archer, R. P., Gordon, R. A., & French, J. (1991). Rorschach depression indices with children and adolescents: Concurrent validity findings. *Journal of Personality Assessment*, *57*, 465–476.

Barkley, R. A. (1990). *Attention–deficit hyperactivity disorder: A handbook for diagnosis and treatment*. New York: Guilford.

Barley, W. D., Dorr, D., & Reid, V. (1985). The Rorschach Comprehensive System Egocentricity Index in psychiatric inpatients. *Journal of Personality Assessment*, *49*, 137–140.

Barron, F. (1953). An ego strength scale which predicts response to psychotherapy. *Journal of Consulting Psychology*, *17*, 327–333.

Beck, S. J., Beck, A. C , Levitt, E. E., & Molish, H. B. (1961). *Rorschach's test: Vol. I. Basic processes* (3rd ed.). New York: Grune & Stratton.

Ben–Porath, Y. S., & Butcher, J. N., & Graham, J. R. (1991). Contribution of the MMPI–2 content scales to the differential diagnosis of schizophrenia and major depression. *Psychological Assessment*, *3*, 634–640.

Berry, D. T., Baer, R. A., & Harris, M. J. (1991). Detection of malingering on the MMPI: A meta–analysis. *Clinical Psychology Review*, *11*, 585–598.

Bleuler, E. (1950). *Dementia praecox or the group of schizophrenias*. New York: International Universities Press.

Bornstein, R. F., Bowers, K. S., & Robinson, K. J. (1995). Differential relationships of objective and projective dependency scores to self-reports of interpersonal life events in college student subjects. *Journal of Personality Assessment*, *65*, 255-269.

Brehmer, B. (1980). In one word: Not from experience. *Acta Psychologica*, *45*, 223-241.

Brems, C , & Johnson, M. E. (1990). Further explorations of the egocentricity index in an inpatient psychiatric sample. *Journal of Clinical Psychology*, *46*, 675-679.

Brinkman, D. C , Overholser, J. C , & Klier, D. (1994). Emotional distress in adolescent psychiatric patients: Direct and indirect measures. *Journal of Personality Assessment*, *62*, 472-484.

Butcher, J. N. (1979). Use of the MMPI in personnel selection. In J. N. Butcher (Ed.), *New developments in the use of the MMPI* (pp. 165-201). Minneapolis: University of Minnesota Press.

Butcher, J. N. (1985). Interpreting defensive profiles. In J. N. Butcher & J. R. Graham (Eds.), *Clinical applications of the MMPI* (No. 3, pp. 5-7). Minneapolis: University of Minnesota Department of Professional Development and Conference Services, Continuing Education and Extension.

Butcher, J. N., Dahlstrom, W., Graham, J., Tellegen, A., & Kaemmer, B. (1989). *Minnesota Multiphasic Personality Inventory-2 (MMPI-2): Manual for administration and scoring*. Minneapolis: University of Minnesota Press.

Butcher, J. N., Graham, J. R., & Ben-Porath, Y. S. (1995). Methodological problems and issues in MMPI, MMPI-2, and MMPI-A research. *Psychological Assessment*, *7*, 320-329.

Butcher, J. N., Graham, J. R., Williams, C. L., & Ben-Porath, Y. S. (1989). *Development and use of the MMPI-2 content scales*. Minneapolis: University of Minnesota Press.

Butcher, J. N., & Rouse, S. V. (in press). Personality: Individual differences and clinical assessment. *Annual Review of Psychology*.

Butcher, J. N., & Williams, C. L. (1992). *MMPI-2/MMPI-A: Essentials of interpretation*. Minneapolis: University of Minnesota Press.

Butcher, J. N., Williams, C. L., Graham, J. R., Archer, R. P., Tellegen, A., Ben-Porath, Y. S., & Kaemmer, B. (1992). *Minnesota Multiphasic Personality Inventory-Adolescent (MMPI-A): Manual for administration and scoring*. Minneapolis: University of Minnesota Press.

Campbell, D. T., & Fiske, D. W. (1959). Convergent and discriminant validation by the multitrait-multimethod matrix. *Psychological Bulletin*, *56*, 81-105.

Caputo-Sacco, L., & Lewis, R. J. (1991). MMPI correlates of Exner's egocentricity index in an adolescent psychiatric population. *Journal of Personality Assessment, 56*, 29-34.

Carp, A. L., & Shavzin, A. R. (1950). The susceptibility to falsification of the Rorschach psychodiagnostic technique. *Journal of Consulting Psychology, 14*, 230-233.

Clark, J. H. (1948). Some MMPI correlates of color responses in the Group Rorschach. *Journal of Consulting Psychology, 12*, 384-386.

Cofer, C. N., Chance, J., & Judsin, A. J. A. (1949). Study of malingering on the MMPI. *Journal of Psychology, 27*, 491-499.

Colligan, R. C , Osborne, D., Swenson, W. M., & Offord, K. P. (1989). *The MMPI: A contemporary normative study of adults* (2nd ed.). Odessa, FL: Psychological Assessment Resources.

Crow, T. J. (1985). The two-syndrome concept: Origins and current status. *Schizophrenia Bulletin, 11*, 471-486.

Dana, R. Y., & Bolton, B. (1982). Interrelationships between Rorschach and MMPI scores for female college students. *Psychological Reports, 51*, 1281-1282.

Donders, J., & Kirsch, N. (1991). Nature and implications of selective impairment on the Booklet Category Test and the Wisconsin Card Sorting Test. *The Clinical Neuropsychologist, 5*, 78-82.

Duckworth, J. C , & Anderson, W. P. (1995). *MMPI & MMPI-2: Interpretation manual for counselors and clinicians* (4th ed.). Bristol: Taylor & Francis.

Duckworth, J. C , & Barley, W. D. (1988). Within-normal-limits profiles. In R. L. Greene(Ed.), *The MMPI: Use with specific populations* (pp. 278-315). Philadelphia: Grune & Stratton.

Einhorn, H.J. (1986). Accepting error to make less error. *Journal of Personality Assessment, 50*, 387-395.

Exner, J. E. (1969). *The Rorschach systems*. New York: Grune & Stratton.

Exner, J. E. (1986). *The Rorschach: A comprehensive system. Vol. 1: Basic foundations* (2nd ed.). New York: Wiley.

Exner, J. E. (1988). Problems with brief Rorschach protocols. *Journal of Personality Assessment, 52*, 640-647.

Exner, J. E. (1991). *The Rorschach comprehensive system. Vol. 2: Current treatment and advanced interpretations* (2nd ed.). New York: Wiley.

Exner, J. E. (1993). *The Rorschach: A comprehensive system. Volume 1: Basic foundations* (3rd ed.). New York: Wiley.

Exner, J. E., McDowell, E., Pabst, J., Strackman, W., & Kirkman, L. (1963). On the detection of willful falsification on the MMPI. *Journal of Consulting Psychology, 27*, 91–94.

Exner, J. E., & Wylie, J. (1977). Some Rorschach data concerning suicide. *Journal of Personality Assessment, 41*, 339–348.

Finch, A. J., Imm, P. S., & Belter, R. W. (1990). Brief Rorschach records with children and adolescents. *Journal of Personality Assessment, 55*, 640–646.

Finn, S. E., Hartman, M., Leon, G. R., & Lawson, L. (1986). Eating disorders and sexual abuse: Lack of confirmation for a clinical hypothesis. *International Journal of Eating Disorders, 5*, 1051–1060.

Finn, S. E., & Kamphius, J. H. (1995). What a clinician needs to know about base rates. In J. N. Butcher (Ed.), *Clinical personality assessment* (pp. 224–235). New York: Oxford University Press.

Fischoff, B. (1975). Hindsight # foresight: The effect of outcome knowledge on judgment under uncertainty. *Journal of Experimental Psychology: Human Perception and Performance, 1*, 288–299.

Fosberg, I. A. (1938). Rorschach reactions under varied instructions. *Rorschach Research Exchange, 3*, 12–30.

Fosberg, I. A. (1941). An experimental study of the reliability of the Rorschach psychodiagnostic technique. *Rorschach Research Exchange, 5*, 72–84.

Frank, L. K. (1939). Projective methods for the study of personality. *Journal of Psychology, 8*, 389–413.

Friedman, A. F., Webb, J. T., & Lewak, R. (1989). *Psychological assessment with the MMPI.* Hillsdale, NJ: Lawrence Erlbaum Associates.

Frueh, C. B., & Kinder, B. N. (1994). The susceptibility of the Rorschach Inkblot Test to malingering of combat–related PTSD. *Journal of Personality Assessment, 62*, 280–298.

Gacono, C. B., & Meloy, J. R. (1994). *The Rorschach assessment of aggressive and psychopathic personalities.* Hillsdale, NJ: Lawrence Erlbaum Associates.

Ganellen, R. J. (1994). Attempting to conceal psychological disturbance: MMPI defensive response sets and the Rorschach. *Journal of Personality Assessment, 63*, 423–437.

Ganellen, R. J. (1995). *Response sets, repression, and the Rorschach.* Unpublished manuscript.

Ganellen, R. J., Wasyliw, O. E., Haywood, T. W., & Grossman, L. S. (1996). Can psychosis be faked on the Rorschach?: An empirical study. *Journal of Personality Assessment, 66*

65−80.

Garb, H. N. (1984). Clinical judgment, clinical training, and professional experience. *Psychological Bulletin, 105*, 387−396.

Gauron, E. F., & Dickinson, J. K. (1969). The influence of seeing the patient first on diagnostic decision making in psychiatry. *American Journal of Psychiatry, 126*, 199−205.

Gilberstadt, H., & Duker, J. A. (1965). *A handbook for clinical and actuarial MMPI interpretation*. Philadelphia: Saunders.

Goodwin, F. K., & Jamison, K. R. (1990). *Manic−depressive illness*. New York: Oxford.

Gottesman, 1.1., & Prescott, C. A. (1989). Abuses of the MacAndrew MMPI alcoholism scale: A critical review. *Clinical Psychology Review, 9*, 223−242.

Gough, H. (1947). Simulated patterns on the MMPI. *Journal of Abnormal and Social Psychology, 42*, 215−225.

Gough, H. G. (1950). The F minus K dissimulation index for the MMPI. *Journal of Consulting Psychology, 14*, 408−413.

Gough, H. (1954). Some common misconceptions about neuroticism. *Journal of Consulting Psychology, 18*, 287−292.

Graham, J. R. (1984). Interpreting normal range profiles. In J. N. Butcher & J. R. Graham(Eds.), *Clinical applications of the MMPI* (No. 17, pp. 40−41). Minneapolis: University of Minnesota Department of Professional Development and Conference Services, Continuing Education and Extension.

Graham, J. R. (1987). *The MMPI: A practical guide* (2nd ed.). New York: Oxford.

Graham, J. R. (1993). *The MMPI−2: Assessing personality and psychopathology* (2nd ed.). New York: Oxford University Press.

Graham, J. R., Watts, D., & Timbrook, R. E. (1991). Detecting fake−good and fake−bad MMPI−2 profiles. *Journal of Personality Assessment, 57*, 264−277.

Grayson, H. M., & Olinger, L. B. (1957). Simulation of "normalcy" by psychiatric patients on the MMPI. *Journal of Consulting Psychology, 21*, 73−77.

Greene, R. (1991). *The MMPI7MMPI−2: An interpretive manual*. Boston: Allyn & Bacon.

Grow, R., McVaugh, W., & Eno, T. D. (1980). Faking and the MMPI. *Journal of Clinical Psychology, 36*, 910−917.

Harrow, M., Grossman, L. S., Silverstein, M. L., & Meltzer, H. Y. (1982). Thought pathology in manic and schizophrenic patients: Its occurence at hospital admission and seven weeks later. *Archives of General Psychiatry, 39*, 665−671.

Harrow, M., & Quinlan, D. (1977). Is disordered thinking unique to schizophrenia? *Archives of General Psychiatry, 34*, 15–21.

Hawkins, S. A., & Hastie, R. (1990). Hindsight: Biased judgments of past events after the outcomes are known. *Psychological Bulletin, 107*, 311–327.

Heaton, R. K. (1981). *A manual for the Wisconsin Card Sorting Test*. Odessa, FL: Psychological Assessment Resources Inc.

Hegarty, J. D., Baldessarini, R. J., Tohen, M., Waternaux, C , & Oepen, G. (1994). One hundred years of schizophrenia: A meta–analysis of the outcome literature. *American Journal of Psychiatry, 151*, 1409–1416.

Hogarth, R. M. (1987). *Judgment and choice: The psychology of decision* (2nd ed.). Chichester, England: Wiley.

Holt, R. R. (1968). Editor's Foreword. In Rapaport, Gill, & Schafer, *Diagnostic psychological testing* (pp. 1–43). New York: International Universities Press.

Holt, R. R. (1986). Clinical and statistical prediction: A retrospective and would–be integrative perspective. *Journal of Personality Assessment, 50*, 376–386.

Hunt, H. F. (1948). The effect of deliberate deception on MMPI performance. *Journal of Consulting Psychology, 12*, 396–402.

Jensen, A. R. (1958). Personality. *Annual Review of Psychology, 9*, 395–422.

Jensen, A. R. (1965). A review of the Rorschach. In O. K. Buros (Ed.), *Sixth mental measurements yearbook* (pp. 501–509). Highland Park, NJ: Gryphon.

Kahneman, D., & Tversky, A. (1973). On the psychology of prediction. *Psychological Review, 80*, 237–251.

Kendall, P. C., & Norton–Ford, J. D. (1982). *Clinical psychology*. New York: Wiley.

Kinder, B. N. (1992). The problems of R in clinical settings and in research: Suggestions for the future. *Journal of Personality Assessment, 58*, 252–259.

Kleiger, J. H. (1992). A conceptual critique of the EA:es comparison in the Comprehensive Rorschach System. *Psychological Assessment, 4*, 288–296.

Kleinmuntz, B. (1990). Why we still use our heads instead of formulas: Toward an integrative approach. *Psychological Bulletin, 107*, 296–310.

Klopfer, B., & Kelley, D. M. (1942). *The Rorschach technique*. Tarrytown–on–Hudson, New York: World.

Lachar, D. (1974). *The MMPI: Clinical assessment and automated interpretation*. Los Angeles: Western Psychological Services.

Lerner, P. M. (1991). *Psychoanalytic theory and the Rorschach*. Hillsdale, NJ: Analytic

Press.

Lipovsky, J., Finch, A. J., & Belter, R. (1989). Assessment of depression in adolescents: Objective and projective measures. *Journal of Personality Assessment, 53*, 449–458.

Lubin, B., Larsen, R. M., & Matarazzo, J. D. (1984). Patterns of psychological test usage in the United States: 1935–1982. *American Psychologist, 39*, 451–454.

Lubin, B., Larsen, R. M., Matarazzo, J. D. & Seever, M. (1985). Psychological test usage patterns in five professional settings. *American Psychologist, 40*, 857–861.

MacAndrew, C. (1965). The differentiation of male alcoholic patients from nonalcoholic psychiatric patients by means of the MMPI. *Quarterly Journal of Studies on Alcohol, 28*, 43–51.

Masling, J. M., Rabie, L., & Blondheim, S. H. (1967). Obesity, level of aspiration, and Rorschach and TAT measures of oral dependence. *Journal of Consulting Psychology, 31*, 233–239.

Mayerhoff, D. I., Loebel, A. D., Alvir, J. M. M., Szymanski, S. R., Geisler, S. H., Borenstein, M., & Lieberman, J. A. (1994). The deficit state in first–episode schizophrenia. *American Journal of Psychiatry, 151*, 1417–1422.

McAnulty, D. P., Rappaport, N. B., & McAnulty, R. D. (1985). An aposteriori investigation of standard MMPI validity scales. *Psychological Reports, 57*, 95–98.

McClelland, D. C , Koestner, R., & Weinberger, J. (1989). How do self–attributed and implicit motives differ? *Psychological Review, 96*, 690–702.

Meehl, P. E. (1954). *Clinical versus statistical prediction: A theoretical analysis and a review of the evidence*. Minneapolis: University of Minnesota Press.

Meehl, P. E. (1956). Wanted–a good cookbook. *American Psychologist, 11*, 263–272.

Meehl, P. E. (1967) What can the clinician do well? In D. N. Jackson & S. Messick (Eds.), *Problems in human assessment* (pp. 594–599). New York: McGraw–Hill.

Meehl, P. E. (1973). *Psychodiagnosis: Selected papers*. Minneapolis: University of Minnesota Press.

Meehl, P. E. (1986). Causes and effects of my disturbing little book. *Journal of Personality Assessment, 50*, 370–375.

Meehl, P. E., & Hathaway, S. R. (1946). The *K* factor as a suppressor variable in the MMPI. *Journal of Applied Psychology, 30*, 525–564.

Meyer, G. (1994). *On the integration of personality assessment methods: The Rorschach and MMPI–2*. Paper presented at the 29th Annual Symposium on Recent Developments in the Use of the MMPI/MMPI–2/MMPI–A, Minneapolis, MN.

Millon, T. (1969). *Modern psychopathology*. Philadelphia: Saunders.

Mullins, L. S., & Kopelman, R. E. (1988). Toward an assessment of the construct validity of four measures of narcissism. *Journal of Personality Assessment, 52*, 610–625.

Netter, B. E.C., & Viglione, D. J. (1994). An empirical study of malingering schizophrenia on the Rorschach. *Journal of Personality Assessment, 62*, 45–57.

Nichols, D. S. (1988). Mood disorders. In R. L. Greene (Ed.), *The MMPI: Use with specific populations* (pp. 74–129). Philadelphia: Grune & Stratton.

Otto, R. K., Lang, A. R., Megargee, E. I., & Rosenblatt, A. I. (1988). Ability of alcoholics to escape detection by the MMPI. *Journal of Consulting and Clinical Psychology, 56*, 452–457.

Parker, K. C. H. (1983). A meta–analysis of the reliability and validity of the Rorschach. *Journal of Personality Assessment, 42*, 227–231.

Parker, K. C. H., Hanson, R. K., & Hunsley, J. (1988). MMPI, Rorschach, and WAIS: A meta–analytic comparison of reliability, stability, and validity. *Psychological Bulletin, 103*, 367–373.

Paulhaus, D. L. (1986). Self–deception and impression management in test responses. In A. Angleitner & J. S. Wiggins (Eds.), *Personality assessment via questionnaires: Current issues in theory and measurement* (pp. 143–165). Berlin: Springer–Verlag.

Pendleton, M. G., & Heaton, R. K. (1982). A comparison of the Wisconsin Card Sorting Test and the Category Test. *Journal of Clinical Psychology, 38*, 392–396.

Perrine, K. (1993). Differential aspects of conceptual processing in the Category Test and Wisconsin Card Sorting Test. *Journal of Clinical and Experimental Neuropsychology, 15*, 461–473.

Perry, C. G., & Kinder, B. N. (1990). The susceptibility of the Rorschach to malingering: A critical review. *Journal of Personality Assessment, 54*, 47–57.

Perry, C. G., & Kinder, B. N. (1992). Susceptibility of the Rorschach to malingering: A schizophrenia analogue. In C. D. Spielberger & J. Butcher (Eds.), *Advances in Personality Assessment* (Vol. 9, pp. 127–140). Hillsdale, NJ: Lawrence Erlbaum Associates, Inc.

Peterson, R. A. (1978). Review. In O. K. Buros (Ed.), *The eighth mental measurements yearbook* (pp. 1042–1045). Highland Park, NJ: Gryphon.

Phillips, K. A., (1991). Body Dysmorphic Disorder: The distress of imagined ugliness. *American Journal of Psychiatry, 148*, 1138–1149.

Piotrowski, C , Sherry, D., & Keller, J. W. (1985). Psychodiagnostic test usage: A survey for the Society of Personality Assessment. *Journal of Personality Assessment, 49*, 155–119.

Piotrowski, Z. A. (1957). *Perceptanalysis*. New York: Macmillan.

Pogue–Geile, M. F., & Harrow, M. (1985). Negative symptoms in schizophrenia: Their longitudinal course and prognostic significance. *Schizophrenia Bulletin, 11*, 427–439.

Rapaport, D., Gill, M., & Schafer, R. (1945) *Diagnostic psychological testing*. Chicago: Year Book Medical Publishers.

Rappaport, G. M. (1958). "Ideal self instructions, MMPI profile changes, and the prediction of clinical improvement. *Journal of Consulting Psychology, 27*, 459–463.

Reitan, R. M., & Wolfson, D. (1985). *The Halstead–Reitan Neuropsychological Test Battery*. Tucson, AZ: Neuropsychology Press.

Rice, M. E., Arnold, L. S., & Tate, D. L. (1983). Faking good and bad adjustment on the MMPI and overcontrolled–hostility in maximum security psychiatric patients. *Canadian Journal of Behavioral Sciences, 15*, 45–51.

Rogers, R. (Ed.). (1988). *Clinical assessment of malingering and deception*. New York: Guilford.

Rogers, R., Bagby, R. M., & Chakraborty, D. (1993). Feigning schizophrenic disorders on the MMPI–2: Detection of coached simulators. *Journal of Personality Assessment, 60*, 215–226.

Rorschach, H. (1942). *Psychodiagnostics* (5th ed.; P. Lemkau & B. Kroonenberg, Trans.). Berne, Switzerland: Verlag Hans Huber. (Original work published 1921)

Rosen, A. (1954). Detection of suicidal patients: An example of some limitations in the prediction of infrequent events. *Journal of Consulting Psychology, 18*, 397–403.

Ross, L., Lepper, M. R., Strack, F., & Steinmetz, J. (1977). Social explanation and social expectation: Effects of real and hypothetical explanations on subjective likelihood. *Journal of Personality and Social Psychology, 35*, 817–829.

Sarbin, T. R. (1986). Prediction and clinical inference: Forty years later. *Journal of Personality Assessment, 50*, 362–369.

Sawyer, J. (1966). Measurement and prediction, clinical and statistical. *Psychological Bulletin, 66*, 178–200.

Schafer, R. (1954). *Psychoanalytic interpretation in Rorschach testing*. New York: Grune & Stratton.

Schretlen, D. (1988). The use of psychological tests to identify malingered symptoms of mental disorders. *Clinical Psychology Review, 8*, 451–476.

Seamons, D. T., Howell, R. J., Carlisle, A. L., & Roe, A. V. (1981). Rorschach simulation of mental illness and normality by psychotic and non-psychotic normal offenders. *Journal of Personality Assessment, 45*, 130-135.

Serkownek, K. (1975). *Subscales for scales 5 and 0 of the Minnesota Multiphasic Personality Inventory*. Unpublished materials.

Shapiro, J. P., Leifer, M., Martone, M. W., & Kassem, L. (1990). Multimethod assessment of depression in sexually abused girls. *Journal of Personality Assessment, 55*, 234-248.

Shedler, J., Mayman, M., & Manis, M. (1993). The illusion of mental health. *American Psychologist, 48*, 1117-1131.

Simon, M. J. (1989). Comparison of the Rorschach Comprehensive System's Isolation Index and MMPI Social Introversion score. *Psychological Reports, 65*, 499-502.

Singer, H. K, & Brabender, V. (1993). The use of the Rorschach to differentiate unipolar and bipolar disorders. *Journal of Personality Assessment, 60*, 333-345.

Smith, M. L., & Glass, G. V. (1977). Meta-analysis of psychotherapy outcome studies. *American Psychologist, 32*, 752-760.

Sugarman, A. (1991). Where's the beef? Putting personality back into personality assessment. *Journal of Personality Assessment, 56*, 130-144.

Swenson, W. M., Pearson, J. S., & Osborne, D. (1973). *An MMPI sourcebook: Basic item, scale, and pattern data on 50,000 medical patients*. Minneapolis: University of Minnesota Press.

Trimboli, F., & Kilgore, R. (1983). A psychodynamic approach to MMPI interpretation. *Journal of Personality Assessment, 47*, 614-626.

Tversky & Kahneman (1978). Judgment under uncertainty: Heuristics and biases. *Science, 185*, 1124-1131.

Walters, G. D., & Greene, R. L. (1988). Differentiating between schizophrenic and manic inpatients by means of the MMPI. *Journal of Personality Assessment, 52*, 91-95.

Walters, G. D., White, T. W., & Greene, R. L. (1988). Use of the MMPI to identify malingering and exaggeration of psychiatric symptomatology in male prison inmates. *Journal of Consulting and Clinical Psychology, 56*, 111-117.

Watkins, C. E. (1991). What have surveys taught us about the teaching and practice of psychological assessment? *Journal of Personality Assessment, 56*, 426-437.

Watkins, C. E., Campbell, V. L., Nieberding, R., & Hallmark, R. (1995). Contemporary practice of psychological assessment by clinical psychologists. *Professional Psychological Research and Practice, 26*, 54-60.

Wechsler, D. (1981). *WAIS－R manual: Wechsler Adult Intelligence Scale－Revised.* San Antonio, TX: Psychological Corporation.

Wechsler, D. (1991). *Manual for the Wechsler Intelligence Scale for Children－Third Edition.* San Antonio, TX: Psychological Corporation.

Weed, N. C , Butcher, J. N., McKenna, T., & Ben－Porath, Y. S. (1992). New measures for assessing alcohol and drug abuse with the MMPI－2: The APS and AAS. *Journal of Personality Assessment, 58,* 389－404.

Weiner, I. B. (1991). Editor's note: Interscore agreement in Rorschach research. *Journal of Personality Assessment, 56,* 1.

Weiner, I. B. (1995a). Methodological considerations in Rorschach research. *Psychological Assessment, 7,* 330－337.

Weiner, I. B. (1995b). Psychometric issues in forensic application of the MMPI－2. In Y. Ben－Porath, J. Graham, G. C. N. Hall, & M. Zaragoza (Eds.), *Forensic applications of the MMPI－2* (pp. 48－81). Newbury Park, CA: Sage.

Welsh, G. S. (1956). Factor dimensions in A and R. In G. S. Welsh & W. G. Dahlstrom (Eds.), *Basic readings on the MMPI in psychology and medicine* (pp. 264－281). Minneapolis: University of Minnesota Press.

Wender, P. H. (1995). *Attention－deficit hyperactivity disorder in adults.* New York: Oxford.

Wetter, M. W., Baer, R. A., Berry, D. T. R., Robison, L. H., & Sumpter, J. (1993). MMPI－2 profiles of motivated fakers given specific symptom information: A comparison to matched patients. *Psychological Assessment, 5,* 317－323.

Wetter, M. W., Baer, R. A., Berry, D. T. R., Smith, G. T., & Larsen, L. H. (1992). Sensitivity of MMPI－2 validity scales to random responding and malingering. *Psychological Assessment, 4,* 369－374.

Wetzler, S., & Marlowe, D. B. (1993). The diagnosis and assessment of depression, mania, and psychosis by self－report. *Journal of Personality Assessment, 60,* 1－31.

Wiener, D. (1948). Subtle and obvious keys for the MMPI. *Journal of Consulting Psychology, 12,* 164－170.

Wiggins, J. S. (1973). *Personality and prediction: Principles of personality assessment.* Reading, MA: Addison－Wesley.

Winter, W. D., & Salcines, R. A. (1958). The validity of the Objective Rorschach and the MMPI. *Journal of Consulting Psychology, 22,* 199－202.

Winters, K. C , Newmark, C. S., Lumry, A. E., Leach, K., & Weintraub, A. (1985). MMPI codetypes characteristic of DSM−III schizophrenics, depressives, and bipolars. *Journal of Clinical Psychology, 41*, 382−386.

Woychyshyn, C. A., McElheran, W. G., & Romney, D. M. (1992). MMPI validity measures: A comparative study of original with alternative indices. *Journal of Personality Assessment, 58*, 138−148.

Ziskin, J., & Faust, D. (1988). *Coping with psychiatric and psychological testimony* (4th ed.). Marina del Rey, CA: Law and Psychology Press.

Zubin, J., Eron, L. D., & Schumer, F. (1965). *An experimental approach to projective techniques*. New York: Wiley

공역자약력

최문희

성신여대에서 임상심리학 전공으로 석사학위를 취득하였다. 성 안드레아 신경정신병원에서 임상심리 수련과정을 이수하였으며 이후 개인 정신과의원 및 심리상담기관에서 임상심리전문가 및 상담심리전문가로서의 초석을 다져왔다. 현재는 심리상담 및 심리평가 전문기관인 다움심리상담센터의 소장이며, 심리평가 및 정신건강, 부모교육 등과 관련된 다양한 강의 진행 및 자문위원으로 활동하고 있다.

손미남

한국외국어대학교 불어과를 졸업, 이화여자대학교 국제대학원에서 외교안보학 석사, 가톨릭대학교 상담심리대학원에서 조직상담학 전공으로 석사학위를 취득하였다. 현재 기업의 해외 주재원들을 대상으로 한 cross cultural leadership 강의를 주로 하고 있으며, 상담심리사 2급과 임상심리사 2급 취득 후 대학과 기업의 성인을 대상으로 심리상담을 하고 있다. 역서로는 “팀장을 위한 전략기술”, “팀원의 성과를 높이는 팀장”이 있다.

MMPI-2와 로르샤하의 통합적 해석

초판발행 2018년 8월 6일
중판발행 2025년 1월 20일

지은이 Ronald J. Ganellen
옮긴이 최문희 · 손미남
펴낸이 노 현

편 집 조보나
기획/마케팅 노 현
표지디자인 권효진
제 작 고철민 · 김원표

펴낸곳 ㈜ 피와이메이트
서울특별시 금천구 가산디지털2로 53 한라시그마밸리 210호(가산동)
등록 2014. 2. 12. 제2018-000080호
전 화 02)733-6771
f a x 02)736-4818
e-mail pys@pybook.co.kr
homepage www.pybook.co.kr
ISBN 979-11-88040-70-4 93180

정 가 25,000원